»Packers Talent gleicht im besten Sinne Steinbeck, [...], sein Buch ist so etwas wie ein Meisterwerk.« The New York Times

»Ein Buch wie ›Die Abwicklung‹ [...] hat es allerdings noch nicht gegeben. [...] Und das auch noch daherkommt wie ein großer amerikanischer Roman.«
Tobias Rapp, Der Spiegel

»Ein Blick auf die USA, wie es noch keinen gab. [...] Spannend wie ein Roman.« Holger Schmale, Berliner Zeitung

»Es gibt viele Bücher zur wirtschaftlichen, sozialen und politischen Krise Amerikas. Doch keines ist den Betroffenen so nahe wie George Packers ›The Unwinding‹.« Jörg Häntzschel, Süddeutsche Zeitung

»Packer zeigt eine Lebenswelt, die durch den fortschreitenden Zerfall des gesellschaftlichen Zusammenhalts radikal verändert wurde. Ein Epos – verblüffend, leidenschaftlich, wahr –, das unsere Epoche überdauern wird.«
Dexter Filkins

»Die unterschiedlichen Perspektiven geben der Großreportage politisches Gewicht [...] ›Die Abwicklung‹ liest sich auch als fulminantes Plädoyer für intellektuellen Journalismus« Lennart Laberenz, der Freitag

George Packer gilt als einer der besten Journalisten und Sachbuchautoren Amerikas. Er ist festes Mitglied der Redaktion des »New Yorker« und Autor mehrerer preisgekrönter Bücher. George Packer lebt in Brooklyn. Für ›Die Abwicklung‹ erhielt er den National Book Award 2013.

Gregor Hens, geboren 1965 in Köln, lehrte zwei Jahrzehnte lang an verschiedenen amerikanischen Universitäten, zuletzt an der Ohio State University. Seit 2013 lebt er als freier Autor in Berlin. Er hat zahlreiche Romane übersetzt, unter anderem von Leonard Cohen, Rawi Hage, Marlon Brando und Will Self.

Weitere Informationen, auch zu E-Book-Ausgaben, finden Sie bei www.fischerverlage.de

George Packer

Die Abwicklung

Eine innere Geschichte des neuen Amerika

Aus dem Amerikanischen von Gregor Hens

FISCHER Taschenbuch

Erschienen bei FISCHER Taschenbuch
Frankfurt am Main, Dezember 2015

Die amerikanische Originalausgabe erschien 2013 bei
Farrar, Strauß and Giroux, New York, unter dem Titel:
›The Unwinding. An Inner History of the New America‹

Satz: Dörlemann Satz, Lemförde
Druck und Bindung: CPI books GmbH, Leck
Printed in Germany
ISBN 978-3-596-03025-5

Für Laura, Charlie und Julia

Inhalt

Prolog

Niemand kann mit Sicherheit sagen, wann die Abwicklung begann – wann die Bürger Amerikas zum ersten Mal spürten, dass die Bande sich lösten, die sie sicher, manchmal erdrückend fest wie eine eng gewickelte Spule, zusammengehalten hatten. Wie jeder große Umbruch, begann die Abwicklung unzählige Male von neuem – bis eines Tages ein Punkt in der Geschichte erreicht war, an dem das Land, immer dieses Land, endgültig und unwiderruflich verändert war.

Wer um 1960 oder später geboren wurde, hat sein gesamtes Erwachsenenleben im Taumel dieser Abwicklung verbracht. Er musste mit ansehen, wie Bauwerke und Institutionen, die bereits vor seiner Geburt bestanden hatten – die Farmen des Piedmont von Carolina, die Fabriken des Mahoning Valley, die Wohnsiedlungen von Florida, die Schulen Kaliforniens – in der gewaltigen Landschaft wie Salzsäulen zerfielen. Auch andere Aspekte, weniger deutlich sichtbar vielleicht, aber mindestens ebenso unerlässlich für ein geordnetes Alltagsleben, zerbröckelten bis zur Unkenntlichkeit – der Umgang in den Hinterzimmern von Washington, die Tabus in den New Yorker Handelsbüros, Manieren und Moral. Als die Abwicklung der Normen begann, auf denen die Nützlichkeit der alten Institutionen beruhte, und die Anführer ihre Stellungen räumten, löste sich die Roosevelt Republic, die beinahe ein halbes Jahrhundert lang das Leben beherrscht hatte, vollständig auf. Die Lücke schloss eine Macht, die in Amerika immer zur Stelle ist: das organisierte Geld.

Die Abwicklung ist nichts Neues. Alle ein oder zwei Generationen vollzieht sich eine solche Abwicklung: Der Absturz der himmlischen Republik der Gründerväter in einem lärmenden Markt zerstrittener Lager; der Krieg, der die Vereinigten Staaten zerriss und aus dem historischen Plural ein Singular machte; der Börsencrash, der die Wirtschaft Amerikas zerstörte und den Weg für eine Demokratie von Bürokraten und Bürgern freimachte. Jeder Zusammenbruch hat eine Erneuerung hervorgebracht, jede Implosion hat Energie freigesetzt, jede Abwicklung hat zu neuem Zusammenhalt geführt.

Abwicklungen verheißen Freiheit, eine Freiheit, die die Welt noch nie gesehen hat. Sie erreicht mehr Menschen als je zuvor. Es ist die Freiheit fortzugehen, die Freiheit zurückzukehren, die Freiheit sich neu zu erfinden, den Tatsachen ins Auge zu sehen, einen neuen Beruf zu ergreifen, entlassen zu werden, zu heiraten, sich scheiden zu lassen, pleitezugehen, einen neuen Anfang zu wagen, ein Geschäft zu gründen, das eine zu tun und das andere nicht zu lassen, die Grenzen auszuloten, den Ruinen den Rücken zu kehren, erfolgreicher zu sein, als man für möglich gehalten hätte, über seine Erfolge zu prahlen, zu scheitern und wieder von neuem zu beginnen. Mit der Freiheit schafft die Abwicklung ihre eigenen Illusionen, denn all diese Versuche, diese Träume sind flüchtig wie Seifenblasen, die zerplatzen, sobald sie die konkreten Umstände berühren. Gewinnen und verlieren – das ist das große amerikanische Spiel, und in der Abwicklung ist der Gewinn größer als je zuvor, die Gewinner entschweben wie riesige Luftschiffe, und die Verlierer fallen tiefer und tiefer, und manche kommen niemals unten an.

Diese Freiheit bedeutet, dass wir auf uns selbst gestellt sind. Mehr Amerikaner als je zuvor leben allein. Selbst eine kleine Familie kann Halt genug geben, um in der Einsamkeit, vielleicht im Schatten eines gigantischen Militärstützpunkts, zu überleben, an einem Ort, wo nicht eine Seele ist, an die man sich in der Not wenden könnte. Beinahe über Nacht kann ein glänzendes, neues Wohnviertel entstehen, an einem Ort im Nichts, und genauso schnell kann es wieder verschwinden. Eine alte Stadt kann ihre Industriebasis verlieren und mit ihr zwei Drittel ihrer Bevölkerung, und alles, was diese Stadt ausgemacht hat – die Kirchen und Ämter, Geschäfte und Werkstätten, sozialen Einrichtungen, Gewerkschaften –, bricht lautlos in sich zusammen, wie ein billiges Holzhaus im Sturm.

Amerikaner sind es gewöhnt, allein in einer Landschaft zu leben, in der nichts Haltbares ist, nichts Festes. Deshalb sind sie bereit, ihr Schicksal in die Hand zu nehmen, ihre eigenen Erfolgsgeschichten und Heilsversprechen zu schreiben. Ein Junge in North Carolina hält seine Bibel fest in der Hand, als er im grellen Sonnenlicht eine Vision empfängt, wie das Land, in dem er lebt, neu erstehen könnte. Ein junger Mann zieht nach Washington und fragt sich ein Leben lang, was ihn einst dazu getrieben hat, diesen ersten Schritt zu tun. Eine junge Frau in Ohio kämpft um ihre Existenz, während um sie herum alles zerfällt. Erst als reife Frau kann sie endlich die Chance ergreifen, mehr zu tun, als nur zu überleben.

Wenn diese Amerikaner, die kaum jemand kennt, im Wandel neue

Wege gehen, entdecken sie auf ihrem Weg, dort, wo einst die alten Institutionen der Gesellschaft gestanden haben, neuartige Denkmäler – überlebensgroße Bilder ihrer berühmtesten Mitbürger, der Stars, die immer bedeutender, immer reicher und mächtiger werden, je weiter der öffentliche Raum zerstört wird. Manche dieser Stars bekommen eigene Hausaltäre, sie sind die Götter des Alltags, die Orientierung geben sollen und Antwort auf die Frage nach einem guten, einem besseren Leben.

Alles unterliegt dem Wandel, nichts bleibt, wie es war, nur die Stimmen, die amerikanischen Stimmen, die lauten, sentimentalen, wütenden, sachlichen Stimmen bleiben dieselben: Sie nehmen sich die Ideen, wo sie sie finden, bei Gott, im Fernsehen, in der vage erinnerten Vergangenheit – sie stehen am Fließband und erzählen in den Lärm hinein Witze, sie ziehen die Vorhänge zu, verbergen sich vor der Welt und klagen, sie stehen in Parks oder einsam in irgendeiner Kammer und wettern über das Unrecht, das ihnen widerfahren ist, sie handeln am Telefon Verträge aus und sitzen in der Nacht vor ihren Häusern, während Sattelzüge durch die Finsternis donnern.

TEIL I

1978 Ich möchte heute Abend ernsthaft und offen über die größte Gefahr sprechen, die unser Land im Inneren bedroht. Diese Gefahr ist die Inflation ... *vierund-vierund-vierundzwanzig Stunden bis/ ich mich betäuben kann* ... Wir werden alle die Gürtel enger schnallen müssen, die ganze Nation. Wir werden schwierige Entscheidungen treffen, um weit schlimmere Konsequenzen zu vermeiden. Ich werde diese Entscheidungen treffen ... *nichts los und nirgends wo-o-o/ich mich betäuben kann* ... Sieben Jahre College, und alles umsonst. Gehe ich halt in das verdammte Peace Corps ... CARTER VERLIERT BEIM VERBRAUCHERSCHUTZ ... Ich bin mir nicht sicher, ob die Menschen im Mahoning Valley verstehen, dass die Schließung der Youngstown Sheet and Tube Campbell-Fabrik nicht nur die Stahlarbeiter und ihre Familien betrifft, sondern den gesamten Bezirk ... DIE VERLOCKUNGEN DER VIELEN KULTE ... Die Kommunarden, die in der Mehrheit über fünfzig Jahre alt sind, ernähren sich spärlich von Reis und Bohnen. Sie arbeiten von Sonnenaufgang bis Sonnenuntergang in den Feldern, während Jones sie über ein Lautsprechersystem mit Vorlesungen und Predigten antreibt ... Wie soll ein Mann für all das bezahlen, was seine Frau tut, die Köchin ist, Liebhaberin, Fahrerin, Kindermädchen und Babysitter? Gerade deshalb glaube ich, dass Frauen gleichberechtigt sein sollten ... **Die meisten teerarmen Zigaretten schmeckten leider nach gar nichts. Dann habe ich Vantage probiert. Vantage schmeckt, wie eine Zigarette schmecken soll. Und sie ist teerarm** ... MINDERHEIT IM SENAT BLOCKIERT GESETZ ZUM SCHUTZ DER GEWERKSCHAFTEN ... Die Verantwortlichen in Industrie, Handel und Finanzwelt der Vereinigten Staaten haben den zerbrechlichen und ungeschriebenen Vertrag gebrochen, der die hinter uns liegende Zeit des Wachstums und Fortschritts möglich gemacht hat ... LIEBESBRIEFE FÜR ELVIS ... Fans schütten ihre Herzen aus; Mit farbiger Sonderbeilage: Der Tag, an dem Elvis' Haus zum Schrein wurde ... Lärmbelastung in einem New Yorker Slum! Passanten werden ausgeraubt, Kinder von Ratten angenagt, Junkies reißen Rohre aus verfallenden Sozialwohnungen – und das Umweltamt sorgt sich um die Lärmbelastung! Die Beamten des Umweltamts fahren abends nach Hause, wo es still und schön ist und die Kinder ihre Hausaufgaben machen, während das Radio einen Hit nach dem anderen kreischt ... KALIFORNISCHE WÄHLER STIMMEN FÜR SENKUNG DER GRUNDSTEUER UM $7 MILLIARDEN »Soll sich die Bezirksverwaltung doch zum Teufel scheren«, sagt ein Mann, der gerade in einem Vorort von Los Angeles seine Stimme abgegeben hat.

Dean Price

Um die Jahrtausendwende, im Alter von etwa dreißig Jahren, träumte Dean Price, dass er auf dem Weg zu seinem Pastor eine asphaltierte Straße entlangging. Hinter einer Kurve wurde aus der Straße ein unbefestigter Weg, und hinter einer weiteren Kurve wurde daraus ein schmaler Hohlweg, in dem alte Bauernkarren tiefe Spuren hinterlassen hatten. Das Unkraut zwischen den Spurrillen reichte ihm bis an die Brust, hier war seit langem niemand vorbeigekommen. Dean lief immer weiter, er breitete die Arme aus und strich über die kitzelnden Gräser. Dann hörte er eine Stimme – sie kam aus seinem Inneren, wie ein Gedanke. »Du wirst jetzt nach Hause gehen, du wirst deinen Traktor holen und an diese Stelle zurückkehren, und du wirst diesen Weg mähen, damit andere, die dir folgen möchten, sehen, dass hier schon jemand gewesen ist. Sie werden kommen, sie werden dir folgen. Du musst nur immer dafür sorgen, dass der Weg gemäht ist.« Dean hatte Tränen in den Augen, als er aufwachte. Sein ganzes Leben lang war er wie ein ruderloses Schiff um sich selbst gekreist und hatte sich gefragt, welche Aufgabe ihm zugedacht war, zu welchem Zweck er überhaupt auf dieser Erde war. Er brauchte eine Weile, um den Traum zu verstehen, aber er spürte gleich, dass er eine Botschaft enthielt, und dass diese Botschaft sein Schicksal war.

Dean hatte sich gerade mit einem Kiosk selbständig gemacht, was nicht gerade nach einer schicksalhaften Berufung aussah. Weitere fünf Jahre sollte er benötigen, um seine wahre Berufung zu finden. Er war hellhäutig und voller Sommersprossen, sein Haar war schwarz, und wenn er lächelte oder mit heller Stimme kicherte, bildeten sich um seine dunklen Augen winzige Fältchen. Die Hautfarbe hatte er von seinem Vater, das hübsche Gesicht von der Mutter. Seit seinem zwölften Lebensjahr kaute er Tabak der Marke Levi Garrett, er verleugnete seine bäuerliche Herkunft nicht und sprach mit der sanften Intensität eines Kreuzfahrers. Er war freundlich und unaufdringlich, seine höfliche Art gab den Männern, die in der Moose Lodge Wodka aus Plastikbechern tranken, Gesprächsstoff, sie fragten sich, wie überzeugend Dean als Bauernjunge war. Seit frühester Kindheit liebte er eine Bibelstelle mehr als alle anderen – Matthäus 7,7: »Bittet, dann wird euch gegeben; sucht, dann werdet ihr finden; klopft an, dann wird euch geöffnet.« Er hatte immer nach Unabhängigkeit gesucht – besonders finanzieller Art. Vor nichts fürchtete er sich wie vor Armut und beruflichem Scheitern, was seinen guten Grund hatte.

Seine beiden Großväter waren Farmer gewesen, sie bauten Tabak an wie ihre Väter und Großväter, die Tradition reichte zurück bis ins achtzehnte Jahrhundert, immer auf dem gleichen Fleck in North Carolina, Bezirk Rockingham. Alle in der Familie hatten schottisch-irische Namen, die so kurz waren, dass sie bequem auf einen Grabstein passten: Price, Neal, Hall. Und alle waren arm. »Das ist so«, sagte Dean. »Ich muss mir einen Weg bahnen, um den Fluss zu erreichen. Wenn ich ihn jeden Tag gehe, wird schließlich ein Trampelpfad daraus. So und nicht anders sind in diesem Land die Straßen entstanden. Manchmal sind die Menschen, die die Pfade entdeckt haben, den Fährten der Tiere gefolgt. Wenn der Weg einmal angelegt ist, wird es bald unmöglich, einen anderen zu gehen. Weil wir uns an das Muster gewöhnt haben, weil wir uns über Generationen hinweg nicht trauen, es anders zu denken.«

Als Dean ein kleiner Junge war, wuchs der Tabak bis an die Zäune. Von April bis Oktober roch ganz Rockingham County danach. Er wuchs in Madison auf, einem Ort vierzig Minuten nördlich von Greensboro, an der Route 220. Die Familie wohnte im Ort, aber Deans eigentliches Leben spielte sich auf der Tabakfarm seines Großvaters Norfleet Price ab. Er hieß Norfleet, weil sein Vater, Deans Urgroßvater, einmal auf einem Zweispänner eine Ladung Tabak nach Winston-Salem gebracht hatte. Ein Mann, der mit Nachnamen Norfleet hieß, machte ihm einen sehr guten Preis. Deans Vater wurde noch auf dem angestammten Land der Familie geboren, auf einem Grundstück am Rand einer Waldrodung, wo eine Schindelhütte mit einer kleinen Veranda stand. Wenige Meter entfernt war ein Tabakschuppen aus kreuzweise aufeinander gefügten Eichenstämmen, den Norfleet mit nichts als einer Axt gebaut hatte. In den Spätsommern seiner Kindheit, wenn die hellen Blätter vorbereitet, im Schuppen aufgehängt und im Rauch getrocknet wurden, bettelte er so lange, bis er auf der Farm übernachten durfte, wo sein Großvater alle ein bis zwei Stunden aufstand, um nachzusehen, ob Tabakblätter in die Flammen des Ölfeuers gefallen waren. Die Vorbereitung der Blätter war härteste Arbeit, aber Dean liebte den Duft des Tabaks, die reifen gelben Blätter, die an den hohen Stangen schwer wurden wie Leder, er liebte den klebrigen Teer, der seine Hände schwärzte, den Rhythmus beim Aufziehen der Blätter, die Bündel, die wie getrocknete Flundern unter den Dachbalken hingen, die gemeinsamen Stunden. Die Familie schlachtete noch selbst. Es gab einen Gemüsegarten und eine Frau mit einer Kuh, die ein paar Häuser weiter wohnte und Buttermilch brachte. Wenn die Ernte spät kam, wurde der Schulanfang verschoben, und im Frühherbst erwachten die Auktionshäuser von Madison zum Leben. Es gab ein Erntefest mit Marschkapelle und Parade, die Familien hatten Geld für das Jahr und freuten sich auf die Festtage im Winter. Dean zweifelte nicht einen Moment, dass auch er Tabakfarmer werden würde und dass seine Kinder aufwachsen würden wie er selbst.

Sein Großvater war sein bester Freund. Noch im Herbst, bevor er 2001 starb, schlug Norfleet Price sein eigenes Holz. Als Dean ihn zum letzten Mal im Altersheim besuchte, war er neunundachtzig Jahre alt und saß festgeschnallt in einem Rollstuhl. Die letzte Ruhe fand er im Familiengrab, auf einem sanften Hügel, im roten Lehm der eigenen Felder. Norfleet arbeitete, damit er seine Frau nicht sehen musste – manchmal hatte er zwei oder drei zusätzliche Jobs. Aber im Tod stand, auf einen Grabstein gemeißelt, sein Name neben dem von Ruth. Nur ihr Todesjahr fehlte noch, und ihre Leiche.

Deans Vater hatte die Chance, der teuflischen Spirale der Armut, in dem seine Familie seit Generationen steckte, zu entkommen. Harold Dean Price, genannt Pete, war klug und ein begeisterter Leser. Die unbedruckten Seiten am Ende seines Wörterbuchs waren mit einer handgeschriebenen Liste von Wortbedeutungen gefüllt, mit Wörtern wie »Transposition« und »Simulacrum«. Er konnte gut reden, war ein überzeugter, beinahe militanter Baptist und ein Rassist aus tiefster Seele. Als Dean eines Tages das Bürgerrechtsmuseum im alten Woolworth-Haus von Greensboro besuchte, wo in der Cafeteria 1960 die ersten Sit-In-Proteste stattgefunden hatten, betrachtete er ein vergrößertes Foto von vier schwarzen Studenten, die aus einem Gebäude der North Carolina A&T-Universität traten. Sie mussten durch ein Spalier von Weißen gehen, einer Masse jugendlicher, aufgereizter Heißsporne mit zurückgekämmten Haaren, die ihre Hände tief in die Taschen gesteckt hatten, die T-Shirts und aufgerollte Jeans trugen und Zigaretten auf den hasserfüllten Lippen. Einer von ihnen war Deans Vater. Er hasste den trotzigen Stolz der Bürgerrechtler, hatte aber nie etwas gegen Charlie und Adele

Smith, die sein Land gepachtet hatten und sich um ihn kümmerten, wenn Deans Großmutter in der Mühle arbeitete. Sie waren herzlich und voller Humor, und sie wussten, wo ihr Platz in der Gesellschaft war.

Pete Price lernte Barbara Neal in einem Tanzcafé kennen, sie heirateten 1961, nachdem er das Studium am Western Carolina College abgeschlossen hatte – er war der Erste in der Familie, der es so weit gebracht hatte. 1963 wurde Harold Dean Price II geboren, in den Jahren darauf folgten drei Mädchen. Die Familie zog in ein kleines Backsteinhaus in Madison, der Tabakspeicher der Firma Sharp and Smith war gleich nebenan. Madison und Mayodan, ein Städtchen in der Nähe, lebten von der Textilindustrie, noch in den Sechziger- und Siebzigerjahren stellten die Mühlen jeden jungen Mann ein, der einen Schulabschluss hatte. Wer zum College fortging und mit einem Diplom zurückkehrte, konnte sich vor Angeboten kaum retten. Die Hauptstraße war von soliden Geschäftshäusern gesäumt, in den Geschäften – Apotheken und Kurzwarenhandlungen, Möbelläden und einfachen Restaurants – drängten sich die Kauflustigen. Am größten war der Betrieb, wenn die Textilspeicher zum Ausverkauf ihre Tore öffneten. »Unser Land ist damals, genau zu dieser Zeit, so wohlhabend gewesen, wie es nie wieder sein wird«, sagte Dean. »Gas, Strom und Benzin waren billig, das Öl lag unter unseren Füßen, die Felder draußen waren fruchtbar, die Leute nahmen ihre Arbeit ernst und hatten Freude an ihr. Das Geld war da, man musste es nur verdienen.«

Deans Vater nahm eine Stelle bei DuPont an, einer großen Nylonfabrik in Martinsville gleich hinter der Staatsgrenze in Virginia. In den späten Sechzigern lernte er Glenn W. Turner kennen, einen hasenschartigen, lispelnden Schwindler aus South Carolina. Er trug einen glänzenden Dreiteiler und feine, kalbslederne Stiefel, obwohl er aus ärmsten Verhältnissen stammte und kaum lesen oder schreiben konnte. 1967 gründete Turner eine Firma, die er Koscot Interplanetary nannte. Sie verkaufte, zu fünftausend Dollar, Vertriebslizenzen für Kosmetika. Wer einstieg und weitere Investoren rekrutierte, konnte mit einem beträchtlichen »Finderlohn« rechnen. Außerdem brachte er seine Helfer dazu, schwarze Aktenkoffer zu kaufen, die mit seinen eigenen Motivationskassetten gefüllt waren. Die Serie hieß »Das Wagnis der Größe« und kostete fünftausend Dollar, der Kauf berechtigte dazu, weitere Käufer für den Koffer zu finden und sehr viel Geld zu verdienen. Familie Price kaufte eine Lizenz und lud Freunde und Bekannte zu rauschenden Hausfesten ein, in denen sie »Das Wagnis der Größe« anpriesen. Ein Film über den sagenhaften Aufstieg von Turner wurde gezeigt, Gäste sprangen spontan auf und wiederholten laut Turners bekannteste Merksätze – etwa, dass man auf den Zehenspitzen stehen muss, um nach den Sternen zu greifen. 1971 erfasste das Fieber große Teile der Arbeiterviertel, das *Life*-Magazin brachte ein Porträt von Turner. Wenig später wurde er beschuldigt, eine illegale Investitionspyramide zu betreiben, und landete für fünf Jahre im Gefängnis. Price verlor sein gesamtes Geld.

In den frühen Siebzigern arbeitete Pete Price als leitender Angestellter im Kraftwerk von Duke Energy in Belews Creek. Dann wechselte er zu Gem-Dandy in Madison, wo er es bis zum stellvertretenden Geschäftsführer brachte. Die Firma stellte Strumpfhalter und Ähnliches für Herren her. Später wurde er Schichtleiter in der Pine Hall-Ziegelei am Dan River, unweit von Mayodan. Jedes Mal traf er auf Vorgesetzte, die er für weniger intelligent hielt als sich selbst, und jedes Mal wurde er gefeuert oder kündigte gleich selbst. Das Hinschmeißen wurde zu einer Art Gewohnheit, es war »die Falte im Gemüt, die du einfach nicht rausgebügelt kriegst«, erklärte Dean. »Sie ist hartnäckig wie eingerittenes Leder. Das Scheitern wurde ein Teil von ihm, es beherrschte sein Denken, seinen Willen, sein Leben.« Zum ersten Mal wurde diese Falte auf der Tabakfarm sichtbar, wo Deans Vater ein Stück Land geerbt hatte, das ungünstig lag, weil es keine Zufahrt hatte. Seine Brüder hatten als Farmer weit mehr Erfolg. Außerdem hielt er sich mit seinen 1,70 Metern für zu klein und verlor früh seine Haare. Aber das eigentliche Scheitern hatte mit der Arbeit zu tun, die Pete Price am meisten bedeutete.

Noch Jahrzehnte später stand auf Deans Kaminsims ein gerahmtes Schwarzweißfoto: Es zeigte einen Jungen in einem dunklen Anzug und einer schmalen, zu kurzen Hose, dessen glänzender, schwarzer Topfschnitt in einem geraden Pony knapp über den Augenbrauen endete. Er blinzelte in die Sonne und drückte mit beiden Armen eine Bibel an die Brust, als wollte er sich schützen. Neben ihm stand ein kleines Mädchen in einem Kleid mit Spitzenkragen. Es war der 6. April 1971. Wenige Wochen vor seinem achten Geburtstag war der Junge bereit, sein Leben Jesus zu widmen, damit seine Seele gerettet werde. In den Siebzigern leitete Deans Vater eine Reihe von baptistischen Dorfkirchen. Sein Dogmatismus und seine Sturheit führten in den Gemeinden zu Zwist, der immer in einer Abstimmung gipfelte. Ob sie sich für ihn aussprachen oder gegen ihn – er ging im Streit (denn er war ungeduldig und strebte danach, ein großer Prediger vom Format eines Jerry Falwell zu werden, mit einer tausendköpfigen Gemeinde). Es wurde dann immer schwieriger, eine neue Pastorenstelle zu finden. Er reiste von Ort zu Ort, bewarb sich mit einer Predigt, die Feuer und Schwefel beschwor, und kassierte eine Ablehnung nach der anderen. Auf eine Kirche in Cleveland County, die Davidson Memorial Baptist Church, hatte er es besonders abgesehen, und als ihm auch diese Kanzel versagt wurde, gab er frustriert auf.

Von seinem Vater erbte Dean den Ehrgeiz und die Liebe zu Büchern. Er las, von der ersten bis zur letzten Seite, die vielbändige Familienenzyklopädie. Eines Abends beim Essen, er war neun oder zehn Jahre alt, fiel das Gespräch auf seine Zukunftspläne: »Und? Was willst du denn mal werden?«, fragte Deans Vater verächtlich.

»Ich möchte Hirnchirurg werden, Neurologe«, antwortete Dean. Er hatte das Wort in der Enzyklopädie gelesen. »Ehrlich. Das ist der Beruf, den ich gern hätte.«

Sein Vater lachte ihn einfach aus. »Die Wahrscheinlichkeit ist höher, dass ich zum Mond fliege, als dass du Neurologe wirst.«

Deans Vater konnte lustig und herzlich sein, aber niemals Dean gegenüber. Dean hasste ihn, weil er ihn für grausam hielt und für einen Versager. Er hatte seinen Vater schon oft predigen hören, selbst auf öffentlichen Plätzen in Madison, aber im Grunde nahm er ihm seine Botschaft nicht ab, denn zu Hause war er so gemein und brutal, dass er auf der Kanzel wie ein Heuchler wirkte. In seiner Kindheit liebte Dean nichts so sehr wie Baseball. In der siebten Klasse begann er, sich vor Mädchen zu fürchten. Mit den lächerlichen vierzig Kilo, die er – nass geschwitzt – auf die Waage brachte, hatte er keine Chance, jemals ins Footballteam aufgenommen zu werden. Aber als Shortstop in der Baseballmannschaft der Madison-Mayodan Middle School machte er sich gut. 1976 war die Mannschaft bereits gemischt, es gab schwarze und weiße Spieler. Sein Vater wollte nicht, dass er mit Schwarzen zu tun hatte. Weil er den Umgang unterbinden wollte, und weil er sich gerade einer neuen Gemeinde andiente, die ihn dafür loben würde, nahm er Dean (der inständig darum bettelte, bleiben zu dürfen) aus der öffentlichen Schule und schickte ihn nach Gospel Light Christian, eine streng konfessionelle Schule der Independent Fundamental Baptists in Walkertown, die nur weiße Schüler aufnahm. Zwei Stunden dauerte die Fahrt mit dem Schulbus von Mayodan Mountain, wo die Familie zu jener Zeit wohnte. Dean hatte weder Zeit für Baseball noch für seine schwarzen Freunde – mit beidem war es vorbei. Als Dean in der zehnten Klasse war, begann sein Vater, an der Schule amerikanische und biblische Geschichte zu unterrichten. Dean hätte ohne weiteres nach dem Unterricht zum Baseball-Training gehen und mit seinem Vater nach Hause fahren können. Der aber bestand darauf, um Punkt drei Uhr zu fahren, damit er zu Hause in seiner Studierstube lesen und arbeiten konnte. Im Hause der Prices standen sich zwei Gegner gegenüber in einem Kampf, den Dean nicht gewinnen konnte. Der Vater hatte sich auf den ungleichen Kampf eingelassen – und wich nicht einen Schritt zurück.

Als Dean siebzehn Jahre alt war, verließ der Vater die Gemeinde in Mayodan Mountain. Die Familie zog in den Osten des Staates in die Nähe von Greenville. In der Ortschaft Ayden hatte ihm eine kleine Kirche die Pastorenstelle angeboten. Es sollte seine letzte sein. Nach nur vier Monaten jagten sie ihren Pastor Price davon, die Familie kehrte nach Rockingham County zurück. Da sie kaum Geld hatten, zogen sie in ein Haus, das der Familie von Deans Mutter gehörte. Es lag außerhalb des Weilers Stokesdale an der Route 220, nur wenige Meilen südlich von Madison. Deans Großmutter Ollie Neal lebte in einem Anbau hinter dem Haus, hinter dem Grundstück erstreckte sich eine Tabakfarm, die sein Großvater 1932, als die Route 220 noch eine unbefestigte Straße war, beim Poker gewonnen hatte.

Dean hatte zu dieser Zeit nur ein einziges Ziel: dem Einflussbereich seines Vaters zu entkommen. Wenige Tage nach seinem achtzehnten Geburtstag fuhr er nach Winston-Salem und sprach mit einem Musterungsoffizier der Marineinfanterie. Am folgenden Morgen sollte er zurückkehren, um sich zu melden, doch in der Nacht fasste er einen anderen Entschluss: Er wollte die Welt sehen und das Leben genießen, und zwar auf eigene Faust.

Als Dean 1981 die Schule abschloss, waren die Stellen bei der Zigarettenfabrikation bei R. J. Reynolds in Winston-Salem die begehrtesten in der Region. Wer dort arbeiten durfte, war für den Rest seines Lebens versorgt, er war kranken- und rentenversichert und erhielt zwei Stangen Zigaretten pro Woche. Es waren die guten Schüler, die sofort eingestellt wurden, die mittelmäßigen und schlechten gingen in die Textilmühlen, wo die Löhne niedriger waren – bei DuPont und Tultex in Martinsville, Dan River in Danville, Cone in Greensboro und in den kleineren Mühlen von Madison – oder sie arbeiteten für Möbelfabriken in High Point, Martinsville und Bassett/Virginia. Die besten Schüler aber – in Deans Klasse waren es drei – gingen zum Studium fort. (Bei einem Klassentreffen dreißig Jahre später sah Dean, dass viele seiner ehemaligen Mitschüler fett geworden waren. Sie arbeiteten als Kammerjäger oder verkauften T-Shirts auf Volksfesten. Einer, der einst mit guten Aussichten bei R. J. Reynolds begonnen hatte, hatte seine sicher geglaubte Stelle verloren und offenbar jede Hoffnung aufgegeben.)

Dean, der sich in der Schule nie besonders angestrengt hatte, nahm in jenem ersten Sommer eine Stelle in Madison an, in der Auslieferung einer Firma, die Kupferrohre herstellte. Es war gutes Geld für das Jahr 1981, nur war es genau die Stelle, die er nie haben wollte. Seine Mitarbeiter warteten nur auf die Rente, hatten keinerlei Ehrgeiz und quatschten den ganzen Tag übers Saufen, über Pferderennen und Sex. Dean fand das so schlimm, dass er beschloss, ein Studium zu beginnen.

Die einzige Universität, deren Gebühren sein Vater zu zahlen bereit war, hieß Bob Jones University, ein Bibelseminar in South Carolina, wo Mischehen und Beziehungen zwischen Schwarzen und Weißen verboten waren. Anfang 1982, wenige Monate nach Deans Immatrikulierung, sprach das ganze Land über Bob Jones: Die Regierung von Ronald Reagan versuchte, eine Entscheidung der Steuerbehörde zu widerrufen, die der Universität Steuerfreiheit zugesichert hatte. Nach einem Sturm der Empörung musste Reagan zurückrudern. Die Universität, so erzählte Dean später, sei die einzige weltweit gewesen, in der der Stacheldraht, der den Campus umschloss, wie in einem Gefängnis nach innen gerichtet war. Die jungen Männer durften sich die Haare nicht über die Ohren wachsen lassen, die einzige Möglichkeit, mit den Mädchen auf der anderen Seite des Geländes in Kontakt zu treten, war über einen Läufer, der einen kleinen Kasten voller Kärtchen von Wohnheim zu Wohnheim trug. Das Einzige, was Dean an der Universität gefiel, war die Morgenandacht, in der alte Kirchenlieder gesungen wurden. Er schwänzte die Kurse, für die er eingeschrieben war, und bestand im ersten Semester nicht eine einzige Prüfung.

Zu Weihnachten fuhr er nach Hause und erklärte seinem Vater, er werde das Studium hinschmeißen und ausziehen. Sein Vater schlug ihn windelweich und warf ihn zu Boden. Dean stand auf und sagte: »Wenn du mich noch einmal anrührst, bringe ich dich um. Das ist mein Ernst.« Er verließ das Haus und kehrte nicht mehr zurück.

Mit seinem Vater ging es nun steil bergab. Er klagte über Rückenschmerzen und Kopfschmerzen und eine Menge weiterer, echter und erfundener Krankheiten, und ließ sich von einer Reihe von Ärzten, die nichts voneinander wussten, Oxycodon verschreiben. Er schluckte immer mehrere Pillen auf einmal und bunkerte seine Vorräte in den Innentaschen seiner Jacketts und in Müllbeuteln, wo Deans Mutter sie fand. Sein Blick war bald leer und matt, die Magenschleimhaut rebellierte. Immer wieder zog er sich ins Arbeitszimmer zurück – angeblich, um religiöse Bücher zu studieren –, er schluckte Tabletten und dämmerte vor sich hin. Mehrmals ging er zum Entzug in eine Klinik.

Dean dagegen stürzte sich ins Leben und war kaum zu halten. Schnell entdeckte er die Freuden des Alkohols und der Frauen, er spielte, rauchte Marihuana und geriet in Schlägereien. Seine erste Freundin war eine Pastorentochter, seinen ersten Sex hatte er in der Kirche, auf dem Boden vor dem Klavier. Er rebellierte bis zum Äußersten, nicht zuletzt gegen den Gott seines Vaters. »Ich war ein richtiges Arschloch«, erzählte Dean, »ich respektierte nichts und niemanden.« Er zog nach Greensboro, teilte sich ein Haus mit einem Kiffer. Eine Zeitlang assistierte er dem Golf-Pro im Greensboro Country Club, wo er hundertzwanzig Dollar die Woche verdiente. 1983, er war zwanzig Jahre alt, beschloss er, es noch einmal mit dem Studium zu versuchen. Er schrieb sich an der staatlichen Universität in Greensboro ein und studierte Politikwissenschaften. 1989, nach sechs Jahren, in denen er sich als Kellner über Wasser hielt, gelang ihm tatsächlich der Abschluss – trotz einer fünfmonatigen Unterbrechung, als er mit Chris, seinem besten Freund, nach Kalifornien fuhr. Sie schliefen im VW-Bus, liefen den Mädchen hinterher und genossen das Leben.

Dean war eingetragener Republikaner, Ronald Reagan war sein Idol. Für Dean war Reagan wie ein Großvater, der einem mit ruhiger Stimme zusprach und dem man vertrauen konnte: Seine Reden waren inspirierend und unkompliziert. Die Menschen wussten, was er meinte, wenn er von Amerika als Zitadelle, von einer »Stadt auf dem Hügel« sprach. Dean wollte ihm nacheifern, er wusste, dass er reden konnte, er stammte immerhin aus einer Predigerfamilie. Wenn Reagan sprach, begannen die Menschen, wieder an die Macht und Größe Amerikas zu glauben.

Reagan allein war es zu verdanken, dass Dean sich vorstellen konnte, selbst in die Politik zu gehen, ein Plan, der jäh endete, als er auf den Stufen eines Universitätsgebäudes mit einem Joint erwischt wurde. Einige Tage später geriet er in eine Alkoholkontrolle, wurde verhaftet und erhielt eine Vorstrafe.

Nach dem Studium, hatte er sich vorgenommen, wollte er die Welt sehen. Er verbrachte einige Monate in Europa, schlief in Jugendherbergen, manchmal auch auf einer Parkbank, ohne jemals seinen Ehrgeiz – seinen »verrückten Ehrgeiz« – zu vergessen. Er kehrte in die Heimat zurück und nahm sich zum Ziel, die beste Stelle in der besten Firma zu bekommen, die es gab. Diese Firma war immer Johnson & Johnson gewesen. Die Arbeiter in New Jersey trugen blaue Anzüge, sie waren sauber und drückten sich gediegen aus. Der Lohn war gut, die Firma verteilte großzügig Dienstwagen und bezahlte ihren Angestellten die Krankenversicherung. Dean zog mit seiner damaligen Freundin nach Philadelphia und bemühte sich um Kontakt, er sprach jeden an, der irgendetwas mit der Firma zu tun hatte.

Der Erste, den er kennenlernte, war ein blonder, geschniegelter Typ in einem Seersucker-Anzug, mit weißen Schuhen und Fliege – noch nie hatte Dean einen derartigen Aufzug gesehen. Beinahe täglich rief er in der Hauptverwaltung an, sieben oder acht Mal wurde er zu Vorstellungsgesprächen eingeladen, ein ganzes Jahr verbrachte er damit, mit purer Willenskraft eine Stelle zu ergattern, bis Johnson & Johnson 1991 endlich nachgab und ihn als Pharmavertreter nach Harrisburg schickte. Dean kaufte sich einen blauen Anzug, ließ sich die Haare schneiden und versuchte, seinen Südstaaten-Akzent loszuwerden, der ihn, so glaubte er, als rückständig kennzeichnete. Er bekam einen Pager und einen Computer, fuhr im Dienstwagen von Praxis zu Praxis, sprach täglich bei bis zu acht Ärzten vor, verteilte Probepackungen, erklärte Wirkungen und Nebenwirkungen.

Es dauerte nicht lange, bis Dean bemerkte, dass er diesen Job zutiefst hasste. Am Ende eines jeden Arbeitstags musste er der Zentrale von jedem seiner Praxisbesuche berichten. Er war ein Roboter, eine Nummer, die Firma, für die er arbeitete, überwachte ihn wie Big Brother. Wer sich in einer Weise engagierte, die Johnson & Johnson nicht passte, wurde bald zurückgepfiffen. Nach nur acht Monaten kündigte Dean – es hatte länger gedauert, die Stelle zu bekommen.

Er war einem Versprechen auf den Leim gegangen, das eine Lüge war: Wenn du studierst und dich anstrengst, wenn du in einem großen, traditionsreichen Unternehmen der Fortune 500 unterkommst, dann wirst du glücklich. Er hatte diesen Weg eingeschlagen, jetzt fühlte er sich elend. Er war seinem Elternhaus entkommen, nur, um sich erneut unterzuordnen. Also beschloss er, noch einmal ganz von vorn zu beginnen und sein eigener Herr zu werden – als Unternehmer.

Totaler Krieg: Newt Gingrich

Big Newt McPherson war ein Schlägertyp, der sich in den Kneipen von Harrisburg/Pennsylvania herumtrieb. Es war die Zeit des Zweiten Weltkriegs. Drei Tage, nachdem er Kit Daugherty, eine sechzehnjährige Putzfrau, geheiratet hatte, schlug er sie, weil sie versucht hatte, ihn nach einer durchzechten Nacht zu wecken. Es war das Ende dieser Ehe. Kit war schwanger, dafür hatte die Zeit wohl gereicht. 1943 brachte sie einen Jungen zur Welt, dem sie trotz allem den Namen ihres wenig später geschiedenen Mannes gab. Drei Jahre später heiratete Kit einen Offizier der Infanterie namens Robert Gingrich, der Big Newt um Erlaubnis bat, den kleinen Newtie zu adoptieren. Big Newt willigte ein und sparte sich die Unterhaltszahlungen. »Ist das nicht schrecklich?«, sagte Kit viele Jahre später, »ein Mann, der seinen eigenen Sohn verkauft.«

Als Little Newtie siebzig Jahre alt war, ein Politiker, dessen Lebensziel zum Greifen nahe war, sagte er einmal: »Die Kindheitswelt, in der ich aufgewachsen bin, war sozusagen idyllisch.« Wahlwerbung. Die echte Familie Gingrich wohnte über einer Tankstelle an einem Platz im Zentrum des ärmlichen Städtchens Hummelstown. Das Leben war hart und beengt, es schenkte einem nichts. Little Newties männliche Verwandte waren kräftig und körperlich, sie waren Farmer, Industrie- oder Bauarbeiter. Sein Stiefvater, der wie Little Newtie und Big Newt adoptiert war, war ein schweigsamer, gefährlicher Haustyrann. Der kleine Newtie übernahm zwar seinen Kodex der Härte, dem moppeligen, redseligen Jungen gelang es aber nie, den Oberstleutnant Bob Gingrich im Gespräch zu knacken und seine Zuneigung zu gewinnen. Also bekriegten sie sich. Kit war manisch-depressiv und verbrachte die meiste Zeit ihres Lebens unter dem Einfluss von Beruhigungsmitteln. Little Newtie war ein seltsamer, kurzsichtiger Junge, der keine engen Freunde hatte. Er fühlte sich eher zu den älteren Frauen in seiner Umgebung hingezogen, die ihm Gebäck gaben und ihn zum Lesen anregten. Der Junge, der mit fünfzig noch immer etwas von einem Neunjährigen hatte, hatte schon mit neun die Allüren eines Fünfzigjährigen. Er flüchtete sich in Bücher und Filme, seine Leidenschaft galt den Tieren, den Dinosauriern, der Frühgeschichte und Helden vom Format eines John Wayne.

Newt war zehn, als seine Mutter ihm an einem sonnigen Sommertag erlaubte, allein mit dem Bus nach Harrisburg zu fahren. Der Stiefvater war zu dieser Zeit in Korea stationiert. Newt sah sich hintereinander zwei Safarifilme an. Als er um vier Uhr, noch beeindruckt von Krokodilen und Rhinozerossen und den Abenteuern Afrikas, ins grelle Nachmittagslicht trat, sah er auf und entdeckte ein Schild, das auf eine Gasse zeigte: RATHAUS. Er hatte in seiner frühreifen Art bereits eine Vorstellung davon, was es bedeutete, Bürger dieses Landes zu sein. Er ließ sich den Weg zur Parkverwaltung weisen und versuchte, die Beamten zu überreden, Geld für den Bau eines Zoos bereitzustellen. Die Geschichte landete auf dem Titelblatt der örtlichen Zeitung. Newt erkannte, dass er berufen war, die Menschen zu führen.

Es dauerte weitere fünf Jahre, bis er sein Ziel schärfer in den Blick bekam. Ostern 1958, als Newts Stiefvater in Frankreich diente, besuchte die Familie Verdun – *l'enfer de Verdun*, den totalen Krieg. Vierzig Jahre nach dem Ersten Weltkrieg waren die Wunden überall sichtbar. Newt ging über die Schlachtfelder, er sah Krater und fand zwei rostige Helme, die er mitnahm und neben einem Granatsplitter an der Wand seines Kinderzimmers präsentierte. Er sah durch das Fenster des Ossuariums, wo, aufgeschichtet zu riesigen Haufen, die Gebeine von über hunderttausend französischen und deutschen Soldaten lagen. Das Leben hatte auf einmal eine andere Wirklichkeit für den Jungen. Er verstand, dass Zivilisationen zugrunde gehen konnten. Er sah, was geschah, wenn ganze Länder von schlechten Führern in Gefahr gebracht wurden. Und er sah ein, dass manchmal Menschen ihr Leben opfern mussten, um das Leben ihrer Mitbürger zu beschützen.

Er las Toynbee und Asimov, seine Vorstellung war beherrscht von Zivilisationen, die dem Untergang geweiht waren. Auch Amerika war in Gefahr. Deshalb fasste er einen Entschluss: Er würde nicht Zoodirektor oder Paläontologe werden – seine Zukunft lag in der Politik. Nicht in der Stadtverwaltung, nicht als Vorsitzender des Verkehrsausschusses, nicht als Verteidigungsminister oder einfach nur als Präsident der Vereinigten Staaten – nein, er wollte einer der ganz Großen werden, ein Lincoln, ein Roosevelt oder Churchill. (Der Vierte in dieser Reihe war damals noch ein arbeitsloser Schauspieler; als Newt auf den Feldern von Verdun wandelte, moderierte er im Fernsehen das *General Electric Theater.*) Der Junge beschloss, sein Leben der Lösung von drei Problemen zu widmen:

Was benötigte Amerika, um zu überleben? Wie ließ sich das amerikanische Volk überzeugen, sich seiner Führung anzuvertrauen? Wie konnte er die Freiheit des Landes sichern?

Jahrzehnte später kritzelte Gingrich diese Schicksalsaufträge an eine Tafel, wie uralte Hieroglyphen eines Eroberers:

> Gingrich – die wichtigste Mission
> Verteidiger der Zivilisation
> Grenzenzieher der Zivilisation
> Lehrer der zivilisatorischen Regeln
> Ermutiger aller, die Zivilisation anfachen
> Führer aller, die sich für Zivilisation einsetzen
> Führer (möglichst) aller zivilisatorischen Mächte
> Eine universelle, nicht nur eine optimale Mission

Doch zuerst galt es, die Sechziger zu überstehen.

Als Bob Gingrich 1960 nach Hause geschickt wurde, reisten ihm Kit und ihr Sohn nach Fort Benning/Georgia entgegen. Newt machte gerade Wahlkampf für Nixon gegen Kennedy. Nixon war der erste Politiker, für den er sich interessierte, er las alles, was er über ihn finden konnte. Auch Nixon stammte aus der unteren Mittelschicht, auch er war ein grüblerischer Einzelgänger, der mit einem strengen Vater aufgewachsen war. Sein tiefer Groll verschreckte die wenigen Freunde, gleichzeitig träumte er davon, ein großer Mann der Geschichte zu werden. Im November verbrachte Gingrich die längste Nacht seines Lebens, als er am Radio verfolgte, wie Nixon gegen Kennedy verlor.

In der High School begann Newt ein heimliches Verhältnis mit seiner Geometrielehrerin Jackie Battley, die sieben Jahre älter war als er – eine weitere ältere Frau, die ihn verhätschelte. Sie heirateten, als Gingrich neunzehn Jahre alt war, und bekamen zwei Töchter. Bob Gingrich weigerte sich, an der Hochzeit teilzunehmen.

Da er bereits eine Familie hatte, wurde Newt nicht eingezogen. Er meldete sich auch nicht freiwillig und setzte nie einen Fuß auf vietnamesischen Boden. Sein Stiefvater verachtete ihn dafür: »Er sieht die Zimmerwand nicht, so schlecht sind seine Augen, und er hat die schlimmsten Plattfüße, die ich je gesehen habe. Er ist körperlich zum Militärdienst einfach nicht in der Lage.«

Jackie arbeitete, und Gingrich studierte an der Emory University Geschichte. Er promovierte an der Tulane University und engagierte sich auf dem Campus. Als die Verwaltung von Tulane zwei Fotos wegen Obszönität verbot, die in der Campus-Zeitung veröffentlicht werden sollten, organisierte Gingrich Demonstrationen gegen die Entscheidung und nahm sogar an einem Sit-in teil. Er war zwar immer noch Republikaner, hatte aber zu Bürgerrechten, Umwelt und politischer Moral Vorstellungen, die eher reformistisch waren. Er las Alvin und Heidi Toffler und setzte sich mit dem politischen Futurismus auseinander, und er wurde zum Verkünder der informationellen Revolution. Am liebsten beschäftigte er sich damit, laut und direkt die etablierten Institutionen anzugreifen. Seine Lieblingsphrase, die »korrupte Elite«, schleuderte er in alle Richtungen, und er behielt sie bis zum Schluss griffbereit in seiner Tasche. Seinen Aufstieg zur Macht zementierte er mit Verbalangriffen auf die Jauchegrube der Sechziger, ein Jahrzehnt, das ihn selbst nicht wenig geprägt hatte.

1970 kehrte er nach Georgia zurück und begann, am West Georgia College vor den Toren Atlantas Geschichtswissenschaft zu lehren. Sofort meldete er seine Ansprüche auf das Amt des Rektors an – und wurde abgewiesen. Bei der Kongresswahl 1974 versuchte er, den konservativ-demokratischen Amtsinhaber vom Thron zu stoßen, in einem Bezirk, der noch nie einen republikanischen Abgeordneten gewählt hatte. Gingrich wurde von der Watergate-Affäre fortgespült und verlor. 1976 dann der nächste Versuch – wieder verlor er, und ein Erdnussfarmer aus der Provinz wurde Präsident. »Gerald Ford persönlich ist dafür verantwortlich, dass ich nicht im Kongress sitze«, schimpfte er. Aber Gingrich gab nicht auf, an Ehrgeiz fehlte es ihm nicht. Als ein Abgeordneter im Jahr 1978 seinen Rücktritt ankündigte, sah Gingrich seine Chance. Es sollte sein Jahr werden.

Er war ein Politiker neuer Art – ein Mann aus dem Neuen Süden, einer fortschrittlichen Region, die von der Raumfahrtindustrie geprägt war, von geschlossenen und bewachten Wohnanlagen – und dabei im eigentlichen Sinn überhaupt kein Südstaatler. Rasse spielte in seiner Rhetorik keine Rolle, er wirkte auch nicht sehr religiös. Die nördlichen Vorstädte von Atlanta vermischten Norman Rockwell und Glasfaserkabel, sie waren die Erfüllung eines Trends, der sich bereits ein Jahrzehnt früher, in Nixons Wahlkampf von 1968, angekündigt hatte: eine auf den Sunbelt gestützte republikanische Mehrheit. Gingrich, ein Freund von Flugzeugträgern, Mondraketen und Computern, verstand diese Leute.

1978 hatte die Stimmung im Land ihren Tiefpunkt erreicht: Städte wurden durch Vandalismus verwüstet, Stagnation und Inflation vernichteten die Kaufkraft, im Weißen Haus saß ein humorloser Moralist, der Opferbereitschaft predigte. Das Misstrauen gegenüber Behörden und Verbänden stieg, die Bevölkerung war frustriert und ließ sich – von Populisten und Konservativen – gegen Staat und Steuern aufwiegeln. Gingrichs Gegnerin, eine demokratische Abgeordnete, bot für den Wahlkampf genug Angriffsfläche: sie war linksliberal und reich und stammte ursprünglich aus New York. Gingrich wusste gleich, was zu tun war: Er rückte nach rechts und wetterte gegen Sozialleistungen und Steuern. Griffbereit in der Tasche hatte er einen neuen Stein, den »korrupten, linksliberalen Wohlstandsstaat«, mit dem er seine Gegnerin außer Gefecht setzte. Gerade als sich die christliche, rechtsfundamentalistische Moral Majority anschickte, die Machtverhältnisse in Washington auf den Kopf zu stellen, begann Gingrich, über moralische Werte zu sprechen, über Heim und Herd, er behauptete, seine Gegnerin sei bereit, die eigene Familie zu sprengen, um nach Washington zu gehen. Jackie und die Mädchen traten in der Wahlwerbung auf.

Aber Jackie war dick und unattraktiv geworden, und in politischen Kreisen war bekannt, dass Newt Affären hatte. Er war der »Ermutiger aller, die Zivilisation anfachen«, er war hungrig, aber er gehörte – mit seinem großen Kopf, einer ins Graue gehenden Helmfrisur, einem kalten, berechnenden Grinsen und einem Bauch, der mächtig gegen den Horizont seiner himmelblauen Hose drückte – nicht zu den Männern, denen die Frauen zu Füßen lagen. Er beschränkte sich so weit wie möglich auf Oralsex, um nicht lügen zu müssen, falls jemand fragen sollte. Zwei Jahre dauerte es, bis die Ehe kaputt war und eine neue Mrs Gingrich in den Startlöchern stand. Der »Verteidiger der Zivilisation« überreichte die handgeschriebenen Scheidungspapiere im Krankenhaus, wo Jackie sich von einer Gebärmutterkrebsoperation erholte. Jahre später verwies Gingrich auf die viele Arbeit und auf seinen Patriotismus, um diese Episode zu rechtfertigen.

1978 gewann er komfortabel, seine Partei nahm den Demokraten fünfzehn Sitze im Unterhaus ab (unter den Neuankömmlingen war auch Dick Cheney). Die Wahl kündigte bereits den Erdrutsch des Jahres 1980 an.

Der Führer aller, die sich für Zivilisation einsetzen, wusste, was zu tun war. Der Stall musste ausgemistet, die alte Ordnung über den Haufen geworfen werden, es galt, die demokratische Mehrheit massiv und frontal anzugreifen. Gingrich warf wieder Steine (seine Taschen waren tief), er bezeichnete seinen politischen Gegner als »korrupte, linksradikale Organisation«, legte sich mit mächtigen Ausschussvorsitzenden an und provozierte den Sprecher des Unterhauses, bis ihm der Kragen platzte. Auch die scheuen Republikaner scheuchte er auf. Er zerrte die Parteibosse aus den Hinterzimmern und versammelte eine Gruppe von jungen, kämpferischen Hinterbänklern, denen er seinen Politikstil beibrachte. Er zitierte Maos Wort vom »unblutigen Krieg« und gab seinen Kollegen eine neue Sprache und eine ekstatische Vision, und er wusste, dass die Partei sich am Ende an den Wüstling in den eigenen Reihen wenden würde, um sich zu retten. Und er war bereit, diese Verantwortung zu übernehmen, als Sprecher im Unterhaus, als Präsident, als Führer (möglichst) aller zivilisatorischen Mächte.

Das meiste davon hat er geschafft.

Er überblickte das Schlachtfeld und sah, was ihm an Munition zur Verfügung stand. Einiges lag ungenutzt herum. Zwei Monate nach seinem Amtseid begann C-SPAN, die Sitzungen des Unterhauses live und in voller Länge zu übertragen. Gingrich wartete, bis die reguläre Debatte vorüber war, und donnerte vor leerem Haus seine Brandreden, bis die Medien auf ihn aufmerksam wurden und ihm langsam aber sicher ein ergebenes Fernsehpublikum bescherten. (Gingrich, der gern gegen die »linksliberale Medienelite« wetterte, wusste nur zu gut, dass die Medien Blut sehen wollten – egal von wem.) Als er 1984 in einer Rede die Demokraten bezichtigte, dem Land in den Rücken zu fallen, traf ihn der gewaltige Zorn des damaligen Sprechers, Tip O'Neill: »Etwas Verkommeneres habe ich in meinen dreiunddreißig Jahren im Unterhaus noch nicht gehört!« Der Satz wurde, da er als persönlicher Angriff gewertet wurde, aus dem Protokoll genommen, und Gingrich hatte es mit einem Schlag in die nationalen Nachrichten geschafft. »Ich bin jetzt berühmt«, verkündete er stolz, und fügte, da er die neue Dynamik des Ruhms bestens verstanden hatte, Sätze hinzu wie: »Mein persönlicher Ehrgeiz ist nahezu grenzenlos. Ich will den ganzen Planeten ändern. Und ich habe schon damit angefangen.«

Das alte Parteiensystem hatte sich überlebt, Reformer, die überwiegend Gutes im Sinn hatten, bemühten sich, die Verstrickungen zwischen Politik und Wirtschaft zu lösen und die Entscheidungen aus den Hinterzimmern ans Licht der Öffentlichkeit zu zerren. Auch Gingrich hatte die Missstände erkannt: Wie Politiker zu Unternehmern wurden, die sich nicht mehr auf die Förderung durch die Hierarchien der Partei verließen, sondern auf Lobbyisten, bezahlte Strategen und Medienvertreter. Er hielt also Reden in Washington, schrieb ein (von politischen Unterstützern finanziertes) Buch, baute seine eigene Machtbasis aus, schuf ein Netzwerk von Spendern und ein Komitee, das die gesammelten Spenden an strategischen Stellen ausgeben durfte. Im ganzen Land suchte er nach geeigneten republikanischen Kandidaten, die er mit seinen eigenen Worten und Vorstellungen auf die anstehenden Wahlkämpfe vorbereitete, er verschickte Videos und Kassetten wie ein Motivationstrainer, weil er wusste, dass die Sprache der Schlüssel zur Macht war. Seine Rundschreiben enthielten Vokabellisten: wer seine Gegner mit den Worten *Betrug, bizarr, Bosse, Bürokraten, die/denen, drohen, erbärmlich, gestrig, Gewerkschaft, heimlich, inkompetent, korrupt, krank, Krise, links, Lügner, Schande, Stagnation, Status quo, stehlen, Steuern, Verfall, Verräter, Verschwendung, Wohlfahrtsstaat, würdelos, Zynismus, Zerstörung, Zwang, Zynismus* beschrieb, gewann leicht die Oberhand, und wer die eigene Seite mit Ausdrücken wie *Durchsetzungsvermögen, Common Sense, Erfolg, Ermächtigung, Familie, Feldzug, Freiheit, Führung, harte Arbeit, Herausforderungen, Kinder, Licht, Moral, Mut, Neuanfang, pro-(Forderung), stolz/Stolz, Reform, Stärke, Traum, Verpflichtung, Vision, Wahl/Wahlfreiheit, Wahrheit, wir/unser/uns* bedachte, hatte die Auseinandersetzung bereits gewonnen. Gingrichs Wortliste ließ sich unabhängig von Kontext oder Sinnzusammenhang zu wirkmächtigen Sätzen vereinen: »Wir müssen uns durchsetzen, wir müssen uns an den Common Sense halten, um unsere Kinder und Familien zum Träumen zu ermächtigen, indem wir einen moralischen Feldzug für Freiheit und Wahrheit anführen.« »Korrupte linke Bosse betrügen, sie lügen und stehlen und wollen euch ihren kranken, erbärmlichen Zynismus und eine bizarre, radikale Stagnation aufzwingen, um Amerika zu zerstören.« So lernte eine ganze politische Generation, Newt Gingrich nach dem Mund zu reden.

Er bemerkte auch, dass die Wähler kaum noch politische Loyalitäten hatten, weder zu den Ortsparteien noch zu nationalen Institutionen. Die Politik fand für sie im Fernsehen statt, und sie ließen sich weder von Argumenten noch von detaillierten Programmen beeinflussen. Dafür reagierten sie auf Symbole und Gefühle. Gleichzeitig wurden sie ideologischer: Viele Wahlbezirke waren fest in den Händen von Republikanern oder Demokraten, sie waren entweder sehr progressiv oder sehr konservativ. Spender, wusste Gingrich, motivierte man, indem man ihnen Angst machte, ihre Wut schürte und jedes Thema als eine Wahl zwischen Gut und Böse darstellte – ein Leichtes für einen Mann, dessen Amerika immer schon an der Wegscheide gestanden hatte und der die zivilisatorischen Errungenschaften des Landes ständig bedroht sah.

Gegen Ende der Achtziger gelang es Gingrich, die eigene Partei und die gesamte politische Kultur in Washington radikal zu verändern. Radikaler vielleicht als Reagan – und jeder andere Politiker nach ihm. Die historischen Ereignisse überschlugen sich.

1989 brachte er sein bis dahin größtes Opfer zur Strecke. Der damalige Sprecher des Repräsentantenhauses, der Demokrat Jim Wright, musste zurücktreten, weil ihn der unerbittliche Hinterbänkler Gingrich immer wieder der Korruption bezichtigte. Die Parteifreunde sahen, was diese Art des totalen Krieges bewirken konnte, und wählten Gingrich in die Führungsspitze der Fraktion. Der Lehrer der zivilisatorischen Regeln enttäuschte nicht. Indem er seine Kollegen mit einem »Vertrag für Amerika« konfrontierte, den sie nur unterschreiben oder ablehnen konnten, gelang es ihm, die vielen Einzelwahlkämpfe des Jahres 1994 zu einer großen, nationalen Auseinandersetzung zu bündeln. Unterschrieben wurde unter freiem Himmel, auf den Stufen des Kapitols, den Vertrag bezeichnete Gingrich als »ersten Schritt zur Erneuerung der amerikanischen Zivilisation«. Zum ersten Mal seit den Tagen seiner afrikanischen Kinosafari übernahm seine Partei Unterhaus und Senat. Das war Gingrichs Revolution, er war ihr Robespierre. Er wurde Sprecher des Unterhauses und eine Mediensensation. Die politische Bühne teilte er nur mit dem rotwangigen Jungen aus Arkansas, der im Weißen Haus saß und ihm – nach Herkunft und Bedürfnissen – erstaunlich ähnlich war.

Gingrich beschimpfte Clinton als »McGovernik der Gegenkultur« und als »Feind des normalen Amerikaners«. Er glaubte, dem Präsidenten seinen eigenen Willen aufdrängen zu können: Clinton wollte geliebt, Gingrich wollte gefürchtet werden. 1995 verbrachten sie damit, sich in den Haushaltsverhandlungen zu belauern. Als es zu einem Treffen im Weißen Haus kam, war Gingrich derjenige, der die Regeln diktierte.

Clinton beobachtete Gingrich, um von ihm zu lernen. Er spürte, dass unter der flammenden Rhetorik die Unsicherheit eines Neunjährigen verborgen war. Er verstand, warum Gingrich unter seinen Kollegen so unbeliebt war. Er verstand, dass seine Schwäche in seiner Aufgeblasenheit lag. Clinton nutzte das Wissen, das er sich zur Befriedigung seiner eigenen Bedürfnisse angeeignet hatte, um seinen Gegenspieler zu verführen und gleichzeitig in die Falle zu locken. Als die Vereinigten Staaten von Amerika am Ende des Jahres die Tore schlossen, weil kein Haushalt verabschiedet war, wurde Gingrich verantwortlich gemacht.

Damit war die erste Mission gescheitert.

Gingrich blieb drei weitere Jahre als Sprecher im Amt. Einiges, was er erreichte, wurde ihm in den Medien nicht angerechnet – den Applaus erntete der Junge aus Arkansas (der auch die schärferen Frauen abkriegte, schon vor seinem Aufstieg war er der begehrtere). Dann verstrickten sich die beiden Männer in die Logik des totalen Kriegs. 1997 wurde Gingrich im Unterhaus gerügt, weil er politische Spenden durch verschiedene gemeinnützige Organisationen geschleust hatte, er bezahlte eine Rekordstrafe von dreihunderttausend Dollar. Seine Kollegen hätten ihn am liebsten zur Guillotine geführt. 1998 gab es nur ein Thema, und das hieß Monica. Doch Oralsex und Lügen genügten nicht, um Clinton zu Fall zu bringen, allen Vorhersagen zum Trotz gelang es den Demokraten in der Zwischenwahl sogar, ihren Rivalen Sitze wegzuschnappen. Sofort wandten sich die Gingrich-Revolutionäre von einst gegen ihren Führer. Er trat als Sprecher zurück und gab seinen Sitz auf. »Ich bin nicht gewillt, einer Gruppe von Kannibalen vorzustehen«, erklärte er. Er nahm an einer letzten Abstimmung teil – dem Amtsenthebungsverfahren gegen Bill Clinton – und ging. Zwei Jahrzehnte lang hatte er dem Kongress angehört. Später gestand er, dass er während seiner Amtszeit ein Verhältnis mit einer dreiundzwanzig Jahre jüngeren Frau hatte.

Wenn das politische Washington zu dieser Zeit jemandem gehörte, dann war es wohl Newt Gingrich. Er mag seine eigene Rhetorik nicht immer geglaubt haben, die Generation, die er an die Macht geführt hatte, hatte sie aber längst verinnerlicht. Er hatte ihnen Senfgas gegeben, das sie gegen jeden erdenklichen Feind versprühten, auch gegen ihn selbst. Um die Jahrtausendwende befanden sich die beiden politischen Lager in einer Art Stellungskrieg, die Lage war festgefahren, auf dem schlammigen Schlachtfeld stapelten sich die Toten. Unter den Leichen lagen noch die Knochen des letzten Jahres, es war ein Krieg, dessen Anlass längst vergessen war, ein Ende war nicht in Sicht: *l'enfer de Washington.*

Vielleicht war genau dies immer sein Wunsch gewesen. Politik ohne Krieg kann sehr schnell langweilig werden.

Die junge Kongresspraktikantin, mit der Gingrich seine zweite Frau betrogen hatte, wurde seine dritte. Think Tanks und parteiische Medien fingen ihn auf, weil sie von ihm profitiert hatten. Wie sein Rivale, so verbrachte auch Gingrich seine Zeit im politischen Ruhestand beinahe ausschließlich in Gesellschaft sehr reicher Leute. Da er selbst nie Geld gehabt hatte (er war in seiner Amtszeit permanent verschuldet), machte er sich nun daran, welches zu verdienen. Er versilberte seine Verbindungen, seinen Einfluss – auch unter den umtriebigsten Lobbyisten, die für beide Lager arbeiteten, ergriff er jede Chance, schließlich ging es darum, den ganzen Planeten zu verändern. Er warf ein Buch nach dem anderen auf den Markt – siebzehn in acht Jahren –, denn der Verfall Amerikas, den er anprangerte, beschleunigte sich, die linksliberale Medienelite wurde immer brutaler, die säkularistisch-sozialistische Maschinerie wurde immer radikaler, der Demokrat im Weißen Haus entfremdete sich von seinem Volk, Gingrichs Wunsch, Amerika zu retten, war so innig wie eh und je, und die Sehnsucht nach Anerkennung war ungebrochen.

Als er sich schließlich um das Präsidentenamt bewarb, war es zu spät. Doch noch immer hatte der alte Mann mit der weißen Helmfrisur und dem kalten, berechnenden Grinsen den ein oder anderen Stein in seiner Tasche.

Jeff Connaughton

Es war 1979, als Jeff Connaughton zum ersten Mal Joe Biden sah. Biden war sechsunddreißig Jahre alt, er war der sechstjüngste Senator in der Geschichte der Vereinigten Staaten. Connaughton war neunzehn und studierte Wirtschaftswissenschaften an der staatlichen Universität von Alabama. Seine Eltern wohnten in Huntsville, wo sein Vater dreißig Jahre lang als Chemieingenieur im Raketenprogramm des Heeres gearbeitet hatte. Er hatte als Heeresflieger siebenundvierzig Missionen über Europa, China und Japan geflogen, studierte nach dem Krieg, unterstützt durch das GI-Gesetz, in Tuscaloosa, begann in einem Stahlwerk in Birmingham zu einem Stundenlohn von einem Dollar, wechselte zu einer Möbelfabrik in Arkansas, dann zu National Gypsum in Mobile/Alabama und von dort in die boomende Rüstungsindustrie der Nachkriegszeit. Seine Stelle in der Produktion kleinerer Raketenantriebe war sicher und gut bezahlt, am Ende verdiente er fünfundfünfzigtausend Dollar im Jahr, was ihn solide in der Mittelschicht verankerte. Sein Einkommen verdankte er dem Staat und dem Kalten Krieg. Allerdings waren sowohl Mr als auch Mrs Connaughton in sehr ärmlichen Verhältnissen aufgewachsen. Jeffs Vater hatte seinem eigenen Vater zugesehen, als dieser mit der Bonus Army, einer Gruppe demonstrierender Veteranen, 1932 durch Washington marschierte. Jeffs Mutter stammte aus Town Creek in Alabama, in den ganz harten Jahren wurde sie mit ihren Schwestern aufs Feld geschickt, um auf der Farm der Großmutter Baumwolle zu ernten. Mit fünf hatte sie ihr erstes Fünf-Cent-Stück gespart, um ihrer Mutter ein Geburtstagsgeschenk zu kaufen. Als sie eines Tages mit hohem Fieber im Bett lag, fuhr draußen der Eiswagen vorbei. Die Mutter, die einen Block Eis kaufen wollte, um das Fieber zu dämmen, konnte ihre Tochter nicht überreden, die Fünf-Cent-Münze herauszurücken – das einzige Geld im Haus. Es war diese Geschichte, die Jeff erzählen wollte, sollte er einmal einen Wahlkampf zu bestehen haben.

Die Connaughtons gehörten unterschiedlichen politischen Lagern an. Jeffs Mutter erinnerte sich noch an den Tag, als Franklin D. Roosevelt Town Creek besuchte, um den Wheeler-Damm einzuweihen. Alle Kinder waren zum Bahnhof gelaufen und warteten in feierlicher Stille, während der Präsident aus dem Zug gehoben und in einen Wagen gesetzt wurde. Sie wählte ihr ganzes Leben lang demokratisch. Als Jeffs Vater nach dem Krieg zum ersten Mal zur Wahl ging und den Wahlhelfer fragte, was er tun solle, erklärte dieser: »Stimmen Sie einfach für die Leute unter dem Hahn.« Der Hahn war das Symbol der Demokratischen Partei von Alabama, andere Parteien spielten im Süden damals keine Rolle. Das war der Augenblick, in dem Mr Connaughton Republikaner wurde, er ist der Partei über Jahrzehnte treu geblieben. Der weiße Süden hat sich ihm längst angeschlossen. Als Jeff aber viele Jahre später nach Washington ging, um für Joe Biden zu arbeiten, wurde er zu dem, was er selbst als professionellen Demokraten bezeichnete: Er gab Clinton seine Stimme – und sogar Obama. Die Siedlung, in der sie wohnten, war fest in republikanischer Hand, man stahl der Familie Connaughton sogar das Schild für Obama–Biden aus dem Vorgarten. Mr Connaughton stimmte für seinen eigenen Sohn.

Jeff war klein, klug und fleißig, sein Haar war dunkelblond. Er litt, wie alle Jungen aus Alabama, sein Leben lang unter einem Minderwertigkeitskomplex. Er war ohne feste politische Überzeugungen aufgewachsen. 1976 ließ er sich von Ronald Reagan inspirieren, als dieser beim republikanischen Wahlparteitag über die »Erosion unserer Freiheit« sprach, die »unter der Herrschaft der Demokraten in diesem Land stattgefunden hat«. Als Jimmy Carter 1979 eine »Krise des Vertrauens« im Land diagnostizierte und warnte, »dass viele von uns jedes Maß verloren haben und nur noch dem Konsum frönen«, veröffentlichte Connaughton einen Meinungsartikel in den *Tuscaloosa News*, in dem er die Rede, die als Malaise-Rede in die Geschichte eingehen sollte, verteidigte. Bis er nach Washington ging, war er auf keine Partei festgelegt, er blieb unabhängig. Die Kennedys bewunderte er. 1994 fuhr er nach Hickory Hill, um an einer Spendengala für Kathleen Kennedy Townsend teilzunehmen. Ethel und die anderen Kennedys standen im Garten vor der Villa und hießen jeden ihrer Gäste anmutig willkommen. Connaughton schlich sich verbotenerweise in ein Arbeitszimmer und zog einen Band aus dem Regal: Es waren Robert F. Kennedys Reden, Original-Manuskripte mit handschriftlichen Notizen. Connaughtons Blick fiel auf einen Satz, der lautete: »Wir sollten es besser machen.« Kennedy hatte das »sollten« gestrichen und durch ein »müssen« ersetzt. Was Connaughton in Händen hielt, war eine heilige Schrift. Hier bildete sich sein erstes Bewusstsein für

Politik: Dass sie aus großen Reden bestand, aus politischen Morden und anderen historischen Ereignissen, aus Schwarzweißfotos, die JFK am Schreibtisch des Oval Office oder im Rosengarten zeigten. Er aber wurde zu einem jener beinahe unsichtbaren Zuarbeiter, ohne die Washington nicht funktionierte, er war kein Hamlet, sondern ein Rosencrantz, kein politischer Führer, sondern ein loyaler Helfer, angezogen von dem Wunsch, der Allgemeinheit zu dienen und ganz nah an der Macht zu sein, zwei Beweggründe, die bald kaum noch zu entflechten waren. Später sagte er einmal: »Ich bin die perfekte rechte Hand.«

1979 – Connaughton war im zweiten Studienjahr – bat ihn ein Freund an der University of Pennsylvania, Alabama beim Nationalkongress der Studentenausschüsse in Philadelphia zu vertreten. Der Flug kostete hundertfünfzig Dollar. Aus dem Budget seines eigenen Studentenrats erhielt er einen Zuschuss von fünfundzwanzig Dollar, die *Tuscaloosa News* bot fünfundsiebzig für einen Artikel über seine Erfahrungen. Die letzten fünfzig Dollar stammten aus der Kasse eines Burger-Restaurants, wo Connaughton Stammgast war. Der Schichtleiter war von der Geschichte des jungen Mannes, der versuchte, die Kosten für den Nationalkongress zusammenzukratzen, gerührt, denn die Versammlung diente dem Kampf gegen die Apathie in der Studentenschaft und – wenige Jahre nach Watergate und Vietnam – der Wiederherstellung des Vertrauens in die Politik.

Der erste Redner auf dem Kongress war ein ultrakonservativer republikanischer Abgeordneter namens Dan Crane. Er kam aus Illinois und gehörte zu den vielen Tausend Männern und Frauen, die als gewählte Volksvertreter nach Washington gehen, ihre Zeit absitzen und keinerlei Spuren im öffentlichen Leben hinterlassen. Der zweite Redner war Joe Biden. Er begann mit den Worten: »Wenn das, was der Abgeordnete Crane gerade geschildert hat, eine linksliberale Position wäre, dann müsste die konservative lauten: Ihr seid alle verhaftet.« Der Saal tobte. An den Rest der Rede erinnerte sich Connaughton nicht, aber von dem jungen Redner war er begeistert. Biden war voller Energie, er war witzig und kam bei den Studenten gut an. Connaughton sollte diesen Moment nie vergessen.

Er kehrte nach Tuscaloosa zurück und gründete die Alabama Political Union, im Herbst lud er Biden und Senator Jake Garn, einen Republikaner aus Utah, zu einer Debatte über die SALT-II-Verträge ein. Beide Senatoren nahmen die Einladung an (1979 durften sie das Honorar von fünfhundert Dollar, das die Universität bot, noch behalten – die Nebeneinkünfte waren nur insofern beschränkt, als sie fünfzehn Prozent des Senatorengehalts von 57 500 Dollar nicht übersteigen durften). Doch Garn sagte im letzten Moment ab. Die Diskussion drohte zu einer schlichten Rede zu werden.

Connaughton fuhr mit einem Freund von der Brigham Young Universität, der gerade zu Besuch war und wie Garn Mormone war, nach Washington, um den Senator umzustimmen. Die Fahrt im Chevy Nova dauerte vierzehn Stunden. Connaughton, der noch nie in der Hauptstadt gewesen war, fand zwar den berühmten Beltway, sah aber keine Abfahrt in die Innenstadt. Die Straße war wie ein Burggraben, sie schien nirgends hinzuführen. In der Ferne tauchte gelegentlich die Kuppel des Kapitols auf und verschwand wieder. Schließlich erreichten sie über Seitenstraßen das Viertel Capitol Hill, das unmittelbar an das Regierungsviertel heranreichte. Es war arm und überwiegend schwarz, und es war völlig zerstört. Auch das war Washington, das Washington, in dem achtzig Prozent der Bevölkerung wohnte, ein Washington, das Connaughton, der zwanzig Jahre in der Stadt arbeiten sollte, kaum je wieder zu Gesicht bekam.

Am Morgen gingen sie durch die gewaltigen, endlosen Korridore des Russell Buildings, wo sich die Senatorenbüros befinden, und trafen Garn hinter einer der abweisenden, riesigen Mahagonitüren an. Da Connaughton von einem Mormonen aus Utah begleitet wurde, wurde er vom Senator empfangen, obwohl er keinen Termin hatte. Garn kam selbst in den Warteraum, ließ sich aber nicht umstimmen. Er hatte bereits eine andere Zusage für den Tag der Debatte gemacht. Also liefen Connaughton und sein Freund durch das Russell Building – zwei junge Männer aus der Provinz, beeindruckt vom weißen Marmor aus Vermont, vom Granit aus Concord, vom dunklen Mahagoni und von einer parteiübergreifenden, clubartigen Atmosphäre institutioneller Würde, die damals noch intakt war – auf der Suche nach einem republikanischen Senator, den sie für die Debatte gewinnen konnten. Doch es herrschte eine undemokratische Stille, die Flure waren wie ausgestorben. Zudem wusste Connaughton kaum, wie die Senatoren aussahen. Vielleicht hat er Howard Baker gesehen, Jacob Javits, Chuck Percy oder Barry Goldwater. Auf demokratischer Seite war gerade Hubert Humphrey gestorben, aber Edmund Muskie war noch da, genauso wie Frank Church, Birch Bayh, Gaylord Nelson und George McGovern. Sie alle sollten bald von den politischen Ereignissen hinweggefegt werden.

Plötzlich erklang ein lauter Signalton und der Korridor füllte sich mit großen, grauhaarigen, elegant gekleideten Herren. Connaughton und sein Freund folgten ihnen in den Aufzug (war dieser kleine Japaner mit der Schottenmütze nicht S. I. Hayakawa?), der in den Keller fuhr, zu einer kleinen elektrischen Untergrundbahn, die die Senatoren in nur dreißig Sekunden ins Kapitol beförderte. Unter den Senatoren, die auf den nächsten Wagen warteten, war Ted Kennedy, der sich mit einem Lächeln bedankte, als er merkte, dass er erkannt worden war, und dem Freund, der einen Schritt auf ihn zugemacht hatte, sogar die Hand reichte. Connaughton blieb wie angewurzelt stehen. (Was die Öffentlichkeit damals nicht wusste: dass Kennedy sich darauf vorbereitete, Präsident Carter bei der demokratischen Vorwahl von 1980 herauszufordern. Es war Biden, der Carter schon Anfang 1978 vor einer Kampfkandidatur Kennedys gewarnt hatte.)

Connaughton kehrte ohne eine republikanische Zusage für seine Debatte zum SALT-II-Vertrag nach Tuscaloosa zurück. Es stellte sich heraus, dass das kein Problem war. Biden kam, er trug einen Maßanzug und eine rot-blaue Krawatte, er war schlank und zeigte grinsend seine weißen Zähne, und als er zum Abendessen bei einer Studentinnen-Verbindung vorbeischaute, lagen ihm die hübschen Schwestern von Phi My (darunter Connaughtons Freundin) zu Füßen. Jeff wich den ganzen Abend nicht von Bidens Seite, er gefiel sich in der Rolle des Adjutanten und dachte ernsthaft darüber nach, eine politische Laufbahn einzuschlagen. Zweihundert Studenten waren versammelt, als Connaughton den Gast vorstellte. Als Biden ans Rednerpult trat, setzte er sich in die erste Reihe und hörte zu.

»Ich weiß, ihr seid alle gekommen, weil ihr gehört habt, wie großartig ich bin«, begann Biden. »Es stimmt – ich bin bekannt als jemand, der das Zeug zum Präsidenten hat.« Das Publikum lachte nervös, verunsichert von seinem Humor. »Vor ein paar Stunden bin ich mit einer Studentengruppe zusammengetroffen, die ein riesiges Banner aufgehängt hatte: ›Willkommen Senator Biden.‹ Und als ich gerade darunter durchging, hörte ich, wie jemand sagte: ›Das muss wohl Senator Bidden sein.‹« Das Gelächter wurde lauter und freier. Biden hatte das Publikum auf seine Seite gezogen, er nutzte die Aufmerksamkeit, um neunzig Minuten lang, ohne einen Notizzettel, darzulegen, warum es so wichtig war, die sowjetischen und amerikanischen Atomwaffenbestände zu reduzieren, und warum die Gegner des Vertrags im Senat keine guten Argumente hatten.

Einen Tag vorher war der Vertrag in Gefahr geraten, weil es hieß, eine sowjetische Brigade sei auf Kuba stationiert worden. »Leute, ich will euch mal was verraten«, sagte Biden. Er nahm das Mikrophon, trat ganz nah ans Publikum, bat mit der Hand um Ruhe und flüsterte in die gespannte Stille: »Die Truppen sind schon lange auf Kuba! Und alle haben es gewusst!« Der Applaus am Ende der Rede war laut und anhaltend. Als Connaughton aufstand, um auf das Podium zu treten und Biden zu danken, sprang das klatschende Publikum ebenfalls auf.

Ein Wachmann der Universität fuhr Biden zum Flughafen nach Birmingham, Connaughton ließ es sich nicht nehmen, ihn zu begleiten. Biden wirkte erschöpft, beantwortete aber geduldig jede noch so dumme Frage des Fahrers (»Was ist der Unterschied zwischen einem Demokraten und einem Republikaner?«), er nahm ihn ernst, als wäre er der bekannteste Journalist des Landes. Als Connaughton fragte, warum er täglich mit dem Zug von Wilmington nach Washington fahre, erzählte er, dass seine junge Familie 1972 – er hatte gerade erst die Senatorenwahl gewonnen – beinahe durch einen Autounfall ausgelöscht worden sei. »Meine Frau und mein kleines Mädchen starben«, sagte Biden, »meine Söhne wurden schwer verletzt. Ich blieb bei meinen Söhnen im Krankenhaus, ich wollte nicht mehr Senator sein. Doch dann nahm man mir am Bett meines Sohns den Amtseid ab. Ich trat das Amt also an, aber abends fuhr ich immer zu meinen Söhnen nach Hause. Und über all die Jahre hat sich Delaware daran gewöhnt, dass ich jeden Abend nach Hause komme. Deshalb bin ich nie nach Washington gezogen, und werde es auch nicht tun.«

Es war der Moment, an dem Jeff Connaughton sich mit Herz und Seele Joe Biden verschrieb. Biden hatte alles, was auch die Kennedys hatten – das Tragische, die Dynamik, das rhetorische Geschick. Bidens Charisma traf jeden, der ihm begegnete, er ließ die Menschen erst wieder los, wenn er wusste, dass er sie auf der Gefühlsebene für sich gewonnen hatte, egal ob sie einer Studentenverbindung angehörten oder von ihren Professoren verdonnert waren, der Rede zuzuhören, egal ob sie als Wachleute arbeiteten oder Wirtschaft studierten, wie der junge Mann, der ihn nach Tuscaloosa geholt hatte. Dies war der Wille, die Kraft eines Mannes, der Präsident werden konnte. Am Flughafen zog Connaughton einen Notizblock aus der Tasche und bat Biden um ein Autogramm. »Für Jeff und den APU. Bleibt der Politik treu – wir brauchen euch«, schrieb er, und da wusste Jeff, dass er dem Mann bis ins Weiße Haus folgen würde. Was er dort tun würde, wenn er dereinst ankäme, das wusste er nicht. Es spielte auch keine Rolle. Er wollte nur dabei sein, dort, ganz oben auf dem Gipfel der amerikanischen Politik.

In seiner Studienzeit lud Connaughton Dutzende weitere Amtsträger ein, und es gelang ihm noch zwei Mal, Biden für bezahlte Reden zu gewinnen, die letzte zu tausend Dollar. Biden riss jedes Mal dieselben Witze. Als er den Senator zum letzten Mal zum Flughafen fuhr, sagte er: »Wenn Sie Präsidentschaftskandidat werden, will ich dabei sein.«

Er zog nicht gleich nach Washington. Zuerst bewarb er sich mit einem Empfehlungsschreiben von Biden im Wirtschaftsprogramm der University of Chicago. Es war das Jahr 1981, das *Life*-Magazin hatte gerade »Die große Jagd aufs Geld« getitelt, der Artikel handelte davon, wie beliebt die weiterführenden Studiengänge in Wirtschaft und Finanzen waren. Das Foto zeigte einen jungen Studenten, an dessen traditionellem Doktorhut Dollarscheine hingen. Connaughton hatte nie viel Geld gehabt, weshalb ihn die Wall Street beinahe so magisch anzog wie das Weiße Haus. Und wie er die Vorstellung absurd fand, nach Washington zu gehen, nur um in einem Büro im Innenministerium zu landen, genügte es ihm nicht, mit seinem wertvollen Master of Business Administration in einer Firma wie Proctor & Gamble oder IBM unterzukommen. Stellen in Firmen, die tatsächlich Dinge herstellten, waren unter der Würde dieser frischgebackenen Absolventen. Am Ende seines zweiten Studienjahrs flog er nach Miami zu einem Vorstellungsgespräch bei Ryder Truck, einem landesweit operierenden Vermieter von Liefer- und Umzugswagen, und er dachte die ganze Zeit, dass er sich die Mühe überhaupt nur machte, weil er den Tag am Strand verbringen wollte. Seinen ersten Sommerjob absolvierte er bei Conoco Oil in Houston, sie hätten ihn gern behalten und boten ihm die Aussicht auf eine glänzende Karriere. Aber die Vorstellung, für 32 000 im Jahr anzufangen und alle sechs Monate an einen anderen Posten verschoben zu werden – von Lake Charles/Louisiana nach Ponca City in Oklahoma –, war ebenso schlimm wie Ryder. Connaughton stammte ja aus der Provinz – es war höchste Zeit, an eine Küste zu kommen. Er musste eine Stelle in einer Investitionsbank ergattern, in einer Firma wie Salomon Brothers oder Goldman Sachs, alles andere hätte ihn nur enttäuscht.

Connaughton hatte Joe Biden nicht vergessen. Manchmal, wenn er spät am Abend in der Bibliothek saß, schob er seine Wirtschaftsbücher zur Seite und blätterte in einer alten Ausgabe von *Time*, er las die Nachrichten aus den Sechzigern, erinnerte sich an die politischen Morde, an Jacks Präsidentschaft, Bobbys Aufstieg. Noch immer sehnte er sich danach, eines Tages in einem dieser Schwarzweißfotos zu erscheinen. Selbst als er sich an der Wall Street bewarb, ließ er Biden nicht aus den Augen. Er schrieb mehrere Briefe – nicht an sein Büro oder an den Sekretär, mit dem er sich einige Male unterhalten hatte und der ihm vielleicht geantwortet hätte. Er schrieb direkt an Biden: »Lieber Senator Biden, ich schließe nun bald mein Studium an der University of Chicago ab und …« Was Connaughton nicht wusste, war, dass das Büro nur Briefe aus Delaware beantwortete, alle anderen landeten ungeöffnet im Papierkorb.

Connaughton nahm eine Stelle bei Smith Barney an, wo er mit Anleihen handelte und ein Einstiegsgehalt von 48 000 Dollar hatte. Im Sommer 1983 zog er nach New York. Es war genau der richtige Augenblick, um an der Wall Street einzusteigen, wäre Connaughton wie viele seiner Kommilitonen geblieben, hätte er es vielleicht zu einem kleinen Vermögen gebracht. Eine Abteilung, in der mit den steuerfreien Schuldscheinen lokaler Verwaltungen – auf bundesstaatlicher und städtischer Ebene – gehandelt wurde, war zwar nicht der Ort, an dem man einen Haufen Geld verdienen konnte, für Connaughton, der in seiner Universitätsbewerbung geschrieben hatte, dass er sich gerade für die Berührungspunkte von Wirtschaft und Politik interessierte und eine Tätigkeit anstrebte, die ihn in beide Bereiche führen würde, war sie aber genau richtig. Smith Barney finanzierte Wasser- und Kanalisationsprojekte in Florida, wo sich die Einwohnerzahlen vieler Städte alle paar Jahre verdoppelten und Infrastrukturprojekte in einer Größenordnung von fünfzig oder hundert Millionen Dollar finanziert wurden.

Bei jedem neuen Vertragsabschluss lud die Firma ins Lutèce in Manhattan ein. Klienten wurden mit Limousinen zu einem 30 000-Dollar-Diner abgeholt, bei dem man den Gästen erklärte, dass die Gebühren (und das Abendessen) nicht auf Kosten ihrer öffentlichen Haushalte ging, sondern durch Investitionen hereingeholt würden. Das Geld auf dem steuerfreien Markt wurde umgehend wieder angelegt, die Zinsdifferenz betrug drei Prozent. Connaughton sagte Sätze wie: »Ich kann Ihnen die besten Tickets für *Cats* besorgen, sagen Sie mir nur Bescheid. Es wird Ihre Steuerzahler keinen Cent kosten.« Erst waren diese Verwaltungsleute immer sehr zögerlich, aber am nächsten Morgen war doch die Nachricht auf Jeffs Anrufbeantworter: »Wir haben uns das noch mal überlegt – wir würden doch sehr gern zu *Cats* gehen.« Einmal fuhr ein Kollege nach Jackson County in Tennessee, wo er dem Verwaltungsrat weismachte, dass die Gemeinde mehr Geld sparen würde, je höher die Transaktionsgebühren der Bank wären. Nur ganz hinten im Saal grummelte ein Mann: »So ein Blöödsinn …« Connaughton, der selbst aus dem Süden stammte, gelangte bald zu der Überzeugung, dass in jedem Saal, in dem ein New Yorker Banker versprach, seinen Kunden Geld zu sparen, jemand sitzen müsste, der »So ein Blöödsinn …« sagt.

Connaughton teilte sich mit einem Kollegen eine von der Firma bezahlte Wohnung auf der Upper East Side. Er kam gegen halb zehn am Morgen in die Firma, arbeitete bis abends, ging mit seinen Kollegen essen und kehrte ins Büro zurück, um bis Mitternacht zu arbeiten. Er war nicht so klug wie einige der Mathegenies, die an den Computern, die nun überall um ihn herum auftauchten, Szenarien für Anleihengeschäfte entwarfen. Dafür war er mit seinem Südstaaten-Charme beliebt, und er kannte einige Mädchen aus Alabama, die in Manhattan lebten. Drogen nahm er keine. (Als er Jahre später unter Clinton im Weißen Haus anfing und eine Sicherheitsbefragung absolvieren musste, antwortete er auf die entsprechende Frage: »Mein ganzes Leben lang habe ich darauf gewartet, diese Frage beantworten zu dürfen.«) Dafür trank er eine Menge Bourbon und tanzte im Studio 54 bis in die frühen Morgenstunden. Ab November kannten die Kollegen nur noch ein Gesprächsthema: Wie hoch der Bonus sein würde, den sie Ende des Jahres bekämen.

Nach einem Jahr wurde er nach Chicago versetzt. Aber er ertrug die Kälte nicht und sehnte sich nach dem Süden. Anfang 1985 ließ er einen Bonus von zwanzigtausend Dollar liegen und wechselte zu E. F. Hutton in Atlanta. Wenige Monate nach seiner Ankunft bekannte sich die Firma schuldig, mit Scheckreiterei das Post- und Telefongeheimnis in zweitausend Fällen verletzt zu haben. Über Jahre waren bei E. F. Hutton ungedeckte Schecks ausgestellt und mit Geldern aus anderen Konten bedient worden; das auf ein oder zwei Tage geparkte, zinsfreie Geld wurde für kurzfristige Geschäfte genutzt, die Millionen einbrachten. In Washington befasste sich der Rechtsausschuss des Senats mit dem Fall. Joe Biden, der dem Ausschuss angehörte, entdeckte das Thema der ausufernden Wirtschaftskriminalität und begann, in Fernsehinterviews die Kultur der Wall Street und die Untätigkeit von Reagans Strafverfolgungsbehörden anzuprangern. In einer Rede an der New York University erklärte er: »Die Menschen sind überzeugt, dass der Rechtsstaat und die verantwortlichen Politiker sie im Stich gelassen haben, dass sie nicht versucht haben, unethisches und möglicherweise kriminelles Verhalten an den höchsten Stellen zu unterbinden.« Es war Reagans zweite Amtszeit, die Zügel waren dem alten Mann längst entglitten. Die politische Führung war durch und durch korrupt, und Biden sah seine Chance, den ganz großen Coup zu landen.

Das Schuldeingeständnis kostete E. F. Hutton viele Klienten, die Firma wurde ausgehöhlt. Connaughton kam ungeschoren davon. Er hatte von Beginn an, als er das Anleihengeschäft gerade erst lernte, Wert darauf gelegt, die Kontakte zu den Stadtkämmerern zu pflegen, am liebsten flog er selbst nach Florida, um nach dem Rechten zu sehen. Dann hatte er eine Idee, die zündete: Städte und Gemeinden hatten enorme Pensionsverpflichtungen – mit denen man spekulieren könnte. Man gab eine Hundert-Millionen-Anleihe aus – steuerfrei zu vier Prozent – und investierte das Geld ein paar Jahre lang zu sechs oder sieben Prozent. Dass der Steuerzahler am Ende draufzahlen würde, war in dem Plan bereits angelegt. Aber eine Investitionsbank schrieb ein positives Gutachten (ein Geschäft galt als legal, wenn man jemanden finden konnte, der es als legal befand – je profitabler das Ganze wurde, desto kreativer waren die Anwälte), zur Freude seines Chefs, eines ehemaligen Wirtschaftsanwalts mit Anleihenerfahrung. Connaughton hatte selbst herausgefunden, wie sich in den 1980ern im Investitionsgeschäft Geld verdienen ließ. Man fand die Lücke im Gesetz und verdiente sich eine goldene Nase.

Er war siebenundzwanzig, nannte sich Assistant Vice President und verdiente über hunderttausend Dollar im Jahr. Und doch ging er abends nach Hause und dachte, dass dies nicht seine Bestimmung sein konnte. Ende 1986 zeichnete sich ab, dass Biden seine Kandidatur erklären würde. Connaughton hatte ihn nicht vergessen. Ein Lobbyist, der für E. F. Hutton arbeitete, hatte Beziehungen zum Wahlkampfteam und stellte den Kontakt her. Mit Erfolg.

»Ich habe Biden verehrt«, erzählte Connaughton viele Jahre später, »er war mein Held. Er war der Mann, den ich mir ausersehen hatte, um das Ziel zu erreichen, das ich mir gesteckt hatte. Er war das Pferd, das ich ins Weiße Haus reiten würde. Dort wollte ich sein. Die Wall Street hatte ich ausprobiert, mein nächstes Ziel war das Weiße Haus.«

1984 **Am 24. Januar wird die Firma Apple den Macintosh-Computer präsentieren. Sie werden sehen, warum 1984 nicht *1984* ist …** WERTPAPIERHÄNDLER DER INVESTITIONSBANKEN DÜRFEN ANLEIHEN VERMITTELN … Es ist doch noch einmal Morgen geworden in Amerika, unter der Führung von Präsident Reagan ist unser Land stolzer, mächtiger und besser geworden. Wer kann sich wünschen, zu dem Zustand zurückzukehren, in dem wir uns vor nicht einmal vier Jahren befunden haben? … *Ich hatte 'nen Job und ich war verliebt/ich hab' mich dem Leben gestellt/dann hat mich eines Tages/niemand mehr gebraucht/und mit unsrer Liebe zerbrach meine Welt* … TAMPA KOMMT NACH SCHWERER PHASE WIEDER AUF DIE BEINE »Aber all das wird uns auf lange Sicht nicht weiter bringen als ein Sieg im Super Bowl. Es ist eine echte Chance, den Menschen zu zeigen, wie großartig diese Stadt ist, dass man herkommen kann und nicht über den Tisch gezogen wird.« MISS AMERICA DARF NICHT MEHR OBEN OHNE POSIEREN … **Es ist die Leistung, die zählt. Warum einen Wagen fahren, der diesem Standard nicht gerecht wird?** … David E. Hersee, der Vizepräsident der Bank of New England, ging persönlich auf Wohnungssuche, als die Tochter eines Kunden den Wunsch äußerte, nach Boston zu ziehen. Selbstverständlich wird dieser Service nur den allerbesten Kunden geboten … DIE GEHEIME LIEBE DER LINDA GRAY Wie bei Dallas: Sie verliebt sich in einen Jüngeren … In den vier Jahren seit Beginn unserer Regierung hat ein Land nach dem anderen das sowjetische Joch abgeworfen. Seit dem 20. Januar 1981 haben die Kommunisten nicht einen Zentimeter Land gewonnen … *USA! USA! USA!* … BEEPER VERBINDEN MASSEN VON ARBEITSSÜCHTIGEN IN DER REGION Bereits viele verlassen sich auf die Geräte. Längst mehr als eine technische Spielerei … Die Hypothekenanbieter brauchen eine nationale Hypothekenbörse, die für Hypotheken und deren Derivate das ist, was »die New York Stock Exchange für den Handel mit Firmenanteilen ist«, erklärte David O. Maxwell, der Vorsitzende von Fannie Mae … NEUER BERICHT BENENNT VIRUS, DER MÖGLICHERIWEISE AIDS AUSLÖST … Es gibt im Leben eines jeden Menschen Augenblicke, in denen aus einer Schwierigkeit heraus etwas Neues entsteht. Es gibt andere Zeiten, in denen die Dinge so schlecht laufen, dass wir unser Schicksal am liebsten an den Schultern packen und kräftig durchschütteln würden. Ich bin überzeugt, dass es jener Morgen im Lager war, der mich dazu brachte, die Präsidentschaft von Chrysler zu übernehmen … REAGAN WIEDERGEWÄHLT Erdrutschartiger Sieg zeigt breite Unterstützung für den Präsidenten … *Ich bin der Mann, der in der Bahn nach Downtown sitzt.*

Tammy Thomas

Tammy Thomas wuchs auf der Ostseite von Youngstown auf, einer Stadt in Ohio. Noch Jahre später, als ihr Viertel längst verkommen und sie auf die Südseite gezogen war, und als die Südseite verkommen und sie auf die Nordseite gezogen war, fuhr sie manchmal, wenn sie eine gewisse Stimmung packte, mit ihrem metallic-grauen Pontiac Sunfire, Baujahr 2002, über die Autobahn, die die Stadt seit den Sechzigerjahren entzweischnitt, um sich in ihrer alten Nachbarschaft umzusehen.

Als Tammy in den Sechziger- und Siebzigerjahren aufwuchs, war der Osten noch ein gemischtes Viertel gewesen. Ihre Nachbarn in der Charlotte Avenue waren Italiener. Gegenüber wohnten Ungarn, das blaue Haus gehörte einer Familie aus Puerto Rico. Auch einige schwarze Hauseigentümer gab es. An der Kreuzung von Charlotte Avenue und Bruce Street, wo jetzt ein leeres, riesiges Grundstück zu sehen war, hatte ihre Grundschule gestanden. Weiter unten an der Bruce Street war eine Kirche, die nach einem Sturm abgerissen wurde. Ganz in der Nähe, an der Shehy, wo jetzt drei Kreuze standen und der Bürgersteig mit BLOOD und FROM PHILLY TO YOUNGSTOWN NIGGA besprüht war, war ein Geschäft, daneben stand das Haus, in dem Tammys Mutter lebte, bis es von einem Molotow-Cocktail getroffen wurde und niederbrannte. Die seichte Rinne zwischen den Grundstücken war einst ein von Pfirsich- und Apfelbäumen gesäumter Weg gewesen. Damals waren die Gärten voller Blumen und Gemüse – an ihrem Haus blühten Straucheibisch, Forsythien, Tulpen und Hyazinthen. Sie saß als Mädchen oft auf der Veranda. Wenn man die Straße hinuntersah, konnte man die Spitzen der Schornsteine in der Ferne erkennen, und manchmal trug der Wind den Schwefelgeruch heran. Die Männer der Ostseite verdienten gutes Geld, die meisten arbeiteten in den Stahlwerken. Man war stolz auf die dreistöckigen, gepflegten Giebelhäuser, auf die Veranden und Vorgärten, und wartete nicht lange, um nötige Reparaturen auszuführen. Alles war großzügiger hier als in den Arbeitervierteln des Nordostens. (Tammy war verwirrt, als sie in Philadelphia zum ersten Mal Reihenhäuser sah: »Wo sind die Gärten? Wo stellen die Leute ihre Autos ab?«) Es war die Mafia, die damals dafür sorgte, dass niemand über die Stränge schlug – dementsprechend geordnet ging es im Viertel zu.

Tammy hatte eine Freundin, Sybil West, die sie Miss Sybil nannte, denn sie war so alt wie Tammys Mutter. Miss Sybil schrieb einmal eine Liste in ein Spiralheft von all den Dingen, an die sie sich aus den Fünfziger- und Sechzigerjahren – ihrer eigenen Kindheit auf der Ostseite – erinnerte.

Pool Billard
Café mit Musik, für Teenager
der Milchladen Isaly
das erste Einkaufszentrum
Busse an elektrischen Drähten
Lincoln Park mit Schwimmbad
Messerschleifer mit Äffchen, Spaß für die Kinder
Bauern, die Obst + Gemüse verkauften, direkt aus ihren Lieferwagen
War damals so sicher in der Stadt, dass die Leute ihre Häuser nachts nicht abschlossen. Nachbarn sehr umgänglich + Schulen und Straßen waren immer voller Leute

Wenn Tammy über den aufgebrochenen Asphalt ihrer Kindheitsstraßen fuhr, staunte sie immer wieder über die leeren Grundstücke, über die Stille in den einst so lebendigen Straßen. Sie hatte vielleicht gehofft, dass die alten Familien noch einmal aus ihren Häusern treten würden, und war nun enttäuscht, dass von dem Viertel nichts übrig geblieben war. Was war hier nur geschehen? Wo waren die Dinge, die aus diesem Ort eine Heimat gemacht hatten? Die Geschäfte und Schulen, die Kirchen, Spielplätze, Obstbäume – es war alles weg. Auch die Hälfte der Häuser war verschwunden, und zwei Drittel ihrer Bewohner. Der Osten war nie die feinste Adresse von Youngstown gewesen, aber es war das Viertel mit den meisten schwarzen Eigentümern, und Tammy war es immer so vorgekommen, als wäre es nirgends grüner und großzügiger und schöner. Es war unmöglich, sich das vorzustellen, wenn man es selbst nicht erlebt hatte. Damals konnte man im Lincoln Park Pfirsiche pflücken, heute fällt der Ort an die Natur zurück. Rehe grasen auf den überwachsenen Grundstücken, inmitten des Sperrmülls.

Besonders wütend war sie, dass McGuffey Plaza aufgegeben worden war, das erste Einkaufszentrum, ein Modell der vielen Malls, die in den Fünfzigern von der Cafaro-Familie hochgezogen worden waren. Es gab dort eine Bowling-Bahn, einen A&P-Kiosk, mehrere weitere Geschäfte und einen riesigen Parkplatz vor dem Gebäude. Übrig war eine gigantische Asphaltwüste. Ein einziger, auf Afro-Haar spezialisierter Friseur war geblieben. Sie war wütend, dass sich niemand um die Ostseite kümmerte. Sie war weder traurig noch sentimental, sie war wütend, weil sie es nicht hinnehmen wollte, weil sie nicht bereit war, sich der Apathie zu ergeben, die wie eine schwere Decke über Youngstown lag, denn in dieser Stadt hatte sie ihr ganzes Leben verbracht, die Vergangenheit hatte an Wirklichkeit nichts eingebüßt. Es musste möglich sein, etwas zu unternehmen.

Was sie regelrecht rasend machte, war das Haus an der Charlotte Avenue, dessen halber Giebel rechts heruntergestürzt war und dessen Kamin hinter dem Haus lag, unmittelbar neben dem Zimmer, in dem sie zwanzig Jahre lang gewohnt hatte. Das Haus stand seit Mitte der 2000er Jahre leer, der gelbe Anstrich der Holzverkleidung blätterte ab. Es wäre einfach genug gewesen, die Haustür aufzustoßen oder durch einen der Fensterrahmen zu steigen, um oben im zweiten Stock ihr erstes Kinderzimmer zu sehen, aber sie blieb bei laufendem Motor in ihrem Pontiac sitzen und starrte durch die Scheibe. »Du lieber Himmel«, sagte sie kaum hörbar. Sie traute sich nicht hineinzugehen, aus Angst, dass die Emotionen sie überwältigen würden. Sie wusste, dass Kabel und Schreinerarbeiten herausgerissen waren, und sie hatte nicht vergessen, wie schwer Granny für dieses Haus gearbeitet hatte.

Granny – das war Tammys Name für die Urgroßmutter, die Mutter ihres Großvaters mütterlicherseits. Granny war es, die Tammy als kleines Mädchen erzogen hatte. Es gab einiges, was Tammy über ihre Urgroßmutter nicht mit Sicherheit sagen konnte. Sie war entweder 1904 geboren (laut Rentenversicherungskarte) oder 1900 (ihre eigene Angabe). Grannys Mutter, genannt Big Mama, stammte wohl aus Raleigh/North Carolina, und wurde von ihrer Familie an einen weißen Mann in Richmond/Virginia verkauft, wo Granny geboren wurde (wenn sie nicht doch in Winston-Salem geboren worden war). Es war durchaus möglich, dass Granny ein Mischling war – sie war hellhäutig, ihre Haare wuchsen lang und glatt. Sie hieß Virginia Miller, aber der Sohn, den sie zur Welt brachte, bekam den Nachnamen Thomas. Denn Big Mama hatte inzwischen einen Henry Thomas geheiratet, gemeinsam mit der Mutter und dem Stiefvater zog sie den Jungen auf.

Tammy versuchte, im Freedom Center in Cincinnati mehr über ihre Familiengeschichte zu erfahren, vieles war aber nicht mehr zugänglich. In der Volkszählung von 1920 tauchte Granny nicht auf, und 1930 war sie als »Nichte« im Haushalt der Familie Thomas aufgeführt, siebzehnjährig, mit einem fünfjährigen Sohn. Die Angaben – ihr Alter, das Verwandtschaftsverhältnis – stimmten wohl nicht. Auf dem Volkszählungsbogen von 1930 waren weitere Namen eingetragen, Großtanten und Großonkel, die Big Mama als ihre Kinder aufgeführt hatte, obwohl sie es nicht waren. So etwas kam vor in schwarzen Familien. »Man kümmerte sich einfach um die Kinder«, erzählte Tammy später, »eigene Kinder, Cousins, Brüder, Schwestern – alle wurden gemeinsam aufgezogen. Dabei können Dinge schon einmal etwas durcheinandergeraten, am Ende weiß keiner mehr recht, wer zu wem gehört. Es war auch kein Thema.« Auch Granny hatte wenig darüber gesprochen, und nun war sie tot.

Was Tammy aber mit einiger Sicherheit sagen konnte, war, dass Granny in der achten Klasse die Schule in Winston-Salem verlassen musste, um in den Tabakfeldern zu arbeiten. In den Zwanzigerjahren verließ sie den Süden und kam nach Ohio, wo sie anfangs als Putzfrau arbeitete, später in der Gravurabteilung des *Youngstown Vindicator*. Während der Depression zog die gesamte Familie nach – Papa Thomas, Big Mama, verschiedene Großtanten und Großonkel, Grannys Sohn. Sie ließen sich in Struthers nieder, einem Ort südöstlich von Youngstown, der nur durch den Mahoning River von der Stadt getrennt war. Es gab dort eine Kokerei und einen Schornstein, aus dem blaue Flammen schossen. Einige von Tammys Verwandten arbeiteten in den Stahlwerken, der Familie gelang es, in Struthers mehrere Häuser zu kaufen. Papa Thomas, der sein landwirtschaftliches Wissen aus dem Süden mitgebracht hatte, nutzte die Gärten. Es gab Pflaumenbäume, einen Apfel- und einen Pfirsichbaum, eine Kastanie und fünf Kirschen. Zwei Nachbarinnen kochten Marmelade, die sie bei Tammys Großtante gegen Pflaumenwein tauschten. Als Tammy klein war, ging sie an den Wochenenden immer mit Granny zu den Verwandten nach Struthers. »Für mich war das Landleben«, sagte sie, »und als ich älter wurde, verstand ich, dass die Familie das Beste aus ihrer Situation herausgeholt hatte.«

Tammys Seite der Familie hatte nicht das Beste herausgeholt. Ihr Großvater war als Heroinsüchtiger aus dem Zweiten Weltkrieg zurückgekehrt. Seine Frau wurde Alkoholikerin. 1966 brachte ihre Tochter

Vickie, ein hübsches, zartes Mädchen von siebzehn Jahren, ein Mädchen zur Welt, das sie Tammy nannte. Der Vater war ein Junge aus dem Ghetto, ein umtriebiger Fünfzehnjähriger namens Gary Sharp. Sein Spitzname war Razor. Vickie und er kamen miteinander nicht zurecht. Sie verließ die Schule und wurde kurz nach Tammys Geburt selbst süchtig. Mutter und Tochter zogen zu Granny, die nahezu siebzig war und noch immer als Dienstmädchen arbeitete, sie putzte und kochte und leistete einer reichen Witwe auf der Nordseite für fünfzig Dollar die Woche Gesellschaft. Auch um das Baby kümmerte sie sich.

Seit Grannys alte Wohnung unter dem neuen Autobahnzubringer I-680 begraben worden war, wohnten sie auf der Lane Avenue – Tammy, Granny, Vickie sowie Tammys Großvater mit Frau und Kindern. Wer sonst noch verwandt war, kam und ging, wie er wollte. Wenn Granny bei der Arbeit war, wurden in jeder Ecke des Hauses Drogen konsumiert. Vickie schlief oft mit brennender Zigarette ein. Die kleine Tammy hielt sich wach, bis die Mutter einschlief, um ihr die Zigarette aus der Hand zu nehmen. So begann sie mit drei Jahren, sich um ihre Mutter zu kümmern.

Am liebsten kroch sie zu Granny ins Bett, aber manchmal – seltener – ging sie zu ihrer Mutter. Selbst als Erwachsene tat sie es noch gelegentlich, wohl, weil sie als Kind nicht genug davon bekommen hatte. Wenn es ihr nicht gut ging, wenn sie Trost suchte, kroch sie zu ihrer Mutter ins Bett, selbst noch im Krankenhaus, wo sie von den Schwestern fortgescheucht wurde.

Es war Granny, die Tammy in die Kirche mitnahm, wenn sie sonntags in Struthers waren. Samstags erledigten sie in Youngstown die Einkäufe. Sie zogen Hüte und Handschuhe an, Tammy trug eine Spitzenbluse und ihre Lackschuhe. Der Bus brachte sie in die Innenstadt zur West Federal Street. Sie sahen bei dem Schuhgeschäft vorbei, in dem Grannys Schwester Jesse arbeitete, und aßen bei Woolworth's zu Mittag. Was sie für den Haushalt brauchten, kauften sie bei McCrory's Five and Dime. Das Fleisch kauften sie bei Huges'. Bei Strouss' bewunderten sie die Kleider und kauften billigere bei Higbee's. Granny hatte zwar ein Konto bei der Sparkasse, aber keine Schecks. Weshalb in der Stadt auch die Rechnungen für Strom, Gas, Wasser und Telefon bezahlt werden mussten.

Tammy sah gern zu, wenn Granny in der Küche stand und den Blattkohl aus den Gärten in Struthers kochte. Sie liebte die Gesellschaft älterer

Frauen und freute sich, wenn sie in der Nachbarschaft kleine Besorgungen machen und eine Weile im Gespräch verbringen konnte. Früh erkannte sie, dass die Alten eine Weisheit besaßen, von der sie nur lernen konnte. Sie hegte den Wunsch, Krankenschwester werden, um Menschen zu helfen und sich um sie zu kümmern.

Granny hatte mehrere Stellen bei weißen Familien in Youngstown. Die Familie, bei der sie am längsten Dienst tat, waren die Purnells, wo sie unter der Woche öfters übernachtete. Manchmal begleitete Tammy ihre Urgroßmutter zur Arbeit, sie putzte die gläsernen Türknäufe mit einer Flüssigkeit, die Granny ihr auf den Lappen gab, und befeuchtete die frische Wäsche, die in einem Korb unter Grannys Bügeleisen lag. Als Vickie einmal für einige Tage verschwand, durfte auch Tammy im Haus der Purnells übernachten, in einem Dienstmädchenzimmer im dritten Stock, von wo aus sie Mrs Purnell beobachten konnte, die auf der gartenseitigen Veranda stand und aus offener Hand Eichhörnchen fütterte. Mrs Purnell schenkte ihr ein Mickey-Maus-Telefon und später einige Schlafzimmermöbel.

Tammy wusste damals noch nicht, dass die Purnells zu den wohlhabendsten und bekanntesten Familien von Youngstown gehörten. Anne Tod Purnell war eine Nachfahrin von David Tod, der das erste Kohlebergwerk in Brier Hill gegründet und möglich gemacht hatte, dass ab 1844 im Tal des Mahoning River Eisen produziert wurde. Die Industrie war in den Startlöchern, der Bürgerkrieg konnte kommen – und Tod wurde zum Gouverneur von Ohio gewählt. Mrs Purnells Gatte, Frank Purnell, war Aufsichtsratsvorsitzender der Dollar-Savings Bank gewesen und von 1930 bis 1950 Präsident der Youngstown Sheet and Tube Company, dem fünftgrößten Stahlwerk des Landes und dem größten Arbeitgeber im Mahoning Valley. Die Purnells wohnten im besten Viertel der Stadt, am Crandall Park im Norden, ihre geklinkerte Villa an der Tod Lane Nr. 280 hatte sieben Schlafzimmer, vier Bäder und mehrere Kamine, außerdem Bibliothek, Ballsaal, Wintergarten und ein Kutschenhaus. Sie waren Teil einer kleinen Elite protestantischer Industrieller, die Youngstown seit dem Bürgerkrieg in einer Weise, die für eine kleine Stahlregion ohne Hafen ungewöhnlich war, dominiert hatten. Ihre Macht erreichte zur Mitte des letzten Jahrhunderts ihren Höhepunkt und war 1966, als im Osten der Stadt ein schwarzes Mädchen in einer aus North Carolina zugezogenen Familie zur Welt kam, bereits im Abstieg begriffen. Trotzdem genügte die Villa der Purnells, um ein Bild einer glorreichen Vergangenheit zu zeichnen, das in Tammys eigene, lebendige Erinnerung einging.

Von 1920 bis 1977 stand in einer dichten Reihe, über eine Strecke von fünfundzwanzig Meilen – den Flusslauf entlang vom Nordwesten bis in die südöstlichen Ausläufer der Stadt – ein Stahlwerk neben dem anderen: Republic Steel produzierte in Warren und Niles, U.S. Steel in MacDonald, die Hochöfen von Youngstown Sheet and Tube standen in Brier Hill, die der U. S. Steel mitten in Youngstown. In Campbell und Struthers hatten sich mehrere riesige Walz- und Röhrenwerke angesiedelt. Die Hochöfen brannten rund um die Uhr, die Hitzewand, das ewige Klirren des Metalls, das Dampfzischen und der alles durchdringende Geruch des Schwefeldioxyds, der schmutzig-graue Tageshimmel, der rote Höllenschein der Nacht, die rußbedeckten Häuser, der tote Fluss, die brechend vollen Kneipen, Stoßgebete für Joseph den Ernährer, Schutzpatron der Arbeiter, Waggons voller Eisenerz und Kalk und Kohle, die über ein dichtes Netz von Gleisen mitten durch den Ort rumpelten – all das bedeutete, dass Youngstown eine Stahlstadt war, nichts als eine Stahlstadt, dass jeder hier sein Auskommen – ja, sein Leben – dem flüssigen Metall verdankte, das in tausend Formen gegossen wurde, um dem Menschen nützlich zu sein.

Die Industriellenfamilien – Tod, Butler, Stambaugh, Campbell, Wick – sorgten dafür, dass alles blieb, wie es war. Die Oberschicht verhinderte, dass sich andere Industrien ansiedelten, die ihnen die Arbeitskräfte der Einwanderer streitig machen konnten. Dafür besaß Youngstown zwei Symphonieorchester – eins bestand ausschließlich aus Stahlarbeitern und ihren Angehörigen. Die Stadt, isoliert in einem Tal liegend, auf halber Strecke zwischen Cleveland und Pittsburgh, war wohlhabend und nach innen gerichtet, bis sie sich nach und nach spaltete – Italiener blieben unter sich, Slowaken und Ungarn blieben unter sich, die alten Familien hielten sich von den Einwanderern fern, die Arbeiter von den Angestellten, die Schwarzen von allen anderen.

Youngstown Steel and Tube war der Letzte der großen Stahlproduzenten, der unabhängig blieb und dessen Eigentümer in der Stadt wohnte. Vier Hochöfen waren in Campbell in Betrieb, zwei weitere in Brier Hills unweit der Innenstadt. Sheet and Tube verkörperte die ungebändigte

Energie, mit der in Youngstown produziert wurde – das alles verschlingende Wachstum, die brutalen Arbeitsbedingungen, die Trennung in der Arbeiterschaft nach Rasse und Nationalität, die starre Feindseligkeit gegenüber den Gewerkschaften, die stetigen Auseinandersetzungen. Frank Purnell trat 1902, zwei Jahre nach Gründung, in die Firma ein, er war fünfzehn und begann als Laufbursche in der Verwaltung, die ihren Sitz in der Innenstadt hatte. 1911 heiratete er Anne Tod und stieg in die beste Gesellschaft von Youngstown auf. In den frühen Zwanzigern bauten sie die prächtige Villa an der Tod Lane. Er arbeitete sich weiter hoch und wurde 1930 Präsident der Firma. In den offiziellen Porträts trug er die damals üblichen gestärkten Kragen, an seiner Weste hing eine Uhrkette. Er hatte eine Nase wie ein Tomahawk, ein Doppelkinn, ein Büschel silbernes Haar und das kaum merkliche Lächeln des Selbstvertrauens, das seine sichere Position auf der Seite des Kapitals mit sich brachte.

Doch in den Dreißigerjahren begann sich die festgefügte Ordnung aufzulösen. In einem Hochhaus in Pittsburgh, in dem die Stahlbosse ihre Büros hatten, verkündete 1936 der vulkanische Anführer der Bergarbeitergewerkschaft und des Gewerkschaftsbundes, John L. Lewis, die Gründung eines Organisationskomitees für die Stahlindustrie (SWOC), das von seinem eigenen Stellvertreter, einem milder gestimmten Schotten namens Philip Murray, geleitet werden sollte. Lewis und Murray setzten sich zum Ziel, den Bann zu brechen und zum ersten Mal die Arbeiterschaft dieses riesigen Industriezweigs unter dem Dach einer Gewerkschaft zu vereinen. Die Gewerkschaft sandte ihre Repräsentanten aus, die in Städten wie Youngstown mit der Arbeiterschaft diskutierten – in den Clubhäusern der Einwanderer, in Kirchen und Gemeindehäusern. Was die neuen Gewerkschaftsvertreter im Sinn hatten, hatte allerdings mit den gewachsenen Strukturen wenig zu tun: Sie predigten Klassenbewusstsein über die Grenzen ethnischer Herkunft, Rasse, Religion und Geschlecht hinaus – nicht, um dem Kapitalismus ein Ende zu bereiten, sondern um die Arbeiterschaft in die Mittelschicht zu führen und zu vollwertigen Mitgliedern einer gerechten Gesellschaft zu machen. Lewis' Strategien waren radikal, aber seine Ziele widersprachen dem amerikanischen System nicht.

Im Frühjahr 1937 folgten 37 000 Stahlarbeiter im Mahoning Valley einem nationalen Streikaufruf. Da ihre Forderungen im Radio nicht gehört wurden, banden sie Lautsprecher auf ihre Lieferwagen und fuhren durch die Straßen der Stadt, um Treffen oder neue Streikposten anzukündigen. Außerdem sammelten sie Baseballschläger. Unter den Streikenden waren fast keine Schwarzen. Einst hatte man Schwarze als Streikbrecher aus dem Süden heraufgebracht, jahrzehntelang gab man ihnen die schmutzigsten, anstrengendsten Arbeiten, wie die Nachbearbeitung des Stahls mit Gasbrennern. Das Misstrauen gegenüber den weißen Arbeitern saß tief, so tief, dass selbst die idealistischen Reden der SWOC-Funktionäre es nicht überwinden konnten.

Beim sogenannten Little Steel Strike konzentrierten sich die Gewerkschaften weniger auf das gigantische Werk von U.S. Steel, einer Firma, die die wirtschaftliche Macht der Gewerkschaften bereits anerkannt und seit März Gewerkschaften zugelassen hatte. Die Arbeiter profitierten dabei von einem erfolgreichen Sitzstreik der Arbeiter bei General Motors, der nur einen Monat zuvor in Flint/Michigan stattgefunden hatte. Stattdessen bekämpfte der SWOC eine Gruppe kleinerer Betriebe, darunter Republic Steel und Sheet and Tube. Während U.S. Steel, mit Sitz in Chicago, landesweit tätig war und die eigene Rolle in einer modernen, industriellen Gesellschaft verstand, zeichneten sich die kleineren Firmen durch Starrsinn und einen offenen Hass gegen alles Gewerkschaftliche aus. Sie bildeten Gruppen von »loyalen« Arbeitern, die die Produktion am Laufen hielten, und schwer bewaffnete, private Wachmannschaften, die mithilfe von Landebahnen auf den Betriebsgeländen aus der Luft versorgt wurden.

Ein Blutvergießen war unausweichlich. Den Anfang machte South Chicago. Am Heldengedenktag eröffnete die Polizei das Feuer und schoss einer Gruppe von Gewerkschaftssympathisanten in den Rücken, zehn Männer starben, Frauen und Kinder wurden verletzt. Einen Monat später war Youngstown an der Reihe, am 19. Juni starben zwei Arbeiter vor den Toren von Republic Steel. Frances Perkins, Roosevelts Arbeitsminister, forderte die Parteien auf, sich an einen Tisch zu setzen, die Eigentümer der Stahlwerke aber verlangten den Einsatz staatlicher Polizeikräfte. Der Gouverneur von Ohio entsandte die Nationalgarde, der Streik wurde beendet, die Arbeiter kehrten in die Betriebe zurück. Im Ganzen starben beim Stahlstreik von 1937 siebzehn Menschen. Die öffentliche Meinung wandte sich gegen die militant agierenden Gewerkschaften, die Arbeitgeber errangen einen Etappensieg.

Doch die Niederlage von 1937 führte direkt in den Sieg von 1942, als die Bundesbehörde für Arbeitsbeziehungen feststellte, dass Republic und Sheet and Tube den Streik mit illegalen Mitteln unterdrückt hatten. Die Firmen wurden gezwungen, die Gewerkschaft zuzulassen und Tarifverhandlungen aufzunehmen. Zu Beginn des Zweiten Weltkriegs war Youngstown eine Gewerkschaftshochburg, die wirtschaftliche Sicherheit, nach der sich die Arbeiterschaft so lange gesehnt hatte, war nun Wirklichkeit. Selbst die schwarzen Arbeiter begannen, etwas verspätet davon zu profitieren. Zwar waren die Stahlwerke so heiß und dreckig, dass sie Geist und Körper zerstörten, aber die Löhne, die dort verdient wurden, und die angesparten Pensionsansprüche hatten Vorbildfunktion im Goldenen Zeitalter des amerikanischen Wirtschaftslebens.

Frank Purnell führte Youngstown Sheet and Tube auch nach dem Krieg weiter. Er lernte, die Sprache der neuen, institutionellen Tarifpartnerschaft zu sprechen. Doch der alte Klassenkonflikt war nicht gelöst. 1950 trat er zurück und wechselte in den Aufsichtsrat, 1953 starb er an einer Hirnblutung. Beinahe zwanzig Jahre lebte seine Witwe Anne noch in der Villa auf der Tod Lane – Jahre, in denen die meisten anderen Industriellenfamilien ihre Stahlwerke verkauften und in kosmopolitischere, besser riechende Städte zogen. Weiterhin sorgten die Stahlwerke dafür, dass sich keine weiteren Industrien ansiedelten, die den Arbeitern eine Alternative hätten bieten können. In den Fünfzigern dachte Henry Ford II darüber nach, im Norden der Stadt, auf dem Gelände einer Schrotthalde der Bahn, eine Autofabrik zu bauen. Eine Koalition aus alten Eigentümerfamilien und abwesenden Konzernlenkern ging dagegen vor, die Auflagen waren schließlich derart massiv, dass Ford seine Pläne aufgab. 1950 baute Edward DeBartolo eine der ersten offenen Einkaufszentren in Boardman, wuchernde Malls begannen schon bald, den Geschäften der Innenstädte die Grundlage zu entziehen. Weiße Arbeiter zogen in die Vorstädte und fanden Anstellungen in leichteren Industrien. Schwarze Arbeiter, die überwiegend in den Städten blieben, übernahmen ihre besser bezahlten Stellen. Als die Frachtkosten zu steigen begannen, veränderte sich die Landkarte der amerikanischen Stahlindustrie, die Produktion in Cleveland, Gary, Baltimore und Chicago, die allesamt Tiefwasserhäfen besaßen, zog an, während Youngstown stagnierte. Zudem begann die Konkurrenz aus Übersee, sich bemerkbar zu machen.

1969 schließlich wurde Youngstown Sheet and Tube – inzwischen das achtgrößte Stahlwerk des Landes und das Letzte, das noch von Youngstown aus privat geführt wurde – an die Lykes Corporation, eine Werftengruppe, verkauft. Lykes begann, aus dem Stahlwerk Gewinne abzuziehen, und benutzte die Kassenbestände des Unternehmens, um ihre eigenen Verbindlichkeiten zu bedienen und andere Geschäftsbereiche auszubauen. Schließlich wurde die Dividende gestrichen und »Youngstown« aus dem Namen gestrichen. In den frühen Siebzigerjahren war die Stadt bereits dem Untergang geweiht, obwohl es damals noch niemand merkte.

Die Purnells hatten keine Kinder, und die alte Witwe lebte allein mit ihrer Schwester Lena und einem ältlichen, schwarzen Dienstmädchen namens Virginia. Eines Tages – die Schwester war bereits gestorben – wollte Mrs Purnell zum Kutschenhaus gehen, um nach dem Ofen zu sehen, als sie stürzte und sich die Hüfte brach. Seither übernachtete die Hausangestellte montags bis freitags in der Villa und leistete der alten Dame Gesellschaft. 1971 starb Anne Tod Purnell. Es dauerte einige Monate, bis das Vermögen aufgelöst und die Verhältnisse geklärt waren. In dieser Zeit hütete die schwarze Frau, die den Haushalt besorgt hatte, mit ihrer Enkelin und einer fünf Jahre alten Urenkelin das Haus.

Tammy erinnerte sich nicht, wie lange sie in der Villa Purnell gewohnt hatten. Damals kam es ihr wie eine Ewigkeit vor. Als sie einzogen, blühten Tulpen und Rosen. Tammy kam in den Kindergarten. Auch das Weihnachtsfest feierten sie dort. Als sie ankamen, wurden einige Möbel aus dem Haus geräumt, die wunderschönen Teppiche aus dem Empfang waren bereits fortgeschafft. Bald verschwanden auch die Möbel im Wohnzimmer, und zu Weihnachten wurde der große Esstisch fortgeschleppt. Dann riss jemand die Kronleuchter im Speisezimmer heraus, Granny war erschüttert, als sie die losen Drähte sah. Das ganze Gebäude wurde vor ihren Augen zerstört, schließlich fand sich ein Käufer. Der Fahrer von Mrs Purnell erbte den Wagen, der Gärtner und die Hausangestellten, so auch Granny, erhielten jeweils fünftausend Dollar. Tammys Mutter nahm einen silbergerahmten Spiegel mit und eine silberne Haarbürste. Zu Weihnachten schenkte sie Tammy ein Fahrrad, ihre ersten Fahrversuche machte sie in dem großen, leeren Wohnzimmer der Villa.

Das Haus war größer und prächtiger als alles, was sie sich vorstellen konnte. Es gab zahllose Orte, wo man sich verstecken konnte. Im Garten wuchsen Blumen, die sie nie zuvor gesehen hatte, in einem der sieben

Kellerräume stand gar eine europäische, von vorn zu befüllende Waschmaschine. Die Arbeitsflächen in der Küche waren aus Edelstahl, im Esszimmer entdeckte Tammy einen im Boden eingelassenen Knopf, mit dem einst die Diener gerufen wurden. Tammy, die in diesem Teil des Hauses eigentlich nicht spielen durfte, trat einmal darauf und erschrak mächtig, als sie den Summer auslöste. Am liebsten hielt sie sich in Lenas altem Schlafzimmer im zweiten Stock auf, das sogar einen Balkon hatte. Wie auch im übrigen Haus war alles in Grün gehalten, nur Lenas langgestrecktes Bad war mit goldenen Kacheln und einer bernsteinfarbenen Dusche ausgestattet. Das Bad teilten sie mit Tammys Mutter, wenn sie da war, aber Vickie mochte das große, leere Haus nicht – sie glaubte, dass es dort spukte. Einmal zog Tammy einen Reifrock mit Drahtösen und Rüschen an, den sie in einem alten Koffer gefunden hatte, und wirbelte durch den Ballsaal im dritten Stock wie eine Tänzerin aus einer anderen Zeit. Als Prinzessin schritt sie die Freitreppe hinab, auf der runden Bühne der Terrasse verneigte sie sich vor einem Publikum von Hecken und Büschen. Granny erlaubte ihr nicht, den Garten zu verlassen oder auf hohe Bäume zu klettern – und sie tat es trotzdem. An den Wochenenden spazierten sie zum Crandall Park und fütterten die Schwäne.

Das Abenteuer endete Anfang 1972, um Tammys sechsten Geburtstag herum, als eine Familie die Villa kaufte. Granny durfte Geschirr und einige Möbel mitnehmen, die übrig geblieben waren, darunter das weiße, goldverzierte Bett, das für Mrs Purnell angefertigt worden war, sowie ein passender Schminktisch. Sie kehrte mit Tammy in den Osten zurück, das Erbe, das sie erhalten hatte, nutzte sie, um eine Anzahlung auf ein Haus an der Charlotte Avenue zu machen, das sie für zehntausend Dollar kaufte. Mit wenigen, kurzen Unterbrechungen lebte Tammy in diesem Haus, bis sie sechsundzwanzig Jahre alt war.

Sie besuchte eine Reihe von Schulen, die alle nach Präsidenten benannt waren – Lincoln, Madison, Grant, Wilson; jede einzelne fiel der Abrissbirne zum Opfer. Auf Klassenfotos war sie das dünne, hellhäutige Mädchen mit den abstehenden Zöpfen, ihr Blick war mild und hoffnungsfroh, als müsste die Zukunft es gut mit ihr meinen. Es gab nichts Schöneres für sie, als nach Idora zu fahren, zur Wildcat-Achterbahn im alten Idora-Vergnügungspark. Der einzige Ort in der Stadt, den sie noch lieber mochte, war Mill Creek Park: Wald und Teiche und Gärten über eine Fläche von achthundert Hektar, die im Süden und Westen an die Stadt grenzte. Vom nördlichen Teil des Parks war der Blick frei bis zu den Stahlwerken und den Gleisen, man konnte auf Felsen klettern, sich treiben lassen und mit Gott oder sich selbst reden. Manchmal nahm Granny sie mit, manchmal ging sie auch mit einer Gruppe aus dem nahe gelegenen Gemeindehaus, der Pearl Street Mission, wo sie die Nachmittage verbrachte. Die Kinder liebten es, Erdnussbutter in ausgehöhlte Orangen zu füllen, die sie anpieksten und im Mill Creek Park an Bäume hängten – angeblich für die Vögel, aber nicht ein einziges Mal beobachtete Tammy einen Vogel, der tatsächlich Erdnussbutter aus einer Orange pickte. Hätte sie die Wahl gehabt, dann wäre sie wohl in die Nähe des Parks gezogen.

Als Tammy in der zweiten Klasse war, kam Vickie zum ersten Mal ins Gefängnis. Bei ihrem ersten Besuch hieß es noch, die Mutter sei im Urlaub. Ein oder zwei Jahre später kam sie für längere Zeit hinter Gitter. Diesmal erklärte ihr niemand, wo sie war, und Tammy stellte auch keine Fragen. Aber eines Tages im Schulbus versuchte ein älteres Mädchen, sie zu provozieren, und behauptete, Tammys Mutter sei im Gefängnis. »Stimmt nicht«, sagte Tammy, »sie ist im Urlaub.« Doch das Mädchen ließ sie nicht in Ruhe, sie schlugen sich und flogen aus dem Bus. Als Granny von der Arbeit nach Hause kam, erfuhr sie endlich, wo ihre Mutter war. Sie war erschüttert, aber als ihre Mutter entlassen wurde und nach Hause zurückkehrte, war sie so glücklich, dass sie das ganze Leid vergaß. Vickie hatte im Gefängnis etwas zugenommen. Sie hatte hübsche Haare und Beine und ein wunderschönes Lächeln. Tammy fand, sie war die schönste schwarze Frau, die sie je gesehen hatte.

Während ihrer gesamten Kindheit wurde die Mutter immer wieder eingesperrt: Drogendelikte, Scheckbetrug, sogar Raubüberfall. Wenn Vickie versuchte, das Heroin zu entziehen, ging sie manchmal mit Tammy zu einem Gebäude im Süden der Stadt, das Buddha hieß. Dort trank sie Methadon aus einem kleinen Becher, und Tammy bettelte, um es zu probieren. Ihre Mutter erlaubte es nicht. Da sie oft nichts zu essen hatte, lernte Tammy, mit Werbecoupons einzukaufen und ihrer Mutter jeden Tag einen kleinen Beutel vorzubereiten. Es kam vor, dass Vickie ihre Tochter einfach irgendwo vergaß, dass sie nicht zurückkehrte. Einmal war Tammy dabei, als ihre Mutter eine Überdosis nahm, und sie fragte sich, warum die Liebe für ihre Tochter so gering war, dass es ihr nicht gelang aufzuhören. Wenn sie ihre Mutter nur dazu bringen könnte, sie noch mehr zu lieben, dachte sie, würde sie ihre Sucht überwinden.

»Meine Mutter hat mich in eine richtige Zwickmühle gebracht, als ich klein war«, erzählte Tammy später. »Manchmal ließ sie mich einfach irgendwo zurück, und da sind Dinge passiert, die ich größtenteils verdrängt habe. Aber eigentlich war das alles egal, sie war halt meine Mutter. Und ich habe sie zutiefst geliebt. Ich habe den Boden verehrt, den ihre Füße berührt haben. Sie war halt meine Mutter.«

Aber erzogen wurde Tammy von ihrer Urgroßmutter. Granny war längst im Rentenalter, aber sie putzte und kochte noch immer für andere Leute. Sie hatte ein eigenes Haus gekauft, nicht das beste, aber ihr eigenes. Die Mutter von Tammys Vater – eine Schwesternhelferin im Krankenhaus St. Elisabeth – war ähnlich. Wenn sie abends in ihrer gestärkten Uniform nach Hause kam, war sie immer vollkommen erschöpft. Sie arbeitete, bis sie Krebs bekam und beinahe starb, aber sie sparte, bis sie der Sozialwohnung entkam und ein eigenes Haus kaufen konnte. Diese Frauen hatten ein Gespür dafür, was richtig war – und taten es einfach. Tammy lernte das sehr früh, es formte ihren Charakter. Auch Papa Thomas hatte vielleicht etwas damit zu tun, der in Struthers all diese Grundstücke besaß und der Kirche einen Teil abgegeben hatte.

Als Granny nicht mehr arbeitete, lebten sie von ihrer Rente und von Vickies Sozialhilfe. Sie hatten so wenig Geld, dass ihnen immer wieder das Gas abgedreht wurde. Als ihr Vater und ihre Großmutter noch am Leben waren, fuhr Tammy manchmal nach West Lake, in die Sozialwohnungen auf der Nordseite, um sie zu besuchen. Etwas später hatte sie einige Freunde in den Ghettos im Osten, wo das Elend von Generation zu Generation vererbt wurde. Diese Leute lebten von Sozialhilfe und hatten keine Chance, jemals aus den Siedlungen herauszukommen. Kaufen konnten sie sich nur etwas am Monatsanfang, wenn die Ladenbesitzer die Preise anhoben, um von den ausgegebenen Sozialhilfeschecks zu profitieren. Selbst wenn sie eine Ratenzahlung mit den Gaswerken vereinbarten, standen sie doch immer in der Schuld. Sie blieben verschuldet, bis sie unter der Erde waren. Tammy schwor sich, niemals Sozialhilfe in Anspruch zu nehmen und nie in eine solche Siedlung zu ziehen. Sie begnügte sich nicht damit, immer nur von der Hand in den Mund zu leben, ohne jede Chance, etwas aus ihrem Leben zu machen. Sie fürchtete sich davor, in diesen Kreislauf gezogen zu werden.

Als sie in die fünfte Klasse kam, war ihre Mutter mit einem Mann namens Wilkins zusammen, den Tammy schließlich als ihren Stiefvater ansah. Tammy musste Granny verlassen und zur Mutter ziehen, in ein großes Haus, das weit im Süden im schwarzen Ghetto lag und einem Cousin des Stiefvaters gehörte. Sie wohnten unter dem Dach, es gab nur ein einziges Schlafzimmer. Tammy schlief in einer winzigen Ankleide, sie war kaum groß genug, um sich darin umzudrehen. Das Bad war eine Etage tiefer und wurde von mehreren anderen Familien genutzt. Auf der Charlotte Avenue hatte sie ihr eigenes, großes Zimmer gehabt, sie hatte in einem schönen, breiten Bett von Mrs Purnell geschlafen. Trotzdem war sie jetzt nicht unzufrieden – sie beklagte sich nicht. Immerhin war die Mutter in dieser Phase clean, und der Stiefvater hatte eine gut bezahlte Stelle im Stahlwerk. Und doch reichte das Geld hinten und vorne nicht, es gelang ihnen nicht, der Armut zu entkommen. Tammy hatte in der Grundschule immer Flöte in einem Orchester gespielt. Als die Schule begann, eine Gebühr für die Benutzung der Instrumente zu verlangen, musste sie aufhören. An den Wochenenden kehrte sie immer zu Granny zurück.

Es war in dieser Zeit, als sie auf der Südseite wohnte, dass die Stadt Youngstown in einen tödlichen Strudel gerissen wurde.

Am 19. September 1977 kündigte die in New Orleans ansässige Lykes Corporation an, zum Ende der Woche die Produktionsanlagen von Sheet and Tube – dem größten Stahlwerk im Mahoning Valley – zu schließen. Die Nachricht kam völlig überraschend – die Entscheidung war erst einen Tag vorher, bei einem Treffen am Flughafen von Pittsburgh, gefallen. Der Aufsichtsrat war zusammengetreten und hatte abgestimmt, und dann waren alle wieder nach Hause geflogen, nach Chicago und New Orleans. Fünftausend Stellen gingen mit einem Schlag verloren. Unter den Entlassenen war Tammys Patentante, die nach neun oder zehn Jahren noch keine Pensionsansprüche hatte. Ihr Haus war nicht abbezahlt, die Kinder versorgte sie ohne jede Hilfe. In Youngstown sprach man nur noch vom Schwarzen Montag.

Damit hatte niemand gerechnet. Tammys Freundin Miss Sybil notierte Jahre später in ihrem Heft:

> Stahlwerke geschlossen
> Stadt verfällt, ein Krebsgeschwür scheint sie langsam umzubringen.
> Es begann alles sehr langsam, die Menschen standen unter Schock.

Es hatte durchaus Warnsignale gegeben, doch niemand hatte sie beachtet. Die Gewinne waren zurückgegangen – allerdings nicht dramatisch – die großen Konzerne von außerhalb hatten in die Anlagen nicht mehr investiert. Stattdessen hatten sie die besten Maschinen ausgebaut und in andere Stahlwerke verfrachtet, was in Youngstown übrig blieb, war technisch auf dem Stand des Ersten Weltkriegs. Der neueste Hochofen stammte aus dem Jahr 1921. Wenn die Industrie als Ganze schwächelte, waren es immer die Werke in Youngstown, die als Erste die Produktion drosseln mussten. Und sie waren die Letzten, die ihre Öfen wieder anfuhren. United Steel Workers, die Gewerkschaft, war mit Tarifkonflikten befasst, mit Lohnanpassungen und Pensionsansprüchen, und hatte versäumt, den Blick auf die Firmen und ihre Bilanzen zu richten. Die Gewerkschaften in der Stahlindustrie kümmerten sich um jeden und um alles, wer pünktlich zur Arbeit kam und keinen Unfug machte, konnte sich auf seine Gewerkschaft verlassen. Wenn ein Arbeiter am Kran eine Hand verlor, bekam er eine Stelle als Glöckner auf einem Pfannenwagen. Die hart erkämpfte Sicherheit lullte die Arbeiter ein, selbst wenn sie gelegentlich streikten. Einen Monat vor dem Schwarzen Montag lud der Bezirksleiter von United Steel Workers die Betriebsratsvorsitzenden von Youngstown in sein mahagonigetäfeltes Büro ein und erklärte ihnen, dass sich niemand Sorgen machen müsse.

Einer der örtlichen Gewerkschaftsführer war Gerald Dickey. Der Sohn eines Stahlarbeiters hatte 1968, nachdem er in der Luftwaffe gedient hatte, bei Sheet and Tube begonnen. Wenn ein Arbeiter damit rechnete, den Rest seines Arbeitslebens im Stahlwerk zu verbringen, kaufte er sich einen Henkelmann aus Edelstahl und eine Thermoskanne von Stanley. Dickey dagegen brachte sein Mittagessen in einer braunen Papiertüte mit, er wollte sich nicht festlegen. »Ich habe nie gesagt: Ich werde das dreißig Jahre lang machen. Ich wollte nur Geld verdienen.« Für 3,25 Dollar die Stunde wurde er eingestellt. Nach einem Jahr kaufte er sich ein Auto. Sein Wunsch, etwas anderes zu tun, geriet in Vergessenheit. »Da passiert etwas mit dir, wenn du das zwei Jahre gemacht hast. Du kriegst deine Krankenversicherung. Ein Jahr später kriegst du den ersten Urlaub. Dann legt sich diese große, wärmende Decke der Sicherheit um dich, und du steckst in der Falle. So ist das in der Industrie.« Granison Trimiar, ein Schwarzer aus Dickeys Gewerkschaft, sagte einmal: »Wenn du deinen ersten Lohnzettel von Steel and Tube in der Hand hattest, konntest du in die Stadt gehen und dir einen Kühlschrank kaufen und alles, was du wolltest – du konntest überall anschreiben lassen. Und in die Nachtclubs kamst du auch.«

In den Siebzigerjahren schlossen immer wieder kleinere Fabriken – Walzwerke, Stahlträgerwerke, Großbäckereien, Isalys Milchprodukte –, es war, als würde sich das große Beben mit kleinen Erschütterungen ankündigen. Aber niemand konnte damit rechnen, dass Sheet and Tube von einem auf den anderen Tag zumachen würde. Als es dann doch passierte, stand niemand bereit – keiner der ortsansässigen Industriellen, niemand aus der Spitze der Gesellschaft, keine mächtige Institution oder Organisation –, um das Schlimmste zu verhindern. Die Stahlbarone waren längst fort, den Firmen vor Ort fehlte es an Einfluss, die Politiker waren zerstritten und korrupt, der *Youngstown Vindicator*, die Lokalzeitung, pflegte einen seichten Optimismus. Bürgerliche Strukturen, um die sich die Betroffenen hätten scharen können, existierten nicht. Einen einzigen Hoffnungsschimmer gab es einige Tage nach dem Schwarzen Montag, als einige Pastoren mit militanten Stahlarbeitern zusammentrafen. Gerald Dickey, der inzwischen den Ortsverband der Gewerkschaft leitete, stand auf und sagte: »Dann kaufen wir halt den Laden und machen selber weiter.« Er wusste, dass das Arbeitslosengeld und die Lebensmittelcoupons des Sozialamts nicht genügten, um die Arbeiter durch die Krise zu führen, dass sich die Stadt von dem Verlust der Stellen nie mehr erholen würde. Die episkopalen und katholischen Bischöfe der Stadt stimmten zu, aus der Zusammenarbeit entstand die Ökumenische Koalition des Mahoning Valley.

Die Initiative erhielt den Namen Save Our Valley – die Idee bestand darin, genug Spareinlagen zu sammeln, um mit Hilfen und Garantien des Bundes die Fabrik in Campbell unter die Kontrolle der Gemeinde zu bekommen. Ein paar Monate lang waren die Menschen von dieser Idee begeistert, so etwas hatte es im industriellen Kernland noch nie gegeben. Das Mahoning Valley wurde zum Cause célèbre für progressive und radikale Kräfte im ganzen Land. Berühmte Aktivisten kamen nach Youngstown, um ihre Hilfe anzubieten, die nationalen Medien waren vor Ort, um ja nichts zu verpassen. Fünf Busse voller Stahlarbeiter fuhren nach Washington und protestierten vor dem Weißen Haus, und die Regierung Carter nahm ihre Petition entgegen und versprach, einen Ausschuss zu bilden, der sich mit der Situation befasste. Aber in Youngstown waren die

Bemühungen halbherzig. Die Versammlungen waren schlecht besucht, nie nahmen mehr als hundert Arbeiter teil. Die Initiative sammelte nur wenige Millionen Dollar, es hätte mindestens eine halbe Milliarde gebraucht, um die Fabriken zu retten. Die Eigentümer selbst gingen massiv gegen die örtlichen Bemühungen vor, und die Bundesgewerkschaft konnte sich für die Idee nicht erwärmen. Der Plan klang zu sehr nach Sozialismus, und das Risiko schien zu groß. Selbst einige der betroffenen Arbeiter zögerten. Wer fünfundfünfzig oder älter war und lang genug gearbeitet hatte, konnte sich bei vollen Rentenbezügen zur Ruhe setzen. Die Jüngeren begannen, anderswo nach Arbeit zu suchen. Schließlich rechnete ein Gutachten aus Harvard vor, dass selbst eine Milliarde an Subventionen nicht genügen würde, um die Werke zu sanieren und wieder konkurrenzfähig zu machen. Die Bundesregierung – die letzte Institution, die noch in der Lage gewesen wäre, die Industrie zu retten – weigerte sich einzugreifen. Die Stahlwerke waren unwiederbringlich verloren.

Wenn die Institutionen und ihre Vertreter verstanden hätten, was mit Youngstown und der gesamten Region geschehen würde, wäre es ihnen vielleicht gelungen, für die Phase der Deindustrialisierung wenigstens einen Übergangsplan zu schaffen. Aber nichts dergleichen geschah. Innerhalb von fünf Jahren schlossen alle großen Stahlwerke von Youngstown – Sheet and Tube in Brier Hill: 1980; U.S. Steel in Ohio: 1980; in McDonald: 1981; Republic Steel: 1982. Und es blieb nicht bei den Stahlwerken: Higbee's und Strouss', zwei große Kaufhäuser im Zentrum der Stadt, schlossen ihre Türen. Idora, der 1899 eröffnete Vergnügungspark im Süden, verfiel zusehends. 1984 brannte die Achterbahn nieder, Idora wurde geschlossen. Das spektakuläre Karussell wurde bei einer Auktion verkauft und an der Promenade von Brooklyn wieder aufgebaut. 1979 und 1980 verdoppelte sich die Anzahl der Firmenpleiten in Youngstown, 1982 lag die Arbeitslosigkeit im Mahoning Valley bei knapp 22 Prozent – die höchste Quote des Landes. Schwarze Arbeiter, die erst vor kurzem begonnen hatten, in die besser bezahlten Stellen zu rutschen, waren besonders stark betroffen. Häuser auf der Ostseite und teilweise auch im Süden, selbst in Smokey Hollow am Rand der Innenstadt, standen leer. Häuser, längst unverkäuflich, fielen an Banken und wurden zugenagelt, die letzten weißen Familien zogen in die Vororte. Jeden Tage brannten zwei oder mehr leerstehende Häuser ab, eine Epidemie, die ein ganzes Jahrzehnt lang anhielt. An einer Telefonzelle bei Cyrak's, einer berüchtigten Mafiakneipe, stand eine Nummer, die man anrufen konnte, um sein Haus abfackeln zu lassen. Es kostete halb so viel wie die Abrisskosten, die die Stadt in Rechnung stellte. Aber selbst nach Hunderten von Hausbränden wurde niemand zur Rechenschaft gezogen, nur zwei Täter kamen je vor Gericht: Eine Frau, die ihr Haus ansteckte, um die Versicherungssumme zu kassieren, und dabei ihre beiden Kinder tötete; und der für die Abrisse zuständige Stadtbeamte, der mit der Mafia gemeinsame Sache gemacht hatte. Zwischen 1970 und 1990 fiel die Einwohnerzahl von 140 000 auf 95 000, und der Trend war ungebrochen.

John Russo, ein Wirtschaftsforscher, der selbst in Michigan in der Autoindustrie gearbeitet hatte, begann 1980, an der Youngstown State University zu unterrichten. Damals konnte man von jeder Stelle der Stadt aus mindestens ein Stahlwerk und das Leuchten eines Hochofens sehen. Dann verschwand die Stahlindustrie vor seinen Augen. Russo hat errechnet, dass von 1975 bis 1985 im Mahoning Valley fünfzigtausend Stellen verloren gingen – ein wirtschaftlicher Zusammenbruch unvergleichlichen Ausmaßes. Und doch, so Russo, »kam niemand auf die Idee, dass das Problem systemisch war«. Da er der einzige Experte vor Ort war, riefen alle paar Monate Reporter von *Time* oder *Newsweek* an und fragten, ob Youngstown endlich die Kurve gekriegt hätte. Offenbar war es undenkbar, dass all diese Anlagen und all diese Menschen einfach nicht mehr gebraucht wurden.

Was in Youngstown passiert war, nahm nun auch in Cleveland, in Toledo, Akron, Buffalo, Syracuse, Pittsburgh, Bethlehem, Detroit, Flint, Milwaukee, Chicago, Gary, St. Louis und in anderen Städten eines Gebiets seinen Lauf, das ab 1983 unter einem neuen Namen bekannt wurde: Rust Belt. Aber nirgends war die Katastrophe so einschneidend, nirgends kam sie so früh und so plötzlich wie in Youngstown, denn außer Stahl hatte die Stadt nichts zu bieten: keine nennenswerte Baseballmannschaft, kein weltberühmtes Symphonieorchester. Die Stadt wurde eine Ikone der Deindustrialisierung, sie wurde eine Schlagzeile und ein Klischee. »Es hat noch nie so eine stille, schleichende Revolution gegeben«, erklärte Russo. »Wenn eine Epidemie eine vergleichbare Zahl von Menschen getroffen hätte, würden wir heute von einer historischen Umwälzung sprechen.« Da Youngstowns Untergang aber nicht durch einen Virus verursacht wurde, sondern durch den Verlust von Arbeitsplätzen, scherte sich am Ende kaum jemand darum.

Tammy war elf, als die ersten Stahlwerke schlossen. Sie war zu jung, als dass ihr Stahlstandorte, historische Streiks, Deindustrialisierung oder der drohende Untergang einer ganzen Stadt etwas bedeutet hätten. Sie war vollauf damit beschäftigt, ihren eigenen Alltag zu meistern. Ein Jahr nach dem Schwarzen Montag zog sie mit ihrer Mutter und dem Stiefvater zurück in den Osten. Offiziell wohnte sie in einem Haus an der Bruce Street, tatsächlich war sie aber wieder an der Charlotte Avenue bei Granny. Im Sommer nach ihrer Rückkehr stahl jemand die Haustür – eine solide, alte Eichentür mit einem ovalen Fenster und einem hübschen Rahmen aus Kristallglaskassetten. Einige weitere Häuser in der Nachbarschaft wurden von denselben Dieben heimgesucht. Granny konnte sich nicht leisten, die Tür zu ersetzen. Sie nagelten sie zu und benutzten jahrelang den Hintereingang, was Tammy peinlich war. Sie traute sich kaum noch, Freundinnen nach Hause einzuladen. Der Verlust der Tür war ein Wendepunkt, an den sie sich später oft erinnerte, es war ein Zeichen, dass die Schwierigkeiten, mit denen die Familie zu kämpfen hatte, Teil eines größeren Verfalls war. Der Mafia war die Kontrolle über die Straßen entglitten (dabei war es nicht weit von Cyrak's in die Charlotte Avenue), das Viertel verkam. Mitte der Siebziger waren die meisten weißen Familien bereits fortgezogen, nach dem Schwarzen Montag waren bald keine mehr übrig. Als Miss Sybil 1964 die East High School abschloss, waren die weißen Schüler noch in der Mehrheit. Einmal, als die Klasse ein schwarzes Mädchen zur Ballkönigin krönen wollte, wurde sie vom Klassenlehrer überstimmt. »So weit sind wir noch nicht«, sagte er damals. Aber von Jahr zu Jahr waren auf Tammys Klassenfotos immer weniger weiße Gesichter zu sehen, als sie 1980 in die High School kam, war das Viertel komplett in Hand von Schwarzen und Puerto-Ricanern. Tammy hätte zu Fuß zur High School gehen können, wurde aber ab der neunten Klasse mit dem Bus in eine andere Schule gebracht. Das oberste Gericht hatte die Gemeinden verpflichtet, weiße und schwarze Schüler gleichmäßiger zu verteilen. Ihre beste Freundin Gwen war das einzige andere schwarze Mädchen im Mathematikkurs, der Lehrer ignorierte sie einfach, wenn sie sich meldeten. Tammy vermisste ihre überwiegend schwarze Schule, in der zehnten durfte sie in den Osten wechseln.

Im Haushalt übernahm sie mehr und mehr Aufgaben, sie lernte, einfache Reparaturen auszuführen, bezahlte die Rechnungen und fuhr mit dem Bus zum Einkaufen. Eines Tages überschrieb ihr Granny das Haus durch eine Verzichtserklärung. Sie hatten die Rolle gewechselt: Nun kümmerte sich Tammy um Granny.

Mit fünfzehn wurde sie schwanger.

Sie schrieb ihrer Mutter einen Brief, den sie in den Briefkasten warf, weil sie sich nicht traute, ihr unter die Augen zu treten. Dabei wohnte sie nur drei Straßen entfernt. Als sie dem Gespräch nicht mehr ausweichen konnte, schimpfte die Mutter: »Wie willst du das schaffen? Du musst es loswerden ...« Tammy sagte, ich schaffe das, ich kümmere mich um mein Baby. Das war alles. Der Vater war ein freundlicher, gelassen wirkender Junge namens Barry, dessen Mutter Vickies Bewährungshelferin gewesen war. Sie hielt das Thomas-Mädchen für derart ungeeignet für ihren Sohn, dass sie die Mutter von Tammys Vater anrief und behauptete, Barry könne es nicht gewesen sein. Aber Tammy liebte ihn, was sie ihrer Mutter auch sagte.

»Du bist viel zu jung, das ist doch keine richtige Liebe«, sagte Vickie.

Tammy gab nicht nach. »Nein, Mama, ich liebe ihn.«

»Das geht vorbei.«

Sie hatte mit ihrer Mutter nie über Sex gesprochen, obwohl Vickie mit ihrem Mann drei Söhne in vier Jahren zeugte. Fünf Monate nach Tammy wurde auch sie wieder schwanger. Als Vickie in der fünften oder sechsten Klasse gewesen war, hatte ihr Big Mama erzählt, dass Babys an großen Felsen gefunden würden, und sie hatte es lange geglaubt. Es war die einzige Aufklärung, die sie je genossen hatte. Granny kam auch nicht auf die Idee, das Thema anzusprechen.

Am schlimmsten war, dass Tammy es auch Granny erzählen musste. Ihre Urgroßmutter hatte, soweit sie sich erinnern konnte, beim Begräbnis von Big Mama nicht geweint – aber nun, als Tammy ihr die Schwangerschaft beichtete, weinte sie, was Tammy zutiefst verletzte. Es dauerte viele Jahre, bis sie die Reaktion verstand: Noch nie hatte es in der Familie jemand geschafft, die High School abzuschließen. Tammy sollte die Erste sein. »Da haben wir also die nächste, die die Schule abbricht«, erzählte Tammy später. »So hat Granny damals gedacht. Sie hat Böden geschrubbt und für andere Leute gekocht, sie war so lange fort – nur, damit ich ein Dach über dem Kopf habe und die Schule abschließen kann. Die Familie hatte dieses Haus, aber niemand machte etwas aus sich.« Tammys Vater stürzte herein und rief: »Du bist 'ne Sozialschlampe, aus dir wird nie was anderes werden.«

Tammy beschloss, nicht so zu werden wie die anderen Mädchen aus den Ghettos – und auch nicht wie ihre Mutter. Sie würde weiter zur Schule gehen und den Unterricht ernster nehmen. Sie war immer eine mittelmäßige Schülerin gewesen, das sollte sich nun ändern. Später würde sie eine gute Stelle finden (zur Krankenschwester reichte es realistischerweise nicht, ihre Noten in Chemie waren zu schlecht), um ihrem Kind ein besseres Leben zu ermöglichen, ein besseres Leben auch, als ihre kleinen Halbbrüder erwartete. Sie wollte eine gute Mutter sein und ihrer Familie, auch ihrem Vater, beweisen, dass sie imstande war, ihr Kind zu versorgen, vor allem aber sich selbst.

Das Baby, ein Mädchen, kam am 9. Mai 1982 zur Welt. Barry kam nicht zu dem Termin, als die Geburtsurkunde unterschrieben wurde – Tammy fand bald heraus, dass er mit anderen jungen Frauen anbändelte. Es kam zum Streit, schließlich wollte sie ihn nicht mehr sehen. Sie kehrte in die Schule zurück und schrieb die Abschlussprüfungen für das Jahr. Ein paar Monate später traf sie Barry in West Lake, wo sie über den Sommer in einem Ferienlager jobbte. Er stand am Gemeindezentrum, wo gerade irgendetwas verteilt wurde, in einer Schlange, mit einer Freundin, die sichtbar schwanger war. Es brach Tammy das Herz – gleichzeitig wusste sie, dass sie darüber hinwegkommen würde, dass sie stark genug war. In die Kirche ging sie nicht mehr, ihre Lage galt als schandvoll. Als Barry einen Versuch machte, sie zurückzugewinnen, wies sie ihn ab. »Du hast damit nichts zu tun«, sagte sie, »sie gehört dir nicht. Du hast nicht einmal die Geburtsurkunde unterschrieben.« Ihre Tochter durfte nicht so aufwachsen wie sie, im Schatten einer zerstörerischen Beziehung mit einem Vater, der sich nicht kümmerte. Ihre Tochter sollte Liebe erfahren und Anerkennung von allen, die sie umgaben. Sie und das Baby waren ganz auf sich selbst gestellt, niemand stand ihnen bei, als der Osten zur Hölle wurde.

Bisher hatte das Sozialamt Tammy nur über die Mutter bezahlt. Jetzt meldete sie sich selbst an. Sie hasste die Vorstellung, von der Sozialhilfe zu leben – die Beamten waren gemein und gehässig –, aber sie brauchte das Geld für Lebensmittel und für den Kinderhort. Es gelang ihr, 1984 ohne Verzögerung die High School abzuschließen, sie war die Erste in der Familie, die ein Diplom in den Händen hielt. Das Jahrbuch ihres letzten Schuljahrs zeigt Mädchen, die in ihrer Aufmachung eher an die Vierzigerjahre erinnern. Sie kleideten und schminkten sich wie Billy Holliday.

Tammy trug einen grauen Filzhut mit schwarzem Band und Schleier, ihr Blick zeugte von dem bewegten Leben, das sie geführt hatte, seit sie zuletzt mit abstehenden Zöpfen fotografiert worden war.

An einer weiterführenden, technischen Schule erwarb sie einen Berufsabschluss. Sie arbeitete zwei Jahre lang als Kassiererin in einem Supermarkt, in der Hoffnung, eines Tages in die Verwaltung aufzurücken. Es wurde aber keine Stelle frei. Sie brachte zwei weitere Kinder zur Welt – 1985 einen Jungen, 1987 ein weiteres Mädchen. Der Vater beider Kinder war ein Mann namens Jordan. Sie hielt ihr Geld zusammen – da sie gelernt hatte, Auto zu fahren, konnte sie ihre Besorgungen in den größeren Märkten am Stadtrand machen, die billiger waren. Die Weihnachtsgeschenke für die Kinder kaufte sie nach dem Layaway-Prinzip. Sie ließ die Waren reservieren und stotterte sie ab. Mit der letzten Rate nahm sie sie mit nach Hause. Sie war für Granny, das Haus und drei Kinder verantwortlich und begann, sich nach einer sichereren, besseren Stelle umzusehen.

In den später Achtzigern widmete Youngstown der Industriegeschichte der Region ein Museum. Das Gebäude des Architekten Michael Graves hatte die Form eines Stahlwerks mitsamt stilisierten Schornsteinen. Doch in Warren, in der Elektrofabrik von Packard, wurde weiterhin gearbeitet. Achttausend Arbeiter stellten Kabelbäume und elektrische Bauteile für General Motors her. Die Arbeit war leichter und sauberer als in den Stahlwerken, zwei Drittel der Arbeitskräfte waren Frauen. Viele waren alleinerziehend wie Tammy. Sie ging zum Vorstellungsgespräch und wurde gleich eingestellt. Für die Arbeit am Fließband erhielt sie 7,30 Dollar Stundenlohn. 1988 war das Jahr, in dem ihr der Ausstieg aus der Sozialhilfe gelang. Sie war jetzt Fabrikarbeiterin.

Was ihr gehört: Oprah Winfrey

Sie war so mächtig, dass ihr der Buchstabe *O* gehörte. Sie war die reichste schwarze Frau der Welt und blieb – das war ihr Markenzeichen – doch immer die Frau von nebenan. An fünf Nachmittagen in der Woche lachten und weinten und seufzten und plapperten und hofften und feierten vierzig Millionen Amerikaner in einhundertachtunddreißig Medienbezirken (und zahllose weitere Menschen in hundertfünfundvierzig Ländern) mit dieser Frau. Die Milliarden, die sie verdiente, machten sie nur noch beliebter. Sie war immer noch eine von ihnen, sie verstand ihre Zuschauer, denn sie war eine von ihnen, eine, die von ganz unten gekommen war. Sie gab Millionen von Frauen das Gefühl, nicht allein zu sein. Sie fühlte, was sie fühlten, und was sie fühlte, fühlte ihr Publikum (und nichts war wichtiger als das Selbstwertgefühl). Als sie lernte, nach ihrem Herzen zu handeln, lernten auch sie, nach ihren eigenen Herzen zu handeln, und als sie lernte, ohne Schuldgefühl Nein zu sagen, obwohl sie wusste, dass sich Menschen von ihr abkehren würden (ihr größter Triumph), lernten sie es auch. Sie nahm sich vor, das ganze Land zum Lesen zu bringen. Sie wollte die Sozialhilfe-Mentalität brechen und hundert Familien ermöglichen, aus den Slums von Chicago zu entkommen. Sie wollte das Land in ein Gespräch über Rassenpolitik verwickeln und mit einem Film die Wunden der Sklaverei heilen. Denn sie wusste: »Das Wichtigste sind die Bilder.« Sie wollte den Menschen helfen, das Beste aus ihrem Leben zu machen. Die Zuschauer, die zu ihr ins Studio kamen, sollten jedes Weihnachtsgeschenk bekommen, das sie sich wünschten (gigantische, hochauflösende 3-D-Fernseher von Sony, den G6 von Pontiac, Kreuzfahrten von Royal Caribbean). Sie stieß ein Tor auf, damit sich ihre Zuschauer deutlicher sahen, sie selbst war das Licht, das sie zu Gott führte, oder zu dem, was sie für Gott hielten. Sie sollten alles haben, was sie sich wünschten – wie sie.

Sie sprühte vor Offenheit und Authentizität, und sie konnte sich leisten, es nach ihren eigenen Regeln zu tun. Wer ihr näherkommen wollte, musste einen Vertrag unterschreiben, der sein Recht auf freie Meinungsäußerung für den Rest des Lebens einschränkte. Sie kaufte die Rechte an jedem Foto, das von ihr existierte, und drohte jedem mit einer Klage, der ihr Recht auf bildliche Selbstbestimmung verletzte. Wenige Wochen vor der Veröffentlichung zog sie ihre Autobiographie zurück, weil Freunde sie gewarnt hatten, dass sie zu viel über bestimmte Aspekte ihres Lebens preisgab und andere falsch darstellte. Von Jahr zu Jahr fanden in ihrem Gesicht drastische Veränderungen statt.

»Nach den Gesetzen des Universums ist es unwahrscheinlich, dass ich Opfer eines Raubüberfalls werde, denn ich helfe den Menschen, ihr ganzes Potential auszuschöpfen«, sagte sie einmal. »Ein schwarzer Mann, eine schwarze Frau muss sich fragen lassen: Wenn Oprah es schafft, was heißt das dann für dich? Es gibt keine Ausreden mehr.« Und weiter: »Harriet Tubman, Sojourner Truth, Fannie Lou Hamer sind alle ein Teil von mir. Ich habe immer geglaubt, dass mein Leben das ihre in Vollendung ist. Es ist so viel toller, als sie es sich erträumen konnten. Ich habe das Gefühl, dass sie mich noch immer begleiten, dass sie mich anfeuern: Weiter so, Mädchen! Weiter so!« Und weiter: »Ich spüre meine gewaltige Kraft, denn ich glaube wirklich, dass ich einen Punkt im Leben erreicht habe, an dem sich meine Persönlichkeit vollkommen mit dem deckt, was die Aufgabe meiner Seele ist.« Und weiter: »Ich gehöre zu den Menschen, die mit jedem können. Es macht mir Angst, nicht gemocht zu werden, selbst von Leuten, die ich selbst nicht leiden kann.« Und weiter: »Talkshows zu moderieren, ist für mich wie atmen.« Und weiter: »Als ich zehn war und Diana Ross und die Supremes in der *Ed Sullivan Show* sah, hörte ich auf, weiß sein zu wollen.« Und weiter: »Niemand hätte je gedacht, dass ich anderswo enden würde als in einer Fabrik oder auf irgendeinem Baumwollfeld in Mississippi.« Und weiter: »Ich war nichts als ein kleines, verträumtes, schwarzes Kindchen.«

Die Yellow Brick Road, der segensreiche Weg des Erfolgs, der zum lila strahlenden Feld ihres gewaltigen Geschäftsimperiums führte (Harpo Productions, Harpo Studios, Harpo Films, die *Oprah Winfrey Show*, Oprah Winfrey Network, ein Fernsehsender, *O: The Oprah Magazine* – sie ziert den Titel jeder Ausgabe – *O at Home,* The Oprah Radio Network, Oprah and Friends, Oprah's Studio Merchandise, The Oprah Store, Oprah Winfrey's Boutique, Oprah's Book Club, Oprah's Favorite Things, Oprah's Angel Network, oprah.com) begann 1954 auf einer Farm im tiefsten Mississippi. Benannt ist sie nach der biblischen Orpah – ihr Name beruht auf einem Rechtschreibfehler. Die ersten sechs Jahre verbrachte sie bei ihrer Großmutter, Hattie Mae Lee, einer Köchin und Putzfrau, deren Großeltern Sklaven gewesen waren, und ihrem Großvater Earlist, den sie auf den Tod fürchtete. Sie waren so arm, dass das Mädchen kein einziges gekauftes Kleidchen besaß, ihre einzigen Haustiere waren zwei Kakerlaken in einem Marmeladenglas. Zumindest hat sie es so in Interviews beschrieben. Mitglieder ihrer Familie haben gesagt, diese Geschichte sei übertrieben, sie sei versorgt gewesen, geliebt und gehätschelt, was Grundlage ihres heutigen Selbstvertrauens sei.

Als Oprah sechs war, konnte die Großmutter sich um das Mädchen nicht mehr kümmern, sie wurde nach Milwaukee geschickt, wo ihre Mutter in einem Wohnheim lebte. Vernita Lee arbeitete als Putzfrau, bekam zwei weitere Kinder von zwei verschiedenen Männern und lebte eine Weile von Sozialhilfe. Mutter und Tochter vertrugen sich nicht, Oprah wuchs mehr oder weniger verwahrlost zum Sound von Motown auf. Ihre Schwester gab später an, dass sie Geld aus dem Portemonnaie der Mutter stahl, wenn diese zur Arbeit ging, und bereits mit dreizehn recht wahllos Sex hatte. Sie ließ sich von jungen Männern bezahlen, die »Pferdchen« mit ihr spielten. Gleichzeitig wurden weiße Autoritätsfiguren auf sie aufmerksam, die ihre Belesenheit, ihre theatralische Stimme und ihren Ehrgeiz bewunderten und ihr zu Erfolg verhelfen wollten. Mit vierzehn wurde sie nach Nashville zu ihrem Vater Vernon Winfrey, einem Friseur geschickt, um ihr christliche Disziplin beizubringen. (Ihr Vater, so sollte sich herausstellen, konnte Vernon nicht sein – sie weiß bis heute nicht, wer es ist.) Wie schon in Milwaukee, kam sie auch in Nashville mit den Weißen besser aus als mit ihrer eigenen Familie. Sie hat einmal gesagt, dass die Einzigen, die sie jemals unterdrückt haben, Schwarze waren, die ihre sehr dunkle Hautfarbe nicht mochten oder ihr den Erfolg neideten.

Sie brach ein Studium an der Tennessee State University ab und begann, bei einem lokalen Fernsehsender zu arbeiten. Als sie 1976 die Abendnachrichten in Baltimore präsentieren durfte, glaubte man, in ihr die schwarze Barbara Walters oder eine Mary Tyler Moore gefunden zu haben. Nur konnte sie keine Texte schreiben, und für den Nachrichtenbetrieb war sie zu flatterhaft und schlecht informiert. Also schob man sie ins Frühstücksfernsehen. Sie selbst empfand das als Zurücksetzung, aber in der Stadt wurde sie ein Star, weil sie so offen war, so lustig und unverblümt. In Interviews stellte sie genau die pikanten, manchmal geradezu übergriffigen Fragen, die das Publikum selbst gestellt hätte. (Störte es

Frank Perdue eigentlich, dass er wie ein Huhn aussah?) Am Ende bot ihr der Sender WLS in Chicago eine Vormittagssendung an, zu einem Jahresgehalt von 200 000 Dollar.

Sie passte in diese Achtzigerjahre, sie passte nach Chicago und fand sich in der Gesellschaft dort schnell zurecht. Als sie ankam, war Harold Washington gerade zum Bürgermeister gewählt worden, und Jesse Jackson bereitete seinen ersten Präsidentschaftswahlkampf vor. Die Chicago Bulls standen kurz davor, Michael Jordan einzustellen. An Oprahs Schminkspiegel klebte ein Zettel mit einem Zitat, das sie Jackson zuschrieb: »Wenn ich es mir vorstellen kann, und wenn ich daran glauben kann, dann kann es mir auch gelingen.« Selbstermächtigung, Unternehmertum, Ruhm aus eigener Leistung, Wohlstand als letztes und unabweisbares Symbol des persönlichen Werts – das waren ihre ethischen Koordinaten. Die Black-Power-Bewegung, die sie in den Siebzigern im College kennengelernt hatte, hasste sie, und für Politik interessierte sie sich nicht. Es hieß, eine übergewichtige, schwarze Moderatorin hätte im rassistischen Chicago keine Chance, aber es dauerte nur eine einzige Woche, bis ihr Phil Donahue im Kampf um die Quote unterlag, ein Jahr später zog er mit seiner Sendung nach New York. Sie wusste genau, was die weißen Hausfrauen in den Vororten sehen wollten, und sie scheute sich nicht davor, im Morast zu wühlen – »Männer, die zu Vergewaltigern werden – und wie man sie heilt«; »Hausfrau und Hure«; »Wenn deine Schwester dir den Mann wegschnappt«; »Ich will meine verwahrlosten Kinder zurück!«. Sie schreckte vor nichts zurück, nicht vor Rassisten, nicht vor Kindermördern und nicht vor Schwerstbehinderten. Sie konnte austeilen und tiefes Mitgefühl zeigen, nahm sich selbst selten zu ernst und wagte, vor laufender Kamera das Wort *Penis* zu sagen. (Nicht aber *Vagadingsda*, das kam erst zwei Jahrzehnte später.)

Am Morgen des 5. Dezember 1985 stand sie in einer Sendung über Inzest mit dem Mikrophon in der Hand da, als eine weiße, ältere Frau im Publikum bekannte, dass ihr Vater der Vater ihres Sohnes war, worauf die junge, dunkelhäutige, dicke Moderatorin mit der Besenfrisur und den gigantischen bronzefarbenen Ohrringen um eine Werbepause bat und die Hand vors schmerzverzerrte Gesicht hielt. Tröstend schloss sie die Frau in die Arme und sagte mit Tränen in den Augen: »Genau das ist mir auch passiert.« Vom neunten bis zum vierzehnten Lebensjahr war sie von verschiedenen männlichen Verwandten immer wieder vergewaltigt worden. (Fünf Jahre später erfuhr die Welt, dass Oprah mit vierzehn ein Kind zur Welt gebracht hatte, das nur fünf Wochen lebte. Ihre drogensüchtige Schwester hatte die Story für 19000 Dollar an ein Klatschblatt verkauft.)

Eine Flut von Briefen brach herein, die Telefonzentrale war überfordert, die Quote schoss nach oben. Sie hatte, stellvertretend für Millionen Frauen, das Schweigen gebrochen, es war der Augenblick, an dem aus Oprah Winfrey Oprah wurde: die Frau von nebenan, die beste Freundin, die vor den Augen des Publikums aus ihrer Opferrolle ausbrach und sich befreite. Ruhm und Geld genügten ihr nicht mehr: Wenn sie Oprah sein wollte, musste sie von nun an die geheimen Wege suchen, die zu den verborgenen Wunden jeder einzelnen ihrer zahllosen, sich selbst überlassenen Zuschauerinnen führten. Damit wäre ihre Größe auch die Größe ihres Publikums. Ihr materieller und spiritueller Erfolg waren kein Privileg, das sie entrückte, sondern ein Zeichen des Triumphs über das Leid, das sie mit allen anderen teilte. Ihr öffentlich ausgetragener Kampf gegen das Übergewicht, ihre Erfahrungen mit Diäten und Jojoeffekt (sie aß, wie sie Geld ausgab: impulsiv und ohne jedes Maß) waren Einladungen, an ihrem Leben teilzunehmen, genau wie ihre immer wieder verschobene Hochzeit mit Stedman Graham, ihrem perfekten Partner: groß, gut aussehend, hellhäutig, langweilig, in leitender Stellung im Marketing, Autor von Selbsthilfebüchern wie *Dein Weg zum Durchbruch* und *Schaff dir die Marke deines Lebens.*

Die Verbindung zwischen Oprah und ihrem Publikum war unverbrüchlich. Viele von ihnen hatten noch nie eine schwarze Frau in ihrem Wohnzimmer, höchstens einmal in einer Fernsehkomödie. Es gelang ihr, ihre Zuschauerinnen weniger einsam und gleichzeitig toleranter, offener zu machen, ihr Interesse an Büchern und Ideen zu wecken, was sie unvorstellbar reich machte. Die Liebe ihres Publikums war ihr sicher, auch als sie 100 Millionen Dollar im Jahr verdiente, auch als sie 260 Millionen verdiente, auch als ihr Vermögen von 725 Millionen auf 1,5 Milliarden wuchs, während sie Sendungen produzierte wie »Was Partner einander nicht verzeihen können«; »Frauen, die gegen ihre Männer allergisch sind«; »Ändere dein Leben«; »Wo der Sitz der Seele ist«. Wenn sie eine misshandelte Laurie interviewte, eine misshandelte Maya Angelou, und wenn sie in ihrer Sendung auch immer mehr Zeit mit Freunden verbrachte, mit Tom Cruise und Julia Roberts, mit Diane Sawyer und Toni

Morrison, Maria Shriver und Arnold Schwarzenegger, Barack und Michelle …, wenn sich ihr eigener Ruhm immer mehr im Ruhm ihrer Gäste spiegelte, war ihr doch niemand so treu wie die sieben Millionen, die die Sendung täglich, montags bis freitags, verfolgten. An einem typischen Tag fliegt sie im Privatjet (»Ein Privatjet ist eine tolle Sache; wer dir etwas anderes erzählt, der lügt.«) von Rancho La Puerta, einer legendären Wellness-Oase in Südkalifornien, nach Chicago, um auf der oberen Etage eines Restaurants, das Michael Jordan gehört, an einer Buchvorstellung von Stedman teilzunehmen. Sie ist wütend, weil gerade der *National Enquirer* unautorisierte Fotos – edelster Marmor, Satinbezüge, Samt und Seide – aus ihrer Chicagoer Wohnung abgedruckt hat. Ihre größten Fans derweil, ältere, aus Rockford oder Eau Claire angereiste Frauen der unteren Mittelklasse, stehen vor den Harpo Studios Schlange und warten stundenlang auf Einlass.

Sie besaßen Dinge, die sie nicht hatte – Kinder, Kredite, Freizeit. Sie kauften Produkte, die sie selbst nie gekauft hätte, auch wenn sie Werbung für sie machte – Maybelline, Jenny Craig, Little Caesar's, IKEA. Und als ihre finanziellen Sorgen immer drückender wurden, wählte sie von den Zuschauerinnen jemanden aus und löschte vor laufender Kamera ihre Schulden, oder schenkte ihr ein Haus, oder präsentierte zu Weihnachten *Oprah's Favorite Things* und verschenkte Luxusgüter, diamantbesetzte Uhren und graue Flanelltaschen von Tory Burch. Aber nicht allen Fans, die sich von Oprahs magischem Denken leiten ließen (Impfungen führen zu Autismus; positives Denken führt zu Reichtum, Liebe, Erfolg) und ihr zusahen, wie sie immer umtriebiger wurde und immer mehr Dinge anhäufte, gelang es, ein besseres Leben zu führen. Sie besaßen keine neun Häuser, manche besaßen überhaupt keins. Sie waren nicht mit John Travolta befreundet. Die Gesetze des Universums besagten, dass sie durchaus Opfer von Raubüberfällen werden konnten. Sie befanden sich nicht immer mit ihrem göttlichen Inneren in Einklang. Sie waren nicht alles, was sie sein konnten. Und da Leid nicht dem Zufall unterlag, nahm ihnen Oprah jede Möglichkeit, sich zu rechtfertigen.

Jeff Connaughton

1987 gab es nichts Leichteres, als von einer Bank auf der Wall Street ins Finanzministerium zu wechseln – und umgekehrt. Connaughton aber begnügte sich mit einem einfachen Job im Wahlkampfteam von Joe Biden, zu einem Jahresgehalt von 24 000 Dollar. Er tauschte seinen nagelneuen Peugeot gegen den alten Chevy Malibu seiner Eltern, weil er sich die Raten nicht mehr leisten konnte. Es machte ihm nichts aus.

Noch vor seiner Abreise aus Atlanta erhielt er seinen ersten Auftrag: Zwanzig Leute in Georgia musste er auftreiben, die bereit waren, jeweils 250 Dollar zu spenden. Wenn dasselbe in zwanzig Staaten gelang, war die Schwelle für die Wahlkampfhilfe des Bundes überschritten: Für jeden Spendendollar gab es einen Dollar vom Staat dazu. Es war für Connaughton eine ungemeine Herausforderung, aber die Angst vor dem Versagen trieb ihn an. Auf Knien bat er jeden, den er in Georgia kannte. Es gelang, und er lernte dabei, wie man Spenden sammelte: Es ging nicht darum, die Leute von Bidens Chancen zu überzeugen, es ging auch nicht um die Themen – sondern allein darum, dass *er* diese Spende brauchte, dass man *ihm* den Gefallen tat. »Mach's für mich.« Das Wichtigste war also, wer anrief. Als Connaughton nach dieser Erkenntnis seine Exfreundin um Mithilfe bat, die in einer Studentenverbindung aktiv gewesen war und in Georgia wohnte, weigerte sie sich: Sie hatte um zwei Ecken gehört, dass Biden »seine Großmutter verkaufen würde, um Präsident zu werden«.

Es war die erste Wahl nach Reagan. Wie in jeder Kampagne, so ging es auch bei Biden drunter und drüber, an Schlaf war kaum zu denken. Die Helfer lebten von Fast Food und Improvisation: Wir wissen noch nicht, wo wir dich einsetzen, komm einfach in drei Tagen her. Im März nahm sich Connaughton ein Zimmer in Alexandria nahe der Hauptstadt, in einem Haus, das einem Abgesandten des Herstellerverbands von Kartoffelchips gehörte. Als er sich im Wahlbüro meldete, schickte man ihn nach Wilmington/Delaware, wo *Biden for President* am Stadtrand einen riesigen, leeren Verkaufsraum in einem wenig eleganten Bürokomplex gemietet hatte: blauer Teppichboden und Dutzende von Schreibtischen. Es war nicht die übelste Kaschemme, von der ein Kandidat den Weg ins Weiße Haus angetreten hatte. Da Connaughton in Georgia erfolgreich gewesen war, wurde er gleich zur Spendenbeschaffung eingeteilt. Die Arbeit hatte mit dem, was er sich unter Politik vorgestellt hatte, seit er an jenem Abend Bidens Rede in Tuscaloosa gelauscht hatte, nicht das Geringste zu tun. Aber er beschloss, sich unterzuordnen und das Beste daraus zu machen. »Dann sag mir mal, wo ich mich hinsetzen soll.« Er bekam einen Schreibtisch und begann, zwölf Stunden am Tag zu arbeiten. Die Fahrt von Virginia dauerte zwei Stunden, schon bald schlief er zwei Nächte die Woche, von dienstags bis donnerstags, in einem schlichten Hotel in der Nähe.

Connaughton war Ted Kaufman zugeteilt, Bidens langjährigem Stabschef. Er war eine Bohnenstange, lang und schmal wie ein El Greco, mit überlangem Kinn und einem hoch aufragenden Lockenkopf. Er gehörte dem engsten Kreis um Biden an. Als ihn die Schwester des Senators, Valerie, Kaufman vorstellte, sagte sie: »Du kannst froh sein, dass du für Ted arbeitest, er ist so nah an Joe dran, dass er sich keine Sorgen zu machen braucht.« Später wünschte Connaughton, er wäre schlagfertig genug gewesen zu fragen: »Muss man sich hier Sorgen machen? Könnten Sie mir das in wenigen Sätzen erläutern?« Es war klar, was sie damit meinte: »Du dagegen solltest dir auf jeden Fall Sorgen machen, denn du hast überhaupt keine Beziehung zu Joe Biden. Und im Lande Biden gibt es eine Menge Tretminen, und einige davon sind markiert, andere aber nicht.«

Kaufman und Jeff verstanden sich auf Anhieb. Sie kamen beide aus der Wirtschaft und beschlossen, die Spendenkampagne nach wirtschaftlichen Prinzipien zu organisieren. Connaughton half dabei, einen strategischen Plan zu entwerfen, und schuf eine Organisationspyramide aus »Captains« und ihren Helfern. Je mehr Geld die Helfer einsammelten, desto mehr Zugang zu Biden hatten ihre Captains. Connaughton führte die Listen, er entschied, wer einen Anstecker tragen durfte, wer mit dem Kandidaten zum Essen gehen durfte. Die Spender selbst wurden auch unterteilt. Wer mit Biden zusammentreffen wollte, musste mindestens tausend Dollar zahlen. Den großzügigsten Spendern erklärte Connaughton: »Für fünfzigtausend sorge ich dafür, dass dich der Senator zum Essen einlädt – bei sich zu Hause. Für fünfundzwanzig kannst du mit dem Senator essen gehen – aber nicht bei ihm zu Hause.« Einige legten die fünfundzwanzigtausend drauf, nur um später bei ihren Freunden anzugeben. »Ich war zum Essen bei Joe, bei ihm zu Hause in Wilmington.«

Als Gary Hart erwischt wurde, wie er an Bord der *Monkey Business* mit

Donna Rice turtelte, wurde er zum ersten Opfer einer skandalsüchtigen Medienhorde. Biden rückte auf und galt nun als einer der stärksten Kandidaten. Connaughton saß von morgens bis abends an seinem Schreibtisch auf blauem Teppichboden und arbeitete ohne Unterbrechung, gegen Mitternacht fuhr er nach Alexandria und fiel erschöpft ins Bett. Früh am Morgen fuhr er zurück nach Wilmington, um wieder von vorn zu beginnen, und dachte: Das ist mein Leben, dazu bin ich auf der Welt.

Eines Tages im Frühjahr kam Biden im Büro in Wilmington vorbei, er trug einen Rollkragenpulli und eine Fliegerbrille und sah großartig aus. Er grüßte die Mitarbeiter – viele waren ihm treu geblieben, seit er 1972 im Alter von neunundzwanzig Jahren zum ersten Mal in den Senat gewählt wurde – und hielt eine kurze, motivierende Rede über den Verlauf des Wahlkampfs. Sechs Jahre waren vergangen, seit Connaughton Biden zuletzt in Alabama gesehen hatte, und er hatte viele Briefe geschrieben, die unbeantwortet geblieben waren. Biden ließ nicht erkennen, ob er sich an ihn erinnerte. Als sich der Senator zur Tür wandte, wäre Connaughton ihm am liebsten nachgelaufen und hätte sich ihm in den Weg gestellt: »Ich habe Sie drei Mal an die University of Alabama eingeladen. Beim letzten Mal habe ich Ihnen versprochen, dass ich Ihnen helfen würde, Präsident zu werden. Hier bin ich.« Aber er kehrte zu seinem Schreibtisch zurück.

Connaughton stieg schnell auf, in allen Städten des Südens organisierte er Veranstaltungen, die fünfzigtausend Dollar pro Kopf einbrachten, er versammelte Strafverteidiger oder jüdische Gemeindemitglieder und gehörte bald zum Team, das den Kandidaten auf seinen Reisen begleitete. Und wenn das Flugzeug Verspätung hatte, wenn Biden zu lange oder zu kurz redete, war er derjenige, der die Kritik der Spender einsteckte. Mit Biden selbst sprach er nie.

Eines Tages, auf einem Flug nach Houston, wurde Connaughton gerufen, um den Kandidaten auf den nächsten Termin vorzubereiten. Er nahm seinen Ordner und ging in die erste Klasse, wo Biden mit seiner Frau Jill saß.

»Senator, darf ich kurz mit Ihnen sprechen?«, fragte Connaughton.

»Gib mir einfach die Papiere«, sagte Biden und sah ihn kaum an.

Offenbar hatte er Alabama vergessen. Selbst später, als Connaughton direkt für ihn zu arbeiten begann, brachte Biden immer noch einiges durcheinander: »Ich bin so froh, dass ich dich damals kennengelernt habe, als du im Jurastudium warst.« Biden nahm sich immer Zeit für Menschen, die ihn ansprachen, besonders, wenn sie etwas mit Delaware zu tun hatten. Wer zur Familie gehörte, oder, wie Kaufman, zu einem engen Kreis von langjährigen Beratern, wer, wie der Senator gern sagte, »das blaue Blut von Biden« in den Adern hatte, konnte mit seiner unerschütterlichen Loyalität rechnen. Wer sich aber nur ein paar Jahre lang für ihn den Arsch aufriss, wurde ignoriert, eingeschüchtert, im schlimmsten Fall gedemütigt. Er wurde nicht gefördert, meistens machte sich der Kandidat nicht einmal die Mühe, sich den Namen zu merken. »Na, Chef«, sagte er dann nur, »wie läuft's denn so, Captain?« Männliche Untergebene, auf die er sauer war, wurden mit einem seiner Lieblingsausdrücke bedacht: »Volltrottel.« »Der Volltrottel da hat mir die Briefing-Mappe nicht gebracht, als ich sie gebraucht habe.« »Ist der Veranstalter Demokrat oder Republikaner? Oder weißt du's nicht, du Volltrottel?«

Connaughton hatte nur einen Auftrag: Geld einzutreiben. Es war eine notwendige, harte und undankbare Aufgabe, die ihn in Bidens Augen für immer brandmarkte, denn Biden hasste alles, was mit Spenden zu tun hatte, er hasste die immergleichen Versammlungen, die Kompromisse, die nötig waren. Einige seiner Kollegen verbrachten die Hälfte ihrer Zeit am Telefon – der kalifornische Senator Alan Cranston telefonierte noch im Sportzentrum auf dem Trainingsrad und bat um 500-Dollar-Spenden. Biden mied diese Anrufe. Als Senator eines Staats, der nicht größer war als mancher Wahlbezirk, brauchte er für seine Wahlkämpfe weniger Geld, entsprechend schwer fiel es ihm, den finanziellen Anforderungen einer Präsidentschaftskandidatur gerecht zu werden. Er sträubte sich dagegen, von Leuten, die Geld für ihn gaben oder Geld für ihn sammelten, vereinnahmt zu werden. Es war, als hätte er Angst, ihnen etwas zu schulden. In der alteingesessenen politischen Klasse von Washington mischte er nicht mit, er ging abends vom Büro direkt zum gegenüberliegenden Bahnhof und nahm den Amtrak-Zug zu seiner Familie in Wilmington. Er war in aggressiver Weise stolz darauf, Joe, dein Nachbar und Kumpel geblieben zu sein. Das machte ihn unbestechlich und furchtbar undankbar.

Die gewählten Vertreter in Washington hielten sich für etwas Besseres – beinahe für höhere Wesen. Sie waren die »Prinzipalen«, die sich durchgeboxt hatten und die Demütigungen ertrugen, die damit einhergingen, im Licht der Öffentlichkeit zu stehen. In ihren Augen gehörten Berater und Angestellte einer niederen Menschengattung an, sie waren Parasiten, die sich an den Frontmann hängten, weil sie sich etwas davon versprachen. Connaughton wusste, dass er dem Kandidaten nichts beibringen konnte. Biden war ein politisches Naturtalent mit annähernd zwanzigjähriger Erfahrung und einem phänomenalen Fingerspitzengefühl für die Wünsche des amerikanischen Volks. Connaughton dagegen musste Tag und Nacht schuften, um nicht ersetzbar zu sein.

»Er sah mir in die Augen und spürte, wie unsicher ich war«, erzählte Connaughton später. »Für mich war das alles so neu. Ich kam von der Wall Street und trat in eine völlig andere Welt. Meine Vorstellung von unserem Verhältnis war völlig übertrieben, weil ich so lange auf die Chance gewartet hatte, für ihn zu arbeiten. Aus seiner Perspektive war ich einfach einer von vielen, die eines Tages ins Büro spazierten und ihre Hilfe anboten. Die Macht zog mich an. Es ging mir nicht um bestimmte politische Positionen. Ich wollte Teil einer kleinen Gruppe sein, die nach dem Amtseid in den Westflügel des Weißen Hauses einzog, um das Land zu regieren. Es ist das ultimative Spiel in Washington. Und als die Kandidatur zusammenbrach, verlor ich den Boden unter den Füßen.«

Anfang September nahm Connaughton Urlaub, um das Football-Spiel Alabama gegen Penn State zu sehen. Er fuhr gerade durch eine ländliche Gegend von Pennsylvania, als im Radio diese Nachricht kam: Biden hatte bei einer Debatte in Iowa eine Rede des britischen Labour-Politikers Neil Kinnock plagiiert, selbst Kinnocks Biographie als Nachfahre von Bergarbeitern hatte er geklaut.

Wenn das alles gewesen wäre, wäre die Geschichte schnell vergessen gewesen. Da sie aber Hart zu Fall gebracht hatten, witterten die Medien – Maureen Dowd und E. J. Dionne von der *New York Times*, Eleanor Clift von *Newsweek* – einen weiteren großen Skandal. Alles, was man Biden anhängen konnte, wurde zutage gefördert: Sätze von Hubert Humphrey und Robert F. Kennedy, die er sich angeeignet hatte; ein Aufsatz aus dem Jurastudium mit lückenhaften Quellenangaben, der zu einer ungenügenden Note geführt hatte; verschiedene biographische Ausschmückungen. Dann tauchte ein Video des Fernsehsenders C-SPAN auf, das in der Küche eines Wählers in New Hampshire aufgenommen worden war. Biden hatte sich bereit erklärt, während eines ungeplanten Kandidatenbesuchs ein Mikrophon zu tragen – so etwas hatte es in der amerikanischen Politik noch nie gegeben. Neunundachtzig Minuten lang machte er seine Sache ausgezeichnet. Doch dann zeigte sich eine alte Schwäche, er sagte etwas, das er nicht hätte sagen dürfen. Als ihn ein Wähler auf seine Noten im Jurastudium ansprach, antwortete Biden unwirsch: »Ich glaube, mein IQ ist bestimmt viel höher als Ihrer.« Dann machte er drei Aussagen über seine Qualifikationen, die alle nicht stimmten, und stauchte den Mann zusammen.

Connaughton wusste noch nichts über Bidens Aneignung der Kinnock-Rede. Eigentlich mochte er die Standardrede nicht besonders, die immer in dem begeistert aufgenommenen Satz gipfelte: »Unsere politischen Helden mögen ermordet worden sein, aber der Traum hat überlebt, tief begraben in unseren gebrochenen Herzen.« Connaughton verehrte die Kennedys nicht weniger als andere – trotzdem berührte ihn die Zeile nicht, sie wollte zu viel, und sie richtete sich an Amerikaner, die mindestens ein Jahrzehnt älter waren als er. Warum hielt Biden keine Reden, in denen es um die Sache ging, um Themen und Tatsachen und Lösungen – wie damals, als er in Tuscaloosa über SALT II sprach? Er bewarb sich um das Präsidentenamt, indem er zeigte, dass er die Menschen berühren konnte – so sehr, dass sie, wie Jeff Connaughton, sechs Jahre auf ihre Chance warten würden, ihm zu helfen. Aber wozu? Er ahmte die ermordeten Helden einfach nach. Die Kennedys zitierten die alten Griechen, hieß es in den Kommentaren, und Biden zitiert die Kennedys. Manchmal vergaß er dabei, die Quellen anzugeben.

Die Regeln, nach denen das ultimative Spiel gespielt wurde, änderten sich gerade. Als George Romney 1968 im Fernsehen erklärte, dass ihn die Generäle in Vietnam einer Gehirnwäsche unterzogen hätten, war seine Kandidatur zu Ende. 1972 stand Ed Muskie auf einer Lastwagenpritsche vor der Redaktion von William Loebs *Union Leader* und vergoss wütende Tränen, weil der Herausgeber seine Frau Jane beleidigt hatte – und das war das Ende von Ed Muskie. 1980 legte Ronald Reagan den Kopf zur Seite, kicherte und sagte: »Da, Sie tun es schon wieder.« Womit Jimmy Carters Präsidentschaft auf eine Amtszeit zusammenschrumpfte. 1984 schließlich zitierte Walter Mondale den Werbespruch einer Burger-Kette – »Where's the beef?« – und Gary Hart sah plötzlich aus wie ein Schuljunge. Zehn Sekunden im Fernsehen genügten, um einen Politiker für immer zu definieren, um ihn zu krönen oder zu zerstören. Präsidenten und Bewerber begingen Selbstmord, eifrige Medien leisteten Beihilfe.

Aber die neuen Regeln dieses Spiels wurden erst in dem Jahr wirklich sichtbar, in dem Jeff Connaughton versuchte, im Fahrwasser von Joe Biden sein Glück zu machen. Was vorher eine dramatische Nebenbühne der Politik gewesen war, wurde 1987 plötzlich zum einzigen Schauplatz: Ein Bewerber mit seiner gedemütigten Frau in der Hitze des Flutlichts; ein Kandidat, der sich vor laufenden Kameras um Kopf und Kragen redet und sein eigenes Leben verleugnet; Ideologen und Interessengemeinschaften, die auf jeder Seite eines jeden Themas zum totalen Krieg rüsteten; die tagtäglichen Enthüllungen aus der tiefen Vergangenheit dieses oder jenes Politikers; das immer lauter werdende Geheul einer Horde konkurrierender Journalisten, einer blutrünstigen Meute, bereit, das nächste Opfer zu zerfetzen. 1987 traf es erst Gary Hart, dann Robert Bork und – zeitgleich – Joe Biden.

Die zwei Wochen, nachdem die Sache mit Kinnock ans Licht gekommen war, waren in der Wahlkampfzentrale ein einziger, wüster Alptraum. Jeder Tag brachte einen neuen Schock. In der Rückschau sind diese Auflösungserscheinungen so mechanisch und vorhersehbar wie der Opferritus einer uralten Stammesgesellschaft. Der Kandidat schwört, nicht aufzugeben, und versucht, das Hundegebell zu ignorieren. Die Medien reißen weitere Wunden auf. Kollegen sichern dem Kandidaten ihre Unterstützung zu. Aber von den Berichten bleibt immer etwas haften – ein schreckliches, alles überschattendes Bild. Der Kandidat versammelt seine Familie und den engsten Beraterkreis und bittet jeden Einzelnen um seine Einschätzung der Lage. Die einen sagen, er soll weitermachen, um seine Ehre zu verteidigen. Die anderen sagen, er soll aufgeben, um seine Ehre zu verteidigen. Mit Tränen in den Augen gibt der Kandidat bekannt, dass er nicht weitermachen wird. Dann tritt er erhobenen Hauptes vor die Kameras. Er kocht jetzt vor Wut, lässt sich aber nichts anmerken.

Am Morgen des 23. September bat Kaufman Connaughton, die Vorsitzenden der Spenderkreise – die Captains – zu informieren, dass Biden seine Kandidatur um 12 Uhr am Mittag zurückziehen werde. Zwei Minuten vor der Pressekonferenz rief Connaughton seine Eltern in Alabama an, er sagte nur: »Macht den Fernseher an.« Während sich das Team versammelte, um Bidens Rede aus dem Russell Building zu hören, schloss sich Connaughton auf der Toilette ein und weinte bitterlich. »Ich ärgere mich, dass ich mich in diese Situation habe bringen lassen – dass ich *mich selbst* in diese Situation gebracht habe«, erklärte Biden vor einer Phalanx von Kameras. »Und damit ich ja nichts sage, was als Sarkasmus ausgelegt werden könnte, werde ich jetzt gehen und der Anhörung von Bork beiwohnen.« Nach diesen Worten verschwand der Vorsitzende des Justizausschusses in einem Saal im dritten Stock, um die Sitzung zu leiten, die Robert Borks Nominierung zum Richter des Obersten Gerichtshof zu Fall bringen sollte. Es war der Anfang von Bidens politischer Rehabilitierung.

Connaughton aber blieb traumatisiert zurück. Sein Held war als geschwätziger Lügner entlarvt, zwei Wochen hatte es gedauert, bis er von einem ernsthaften Kandidaten für das Weiße Haus zum Futter der Kabarettisten geworden war. »Seine Stärke war es immer, die Menschen mit seinen Reden zu berühren und zu bewegen«, erklärte Connaughton. »Das war nichts mehr wert, als sich herausstellte, dass die Worte nicht seine eigenen waren.« Connaughton wusste nun nicht, wie es weitergehen sollte. Ihm fehlte ein Auftrag. Als Kaufman ihn bat, noch zwei Monate in Wilmington zu bleiben, um die Kampagne abzuwickeln, willigte er ein. Was aussah wie Treue, war in Wirklichkeit eine Art Lähmung. Ihm fiel nichts Besseres ein. Und so ließ er sich auf den schlimmsten Job ein, den man in der Politik haben kann – Stunden verbrachte er damit, wütenden Spendern am Telefon zu erklären, warum sie ihr Geld nicht zurückbekämen. Er ließ sich von Wahlkampfhelfern in Iowa beschimpfen, die die Computer in Geiselhaft nahmen, weil sie Angst um ihr letztes Monatsgehalt hatten. Jeder, der dem Wahlkampf auch nur ein Butterbrot geliefert hatte, schickte auf einmal Rechnungen. Zu Connaughtons Aufgaben gehörte auch, den schändlichen Untergang des Kandidaten Biden zu archivieren – jeden Artikel, jeden Zeitungskommentar, der 1990, im nächsten Senatswahlkampf, gegen ihn verwandt werden könnte. Es waren Hunderte – am Ende gab es keinen Aspekt des Kandidaten mehr, der nicht zerpflückt worden war – bis hin zu seinen Haartransplantationen. Es war, als müsste Connaughton nach einem grausamen Unfall die Körperteile und jeden letzten Fleischfetzen zur Beweisaufnahme einsammeln.

Ende 1987 erhielt Connaughton das Angebot, als Fundraiser für den demokratischen Steuerungsausschuss der Senatswahlen zu arbeiten. Er lehnte ab – er wollte nicht den Rest seines Lebens damit verbringen, Schecks hinterherzutelefonieren und Anstecknadeln zu verteilen. Er wollte jetzt näher an die Substanz der Politik, an die Inhalte. Da gab ihm

Kaufman den Tipp, dass im Justizausschuss eine Stelle frei wurde. Das Jahresgehalt von 48 000 Dollar entsprach dem Einstiegsgehalt an der Wall Street. Aber die Arbeit war interessant, es ging um Kartellrecht, geistiges Eigentum und Zivilrechtsreformen. Connaughton, der sich Kaufman sehr verbunden fühlte, hatte auch Biden noch nicht aufgegeben. Zudem war es unwahrscheinlich, dass er an die Wall Street zurückkehren könnte. Am 19. Oktober waren die Aktienmärkte eingebrochen – es war der größte Tagesverlust der Geschichte – und die Steuerreform von 1986 hatte den Zinstricks, von denen das Geschäft mit den Anleihen bis dahin gelebt hatte, einen Riegel vorgeschoben. Er beschloss, in Washington zu bleiben.

Jeder, der in der Hauptstadt arbeitete, gehörte zu jemandem. Connaughton war einer von Bidens Leuten.

1987 Die Rufe, die Flüche, die Gesten, die verdammte Angst und die Gier, sie hüllten ihn ganz ein, er liebte diese Arbeit. Niemand handelte mit Obligationen wie er, er war, so hieß es, »der größte Macher« auf dem Parkett ... STAATSANWALT IM BOESKY-SKANDAL ERWARTET NEUE ETHISCHE STANDARDS AN DER WALL STREET ... DONNA RICE – WAS WIRKLICH GESCHAH Gary Hart hielt um meine Hand an; Exklusive Fotos von einem vergnüglichen Wochenende auf den Bahamas ... Ich glaube, dass der Verlust einer progressiven Perspektive unter den Bewohnern der Ghettos den intellektuellen Diskurs zu diesem Thema zu einseitig gemacht hat. Es ist damit schwieriger geworden, die ... SCHOCKIERENDER TREND – AMERIKANER TRAUEN SICH NICHT MEHR AUS DEM HAUS ... Na gut, du bist am Ende, du siehst aus wie Scheiße, aber mach dir keine Sorgen, du brauchst nur besseres Kokain ... Der Relativismus ist gerade dabei, die universellen und intellektuell-imperialistischen Ansprüche des Westens zu zerstören, was übrig bleibt, ist eine Kultur wie jede andere ... **Die Schwerkraft wird nie mehr dieselbe sein. Die Air Revolution von Nike** ... GREENSPAN NENNT AUSSENHANDELSDEFIZIT »EINE ANOMALIE«, ERWARTET VERBESSERUNG ... In den kommenden vierzehn Monaten müssen alle Anbieter, die Floridas visionären Hochgeschwindigkeitszug bauen möchten, die Karten auf den Tisch legen. Gesellschaften, die Bahnhöfe bauen und betreiben werden, beginnen bereits, um große Grundstücke zu verhandeln, von Tampa bis ... Generalsekretär Gorbatschow, wenn Sie wirklich Frieden wollen, wenn Sie Wohlstand für die Sowjetunion und für Osteuropa wollen, wenn Sie die Öffnung der Gesellschaft wünschen: Dann kommen Sie hier an dieses Tor! ... PRÄSIDENT ÜBERNIMMT VERANTWORTUNG FÜR IRAN-CONTRA-AFFÄRE ... Viele seiner Mitarbeiter sprechen wie Gates die neue Sprache der Technikfreaks. »Randomness« ist alles, was konfus oder planlos ist. »Bandwidth« ist die Menge der Daten, die jemand aufnehmen kann. Wenn etwas gut läuft, ist es »radikal«, »cool« oder – Gates' Lieblingsausdruck – »super« ...

Biden versucht, seine Kandidatur zu retten und gibt zu, in seiner Jugend einen Fehler gemacht zu haben, als er ein Plagiat ... PANIK! DOW BRICHT EIN - 508 PUNKTE

Das Handwerk des Schreibens: Raymond Carver

Ray war ein Trinker. Das hatte er von C. R., seinem Vater. C. R. war Sägenschleifer in einem Sägewerk im Yakima Valley, er konnte gut Geschichten erzählen. Auch das übernahm Ray. C. R. war manchmal monatelang trocken, er nippte nicht mal an einem Bier. Aber dann war er einfach weg, und Ray und seine Mutter und sein jüngerer Bruder saßen beim Abendbrot und wussten, dass es ein schlimmes Ende nehmen würde. Genauso trank auch Ray: Wenn er einmal anfing, konnte er nicht mehr aufhören.

Ray wuchs in den Vierziger- und Fünfzigerjahren auf. Als Junge war er groß und fett. Er ließ die Schultern hängen, ein Arm oder Bein stand immer merkwürdig ab. Die Pfunde wurde er los, aber nicht den verschlagenen, etwas schläfrigen Blick des fetten Kindes. Er trug Hosen und Hemden, die nach Gabardine aussahen, es war der Aufzug eines vierzigjährigen Arbeitslosen. Er nuschelte sehr leise, wenn er etwas sagte, musste man genau hinhören. Oft war das, was er sagte, dann sehr lustig oder klug.

Die Carvers wohnten in einem Schuhkarton auf einer Betonplatte – 65 Quadratmeter mit einem Dach darauf. Es gab keine Möglichkeit, sich zurückzuziehen, sie wohnten zusammen wie Fremde.

Ray schoss am liebsten Gänse und angelte am Columbia River Forellen, er las Groschenhefte und Jagdmagazine. Eines Tages erzählte er dem Mann, der ihn manchmal auf die Jagd mitnahm, dass er einem dieser Magazine eine Geschichte geschickt hatte, die abgelehnt worden war. Das war der Grund, warum Ray den ganzen Morgen so nervös gewesen war.

»Und? Was hast du denn geschrieben?«, fragte der Mann.

»Eine Geschichte über diese wilde Landschaft hier«, sagte Ray, »über den Flug der Gänse und die Gänsejagd und alles, was in diesem abgelegenen Landstrich so passiert. Sie haben geschrieben, dass die Leser so was nicht wollen.«

Er gab aber nicht auf.

In *Writer's Digest* las Ray eine Anzeige des Palmer Institute of Authorship in Hollywood – für einen Fernkurs. C. R. bezahlte die Einschreibegebühr von fünfundzwanzig Dollar, und Ray begann mit den sechzehn

Modulen, doch bald reichte das Geld nicht mehr für die monatlichen Zahlungen. Seine Eltern gingen davon aus, dass er nach der High School ins Sägewerk gehen würde. So war das einfach.

Ray schwängerte ein hübsches Mädchen namens Maryann. Sie hatte vorgehabt, an der University of Washington zu studieren. Stattdessen heirateten sie, weil sie so verrückt nach einander waren. 1957 kam ihre Tochter zur Welt – zwei Etagen unter der psychiatrischen Abteilung, in der C.R. wegen eines Nervenzusammenbruchs behandelt wurde. Ein Jahr später kam ein Junge. Ray war zwanzig, Maryann achtzehn. Das war ihre Jugend.

Sie begannen umherzuziehen. Sie hatten große Träume und glaubten, dass sich ihre Träume erfüllen würden, wenn sie nur hart genug dafür arbeiteten. Ray wollte Schriftsteller werden. Alles andere würde sich fügen.

Sie blieben im Westen und zogen von Ort zu Ort, ohne sich irgendwo niederzulassen. Sie lebten in Chico und Paradise und Eureka und Arcata und Sacramento und Palo Alto und Missoula und Santa Cruz und Cupertino. Sobald sie ein wenig heimisch geworden waren, wurde Ray unruhig, und sie zogen weiter. Maryann sorgte dafür, dass die Familie durchkam. Sie arbeitete als Obstpackerin und Kellnerin, ging von Tür zu Tür und verkaufte Enzyklopädien. Ray arbeitete in einer Drogerie, einem Sägewerk, einer Tankstelle, einem Warenlager. Er war Nachtwächter in einem Krankenhaus. Das war keine erhebende Arbeit. Wenn er von der Arbeit kam, war er oft zu erschöpft, um noch etwas zustande zu bringen.

Ray wollte einen Roman schreiben. Aber ein Mann, der in einem Waschsalon sechs Ladungen gleichzeitig wusch, während seine Frau irgendwo kellnerte und die Kinder irgendwo abgeholt werden mussten und er schon spät dran war und die Frau, die den Trockner besetzt hatte, immer noch eine weitere Münze reinsteckte – ein solcher Mann konnte keinen Roman schreiben. Dafür müsste er in einer Welt leben, die sinnvoll angeordnet war, in einer unverrückten, unverrückbaren Welt, die er genau beschreiben konnte. Aber so war Rays Welt nicht.

Die Regeln, die sein Leben bestimmten, veränderten sich von Tag zu Tag. Er konnte kaum weiter sehen als bis zum Ersten des Monats, wenn die Miete fällig war und die Schuluniformen bezahlt werden mussten. Die wichtigste Tatsache seines Lebens war, dass er zwei Kinder hatte, und er sah keine Möglichkeit, sich der bedrückenden Verantwortung, die er für sie hatte, zu entziehen. Es genügte nicht, hart zu arbeiten, das Beste zu wünschen und alles richtig zu machen – dadurch würde sich nichts ändern. So hatten Maryann und er keine Chance auf den Durchbruch. Dies war eine weitere Einsicht aus dem Waschsalon. Er spürte, dass die Träume, die sie gehabt hatten, zerplatzten.

Da er sich nicht aufraffen konnte, einen längeren Text zu schreiben, der vielleicht richtiges Geld eingebracht hätte, und da er keinen Ausweg aus dem Elend sah, in das er geschlittert war, schrieb er nur Gedichte und einige sehr kurze Kurzgeschichten, die er dann immer wieder überarbeitete, manchmal über einen Zeitraum von mehreren Jahre.

Die Kurzgeschichten handelten von Menschen, denen der Erfolg versagt blieb. Das war auch Rays Erfahrung, es waren Menschen wie er: arbeitslose Vertreter, Kellnerinnen, Arbeiter im Sägewerk. Sie lebten an unbestimmtem Ort, Schlafzimmer und Wohnzimmer und Vorgärten waren so klein, dass man sich nicht aus dem Weg gehen konnte. Trotzdem war jeder allein und ohne Halt. Ihre Vornamen waren schlicht – Earl, Arlene, L. D., Rae, selten hatten sie mehr als diesen Namen, manche blieben namenlos. Es gab in ihrem Leben weder Religion noch Politik noch irgendeine Form von Gesellschaft, abgesehen von Supermarkt und Bingosaal. Die Welt schien stillzustehen, nur hier und dort angelte ein Junge, eine Frau versuchte, ihren Wagen zu verkaufen, zwei Paare redeten bis zur Erstarrung. Ray ließ beinahe alles aus.

In einer Geschichte erfährt eine Frau, dass ihr Mann, der bei einer Angeltour mit Freunden eine brutal zugerichtete Mädchenleiche im Fluss entdeckt hatte, drei Tage wartete, bis er die Polizei informierte.

> Mein Mann isst, es scheint ihm zu schmecken, aber er wirkt müde, nervös. Er kaut langsam, die Arme auf den Tisch gestützt, und starrt ins Zimmer. Er sieht mich an und sieht wieder weg. Er nimmt die Serviette und wischt sich den Mund ab, zuckt mit den Schultern, isst weiter. Zwischen uns steht etwas, er will mir aber weismachen, dass es nicht so ist.
>
> »Warum starrst du mich so an?«, fragt er. »Was hast du denn?« Er legt die Gabel hin.
>
> »Hab ich dich angestarrt?«, sage ich und schüttle den Kopf, wie dumm von mir, wie dumm.

Seine Figuren sprachen eine scheinbar einfache Sprache, in jedem Wort steckte der Klang des Befremdlichen, und in der Stille zwischen den Worten kam Panik auf. Es waren Menschen, die über starrender Leere zitterten.

»Die meisten meiner Figuren wünschen, dass ihr Handeln etwas bedeutet«, sagte Ray einmal. »Sie haben aber – wie viele Menschen – schon den Punkt erreicht, an dem sie wissen, dass es nicht so ist. Es kommt nichts dabei herum. Was wir irgendwann einmal für wichtig gehalten haben, für das wir vielleicht sogar unser Leben gegeben hätten, ist auf einmal keinen Cent mehr wert. Sie fühlen sich in ihrem Leben nicht mehr wohl, es zerfällt vor ihren Augen. Sie würden gern etwas dagegen unternehmen, wissen aber nicht, was.«

Ray machte es sich nicht gerade leicht, alle Trends der Zeit wiesen in eine andere Richtung. Die Kurzgeschichte wurde als Gattung kaum beachtet. Der Realismus schien ausgedient zu haben. Der Nachruhm von Hemingway, dem Autor, an den Rays Geschichten am ehesten erinnerten, bröckelte bereits. Die am meisten diskutierten Autoren der Sechziger- und Siebzigerjahre – Mailer, Bellow, Roth, Updike, Barth, Wolfe, Pynchon – arbeiteten mit Übertreibung, nicht Zurückhaltung, ihre Romane waren intellektuelle, sprachliche oder erotische Exzesse oder eine Art Turbo-Journalismus. Jeder wollte der Erste sein, der das amerikanische Leben in einem einzigen Schluck herunterwürgte – der die gesellschaftlichen Gegebenheiten eines Landes, das eine schier unendliche Menge an Umbrüchen und Schocks bereithielt, im Zerrspiegel seiner Prosa wiedergab.

Ray, der Tschechow verehrte, stellte sich diesen literarischen Trends entgegen und blieb seiner stilleren Aufgabe treu. Er hielt sich an Ezra Pounds Motto, dass »die fundamentale Richtigkeit der Aussage die einzige moralische Forderung des Schreibens ist«. Indem er sein Augenmerk auf Menschen am Rand der Gesellschaft richtete, auf die Verlassenen, die nicht zählten und von der zeitgenössischen amerikanischen Literatur kaum je ernst genommen wurden (wenn sie überhaupt einmal in Erscheinung traten, dann in den Bildern von Edward Hopper) –, hatte Ray seinen Finger auf dem Puls einer tieferen Einsamkeit. Er hatte als Schriftsteller ein intuitives Verständnis dafür, dass gerade die Normalität des Landes – der späte Einkauf im Supermarkt, das Verscherbeln der letzten Habseligkeiten – auf eine unheilvolle Zukunft deutete. Er spürte, dass unter dem dünnen Boden, auf dem das Leben stattfand, kein fester Grund, sondern Leere war.

In den frühen Siebzigern studierte Maryann am College und begann, in einer High School Englisch zu unterrichten. Das erlaubte Ray, sich seinem Schreiben zu widmen, auch er bemühte sich um eine Stelle an einem College. Seine Kurzgeschichten erschienen jetzt in den großen Zeitschriften der Ostküste. Die Carvers kauften ihr erstes Haus in einer Gegend, die später Silicon Valley heißen sollte. Sie freundeten sich mit anderen Arbeiter-Schriftstellern und deren Frauen an und feierten eine einzige große Party. Es sah gut aus für die Carvers. Dann brach alles zusammen.

Die Kinder waren inzwischen Teenager, und Ray schien alles im Griff zu haben. Ray und Maryann hatten jeweils eine Affäre. Zwei Mal meldeten sie Bankrott an. Er wurde für schuldig befunden, dem Staat Kalifornien gegenüber falsche Angaben bei einer Arbeitslosenmeldung gemacht zu haben, beinahe wäre er dafür im Gefängnis gelandet. Stattdessen landete er immer wieder im Entzug. Er trank, bis er vergiftet war, seine Black-out-Phasen wurden immer länger. Maryann, die ihn nicht ganz verlieren wollte, trank mit. Ray war ein stiller, eher verängstigter Mann, aber wenn er Scotch trank, wurde er gefährlich. Eines Abends, als Maryann mit einem Freund geflirtet hatte, schlug er mit einer Weinflasche auf sie ein und durchtrennte eine Arterie an ihrem Ohr. Sie verlor sechzig Prozent ihres Bluts. Als sie in die Notaufnahme gebracht wurde, versteckte sich Ray in der Küche.

Wenige Monate später erschien in New York sein erster Erzählungsband, *Würdest du bitte endlich still sein, bitte?*, der Arbeiten aus zwanzig Jahren versammelte. DIESES BUCH IST FÜR MARYANN, stand auf der Widmungsseite.

Ray war Trinker, und Ray war Schriftsteller. Ursprünglich verlief beides unabhängig voneinander. Was der Erste zerstörte oder bereute, wen er mied und wen er hasste – all das wurde von dem Zweiten zur Kunst überhöht. Aber vom Schreiben blieb nur noch ein kümmerlicher Rest.

»Es gab Zeiten, in denen alles zerbrach, was meine Frau und ich für wertvoll gehalten hatten, was uns spirituell bedeutsam schien«, schrieb er später. »Etwas Schreckliches war mit uns geschehen.« Es war nicht seine Absicht, Alkoholiker zu werden, pleitezugehen, zu lügen, zu stehlen, zu betrügen. Aber genau so kam es. In den Siebzigerjahren ließen es sich eine Menge Leute sehr gut gehen, aber Ray wusste schon damals, dass die

Exzesse, der Alkohol und die Partys nur in eine Richtung führten: in die Finsternis.

Mitte 1977 zog er allein an einen weit abgelegenen Küstenort in Nordkalifornien, nicht weit von Oregon entfernt. Aus Angst, nicht mehr schreiben zu können – nicht aus Sorge um sein Leben oder das seiner Familie –, trank er dort seinen letzten Tropfen Alkohol. Er begann wieder zu schreiben und blieb trocken. 1978 trennte er sich von Maryann.

Hier endet die Geschichte vom bösen Ray, und die Geschichte vom guten Raymond beginnt.

Er hatte noch zehn gute Jahre, bis ihn 1988 eine andere Sucht einholte. Er hatte sein Leben lang geraucht. Er war fünfzig, als er starb. Er war glücklich mit einer Dichterin verheiratet. Er schrieb einige seiner besten Short Storys, es gelang ihm, der Falle der Selbstparodie zu entkommen, die man Minimalismus nannte, sein Ausdruck wurde prachtvoller und stand im Dienst großzügigerer Visionen. Er war jetzt berühmt und wirtschaftlich fest in der amerikanischen Mittelschicht verankert. Prestigeträchtige Stellungen und Aufgaben wurden ihm angetragen, er erhielt einige wichtige Preise. Er war ein Held der Literatur, einer, der der Hölle entkommen war. Umsichtig, glücklich schritt er durchs Leben, wie ein Verurteilter, der kurz vor der Exekution begnadigt worden war.

Er profitierte davon, dass die Achtziger die glitzernde Oberfläche feierten. In den Reagan-Jahren galt er als Chronist einer verzweifelten Unterschicht. Je karger und wortloser seine Figuren waren, desto mehr liebten die Leser ihren Schöpfer. Der Untergang der arbeitenden Masse faszinierte und ängstigte sie, sie glaubten, durch Rays Geschichten etwas von ihrem Geist zu spüren. Ihre Verehrung des Autors nahm religiöse Züge an. Die New Yorker Literaturszene, gerade wieder quicklebendig, öffnete ihm ihr Herz. Er wurde zum modernen Klassiker und fand eine Menge Bewunderer unter jungen Schriftstellern, die seine strenge Prosa nachahmten, ohne sie im Feuer der persönlichen Krise geschmiedet zu haben. Für seine Buchumschläge ließ er sich mit der alten Griesgrämigkeit fotografieren, er blieb der Mann aus dem Arbeiterviertel, der zufällig in eine Buchvorstellung geraten war.

»Seine Erzählungen über Verlierer, über gescheiterte, beschämte und beschämende Männer, Säufer vor allem, wurden an Yuppies verkauft«, sagte einer seiner alten Freunde. »Seine Figuren bestätigten diese Yuppies in ihrer Überheblichkeit.«

Aber jeden Morgen stand der gute Raymond auf, kochte Kaffee, setzte sich an den Schreibtisch und tat, was der böse Ray immer getan hatte. Das Handwerk war schließlich dasselbe. Die Ablenkungen waren jetzt andere, aber er versuchte noch immer, mit äußerster Sorgfalt zu beschreiben, was er sah und fühlte, und im großen amerikanischen Getöse war diese kleine Übung das Einzige, was zählte.

Dean Price

Dean blieb sieben Jahre in Pennsylvania. Er heiratete ein Mädchen, das ebenfalls für Johnson & Johnson arbeitete, sie wohnten in Harrisburg und bekamen zwei Söhne – Chase (1993) und Ryan (1995). Nachdem Dean die Firma verlassen hatte, begann er, als freier Vertreter orthopädische Knie und Hüften von Johnson & Johnson zu verkaufen. Anfangs verdiente er gut daran. Doch als nach einigen Jahren seine Ehe in die Brüche ging, begann Dean zu trinken. Von Tag zu Tag fiel es ihm schwerer, morgens aus dem Haus zu kommen, irgendwann schaffte er den Mindestabsatz nicht mehr. Er schmiss hin, bevor die Firma seinen Vertrag kündigen konnte.

Er beschloss, nach Rockingham County zurückzukehren. Er ertrug den Norden nicht, die kalten Winter, die Unfreundlichkeit, die Tatsache, dass kein Autofahrer auch nur den Finger hob, wenn man ihm auf einsamer Straße entgegenkam. Es bekümmerte ihn, dass seine Jungs aufwuchsen, ohne das Landleben kennenzulernen, ohne einmal auf einem Feld zu arbeiten oder einen Fisch zu fangen. Sie sollten ihre Verwandten kennenlernen, die alle in einem Umkreis von zehn Meilen wohnten. Das Gericht sprach der Mutter das Sorgerecht zu. Die ersten zehn Tage im Monat sollten die Kinder bei ihm sein. Wenn sie in die Schule kamen, jedes zweite Wochenende. Dean hoffte, dass die Kinder und die Mutter eines Tages nachkommen würden, wenn er in seine Heimat zurückkehrte. Bis dahin fuhr er bis zu sechs Mal im Monat in den Norden, um die Kinder zu holen oder abzuliefern, so oft wie er nur konnte – auch wenn er oft genug am Steuer weinte.

Dean sagte immer: »Ich bin ein sehr guter Vater, ein ziemlich guter Geschäftsmann und ein beschissener Ehemann.«

Er war vierunddreißig, als er 1997 nach Stokesdale zurückkehrte. Er hatte sich geschworen, wegen der Scheidung nicht verbittert zu werden. Er beschloss, sein Leben zu ändern und ein besserer Vater zu werden, ein ehrlicherer Mensch. Was ihm an dem Landstrich so gefiel, aus dem er stammte, war, dass es so viel Altes zu entdecken gab. Hier war der Ort, an dem Amerika Rückgrat zeigte, Unabhängigkeit und Treue. Jefferson hatte geschrieben: »Die das Land bewirtschaften, sind unsere nützlichsten Bürger. Sie sind unabhängig und voller Lebenskraft, sie sind dem Land verhaftet, ein festes Band verbindet sie mit seiner Freiheit und seinen Interessen.« Diese Worte hatten noch immer Gültigkeit. Wie viele Leute in Kalifornien oder New York würden die Waffe in die Hand nehmen, wer würde kämpfen, wenn es darum ginge, Amerika zu verteidigen? »Im innersten Herzen sind Farmer nämlich Unternehmer«, sagte Dean. »Das ist der Grund, warum sie vor zweihundert Jahren hierhergekommen sind. Sie sind nicht gekommen, um im Schichtbetrieb zu arbeiten. Sie wollten nicht für das Establishment schuften. Sie ließen sich fünfhundert Hektar geben und wurden ihre eigenen Chefs. Wenn man einen Unternehmer im Reagenzglas züchten wollte, dann müsste man es hier tun, denn Risikobereitschaft zahlt sich hier noch aus.«

Er trat einer konservativen Baptistengemeinde, der Sardis Primitive Baptist Church, bei. Die Kirche, ein schlichter Klinkerbau, stand unter einer riesigen, zweihundert Jahre alten Eiche gleich neben dem Friedhof, auf dem Deans Großeltern, Birch und Ollie Neal, begraben lagen. Als Dean beitrat, hatte die Gemeinde nur noch acht oder neun Mitglieder, die meisten waren doppelt so alt wie er. Er liebte den Geruch des alten Holzes, die alten, *a capella* gesungenen Kirchenlieder. Träume spielten bei den primitiven Baptisten eine große Rolle, Elder Mintor, der Pastor, sprach in seinen Predigten oft von ihnen. Wie sonst sollte Gott zu einem sprechen, wenn nicht durch Träume, durch die eigene Vorstellungskraft? Die Theologie, die dahinterstand, nannte sich Heilige Hoffnung. Dean war nun kein Christ mehr, wie seine Eltern Christen gewesen waren. Er sehnte sich zwar nach Erlösung, es war aber kein Verlass darauf, dass es ihm gelingen würde – dass er es am Ende »nach Hause« schaffte. Man tat einfach, was man konnte. Im Dan River ließ er sich taufen – drei Mal, die ersten beiden Versuche misslangen –, frohlockend stieg er aus dem Wasser, er spürte, dass ein Neubeginn möglich war.

Piedmont wird die Ebene aus Laubwald und roten Lehmfeldern genannt, die sich von den Appalachen bis an die Atlantikküste erstreckt. Im zwanzigsten Jahrhundert lebten die Menschen in der Region zwischen Virginia und North Carolina, von Danville und Martinsville bis hinunter nach Greensboro und Winston-Salem, vom Tabak, von der Textil- und Möbelindustrie. In den letzten Jahren des Jahrhunderts begannen diese Industrien zu sterben, und zwar mehr oder weniger gleichzeitig, es war, als hätte eine geheimnisvolle, sehr ansteckende Epidemie die Region erfasst. Als Dean Price heimkehrte, waren die ersten Anzeichen des Verfalls hier und dort bereits sichtbar.

Ein Großteil des in der Region angebauten Tabaks wurde von der R. J. Reynolds Tobacco Company in Winston-Salem gekauft, gelagert, fermentiert, gemischt, gewalzt, geschnitten und zu Zigaretten verarbeitet. Dean fuhr gern über den Jeb Stuart Highway nach Virginia, zum Stammhaus von Reynolds, einer Farm mit Blick auf einen Berg, der wegen der vielen Schwarzbrenner No Business Mountain hieß. Er bewunderte Richard Joshua Reynolds – Jahrgang 1850, ritt 1874 nach Winston, begann im folgenden Jahr mit der Tabakproduktion, erfand die Zigarettenpackung und wurde zum reichsten Unternehmer von North Carolina. Er hatte sein Geschäft zur richtigen Zeit gegründet, dachte Dean: Das Territorium war unberührt, die besten Konzepte setzten sich durch. Reynolds war ein Mann mit Ideen, er war ein moderner Industrieller in einer Zeit, als der Süden noch ländlich und bettelarm war. Auf der Farm gab es eine Steintafel mit einigen Sätzen des Enkels: Reynolds habe Tausenden von Menschen ein würdiges Leben ermöglichst, »die sonst zur Rückständigkeit verdammt gewesen wären, in einer Region, die die Bürde vergangenen Scheiterns trug und ohne Zukunft war«. Die Stadt Winston-Salem verdankte R. J. Reynolds Tobacco ihre Existenz, die Firma gab den Arbeitern Unterkunft (getrennt nach Rasse), kostenlose Kinderbetreuung, stimmberechtigte Aktien mit jährlichen Dividenden, für die der Unternehmer eine kleine Bank gründete, die er Wachovia nannte.

In den frühen Achtzigerjahren hatte die Familie die Kontrolle über den Konzern abgegeben, der mit starker Konkurrenz zu kämpfen hatte. Ab 1983 waren die Verkäufe rückläufig. In dieser Zeit begann die Regierung, verstärkt Druck auf die Zigarettenindustrie auszuüben. Außenwerbung wurde verboten, die Steuern wurden verdoppelt. Anti-Raucher-Kampagnen zeigten in der Öffentlichkeit enorme Wirkung. Um sich zu schützen, fusionierte Reynolds 1985 mit Nabisco Foods. Die Verwaltung zog nach Atlanta, die Menschen in Winston-Salem reagierten entsetzt. 1988 wurde RJR das Opfer des größten Leveraged Buyouts der Geschichte. Die Investitionsfirma Kohlberg Kravis Roberts kaufte den Konzern für fünfundzwanzig Milliarden Dollar. Die Arbeiter in den Fabriken verstanden nicht, was geschehen war. Nach der Übernahme begann Reynolds, in Winston-Salem Stellen zu streichen, um in New York

Schulden abzutragen. Erst jetzt wurde klar, wohin die Reise für die Tabakindustrie ging.

1990 wurde James Lee Albert, ein Tabakfarmer, den Dean Price kannte, vom *Greensboro News & Record* interviewt. Der Artikel erschien mit Foto. 1964, als Albert fünfundzwanzig war, hatte er eine Farm von hundertfünfundsiebzig Hektar in Rockingham County gekauft, zu einem Preis von hundert Dollar pro Hektar. Damals brachte Tabak der besten Qualität siebenundvierzig Cent pro Pfund. Er sorgte für seine Familie und baute sein Haus aus. Der Tabakpreis stieg um zehn oder fünfzehn Cent pro Jahr, bis er 1990 zwei Dollar fünfundzwanzig erreichte. Es war das Jahr, in dem Albert der Zeitung erklärte, dass die Regierung drauf und dran war, den Tabakfarmern, die diese Region einst aufgebaut hatten, das Geschäft kaputt zu machen.

Im folgenden Jahr kam es zu Anhörungen im Kongress, Zivilprozesse gegen die großen Firmen – und die nachlassende Nachfrage – führten zu immer niedrigeren Preisen für die Farmer. 1998 zahlten die großen Tabakfirmen zweihundert Milliarden Dollar, um die Klagewelle zu beenden: Schadenersatz für die durch das Rauchen verursachten Gesundheitskosten. 2004 wurden die letzten Subventionen für Tabak gestrichen. Unter den Bedingungen des Buyouts boten die Firmen den Farmern sieben Dollar für jedes Pfund, das sie nicht anbauten – zehn Jahre lang.

Die meisten Farmer der Region nahmen das Angebot an. Auch James Lee Albert nahm das Geld. Unmittelbar darauf kam er ins Krankenhaus und wurde am offenen Herzen operiert. Damit endete sein Arbeitsleben. Einer seiner Söhne begann, auf dem Land Pferde unterzubringen. Unmittelbar gegenüber von Deans Haus, jenseits der Route 220, besaß sein Cousin Terry Neal zweihundert Hektar bestes Farmland. Auch er baute keinen Tabak mehr an, mit dem Buyout zahlte er Steuern und Schulden. Für die meisten Tabakfarmer lohnte sich die Umstellung auf Erdbeeren oder Soja nicht, sie ernteten Heu oder ließen das Land brachliegen. In ganz Rockingham County bot sich der seltsame Anblick entblößter Felder zur besten Jahreszeit.

Der Untergang der Textilindustrie hatte andere Gründe. Die Textilfabrikationen hatten sich im späten neunzehnten Jahrhundert im Piedmont angesiedelt, meist in kleineren Städten. Dan River wurde 1882 in Danville gegründet. Proximity, die Firma der Brüder Cone, nahm 1885 in Greensboro die Produktion auf. Die gesellschaftliche Ordnung in den

Textilstädten war paternalistisch und abgeschottet – die Firma kümmerte sich um die Belange der Arbeiter und erstickte jeden Versuch einer Gewerkschaftsgründung im Keim. In Orten wie Martinsville hat es eine echte Mittelschicht nie gegeben, es gab nur Betriebsleitung und Arbeiterschaft. Als in den Neunzigerjahren der Zusammenbruch begann, existierten keine sozialen Strukturen, auf die man hätte zurückfallen können. Einige Arbeiter und Politiker machten NAFTA, die Nordamerikanische Freihandelszone, verantwortlich, die Anfang 1994 in Kraft trat und ihre Existenz dem Einsatz von Demokraten und Republikanern gleichermaßen verdankte. Andere gaben gierigen und egoistischen Eigentümern die Schuld, die verhindert hatten, dass andere Industrien in der Gegend Fuß fassten, und dann an Konzerne und Finanzfirmen verkauft hatten, denen Danville und Greensboro nichts bedeuteten. Die Arbeitgeber und ihre Verbündeten verwiesen auf die hohen Arbeitskosten. Die Experten in Washington und New York hielten den Abstieg für unvermeidlich: technische Neuerungen, Globalisierung. Die Phase der Einsparungen und Kündigungen dauerte mehrere Jahre, der eigentliche Zusammenbruch vollzog sich dagegen in einer Geschwindigkeit, die atemberaubend war. Die Fabriken, die über ein gutes Jahrhundert als institutionelle Säulen der Gesellschaft gedient hatten, verschwanden eine nach der anderen: Tultex in Martinsville meldete 1999 Konkurs an, Proximity in Greensboro 2003, Dan River in Danville 2005. Die in Winston-Salem ansässige Firma Hanes begann im folgenden Jahr, Fabriken zu schließen, 2010 wurde nur noch an einem einzigen Ort produziert. Mit den großen Arbeitgebern verschwanden Hunderte kleinerer Geschäfte und Dienstleister. In einem einzigen ländlichen Bezirk in North Carolina (Surry, 73 000 Einwohner) gingen in einem Jahrzehnt zehntausend Stellen verloren.

Die Möbelindustrie in Piedmont war sogar noch älter. 2002 feierte die Firma Bassett Furniture ihr hundertjähriges Jubiläum mit einem sechs Meter hohen, drei Tonnen schweren Stuhl aus massiver Esche. Der Stuhl wurde durch das ganze Land gefahren, sieben Jahre lang, wo immer ein neuer Verkaufsraum eröffnet wurde, stand dieser Stuhl. Als er nach Martinsville zurückkehrte und auf einem Parkplatz an der Main Street fest installiert wurde, hatte die Billigkonkurrenz aus China die Möbelindustrie der Region beinahe vollständig zerstört. Wem es nicht gelang, sich rechtzeitig auf den kleineren, heimischen Markt für hochwertige Möbel umzustellen, hatte keine Chance. Der riesige Stuhl war jetzt ein Denkmal.

1997 war die Epidemie im Piedmont noch im Anfangsstadium. In den backsteinroten Fabrikgebäuden, die ganze Straßenzüge einnahmen, herrschte lebendiges Treiben, auch wenn hier und dort schon Bruchstellen sichtbar waren. Zwar gaben gerade die ersten Tabakfarmer auf, von einer brachliegenden Region konnte aber längst noch nicht die Rede sein. Die meisten Menschen hatten Arbeit – Arbeitsunfähigkeit und Frührente waren eine Seltenheit – und die Verwüstungen von Crack und Crystal Meth hatten Rockingham County noch nicht erreicht. Bei McFall Drug in Madison bekam man mittags noch ein warmes Essen, auf der Hauptstraße gab es einen Herrenausstatter, zwei Möbelgeschäfte, ein Schuhgeschäft und zwei Banken. Zwar hatte in den Achtzigern ein Discount-Kaufhaus der Kette Kmart aufgemacht, aber in ganz Rockingham County gab es keinen einzigen Wal-Mart. Trotzdem war schon damals abzusehen, dass der Druck immer weiter zunehmen würde und die ganze Region Gefahr lief, den Anschluss zu verlieren. »Ehrgeiz ist hier unten nicht Teil der DNS«, sagte Dean immer, Tatsache aber war, dass jeder, der ein wenig gespart hatte und jung genug war, sein Glück anderswo versuchte. Wenn ein Mann, der studiert und im Norden eine Familie gegründet hatte, hierher zurückkehrte, war das ungewöhnlich – man sprach darüber. Für diejenigen, die Dean Price nicht gut genug kannten, lag der Schluss nahe, dass er gescheitert war.

Er sah es allerdings umgekehrt. Er war nach Hause gekommen, um sich aus dem Griff der Vergangenheit zu befreien, aus den Denkreflexen der Armut. Sein Vater hatte oft versucht zu fliehen, er war aber immer wieder festgehalten worden, die Ketten, die ihn hielten, waren schwerer, als er dachte. Dean war überzeugt, dass er seine abwerfen konnte.

Seine Mutter wohnte allein in einem Haus an der Route 220, es war ihr endlich gelungen, Deans Vater aus dem Haus zu werfen und sich scheiden zu lassen. Er war nach Burlington gezogen, wo er noch einmal heiratete und von einer Invalidenrente lebte. Deans Mutter arbeitete als Krankenschwester und betete in einer ultrakonservativen Pfingstkirche, die selbst Dean zu viel war. Er zog in einen Anbau hinter dem Haus, in dem bis zu ihrem Tod die Großmutter gewohnt hatte.

In den frühen Neunzigern wurde die Route 220 zu einer vierspurigen Schnellstraße ausgebaut, die eine Meile südlich des Hauses begann und bis nach Roanoke in Virginia führte. Für die Familie war es die Rettung, denn an der Fernstraße, die überwiegend von Lastwagen genutzt wurde, waren die Grundstücke nun um ein Vielfaches wertvoller. Und da kam Dean eine Idee. Es gab zwischen Greensboro und Roanoke nur ein oder zwei Tankstellen, die für große Lastwagen und die Bedürfnisse der Trucker eingerichtet waren. Deans Haus stand isoliert an der Straße, meilenweit war nichts, außer einer mit Bibelsprüchen bemalten Kirche. Er beschloss, direkt neben dem Haus, auf einem zwei Hektar großen Grundstück, das er von seiner Großmutter geerbt hatte, eine Tankstelle zu bauen, mit einem Fast Food-Restaurant und einem Shop. Seine ganze Lebenserfahrung steckte er in den Geschäftsplan, den er nun entwarf.

In Pennsylvania, bei einer regionalen Tankstellenkette namens Sheetz, hatte er das Konzept des Guerilla Marketing kennengelernt. So etwas wie Sheetz hatte Dean noch nie gesehen. Im Süden gründete man ein Geschäft und hoffte, dass Leute kamen. In Pennsylvania packte man die Kunden und zerrte sie hinein. Sheetz unterbot die Konkurrenz immer um ein paar Cent und lockte die Fernfahrer in ihre Läden. Wenn in der Nähe ein Sheetz aufmachte, wussten alle, dass sie es ernst meinten. Dean bewunderte den Erfolg und beschloss, das Billigbenzin im Südosten einzuführen. Er kaufte eine Konzession von Tastee Freez, einer Eiskette, die billig war, weil auch die Margen auf Eis gering waren. Dem Laden gab er ein Farmhaus-Flair, um Menschen aus der Region anzusprechen, er baute sogar eine Veranda und stellte ein paar alte Landmaschinen vor das Haus. Er klapperte die Flohmärkte und Antik-Läden ab, kaufte alte Coca-Cola-Schilder und Holztafeln mit Werbung für Brot und Getreide. Er träumte davon, eines Tages auf den alten Tabakfeldern Obst und Gemüse anzubauen – Melonen, Erdbeeren, Tomaten, Mais –, um es in seinem Laden zu verkaufen. Die Jungen sollten sehen, wie eine Farm funktionierte. Er wählte einen Namen, der eingängig war und sich schnell verbreitete: Red Birch Country Market. Birch war der Name seines Großvaters mütterlicherseits, rot war die Farbe des Blutes, das der Erlöser vergossen hatte. Der Slogan des Ladens lautete: »Ein Familienbetrieb, eingetaucht in das Blut Christi.« Seine älteste Schwester und deren Mann beteiligten sich, hielten aber nur eine Minderheit. Er war fest entschlossen, den gesamten Südosten mit seinen Red Birch-Tankstellen zu überziehen.

Die Eröffnung fand am 2. Oktober 1997 statt. Eine Gallone Benzin kostete damals 89 Cent.

Knapp zwanzig Meter trennten das Wohnhaus von der Tankstelle – nicht genug, wie sich herausstellte, als die donnernden Sattelzüge mit ihren Flutlichtern und Scheinwerfern kamen. Deans Mutter wollte das Haus abreißen und ein Stück weiter neu bauen. Dean sah das anders. Das Haus stand für drei Generationen der Familie, es war ihre Geschichte, die er nicht verlieren wollte. Drei Tage nach Eröffnung von Red Birch begann er den titanischen Versuch, das Haus von der Straße fortzuziehen, über eine leicht abschüssige Wiese bis an den Rand der Tabakfelder, wo auf dem Land der Neals ein Fischteich war. Zuerst trug er die Klinkerverkleidung und den Kamin Stein für Stein ab. Dann trennte er mit einer Kettensäge den Anbau ab. Dann verschraubte er Kanthölzer an der Unterkante des Hauses und begann, es mit weiteren Kanthölzern aufzubocken. An den Hölzern befestigte er sechs Zoll starke Stangen. Er koppelte das Haus an seinen Schaufellader. Er hatte das einmal bei den Amischen in Pennsylvania beobachtet. Meter für Meter zog er das Haus, das auf den Stahlstangen über den sanften Hang rollte. El Niño brachte vier Monate Regen und Schlamm, was die Arbeiten verzögerte, aber um Thanksgiving 1998 stand das Haus auf einem neu gegossenen Fundament in einiger Entfernung der Route 220, es bekam eine neue Außenhaut aus Holzlatten, einen weißen Anstrich und einen neu aufgemauerten Kamin und sah nun aus wie ein Farmhaus aus dem neunzehnten Jahrhundert. Ein Jahr lang rannte Dean wie ein Verrückter zwischen Haus und Laden hin und her, und es gelang ihm, beide Projekte am Laufen zu halten. Viele waren skeptisch gewesen, aber als er es geschafft hatte, gab es kaum noch etwas, das er sich nicht zutraute.

Die Tankstelle lief so gut, dass Dean im Sommer 2000 eine Dreiviertelstunde weiter nördlich in Virginia, in der Nähe der NASCAR-Rennstrecke bei Martinsville, eine weitere eröffnete. Zu Laden und Tankstelle baute er ein Konzessionsrestaurant von Bojangles' – frittiertes Hühnchen, pappige Brötchen und Pintobohnen entsprachen eher den Vorlieben der Südstaatenbewohner, und die Margen waren besser als bei Tastee Freez. Er verdiente eigentlich nur an dem Restaurant, beim Benzin sprangen nur wenige Cents pro Gallone heraus. Den Country-Laden mochten die Leute im Prinzip, aber die Melonen und das frische Gemüse, das Dean auf der Farm seines Großvaters Norfleet erntete, kauften sie nicht. Die Kunden bevorzugten das praktischere und deftigere Essen im Restaurant. Außerdem konnte die Supermarktkette Food Lion ihr verpacktes Gemüse, das kreuz und quer durchs Land transportiert wurde, billiger verkaufen. »In unserem Land ist etwas anders geworden, Qualität zählt nicht mehr wie früher«, sagte Dean. »Irgendwann war ich an dem Punkt, an dem ich zuzahlen musste, ich verkaufte das Gemüse nur noch, um dem Laden diesen ländlichen Touch zu geben. Die Leute kamen, aber sie ließen ihr Geld lieber bei Bojangles'. Am größten war der Verlust bei den Cantaloupe-Melonen.«

Kurz nach Eröffnung der zweiten Tankstelle erfuhr Dean, dass Sheetz nach Martinsville kommen wollte – aus dem fernen Pennsylvania auf ein Grundstück nur eine Meile weiter südlich. Er wäre nie auf die Idee gekommen, dass Sheetz ihm eines Tages Konkurrenz machen würde, monatelang machte er sich die größten Sorgen, er kam sich vor wie die Beute, der ein Raubtier auflauerte. Als Dean eines Tages von einem Ausflug zurückkehrte – er hatte mit einer Frau, mit der er seine zweite, kürzeste Ehe eingehen sollte, in Mount Airy Antiquitäten gekauft –, hatte er eine Offenbarung: Das Einzige, was Sheetz ihm voraushatte, war der Benzinpreis. Doch der zählte alles. Es gab in diesem Geschäft keine Kundentreue, zwei Cent Rabatt genügten, um einen Fernfahrer anzulocken. Erst jetzt verstand er, wie wichtig der Benzinpreis tatsächlich war. Eine Woche später sprach er mit seinem Großhändler. »Beim Essen haben wir den Vorteil. Wir haben den besseren Standort. Aber wenn sie aufmachen, werden sie versuchen, uns mit dem Benzinpreis die Kunden abzujagen. Wie wär's, wenn wir selbst angreifen? Wenn wir jetzt schon billiger werden und den Umsatz steigern, damit sie in sechs Monaten, wenn sie eröffnen, gar nicht erst Fuß fassen?«

Statt hunderttausend Gallonen mit einer Marge von fünfzehn Cent zu verkaufen, verkaufte er jetzt zweihundertfünfzigtausend Gallonen zu fünf Cent. Davon bekam der Großhändler die Hälfte, Deans Hälfte floss zum großen Teil an die Kreditkartenfirmen. Mit diesem Geschäftsmodell verdiente er an der Tankstelle gar nichts. Aber es war die einzige Chance zu überleben. Als Sheetz eröffnete, fiel seine Marge noch einmal deutlich, aber er ließ sich nicht unterbieten und hielt sich über Wasser. Später erfuhr er, dass Sheetz für das Benzin von Exxon Mobil drei oder vier Cent weniger bezahlte als er. Das war der Grund, warum Sheetz zweihundertfünfzig Tankstellen hatte und Red Birch zwei. Das waren die Dinge, mit denen er sich als Unternehmer beschäftigte.

Dean hatte den Plan nicht aufgegeben, die ganze Region mit seiner Ladenkette zu überziehen, denn er war für ihn gleichbedeutend mit persönlicher Freiheit. Er eröffnete eine dritte Tankstelle, wieder mit Country-

Laden und Bojangles', etwas weiter nördlich an der Route 220, in einem Städtchen namens Bassett, das einst von der Möbelindustrie gelebt hatte. Ein weiteres Bojangles'-Restaurant kam hinzu, in einer Ladenzeile bei Martinsville. Route 220 war seine Kette, an der über eine Strecke von fünfunddreißig Meilen sein Geschäft aufgereiht war. Hier lebte er und pendelte zwischen zwei Bundesstaaten. Aber die Offenbarung, die er damals auf dem Heimweg von Mount Airy gehabt hatte, ging ihm nicht aus dem Sinn. Schwitzkasten – das war Deans Wort für seine Situation: Die großen Ölkonzerne hatten ihn im Schwitzkasten.

In den späten Neunzigern, Dean stand kurz davor, die zweite Tankstelle zu eröffnen, blätterte er in einem Antikgeschäft in Reidsville, einem Städtchen zwischen Stokesdale und Danville, in einem Selbsthilfebuch. Er begann zu lesen. Die Aussage war einfach: Triff deine Entscheidung, lass nicht den geringsten Zweifel zu, dass du es schaffen kannst, und setze die Entscheidung um. »Ich muss doch etwas anderes zu tun haben«, dachte er. Er war unruhig, stand ständig unter Strom. Er spürte, dass er in diesem Laden stand, weil er keine Lust hatte, zur Tankstelle zu fahren. Der Geschäftsalltag war monoton, der Betrieb langweilte ihn. Dann dachte er: »Aber was ich hier tue, ist keine Zeitverschwendung. Es ist eine Investition für mich, für mein geistiges Leben. Was kann man Sinnvolleres tun, als sich selbst zu verbessern.« Er blieb den ganzen Tag in dem Laden und las das Buch von der ersten bis zur letzten Seite. In seinem Inneren rührte sich etwas, sein Wunsch zu lernen erwachte – es war derselbe Wunsch, der ihn in seiner Kindheit und Jugend erfüllt hatte, bevor er sich in der Welt der Arbeit verirrt hatte.

Kurz darauf entdeckte Dean etwas, das sein Leben verändern sollte. Ein Elektriker, der ihm beim Umsetzen des Hauses geholfen hatte, fragte ihn nach seinen weiteren Plänen für das Geschäft. Dean sagte: »Ich würde gern in Martinsville noch einen Laden aufmachen, an der Kreuzung, wo es zur Rennstrecke geht. Aber dafür brauche ich ungefähr eine Million. Kennst du jemanden, der eine Million übrig hat?«

»Auf jeden Fall, ja«, sagte der Elektriker. »Rocky Carter.«

»Gibst du mir seine Telefonnummer?«

»Ich rufe ihn selber an.« Schon wählte er Rocky Carters Nummer.

Carter war ein Bauunternehmer aus Kernersville, einem kleinen Tabakstädtchen zwischen Greensboro und Winston-Salem, in dem früher

Auktionen stattgefunden hatten. Außerdem war Carter einer der spirituellsten Menschen, die Dean je getroffen hatte, er war immer auf der Suche nach den Dingen, die das Auge nicht sehen konnte. Er schenkte Dean ein Buch mit dem Titel *Denke nach und werde reich*, das ein Mann namens Napoleon Hill 1937 veröffentlicht hatte. Dean verschlang das Buch, er las es wohl fünfundzwanzig Mal.

Napoleon Hill kam 1883 in einer winzigen Hütte in den Appalachen, im südwestlichen Virginia, zur Welt. Er wurde Reporter, 1908 fuhr er nach Pittsburgh, um Andrew Carnegie für die Zeitschrift *Success* zu interviewen. Das Interview in Carnegies Villa war auf drei Stunden angesetzt, aber Carnegie ließ Hill drei Tage lang nicht gehen. Er sprach über die Lebensprinzipien, die ihn zum reichsten Mann der Welt gemacht hatten, und forderte eine neue ökonomische Philosophie, die es anderen erlauben würde, seinen Erfolg nachzuahmen. Am dritten Tag sagte Carnegie: »Wenn ich Sie nun beauftrage, diese Philosophie zu entwerfen und aufzuschreiben, wenn ich Sie den Männern empfehle, auf deren Erfahrungen Sie aufbauen müssen« – hier erwähnte er die Titanen der Industrie: Henry Ford, Thomas Edison und John D. Rockefeller – »wären Sie dann bereit, die nächsten zwanzig Jahre – so lange werden Sie brauchen – der Recherche zu widmen? Mit Ihrem eigenen Geld, ohne finanzielle Unterstützung von mir? Ja oder nein?« Hill dachte neunundzwanzig Sekunden lang nach und sagte ja. Carnegie saß an seinem Schreibtisch und hatte die Zeit unbemerkt mit seiner Taschenuhr gemessen. Wenn Hill länger als eine Minute gebraucht hätte, hätte Carnegie das Angebot zurückgezogen.

In den folgenden zwei Jahrzehnten, immer wieder auf Empfehlung von Carnegie, interviewte Napoleon Hill fünfhundert der erfolgreichsten Männer seiner Zeit – nicht nur Industrielle wie Ford und Rockefeller, sondern auch Politiker wie Theodore Roosevelt und Woodrow Wilson, den Erfinder Wilbur Wright, den Kaufhausmagnaten F. W. Woolworth und den Strafverteidiger Clarence Darrow. »Er hatte in seinem Leben die größten Schwierigkeiten«, erzählte Dean, »sein Sohn wurde ohne Ohren geboren, und Napoleon weigerte sich zu glauben, dass er für immer taub sein würde. Jeden Abend, bevor der Sohn ins Bett ging, sprach er eine Stunde lang mit ihm, er sagte: Du wirst hören, eines Tages wirst du hören, du musst nur daran glauben, dass du eines Tages hören wirst. Als sein Sohn älter wurde, konnte er schließlich hören. Er hat es mit seinem reinen Willen geschafft.«

1928 brachte Hill seine Ergebnisse in einem mehrbändigen Werk mit dem Titel *Das Gesetz des Erfolgs* heraus. Zehn Jahre später – nachdem er Berater von Präsident Franklin D. Roosevelt gewesen war – fasste er seine sechzehn Lektionen in dem Buch *Denke nach und werde reich* zusammen. In Hills sogenannter Leistungsphilosophie drehte sich alles um den Geist. Reich wurde, wer wirklich reich sein wollte, mit der »Weißglut des Verlangens«, er musste lernen, sich den Reichtum so genau wie möglich vorzustellen und den Geist auf die ersehnten Ziele, auf die Wege und Mittel zu richten und die beharrlichsten Ängste und negativen Gedanken zu überwinden. Niemand war in der Position, diese Lektionen so gut im eigenen Leben umzusetzen wie die unter dem System von Demokratie und Kapitalismus lebenden Amerikaner. Über ein halbes Jahrhundert später erreichte diese Nachricht auch Dean Price, und sie wurde zu einer machtvollen Lebenskraft für ihn, vergleichbar mit Schwerkraft oder Liebe.

»Als ich klein war und etwas falsch lief, sagten meine Eltern immer: Du musst nur darüber beten. Das konnte ich nicht glauben. Ich wusste, da ist noch mehr. Was ich von Napoleon Hill gelernt habe, ist, dass der Geist eine magische Kraft hat, doch unter Millionen von Menschen gibt es vielleicht nur einen, der dies ahnt und spürt. Napoleons berühmtester Satz lautet: Wenn du es dir vorstellen kannst und daran glaubst, dann kannst du es schaffen. Wenn deine Phantasie genügt, um etwas zu entwerfen«, erklärte Dean, »dann bedeutet das schon, dass es möglich ist. Es ist ein natürlicher Prozess. Ob du nun die Ausdauer, den Willen, das Engagement dazu hast – das ist eine andere Frage.«

Dean nahm *Denke nach und werde reich* vollständig in sich auf und zitierte genauso oft und selbstverständlich daraus wie ein Pastor aus der Bibel. Für jede Situation, in die er geriet, hatte das Buch eine Wahrheit parat. »Napoleon hat einmal gesagt: Das Beste, was ein Führer den Menschen schenken kann, ist Hoffnung.« »Napoleon Hill spricht darüber, dass Männer andere Männer zur Beute machen wollen, finanziell gesehen. Wenn sie es nicht physisch tun können, dann versuchen sie es finanziell, das ist angeboren, es ist in unseren Genen. Wir sind also nicht der Hüter unseres Bruders.« »Ein Spruch von Napoleon Hill lautet: Jedem überwundenen Hindernis in deinem Leben steht eine Saat gegenüber, die es an Nutzen aufwiegt.« »Napoleon Hill hat geschrieben, dass dir dein Unterbewusstsein manchmal um ein paar Jahre voraus ist.«

Hill erklärte seinen Lesern, wie man seinen unterbewussten Geist durch »Autosuggestion« trainieren konnte, indem man seine Gedanken vor dem Einschlafen sammelte. Jeden Abend sollten sie sich laut, wie eine Beschwörungsformel, eine schriftliche Erklärung vorlesen, wie viel Geld sie verdienen, wann sie ihr Ziel erreichen wollten und wie sie zu diesem Geld kommen wollten. Jeden Abend vor dem Einschlafen lag Dean im Bett und folgte treu dem von Hill vorgegebenen Ablauf.

Hill warnte vor sechs grundlegenden Ängsten. Die erste und mächtigste war die Angst vor der Armut, die in den Jahren bis zur Veröffentlichung von *Denke nach und werde reich* große Teile der Bevölkerung erfasst hatte. »Mit dem Wall Street Crash von 1929 begann das amerikanische Volk, über Armut nachzudenken«, schrieb Hill, »und langsam aber sicher kristallisierte sich dieser Massengedanke zu seinem physischen Gegenstück: der Depression. Es musste so geschehen, es entsprach voll und ganz den Gesetzen der Natur.« Mancher hielt Hill für den Autor einer der berühmtesten Sätze in der amerikanischen Geschichte, den Franklin D. Roosevelt in seiner Antrittsrede verwendete: »Das Einzige, das wir fürchten müssen, ist die Furcht selbst.« Diese erste Furcht kannte Dean nur zu gut. Er besann sich und erkannte, wie stark er vom Armutsdenken seines Vaters geprägt war. Und hier war nun der Autor, der erklärte, wie man diese Angst überwand. »Entweder du beherrschst deinen Geist oder dein Geist beherrscht dich.«

Viele, die mit ihren Erfolgsgeheimnissen hausieren gingen, waren sicher Scharlatane. Glenn W. Turner, König der Kosmetikindustrie, behauptete, er hätte 1966 Napoleon Hill gelesen und sich von ihm inspirieren lassen. Aber das Einzige, was Turner getan hatte, war, Hills Botschaft zu einem »Mut zur Größe« zu verkürzen und Deans Eltern damit abzuzocken. Durst nach spiritueller Erfüllung und materiellem Erfolg gingen in Amerika immer miteinander einher, was die Menschen für Verführer aller Art anfällig machte, ob sie nun Geistliche waren oder Autoren oder Leinwandstars. Hill hatte den unerschöpflichen Glauben an die Macht des Selbst in ein System überführt, das den äußeren Anschein einer praktischen Philosophie besaß. Dean lernte von ihm, darauf zu vertrauen, dass er sein Schicksal selbst in der Hand hatte.

Ungefähr zur selben Zeit, als Dean Napoleon Hill entdeckte, träumte er einmal, einen alten Kutschpfad entlangzugehen.

Sie gewöhnte sich ein, die Arbeit am Fließband wurde leichter. Anfangs wusste sie nicht immer gleich, wo welches der verdammten Kabel hingehörte, und all die anderen Teile, und das Förderband lief immer weiter und dieses Ding auf Augenhöhe drehte sich, und wenn man nicht aufpasste, war es auf einmal weg. Der Betrieb stellte Kabelbäume her, die General Motors für elektrische Komponenten verwendete. An jedem der etwa fünfzig Fuß langen Montagetische standen acht oder zehn Arbeiterinnen mit Schutzbrillen und Handschuhen. Ein leerer Kabelbaum kam, am ersten Platz wurden einige Stecker und die ersten beiden Kabel angebracht, an der zweiten Station wurden gleich acht oder zehn Kabel verbunden, so ging es immer weiter, und die letzte Arbeiterin nahm den Kabelbaum von der Förderkette, fettete ihn gegebenenfalls nach und verpackte ihn. Alle zwei bis drei Minuten wurde ein Baum fertig, was sich nur dann nach einer Menge Zeit anhört, wenn man nicht da sitzt und versucht hinterherzukommen.

Die erfahreneren Arbeiterinnen hatten kleine Tricks, sie legten sich die Kabel über die Schultern und hängten sich Verbindungsstücke und Steckerkabel um den Hals, statt jedes Mal zum Ständer zu gehen und neue zu holen. Oder sie steckten die Kabel schon vorher zusammen, damit sie nur noch das Verbindungskabel einstecken mussten, wenn der Baum am Band herunterkam. Solange man seine Quote schaffte, konnte man ein Buch lesen oder sich mit der Kollegin nebenan unterhalten oder Musik hören. Nach ein paar Monaten entwickelte sie ihr eigenes System, sie war so flink, dass sie zwei Stationen gleichzeitig bedienen konnte. Zum Mittagessen gingen die Arbeiter in Austintown in die Bars, einige waren dann betrunken, und ein Typ war da, der ihr zwanzig Dollar zahlte, damit sie für die Stunde, die er zum Ausnüchtern brauchte, seine Station übernahm. Um das Förderband zu meistern, brauchte es nur Disziplin und ein wenig Kreativität – beides hatte Tammy. Doch anfangs arbeitete sie genau nach Anleitung, manchmal musste sie bis zur nächsten Station mitgehen, um fertig zu werden. Es gab Leute, die mit einem roten Klebestreifen die Grenze markierten und sagten: »Ich will niemanden an meiner Station haben, komm hier bloß nicht rüber.«

Im ersten Jahr wurde sie entlassen, bevor sie die neunzig Tage voll hatte, bis die Krankenversicherung einsetzte. Dann wurde die Produktion doch wieder geöffnet. Über mehrere Jahre wurde sie beinahe jedes Frühjahr – meistens im Februar – in Zwangsurlaub geschickt, sie verdiente bis zu achtzig Prozent ihres Lohns, ohne einen Finger zu rühren. Manchmal bis zu fünf Monate lang. Der Tarifvertrag zwischen Packard und der Gewerkschaft – Verband 717 der Elektroarbeiter – legte fest, dass sie mit fünfundfünfzig Prozent des Grundlohns begann und nach zehn Jahren den vollen Satz erhielt. Genauso war es bei Zusatzleistungen und Urlaubszeit. Wenn sie Seniorität hatte, konnte sie jemanden, der weniger Jahre hatte als sie, aus einer besseren Stelle verdrängen – zum Beispiel den Hubstapler im Vertriebszentrum bedienen. Sie konnte auch eine bessere Schicht bekommen, damit sie zu Hause war, wenn die Kinder aus der Schule kamen. Der Preis war, dass sie in den ersten zehn Jahren von älteren Arbeiterinnen immer wieder verdrängt wurde. Die größten Produktionsstätten von Packard waren in Warren, aber im ganzen Tal verstreut gab es kleinere Anlagen, Tammy kannte bald jede einzelne. Die große Fabrik in Warren erstreckte sich über einen halben Kilometer an der North River Road und bestand aus nummerierten, miteinander verbundenen Hallen: in Halle 10 wurden Kabel gefertigt, in Halle 11 standen die Hochgeschwindigkeitspressen. Man konnte die gesamte Fabrik durchqueren, es war wie eine einzige Straße, die von den Arbeitern Route 66 genannt wurde.

Am schlimmsten war Halle 8. Dort arbeiteten die ganz Neuen, die noch keine Krankenversicherung hatten. Die Fabrik in Hubbart gefiel ihr am besten. Man brauchte nicht durch Drehkreuze gehen, wenn man zu Mittag raus wollte. Hubbart fühlte sich an wie eine Familie, die zusammenhielt, bis der Betrieb 1999 schloss. Da keine anderen Stellen frei waren, musste sie zurück in Halle 8, obwohl sie inzwischen Seniorität hatte.

Anfangs fand Tammy es toll, in einer Gewerkschaft zu sein. Die Gewerkschaften in Youngstown waren mächtig, das wusste sie, auch wenn es die Stahlarbeiter am Ende hart getroffen hatte. Eines Tages streikte ihr Verband 717. Sie kannte die Geschichten aus den Stahlwerken, ihr gefiel die Vorstellung, als Nieterin Rosie (die Werbeikone der Rüstungsindustrie aus den Vierzigerjahren) auf Streikposten zu stehen. Doch als sie zur Spätschicht erschien, war der Streik schon vorbei. Ihre anfängliche Begeisterung für die Gewerkschaft kühlte bald ab. Einmal ging sie zu einer

Versammlung, nur um zwei weißen Männern beim Debattieren zuzusehen. Sie hatte keine Lust, dafür einen Babysitter zu bezahlen und die halbe Stunde nach Warren zu fahren. Einige der Gewerkschaftsvertreter waren nur mit ihrem eigenen Fortkommen beschäftigt, ihr einziges Ziel war, in den Gewerkschaftsbund aufzusteigen, um eine zweite Rente zu kassieren. Der Betrieb an der Thomas Road war ein mieses, dreckiges, beinahe unheimliches Verlies. Wenn der Schichtleiter dort die Maschinen anstellte, um die Mittagspause zu verkürzen, oder die Telefonzellen abschloss, damit die Neuen sich nicht anrufen lassen konnten, blieb der Gewerkschaftsvertreter einfach in seinem Büro sitzen und unternahm nichts. Als Packard begann, immer mehr Standorte zu schließen und die Aufträge zu den Maquiladoras in Juarez zu schicken, wurde auch die Gewerkschaft schwächer, am Ende, das wusste jeder, konnten sie einen auch nicht retten.

Die Arbeit zerstörte den Körper nicht so wie im Stahlwerk, aber sie griff die Arbeiterinnen zusehends an. Am Löttiegel an der Thomas Road bekam sie Asthma. Sie musste Kupferdrähte in geschmolzenem Blei auflösen – sie war so verkrampft, dass ihr war, als würden Brust und Rücken sich im Inneren berühren. Manchmal war es so schlimm, dass sie ins Krankenhaus geschickt wurde. Wie viele andere Arbeiterinnen litt sie unter Sehnenscheidenentzündungen – die »Packard-Hände« wurden mit Schienen und Tabletten behandelt –, noch Jahre, nachdem sie bei Packard aufgehört hatte, wachte sie manchmal nachts vor Schmerzen auf.

Sie fand heraus, dass es sich lohnte, ein wenig aufmüpfig zu sein. Einmal kam eine Aushilfe in ihren Bereich, eine geschiedene weiße Frau Mitte dreißig, die mehrere Kinder hatte. Sie hatte solche Angst, die Stelle zu verlieren, dass sie sich kaum traute, Pausen zu machen, zur Toilette zu gehen oder mit jemandem zu sprechen. Sie gehörte zu denen, die immer schon da waren, wenn die meisten Arbeiterinnen fünf Minuten vor Schichtbeginn einstempelten. Sie wirkte erschöpft und gestresst. Einmal sah Tammy, wie die junge Frau auf Händen und Füßen versuchte, Öl vom Betonboden zu schrubben. Das Öl war schon zwanzig Jahre alt – es war also zwecklos, außerdem war vorgeschrieben, verschüttetes Öl mit einem Sauger zu entfernen. Die Frau dachte offenbar, sie hätte keine andere Wahl. Die Kerle von der Gewerkschaft bekamen zweiundzwanzig Dollar die Stunde, um den Laden sauber zu halten, und da kniete diese Frau, und der Typ vom Putztrupp saß auf seinem fetten Hintern, hatte die Füße hochgelegt und sah ihr zu. Tammy tat es richtig weh zu sehen, wie verängstigt diese Frau war. »Du musst das nicht machen, da unten«, sagte sie. Und weil es sie wütend machte, ging sie gleich darauf zum Schichtleiter. »Bob, du weißt doch, dass das nicht richtig ist.« Aber was konnte sie ausrichten? Die Aushilfen arbeiteten doppelt so viel, zum halben Lohn, es waren die Facharbeiter, die ihnen das Leben schwermachten. Später erzählte Tammy: »Ich hab doch gemerkt, dass das Mädchen eine Familie hatte. Dass sie den Job unbedingt brauchte. Sie brauchte das Geld, wie das früher halt so war, vor zwanzig, fünfundzwanzig, dreißig Jahren. Sie sorgte für ihre Familie. Und wenn es bedeutete, dass sie ihre Würde dabei verlor, weil sie keine Wahl hatte und jeden Augenblick grundlos gefeuert werden konnte, nahm sie es in Kauf. Ich glaube nicht, dass unsere Abteilung vorher je so sauber gewesen war.«

In der Hauptsache ging es Tammy bei der Arbeit darum, möglichst schnell die Zeit herumzukriegen, damit sie nach Hause zu ihren Kindern gehen konnte. Manchmal änderte sie ihre Position, die Reihenfolge ihrer Arbeitsschritte. Sie hörte ihre Musik (vor allem R&B und Funk aus den Siebzigern, mit Hip-Hop konnte sie weniger anfangen, sie mochte Musik, die aus Instrumenten kam, nicht aus Computern), was nicht einfach war, da noch vier oder fünf andere Radios am Band standen und über ihren Köpfen ein Industrieventilator hing. Einmal beschwerte sich ein weißes Mädchen, dass Tammys Radio zu laut sei, was sie aber eigentlich sagen wollte, war, dass ihre Musik zu laut war, und also zu schwarz. Das war eine der wenigen Auseinandersetzungen, die sie je bei der Arbeit hatte.

Meistens unterhielten sie sich.

Mit einigen Arbeitern in der Fabrik verbrachte sie mehr Zeit als mit ihrer Familie. Sie ging mit ihnen zu Mittag – Eli's Famous Bar-B-Que auf der Thomas Road, Cabaret an der North River Road, wo sie am Zahltag ihre Lohnschecks einlösten, und Bars wie das Triangle Inn und Café 83. Tammy trank nie, im Gegensatz zu einigen anderen. Die gingen zurück an die Arbeit und das verdammte Band drehte sich und drehte sich immer weiter – sie verstand nicht, wie man so arbeiten konnte. Manchmal hatten sie auch Spaß bei der Arbeit. Eine ältere Frau am Band war die fieseste, dümmste Person, die Tammy je gesehen hatte. Aber sie war unglaublich *lustig* – einmal kam sie mit einem Schweinerüssel zur Arbeit, erschreckte die Leute und betatschte die Männer. Jeder Geburtstag in ihrer Abteilung wurde mit einem Kuchen gefeiert, und sie hatten eine

Tippgemeinschaft für Football. Einmal war sie mehrere Monate krankgeschrieben, mit den Packard-Händen, da gewann ein Kollege die Super Bowl-Wette, sie wusste gar nichts davon, bis er bei ihr vorbeikam und ihr die Hälfte von den achthundert Dollar Gewinn gab – er hätte es ihr nicht erzählen brauchen.

Mit einigen freundete sie sich an, mit Karen zum Beispiel, einem schwarzen Mädchen von der Nordseite, die von der Frühschicht verschoben wurde und zu Tammy in die Nachmittagsschicht kam, Tammy arbeitete sie ein. Sie nannte Karen ihre kleine große Schwester, weil sie zehn Jahre älter und um einiges kleiner war. Karen hatte auch drei Kinder, so wurden sie beste Freundinnen. Und Judy, die bei Tammys letzter Packard-Stelle an ihrem Tisch arbeitete, drei Jahre lang, Judys Maschine stand auf der einen Seite, Tammys gleich gegenüber auf der anderen. »So entsteht eine echte Beziehung«, sagte Tammy, »wir sind ja nicht rumgelaufen wie die Leute in den Büros. Wir waren die ganze Zeit zusammen, ob wir's wollten oder nicht. Worüber soll man halt reden? Über den Werkzeugmacher? – Wie geht's deiner Frau? Was machen die Kinder? Spielt dein Sohn noch Football?« Sie arbeiteten so lange zusammen, dass sie allein anhand der Bilder, die sie sich zeigten, die Kinder aufwachsen sahen. Später, als sie die Fabrik längst verlassen hatte, vermisste Tammy noch die Kameradschaft unter den Arbeiterinnen.

Miss Sybil, Tammys Freundin von der Ostseite, hatte dreißig Jahre in einer Glühbirnenfabrik von General Electric gearbeitet. Von 1971 bis zu ihrer Pensionierung hatte sie Zementsäcke geschleppt, jeweils zu zwanzig Kilo. »Jeder, der behauptet, dass Fabrikarbeit gute Arbeit ist, sollte mal in so eine Halle gehen«, sagte Tammy. »Die meisten würden es überhaupt nicht aushalten. Mitt Romney würde die erste Woche nicht überleben.«

Tammy hielt es neunzehn Jahre lang aus. Sie bildete sich darauf nichts ein. Als sie einmal gefragt wurde, wie sie das ausgehalten hatte, immer dieselben Handgriffe, immer denselben Ablauf – da hatte sie keine rechte Antwort parat. Sie hat einfach gemacht, was von ihr verlangt wurde. Sie wurde bezahlt, ganz gut sogar, und das hat sie gerettet, damit sie ihre Kinder retten konnte.

Tammy kannte Flip Williams nicht sehr gut, er war zehn Jahre älter als sie. Aber seinen Bruder kannte sie. Flip organisierte den Drogenhandel im KimmelBrooks-Ghetto. Dann ging er nach Kalifornien und schloss sich den Crips an. In den späten Achtzigern saß er wegen Kokainhandels im Gefängnis. Als er entlassen wurde, kehrte er nach Youngstown zurück und versuchte, das Brooks wieder unter seine Kontrolle zu bringen. 1991, in der Nacht vor dem Labor Day, ging Flip mit drei Teenagern, darunter seiner Freundin, zum Haus des Dealers, der den Crackhandel im Viertel übernommen hatte. Sie legten ihm Handschellen an und klebten ihm den Mund zu. (Alles war bis ins Detail geplant, er kannte den Grundriss des Hauses und hatte bei Radio Shack Walkie-Talkies besorgt.) Flip wies seine Freundin an, zwei Typen anzurufen, die mit dem Dealer zusammenarbeiteten, und sie zum Haus zu locken, was ihr gelang. Im selben Augenblick kam ein vierter Mann, Teddy Wynn, vorbei, um kurz Hallo zu sagen. Wynn war ein Cousin von Barry, dem Vater von Tammys erstem Kind, er war gerade aus der Air Force entlassen worden. Er war zur falschen Zeit am falschen Ort. Flip fesselte die drei Männer. Dann erdrosselte er Teddy und einen der anderen. Schließlich musste die Freundin die Stereoanlage aufdrehen, und er ging von Zimmer zu Zimmer und richtete die übrigen vier mit Kopfschüssen hin.

Als Flip 2005 wegen des Labor Day-Massakers mit einer Giftspritze exekutiert wurde, war das KimmelBrooks-Ghetto bereits abgerissen und neu aufgebaut worden. Es hieß jetzt Rockford Village. Tammy fand, dass es höchste Zeit war, ihn hinzurichten. Flip hatte eine Menge andere Morde auf der Ostseite begangen, die sie ihm nicht einmal nachweisen konnten. Wie kann man jemanden in Haft behalten, der in seiner Stadt eine solche Zerstörung angerichtet hat?

Von den späten Achtzigern bis in die Neunzigerjahre gehörte Youngstown zu den zehn Städten mit der höchsten Mordrate, die Mordrate für schwarze Frauen unter fünfundsechzig war höher als in jeder anderen Stadt. Die Medien konzentrierten sich bei der Spurensuche auf die Mafia, denn es herrschte Krieg zwischen zwei Familien, den Genovese und den Lucchese, dem einige ranghohe Mafiamitglieder zum Opfer fielen. 1996 wurde der Staatsanwalt von Mahoning County in seiner Küche angeschossen – und überlebte. Er war möglicherweise der einzige hohe Beamte im Bezirk, der sich nicht von der Mafia bezahlen ließ. Gegen Ende der Neunziger gab es in Youngstown kein Geld mehr, über das man streiten konnte, und der Mafiakrieg ging einfach zu Ende. Aber Youngstown behielt seinen Ruf als Stadt der Mörder, denn die meisten Morde wurden in Vierteln wie Tammys verübt. Immer ging es um Drogen und Ehre.

Tammy hatte aufgehört, die Bekannten zu zählen, die ermordet wurden. Von den Gesichtern auf den alten Klassenfotos waren über die Hälfte im Gefängnis oder auf Drogen oder tot. Ein Mädchen aus der High School war bei einem Drive-By in Brooks umgekommen. Geneva, eine ihrer besten Schulfreundinnen, hatte die High School abgebrochen und zwei Töchter bekommen. Als Tammy gerade ihren Abschluss machte, stieg bei Geneva ein Typ aus dem Auto, fing an, mit ihr zu streiten, schmiss sie zu Boden und tötete sie mit einem Kopfschuss. Niemand wurde je für die Tat verhaftet. Anthony, Vickies jüngerer Bruder, der auch ein Junkie war, wurde ebenfalls ermordet, seine Leiche wurde im Osten gefunden. »Das war eine schlimme Zeit, eine wirklich schlimme Zeit in Youngstown«, sagte Tammy. »Das kann man sich nicht vorstellen. Es gab einfach keine Arbeit.«

Als Tammys Brüder älter wurden, trugen sie immer das Blau der Crips, sie hatten sich offenbar der Gang angeschlossen. Sie wohnten noch bei ihrer Mutter auf der Shehy Street, nur zwei Straßen von der Charlotte Street entfernt. Sie hatten die Straße unter ihre Kontrolle gebracht und dealten vor dem eigenen Haus. Der Vater kam nicht auf die Idee, den Jungen jemals Grenzen zu setzen. Die Mutter versuchte es gelegentlich – sie wünschte sich ein besseres Leben für die beiden, es tat ihr weh, dass sie immer wieder Ärger machten –, aber sie gaben nur Widerworte, in einer Weise, die sich Tammy nie erlaubt hätte. Vickie nahm in dieser Zeit wieder Drogen, was Tammy nicht wusste. Jahrelang, seit der sechsten oder siebten Klasse, war sie in dem Glauben gewesen, ihre Mutter sei clean. Vickie bat Tammy immer wieder, sie zu fahren, sie musste hier etwas von einer Freundin abholen und dort jemanden bezahlen, dem sie Geld schuldete. Erst später verstand Tammy, dass es nur um Drogen ging, und dass sie ihrer Mutter die Sucht auch noch ermöglichte. Die Wahrheit kam erst heraus, als die Mutter von Oxycodon abhängig wurde, das ihr ein Arzt als Schmerzmittel verschrieben hatte. Sie litt unter degenerativer Osteoarthritis, ihre Gelenke lösten sich einfach auf und die Knochen wurden so brüchig, dass sie bei einer falschen Bewegung brechen konnten. Es war der Klinikarzt, der Tammy darauf hinwies, dass ihre Mutter heroinabhängig war.

In der Nähe von Vickies Haus gab es eine zweite Gang, die sich Ayers

Street Playas nannte und zu den Bloods gehörte. In den späten Neunzigern kämpften Tammys Brüder an vorderster Front in einem Bandenkrieg um den Crackhandel – auch das erfuhr sie erst viel später. »Ich wusste eigentlich nicht genau, was um mich herum passierte, ich hatte ja die Kinder und versuchte, sie zu schützen.« Der älteste ihrer Brüder, James, wurde am helllichten Tag auf der eigenen Veranda angeschossen. Der jüngste, Edwin, saß einmal mit einem Freund im Auto, gleich neben dem Haus auf einem leeren Grundstück, da kam jemand, beugte sich in den Wagen und erschoss den Freund. Ein paar Jahre später überlebte Edwin drei Schüsse in den Rücken, er hatte mit einem anderen Freund und Dwayne, dem mittleren der Brüder, in einem anderen Wagen gesessen. Dwayne und Edwin saßen immer wieder für längere Zeit im Gefängnis.

Neben Vickies Haus auf Shehy gab es einen berüchtigten Laden, den F&N Food Market. Vor dem Geschäft war immer etwas los, ein regelmäßiges Craps-Spiel zog gefährliche Zocker an. Eines Tages, als Edwin und Dwayne noch Teenager waren, würfelten sie mit zwei Puerto-Ricanern hinter dem Laden. Dwayne hatte seine Pistole unter einem Sitzkissen versteckt – eine Vorsichtsmaßnahme. Ein Freund der Jungen, John Perdue, gesellte sich dazu. Nach wenigen Minuten kam es wegen einer Fünf-Dollar-Wette zum Streit. Raymond Ortiz, einer der Puerto-Ricaner, schnappte sich Dwaynes Pistole und verlangte das Geld. Perdue weigerte sich zu zahlen. Dwayne versuchte, Ortiz zu beruhigen, schließlich gingen die Puerto-Ricaner zu ihrem Wagen. Doch plötzlich kehrten sie zurück – Ortiz war noch immer wütend –, der Streit ging weiter. Er endete damit, dass Ortiz Perdue mit der Waffe bedrohte oder schlug, und Perdue ihm die Waffe abnahm und ihn mit einem Kopfschuss tötete.

Vickie kannte die Mutter des Toten, und weil es der Freund der Thomas-Brüder gewesen war, der ihn umgebracht hatte, zudem noch mit Dwaynes Pistole, bei einem Würfelspiel neben Vickies Haus, entstand eine Art Fehde zwischen den beiden Familien. Vickies Haus wurde unter Beschuss genommen – Einschusslöcher an Kühlschrank und Herd zeugten davon. Tammy überredete ihre Mutter auszuziehen und nahm sie kurzerhand mit. Bald darauf warf jemand einen Molotow-Cocktail ins Haus, das Erdgeschoss wurde verwüstet. Der Bürgermeister von Youngstown wies seine Beamten an, »das von Feuer beschädigte, von Drogen verseuchte und Gewalttäter anziehende Haus an der Shehy Street Nr. 1343 abzureißen«, berichtete der *Vindicator* unter der Schlagzeile

BERÜCHTIGTES HAUS ABGERISSEN. Ein städtischer Bagger fuhr auf den Rasen, hob die Kralle und begann, die Veranda niederzureißen, während Nachbarn zusahen und zufrieden nickten. »Gegen Nachmittag war von dem Schandfleck im Osten nichts mehr zu sehen.« Das Haus war noch etwa viertausend Dollar wert gewesen. Von dem Verlust erholte sich Vickie nicht.

Tammy war inzwischen aus dem Osten fortgezogen.

In den Neunzigern war das Haus auf der Charlotte Street einige Male aufgebrochen worden. Granny war über neunzig und hatte einen Blindenschein, sie wohnte jetzt unten im Haus. Tammy, die nicht aus der Spätschicht herauskam, kehrte erst gegen Mitternacht heim, und sie konnte sich nicht leisten, jemanden zu bezahlen, der auf sie aufpasste. Ihre Kinder wurden nach der Schule von der Mutter ihrer Freundin versorgt, die auf der Südseite wohnte. Tammy holte die Kinder auf dem Heimweg ab. Granny war die ganze Zeit allein, und Tammy hatte Angst, dass wieder jemand einbrechen und ihr etwas antun würde, sie konnte ja nichts mehr sehen. Im Mai 1992, nach zwanzig Jahren an der Charlotte Street, zog die Familie in den Süden. Granny hatte über ein halbes Jahrhundert im Osten gewohnt, drei Monate nach dem Umzug starb sie.

Drei Jahre lang vermietete Tammy das Haus auf der Charlotte Street. 1995 beschloss sie, es zu verkaufen. Sie bekam fünftausend Dollar dafür, halb so viel wie Granny 1972 bezahlt hatte. Die Frau, die es kaufte, zog bald zurück nach Puerto Rico, eine Zeitlang war das Haus noch vermietet. Dann verfiel es zusehends, ab 2000 stand es leer.

Für ihr eigenes Haus auf der Südseite bezahlte Tammy dreiundzwanzigtausend Dollar. Es war orange und hatte eine Fassade mit vier dicken Säulen. Innen war es sehr schön. Als Tammy auf der Südseite aufwuchs, wohnten in dem Viertel oberhalb von Indianola nur Weiße, aber jetzt veränderte sich die Gegend schnell, die Weißen flohen in die Vororte, und Mieter mit Sozialschein zogen ein, darunter viele, die sie aus dem Osten kannte.

Brian, ihr Freund, war zwei Jahre älter als sie. Sie kannten sich aus der High School (wo Tammy meist mit Älteren zusammen war), 1990 wurden sie ein Paar, nach einer Weile war Brian wie ein Vater für die drei Kinder. Besonders mit dem kleinen Mädchen verstand er sich. Er hatte zwar keine feste Stelle – manchmal arbeitete er als Aushilfe an der Schule –, aber er half Tammy, über den Verlust von Granny hinwegzukommen, und er liebte die Kinder. 1995, um ihren neunundzwanzigsten Geburtstag herum, machte Brian ihr einen Antrag. Sie ließ sich mit ihrer Antwort Zeit. Zu ihrem Geburtstag fuhr sie mit drei Freundinnen nach Cleveland, sie nahmen sich ein Hotelzimmer und besprachen es. Tammy beschloss einzuwilligen. Etwa zu dem Zeitpunkt, als die drei Frauen aus dem Hotel traten, um ein wenig shoppen zu gehen, wurde Brian ermordet.

Sie fand nie heraus, was genau passiert war. Es hatte Streit mit jemandem gegeben, dessen Familie Tammy seit frühester Kindheit kannte. »Brian war so ein lieber Mensch«, sagte sie, »ich weiß aber nicht, mit wem er zu tun hatte und mit wem er verbündet war. Er war bestimmt nicht böse. Er hatte das größte Herz, das ich jemals bei einem Mann gefunden habe, die Kinder haben ihn sehr geliebt.« Eine Freundin riet, die Jüngste, die sieben war, zu einem Psychologen zu bringen, aber Tammy nahm das nicht ernst. »Sie kommt schon klar«, sagte sie – weil sie selbst drei Jahrzehnte so gelebt hatte. »Ich komme schon klar, ich komme zurecht, es wird schon wieder.« Zehn Jahre später, als Tammy von einem Besinnungswochenende mit der Gemeinde zurückkehrte, hatte das Mädchen ein frisches Tattoo. Tammy war stinksauer. Erst als sie sah, dass es Brians Initialen waren, sein Geburts- und Todesjahr, beruhigte sie sich. Sie verstand jetzt, dass ihre Tochter nie Gelegenheit gehabt hatte, um den einzigen Mann zu trauern, den sie je Papa genannt hatte.

Nach Brians Tod gewöhnte sich Tammy an, lange Spaziergänge im Mill Creek Park zu machen, drei Mal die Woche oder öfter. Meistens brachte sie die Kinder zur Schule und vertrieb sich die Zeit, bis ihre Schicht begann. Wenn sie Frühschicht hatte, kam sie manchmal nachmittags nach der Arbeit. Sie lief über die Wege, sie setzte sich an die alte Mühle am Fluss und hörte zu, wie das Wasser über den Damm rauschte. Sie war allein mit Gott und mit ihren Gedanken, sie schöpfte neue Kraft.

Block für Block verfiel die Innenstadt, die Zerstörung beschleunigte sich und blieb Tammy auch nach dem Umzug dicht auf den Fersen. Was sich auf der Ostseite über den Zeitraum eines ganzen Jahrzehnts ausgebreitet hatte, benötigte für den gesamten Süden nur wenige Jahre. In Tammys Viertel war es besonders schlimm. Die Dale Boys – benannt nach den Straßen, aus denen sie kamen: Avondale und Auburndale – übernahmen das Viertel. 1997 zog sie mit den Kindern in das Haus neben Brians Mutter, aber es gelang ihr nicht, das alte Haus zu verkaufen – es stellte sich heraus, das eine Menge Reparaturen nötig gewesen wären.

Die Bank willigte ein, das Haus zu übernehmen und die Hypothek zu streichen.

Manchmal dachte sie darüber nach, Youngstown zu verlassen. Aber das ganze Land litt ja unter der Kriminalität, und es war aussichtslos, anderswo nach einer neuen Stelle zu suchen. Doch die meisten, die irgendeine Chance sahen, zogen tatsächlich weg. Die ganze Stadt befand sich in einer Abwärtsspirale. Wenn es ihr gelang, noch zwei Jahre bei Packard durchzuhalten, hatte sie ihre zehn Jahre, und das bedeutete vollen Lohn und Krankenversicherung, und später einmal eine Rente. Sie war dankbar, dass sie überhaupt eine Stelle hatte, und in Youngstown brauchte man nicht viel Geld. Sie begann, von zu Hause aus ein kleines Nebengeschäft zu betreiben. In ihrem Wintergarten half sie, Hochzeiten zu planen, sie entwarf Einladungen und druckte sie auf ihrem eigenen Laserdrucker. Dann begann sie, Geschenkkörbe zum Valentinstag zu verkaufen, sie ließ Gratulationskarten drucken und organisierte sogar Beerdigungen. Ihr Geschäft hieß »A Perfect Cup of T.« Einmal band sie mit ihrer jüngsten Tochter, während sie im Fernsehen einen Film sahen, dreihundertfünfzig Schleifen, auf die sie dreihundertfünfzig Perlen klebten. Und bei der Arbeit verkaufte sie Avon-Produkte – in einer Fabrik voller Arbeiterinnen ließ sich viel Geld damit verdienen. Genug Gründe also, Youngstown nicht den Rücken zu kehren.

Es war schwieriger, aus dem Süden zu Packard zu kommen als aus dem Osten. Und Tammy stand unter ständigem Druck wegen der Babysitter und der Nachmittagsprogramme für die Kinder und ihrem eigenen Schichtdienst. Sie musste Urlaub nehmen, um ihre ältere Tochter in einem Schulprogramm zu sehen oder ihren Sohn bei einem Football-Spiel. An den Wochenenden ließ sie sich für die Kinder immer etwas einfallen, das nicht viel kostete. Im Sommer fuhren sie manchmal aus der Stadt und pflückten Erdbeeren und im Herbst Äpfel. Sie erwartete, dass die Kinder sonntags in die Kirche gingen und nach der Schule in den Bibelunterricht. Wenn sie es nicht zum Elterngespräch schaffte, sprach sie den Klassenlehrer morgens vor dem Unterricht an. Als sie ihr erstes Handy bekam, gab sie den Lehrern ihre Nummer – so war sie in der Fabrik erreichbar. Erst als die Kinder älter waren, machte sie manchmal Überstunden. Wenn die Kinder Freunde nach Hause brachten, setzte sie sich immer ein Weilchen dazu, sie wollte wissen, wer ihre Freunde waren und was sie trieben. Die Mädchen durften erst mit sechzehn Make-up tragen, und als ihr Sohn von einem Besuch bei seinem Vater mit einem Ohrstecker zurückkehrte, musste er ihn wieder herausnehmen. Sie hatte ihm verboten, sich vor der High School piercen zu lassen. Als er dann durfte, interessierte es ihn nicht mehr. Selbst im letzten Schuljahr mussten die Kinder um Mitternacht, allerspätestens um ein Uhr, zu Hause sein. Tammy war streng, aber niemals gemein, manchmal drückte sie auch ein Auge zu. Aber auf Verhandlungen ging sie nicht ein. Sie wusste, wie wichtig Disziplin war. Auf der Straße war die Hölle los. Ihre Töchter wurden nicht schwanger, und ihr Sohn hatte mit Gangs nichts zu tun. Alle schafften die High School und gingen ans College. Gott hatte ihr drei gute Kinder geschenkt.

Einmal brachte ein Bekannter sein Erstaunen darüber zum Ausdruck, dass es ihr gelungen war, in Youngstown drei Kinder durchzubringen, denen es allen gut ging. Tammy verstand zwar, wie das gemeint war, fand aber, dass sie nur getan hatte, was selbstverständlich war. »Ich hatte keine Wahl. Meine Kinder sollten es besser haben als ich. Sie sollten es besser haben als meine Brüder. Ich habe getan, was ich tun musste. Genau wie meine Urgroßmutter.«

Mr Sam: Sam Walton

Sam wurde 1918 in Kingfisher/Oklahoma geboren, einem Ort in der geographischen Mitte des Landes. Es waren schwierige Jahre, in denen er aufwuchs. Nach der Großen Depression arbeitete sein Vater, Thomas Walton, für die Metropolitan Life Insurance Company, er fuhr in Missouri von einer bankrotten Farm zur nächsten und nahm sie für die Firma in Besitz. Sam durfte manchmal mitfahren, er erlebte, wie sein Vater immer bemüht war, den Farmern, die ihre Hypotheken nicht bedient hatten und ihr Land verloren, ein wenig Würde zu lassen. Diese Erfahrungen waren zweifellos der Grund dafür, dass Sam immer sehr vorsichtig mit Geld umging. Tatsächlich war er schlicht zum Geiz erzogen worden. Selbst als er die Liste der reichsten Amerikaner anführte – es passte ihm gar nicht, dass die Zeitschrift *Forbes* 1985 diese Aufmerksamkeit auf ihn lenkte, die seiner Familie eine Menge zusätzlichen Ärger brachte –, bückte er sich noch, um eine Fünf-Cent-Münze vom Bürgersteig aufzuheben. Ein aufwendiger oder protziger Lebensstil lag ihm nicht. Ehrlichkeit, Hilfsbereitschaft, Fleiß und Sparsamkeit – das waren die Grundwerte, an die er glaubte. Ansonsten tat einfach jeder, wie er konnte.

»Geld hat mir nie so viel bedeutet«, schrieb er gegen Ende seines Lebens. »Als wir genug zum Einkaufen hatten, und ein schönes Haus, und Platz für meine Vogelhunde, und ein Jagdrevier, einen Tennisplatz und die Mittel, unseren Kindern eine gute Ausbildung zu ermöglichen – waren wir schon reich. Das stimmt auf jeden Fall.«

Sein Vater war nicht sehr erfolgsorientiert. Die Mutter aber hatte ehrgeizige Pläne, die sie auf die beiden Söhne übertrug, wodurch es zwischen den Eheleuten oft zum Streit kam. Das mag der Grund dafür gewesen sein, dass Sam seine eigenen Beschäftigungen suchte. Er trat allen möglichen Clubs bei und liebte jede Art von Wettbewerb. Er war Pfadfinder, Quarterback, Schülersprecher an der Hickman High School in Columbia, Präsident seiner Studentenvereinigung an der University of Missouri. Er grüßte immer als Erster, wenn er jemandem auf der Straße begegnete. Er war klein und sehnig, sein Gesicht hatte etwas von einem freundlichen Raubvogel. Egal, worauf er sich einließ, er tat es immer, um zu siegen.

Früh fand Sam heraus, dass er Talent als Verkäufer hatte. In seiner Schul- und Studienzeit trug er Zeitungen aus, und als ein Preis ausgeschrieben wurde für denjenigen, der die meisten Abonnenten anwarb, gewann er ihn. Nach dem College arbeitete er für fünfundsiebzig Dollar Wochenlohn im J.C. Penny-Kaufhaus in Des Moines/Iowa. Hier sammelte er seine ersten Erfahrungen im Einzelhandel, lang genug, um zu verstehen, dass Angestellte, die man als *Associates* – Mitarbeiter oder Partner – bezeichnete, einen gewissen Stolz auf ihre Firma entwickelten. Dann kam der Krieg. Er verbrachte drei Jahre in der Army, blieb aber wegen einer Herzrhythmusstörung im Land. Als er entlassen wurde, wollte er unbedingt wieder in den Einzelhandel – aber diesmal unter eigener Regie.

Am liebsten hätte Sam in St. Louis ein Kaufhaus unter Lizenz aufgebaut, aber seine Frau Helen, die Tochter eines wohlhabenden Anwalts aus Oklahoma, weigerte sich, in eine Stadt mit über zehntausend Einwohnern zu ziehen. So kamen sie nach Newport/Arkansas (500 Einwohner), wo Sam, unterstützt von seinem Schwiegervater, einen Gemischtwarenladen der Kette Ben Franklin kaufte. Gegenüber war ein weiteres Geschäft, er ging immer wieder über die Straße und verbrachte Stunden damit, die Konkurrenz auszuspionieren. Es wurde zu einer lebenslangen Angewohnheit. In Newport entwickelte Sam die Ideen, die die Grundlage seines Erfolgs bildeten.

Vom Großhändler seines Lizenzgebers kaufte er Satinhöschen zu zwei Dollar fünfzig das Dutzend, im Dreierpack zu einem Dollar verkaufte er sie weiter. Als er einen Händler in New York ausfindig machte, der ihm das Dutzend für zwei Dollar verkaufte, zahlten seine Kunden immer noch einen Dollar – und bekamen ein Viererpack, das er mit einer großen Aktion bewarb. Sein Gewinn pro Höschen fiel um ein Drittel, aber er verkaufte drei Mal so viel wie zuvor. Billig einkaufen, billig abgeben, große Mengen, schneller Durchsatz – das war Sams ganze Philosophie. In fünf Jahren verdreifachte er den Umsatz, sein Ben Franklin-Kaufhaus war bald das umsatzstärkste in der Region.

Die Menschen waren geizig. Es gab Angebote, die so günstig waren, dass sie nicht an ihnen vorbeigehen konnten. Was nach dem Krieg für die kleinen Städte von Arkansas und Oklahoma galt, mit ihrer ausschließlich weißen Bevölkerung, das galt immer und überall.

Es galt auch in Bentonville/Arkansas, wo Sam und Helen 1950 mit den

Kindern ankamen, nachdem ihnen ein cleverer Vermieter das Geschäft in Newport abgejagt hatte. Sam eröffnete sein Geschäft, Walton's 5&10, am Hauptplatz, im Herzen der Kleinstadt (Einwohnerzahl: 3000). Es lief so gut, dass er, gemeinsam mit seinem Bruder Bud, innerhalb eines Jahrzehnts weitere fünfzehn Geschäfte eröffnete, und zwar in winzigen, verschlafenen Städtchen, mit denen sich die größeren Ketten – Kmart und Sears – nicht abgaben: Siloam Springs/Arkansas, Coffeyville/Kansas, St. Roberts/Missouri. Der Geiz war überall, und die Umsätze in diesen Läden waren viel besser, als irgendwelche schlauen Manager in Chicago und New York ahnten. Sam wählte die Standorte aus, indem er mit seinem Air Coupe, einem Zweisitzer, tief über die Orte flog. Er sah sich aus der Luft die Straßen und die Bebauung an und suchte ein freies Grundstück.

Der Fiebertraum des Einzelhandels hatte ihn so sehr gepackt, dass er sich im Familienurlaub oft absetzte, um die Geschäfte in der Nähe anzusehen. Er erdrückte die Konkurrenz und nahm ihr die besten Leute weg, indem er ihnen Anteile an seinen Lizenzunternehmen anbot. Er ließ sich immer wieder verrückte Aktionen einfallen, um Kundschaft in seine Läden zu locken und Konkurrenten zu täuschen, die ihn unterschätzen sollten. Mit den Lieferanten verhandelte er hart bis auf den letzten Penny. Er arbeitete ununterbrochen, er musste expandieren und immer weiter expandieren. Wer sich ihm in den Weg stellte, wurde überrollt.

Am 2. Juli 1962 eröffnete Sam in Rogers/Arkansas seinen ersten eigenständigen Discounter. Riesige Märkte, die von Markenkleidung bis zu Autoteilen alles anboten, waren die nächste Welle des Einzelhandels. Er war entschlossen, diese Welle bis zum Ende zu reiten – oder unterzugehen. Er war so geizig, dass er beim Firmenschild auf ein paar Buchstaben verzichtete: Das neue Geschäft hieß Wal-Mart. Und das Motto lautete: Jeden Tag die günstigsten Preise.

1969 hatte er bereits zweiunddreißig Märkte in vier Staaten. Im folgenden Jahr wandelte er die Firma in eine Aktiengesellschaft um. Die Familie hielt neunundsechzig Prozent der Anteile, Sams Vermögen belief sich auf etwa fünfzehn Millionen Dollar. Wer die Lebensbedingungen anderer Menschen verbessern wollte, benötigte: Unternehmergeist, einen freien Markt, Risikobereitschaft.

In den Siebzigern verdoppelte die Firma alle zwei Jahre ihren Umsatz. 1973 gab es schon fünfundfünfzig Märkte in fünf Staaten. 1976 waren es

125 Märkte, der Umsatz betrug dreihundertvierzig Millionen Dollar. Wal-Mart breitete sich immer weiter aus, in einem Kreis, dessen Mitte Bentonville war. Die Firma schluckte ein vergessenes Städtchen nach dem anderen und verwüstete die traditionellen Geschäftsstraßen, bis die Region so von Wal-Mart dominiert war, dass kein anderes Geschäft mehr gedeihen konnte, kein Eisenwarenhändler und keine Apotheke. Jeder neue Wal-Mart sah haargenau aus wie der letzte und war nah genug an der Zentrale, um innerhalb von einem Tag beliefert zu werden. In Bentonville nämlich waren die Lager. Die fensterlosen Märkte hatten die Größe von Flugzeughangars, für die gigantischen Parkplätze wurden Äcker und ganze Wälder planiert und mit Beton versiegelt. Ihre Lage an den Rändern der Städte förderte die Zersiedlung. Ein aufwendiges Computersystem hielt minutengenau fest, welche Waren bestellt, verkauft und verladen wurden.

1980 gab es 276 Märkte, der Umsatz überstieg zum ersten Mal die Milliardenmarke. Die gesamten Achtzigerjahre hindurch expandierte die Firma rasant – und zwar im ganzen Land, selbst im Ausland. Sam baute sogar Märkte in Großstädten wie Dallas und Houston, wo mehr gestohlen wurde, und wo es schwieriger war, moralisch aufrechte Personen zu finden, die bereit waren, für Wal-Mart zu arbeiten. Hillary Clinton war die erste Frau im Aufsichtsrat. Ihr Mann – der Gouverneur – und andere Politiker kamen nach Bentonville und zollten Sam Walton Respekt. Zur Mitte des Jahrzehnts wurde Sam Walton offiziell der reichste Mann Amerikas, sein Vermögen betrug jetzt 2,8 Milliarden Dollar. Er war immer noch geizig. Wenn er sich in Bentonville für fünf Dollar die Haare schneiden ließ, gab er niemals Trinkgeld. Weder er noch die Firma spendeten für wohltätige Zwecke. Aber jeder Markt vergab im Jahr ein Stipendium über tausend Dollar für einen der High-School-Absolventen, der studieren wollte, was viel besser ankam als ein echtes wohltätiges Engagement der Firma.

Sam flog noch immer mit seiner zweimotorigen Maschine übers Land und besuchte jedes Jahr Hunderte von Märkten. Er versammelte seine Associates und skandierte laut und ausgelassen mit ihnen:

»Gebt mir ein W!«

»W!«

»Gebt mir ein A!«

»Gebt mir ein L!«

»Gebt mit ein Tänzchen!« (Alle, auch Sam, schwangen die Hüfte zum Twist.)

»Gebt mir ein M!«

»Gebt mir ein A!«

»Gebt mir ein R!«

»Gebt mit ein T!«

»Und das heißt ...«

»WAL-MART!«

»Und wer ist die Nummer eins?«

»Der Kunde!«

Sam trug immer das Plastikschildchen mit seinem Vornamen, genau wie seine Kassierer. Er bat um Verbesserungsvorschläge, hörte sich Klagen der Mitarbeiter an und versprach, sich zu kümmern. Selbst die Lohnarbeiter fühlten sich von dem freundlichen Herrn besser verstanden als von ihren unmittelbaren Vorgesetzten. Die Associates wurden verpflichtet, gewisse moralische Anweisungen zu befolgen. Vor allem mussten Beziehungen zwischen Mitarbeitern auf Bezirksebene von der Verwaltung abgesegnet werden. Und sie mussten die Hand hoch über den Kopf heben und einen Eid abgeben: »Von diesem Tag an gelobe ich hoch und heilig, dass jeder Kunde, der zehn Fuß oder weniger von mir entfernt ist, mit Blickkontakt und einem Lächeln begrüßt wird, so wahr mir Sam helfe.«

So wurde der Boss des Unternehmens, Mr Sam, das Objekt eines volkstümlichen Persönlichkeitskults. Tausende Menschen reisten zu den Jahresversammlungen nach Arkansas, wo er die »Mitarbeiter« in religiösen Tönen auf Massenveranstaltungen motivierte. In seinem spartanischen Büro in Bentonville schrieb er jeden Monat einen Brief, der an Zehntausende seiner Angestellten verschickt wurde und Dank, Mahnungen und Anfeuerungen enthielt. Als er 1982 an Leukämie erkrankte, versicherte er: »Ich werde euch weiter besuchen – vielleicht nicht mehr so oft, aber ich tue, was ich kann. Ich möchte euch unbedingt alle wiedersehen. Ihr wisst, wie gern ich komme, um nach euch zu sehen.«

Als eine Kleinstadt in Louisiana versuchte, sich gegen Wal-Mart zur Wehr zu setzen, um den Einzelhandel auf der Hauptstraße zu retten, interessierte sich dafür nur die Lokalpresse. Als Berichte erschienen, dass die Angestellten bei Wal-Mart extrem schlecht bezahlt waren und ihre Krankenversicherung selbst bezahlen mussten, dass viele von ihnen Teilzeitverträge hatten und auf Sozialhilfe angewiesen waren, sprach Mr Sam immer von einem Lohnarbeiter, der mit einem Zweihunderttausend-Dollar-Paket an Aktienoptionen in den Ruhestand gegangen war. Außerdem behauptete er, den Lebensstandard der Menschen zu verbessern, indem er ihre Haushaltskosten senkte. Als Lagerarbeiter und Lastwagenfahrer versuchten, sich gewerkschaftlich zu organisieren, wurden sie von Wal-Mart unbarmherzig verfolgt. Jeder, der es wagte, den Mund aufzumachen, wurde gefeuert. Danach machte Mr Sam wieder seine Runde und entschuldigte sich bei den Associates, die sich ungerecht behandelt fühlten. Er versprach, es beim nächsten Mal besser zu machen. Manche sagten, wenn Mr Sam nur wüsste, wie es in den Märkten zugeht, wäre es sicher nicht so schlimm. Als immer mehr Industrien nach Übersee abwanderten und der Stellenabbau katastrophale Ausmaße annahm, startete Mr Sam eine Kampagne – Buy American –, die ihm viel Lob von Politikern und Redaktionen im ganzen Land einbrachte. Wal-Mart schmückte Kleiderständer, die voller Produkte aus Bangladesch hingen, mit Schildern, die verkündeten: MADE IN THE U. S. A. Die Konsumenten hatten keine Ahnung, dass es nicht zuletzt die Firma Wal-Mart war, die mit den knallhart kalkulierten Preisen, die sie diktierte, für Firmenpleiten und die Abwanderung des produzierenden Gewerbes verantwortlich war.

Das freundliche Raubvogelgesicht unter der blau-weißen Wal-Mart-Kappe wurde mit dem Alter immer noch freundlicher. Solange Mr Sam am Leben war, war Wal-Mart auch eine große amerikanische Erfolgsgeschichte, die im kleinen Bentonville ihren Anfang genommen hatte.

1989 kehrte der Krebs zurück, diesmal befiel er die Knochen und war nicht mehr zu stoppen. Mr Sam versuchte, bei seinem Pensum zu bleiben. Bei der nächsten Jahresversammlung versprach er, dass zur Jahrtausendwende ein Verkaufsvolumen von hundert Milliarden erreicht würde. »Können wir's schaffen?«, rief er, und neuntausend Menschen in einer Sporthalle der University of Arkansas antworteten: *Yes, we can!* Sam schrieb seine Memoiren und dachte laut darüber nach, ob er mehr Zeit bei seiner Familie hätte verbringen müssen. Und ob er mehr für gute Zwecke hätte tun können. Und er schloss, dass er es genau so noch einmal machen würde. Beteiligungen hatten das Geld in der Familie gehalten, Helen und die vier Kinder (die alle ganz normal im Heartland aufgewachsen waren), hatten ein Vermögen von dreiundzwanzig Milliarden

Dollar, am Ende besaßen die sechs überlebenden Waltons genauso viel Geld wie die unteren dreißig Prozent aller Amerikaner.

Anfang 1992 lag Mr Sam im Sterben. Im März kamen Präsident Bush und seine Frau nach Bentonville. Mr Sam stand unsicher aus seinem Rollstuhl auf und wurde mit der Presidential Medal of Freedom geehrt. Am meisten freute er sich in seinen letzten Tagen, wenn ein Manager kam, um mit ihm die Verkaufszahlen eines bestimmten Marktes zu besprechen. Im April, kurz nach seinem vierundsiebzigsten Geburtstag, starb Mr Sam.

Erst nach seinem Tod, als der urige, bodenständige Sam nicht mehr das öffentliche Gesicht der Firma war, begannen die Menschen zu verstehen, was Wal-Mart angerichtet hatte. Das ganze Land war eine Art Wal-Mart geworden. Es war billig. Die Preise waren niedrig, und die Löhne waren niedrig. Die Industrie beschäftigte nur noch wenige Arbeiter, die selten gewerkschaftlich organisiert waren. Teilzeitarbeit – etwa als Grußpersonal – nahm dagegen zu. Die Kleinstädte, in denen Sam Walton seine Chance gesehen und genutzt hatte, verarmten zusehends, weshalb die Kunden immer mehr auf die *jeden Tag günstigen Preise* von Wal-Mart angewiesen waren. Viele Menschen kauften ausnahmslos alles bei Wal-Mart, und nicht wenige mussten auch dort arbeiten. Das Heartland, Amerikas traditionelles Kernland, wurde immer weiter ausgehöhlt, was die Umsätze der Firma weiter steigerte. Und in den Teilen des Landes, die reicher geworden waren – vor allem an den Küsten und in einigen Großstädten – waren die Menschen über die gigantischen Gänge voller mieser, möglicherweise giftiger chinesischer Billigware ausgesprochen entsetzt. Sie bevorzugten es, ihre Schuhe und ihr Fleisch in kleinen, teuren Geschäften zu kaufen, als könnten die überteuerten Produkte sie gegen das Virus des Geizes impfen. Kaufhäuser wie Macy's, die Bastionen des einstmaligen Mittelstands, verloren an Bedeutung, und Amerika sah bald wieder aus wie das Land, in dem Mr Sam einst aufgewachsen war.

1994 NEUES JAHR BRINGT NEUE FREIHANDELSZONE, NEUE UNSICHERHEITEN … »Ich fühle mich nicht bedroht«, sagt eine fünfunddreißigjährige Weberin, die seit ihrem achtzehnten Lebensjahr in den Cone Mills, dem weltgrößten Hersteller von Jeansstoffen, arbeitet. »Für die Textilindustrie wäre es gut. Es wird die Zukunft unserer Arbeitsstellen sichern.« … BEWOHNER VON MTVs »REAL WORLD« ERNSTHAFT KRANK … *Fick die Welt, fick meine Mütter und mein Mädchen/Mein Leben spult sich ab wie eine Dauerwelle/ich bin bereit zu sterben* … KURT COBAIN, 1967 - 1994 Teenager niedergeschlagen in Seattle … ein Ergebnis tieferer Besorgnis in der Elternschaft. »Immer öfter«, sagt Lieberman, »hören wir von Wählern, die sagen: Wir machen uns Sorgen über den Werteverfall, die Moral in unserem Land …« Eine von ihnen, die 14-jährige Alison Quigg, bezahlte 500 Dollar für ihre orangefarbene Trainingshose und ein paar riesige T-Shirts. »Wir sehen diese Klamotten auf MTV«, erklärt sie. »Ich fand, dass das gut aussieht.« … Wenn die Vereinigten Staaten die Mittel, die verwendet werden, um Frauen mit niedrigem IQ zum Kinderkriegen zu bewegen, auf Frauen mit hohem IQ verwenden würden, müsste man dies zurecht als aggressive Manipulation von Fruchtbarkeit bezeichnen … MORDRATEN IN DEN STÄDTEN HÖHER ALS JE ZUVOR, JUGENDLICHE SPIELEN GRAUSAME ROLLE … BESCHÄMENDE VERZÖGERUNG IN RUANDA … Das Fernsehpublikum sah gestern, wie ein weißer Ford Bronco, in dem sich O. J. Simpson befand, über die Stadtautobahnen gejagt wurde … Während es führenden Demokraten im Kongress nicht gelingt, ein Gesetz zur Gesundheitsreform vorzulegen, das Präsident Clintons Vorgaben entspricht, hat Newt Gingrich, der Fraktionschef der Republikaner, seine Partei vereint … Rufen Sie an. Informieren Sie sich. Wenn wir der Regierung die Wahl lassen, haben wir bald keine Wahl mehr … OPRAH SIEGT Sie ist 67 Pfund losgeworden, hat 90 wieder zugelegt. Nach fünf Jahren Krieg gegen das Fett trägt sie die Krone der Schlanken … HISTORISCHER TRIUMPH DER REPUBLIKANER … Die Gruppe der neuen Abgeordneten, unter denen sich nicht ein »Femi-Nazi« befindet, so Mr Limbaughs bevorzugter Schimpfname für die Unterstützer der Frauenrechte, jauchzten und applaudierten, sie sind, wie sich zeigte, ein großer Fanclub des Mannes, dem sie ihren Wahlsieg verdanken … *Ich hab ein neues Motto – statt auf die Zukunft zu scheißen und das Geld zu versaufen/trag ich meinen Dollar zum Lotto.*

Jeff Connaughton

Connaughton bezog eine Kellerwohnung in Capitol Hill, er wohnte unter Senator Mitch McConnell und neben Senator Daniel Patrick Moynihan. Wenige Straßen weiter, im Norden, Osten und Süden, sah das Viertel aus wie die Ghettos, die er 1979 gesehen hatte, als er jemanden für die Debatte mit Joe Biden suchte und sich in der Stadt verfuhr. Aber in diese Straßen ging Jeff Connaughton nicht. In der Zeit, als er für Biden arbeitete, verbrachte er seine gesamte Zeit in Capitol Hill. Die Bürotage waren lang, an den Abenden traf er sich mit anderen jungen Kongresshelfern in Kneipen wie dem Tune Inn oder dem Hawk'n'Dove.

Zwei Jahrzehnte lang war er einer von Bidens Leuten – auch wenn er nur vier Jahre direkt für ihn arbeitete. Irgendwann merkte sich Biden sogar sogar seinen Namen. Er lernte seinen Mitarbeiter aber nicht schätzen. Dabei konnte Connaughton genau die Dinge für ihn tun – recherchieren, Texte aufsetzen, Expertenmeinungen einholen, Interessenvertretungen befragen –, die einem Senator den Anschein von Kompetenz verleihen. Und das war nach dem beschämenden Absturz der einzige Zweck aller Bemühungen in Bidens Team, nachdem sich der Kandidat von seinem lebensgefährlichen Aneurysma erholt hatte. Eine Hirnoperation warf ihn 1988 um ein halbes Jahr zurück. Es galt also zu beweisen, dass er nicht nur ein redegewandter Politiker war, den es erwischt hatte, sondern ein Mann mit Würde und einer gewichtigen Rolle in der Legislative, der einen zweiten Anlauf zur Präsidentschaft verdient hatte. Connaughton, der mit der Lobby der Strafverteidiger zusammenarbeitete, gelang es, ein Gesetz abzuwenden, das die Haftung internationaler Fluggesellschaften verändert hätte. Er beantragte verschiedene Anhörungen zur Drogenpolitik, die Biden die Möglichkeit gaben, sich in der Verbrechensbekämpfung zu profilieren. Er erstellte ein Dossier zu Bidens legislativen Erfolgen – das Gegenstück zum Skandalarchiv –, das bei Bidens Wiederwahl 1990 zum Einsatz kam. Und er ertrug das unzufriedene Murren bei den Anhörungen, das Schweigen, mit dem jeder Versuch einer witzigen Bemerkung quittiert wurde. Irgendwann bekam Connaughton tatsächlich einen Schreibtisch gleich vor Bidens Büro, aber er wagte es nicht ein einziges Mal, um ein Gespräch zu bitten: »Mir fehlte einfach die Grundlage, um mit Biden umzugehen, der wirklich ein politisches Genie ist«, sagte er. »Wenn du in seinem Büro warst und er hat eine Verwirrung oder Unsicherheit gespürt, ist er über dich hergefallen.« Genau wie die Journalisten, die über Biden hergefallen waren, als sie sein Blut rochen.

1991 beschloss Connaughton, dass er Jurist werden wollte. Mit einem Jurastudium wäre es ein Leichtes, sich zwischen Politik und Wirtschaft zu bewegen, er würde das Staatswesen von Grund auf verstehen und außerdem viel Geld verdienen, um – vielleicht – eines Tages wieder nach Alabama zu ziehen. Mit seinen Ersparnissen von der Wall Street bezahlte er das Studium in Stanford. Als er 1994 fertig war, vermittelte ein Biden-Helfer ihm eine Stelle bei Richter Abner Mikva, dem Vorsitzenden des Berufungsgerichts von Washington, D.C. Mikva war ein beliebter und respektierter ehemaliger Kongressabgeordneter aus Chicago. Gleich zu Anfang gab es Gerüchte, er könnte Präsident Clintons Justiziar werden. Plötzlich gab es da eine Abkürzung zum Weißen Haus, die nichts mit Biden zu tun hatte. Er rief Ted Kaufman an. »Biden soll bei Mikva anrufen und ihm sagen, dass ich toll bin, und dass er mich unbedingt mitnehmen soll.« Connaughton hatte erst einen Monat für Mikva gearbeitet, eine Empfehlung des Vorsitzenden des Senatsausschusses für Justiz wäre eine Menge wert gewesen.

Wenig später rief Kaufman zurück: »Biden will Mikva nicht anrufen.«

»Wie bitte?«

»Er will Mikva nicht anrufen. Es hat nichts mit dir zu tun. Er kann Mikva nicht ausstehen.«

Es war das erste und einzige Mal, dass Connaughton seine Wut nicht runterschluckte. »Ist doch egal, ob er Mikva mag oder nicht! Es geht hier um mich.«

Kaufman seufzte. Zu seinen Aufgaben gehörte es, den Fürsten von seinen Untertanen abzuschirmen und Biden vor den Konsequenzen zu schützen, die seine gemeinen und beleidigenden Bemerkungen nach sich ziehen konnten. Normalerweise tat er dies mit dem taktischem Schweigen, der vorgetäuschten Unwissenheit und den Euphemismen, mit denen die Frau eines tyrannischen Vaters ihre Kinder besänftigt. Aber Kaufman war ehrlich, denn er mochte Connaughton. »Nimm es nicht persönlich, Jeff«, sagte er, »Biden lässt jeden im Stich. Er diskriminiert nicht, wenn es darum geht, seine eigenen Leute im Stich zu lassen.«

Connaughton sollte es Biden auch später nie verzeihen. Er war nie mehr wirklich überrascht von ihm oder enttäuscht. Er sollte noch viele Jahre mit Biden verbunden sein, er sammelte Spenden für ihn und arbeitete hart für seine Wiederwahl, er war und blieb einer der Biden-Jungs, aber die romantische Phase ihrer Beziehung endete mit Bidens Weigerung, diesen Anruf zu machen. Connaughtons Begeisterung für Biden, seine Besessenheit, hatte immer auch einen Kosten-Nutzen-Aspekt gehabt, und der rückte nun ins Zentrum des Verhältnisses. Biden hatte ihn benutzt, und er hatte Biden benutzt. Und dieses Verhältnis würde weitergehen. Und mehr nicht. Es war jetzt eine politische Beziehung, wie sie in Washington gang und gäbe war.

Trotzdem nahm Mikva Connaughton mit ins Weiße Haus, denn Connaughton hatte getan, was er als Nummer 2 immer getan hatte. Er hatte sich unersetzlich gemacht. Noch bevor er das Angebot bekam, entwarf er einen detaillierten Plan für Mikvas Wechsel ins Justiziarsbüro, er entwickelte eine Medienstrategie und fasste die Themen und Schwierigkeiten zusammen, die ihn erwarteten. Mikva ernannte Connaughton zu seinem Berater für besondere Aufgaben, sein Gehalt von zweiunddreißigtausend Dollar im Jahr blieb unverändert. Sie wussten beide nicht, was diese Stelle eigentlich bedeutete.

Am 1. Oktober 1994 betrat Connaughton zum ersten Mal den Westflügel des Weißen Hauses. Es war Samstag, er trug, was ihm für ein Wochenende im Weißen Haus als angemessen erschien: ein blaues Jackett, ein weißes Hemd, eine Khakihose und Slipschuhe, er sah aus, als wäre er im Golfclub zum Essen verabredet. Der Erste, den er erkannte, war George Stephanopoulos – der unrasiert und in Jogginghose über den Flur schlurfte. Die Büros waren überraschend klein und altmodisch, schäbig und elegant zugleich, wie ein Museum aus der Zeit der Föderalisten. Das Büro des Justiziars befand sich in der oberen Etage, in einer Ecke unweit der Treppe. Im Vorraum waren vier Schreibtische, einer davon gehörte der Volontärin Kathleen Willey, von der bekannt war, dass sie ein »besonderes Verhältnis« zum Präsidenten hatte. Da Joel Klein, Mikvas Stellvertreter, sie unbedingt aus dem Westflügel vertreiben wollte, musste sie für Connaughton den Platz räumen. Ein weiterer Schreibtisch hatte bis vor kurzem Linda Tripp gehört, einer Assistentin des letzten stellvertretenden Justiziars. Sie war eine gute Freundin von Vince Foster gewesen, der sich ein Jahr zuvor mit einem Schuss in den Mund getötet hatte.

Connaughton empfand das ganze Gebäude als eine heilige Immobilie, die Ehrfurcht ließ niemals nach. Er begann, nach Arbeitsschluss Führungen anzubieten, jeder, der ihn kannte, durfte sich anmelden. Wohl dreihundertfünfzig Gruppen führte er, bis er nach sechzehn Monaten das Weiße Haus wieder verließ.

An jenem Samstag im Oktober drängte der Präsident in seiner wöchentlichen Radioansprache den Kongress, ein Gesetz zu verabschieden, das Geschenke von Lobbyisten verbot und die Lobbyisten zwang, ihre Geschäfte vollständig offenzulegen. Die Militärintervention in Haiti war erst eine Woche her. Die Belagerung von Sarajewo ging ins dritte Jahr. Der Senat hatte der Gesundheitsreform der First Lady erst kürzlich den Gnadentod gewährt. Der Sonderstaatsanwalt Kenneth Starr, der die Untersuchung der Whitewater-Angelegenheit leitete, ermittelte gegen einige von Clintons wichtigsten Beratern, darunter Webster Hubbel und Bruce Lindsey. Der Präsident wurde von Paula Jones, einer Beamtin aus Arkansas, der sexuellen Nötigung bezichtigt. In einem Monat sollte der Kongress an Gingrich und die Republikaner fallen, in Clintons erster Amtszeit klaffte ein riesiges Loch.

Whitewater, Travelgate, eine feindliche Presse, unablässige Angriffe der Republikaner, ein Sonderstaatsanwalt, der sich festgebissen hatte: In beiden Flügeln des Weißen Hauses waberte dieser Nebel aus Verfolgung und Paranoia, und beim schlechtesten Start, den ein Präsident in der neueren Geschichte je hingelegt hatte, landete jeder Vorwurf in dem kleinen Eckbüro in der zweiten Etage. Das war der Grund, warum Clinton einen Justiziar nach dem anderen verschliss. Mikva war – nach knapp zwei Jahren Amtszeit – bereits der dritte. Connaughtons Kollegen machten Witze darüber, dass er der einzige Rechtsanwalt im Weißen Haus sei, der selbst keinen Anwalt habe.

Nachdem sie die Arbeit aufgenommen hatten, sprachen Mikva und Connaughton mit David Dreyer, der zum Kommunikationsteam des Präsidenten gehörte. Mikva sollte am folgenden Morgen die Rede bei der Monatsversammlung des *Christian Science Monitor*, einer einflussreichen Nachrichtenagentur, halten. Dreyer verlangte, dass Mikva dort erklärte, er hätte sich mit Whitewater beschäftigt und nichts gefunden.

Der weise Richter Mikva – Ende sechzig, weißhaarig – schwieg.

»Warum sollte er das sagen?«, fragte Connaughton. »Er ist erst seit zwei Wochen hier.«

»Das kann ich Ihnen sagen«, sagte Dreyer scharf. »Weil es sein Job ist.«

»Es ist nicht sein Job, an einem Morgen die Glaubwürdigkeit zu zerstören, die er über sein ganzes Leben aufgebaut hat. Niemand würde ihm das abnehmen.«

Dreyer gab nicht nach: Mikva war der Anwalt des Präsidenten und verpflichtet, ihn zu verteidigen. So lief das im Weißen Haus: Jeder arbeitete für den Präsidenten, das höchste Gut war die persönliche Treue.

»Ich werde darüber nachdenken«, sagte Mikva.

In seiner Rede legte er sich in der Whitewater-Affäre nicht fest. Dann wurde er nach dem Spendenkonto gefragt, aus dem Clintons Verteidigung bezahlt wurde. Clintons Unterstützer sammelten Geld, seit Jones ihre Klage eingereicht hatte. Clinton war beschuldigt, sie im Mai 1991 in sein Hotelzimmer mitgenommen zu haben, seine Hose geöffnet und Fellatio verlangt zu haben. (Im November 1998 kam es zu einem Vergleich. Der Fonds des Präsidenten zahlte die geforderte Summe der Klägerin, 850 000 Dollar, eine Entschuldigung des Präsidenten blieb aber aus. Einen Monat darauf stimmte das Unterhaus entlang der Parteigrenzen für eine Amtsenthebung des Präsidenten. Clinton wurde vorgeworfen, im Paula Jones-Verfahren Meineid geleistet zu haben. Drei Monate darauf wurde er vom Senat freigesprochen. Zwei Jahre darauf posierte Jones nackt für *Penthouse*, weil sie Steuern auf ein Haus schuldete, das sie mit dem Geld aus dem Vergleich gekauft hatte. Sechsundzwanzig Monate darauf, am vorletzten Tag seiner Amtszeit, wurde Clinton für die Dauer von fünf Jahren die Anwaltszulassung in Arkansas entzogen. Vier Jahre darauf sprang Jones auf Fox TV, in der Serie *Celebrity Boxing*, für die durch einen Mordversuch bekannt gewordene Amy Fisher ein und unterlag der vorbestraften Eiskunstläuferin Tonya Harding.) »Mir ist nicht wohl dabei«, antwortete Richter Mikva. »Dem Präsidenten ist sicherlich auch nicht wohl dabei.« Und er erklärte, dass es zu den Spenden keine Alternative gebe, es sei denn, man beschränkte die Präsidentschaft auf die reichsten Bürger des Landes.

Alle Zeitungen stürzten sich auf diese Geschichte. Mikva hörte, Hillary Clinton habe geklagt, dass er sich ohne Erlaubnis über die Kontroversen der Familie geäußert hatte. Mikva, dessen Naivität in politischen Dingen im Zeitalter von War Rooms und Internetklatsch mindestens ebenso groß war wie seine Weisheit in Fragen des Verfassungsrechts, sprach von da an überhaupt nicht mehr mit der Presse. Erst Monate später verstand er, dass Hillary Clinton Whitewater und die damit verbundenen Untersuchungen selbst leitete. Sie arbeitete mit einem im Hintergrund operierenden Team von Anwälten, die sie Mikva einfach vor die Nase gesetzt hatte, während die Clintons gleichzeitig von seinem Ruf im Kongress profitierten und sich hinter seinem Namen versteckten.

Anfangs, als die Clintons und ihre engsten Mitarbeiter mit Wut und Intrige um ihr politisches Überleben kämpften, hatte Jeff praktisch nichts zu tun. Er hatte es auf den Gipfel des Everest geschafft, nun langweilte er sich zu Tode, weil Mikva nie mit ihm über seine Zuständigkeiten gesprochen hatte. Zwischen ihm und den hochkarätigen Gesprächen in Mikvas Büro war nur eine dünne Wand, aber in Washington war diese Wand die alles entscheidende. Die kleinen Aufträge, die man ihm gab, beschäftigten ihn ein oder zwei Stunden am Tag. Er war so besorgt, überflüssig zu wirken, dass er mit einer Aktenmappe den Westflügel verließ und im benachbarten Old Executive Office Building über die Flure spazierte, immer in seinen Papieren blätternd, als sei er auf einer wichtigen Mission.

Wieder wurde er gedemütigt, wenn auch anders als unter Joe Biden. Connaughton rief Ted Kaufman an, dachte darüber nach zu gehen. Kaufman riet zur Geduld.

Eines Tages begleiteten Connaughton und ein weiterer Referent Mikva ins Russell Building, zu einem Termin mit Biden. Mikva legte auf ein gutes Verhältnis zum Vorsitzenden des Justizausschusses großen Wert. Sie trafen Biden im Flur, der sogleich einen Arm um Connaughtons Schulter legte. »Jeff, Kumpel, wie geht's dir?«, sagte er. »Schön, dass du da bist. Du hast so viele Jahre bei mir gearbeitet, du kennst dich ja bestens aus. Bring mal den hohen Besuch in mein Büro, macht's euch bequem, ich bin gleich da.«

Auf dem Weg zu Bidens Büro fragte Mikva leise: »Weiß Joe schon länger, dass du für mich arbeitest?«

»Oh ja. Das weiß er schon lange.«

»Ich habe immer gedacht, er würde mich mal anrufen.«

Jetzt erkannte Connaughton, warum Mikva ihn immer auf Distanz gehalten hatte. Aber so, wie ein sechsundzwanzigjähriger Wahlkampfhelfer dem Präsidentschaftskandidaten nicht sagen kann: Ich habe sechs Jahre gewartet und meine Stelle an der Wall Street geschmissen, und Sie haben nicht mal fünf Minuten Zeit für mich, konnte ein fünfunddreißigjähriger Referent im Weißen Haus seinem Chef auch nicht sagen: Biden hat dich nicht angerufen, weil er dich für einen Dummkopf hält. Also lächelte Connaughton nur und sagte kein Wort. In einer solchen Lücke kann in der Politik eine ganze Karriere verschwinden.

Bei dem Gespräch nannte Biden Connaughton mindestens ein Dutzend Mal beim Namen, als hätte er immer zu seinem inneren Kreis gehört. »Jeff weiß am besten, wie das gelaufen ist, als er hier ...« Connaughton ließ sich nichts anmerken und spielte mit.

Langsam begann er, seine Position im Beraterkreis des Justiziars zu finden. Er half, Mikvas Reden zu schreiben. Nach dem Erdrutschsieg der Republikaner bei den Zwischenwahlen schrieb er ein Memorandum über Fragen der Justizreform, auf die das Weiße Haus vorbereitet sein sollte. Er begann, die Mechanismen der Macht im Weißen Haus zu verstehen. Niemand hatte Macht – die er nicht selbst schuf. Wer an einer Sitzung teilnehmen wollte, wartete nicht auf eine Einladung. Er ging einfach hin. Zu Mikva sagte er einmal: »Wenn Sie Ihre Macht nicht nutzen, dann haben Sie keine.« Es war wie mit dem Spendensammeln: Die Leute warten darauf, dass du sie um einen Gefallen bittest. Sie sind wie Kühe, die gemolken werden *wollen*. Sonst geben sie bald keine Milch mehr.

Plötzlich ging Connaughton ein Licht auf: Er saß ganz oben in den Wipfeln der Politik, und er brauchte sich nur mit Leuten abzugeben, die ebenfalls ganz oben saßen, mit Vorständen von Organisationen, die etwas von der Regierung wollten, mit der Elite des Landes. Den eigenen Status konnte man in Washington am besten daran ablesen, ob man zurückgerufen wurde. Wenn Connaughton sich meldete, kamen die Rückrufe sofort – vor allem aus der Presse, denn er galt als zuverlässige Quelle.

Einmal in der Woche kam Janet Reno, die Justizministerin, ins Weiße Haus, um juristische Fragen mit Mikva zu klären. Einmal, als sie gerade aufbrechen wollte, stand Vernon Jordan, der Consigliere des Präsidenten, im Vorzimmereingang.

»Hallo, Vernon, wie geht es Ihnen?«, sagte sie.

»Guten Tag, Frau Minister. Sie haben mich nicht zurückgerufen.«

»Oh, tut mir leid«, sagte sie. »Ich hatte so viel zu tun.«

Jordan, ein beeindruckender, hochgewachsener Mann mit einem hypereleganten Maßanzug, antwortete: »Das ist keine Entschuldigung.«

Connaughton, der gerade fünf Meter entfernt saß, zog sofort seine Schlüsse aus der Begegnung: Wenn es Vernon nicht gelang, Reno zum Rückruf zu bewegen, hatte er keine Chance, für seine Klienten etwas zu bewegen. Er *musste* sie konfrontieren. Und er war gespannt, wie Reno mit seiner Machtforderung umgehen würde. Dachte sie gerade: Ich weiß, dass du der beste Freund des Präsidenten bist. Aber ich bin die Justizministerin? Zwei Jahre später setzte sie Kenneth Starr als Sonderstaatsanwalt ein, die Whitewater-Untersuchungen und die Angelegenheit um Paula Jones wurden ausgeweitet, eine Praktikantin namens Monica Lewinsky wurde befragt, deren Berichte den Verdacht nährten (über einen Verdacht ist es nie hinausgegangen), dass Vernon Jordan die Justiz behindert hatte – immerhin ein Straftatbestand. Doch bei dieser Begegnung gab sie nach.

»Dann gehen wir nächste Woche mal essen.«

Connaughton war nun überzeugt, dass es in Washington nur zwei Arten von Menschen gab: diejenigen, die bei einem Empfang quer durch den Raum gehen, um jemanden zu grüßen, und diejenigen, die warten, bis sie gegrüßt werden. Einige Jahre später traf er mit Jack Quinn, einem demokratischen Insider, der Mikva abgelöst hatte, auf Vernon Jordan.

»Wollen wir nicht mal Mittag essen?«, sagte Quinn. »Ruf mich an.«

»*Du* rufst *mich* an«, antwortete Jordan. »Du bist der Juniorpartner in dieser Freundschaft.«

Ein kaum beachteter Punkt in Newt Gingrichs Vertrag mit Amerika bildete den Höhepunkt von Connaughtons Zeit im Weißen Haus. 1995 erarbeiteten die Republikaner einen Reformakt zum Aktienrecht, der Regelungen gegen eine bestimmte Form des Wirtschaftsbetrugs aushöhlen sollte: Es sollte schwieriger werden, Manager zu belangen, die mit irreführenden Vorhersagen Aktienpreise in die Höhe trieben. Große Konzerne empfanden diese Klagen als grundlos und hielten sie für erpresserisch, sie setzten alles daran, dass sie vor Gericht nicht zugelassen wurden. Hinter dem Entwurf stand die mächtigste Achse der amerikanischen Wirtschaft – Wall Street und Silicon Valley. Einer seiner Urheber war Christopher Cox, der später unter George Bush die Kompetenzen der Börsenaufsicht zurechtstutzen sollte und die Finanzkrise des Jahres 2008 derart passiv auszusitzen versuchte, dass die Banker, die gerade noch von seiner nachlässigen Aufsicht profitiert hatten, am Ende nur Spott und Häme für ihn übrig hatten. Als das Gesetz im Frühsommer 1995 die gebührende Aufmerksamkeit des Weißen Hauses fand, war es vom Unterhaus bereits verabschiedet worden und lag dem Senat vor.

Connaughton hielt das Gesetz für eine Selbstermächtigung der Wirtschaft und ein Geschenk an die Wall Street. Er sah die Welt des Zivilrechts eher durch die Brille der Kläger als der Konzerne. Außerdem wusste er, wie wichtig die Anwaltszunft für die demokratische Partei war. Und er sah seine Chance, seine Position im Weißen Haus zu verbessern und eine eigene kleine Machtbasis zu begründen. Täglich stimmte er sich mit den Lobbyisten des Anwaltsvereins ab und reichte Informationen an ausgewählte Reporter weiter. Er gewann das Vertrauen der Börsenaufsicht, selbst der Vorsitzende Arthur Levitt, der einige Änderungen in dem republikanischen Entwurf durchsetzen wollte, sprach mit ihm. Obwohl viele Berater des Präsidenten nicht bereit waren, den Technologiefirmen, die zu den großzügigsten Spendern der Demokraten gehörten und die Partei als wirtschaftsfreundlich positionierten, auch nur ein Haar zu krümmen, gelang es Connaughton, Mikva zu überzeugen. Clinton sollte gedrängt werden, Änderungen zu verlangen, die die Hürden für die Klägerseite niedriger machen würden.

Eines Abends im Juni blieb Connaughton länger im Büro, als aus dem Sekretariat des Präsidenten ein Anruf kam: Der Präsident sei bereit, das Thema zu besprechen. Connaughton, Mikva und sein Stellvertreter Bruce Lindsey, ein alter Freund von Clinton, gingen zum Termin in den Ostflügel, wo man sie in Clintons Privatbüro auf der zweiten Etage führte und sie bat zu warten. Die Clintons hatten die Wände mit zinnoberrotem Kunstleder tapezieren lassen, das zu dieser Stunde einen weinroten Ton annahm. An einer Wand entdeckte Connaughton das berühmte Gemälde »Die Friedensstifter«, das Lincoln und seine Generäle bei der Planung der letzten Kriegsphase auf dem Dampfer Virginia zeigte. Im Hintergrund, hinter der Scheibe eines Fensters, strahlte ein Regenbogen. Nur wenige unter Clintons Beratern drangen jemals bis in dieses Büro vor. Da es leider zu spät war, um noch einen offiziellen Fotografen zu rufen, wurde der wichtigste Moment von Connaughtons politischer Karriere nicht festgehalten, kein Bild, das Klienten und Freunde beeindruckt hätte, sollte später auf seinem Schreibtisch stehen.

Um kurz nach neun kam Clinton herein. Trotz Anzug und Krawatte, trotz des angegrauten Haars, wirkte er immer noch wie der vor Energie sprudelnde, rotwangige, leicht übergewichtige Saxophonspieler aus der High School, den Connaughton von alten Fotos kannte. Der Präsident und Lindsey machten sich über einen alten Bekannten aus Arkansas lustig, der sich am Vorabend geweigert hatte, im Lincoln-Schlafzimmer zu übernachten – aus Loyalität gegenüber dem Lost Cause, einer Versöhnungsbewegung weißer Südstaatler nach dem Bürgerkrieg. Dann sagte Clinton kurz: »Und? Was haben wir denn hier?«

Lindsey und Connaughton beschrieben die Bürde, die das Gesetz der Klägerseite auferlegen würde.

»Das geht wirklich zu weit«, sagte der Präsident in seinem breitesten Akzent. »Ich bin oft genug in Silicon Valley gewesen und habe mir anhören müssen, wie schlimm einige dieser Sammelklagen sind, aber ich kann nicht eine Position einnehmen, die den Anschein erweckt, dass ich Börsenbetrug decke.« Die letzten Wörter sprach er im Ton eines besonders bösartigen Wahlspots.

Als der Termin vorüber war, gingen Mikva und Lindsey ins Esszimmer, um Hillary Clinton zu begrüßen, die dort mit einer alten Freundin, Ann Landers, zu Abend aß. Landers und Mikva waren ebenfalls seit langem befreundet. Connaughton wartete im Korridor vor Clintons Büro. Nach ein paar Minuten trat der Präsident heraus, sah ihm in die Augen und sagte: »Sie glauben also, dass ich das Richtige tue?«

Es war ein unvergesslicher Augenblick, der eine emotionale Verbindung zu Clinton begründete, die unerschütterlich war. Connaughton war ohnehin überzeugt, dass Clinton aus den richtigen Gründen in die Politik gegangen war. Jedes Mal, wenn im Weißen Haus bei einer Party oder einem Empfang jemand aufstand und sagte: Warum sind wir hier? Weil es um die Zukunft geht, um Amerikas Kinder … dann fragte sich Connaughton: Stimmt das eigentlich? Oder sind wir hier, weil wir die glitschige Stange der Macht hinaufklettern wollen? Aber Clinton und seine Frau waren im Weißen Haus, weil sie das Leben der Menschen verbessern wollten. Noch Jahre später bekam Connaughton feuchte Augen, wenn er an die Rede dachte, die der Präsident nach der verheerenden Wahlniederlage von 1994 ohne Kameras und Presse im Garten des Weißen Hauses gehalten hatte. »Ich weiß nicht, wie viel Zeit wir noch haben«, sagte Clinton vor seiner versammelten Mannschaft. »Aber egal, ob wir noch einen Tag haben, eine Woche, einen Monat, zwei Jahre oder sechs – wir haben die Pflicht, jeden Tag hierherzukommen und das zu tun, was das amerikanische Volk von uns erwartet.« An einem weiteren finsteren Tiefpunkt (Lewinsky-Affäre und Amtsenthebungsverfahren) trat Connaughton, ein gern gesehener Fernsehgast der B-Riege, wohl dreißig Mal in Sendungen wie *Crossfire*, *Meet the Press* und *Geraldo*

Live! auf, um Clinton gegen übereifrige Staatsanwälte und unversöhnliche Parteipolitiker zu verteidigen. Er fühlte sich Clinton mehr verbunden als jedem anderen Präsidenten.

»Ganz genau, Mr President«, sagte Connaughton im Korridor. »Sie dürfen beim Aktienbetrug auf keinen Fall unter den Forderungen der Börsenaufsicht bleiben.« Der Vorsitzende Levitt, ein ehemaliger Broker an der Wall Street, bekam wütende Anrufe von Senatoren, die den Gesetzesentwurf unterstützten, vor allem von dem Demokraten Christopher Dodd, einem Demokraten aus Connecticut, der einer der wichtigsten Verbündeten der Finanzindustrie in Washington war.

»Ja, das stimmt«, sagte Clinton. »Und Levitt hat wohl beste Verbindungen, was?«

Levitt war ein Jahrzehnt lang Vorsitzender der Börse gewesen, er war Gesellschafter in der Wall-Street-Firma Sanford and Weill gewesen und wurde später Chef von Citigroup. Der *Roll Call*, eine einflussreiche Zeitung in Capitol Hill, hatte eine Zeitlang ihm gehört. In seiner Amtszeit bei der Börsenaufsicht ließ er zu, dass Enron und andere Firmen die Aufsicht über ihre Buchhaltung lockerten. Er arbeitete für die Carlyle Group, für Goldman Sachs und für AIG. Keine Frage, der Mann hatte die besten Verbindungen.

»Ja, das stimmt, Mr President«, sagte Connaughton, »da haben Sie recht.« Und es war bemerkenswert, dass der Präsident der Vereinigten Staaten Jeff Connaughton brauchte, um ihm zu bestätigen, dass ihn jemand decken würde, wenn das Finanz- und Politikestablishment auf ihn losging. Denn dieses Establishment war größer und mächtiger, als ein Präsident je sein konnte. Dies bewies Clinton selbst, als er in seiner zweiten Amtszeit die Regulierung der Banken lockerte, das Glass-Steagall-Gesetz aufhob und verhinderte, dass der Handel mit Derivaten der Börsenaufsicht unterstellt wurde. Doch im Moment war er standhaft.

Der Senat verabschiedete das Gesetz gegen den Willen des Präsidenten. Clinton legte sein Veto ein, das der Kongress in einer weiteren Abstimmung aufhob – was in seiner gesamten Amtszeit nur zwei Mal geschah. Selbst Ted Kennedy wechselte die Seite und stimmte mit Dodd für die Konzerne. Biden, der selbst früher als Anwalt gearbeitet hatte, unterstützte dagegen den Präsidenten.

Zum Ende des Jahres gab Mikva auf, Connaughton musste ebenfalls gehen. Er hatte ein Jahrzehnt in der Politik gearbeitet, jetzt war er sechsunddreißig Jahre alt und pleite. Er wohnte in einer bescheidenen Mietwohnung in Virginia. Im Dezember 1995 trat er als Juniorpartner bei Covington & Burling, einer der besten Kanzleien von Washington, ein. Wenn er die volle Partnerschaft erreichte, winkten Millionen.

Die Arbeit hasste er. Gerade erst hatte er den Präsidenten beraten und sich mit dem Kongress angelegt, nun kniete er, wortwörtlich, auf dem Boden und sichtete fünfzig Kartons voller Unterlagen zur Überprüfung der anwaltlichen Geheimhaltung. Seite für Seite. Oder er saß an seinem Schreibtisch und verfasste Memoranda für eine Silbermine in Idaho, die das Grundwasser verseuchte. Und er beschäftigte sich mit dem Fall eines Klägers, der mit einem Gabelstapler Säureflaschen transportiert hatte. Einige Flaschen waren zerbrochen, der Mann erlitt Verätzungen am ganzen Körper, weil er in der Säure mehrmals ausrutschte. Covington vertrat die Seite des Arbeitgebers. Connaughton erkannte bald, dass es nur darum ging, die Honorarrechnung in die Höhe zu treiben.

»Ich hoffe, Sie bitten mich herauszufinden, ob es genug Geld gibt in der Welt, um diesen Mann zu entschädigen«, sagte Connaughton dem Partner, der ihm den Fall gegeben hatte. »Nein, das tue ich nicht«, antwortete er kalt.

Der Zufall spielt in der Welt der Mächtigen eine überraschend große Rolle. Eines Tages suchte Mikvas Nachfolger Jack Quinn jemanden, der ihm eine Rede über die Immunität von Regierungsmitgliedern schreiben konnte. Jemand aus dem Büro des Justiziars empfahl Connaughton. Er setzte sich hin und schrieb Tag und Nacht an dieser Rede, ohne sich einen unmittelbaren Vorteil davon zu versprechen. Als Quinn eine weitere Rede brauchte – über Gewaltenteilung – schrieb Connaughton auch diese.

1996 verließ Quinn das Weiße Haus, um bei Arnold & Porter, einer Kanzlei mit besten Beziehungen zu den Demokraten, seine Lobbyistentätigkeit wiederaufzunehmen. Um die Dinge in Gang zu bringen, suchte er zuerst nach einer rechten Hand, nach jemandem, der wusste, was zu tun war, damit der Chef gut aussah. Da fiel sein Blick auf Connaughton.

Höheren Regierungsmitgliedern war verboten, unmittelbar in die Lobbyarbeit zu wechseln. Sie durften nach dem Austritt fünf Jahre lang keine Kontakte zu Regierungsstellen pflegen. Quinn fiel unter diese Regelung, Connaughton, der auf einer niederen Ebene gearbeitet hatte, nicht. So kam es, dass er mit siebenunddreißig Jahren bei Arnold & Partner eintrat. Seine Karriere als Lobbyist begann.

Silicon Valley

Peter Thiel war drei Jahre alt, als er herausfand, dass er sterben würde. Es war das Jahr 1971, er saß auf dem Teppich in der Wohnung der Familie in Cleveland. Peter fragte seinen Vater, woher der Teppich kam.

»Von einer Kuh«, sagte der Vater.

Sie sprachen Deutsch, Peters Muttersprache. Die Thiels stammten aus Deutschland, Peter war in Frankfurt zur Welt gekommen.

»Und was ist jetzt mit der Kuh?«

»Die Kuh ist gestorben.«

»Was heißt das?«

»Das heißt, die Kuh lebt nicht mehr. Alle Tiere sterben einmal. Und alle Menschen auch. Ich werde eines Tages sterben. Und irgendwann stirbst du auch.«

Peters Vater schien traurig, als er das sagte. Und so wurde auch Peter traurig. Es war ein verstörender Tag für Peter, den er nie ganz verwand. Selbst als Milliardär im Silicon Valley verstörte ihn die Vorstellung des Todes bis in den innersten Kern. Noch vierzig Jahre später spürte er diesem ersten Schock nach. Er hat mit dem Tod niemals Frieden geschlossen, und er hat, anders als die meisten Menschen, niemals gelernt, ihn zu ignorieren. Die anderen genossen die Ruhe einer gedankenlosen Herde, die in die Verdammnis getrieben wurde. Der Junge auf dem Kuhfell wuchs auf und begann, die Unausweichlichkeit des Todes als eine Ideologie zu sehen, nicht als eine Tatsache – die bereits hundert Milliarden Menschen das Leben gekostet hatte.

Peters Vater war Chemieingenieur, der im Management verschiedener Minenbetriebe arbeitete. In Peters Kindheit zog die Familie immer wieder um – Peter besuchte allein sieben verschiedene Grundschulen. Er hatte zwar einen jüngeren Bruder, war aber trotzdem ein einsamer Junge, der kaum Freunde hatte. Wie viele Kinder mit Sonderbegabung war er still und nach innen gekehrt. Mit fünf Jahren konnte er die Namen aller Länder der Erde aufsagen und aus dem Gedächtnis eine Weltkarte zeichnen. Als er sechs Jahre alt war, wechselte sein Vater in die Uranförderung – kurz nach dem Ölschock von 1973 setzten die USA verstärkt auf Kernenergie –, die Thiels verbrachten zweieinhalb Jahre in Südafrika und Südwest-Afrika unter Apartheid. Peter lernte Schach von seinen Eltern und spielte schon bald sehr gut. In Swakopmund, einem deutsch geprägten Städtchen an der Küste des heutigen Namibia, saß er stundenlang in einem ausgetrockneten Flussbett hinter dem Haus und betrachtete die Sanddünen. Er verschlang Atlanten, Naturlexika und französische Comics, die er in einem Buchladen im Ort kaufte. In der Schule trugen die Schüler Uniform mit Jackett und Krawatte, für jeden Fehler in der wöchentlichen Klassenarbeit gab es einen Schlag mit dem Lineal auf den Handrücken. Wenn Peter nach Hause kam, riss er sich als Erstes die Uniform vom Leib. Er hasste diese Art von Reglementierung. Seine Noten waren fast immer perfekt, weil er sich so vor den Schlägen fürchtete.

Als Peter neun war, kehrten die Thiels nach Cleveland zurück. Ein Jahr später, 1977, zogen sie nach Foster City in Kalifornien, eine Stadt, die erst kurz zuvor nördlich von Stanford aus dem Boden gestampft worden war.

Den Ausdruck Silicon Valley benutzte 1977 kaum jemand, um den Teil der Halbinsel zu beschreiben, der sich von San Jose bis nach San Francisco erstreckte. Die Technologiefirmen, die dort zu Hause waren – Hewlett Packard, Varian, Fairchild Semiconductor, Intel – stammten aus der Nachkriegszeit und profitierten vom Rüstungsboom und den Geldern aus Washington, die Stanford zu einer der berühmtesten Universitäten des Landes machen sollten. Die Transistorplättchen aus Silizium und integrierte Schaltkreise interessierten damals nur wenige Elektroingenieure und einige Hobbybastler. 1977 wurde die Apple Computer Company mit mehreren Dutzend Angestellten gegründet. Kurz nachdem die Hauptverwaltung der Firma aus Steve Jobs' Garage in Los Altos nach Cupertino verlegt wurde, stellte die Firma auf einer Computermesse den Apple II vor.

Das Valley war egalitär, die Menschen waren gebildet, das Leben angenehm. Es gab kaum einen anderen Ort, an dem man die amerikanische Mittelklasse der Nachkriegszeit in solcher Reinform bewundern konnte. Im goldenen Schein der kalifornischen Sonne waren die Unterschiede zwischen Rassen, Religionen und Klassen weniger sichtbar als anderswo. Die Straßen waren von bescheidenen, um die Mitte des Jahrhunderts erbauten Einfamilienhäusern gesäumt, deren Stil der Bauunternehmer Joseph Eichler geprägt hatte. Die Grundstücke waren klein, ein Haus kostete im Durchschnitt 125 000 Dollar. In Palo Alto gab es einige Gemischtwarenläden, Sportausrüster, mehrere Kinos und eine Pizzeria.

Gleich nebenan in El Camino Real gab es eine Mall, das Stanford Shopping Center, das von drei Kaufhäusern dominiert wurde: Macy's, Emporium und Woolworth's. 1977 eröffnete die Wäschefirma Victoria's Secret ein Geschäft, andere, teurere Marken, die heute in jedem Einkaufszentrum vertreten sind – Williams-Sonoma oder Burberry – gab es damals noch nicht. Auf dem Parkplatz standen Ford Pintos und Datsuns.

Nahezu alle Kinder der Region, selbst aus den wohlhabendsten Familien, besuchten die öffentlichen Schulen, die sehr gut waren – nirgends im Land waren die Schulen so gut wie in Kalifornien. Die begabtesten Schüler gingen zum Studium nach Berkeley, nach Davis oder an die UCLA (einige wenige schafften den Sprung nach Stanford oder an die Ivy League), die weniger begabten schrieben sich an den staatlichen Colleges in San Francisco oder Chico ein. Selbst Junkies und Kiffer bekamen noch eine Chance: Colleges wie Foothill oder De Anza boten zweijährige Berufsausbildungen an, die jedem offenstanden. All das änderte sich, als ein Jahr später die kalifornische Steuerrevolte begann: Proposition 13, ein Volksbegehren, beschränkte die Grundsteuer auf ein Prozent des Einheitswerts, Schulen und staatliche Universitäten begannen einen Abstieg, der bis zum heutigen Tag anhält.

Es war das letzte Jahr des Mittelstandstraums, als Peter Thiel ins Valley zog. Nichts würde bleiben, wie es war, nicht einmal der Name.

Nach Swakopmund wirkte Foster City im Jahr von *Saturday Night Fever* wie ein riesiger, etwas dekadenter Spaß. Viele Kinder hatten geschiedene Eltern. Peters fünfte Klasse hatte statt eines Klassenlehrers eine »ständige Aushilfe«, es ging drunter und drüber. Kinder standen brüllend auf ihren Pulten, ein Junge schrie den Lehrer an: »Ich hasse Sie! Gehen Sie nach Hause!« Der Lehrer rang sich ein Lächeln ab. Peter zog sich in seine eigene geistige Welt zurück, er war besessen davon, die besten Noten zu bekommen, bei jeder Klassenarbeit schien es um Leben und Tod zu gehen, als könnte er sich damit das Chaos der Klasse vom Leib halten. In Kalifornien ersetzte seine eigene Disziplin das schmerzhafte Lineal. In Sport war er schlecht, aber in Mathematik war er unschlagbar, und als Schachspieler stand er in den nationalen Rankings der Unter-Dreizehnjährigen auf Platz sieben. Sein Ehrgeiz im Schach und in der Schule grenzte an Wahnsinn – ein Aufkleber auf seiner Schachkiste verhieß den GEBORENEN SIEGER, und wenn er, was selten genug vorkam, einmal verlor, wischte er, angewidert von sich selbst, die Figuren vom

Brett. In der High School führte er das Mathe-Team an, eine Mannschaft mit besten Chancen in der Regionalliga. Einmal sagte der zuständige Lehrer: »Na ja, einer wird schon gewinnen.« Und Peter dachte: Das ist der Grund, warum Sie noch immer Lehrer sind.

Er bevorzugte *Star Wars* vor *Raumschiff Enterprise*, war aber ein Fan von beiden. Er las die Romane von Asimov, Heinlein und Arthur C. Clarke – die Science-Fiction der Fünfziger- und Sechzigerjahre, die von interplanetaren Reisen träumte, von Marsmenschen, Unterwasserstädten und fliegenden Autos. Eine Generation später lebte Peter in einer geistigen Welt, in der der Glaube an die Wunder der Technik eine solche Zukunft vorstellbar machte. Als die Thiels ihren ersten Fernseher anschafften, war Peter zwölf – und längst an anderem interessiert, vor allem an den Computerspielen auf dem Tandy TRS-80, den die Familie besaß. Er spielte Zork, ein Textprogramm, das ohne jede Graphik ein Abenteuer in den Ruinen eines uralten, unterirdischen Reichs entwarf, und traf sich mit seinen nicht weniger sonderbaren Freunden, um stundenlang Dungeons & Dragons zu spielen. Er entdeckte J. R. R. Tolkien und las die *Herr der Ringe* Trilogie immer wieder von vorn, mindestens zehn Mal, er konnte sie beinahe auswendig – was ihn faszinierte, war einerseits die Feinheit des Phantastischen, der Wert, der dem Individuum zugedacht wird angesichts feindlicher, mechanischer und kollektiver Mächte, und andererseits das Thema der Macht, die die Menschen verbiegt und vereinnahmt.

Die Thiels waren konservative, wiedergeborene Christen. Es gab nichts Schlimmeres für sie als den Kommunismus, der sich unter Carter Land für Land in der Welt verbreitete, ein unumkehrbarer Prozess. Alles, was die Regierung in die Hand nahm, war zum Scheitern verurteilt, ob es die Inflation war, die sie nicht in den Griff bekam, oder die Sicherheit in den Städten. Im Sozialkundeunterricht der achten Klasse wurde Peter ein Anhänger von Reagan, und er begann, Zeitungsartikel über seinen konservativen Helden zu sammeln. Tolkien, Science-Fiction, Schach, Mathematik, Computer: Hierzu gehörte in jenen Jahren, an einem Ort unweit von San Francisco, unter hochbegabten Jungen nur eine Weltsicht, nämlich die libertäre. Was den amerikanischen Libertarismus, zu dem sich Peter als Teenager bekannte, attraktiv machte, war seine abstrakte Logik. Peter befreite sich schließlich vom Reagan'schen Konservatismus und sah diese Logik in ihrer Reinform. Mit Anfang zwanzig begann er schließlich, Ayn Rand zu lesen, aber die Helden von *Atlas wirft die Welt ab* und *Der ewige Quell* waren ihm zu redlich, um glaubwürdig zu sein, und die Feinde waren zu böse. Nach Tolkien empfand er Rands Weltsicht als manichäisch und überaus pessimistisch – was mit Rands frühen Erfahrungen unter der totalitären Herrschaft der Sowjets zu tun haben mochte. Das Bild, das Rand von Amerika entwarf, war Peter zu unheimlich, zu finster. Und doch hatte sie ein Gespür für die Zukunft bewiesen, das 1957, als *Atlas wirft die Welt ab* erschien, niemand geahnt hatte. Als die beiden Hauptfiguren eine Urlaubsreise machen wollen, landen sie am schlimmsten Ort Amerikas, einem Ort, der so verfallen und zerstört ist, dass niemand auf die Idee käme, ihn zu besuchen. Die Menschen sind voller Zorn, es gibt nirgends Arbeit. Und gerade an diesem Ort, in einer Fabrikruine, entdecken die beiden Spuren eines revolutionären Motorenmodells. Die Firma, Twentieth Century Motor Company, ist pleite, der Sozialismus ihrer leichtgläubigen Eigentümer hat sie in den Bankrott geführt. Rand entwarf dieses Szenarium, als General Motors die wertvollste Firma der Welt war und das Durchschnittseinkommen in Detroit vierzig Prozent höher lag als in New York. Je länger Peter die Entwicklung beobachtete, desto mehr beeindruckte ihn diese Seite von Ayn Rand.

Als Schüler trank er nicht, und er rauchte kein Gras. Seine Zeugnisse waren perfekt, 1985, als er die High School abschloss, war er der Beste seines Jahrgangs. Er bewarb sich an mehreren Universitäten und wurde überall angenommen, auch in Harvard. Aber er befürchtete, dass er dem Wettbewerbsdruck nicht standhalten würde, dass man ihn besiegen könnte. Außerdem wollte er, wohl wegen der vielen Entwurzelungen seiner Kindheit, gern in der Nähe der Eltern bleiben. So entschied er sich für Stanford, das Epizentrum dessen, was bald als Silicon Valley bekannt werden sollte.

»Ich weiß noch, wie groß 1985 der Optimismus war«, sagte er später. Genauere Pläne hatte er nicht, ihm stand alles offen: Biotechnologie, Jura, Finanzwesen, sogar Politik. »Meine Grundeinstellung war: Du kannst alles machen. Du kannst eine Menge Geld verdienen, du kannst ehrbare Arbeit machen, du findest etwas, das dich intellektuell anregt – irgendwie würde all das schon zusammenkommen. Ich hatte nicht das Gefühl, dass ich mich konkret für etwas entscheiden musste. Das war ein Teil des Optimismus, der in dieser Zeit herrschte. Das Ziel war, irgendetwas zu tun, was die Welt verändern würde.«

Selbst als er bereits ein gestandener Mann war, hatte Thiel noch etwas von dem Studienanfänger dieser Zeit. Sein Gang war leicht gebeugt, als wunderte er sich noch immer darüber, dass er einen solchen Körper hatte. Sein Haar war kupferblond, die Augen fahlblau, er hatte eine lange, fleischige Nase und unfassbar weiße Zähne. Was ihn aber einzigartig machte, war seine Stimme: In seiner Kehle schien etwas Metallisches zu stecken, das die Tonlage drückte und das Timbre zu einem gebieterischen Dröhnen verflachte. Wenn sein Gehirn auf Hochtouren arbeitete, schwieg er oder stotterte, manchmal bekam er vierzig lange Sekunden keinen Ton heraus.

In seinem zweiten Studienjahr lernte Thiel in einem Kurs zum Thema *Geist, Materie und Bedeutung* einen weiteren brillanten Studenten kennen, Reid Hoffman, der politisch weit links von ihm stand. Bis in die frühen Morgenstunden diskutierten sie über die Natur des Eigentumsrechts. (Dies war Thiels Art, Freundschaften zu schließen, in Stanford und anderswo.) Hoffman hielt Eigentum für ein soziales Konstrukt, das außerhalb eines gesellschaftlichen Rahmens keine Gültigkeit hatte. Thiel zitierte Margaret Thatcher: »Es gibt keine Gesellschaft. Es gibt nur einzelne Männer und Frauen.« Hoffman gehörte bald zu Thiels engsten Freunden, ihre Debatten in der Studienzeit klangen noch nach, als sie beide längst in der Wirtschaft arbeiteten. Die meisten seiner Freunde waren allerdings konservativ wie er. Sie genossen es, eine isolierte, belagerte Gruppe zu sein. In Stanford wurde in den späten Achtzigerjahren eine zornige Debatte über den Kern des Curriculums geführt – Anlass war eine Lektüreliste zur *Kultur des Westens* –, es war in gewissem Sinne die letzte große Schlacht der Sechziger. Die eine Seite, angeführt von Minderheiten und linken Studentengruppen, argumentierte, dass in den geisteswissenschaftlichen Pflichtkursen nur »tote weiße Männer« behandelt und die Erfahrungen anderer Kulturen ausgeblendet wurden. Auf der anderen Seite standen Traditionalisten, die glaubten, dass ihre Gegner die Curriculumsdebatte nutzten, um Stanford ihre linke politische Agenda aufzudrücken. Was zwanzig Jahre zuvor Bürgerrechte und Vietnam gewesen waren, war für diese Studenten der Kampf um die Lektüreliste. Eine Studentengruppe besetzte sogar das Büro des Rektors.

Im Juni 1987, gegen Ende seines zweiten Studienjahrs, gründete Thiel mit einem Freund eine konservative Zeitschrift namens *Stanford Review* – und platzte mit ihr in die Debatte. Finanziert und ideologisch geführt wurde das Projekt von einer nationalen Organisation, die 1978 von Irving Kristol gegründet worden war, dem Vater des Neokonservatismus, der eben diese Art von rechten studentischen Initiativen förderte. Thiel schrieb zwar nur wenige Artikel für die *Review*, doch jede Ausgabe trug seine Handschrift – eine Mischung aus hochtrabenden, rationalistischen Angriffen auf linke Ideologien verbunden mit bösartiger Satire über die Auswüchse politischer Korrektheit unter Studenten, Professoren und in der Verwaltung.

Weil es nicht irgendeine Universität war, sondern Stanford, und weil es die letzte Schlacht eines Jahrzehnte währenden Kulturkampfs war, wurde das Thema landesweit diskutiert. Anfang 1987 kam Jesse Jackson, der Ambitionen auf die Präsidentschaft hatte, nach Stanford, führte eine Demo an und skandierte gegen die Kultur des Westens. Ein Jahr später kam – auf Einladung von Thiels Zeitschrift – Reagans Bildungsminister William Bennett, um über die Umgestaltung von Stanfords Curriculum zu sprechen, das inzwischen Kurse zu nicht-westlichen Kulturen einschloss, und Werke nicht-weißer, nicht-männlicher Autoren. »Eine großartige Universität ist in die Knie gezwungen worden«, sagte Bennett, »von eben jenen Mächten – Dummheit, Irrationalität, Einschüchterung –, zu deren Bekämpfung moderne Universitäten gegründet wurden.«

In seinem letzten Artikel als Herausgeber, kurz vor seinem Abschluss 1989, schrieb Thiel: »Ich habe als Herausgeber viel gelernt, ich weiß aber noch immer nicht, wie man Menschen dazu bringen kann zuzuhören … Den Linken, die Stanford politisieren und zerstören wollen (wer dies liest, gehört vermutlich nicht in diese Kategorie), sagen wir: Wir werden euch weiter bekämpfen und immer im Blick behalten.«

Der Kulturkampf ging in sein viertes Jahrzehnt. Unter dem neuen Herausgeber David Sacks, einem Freund von Thiel, kritisierte die *Review* Sprachregelungen und Schwulenrechte und mischte sich in Debatten über Sex ein. (Eine Ausgabe aus dem Jahr 1992 ist vollständig dem Thema Vergewaltigung gewidmet. Die Universität hatte den Begriff der strafbaren sexuellen Nötigung erweitert, der nun auch »Bloßstellung« und »verbalen Druck ohne Androhung von Gewalt« einschloss.) Ebenfalls 1992 beschloss ein weiterer Freund von Thiel, der Jurastudent Keith Rabois, die Grenzen der Redefreiheit zu entlarven. Er stellte sich vor das Privathaus eines Dozenten und rief: »Schwuchtel! Schwuchtel! Ich hoffe, du stirbst an AIDS!« Die Reaktionen waren derart wütend, dass er Stanford verlassen musste. Wenig später beschlossen Thiel und Sacks, ein Buch zu schreiben, das die Gefahren von politischer Korrektheit und Multikulturalismus für die Universitäten sichtbar machte. Thiel war für die analytische Schwerarbeit zuständig, Sacks kümmerte sich um die journalistische Recherche. Das Buch, *The Diversity Myth*, erschien 1995 und wurde von führenden Konservativen gelobt. Auch die Provokation von Rabois wurde dargestellt – als Fall individuellen Bürgermuts angesichts einer kollektiven Hexenjagd. »Seine Demonstration hat eines der am tiefsten verwurzelten Tabus angegriffen«, schrieben Thiel und Sacks. »Wer zwischen homosexuellen Handlungen und AIDS einen Zusammenhang herstellt, unterstellt, dass einer der beliebtesten Lifestyles der Multikulturalisten die Chancen der Ansteckung erhöht, und dass nicht jeder Lifestyle gleichermaßen wünschenswert ist.«

Was Sacks und seine Freunde damals nicht erkannten, war, dass Thiels homosexuellenfeindliche Äußerungen einer tieferen persönlichen Spannung entsprangen. Niemand wusste, dass Thiel selbst schwul war. Sein Coming-out hatte er erst 2003, da war er bereits Mitte dreißig. Er weihte nur den engsten Freundeskreis ein und erklärte, dass seine sexuelle Identität wohl seiner Arbeit im Weg gestanden hätte. Außerdem habe er seine Sexualität nie als Kern seiner Persönlichkeit gesehen. Vielleicht hat ihn der Konflikt zu dem Querdenker gemacht, der er ist. Vielleicht auch nicht. »Vielleicht bin ich eher ein Außenseiter, weil ich ein hochbegabtes und introvertiertes Kind war«, sagte er – und nicht wegen der Homosexualität. »Vielleicht bin ich auch gar kein Außenseiter.« Es war ein Thema, über das er nur ungern sprach, selbst mit seinen besten Freunden.

The Diversity Myth blieb Thiels einziges Buch, was ihn nicht gerade erfreute, denn die Thesen gehörten einer bestimmten Zeit an, die Polemik verlor bald an Dringlichkeit. Auch waren Thiels eigene Ansichten zum Thema Identität umfassender geworden, er musste sich fragen, ob das Ziel, falls es überhaupt noch auszumachen war, die Debatte wert gewesen war. Als das Buch erschien, war in Stanford eine enorme kulturelle Neuausrichtung im Gange, die geisteswissenschaftlichen Kurse, um die anfangs so erbittert gekämpft wurde, waren längst in Vergessenheit geraten. Die Ära des Curriculumsstreits wirkte nun beinahe idyllisch, um nicht zu sagen lächerlich.

Thiel war immer daran interessiert, in Debatten einzugreifen, bezweifelte aber gleichzeitig, dass für öffentliche Intellektuelle im Zeitalter der fortschreitenden wissenschaftlichen Spezialisierung überhaupt Platz war. Er wollte sein Leben dem Geist des Kapitalismus widmen, wusste aber nicht, wie er vorgehen sollte: Wollte er ihn als Intellektueller verteidigen? Oder sollte er reich werden? Oder beides? Wenn er den Kapitalismus verteidigte, ohne selbst Geld zu verdienen, war sein Einsatz vielleicht fragwürdig. Wenn er nur Geld verdiente (nicht nur ein wenig, sondern ungeheure Summen), dann war er einfach ein Kapitalist unter vielen. Sacks war überzeugt, dass Thiel der nächste William F. Buckley werden könnte *und* Milliardär – vielleicht auch in umgekehrter Reihenfolge.

Am Ende eines dreijährigen Jurastudiums, das er ebenfalls in Stanford absolvierte, schrieb Thiel einen Artikel für die *Review*, in dem er die Aversion der Linken verspottete, lukrative Karrieren einzuschlagen, und ihr Interesse an »gemeinnütziger Anwaltstätigkeit, die, soweit ersichtlich, dem Gemeinwesen nicht nützt, auch sonst recht uninteressant ist und mit Recht und Gesetz nur wenig zu tun hat«. Er gab folgende Begründung: »Die politisch korrekte Alternative zur Gier ist nicht persönliche Erfüllung oder Glück, sondern Wut und Neid gegenüber denjenigen, deren Arbeit zu etwas führt« – und er meinte: Management Consulting, Investmentbanking, Optionshandel, Projektentwicklung, vor allem von Golfplätzen. (Auch die Finanzierung von Start-ups erwähnte er, was 1992 noch befremdlich klang.) Thiel schloss daraus, dass »Gier viel besser ist als Neid: Sie ist weniger zerstörerisch. Ich lebe lieber in einer Gesellschaft, in der nichts geteilt wird, als in einer Gesellschaft, in der sich jeder nimmt, was ihm nicht gehört …, und sie ist ehrlicher.«

Sieben Jahre hatte Thiel in Stanford verbracht, als er nach Atlanta aufbrach, um sein Referendariat zu absolvieren. Er hatte sich am Obersten Gericht bei Antonin Scalia und Anthony Kennedy beworben, war aber von beiden abgelehnt worden – sein erster, traumatischer Rückschlag. Nach dem Referendariat zog er nach New York, um in der traditionsreichen Kanzlei Sullivan & Cromwell Kapitalmarktrecht zu praktizieren. In New York kam er zum ersten Mal vom vorgezeichneten Weg ab. Später bezeichnete er diese Zeit einmal als die »Dauerkrise des ersten Lebensviertels«.

Die Arbeit langweilte ihn. Ein Marxist hätte wohl von Entfremdung gesprochen. Er arbeitete achtzig Stunden die Woche für eine Sache, die ihm nichts bedeutete, in der Hoffnung, acht Jahre später Gesellschafter der Kanzlei zu werden, was die folgenden vierzig Jahre sehr vorhersehbar machen würde. Seine Rivalen arbeiteten unter demselben Dach, sie saßen neben ihm, sie arbeiteten wie verrückt, um sich Geltung zu verschaffen, die keinerlei transzendenten Wert hatte – da sie nur innerhalb der Kanzlei zählte. Doch das Problem war noch grundlegender: Thiel begann, den Wert des Wettbewerbs an sich zu bezweifeln. Im Jurastudium war er nicht ganz so fleißig gewesen wie sonst und hatte auch nicht die üblichen Bestnoten bekommen – denn er konnte nicht mehr mit Sicherheit sagen, wozu sie gut waren. In der High School wusste er: Gute Noten führen zu einem guten Studienplatz. Heute würde er nicht mehr auf die Idee kommen zu sagen: Das ist der Grund, warum Sie noch immer Lehrer sind. Die Pose abschätzigen Selbstvertrauens, die er in seinem letzten *Review*-Artikel entworfen hatte, verdeckte ein Unbehagen.

Nach sieben Monaten in der Kanzlei wechselte er zu Credit Suisse, wo er als Broker mit Wechselkursoptionen handelte. In mathematischer Hinsicht war die Aufgabe eine Herausforderung, zumindest so interessant, dass er länger an der Wall Street blieb als in der Kanzlei. Wenn auch nur knapp. Denn er hatte dasselbe Problem wie bei Sullivan & Cromwell. Er lieferte sich einen erbitterten Konkurrenzkampf mit seinen Kollegen und war von der gesellschaftlichen Geltung, die sie aus ihrer Position bezogen, nicht überzeugt. Außerdem war der wirtschaftliche Wert der Arbeit nicht erkennbar – der Bereich innovativer Investitionen war in die Phase abnehmender Erträge eingetreten. Er zweifelte, dass er das Spiel jemals so gut meistern würde, dass er es gewinnen würde. Zudem fehlte ihm die politische Geschicklichkeit, Anbiederung und Verrat lagen ihm nicht. Und die ältere Generation in den Kanzleien und Banken – Männer, die Mitte der Sechziger eingestiegen waren und in den Siebzigern Kasse gemacht hatten – kümmerten sich nicht darum, dass es für junge Leute viel schwerer geworden war aufzusteigen.

Seine Krise in dieser Zeit hatte auch eine philosophische Dimension. In Stanford hatte er die Vorlesungen des französischen Professors René Girard gehört. Thiel begann, seine Bücher zu lesen, und zählte sich bald zu seinen Anhängern. Girard hatte eine Theorie des mimetischen Verlangens entwickelt. Er suchte den Ursprung der Gewalt in der Tatsache, dass Menschen dazu neigen, um dieselben Dinge zu konkurrieren. Die Theorie hatte einen religiösen, mythischen Aspekt – Girard, ein konservativer Katholik, erklärte auch die Funktion von Opfern und Sündenböcken bei der Lösung sozialer Konflikte. All das gefiel Thiel, denn es bot eine Grundlage für den christlichen Glauben, befreite ihn aber gleichzeitig vom Fundamentalismus seiner Eltern. Außerdem stellte die mimetische Theorie Thiels Grundüberzeugungen in Frage, denn die Erklärung des menschlichen Verhaltens, die sie anbot, war mit seinem Libertarismus unvereinbar. Er war maßlos ehrgeizig, und scheute doch Konflikte. Tratsch und Klatsch mied er, auf interne Machtkämpfe ließ er sich nicht ein. Sein Auftreten war so rationalistisch, dass es schwer war, ihm näherzukommen. Vor allem verabscheute er jede Form von Gewalt. Und so begann er, sich in Girards Ideen wiederzuerkennen: »Die Menschen konkurrieren gnadenlos um bestimmte Dinge«, sagte er, »und wenn man die Dinge dann hat, ist man einigermaßen enttäuscht. Die Intensität beruht nämlich nur auf der Tatsache, dass alle das Gleiche wollen, das aber nicht notwendigerweise gut oder nützlich ist. Ich war von Girards Theorie so angetan, weil ich mir in dieser Hinsicht mehr hatte zuschulden kommen lassen als andere.«

Für das Objekt des Verlangens, das Girard beschrieb, gab es ein modernes Wort: Status. In New York tobte darum ein brutaler, unerbittlicher Kampf. Wer es zu etwas bringen wollte, stieg die Treppe eines unendlichen Wolkenkratzers hinauf, drängelte und trampelte über die anderen hinweg, jahrelang sah er weder Anfang noch Ende, und immer wieder zweifelte er an seinem Fortkommen und fragte sich, ob er nur einer optischen Täuschung erlegen war.

Im Sommer 1994 mietete Thiel mit seinem Mitbewohner und einigen Freunden für einige Tage eine Ferienwohnung in den Hamptons. Das Wochenende war ein Alptraum. Alles war unglaublich teuer, der Service war schlecht, der ganze Kurzurlaub war ein einziger Kampf – und damit ein klassisches Beispiel für ein Begehren, dem kein tatsächlicher Wert gegenüberstand. New York war zu teuer – auf dieses schlichte Fazit lief es hinaus. Anwälte waren verpflichtet, teure Anzüge und Krawatten zu tragen, Finanzleute waren verpflichtet, nur das Feinste zu essen und zu trinken. 1996 verdiente Thiel ungefähr hunderttausend Dollar im Jahr bei Credit Suisse, sein Mitbewohner verdiente das Dreifache. Der Mitbewohner war einunddreißig, drei Jahre älter als Thiel, als ihm plötzlich das Geld ausging. Er rief seinen Vater an, der ihm etwas lieh.

Da beschloss Thiel, New York zu verlassen und ins Silicon Valley zurückzukehren.

Vier Jahre war er fort gewesen, und er erkannte das Valley kaum wieder. Denn es war etwas geschehen – das Internet. Ab Mitte der Siebzigerjahre bis Anfang der Neunziger waren durch die Entwicklung des PCs im Valley und in verschiedenen anderen Hightechzentren unzählige kleine Computer- und Softwarefirmen entstanden. San Jose verdoppelte in zwei Jahrzehnten seine Einwohnerzahl und stand kurz davor, eine Millionenstadt zu werden. 1994 gab es im Valley 315 Aktiengesellschaften. Aber keine der Neugründungen war auch nur annähernd so wichtig wie Hewlett-Packard, Intel und Apple. Seit der Einführung des Macintosh-Computers hatte sich die Industrie fortwährend konsolidiert, der unangefochtene Sieger allerdings saß in Seattle.

Die wichtigste Firma im Valley (nach Apple) hieß ursprünglich Mosaic und wurde 1994 gemeinsam von Jim Clark, einem ehemaligen Professor aus Stanford, und Marc Andreessen, einem Studenten aus Illinois, der ein Jahr zuvor – als Zweiundzwanzigjähriger – den ersten graphischen Browser für das World Wide Web entwickelt hatte, gegründet. Als 1995 die letzten Hürden für die kommerzielle Nutzung des Internets fielen, ging die Firma, mit Sitz in Mountain View südlich von Stanford, unter dem Namen Netscape an die Börse. Das Produkt, das ihr zum Durchbruch verhalf, war ein Browser namens Netscape Navigator. In nur fünf Monaten, in denen die Firma nicht einen Cent Gewinn machte, verzehnfachte sich der Wert der Aktien. Zwischen 1995 und der Jahrtausendwende – während der sogenannten Browser-Kriege – verdoppelte sich jährlich die Anzahl der Webnutzer. Yahoo! ging 1996 an die Börse, Amazon 1997, eBay 1998. Netscape hatte eine Welle von Firmengründungen ausgelöst, die – da sie auf dem Internet beruhten – nur wenig Kapital benötigten. Jeder Student, jeder Studienabbrecher konnte eine solche Firma gründen.

Als Thiel ins Valley zurückkehrte, hatte der Dot-Com-Boom gerade begonnen. Er zog in eine Mietwohnung in Menlo Park, sammelte von Freunden und Verwandten eine Million Dollar ein und gründete Thiel Capital Management, einen Hedgefonds. Aber es lag noch etwas anderes in der Luft, Start-ups wurden für Investoren interessant. Auch Thiel wollte mitmischen. Er wollte, so erklärte er später, »konstruktive Beziehungen zu Menschen aufbauen, keine Konkurrenzverhältnisse. Ich wollte nicht mit Freunden arbeiten, die meine Feinde waren, sondern mit echten Freunden. Das schien im Silicon Valley möglich, denn die internen

Strukturen fehlten, in denen Menschen um schwindende Ressourcen kämpften.« Wenn in New York jemand gewann, musste ein anderer verlieren. Anders im Silicon Valley.

Zwei Jahre sollte es bis zu seinem Einstieg noch dauern. Im Sommer 1998 hielt Thiel in Stanford einen Gastvortrag über Wechselkursspekulation. Es war ein heißer Tag, er hatte sechs Zuhörer. Einer davon war der dreiundzwanzigjährige, aus der Ukraine stammende Programmierer Max Levchin. Er hatte gerade in Illinois sein Diplom gemacht und war mit der vagen Idee ins Valley gekommen, eine Firma zu gründen. Er schlief bei Freunden auf dem Boden, in Thiels Vorlesung war er nur geraten, weil er einen klimatisierten Raum gesucht hatte. Doch je länger Levchin Thiel zuhörte, desto begeisterter wurde er. Thiel war jung und intelligent, er trug Jeans und T-Shirt und war gedanklich immer einen Schritt voraus. Sein Vortrag schien mehr mit Schach zu tun zu haben als mit Geld. Und er war, wie Levchin, libertär eingestellt. Nach der Vorlesung ging Levchin zu ihm und stellte sich vor. Sie verabredeten sich zum Frühstück am nächsten Morgen, um über Levchins Ideen für eine Firma zu sprechen.

Sie trafen sich in einem schäbigen Schnellrestaurant an der Hauptstraße El Camino, unweit des Stadions von Stanford. Es hieß Hobee's und war ein Treffpunkt für Studenten und junge Dot-Com-Unternehmer. Levchin kam zu spät, was Thiel ärgerte, und machte zwei Vorschläge, einen, der mit Verkäufen im Internet zu tun hatte, und einen weiteren zur Kryptographie auf mobilen digitalen Endgeräten. Die erste Idee schlug Thiel gleich aus, aber die zweite interessierte ihn. Kryptographie war komplizierter, es gab nicht viele, die so etwas konnten. Er fragte Levchin, wie viel Geld er benötigte. Levchin sagte, zweihunderttausend. Thiel korrigierte den Betrag nach oben, auf eine halbe Million. Bei ihrem nächsten Treffen versprach Thiel, zweihundertvierzigtausend Dollar zu investieren und den Rest aufzutreiben.

Um sich besser kennenzulernen, begannen sie, sich gegenseitig Aufgaben zu stellen, vor allem mathematische Rätsel. Wie viele Stellen hatte die Zahl 125^{100}? (Zweihundertzehn.) Thiel stellte einmal eine Aufgabe, in der es um einen hypothetischen, kreisrunden Tisch ging. Zwei Spieler legen abwechselnd Pennys auf den Tisch, die sich nicht überlappen und nicht über den Tischrand hängen dürfen. Wer den letzten Penny legte, hatte gewonnen. Wie könnte eine Gewinnstrategie aussehen? War es besser, den ersten oder den zweiten Penny zu legen? Eine Viertelstunde brauchte Levchin, um die Lösung zu finden. Der Schlüssel lag darin, die Strategie des Gegners zu durchkreuzen (*durchkreuzen* war eine von Thiels Lieblingsvokabeln).

Die beiden Rätselfreunde testeten sich gegenseitig, um herauszufinden, ob es sich lohnte, sich auf den anderen einzulassen. Eins ihrer Duelle, im Printer's Inc. Café auf der California Avenue in Palo Alto, dauerte vier oder fünf Stunden. Am Ende stellte Thiel eine Aufgabe, die so kompliziert war, dass Levchin nur einen kleinen Teil lösen konnte. Mit diesem Denkmarathon festigten sie ihren Bund als Freunde und Geschäftspartner. (Selbst Thiels wettbewerbsfreie konstruktive Beziehungen waren manchmal ziemlich von Konkurrenz geprägt.)

Sie nannten ihre Firma *Confinity*, eine Zusammensetzung aus *confidence* (Selbstvertrauen) und *infinity* (Unendlichkeit). Levchins Kryptographie-Idee war etwas unklar, aber Thiel, der die Firma bald selbst führte, schärfte die Zielsetzung: Confinity würde in Form von digitalen Schuldscheinen Geld speichern, und zwar auf Geräten wie dem Palm Pilot, der auf dem besten Weg war, sehr bald die Welt zu erobern. Mit einem Passwort konnte der Palm Pilot per Infrarot-Schnittstelle einen solchen, durch ein Konto oder eine Kreditkarte gedeckten Schuldschein an ein anderes Gerät weiterbeamen. Die dazugehörige Software nannten sie PayPal. Die Sache war umständlich und vielleicht auch überflüssig, aber in einer Phase, in der Investoren Geld in kibu.com steckten (ein Tummelplatz für Teenager-Mädchen) oder DigiScents (Düfte per Internet), schien die Idee gerade seltsam genug, um innovativ und damit interessant zu sein. Ein Investor hörte sich den Plan in einem Chinarestaurant nicht weit von Hobee's an. Er hatte zwar nicht den blassesten Schimmer, was die Firma ausheckte, fragte aber sehr neugierig, wer sonst noch beteiligt war, und als er seinen Glückskeks gelesen hatte, stieg er ein.

Im Juli 1999 sammelte Thiel weitere 4,5 Millionen Dollar Startkapital. Levchin und seine Software-Ingenieure schrieben vier oder fünf Tage lang Codes, rund um die Uhr, dann war es so weit. Die Premiere fand bei Buck's in Woodside statt, einem Restaurant, in dem einige legendäre Silicon Valley-Deals geschlossen worden waren. Es kamen etwa zwölf Journalisten. Fernsehkameras liefen, als es Entwicklern der Firma Nokia gelang, ihre vorher geladenen Millionen von einem Palm Pilot zum anderen zu senden. »Jeder Ihrer Freunde wird zu einem kleinen, virtuellen Geldautomaten«, erklärte Thiel den versammelten Gästen.

Seine Strategie war, möglichst schnell möglichst groß zu werden. Er war überzeugt, dass es ihm nur durch virales Wachstum gelingen würde, sich die Konkurrenz vom Leib zu halten. Jeder neue Kunde erhielt zehn Dollar zur Begrüßung und weitere zehn Dollar für jede Anwerbung. Der Zähler, mit dem Confinity seine User-Zahlen im Blick behielt, hieß World Domination Index, alle paar Minuten erschien auf den Bildschirmen der Mitarbeiter ein Fensterchen, das mit einem Glockenschlag die neueste Zahl lieferte. Im November 1999, wenige Wochen nach der Präsentation, wuchs die Zahl der Nutzer um sieben Prozent – pro Tag. Doch schnell stellte sich heraus, dass es für die User interessanter war, ein Konto auf der Website von PayPal zu eröffnen, mit dem sie jedem, der eine E-Mail-Adresse hatte, Geld senden konnten, als in Restaurants Palm Pilots miteinander zu verkuppeln. (Pannen waren unausweichlich, das mobile Internet steckte noch in den Kinderschuhen.) Die E-Mail-Idee war so simpel, dass es nur eine Frage der Zeit war, bis ein Konkurrent auf den Plan treten würde, um sie herauszufordern. Die Arbeit wurde immer hektischer, immer fieberhafter, die Programmierer arbeiteten bis zu hundert Stunden in der Woche. Der gefährlichste Konkurrent war X.com, eine Gründung des Südafrikaners Elon Musk, die ihren Sitz vier Straßen weiter auf der University Avenue hatte. Allein zum Krieg mit X.com wurde täglich eine Sitzung abgehalten. Eines Tages zeigte ein Programmierer den Aufriss einer echten Bombe, die er entwickelt hatte. Die Idee verschwand schnell im Aktenschrank.

Das Geld der Investoren steckte Thiel in neue Mitarbeiter. Die Ingenieure, die er einstellte, brauchten nicht unbedingt Erfahrungen aus der IT-Branche mitzubringen, aber sie mussten wahnsinnig intelligent sein. Er suchte Leute, die waren wie er, und fand alte Freunde aus Stanford: Reid Hoffman, David Sacks und Keith Rabois, seine Mitarbeiter bei der *Stanford Review*. Das kleine, spartanische Büro über einer Fahrradwerkstatt füllte sich bald mit einer Horde nachlässig gekleideter, ungepflegter Männer um die fünfundzwanzig, mit Schachspielern, Mathefreaks, Libertären, die keinerlei Verpflichtungen hatten, keine Frauen und Kinder und keine aufwendigen Hobbys wie Sport oder Fernsehen. (Ein Bewerber wurde abgelehnt, weil er zugab, gern mal ein wenig Basketball zu spielen.) Einige der Programmierer aßen Fastfood an ihren Schreibtischen, andere ernährten sich von lebensverlängernden, kalorienarmen Vitamin-Cocktails. Die Firma schaltete eine Anzeige im *Stanford Daily*:

»Ob es sich lohnt, für geile Aktienoptionen in coolem Start-up das Studium hinzuschmeißen? Wir stellen ein!« Confinity war die erste Firma, die ihren Mitarbeitern als Vergütungsleistung Kryonik anbot.

Was Thiel versuchte, war, ein erfolgreiches Geschäft aufzubauen, das ihn reich machen und die Entwicklung der Welt *durchkreuzen* würde – vor allem wollte er den Geldpapier-Kreislauf stören, und damit das repressive System der Geldpolitik. Das Endziel bestand darin, online eine alternative Währung zu schaffen, die frei von den Einmischungen der Regierung war – eine alte Forderung der libertären Bewegung. In dem Sommer, als er Max Levchin kennenlernte, las Thiel ein im Vorjahr erschienenes Buch von Lord William Rees-Mogg und James Dale Davidson, *Das souveräne Individuum*. Es beschrieb eine Zukunft, in der die Computerrevolution die Herrschaft der Nationalstaaten unterwanderte sowie die Loyalität ihrer Bürger und die Hierarchien der traditionellen Berufszweige vollständig zerstörte. Durch den weltumspannenden Cyber-Handel wurde der Einzelne gestärkt und ermächtigt. Die Finanzwelt war dezentralisiert und mithilfe elektronischer Währungen komplett ins Internet verlegt. Demokratische Wohlfahrtsstaaten gingen unter, der Trend zu ungleichmäßiger Einkommensverteilung beschleunigte sich weiter (kaum vorstellbar in der überdrehten Zeit der späten Neunziger). Überall entstanden mafiöse Strukturen, der Ausübung willkürlicher Gewalt stand kaum etwas im Weg. Das Buch, eine der wichtigsten Inspirationen für PayPal, entwarf eine libertäre Apokalypse, einen Traum mit Trauerrand.

Thiel mochte die menschlichen Komplikationen und Reibungen nicht, die seine Position in der Firma mit sich brachte, und überließ das tägliche Management anderen. Aber bei den Konferenzen zeigte er den Mitarbeitern seine größere Vision. »PayPal wird den Bürgern der Welt mehr Macht über ihre Währungen geben, als sie jemals gehabt haben«, erklärte er. »Korrupte Regierungen werden kaum noch die Möglichkeit haben, den Menschen mit den alten Tricks das Vermögen zu nehmen« – er meinte Hyperinflation und Geldentwertungen –, »denn wenn sie es versuchen, werden die Menschen einfach von Dollar zu Pfund oder Yen springen, sie werden die wertlose Währung vor Ort gegen eine bessere, sicherere tauschen. Ich habe keinen Zweifel«, schloss er, »dass diese Firma die Chance hat, das Microsoft des Zahlungsverkehrs zu werden, das finanzielle Betriebssystem der Welt.«

PayPal wuchs exponentiell und hatte inzwischen nahezu eine Million User. Und Monat für Monat verbrannte die Firma zehn Millionen Dollar Betriebskapital und verdiente praktisch nichts. War PayPal die größte Sensation seit Netscape? Oder eine holländische Tulpe, die jeden Augenblick eingehen konnte? Netscape lag um 1999 bereits in den letzten Zügen. Der Dot-Com-Wirbel drehte sich immer schneller – Millionäre aus Idaho kamen ins Valley, weil sie irgendjemandem Geld in die Hand drücken wollten, sie liefen vom Brunch bei Buck's zum Abendessen bei Il Fornaio, bankrotte Unternehmer versuchten, ihre 1000-Dollar-Restaurantrechnungen mit Aktienoptionen zu bezahlen, eine E-Mail-Liste vergab Sterne für die allabendlichen Firmen-Launchpartys – nach der Berühmtheit der dort auftretenden Bands. Im Valley gab es jetzt über vierhundert Firmen, ein Haus kostete im Durchschnitt 776000 Dollar. Der Parkplatz vor dem Stanford Shopping Center stand voller Audis und Infinitis, deren Eigentümer bei Bloomingdale's oder Louis Vuitton shoppten.

Thiel spürte, dass das Ende plötzlich kommen würde, und bald. Am Abend der Jahrtausendwende, bei der Silvesterparty von PayPal, hörte er *1999*, ein Lied von Prince aus den frühen Achtzigern, das wie ein Soundtrack für das ganze Jahr gewesen war – denn Prince hatte irgendwie Jahre vorher schon den richtigen Riecher gehabt:

Cuz they say 2000 zero zero party over, oops out of time
So tonight I'm gonna party like it's 1999

Im Februar 2000 bewertete das Wall Street Journal PayPal mit etwa fünfhundert Millionen Dollar. Thiel drängte darauf, an die Börse zu gehen. Andere in der Firma wollten warten, bis die nächste Finanzierungsrunde eine größere Summe einbrachte, aber Thiel sagte ihnen: »Ihr seid verrückt. Das ist eine Spekulationsblase!« Im März – er spürte, dass die Zeit knapp wurde – reiste er um den Globus und sammelte weitere hundert Millionen ein. Am 10. März erreichte der NASDAQ den Höchststand von 5133 Punkten – erst im November war die Dreitausender-Marke überschritten worden – und begann zu fallen. In Südkorea, das tief in einer Finanzkrise steckte, waren die Investoren so versessen darauf, das Geheimnis von PayPal zu erfahren, dass sich jemand hinter einer Palme in einer Hotellobby versteckte, um Thiels Gespräch zu belauschen. Als

Thiel am Flughafen in Seoul feststellte, dass seine Kreditkarte gesperrt war – er hatte das Monatslimit erreicht –, buchte ihm eine Investorengruppe spontan ein Erste-Klasse-Ticket. Dass der Vorfall einen Schatten auf eine Firma warf, die sich vorgenommen hatte, den Online-Geldverkehr zu revolutionieren, fiel niemandem auf. Am nächsten Tag überwies die Gruppe PayPal fünf Millionen, ohne Vertrag, ohne jede Vereinbarung, ohne Unterschriften. Und als die Firma versuchte, das Geld zurückzusenden, weigerten sich die Koreaner, es anzunehmen. »Wir haben Ihnen das Geld gegeben, Sie müssen es annehmen. Wir verraten Ihnen nicht, woher es kommt, Sie können es also gar nicht zurücksenden.«

Am Freitag, den 31. März, schloss Thiel seine 100-Millionen-Dollar-Runde ab. Am Dienstag, den 4. April stürzte der NASDAQ auf unter 4000 ab und war auf dem Weg unter die 1000er-Marke. Die Dot-Com-Blase war geplatzt.

PayPal, das kurz vor dem Crash mit X.com fusionierte, war einer der wenigen Überlebenden. Thiel gab den Vorstandsvorsitz ab, kehrte aber noch im selben Jahr wieder zurück, als Musk zum Rücktritt gezwungen wurde. Im Februar 2002 ging PayPal an die Börse, es war die erste Firma, die nach den Anschlägen des 11. September diesen Schritt wagte. (Der Anschlag war der Todesstoß für PayPals libertäre Ambitionen – ein elektronisches Währungssystem schien plötzlich wie geschaffen für Terroristen, die ihr Geld verstecken wollten.) Als sie am Abend den Börsengang feierten, spielte Thiel zwölf simultane Partien Blitzschach gegen seine Kollegen. 2002 war PayPal die bevorzugte Zahlungsart für über die Hälfte aller Transaktionen bei eBay. Im Oktober kaufte eBay, denen es nicht gelungen war, eine bessere Alternative zu schaffen, PayPal für 1,5 Milliarden Dollar. Thiel verließ die Firma noch am selben Tag, seine Investition von 240 000 Dollar brachte ihm 55 Millionen.

Die Mitglieder der sogenannten PayPal-Mafia gründeten daraufhin viele weitere erfolgreiche Firmen: YouTube, LinkedIn, Tesla Motors, SpaceX, Yelp, Yammer, Slide … Thiel zog aus seiner Einzimmerwohnung in Palo Alto in eine Suite im Four Seasons Hotel in San Francisco. Wenige Tage, nachdem er PayPal verlassen hatte, legte er einen neuen Fonds auf, den er Clarium Capital Management nannte. Das Ende seiner Laufbahn als CEO eines Start-ups im Silicon Valley war der Beginn seines Lebens als Finanzmogul.

1999 WILDER RUTSCH INS NEUE JAHRTAUSEND ... CLINTONS ELOQUENTER VERBÜNDETER FÜR PLÄDOYER AUSGEWÄHLT ... wenn dir jemand sagte, »Es geht nicht um Sex, dann geht es um ... Wie DRUDGE REPORT erfahren hat, haben sich Bill und Hillary Clinton versuchsweise getrennt ... **Tanz, als wär's 1999. Stink, als wär's 1959 ...** Die Kriminalpolizei sucht fieberhaft nach dem geheimnisvollen Mann, der in einem New Yorker Nachtclub zwei Schüsse aus einer Kaliber-40-Pistole abgegeben hat, als es zum Streit zwischen Puffys Clique und ... IST DAS INTERNET DER NEUE HIMMEL? ... TALK-MAGAZIN FEIERT ANDERS – DIE HIP-LISTE ... Tina hat offenbar einen Draht zu den Wettergöttern. Es war ein unglaublich perfekter Abend für ein Abendessen al fresco, unter dem Sternenhimmel. Im Hintergrund glänzte Manhattan, die Freiheitsstatue strahlte in dramatischem Licht. Prachtvoll bauschte sich die amerikanische Flagge, und die Menge tanzte ... CONE MILLS SCHLIESST MEHRERE WERKE UND STELLT SICH NEU AUF ... DAS KOMITEE ZUR RETTUNG DER WELT Was wirklich geschah, als drei Markt-Musketiere den globalen Wirtschaftszusammenbruch verhinderten – bis auf weiteres ... MILLIONÄRE? GIBT'S WIE SAND AM MEER. MARTHA STEWART, HAUSFRAUEN-IDOL UND EINRICHTUNGSMOGULIN, IST MILLIARDÄRIN ... *Ich scheiß auf Martha Stewart. Sie poliert das Messing auf der Titanic. Verdammt, wir gehen alle unter. Also verzieh dich mit deinen Sofasektionen und grüngestreiften Schwedenstoffen* ... COUNTRYWIDE ENGAGIERT SICH BEI ZWEITKLASSIGEN KREDITEN ... Die heutige postfeministische Gesellschaft ist die heutige postmoderne Gesellschaft, in der jeder angeblich weiß, was unterhalb der semiotischen Codes und kulturellen Konventionen vor sich geht, und jeder angeblich weiß, welche Paradigmen jeder ... US-BANKEN ENTFESSELT Der vorhersehbare Tod des Glass-Steagall-Gesetzes wird zur Schaffung gigantischer Finanzfirmen führen ... Die Vereinigten Staaten scheinen mit größerer Vorfreude auf die Millenniumsfeiern zu blicken als andere: Vielleicht ist eine große, schicke Party genau das Richtige, weil das Land so wohlhabend und optimistisch ist ... FEUERWERK VON KÜSTE ZU KÜSTE ... »Dies ist ein besonderer Augenblick für unser Land«, sprach Clinton vor einer Menge, die sich am Rand der National Mall versammelt hatte, wo für den späten Freitagabend eine öffentliche Gala geplant war. »Dämmerung senkt sich auf das zwanzigste Jahrhundert, aber in Amerika wird die Sonne wieder aufgehen.«

Dean Price

2003 begann der achtjährige Ryan, Deans jüngerer Sohn, darum zu betteln, bei seinem Vater in North Carolina leben zu dürfen. Schließlich sagte seine Mutter: »Wenn dir die Telefonnummer deines Vaters einfällt, kannst du ihn anrufen und sagen, dass er dich holen soll.« Ryan blieb die ganze Nacht wach und zerbrach sich den Kopf. Um halb sieben am Morgen erinnerte er sich und rief seinen Vater an. Um zehn stand Dean vor der Haustür.

Dean ließ sich zu dieser Zeit gerade von seiner zweiten Frau scheiden. Er wohnte mit Ryan allein im Haus, seine alte Mutter zog in den Anbau. Die Situation erinnerte ein wenig an die Andy Griffith Show, wie Dean gleich bemerkte: Andy, Opie und Tante Bee leben alle zusammen unter einem Dach. Jetzt erst begann Dean, das Haus, in dem sein Vater ihn zu Boden geprügelt hatte, zu seinem eigenen zu machen. In allen Zimmern hängte er Holzschilder auf, in die seine Wahlsprüche geschnitzt waren: TRÄUME, stand am offenen Kamin, und EINFACHER EINFACHER EINFACHER auf dem gemauerten Abzug darüber. Über dem Durchbruch zwischen Wohn- und Arbeitszimmer stand: SUCHE DEINE CHANCEN. An der Wand über seinem Bett hing der Text von Lincolns Gettysburg-Rede, auf einem Tisch im Wohnzimmer stand Robert E. Lees Definition eines Gentlemans, und im Arbeitszimmer hing ein gerahmtes Tabakblatt. Sein Mauspad zeigte die obere Gesichtshälfte des weißhaarigen Thomas Edison: »Es gibt immer eine Möglichkeit, es besser zu machen … begib dich auf die Suche!« In den Regalen standen amerikanische Klassiker wie Emersons *Essays* und *Tobacco Road*, Biographien von Carnegie und Lincoln, Bücher über das Unternehmertum und *Denke nach und werde reich.* Zwei alte, aber funktionierende Jagdflinten standen in der Nähe der Türen. Er heizte mit Holzpellets und kochte am Ofen. Seine Garage war vollgestopft mit alten Landmaschinen, antiken Schildern und seinem liebsten Bibelspruch in einem Rahmen: Matthäus 7,7. Es war das Haus eines Mannes, dessen Blick auf Zukunft und Vergangenheit gleichermaßen gerichtet war.

2003 war das Jahr, in dem Dean begann, das Geschäft zu hassen. Sein Talent lag in der Entwicklung der Geschäftsidee, nicht im täglichen Betrieb, der ihn langweilte. Er hatte den Laden aufgebaut, weil er sein eigenes Gemüse verkaufen wollte, er ahnte damals nicht, dass er Salat mit Sauce verkaufen würde, der fünfzehnhundert Meilen entfernt abgepackt wurde. Das hatte für ihn mit echtem Unternehmertum nichts zu tun – schließlich brauchte man dafür nicht mehr als einen Taschenrechner und eine ordentliche Buchhaltung. Er beschäftigte zweihundert Leute, Schwarze unter der Armutsgrenze, Weiße aus der Unterschicht, alleinerziehende Mütter, und er hasste die Tatsache, dass er ihnen kaum mehr als den Mindestlohn zahlte, dass sie keine Krankenversicherung hatten – Wie waren diese Leute überhaupt imstande, ihre Kinder großzuziehen? –, als er aber die Löhne bis zehn oder zwölf Dollar anhob, um bessere Angestellte anzuziehen, änderte sich an der Arbeitseinstellung nichts – es dauerte zwei Jahre, bis er ohne Kündigungen die Löhne wieder zurückgefahren hatte. In diesem Geschäft hatte man nur eine Chance, wenn man die Menschen gnadenlos ausnützte – vor allem der Fastfood-Bereich zog Angestellte der untersten Kategorie an. Ihnen fehlte jeder Ehrgeiz, was sich in der Qualität des Essens niederschlug. Er wusste, dass er von einigen sogar bestohlen wurde, viele nahmen außerdem Drogen. Sie blieben die ganze Nacht wach und kamen morgens mit einem Kopf voller Drogen zur Arbeit.

Einmal rief ihn ein Kunde an und sagte: »Ich bin gerade aus einem ihrer Restaurants rausgegangen.«

»Ach ja?«, sagte Dean. »Wie war's denn?«

»Ich bin reingegangen und hab mir einen Kaffee geben lassen, und ich hab die Kellnerin gefragt: Wie geht es Ihnen? Und sie hat geantwortet: Was glauben Sie denn, wie es mir geht? Ich arbeite in einem beschissenen Bojangles'.«

Dean verließ sich immer auf einen Partner, der sich um die Läden und Restaurants kümmerte und die Buchhaltung machte. Zuerst war es sein Schwager, aber nach der Scheidung von seiner Frau war Dean gezwungen, ihm für fünfzigtausend Dollar seine Anteile abzukaufen, bevor er ihn entlassen konnte. Er benötigte einen neuen Partner. Sein bester Freund war Chris, mit dem er in Kalifornien im VW-Bus gewohnt hatte. Er war ein lieber, großherziger Typ. Dean war sein Trauzeuge gewesen – und umgekehrt. Chris hatte eine Kneipe aufgemacht. Dann begann er, Drogen zu nehmen, und verlor alles: Kneipe, Frau, Kind. Dean machte ihn in Florida ausfindig und bot ihm an, in North Carolina einen Neuanfang zu versuchen und Red Birch zu einer Kette auszubauen, die im ganzen Südosten präsent sein sollte. Er war immer schon der Ansicht gewesen, dass ein guter Barkeeper auch im Fastfood-Geschäft gut sein musste, hier wie dort ging es um Geschwindigkeit.

Sie arbeiteten einige Jahre, bis zum 6. Juni 2003, zusammen. Sie spielten Golf und gingen abends mit einem Bekannten in Martinsville essen. Dean hatte sich bereit erklärt zu fahren, Chris hatte den ganzen Tag über Bier getrunken. Beim Essen stand Chris plötzlich auf und ging raus. Dean ging davon aus, dass er auf der Toilette war. Als er nach einer Viertelstunde nicht zurückkehrte, begann Dean, sich Sorgen zu machen. Auf der Toilette war er nicht. Er ging raus, sah auf dem Parkplatz nach – nichts. Er stieg in seinen Pick-up und fuhr jede Straße in der Gegend ab, zweieinhalb Stunden lang, aber er fand seinen Freund nicht mehr. Dann rief er Chris' Frau an – seine zweite Frau – und sagte: »Du wirst es nicht glauben, aber mir ist gerade dein Mann abhandengekommen.« Die Frau kam, um mit ihm zu reden, sie sagte: »Geh jetzt am besten nach Hause. Ich rufe dich morgen an und sage dir, was war.«

»Nein«, sagte Dean. »Ich will es heute wissen. Ich bin dafür verantwortlich.«

Also stieg die Frau zu ihm in den Wagen und wies ihm den Weg zu einem verfallenen Haus auf einer verwaisten Straße in der Innenstadt. Die Fenster waren mit verfaulten Brettern vernagelt. Auf der Veranda saßen zwei Schwarze und rauchten einen Joint. Es war ein Uhr früh, Chris war drinnen und Dean wusste nicht, wie er ihn herausholen sollte.

Es war schlimmer als ein Schlag in die Magengrube. Chris bedeutete ihm so viel. Dean fuhr nach Hause und weinte die ganze Nacht. Am nächsten Tag hörte er, dass Chris später aus dem Crack-Haus herausgekommen war. Er war ins Büro von Red Birch eingedrungen, das sich hinter dem Bojangles' in Martinsville befand, er hatte Bargeld und einen Scheck aus dem Tresor genommen, wohl, um das Crack zu bezahlen. Später bemerkte Dean, dass Chris ihn offenbar schon länger bestohlen hatte. Am frühen Morgen rief er Chris an und sagte: »Komm in den Fairy-Stone-Park.« Er war fest entschlossen, seinen Freund in dem Park bei Bassett mit einem Pfirsichstock zu vermöbeln. Chris spielte nicht nur mit seinem eigenen und mit Deans Leben, sondern mit dem Leben aller ihrer Freunde und Verwandten. Es war Zeit, ihm eine Lektion zu verpassen. Aber Chris weigerte sich, ihn zu treffen.

Dean zerbrach sich den Kopf darüber, was er tun könnte. Napoleon Hill hatte die Theorie des »Mastermind« von Andrew Carnegie übernommen, dabei ging es um die Koordination der Leistung zweier Menschen, um ein bestimmtes Ziel zu erreichen. So wie aus Wasserstoff und Sauerstoff, die man zusammenführt, etwas Neues entsteht, nämlich Wasser, so entsteht aus der Zusammenführung zweier geistiger Menschen etwas Drittes – ein eigener Geist, der eine göttliche Macht enthält. In einem Mastermind-Bündnis kamen einem Ideen, die man allein nicht gehabt hätte. Dean und Chris hatten dieses Bündnis gehabt. Aber für den Fall, dass einer der Verbündeten den Kopf voll Crack hatte, gab es bei Napoleon Hill keine Anweisung.

Dann erinnerte sich Dean an eine Geschichte über Abraham Lincoln. Er saß vor seiner Waldhütte unter einer alten Eiche und beobachtete, wie ein Eichhörnchen über einen Ast zur Mitte des Baums lief und verschwand. Das kam ihm merkwürdig vor. Abe kletterte auf den Baum, um herauszufinden, wo das Eichhörnchen verschwunden war. Dabei entdeckte er, dass der Baum vollständig ausgehöhlt war. Er musste also eine Entscheidung treffen. Sollte er den Baum stehen lassen, weil er seiner Hütte Schatten spendete? Oder sollte er ihn fällen, bevor ihn ein starker Windstoß umwerfen würde? Er fällte den Baum, auch wenn es ihn schmerzte. Denn er liebte diesen Baum. »Und das ist es, was ich mit Chris machen musste. Ich musste mich von ihm trennen. Das hat ihn vollständig aus der Bahn geworfen.«

Sie sprachen nie wieder miteinander. Dean hörte noch, dass Chris nach Florida zurückgekehrt war und in Fort Myers ein Schuhgeschäft eröffnet hatte. Einige Jahre später verschwand er auch von dort, seine Kreditgeber waren ihm dicht auf den Fersen.

Dass er Chris auf diese Weise verlor, war für Dean der erste in einer ganzen Serie von Rückschlägen, an deren Ende er sich aus dem Geschäft zurückzog. Aber zuerst kam noch ein unerwarteter Geldsegen, und zwar in Gestalt zweier Brüder, Dave und Ash. Sie kamen ursprünglich aus Indien, lebten aber seit zwanzig Jahren in Burlington/North Carolina. In Florida betrieben sie einen Hot-Dog-Stand – Hot Diggity Dog. Nicht lange nach der Trennung von Chris kamen Dave und Ash in den Laden in Stokesdale und ließen ihre Namen und Telefonnummern zurück. Dean rief sie an, die Inder erklärten, dass sie möglicherweise Interesse hätten, den Truck Stop zu kaufen. Der Anruf führte zu einer ganzen

Reihe von achtstündigen Sitzungen bei Red Birch, bei denen Ash zwanghaft Zahlen in seinen Taschenrechner tippte, auch wenn es gar nicht um Zahlen ging. Er brauchte den Rechner einfach, um sich sicher zu fühlen. Aber seine Augen strahlten.

Dean wollte verkaufen. Die Kredite, die er aufgenommen hatte, waren zu hoch, er hatte dasselbe Spiel gespielt, das die Leute mit ihren Häusern spielten – aber, als Unternehmer, in einer ganz anderen Dimension. Je mehr Geschäfte und Tankstellen er baute, desto mehr Kredit musste er aufnehmen. Er verhandelte lange mit den Indern, jeder Aspekt des Geschäfts wurde untersucht. Am Ende zahlten Dave und Ash ihm anderthalb Millionen. Dean hätte wohl zwanzig Jahre gebraucht, um eine solche Summe zur Seite zu legen.

Er hätte damals, 2004, schon aus dem Geschäft aussteigen können – er hätte versuchen können, die anderen beiden Tankstellen an Dave und Ash zu verkaufen oder ein paar andere Inder zu finden, die ein Stück des amerikanischen Traums kaufen wollten. Stattdessen nahm er das Geld und investierte es in ein weiteres Schnellrestaurant – Back Yard Burgers in Danville, in unmittelbarer Nähe der Piedmont Mall. Back Yard Burgers, ebenfalls ein Franchise-Unternehmen, sprach ein etwas anderes Publikum an als die meisten Schnellrestaurants, es kamen mehr Weiße aus der Mittelschicht, die den Geschmack des offenen Holzkohlegrills mochten. Die Leitung des Restaurants sollten Deans Schwestern übernehmen. Er schickte alle drei zur Schulung in die Zentrale nach Nashville. Zwei Wochen vor Weihnachten sollte die große Eröffnungsfeier stattfinden.

An Thanksgiving ging Dean mit den Schwestern und der Mutter zu ihrem Vater, um ihm ein Mittagessen zu bringen. Er arbeitete in einem Parkwächterhäuschen an einem Parkplatz der Unifi-Fabrik in Mayodan. Seine Frau in Burlington hatte sich von ihm getrennt, er war fünfundsechzig und lebte allein in einem kleinen gelben Haus neben einer geschlossenen Textilfabrik. Unifi, ein fensterloser, Hunderte Meter langer Betonblock, war die letzte Textilfabrik, die in der Region noch produzierte. Deans Vater konnte froh sein, dass er diese Stelle hatte. Er sabberte, sprach kaum einen zusammenhängenden Satz und trug Windeln, weil die Schmerztabletten, die er so lange geschluckt hatte, seine Magenschleimhaut zerstört hatten.

Der Back Yard Burger öffnete am 13. Dezember. Drei Tage später legte sich der Vater mit seiner Pistole ins Bett und schoss sich ins Herz. Er hinterließ einen Zettel mit ein paar krakeligen Wörtern: »Ich kann nicht mehr.«

Pete Price wurde auf der Tabakfarm der Familie begraben, gleich neben seinem Vater Norfleet. Auf dem Steinkreuz steht der Spruch: »Ein weiterer Sünder, den die Gnade gerettet hat.« Jahre später stand Dean an dem Grab und dachte: »Das war seine ganze Denkweise. Das war sein Problem. Er hielt sich für einen Sünder. Dabei war er ein Kind Gottes – er hätte alles erreichen können, er ahnte überhaupt nicht, welche Kräfte in ihm steckten.«

Wenige Monate vor dem Selbstmord war der Vater mit Dean und den Kindern nach Disney World in Orlando gefahren. Dean und sein Vater saßen unter dem *Baum des Lebens* – dem zentralen Motiv von Disneys Animal Kingdom – und sprachen über Religion und die Bibel. Eine Stelle hatte Dean immer besonders berührt: Und das Wort wurde Fleisch und lebte mitten unter uns. »Das bedeutet, dass deine Gedanken und deine Worte deine eigene Wirklichkeit werden«, erklärte er in Disney World. »Das heißt, du musst deine Gedanken schützen und auf deine Worte achtgeben, du darfst niemals etwas sagen, das in deinem Leben nicht zur Wirklichkeit reifen soll. Du musst positiv denken.« Und da Dean, der durch den Verkauf von Stokesdale eine Menge Geld auf dem Konto hatte, in den Augen des Vaters nun erfolgreich war, und da der Vater einsah, dass er durch seine Art zu denken an dieser Stelle seines Lebens angelangt war, hörte er seinem Sohn unter dem Baum des Lebens aufmerksam zu – zum ersten und letzten Mal in seinem Leben.

Hurrikan Katrina erreichte New Orleans am Montag, den 29. August 2005. Dean saß siebenhundertfünfzig Meilen entfernt vor seinem Fernseher. Am Freitag schnellte der Preis einer Gallone Diesel von 2,25 Dollar auf 3,50 Dollar nach oben – alle Raffinerien entlang der Golfküste waren geschlossen. Dean hatte an den Tankstellen in Martinsville und Bassett nur geringe Reserven. Der gesamte Verkehr kam auf der Route 220 zum Erliegen, die Schulen in North Carolina mussten schließen, weil für die Schulbusse kein Benzin da war. Dean tat alles, um seine Tanks zu füllen, verkaufte auch Heizöl. Man bezichtigte die freien Tankstellen, die bemüht waren, den Absatz der letzten Reserven zu drosseln, der Wucherei. Hätten sie den Preis niedrig gehalten, wären die Tanks innerhalb weniger

Stunden trocken gewesen. Es dauerte zwei Monate, bis sich die Region von der Krise erholt hatte.

Für Dean war Katrina der Augenblick der Wahrheit.

Seit langem wusste er, dass freien Tankstellenbetreibern wie ihm die Hände gebunden waren. Die Margen waren so niedrig, dass ein kleinerer Betrieb weniger als zehn Cent pro Gallone verdiente. »Vom ersten Tag an hatte ich mit dem Betrieb Schwierigkeiten, ich hatte immer zu wenig Kapital und musste die Kredite bis zum Letzten ausschöpfen. Wie soll das funktionieren, wenn man von allen Seiten geschröpft wird, von den Kreditkartenfirmen, den Ölkonzernen, der Steuer, den eigenen Angestellten, die einen beklauen? Was soll man denn machen bei zweiundzwanzig Prozent Arbeitslosigkeit?« Und dann kam Katrina und trieb ihn fast in den Bankrott, und er verstand, dass er etwas anders machen musste, wenn er überleben wollte. Er musste versuchen, seinen Betrieb von den Energieriesen vollständig unabhängig zu machen. Das sollte sein Wettbewerbsvorteil an der Route 220 sein. Er staunte, als er herausfand, wie abhängig Amerika von ausländischem Öl war, wie viel aus Staaten importiert wurde, die Amerika feindlich gegenüberstanden. Das waren Staaten, die Terroristen aussandten, um Amerikaner zu ermorden, Länder, in denen amerikanische Soldaten ihr Leben gelassen hatten. »Und es hat mich so wütend gemacht, dass unsere Regierung, George W. Bush und all die anderen, unser Land in eine solche Position bringen konnte und tatsächlich unsere ganze Existenz aufs Spiel setzte. Alles nur aus Raffgier, alles nur wegen des allmächtigen Dollars, weil wir uns diesen globalen Konzernen ausgeliefert hatten, die uns Kleidung und Nahrung und Öl gaben.«

Einen Monat vor Katrina hatte die Firma Wal-Mart das erste sogenannte Supercenter in Rockingham County eröffnet. Innerhalb von sechs Monaten kamen zwei weitere dazu. Eins hatte eine Verkaufsfläche von knapp 15000 Quadratmetern und lag am Highway zwischen Mayodan und Route 220. Drei Wal-Marts für einen armen, ländlichen Bezirk von neunzigtausend Einwohnern: Es war klar, dass damit jedes noch verbliebene Geschäft, jeder Supermarkt, jedes Bekleidungsgeschäft, jede Apotheke dichtmachen würde, und da Wal-Mart auch Benzin und Diesel verkaufte, waren auch die freien Truck Stops bedroht. Als es in Mayodan losging, bewarben sich zweitausendfünfhundert Menschen auf 307 offene Stellen, zu 9,85 Dollar Stundenlohn – 16108 Dollar im Jahr. Am

31. Januar 2006 gaben sich der Bürgermeister und die Schönheitskönigin von Rockingham County die Ehre, als am Highway 135 der rote Teppich der großen Eröffnungsfeier ausgerollt wurde.

Dean recherchierte im Internet und fand heraus, dass von jedem Dollar, der in einem solchen Supercenter ausgegeben wurde, sechsundachtzig Cent aus der Region abflossen. Nur sehr wenig Geld kam den Menschen zugute, die dort lebten, arbeiteten und einkauften. Was an seine eigene Situation erinnerte: zehn Cent pro Gallone, der Rest floss irgendwo anders hin. Auf den Main Streets von Madison und Mayodan standen ohnehin längst die Geschäfte leer – die Kunden fuhren lieber an die Autobahnausfahrten, wo Lowe's, ein Baumarkt, und die Drogeriekette CVS bereits angekommen waren. »Das muss man sich mal überlegen«, sagte Dean, »die Leute, die früher den Eisenwarenladen hatten, das Schuhgeschäft, das kleine Restaurant, das es hier mal gegeben hat – diese Leute haben den Ort zusammengehalten. Sie haben sich um alles gekümmert. Sie haben das Baseball-Training der Kinder organisiert, sie haben im Stadtrat gesessen, sie wurden respektiert. Das gibt es jetzt alles nicht mehr.« Im Rest des Landes, hieß es, boomte die Wirtschaft – die Wall Street und Silicon Valley hatten mehr Geld als je zuvor –, aber Rockingham County und der gesamte Piedmont versanken in einer Art Dauerkrise. Und wie viele Finanzjongleure und Programmierer gab es denn im ganzen Land – und wie viele Farmer?

Sehr schnell veränderte sich Deans gesamte Einstellung. Er hatte immer republikanisch gewählt (nur 1992 hatte er Ross Perot unterstützt), aber Katrina hatte gezeigt, dass Bush mit den globalen Konzernen und den Ölmultis unter einer Decke steckte und Schlimmstes im Schilde führte. Selbst sein Idol Reagan hatte einen riesigen Fehler gemacht, als er sich mit den Ölländern einließ – darum ging es doch in der Iran-Contra-Affäre, nicht wahr? – und Amerika für dreißig weitere Jahre fossile Brennstoffe bescherte. Die Geschichte würde Reagan hierfür eines Tages scharf verurteilen.

Einmal saß er an seinem Küchenbüfett und las eine Website mit dem Titel »Whiskey und Schießpulver – Eine Anleitung für den unabhängigen Anleger: Gold, Rohstoffe, Erträge und Freiheit«. Die Modemverbindung war schlecht, aber in Stokesdale gab es nichts Besseres. Da sah er zum ersten Mal den Begriff *peak oil* – gemeint war der Augenblick, an dem die Ölförderung ihren Höhepunkt erreichte und der unausweichliche Rückgang einsetzte. Dahinter stand eine Theorie, die M. King Hubbert, ein Geologe der Gulf Oil, bereits 1956 entwickelt hatte. Hubbert sagte voraus, dass die USA, der damals größte Ölproduzent der Welt, etwa um 1970 die maximale Fördermenge erreichen würde, was genau so auch eintrat und die Tatsache erklärte, warum der Ölpreis in den Siebzigerjahren stark schwankte. Hubbert ging davon aus, dass der Rest der Welt ungefähr 2005 *peak oil* erreichen würde.

Dean rutschte von seinem Hocker und wäre beinahe hintenüber zu Boden gestürzt, weil er so weiche Knie hatte. Denn er sah deutlich vor sich, was *peak oil* für die Region bedeuten würde: Gestrandete Lastwagen, verrottende Ladungen, Menschen, die nichts zu essen hatten, die ihre Häuser nicht heizen konnten, die nicht zur Arbeit kamen. Aufstände und Revolutionen, zumindest schnell um sich greifendes Chaos. Jeder besaß hier eine Waffe, viele hatten schottisch-irische Wurzeln und die Streitlust im Blut. Ein Ausnahmezustand vielleicht, Kriegsrecht, ein Staatsstreich … das war die Vision, auf die Amerika zusteuerte. Er spürte, dass ihn dieser Moment, in dem es ihm wie Schuppen von den Augen gefallen war, noch lange begleiten würde, genau wie seine Entdeckung von Napoleon Hill. Napoleon hatte über die Macht der Konzentration geschrieben – wenn es einem gelang, seinen Geist für eine lange Zeit auf einen einzigen Punkt zu richten, dann begannen sich die Ideen wie von selbst einzustellen, alles, was an Wissen nötig war, trat strahlend aus der Dunkelheit des Geistes heraus. Dean spürte, dass er gerade eine solche Erleuchtung hatte. Sofort rief er Rocky Carter an – den väterlichen Freund und Bauunternehmer, der den Truck Stop an der Rennstrecke für ihn gebaut und ihn auf Napoleon Hill gebracht hatte – und erzählte ihm von seinem Erlebnis.

Als Dean im Frühjahr 2006 zum ersten Mal von *peak oil* hörte, sah sein Freund Howard auf CNN einen Bericht über einen Mann in Tennessee, der Ethanol herstellte und für fünfzig Cent die Gallone verkaufte. Howard war zwölf Jahre älter als Dean, er war in einem Haus auf der Price'schen Tabakfarm aufgewachsen, das seine Familie für fünfundzwanzig Dollar gemietet hatte. Er war untersetzt, ein jähzorniger Mann mit einem buschigen, weißen Schnauzbart und kraftvollen Unterarmen. Er hatte sein gesamtes Erwachsenenleben damit verbracht, Fernsehkabel zu verlegen, zu saufen, zu prügeln und Motorrad zu fahren. Er hatte mehrere Schneidezähne verloren, als er sich in High Point mit einigen

Motorradfahrern angelegt hatte. Ihm waren die Billardkugeln ausgegangen, mit denen er sie auf Distanz gehalten hatte. Mit dreiundfünfzig heiratete er eine kleine, quirlige Frau – »hart wie'n frischer Knochen in 'ner Piratenleiter«, sagte Howard. Er liebte sie seit seiner Jugend. Als sie jemand anderen heiratete, beschloss er zu warten, sein Leben zog an ihm vorbei. Jetzt wohnten sie gemeinsam mit der Tochter der Frau, die fettleibig war und eine Behindertenrente bezog, in einem Wohnwagen in Madison.

Der Mann mit dem Ethanol wohnte in der Nähe von Lynchburg/Tennessee, der Heimat von Jack Daniel's. Eines Tages setzten sich Howard und Dean in den Wagen, fuhren acht Stunden und fanden den Mann an einem Bach am Ende einer krummen, nebeligen Straße. Er war klein, hatte Knopfaugen und eine dicke Wampe und brannte illegalen Treibstoff, den er mit Benzin versetzte. Für 2100 Dollar verkaufte ihnen der Mann einen Brennkessel – ein langes Kupferrohr mit verschiedenen Klappen, wie ein Fagott. Dean und Howard waren nicht die einzigen Kunden. Katrina, der hohe Benzinpreis und der Auftritt bei CNN führten dazu, dass der Ethanol-Mann zehn oder elf Kessel an diesem einen Tag verkaufte.

Dean und Howard fuhren zurück nach North Carolina, kauften Mais von einigen Farmern und begannen, mit Zucker und Hefe zu experimentieren. Bald stellten sie fest, dass es zu teuer war, selbst Ethanol herzustellen, der Energieaufwand war zu groß, um Wasser und Alkohol zu scheiden, ganz zu schweigen von den verschiedenen Lizenzen, die nötig wären, um den Prozess legal zu machen. Aber Dean hatte von einer weiteren Möglichkeit gelesen: Biodiesel. Vor Katrina hatte er nie davon gehört, er hatte nicht einmal gewusst, wie man das Wort schreibt. Aber jetzt fand er Biodiesel aus verschiedenen Gründen sehr interessant. Umesterung – so hieß das Herstellungsverfahren – benötigte wesentlich weniger Energie: Man erhielt beinahe das Fünffache dessen, was man an Energie hineinsteckte. Biodiesel wurde aus Fetten hergestellt, sogenannten Triglyceriden, die aus verschiedenen Futterpflanzen gewonnen wurden, etwa Soja oder Raps, sogar aus tierischen Fetten und dem Altfett aus Fritteusen. Man konnte ihn relativ billig in kleineren Mengen produzieren, um ihn mit normalem Diesel zu mischen. Bei einer Beimischung von maximal zwanzig Prozent brauchten die Motoren der Lastwagen nicht umgerüstet werden. Und mit wenigen Anpassungen konnte ein Motor sogar hundert Prozent Biodiesel fahren. Politiker sprachen immer nur über den Benzinpreis, weil die meisten Wähler Benzin tankten, aber was die Wirtschaft auf Trab hielt und Lebensmittel zu den Verbrauchern brachte, war Diesel.

Noch einmal fuhren Dean und Howard nach Tennessee. Der Ethanol-Mann hatte sich mit zwei Deutschen zusammengetan, die das Wort *bye-o-diesel* nicht einmal richtig aussprechen konnten. Dean holte Rocky Carter ins Boot und kaufte ihnen für zwanzigtausend Dollar eine Umesterungsanlage ab, die auf Kufen stand und transportabel war. Der Bioreaktor schaffte tausend Gallonen am Tag. Dean und Howard fuhren nach Hause und fanden einen Farmer in Harrisburg/Virginia, der ihnen die Ethanol-Destille im Tausch gegen zwei Rapsernten auf fünfzig Hektar abnahm. Winterraps wurde in Amerika unter dem Kunstnamen *Canola* verkauft: Canadian Oil, Low Acid. Vierundvierzig Prozent der Samen wurde nach dem Mahlen zu Öl, der Rest war Futter. Rapsöl hatte dreiundneunzig Prozent des Brennwerts von Diesel und ließ sich leichter konvertieren als andere Futterpflanzen, weil seine Fettsäureketten bei niedrigen Temperaturen schmolzen. Als Dean herausfand, dass Raps ein Kreuzblütler war wie der Senf, fiel ihm die Bibelstelle ein, in der Jesus das Senfkorn mit dem Himmelreich verglich: »Es ist wie ein Senfkorn, das ein Mann in seinem Garten in die Erde steckte; es wuchs und wurde zu einem Baum, und die Vögel des Himmels nisteten in seinen Zweigen.«

Dean erntete den ersten Raps, winzige schwarze Kügelchen, nicht größer als Pfefferkörner. Er schickte sie zwei Mal durch die Ölpresse, fing das Öl auf, filterte es, füllte es in die Anlage und begann, die Temperatur zu erhöhen. Er stellte jetzt Biodiesel her. Und anders als die Deutschen es getan hatten, gab er der ersten Silbe einen kräftigen, hellen Schub, einen Gleitlaut nach oben, als wollte er den Mund öffnen, um aus voller Brust ein altes Kirchenlied anzustimmen. Hier war das Zeug, das ihm die Freiheit schenken würde.

»Ich habe mein ganzes Leben lang immer nur einen Wunsch gehabt«, sagte Dean. »Ich wollte meinen Acker bestellen und in Ruhe gelassen werden.«

In den späten Neunzigerjahren tauchte plötzlich Tammys erster Freund wieder auf. Sie waren in der High School ein Paar gewesen, später hatte sie ihn einige Male in der Stadt gesehen, aber nie mit ihm gesprochen. Einmal war sie mit den Kindern sogar weggelaufen, als er ihr bei einem Straßenfest entgegenkam. Doch bei der Hochzeit des Sohnes ihrer Patentante war Barrys Tante für das Catering zuständig gewesen, und Barry half aus. Er ließ Tammy nicht aus den Augen, drängte sie schließlich in eine Ecke und bat sie, ihm nur fünf Minuten zuzuhören. Er habe nie aufgehört, sie zu lieben, und er bereute, das schwangere Mädchen geheiratet zu haben, mit der sie ihn in dem Sommer nach der Geburt ihrer Tochter gesehen hatte. »Wenn ich ihm nur fünf Minute zuhöre …«, sagte sie, »das hat mich sieben Jahre meines Lebens gekostet.«

Am Anfang war es wie im Märchen, als hätte Gott es so gewollt, dass sie wieder zusammenkamen. Ihrer älteren Tochter erklärte sie, dass der Mann von der Kabelfirma, den sie am 3. Juli 1999 heiraten würde, ihr Vater war. Dass sie ihn nicht leiden konnte, war nicht so schlimm, denn sie stand kurz vor dem High-School-Abschluss und würde bald ausziehen, um an der Ohio State University eine Theaterausbildung zu machen. Doch auch die anderen beiden hatten zu ihrem Stiefvater kein gutes Verhältnis. Nach einigen Jahren lagen Tammy und Barry in ständigem Streit miteinander, die Ehe zerbrach.

Tammy ging jetzt nicht mehr in die Kirche auf der Südseite, wo Barrys Verwandte eine wichtige Stellung innehatten. Eine Zeitlang wollte sie sich in der Stadt überhaupt nicht mehr zeigen. »Youngstown ist klein, sehr klein«, sagte sie. »Eine Menge Leute haben eh nicht verstanden, warum wir zusammen waren. Die Trennung war dann umso schwerer.« So viele Dinge, die sie in ihrem Leben verdrängt hatte, kamen nun hoch und machten ihr das Leben noch schwerer. Gott und ihre Cousine nahmen Tammy an die Hand und führten sie in das *House of the Lord* in Akron, eine der neuen, von Schwarzen und Weißen besuchten Mega-Kirchen. BEZIEHUNGEN SIND ALLES, verkündete ein Schild über dem Altarraum. Dies war der Ort, an dem ihre Seele gesunden würde, dachte sie und fuhr nun mehrmals in der Woche zum Gottesdienst. Zwei oder drei Jahre lang drehte sich ihr ganzes Leben um die Kirche.

Sie hatte auf der Südseite in vier verschiedenen Häusern gewohnt, die Zustände waren inzwischen schlimmer als im Osten. Wenn sie Nachtschicht hatte und spät am Abend in den Wagen stieg, fühlte sie sich immer unsicher. Sie hatte Angst, ihre Tochter nach Einbruch der Dunkelheit allein zu Hause zu lassen. Aus diesen Gründen überließ sie Barry das Haus, sie hatte ohnehin schon genug Ärger. (Zwei Jahre später fiel es an die Bank, weil er mit den Hypothekenzahlungen nicht nachkam.) Sie hätte in den Westen ziehen können, das letzte Stadtviertel, in dem die Häuser ihren Wert noch hielten. Doch sollte sie zu den Weißen ziehen, die die Ost- und Südseiten vor Jahren im Stich gelassen hatten? Im Juli 2005 wurde die Scheidung offiziell, im August kaufte sie für 71 000 Dollar ein bescheidenes Haus mit Garage in Liberty, einem Neubauviertel nördlich von Youngstown. Ihr Weg zur Arbeit wurde dadurch wesentlich kürzer.

Im Oktober zogen sie ein. Im selben Monat meldete Packard Electric, das inzwischen einen neuen Namen hatte, Bankrott an.

In den zwei Jahrzehnten, in denen Tammy für Packard gearbeitet hatte, war die Belegschaft in Warren immer weiter reduziert worden. Von ursprünglich 13 000 Beschäftigten in den frühen Siebzigern waren in den Neunzigern 7000 übrig geblieben. 2005 waren es nur noch 3000. In derselben Zeit schuf die Firma 100 000 neue Stellen im Ausland, Packard war der größte Arbeitgeber im Maguiladora-Gürtel im Norden Mexikos. In Halle 14 konnte Tammy beobachten, wie beweglich der Konzern war, eine Anlage nach der anderen wurde abgebaut und über die Grenze nach Süden geschickt, und die Stellen an den Fließbändern wurden einfach nicht neu besetzt. Der Tod der Stahlindustrie schien sich hier zu wiederholen, nur dass den Arbeitern nicht massenhaft gekündigt wurde. Es ging langsamer und tat doch nicht weniger weh.

Die Gewerkschaft wurde immer schwächer. Ein Tarifvertrag, den der Betrieb 1993 abgeschlossen hatte, hatte eine neue, dritte Kategorie von Arbeitern geschaffen, die die vollen Bezüge niemals erreichen würden und keine Krankenversicherung bekamen. Tammy fiel auf, dass die Verwaltung diese '93er anders behandelte, für sie galten strengere Regeln, an der Thomas Road war es ihnen nicht einmal erlaubt, mit den Kolleginnen von Tammys Gruppe zu sprechen. Die Schichtleiter standen immer hinter ihnen, sahen ihnen auf die Finger und machten alle nervös. Stattdessen gab es Anreize, Zwölf-Stunden-Schichten zu arbeiten, was für eine Arbeiterin mit Familie, jemanden in Tammys Situation, überhaupt nicht möglich war, und auch nicht für jemanden mit gesundheitlichen Problemen. Dahinter stand offenbar die Strategie, die älteren Arbeiter in den Ruhestand zu drängen und durch '93er zu ersetzen.

1999, nachdem die gesamte Herstellung von Autoteilen, darunter auch Packard, zu einer neuen Einheit namens Delphi Automotive Systems zusammengefasst worden war, gliederte General Motors die Firma aus und plante, sie an die Börse zu bringen. Der Prospekt für Investoren versprach, »die operative Durchführung zu verbessern« und für alle Standorte »eine Fix/Sell/Close-Analyse durchzuführen, um die Wettbewerbsfähigkeit zu erhöhen und weitere Initiativen zur Kostenreduktion bei Einkauf und Beschäftigung zu entwickeln«. Seit mindestens einem Jahr drängte Wall Street GM zu diesem Schritt, der Shareholder-Value eines kleineren Autoherstellers und eines eigenständigen Zulieferers schien in der Summe besser zu sein als der eines einzigen, vertikal integrierten Konzerns.

Tammy fand diese Ausgliederungspläne von vornherein merkwürdig. »Packard Electric machte in dieser Zeit Gewinne. Das änderte sich, sobald wir zu Delphi gehörten. Ich habe damals gespürt, dass das nicht mit rechten Dingen zuging. Ich neige nicht zu Verschwörungstheorien, aber hier bestand eigentlich kein Zweifel, was los war. Sie wollten die festen Beschäftigten loswerden, also haben sie sie ausgegliedert, sie haben sie in eine andere Firma überführt, da mussten sie sich nicht mehr um sie kümmern. Sie gehörten ja nicht mehr zu GM.«

Die neue Firma war nur dem Namen nach eigenständig, Delphis Schicksal hing weiterhin von GM, dem wichtigsten Kunden, ab. Nach einiger Zeit wurde deutlich, dass das Spin-off Teil eines Plans war, die verbliebenen amerikanischen Beschäftigten auf verschiedene Einheiten zu verteilen. Delphi behauptete gleich zu Anfang, schwarze Zahlen zu schreiben. Doch die Gewinne erwiesen sich als falsch, drei Jahre lang hatte das Management die Bücher frisiert. Die Börsenaufsicht leitete eine Untersuchung ein, zwei Pensionsfonds verklagten die Firma, der gesamte Vorstand musste zurücktreten. Als GM Anfang des Jahrzehnts ins Straucheln geriet, übernahm Delphi Milliarden an Schulden. 2005 schließlich wurde das Insolvenzverfahren eröffnet.

Es war ein taktischer Bankrott, der nur die nordamerikanische Herstellung betraf. Delphi argumentierte, dass das Verfahren die Arbeitsverträge null und nichtig machte. Die Abwicklung der Firma sollte ein neuer CEO besorgen, Robert S. Miller, genannt Steve, der darauf spezialisiert war, in Schieflage geratene Firmen zu zerschlagen und die Teile profitabel zu machen, um neue Investoren anzuziehen. Er hatte dasselbe bei Bethlehem Steel gemacht, und er hatte sogar eine Autobiographie verfasst, die 2008 unter dem Titel *Turnaround Kid* erschien. Delphis Aufsichtsrat stimmte einem Gehaltspaket zu, das fünfunddreißig Millionen Dollar wert war. Weitere siebenundachtzig Millionen wurden als Boni an das oberste Management ausgezahlt. Hinzu kamen Aktienoptionen, die am Ende fast eine halbe Milliarde wert waren. Zwei Wall-Street-Banken, JP Morgan Chase und Citigroup, liehen Delphi 4,5 Milliarden Dollar, unter der Bedingung, dass sie als Schuldner – mitsamt Zinsen und Gebühren – nach der Insolvenz zuerst bedient würden. Miller und seine Verbündeten und die Banken gewannen – so oder so. Die Verlierer waren in jedem Fall Delphis Beschäftigte diesseits der Grenze. Die Arbeiter wurden über all das nicht informiert, doch ein geheimer Plan unter dem Codenamen NorthStar, der versprach, »durch Produktionsverlagerung, Zusammenlegung von Standorten und Reduktionen bei Altverpflichtungen aggressive Einsparungen zu verfolgen«, wurde der *Detroit News* zugespielt und erschien einen Monat nach der Insolvenz.

Trotzdem traf es Tammy völlig unvorbereitet. Ihr Stundenlohn lag inzwischen bei fünfundzwanzig Dollar, mit Überstunden kam sie auf fünfundfünfzigtausend Dollar brutto im Jahr. Sie hatte ihre zehn Jahre und war unkündbar, und selbst in der Kurzarbeit bekam sie noch achtzig Prozent ihres Lohns. Ihre jüngere Tochter würde bald aus dem Haus sein, Tammy träumte davon, sich etwas mehr zu gönnen, vielleicht sogar einige Reisen zu machen. Sie stand kurz vor dem vierzigsten Geburtstag, für die letzten Lebensjahrzehnte war sie versorgt. In dreizehn Jahren konnte sie in Rente gehen und entscheiden, was sie mit ihrem Leben machen wollte – etwas, das sie erfüllen, das ihr guttun würde, egal, wie viel oder wenig sie dabei verdiente. Das Hochzeitsgeschäft hatte sie inzwischen aufgegeben. Sie hatte sich für einige Kurse an der Fachschule in Youngstown eingeschrieben und überlegte, etwas mit Sozialberatung zu machen. Vielleicht schaffte sie es sogar, Ärztin zu werden – ihre Rente würde ausreichen, um irgendwo in der Dritten Welt zu leben.

Tammy hatte miterlebt, wie Jobs verschwanden und wie der Arbeitstakt immer dichter wurde – erst bediente man eine Maschine, dann plötzlich zwei –, sie wusste also, dass Warren schrumpfen könnte. Aber dass sie die Fabrik einfach schließen würden? »Nein. Damit habe ich nicht gerechnet. Obwohl ich ja gesehen habe, wie das bei den Stahlwerken war. Solange es bei GM weiterging, habe ich gedacht, geht es auch bei uns weiter. Wir haben so viele Überstunden gemacht, manchmal schafften wir die Aufträge einfach nicht. Wenn mir jemand gesagt hätte, dass meine Stelle gefährdet ist, hätte ich es nicht geglaubt.« Genauso war es drei Jahrzehnte vorher den Arbeitern von Sheet & Tube ergangen.

Im März 2006 kündigte Delphi an, dass einundzwanzig der neunundzwanzig nordamerikanischen Standorte geschlossen oder verkauft würden, zwei Drittel aller Stellen, zwanzigtausend im Ganzen, wurden gestrichen. Die Fabrik in Warren blieb mit einer drastisch reduzierten Belegschaft erhalten. Wer blieb, musste eine Lohnkürzung von vierzig Prozent hinnehmen. Tammys Stundenlohn würde auf 13,50 Dollar sinken. Die Lohnarbeiter wurden gedrängt, eine Abfindung anzunehmen, denn von den dreitausend noch verbliebenen Stellen sollten in Warren nur sechshundertfünfzig erhalten bleiben. Wer auf das Angebot einging, verzichtete auf einen großen Teil seiner Rente. Die Konditionen wurden per PowerPoint verkündet. Man schleuste jeweils hundert Arbeiter in einen Sitzungssaal, drückte ihnen eine Mappe in die Hand und gab Bedenkzeit bis August. Unter Tränen verließen die Arbeiter den Saal. Tammy war schockiert.

Aber dann gewann sie eine andere Einstellung. Sie spürte einen Geist, der sie beruhigte, der ihr sagte, dass alles sich zum Guten wenden würde. Auch früher schon hatte sie in einigen Lebenskrisen ein ähnliches Gefühl gehabt – als sie mit zehn in einem Kleiderschrank schlafen musste, als sie mit sechzehn Mutter wurde, als sie mit neunundzwanzig ihren Verlobten verlor. Ihre Kolleginnen hatten panische Angst. Was hast du jetzt vor?, fragten sie einander, und Tammy antwortete jedes Mal: Wisst ihr was? Da draußen gibt es eine ganze Welt, die mit Packard nichts zu tun hat. Sie fand die Situation sogar irgendwie spannend. Die Abfindung würde genügen, um zu studieren, vielleicht würde es ihr gelingen, einen Abschluss zu machen – als zweites Mitglied der Familie, ihre älteste Tochter hatte es bereits geschafft. Und danach? Tammy wusste nicht, wie es weitergehen würde, aber zum ersten Mal seit ihrer frühesten Kindheit traute sie sich wieder zu träumen.

Ihre Freundin Miss Sybil hatte sich selbst immer ein wenig in Tammy wiedererkannt. Beide stammten aus dem Osten der Stadt, beide waren alleinerziehende Mütter, beide hatten am Fließband gearbeitet. Sie waren ehrgeizig und hatten sich aus Youngstown nicht vertreiben lassen. Für Sybil war es noch schwerer, denn sie hatte 1971 bei General Electric angefangen, als schwarze Frauen in den Fabriken nur die einfachsten Arbeiten machen durften. Andererseits hatte der allgemeine Verfall gerade eingesetzt, als die junge Tammy in die Arbeitswelt trat. Sybil war mit über sechzig in Rente gegangen, sie war bis zum Schluss bei GE geblieben. Tammy war gezwungen, mit vierzig einen Schnitt zu machen. Sybil verstand, wie groß das Risiko war, das sie einging. »Tammy war entschlossen ihren Weg gegangen«, sagte sie. »Bestimmt waren die drei kleinen Münder, die sie stopfen musste, ein guter Ansporn. Die Stelle bei Packard war verdammt gut, es war sehr riskant zu gehen. Aber sie hatte ja die nötige Entschlossenheit, sie wollte es unbedingt schaffen. Die meisten, die Packard verlassen haben, haben nichts aus sich gemacht. Aber wenn du dich traust und den letzten Schritt machst, hast du eigentlich schon gewonnen.«

Am letzten Tag des Jahres 2006 nahm Tammy die Abfindung an. Gott schließt eine Tür und öffnet eine andere, dachte sie. »Nein: Gott stößt die Türen zu einer prächtigen Terrasse auf.«

2003 WELTWEITER PROTEST GEGEN IRAKKRIEG: DEMONSTRANTEN LEGEN INNENSTÄDTE LAHM ... Wir werden nicht zulassen, dass ein brutaler Diktator, ein rücksichtsloser Aggressor mit Verbindungen zu Terroristen, der potentiell über riesige Ressourcen verfügt, eine zentrale Region dominiert ... *Ich schwör ich muss Erleicht'rung schaffen/drum pinkel ich ans goldene Tor/und such' Massenvernichtungswaffen* ... BUSH BEFIEHLT ANGRIFF AUF IRAK ... Wenn das Ende naht, wollen die Familien Green und Miller, die über das ganze Land verstreut leben, bei ihren Verwandten sein. Deshalb haben sie einen Notfallplan entwickelt, der auch dann noch funktioniert, wenn alle Telefonleitungen zerstört sind: Sie treffen sich in Wichita/Kansas, am Zusammenfluss des Großen und des Kleinen Arkansas River, unter den ausgebreiteten Armen eines vierundvierzig Fuß hohen Indianerkriegers ... TROTZ WUT AUF FRANZOSEN: BORDEAUX FLIESST WEITER ... Diese Schweine, die unser Land regieren, sind hinterhältige, selbstgefällige Wichser und Diebe, die gestürzt werden müssen, wir brauchen ein ganz neues System, das wir beherrschen können ... LATINOS SIND DIE GRÖSSTE MINDERHEIT IN DEN USA ... **Papst zu Schwulen: EUER TREIBEN IST SÜNDE ... wettert gegen Schwulenehe und Adoptionsrecht** ... In einer emotionalen Pressekonferenz im L. A. Staples Center fasst Bryant, 24, die Hand seiner Frau Vanessa und entschuldigt sich für seinen Seitensprung sechs Monate nach Geburt ihrer ... ERSTE GLANZMOMENTE DER »BUSH-DOKTRIN« ... Die Lacher kommen, wenn das Publikum erkennt, in welchem Maß die Überprivilegierten vom Rest des Landes isoliert sind. So dass zum Beispiel eine 22-jährige Paris Hilton nicht weiß, was eine Quelle ist, und noch nie von Wal-Mart gehört hat ... WALL-STREET-GIGANTEN VERDIENEN IN DER KRISE ... Er hat sich verschiedene Attribute eines Master of the Universe zugelegt: eine phantastische Kunstsammlung, eindrucksvolle Maßanzüge, eine attraktive, blonde zweite Ehefrau, die ihn um einige Zentimeter überragt ... IMMOBILIEN SIND SICHERSTE ANLAGE ... seien Sie froh, dass Sie ein Haus in Florida besitzen ... Weil ich aber einen Vertrag unterschrieben habe und meine Pflicht erfüllt habe und in einem von Amerikas Kriegen gekämpft habe, habe ich das Recht zu sprechen, und ich sage, ich stecke in einer beschissenen Lage … US-HUBSCHRAUBER IM IRAK ABGESCHOSSEN, 16 TOTE … »Es war eine schwierige Woche, aber wir sind dem Ziel eines souveränen und freien Irak einen guten Schritt näher gekommen«, sagte er. … *Sir, ich habe den Krieg unterstützt./Ich glaube an uns, an unser Land/Dem will ich ein Glas Rotwein widmen/An der U-Bahn Franklin Street/Auf West Broadway bei Montrachet.*

Ein Mann der Institutionen (1): Colin Powell

Es war einmal in Amerika …
eine Familie von hellhäutigen Einwanderern von den Inseln, sie lebten in der Stadt der Einwanderer, im New York von La Guardia, DiMaggio und Coney Island, wo Mütter sonntags Ochsenschwanzsuppe auf die Tische brachten oder Challa am Freitagabend, wenn Kerzen angezündet wurden, damals, als Väter Zeitungsjungen auf Sizilianisch oder Polnisch beschimpften und junge Männer, in deren Brieftaschen Kondome steckten, und Kaugummi blasende Mädchen auf den Straßen selbst zu Amerikanern wurden.

Im dritten Stock der Kelly Street Nr. 952 in der South Bronx hing an der Wohnzimmerwand ein Porträt von Präsident Roosevelt, eingerahmt von einer Flagge und der Kuppel des Kapitols. Wenn die Eltern mit ihren beiden Kindern aus dem Mietshaus traten, tauchten sie ein in die enorme, alles vereinheitlichende Flut der Institutionen.

Die Mutter war ein stolzes Mitglied von Dubinskys dreihunderttausend Mitglieder starker Textilarbeitergewerkschaft ILGWU. Bei Ginsburg's im Garment District, wo ihr Vater in der Auslieferung Vorarbeiter war, nähte sie Knöpfe und Bordüren an Damenkleider. Es gab dort immer Arbeit, selbst in der Wirtschaftskrise. Sonntags rutschten sie in eine reservierte Bank in St. Magaret's, einer episkopalen Kirche, wo ihr Kleinster ein von Ritual und Weihrauch faszinierter Ministrant war. Der Junge besuchte drei öffentliche Schulen in Folge, schloss die High School mit mittelmäßigen Noten ab und bekam, da er in New York City gemeldet war und seine zehn Dollar Gebühr bezahlt hatte, einen Studienplatz am City College of New York, das 1847 unter dem Namen Free Academy auf einem Hügel über Harlem gegründet worden war. Horace Webster, der erste Rektor, hatte gesagt: »Das Experiment muss gewagt werden, ob es möglich ist, den Kindern des Volks, den Kindern des gesamten Volks eine höhere Bildung angedeihen zu lassen; und ob eine Institution höchster Güte vom Willen des Volks geleitet werden kann, statt von wenigen Privilegierten.«

Und jenseits der Stadt, hinter ihren Lichtern, über die ganze Republik verteilt standen die Strukturen, auf denen die Demokratie der Mittelschicht, die in der Nachkriegszeit entstanden war, gründete: General Motors, der Gewerkschaftsbund AFL-CIO, der ständige Ausschuss für Arbeitsbeziehungen, der Chef in der Stadt, Bauernverbände, öffentliche Schulen, Universitäten und Forschungseinrichtungen, die Bezirksverbände der Parteien, die Ford-Stiftung, der Rotary Club, die Frauenliga, CBS News, der ständige Ausschuss zur wirtschaftlichen Entwicklung, die Sozialversicherung, das Amt für Bodenschätze, das Bau- und Wohnungsamt, das Gesetz zur Schaffung des Autobahnnetzes, der Marshall-Plan, die NATO, der Rat für internationale Beziehungen, das Studienförderungsgesetz für Veteranen, die Armee.

Genau hier bot sich für den Jungen ein Zuhause. Gleich im ersten Studienjahr meldete er sich beim ROTC (er wäre ohnehin eingezogen worden) und trat den Pershing Rifles, einer militärischen Studentenverbindung, bei. Uniform und Disziplin gaben dem jungen Soldaten ein Gefühl der Zugehörigkeit. Die Struktur war Voraussetzung dafür, dass er sich entwickeln konnte. »Ich übernahm gleich eine Führungsrolle«, schrieb er später, »in unseren Reihen fand ich eine Selbstlosigkeit, die mich an die liebevolle Atmosphäre in meiner Familie erinnerte. Rasse, Hautfarbe, sozialer Hintergrund, Einkommen – nichts davon hatte irgendeine Bedeutung.«

1958 wurde er in den Rang eines zweiten Leutnants erhoben. Die Rassentrennung in der Armee war erst zehn Jahre zuvor aufgehoben worden, trotzdem war das Militär, die hierarchischste Institution des Landes, gleichzeitig die demokratischste: »Hinter den Toren unserer Kasernen wurde weniger diskriminiert als in jedem Südstaaten-Rathaus, in jeder Konzernverwaltung des Nordens, alle hatten die gleichen Chancen, ausgezeichnet und befördert wurde, wer es verdient hatte.« Fleiß, Ehrlichkeit, Mut, Opferbereitschaft: Der junge Offizier hielt sich an seine Pfadfindertugenden und verließ sich darauf, dass sie ihm alle Tore öffnen würden.

Sein amerikanischer Weg führte ihn 1962 nach Vietnam, 1963 nach Birmingham, 1968 noch einmal nach Vietnam.

Als Hauptmann trat er in eine Pflockfalle und entging nur knapp einem Granateneinschlag im Shau-Tal. Als er einige Monate später wieder in der Heimat war, weigerte sich in einem Schnellrestaurant in Fort Benning/Georgia jemand, ihn zu bedienen. Als Major überlebte er einen Hubschrauberabsturz bei Quang Ngai und rettete mehreren Männern das Leben. Nichts davon brachte ihn aus seinem sorgfältig justierten Gleichgewicht.

Auf diese Weise verdiente er eine Brust voller Orden und die Bewunderung seiner Vorgesetzten. Er ließ sich nicht von den Demütigungen des Rassismus verunsichern oder vom Aberwitz eines Krieges, der von Amerikas mittelloser Unterschicht ausgefochten wurde. Aber beides widersprach seinem demokratischen Grundverständnis. »Unter all den Schrecken von Vietnam erscheint mir nichts so sehr das Ideal zu untergraben, dass alle Amerikaner mit gleichen Rechten und Treuepflichten ihrem Land gegenüber geboren werden, wie diese offene Klassendiskriminierung.« Da aber sein Leben auf diesem Ideal gründete, blieb er pragmatisch und entwickelte eine beinahe unmenschliche Selbstbeherrschung. Die Institutionen bewiesen, wie gesund sie waren, indem sie einen Mann von seinen Eigenschaften immer weiter beförderten, und wenn sie auch gelegentlich vom rechten Weg abkamen, hatten sie doch immer noch die Kraft, sich selbst zu heilen.

Er würde es allen beweisen, die Zweifel an ihm hatten.

Beförderung zum Oberstleutnant. Einjähriges Praktikum im Präsidialamt, pünktlich zu Watergate – doch selbst der schlimmste politische Skandal der amerikanischen Geschichte bewies noch die institutionelle Stärke der Demokratie: Der Kongress, die Gerichte, die Presse, der Wille des Volkes genügte, um das Krebsgeschwür herauszuschneiden.

Bataillonskommandeur in Südkorea. Er begann, in der Armee die Ordnung und Disziplin wiederherzustellen, die in Vietnam verloren gegangen war. Brigadekommandeur in Fort Campbell. Unter Carter Wechsel ins Pentagon. 1979 erhält er seinen ersten Stern, er ist mit zweiundvierzig Jahren der jüngste General der Armee. Fort Carson, Fort Leavenworth. Unter Reagan wieder im Pentagon, wo den »militärischen Diensten wieder der Ehrenplatz eingeräumt wurde, der ihnen gebührte«.

1986 saß der Generalmajor an seinem Schreibtisch im Vorzimmer des Verteidigungsministers, wählte eine Nummer und befahl unwillig, aber auf Anordnung des Weißen Hauses, viertausend Panzerabwehrraketen des Heers an die CIA zu übergeben. Sie waren für Teheran bestimmt: Waffen, eine Bibel, ein Kuchen gegen die Geiseln. Die Iran-Contra-Affäre war der erste Fleck auf seinem Lebenslauf, führte aber dazu, dass er von Reagan ins Weiße Haus berufen wurde, um als stellvertretender Sicherheitsberater die Scherben zusammenzukehren. »Wenn Iran-Contra nicht gewesen wäre, wäre ich jetzt irgendein General im Ruhestand, niemand würde mich kennen.«

Für den Generalleutnant gab es keine geeignetere Aufgabe, als im nationalen Sicherheitsrat für Ordnung und Disziplin zu sorgen. Nebenbei restaurierte er alte Volvos und Saabs. Er war effizient und inspirierend, er meisterte jede Bürokratie. Es gab keinen besseren Stabsoffizier. Die Institutionen, auf dem Gipfel ihrer Macht, waren gerade dabei, den Kalten Krieg zu gewinnen.

1988 stand Gorbatschow im Katharinensaal im Kreml, sah ihn mit Tränen in den Augen an und sagte: »Und was werden Sie jetzt tun, wo Sie Ihren besten Feind verloren haben?«

Im folgenden Jahr, einen Tag vor seinem zweiundfünfzigsten Geburtstag, erhielt der General seinen vierten Stern. Wenige Monate später wurde er der jüngste Generalstabschef der amerikanischen Geschichte. Jetzt, wo Amerika der beste Feind abhandengekommen war, war es wieder möglich, Kriege zu führen – er begann mit Panama (wo ein Drogendealer mit Ananasgesicht gestürzt wurde), dann kam Desert Storm. Vier Tage brauchte er, um Saddam aus Kuwait zu vertreiben. Amerika zeigte, was es konnte. Der Chairman hatte das Elend von Vietnam in eine Militärdoktrin verkehrt: klare Ziele, nationale Interessen, politische Unterstützung, militärische Übermacht, schneller Rückzug. (Die Kurden und Schiiten mussten selbst sehen, wie sie zurechtkamen. Ähnlich später in Bosnien.)

Als der General nach fünfunddreißig Jahren in Uniform in den Ruhestand trat, gab es im ganzen Land niemanden, der bewundert wurde wie er. Niemand wusste, wo er parteipolitisch stand – er hatte für Kennedy gestimmt, für Lyndon B. Johnson und einmal für Carter, dann begann er republikanisch zu wählen. Beide Seiten vertrauten ihm, denn er verkörperte die überparteiische Mitte. (Aus demselben Grund gab es einige wenige, die ihm misstrauten.) Er war ein Internationalist wie Eisenhower und im Kern seines Wesens vorsichtig. Solange die politische Mitte zusammenhielt, stieg sein Prestige. Die Geschichte stand kopf, seine Rasse und sein Einsatz in Vietnam waren politische Stärken, sie gaben ihm eine Souveränität, die in Washington einzigartig war.

Er gab den Amerikanern das Gefühl, dass das Land noch auf dem richtigen Weg war.

1995 trat er den Republikanern bei. Sein Freund Rich Armitage, der selbst in der Partei war, hatte ihn vor diesem Schritt gewarnt: Es war nicht mehr die Partei Eisenhowers – oder Reagans. Etwas anderes hatte sich breitgemacht, ein Geist des bösen Willens, der Unvernunft, der selbst die außenpolitischen Vorstellungen prägte. (Der Kalte Krieg hatte wenigstens für klare Grenzen gesorgt, für eine gewisse Mäßigung – vielleicht hatte Gorbatschow recht gehabt.) Das Establishment hatte die Zügel weiter fest in der Hand, die Pferde trotteten ahnungslos weiter. Doch er war überzeugt, dass er die Partei für breitere Wählerschichten attraktiv machen konnte.

Er hätte der erste schwarze Präsident werden können, wenn er sich der Aufgabe nur gestellt hätte. Stattdessen engagierte er sich für arme Kinder in armen Schulen. Seine Botschaft blieb dabei die gleiche: Fleiß, Ehrlichkeit, Mut, Opferbereitschaft.

Als er später doch dem Ruf in die Politik folgte, stand er als neuer Außenminister neben einem gerade erst gewählten, verdutzt dreinblickenden Präsidenten. Es gab niemanden, der erfahrener, fähiger oder beliebter gewesen wäre. Er nahm sich vor, die Motorhaube zu öffnen und alles zu reparieren: Russland, China, das Balkangeplänkel. Er würde den Nahen Osten neu schmieren und im Irak die Schrauben nachziehen. Eine weitere demoralisierte Truppe wartete darauf, zu Ordnung und Disziplin zurückgeführt zu werden. Auch wenn sein Freund Armitage, den er zu seinem Stellvertreter machte, überzeugt war, dass Bush ihn nicht wegen seiner Ansichten, sondern allein wegen seiner Beliebtheit berufen hatte.

Zwei Jahre lang zeigte Amerika der Welt mit diesem Minister sein bestes Gesicht.

Als die Flugzeuge begannen, die Häuser zu bombardieren, war er bei einem Treffen mit lateinamerikanischen Amtskollegen in Lima. Aufmerksam, wie er war, wartete er die Unterzeichnung der Demokratischen Charta ab und bestätigte noch einmal die Werte, auf denen sie gründete: »Sie können Gebäude zerstören und Menschen töten, und wir werden mit Trauer dieser Tragödien gedenken. Aber wir werden nicht zulassen, dass sie den Geist der Demokratie töten. Es wird ihnen nicht gelingen, unsere Gesellschaft zu zerstören. Es wird ihnen nicht gelingen, unseren Glauben an den Weg der Demokratie zu zerstören.«

Er versammelte eine Koalition gegen die Taliban, der auch Pakistan angehörte. Er erklärte der Welt, dass Amerika keinen Alleingang beabsichtige – die Unterstützung der Verbündeten blieb wichtig. Es war nicht nötig hinzuzufügen, dass ein Land, welches den Sohn schwarzer Einwanderer aus der Bronx zu seinem Repräsentanten gemacht hatte, diese Unterstützung auch verdiente.

Doch als der Präsident seinen Blick auf den Irak richtete, erhob der Minister warnend die Stimme. Er widersprach nicht, er versuchte nur, den Wagen zu lenken und gleichzeitig auf die Bremse zu treten. Im Ministerium gab es Zweifel an den Beweisen. Er verkündete eine neue Doktrin: Wenn Sie es kaputt machen, müssen Sie es bezahlen. Er wollte die UNO ins Boot holen. Er wollte die Mitte nicht verlieren.

Er versuchte, das außenpolitische Establishment auf Linie zu halten, und merkte nicht, dass es als solches nicht mehr existierte. Er benötigte feste Strukturen, um seine Wirkung zu entfalten, aber die Strukturen der Nachkriegsordnung waren zerstört. Der Rat für internationale Beziehungen, die Ford-Stiftung waren nicht mehr relevant. Hochrangige Regierungsmitglieder und Generäle waren abgesprungen und verdingten sich als Berater und Fernsehkommentatoren. Die Armee war keine Volksarmee mehr, sondern eine Berufsarmee. Den öffentlichen Schulen gelang es nicht mehr, die Kinder aller Schichten aus dem Analphabetentum zu führen. Die Parteien befanden sich in einem Stellungskrieg.

Das Vorzeigeprodukt der großen amerikanischen Institutionen versuchte, innerhalb der institutionellen Strukturen zu funktionieren, und merkte nicht, dass sie längst gescheitert waren. Die Regierung war durchsetzt mit Ideologen und Handlangern, die für die tragenden Institutionen nur Verachtung übrig hatten. Er sah nicht, dass sie ihn isoliert hatten, dass er geschlagen war.

Der beliebteste Politiker Amerikas war allein.

Der Präsident brauchte seine Zustimmungswerte. Das Weiße Haus schrieb ihm eine Rede, achtundvierzig eng beschriebene Seiten lang. Eine Woche hatte er Zeit, um die Lügen zu tilgen, doch das genügte nicht, und keine Zeit der Welt hätte gereicht, denn er vergaß zu fragen, ob die Prämissen stimmten.

Am 5. Februar 2003 trat der Minister in das UNO-Gebäude am East River, nur wenige Blocks entfernt von dem Haus an der Kelly Street, das längst ausgebrannt und niedergerissen worden war. Er setzte sich mit seinen Tonbändern, Fotos, Zeichnungen und einem Glasröhrchen voll weißem Pulver an den Tisch des Sicherheitsrats und sprach fünfundsiebzig Minuten lang vor den Augen eines weltweiten Fernsehpublikums über die Bedrohung durch Saddams Regime. Er sprach mit der Autorität und Selbstkontrolle, die ihn sein Leben lang ausgezeichnet hatte, und überzeugte viele Millionen Amerikaner, denn dies war der Mann, der zeigte, dass Amerika noch funktionierte.

Dann stand er auf und verließ in strammer, militärischer Haltung den Saal.

Er hatte sich selbst weit größeren Schaden zugefügt, als eine Pflockfalle oder ein Südstaaten-Rassist es hätte tun können.

Der Krieg begann, und der Präsident sagte, er schlafe wie ein Baby. »Ich schlafe auch wie ein Baby«, sagte der Minister, »alle zwei Stunden wache ich auf und habe einen Heulkrampf.«

Jeff Connaughton

Für den Einstieg in die Politik hatte Connaughton nicht den richtigen Zeitpunkt gewählt, aber der Einstieg in die Lobbyarbeit gelang perfekt. Als er 1997 begann, gaben die großen Konzerne 1,25 Milliarden Dollar im Jahr aus, um ihr in der Verfassung (Zusatzartikel 1) verbrieftes Recht wahrzunehmen, bei Missständen die Regierung um Abhilfe anzurufen. Als er zwölf Jahre später aufhörte, hatte sich der Betrag beinahe verdreifacht. (Dies waren nur die Gebühren, die direkt an die Lobbyfirmen flossen. Weitere, nicht deklarierte Milliarden wurden für Presse- und Öffentlichkeitsarbeit ausgegeben.) Dieser Geldtopf zog eine ganze Horde von Politikern an. Zwischen 1998 und 2004 wechselten 42 Prozent der nicht wiedergewählten Kongressabgeordneten sowie die Hälfte der Senatoren in die Lobbyarbeit. Tausende politische Helfer, Büroleiter und Referenten des Kongresses sowie Hunderte von Connaughtons ehemaligen Kollegen im Weißen Haus wechselten die Seiten und richteten sich auf der K Street – dem Epizentrum des amerikanischen Lobbyismus – ein. Als er selbst zum ersten Mal durch die Drehtür schlüpfte, die das Personal in beide Richtungen schaufelte, und in die Klasse derer aufgenommen wurde, die den Launen des Wahlvolks nicht mehr ausgeliefert war, nannte man diese Praxis noch: überlaufen. Als er 2009 noch einmal – beherzt und in Gegenrichtung – durch die Drehtür trat, hatte sie die Aura des Beneidenswerten, vielleicht sogar des Bewundernswerten, in jedem Fall des Unausweichlichen angenommen – sie hieß jetzt: Kasse machen.

Im Januar 2000 verließ Jack Quinn, Connaughtons Vorgesetzter, die Kanzlei Arnold & Porter und machte sich – nicht zuletzt auf Drängen von Connaughton – mit einer eigenen Kanzlei selbständig. Es war der richtige Augenblick: Quinn war in Washington als einer von Al Gores Leuten bekannt, und Gore hatte gute Chancen, im Herbst Präsident zu werden. Quinns eigene politische Laufbahn reichte zurück bis zum Wahlkampf von 1968, als er in Eugene McCarthys Wahlkampfflugzeug mitfliegen durfte. Unter Clinton hatte er fünf Jahre auf der höchsten Ebene des Weißen Hauses gearbeitet, und bei jeder Krise hatte er einen kühlen Kopf behalten. Klienten, mit denen er sprach, gingen davon aus, dass das Weiße Haus in den wichtigen Fragen dachte wie er. Die große

Überraschung war Quinns neuer Partner: Ed Gillespie, einer von Karl Roves Leuten. Gillespie hatte im Unterhaus für Dick Armey gearbeitet, er war teilweise für Gingrichs »Vertrag mit Amerika« verantwortlich und somit bestens positioniert, im Fall eines Wahlsiegs von George Bush einer der wichtigsten Vermittler der Republikaner zu werden.

Quinn Gillespie & Associates zog in ein elegantes Büro im fünften Stock eines Bürohauses auf der Connecticut Avenue zwischen M und N Street. Morton's Steakhouse, wo sich die Kanzlei zum Trinken versammelte, war nur wenige Schritte entfernt. Connaughton trat als stellvertretender Vorsitzender in die Geschäftsführung ein, er bekam ein Eckbüro und eine Beteiligung von 7,5 Prozent. Der Rest gehörte Quinn und Gillespie zu gleichen Teilen.

Andere auf Lobbyarbeit spezialisierte Kanzleien waren entweder demokratisch oder republikanisch, wenn die Gegenseite die Macht übernahm, verloren sie Klienten. Bei QGA waren die Lobbyisten selbst äußerst parteiisch – Quinn und Gillespie hatten sich bei einer Debatte auf Fox News kennengelernt –, wenn sie aber morgens aus dem Fahrstuhl traten, waren ihre Loyalitäten allein auf Kanzlei und Klienten gerichtet. Der Kongress war ideologisch zerklüftet, die Bevölkerung wurde von Wahl zu Wahl stärker polarisiert, die Einzelstaaten wurden deutlicher rot (republikanisch) oder blau (demokratisch), nur bei QGA hieß es immer, wir gehören zur bunten Partei. Dabei war die Arbeitsteilung klar: Die Republikaner in der Kanzlei schickten ihre Parteispenden an republikanische Politiker und organisierten Spendenempfänge für sie. Die Demokraten taten auf der anderen Seite genau dasselbe. Als die Wahlen von 2000 näher rückten, stellte Connaughton fest, dass er sein eigenes Team weniger leidenschaftlich anfeuerte – schließlich hatte Quinn Gillespie nichts zu befürchten, egal, ob am Ende Bush oder Gore gewann. In der Wahlnacht war Quinn bei Gore in Nashville und Gillespie in Austin bei Bush, und als die Auszählung in Florida immer knapper wurde, hielten sich die Partner per Blackberry auf dem Laufenden. Bei dem Gerangel um die Neuauszählung in Florida spielte Gillespie im Camp der Republikaner eine wichtige Rolle, und als das Höchste Gericht die Wahl zu Bushs Gunsten entschied, wurde er einer der gefragtesten Insider in Washington. Die Kanzlei hatte jetzt zu allen Machtzentren in Washington beste Beziehungen.

Connaughton dagegen war nicht in der Lage, seinen Klienten den Zugang zur obersten Riege der Politik zu verschaffen. Er gehörte auch nicht zu den Anwälten, die Geschäfte einfädeln oder Machtspiele im Parteiapparat entscheiden konnten. Seine höchste Stellung in der Regierung war die eines Assistenten des Justiziars im Weißen Haus gewesen. Was er mitbrachte, waren Fleiß und Gewissenhaftigkeit und einige Jahre Erfahrung im Senat und im Weißen Haus – man rief ihn zurück. Er hatte während des Amtsenthebungsverfahrens den Präsidenten auf allen Sendern verteidigt und galt als jemand, der von Biden protegiert wurde, auch wenn er in Wahrheit längst mehr zu Kaufman gehörte und zu Quinn. Sein Jahresgehalt stieg schnell auf über eine halbe Million Dollar. Alle zwei Wochen brach eine neue Geldflut über ihn herein, überspülte Ufer und Deiche und schlug ihm mit Gewalt ins Gesicht. In Washington gab es genügend Gehaltsmillionäre, die niemand kannte.

Quinn und Gillespie hielten sich für die klügsten Köpfe in diesem Geschäft. Lobbyarbeit bedeutete nur, einem Klienten eine Tür zu öffnen – dafür waren die Machtverhältnisse in Washington inzwischen zu diffus. Es ging vielmehr darum, breit angelegte strategische Kampagnen aufzulegen, verschiedene Gruppen durch verschiedene Kanäle zu erreichen, die Medienmeinung zu einem Thema zu beeinflussen, über die Wahlkreise Druck auf Abgeordnete auszuüben. Die Firma verstand es, Bürgerbewegungen herzustellen und Koalitionen zu bestimmten Themen zu bilden, sie rekrutierte einfache Bürger, die am Ende selbst überzeugt waren, sie hätten die Initiative gegründet. Auch vor Skandalen schreckte die Kanzlei nicht zurück. Als Quinns Klient Marc Rich, ein in der Schweiz lebender, flüchtiger Milliardär, am letzten Tag von Clintons Amtszeit vom Präsidenten begnadigt wurde, musste Quinn einen zwei Wochen dauernden Sturm der Empörung über sich ergehen lassen. Es gab aber auch genügend Insider, die es anders sahen: Hier war jemand, dem es gelungen war, für seinen Klienten etwas beinahe Unmögliches durchzusetzen. Das alte Washington – die Presse, die bessere Gesellschaft, die Hüter von Tradition und Moral – tat entsetzt. Doch das neue Washington verstand, dass die Begnadigung von Marc Rich einfach nur ein gut eingefädeltes Geschäft gewesen war.

Zu den Klienten der Kanzlei gehörten das American Petroleum Institute, der Verband der Pflegeheimbetreiber, das British Columbia Lumber Trade Council (ein Verband der Holzwirtschaft), Verizon, Bank of America, Hewlett-Packard und Larry Silverstein, der Pächter des World

Trade Centers in New York. Als in Kalifornien der Energiemarkt strenger überwacht werden sollte, ging die Kanzlei gegen die Initiative vor, und zwar im Auftrag der Firma Enron, die wenig später spektakulär scheitern sollte. Auch die Familien des Flugs PanAm-103 wurden von der Kanzlei bei dem Versuch vertreten, die libysche Regierung zu Kompensationszahlungen zu zwingen. Zu Connaughtons größten Erfolgen gehörte eine Initiative der Online-Werbung. Er wurde Sprecher einer Bürgergruppe namens Network Advertising Initiative, erarbeitete über ein halbes Jahr ein Protokoll zur Selbstregulierung der Industrie und sprach so lange mit den fünf Beauftragten der Federal Trade Commission und den leitenden Staatsanwälten aus sieben Bundesstaaten, bis es ihm gelang, eine Gesetzesnovelle zu blockieren, die Verbrauchern größere Rechte eingeräumt hätte gegenüber Website-Betreibern, die Daten über ihr Konsumverhalten im Internet sammelten – typisch für die hochkomplexen Aufgaben, die die Gesellschafter großer Kanzleien gern selbst erledigten. Joe Biden dagegen hatte nicht ein einziges Mal seinen Rat gesucht, er hatte ihn nie nach seiner Meinung gefragt.

Bei Arnold & Porter hatte sich Connaughton geweigert, den deutschen Versicherer Allianz zu vertreten, der beschuldigt war, nach dem Zweiten Weltkrieg jüdische Versicherungsnehmer betrogen zu haben. Quinn war an den Verhandlungen beteiligt gewesen, die unter Clinton zum Vergleich mit der Zigarettenindustrie geführt hatten, und lehnte alle Aufträge der Tabakindustrie ab. Allerdings vertrat die Kanzlei nach dem Bosnienkrieg die Republika Srpska (und verlangte für die rufschädigende Arbeit einen Aufschlag). Auch die Elfenbeinküste gehörte zu den Klienten, ein Land im Bürgerkrieg, dessen Regierung unter Verdacht stand, Todesschwadronen einzusetzen. Connaughton verfolgte die internationale Arbeit mit großem Interesse, und er war überzeugt, dass die Kanzlei bemüht war, das Regime der Elfenbeinküste auf den rechten Weg zu bringen, indem sie darauf drang, Wahlen abzuhalten (ohnehin waren es immer nur die bösen Jungs, die einen haben wollten, Frankreich und Polen brauchten Quinn Gillespie nicht). 2005 flog er nach Abidjan, die Limousine, die ihn zum Präsidentenpalast brachte, passierte furchteinflößende Checkpoints. Als er neben Präsident Laurent Gbagbo saß, schien der nicht zu hören, was der Lobbyist sagte. Für Demokratie interessierte er sich nicht – er wollte nur gute Öffentlichkeitsarbeit. Connaughton kaufte einem Händler am Strand einen großen geschnitzten

Elefanten – Parteizeichen der Republikaner – ab und brachte ihn nach Washington zu Gillespie. Sechs Monate später lief der Vertrag mit der Elfenbeinküste aus.

Ein Kollege erklärte einmal, dass nur zwei Dinge wirklich zählten, wenn Quinn Gillespie einen neuen Lobbyisten einstellte: Erstens: Macht es ihm etwas aus, seine Freunde um einen Gefallen zu bitten? Und zweitens: Ist er bereit, *das* für uns zu tun? – wobei er als krude Andeutung die Beine breitmachte. Versteht der Kandidat, dass wir hier sind, um Geld zu verdienen?, fragte er. Wenn er nicht scharf auf das Geld ist, dann wird er nicht jeden Tag hier hereinkommen und tun, was nötig ist.

Nach all den Jahren in Washington war Connaughton durchaus scharf – und nicht nur auf das Geld. Er wollte Dinge in Bewegung setzen und auf der höchsten Ebene mitspielen. Unter Biden war er nicht weit gekommen – der öffentliche Bereich brachte mehr Demütigungen als Triumphe –, im privaten Sektor dagegen zählte in erster Linie die Leistung: Einfluss hatte, wer Ergebnisse lieferte, nicht wer aus irgendeiner Laune heraus von seinem zweifelhaften Chef bevorzugt wurde. Die Anwälte standen unter enormem Druck – vor allem durch die Industrieverbände –, aber niemand galt als Volltrottel. Quinn, Gillespie und Connaughton waren drei Iren aus bescheidenen Verhältnissen, die an harte Arbeit glaubten und an Loyalität. Sie waren keine Ganoven wie Jack Abramoff, der Abgeordnete bestochen und Steuern hinterzogen hatte. Connaughton war mit Herz und Seele dabei, er respektierte seine Partner und stand zu dem, was sie aufgebaut hatten, und seine Jahre bei Quinn Gillespie waren die glücklichsten, die er in Washington erlebte. Kein Wunder, dass er immer ein wenig irritiert war, wenn über Lobbyarbeit gesprochen wurde, als wäre sie verrucht oder schmutzig. Tatsache war doch, dass ganz Washington an den Zitzen der Wirtschaft nuckelte (das hatte er bei Covington & Burling selbst erlebt), die meisten Berater taten selbst nichts anderes als einige tausend offiziell registrierte Lobbyisten, die als Sündenböcke für das ganze System herhalten mussten.

Connaughton begann, auf eigene Rechnung mit Aktien zu handeln, und kam ansonsten aus seinen Maßanzügen kaum heraus. Nach ein paar Jahren kaufte er sein erstes Haus, ein historisches Townhouse in Georgetown, dann, für 420 000 Dollar, eine Ferienwohnung in Mexiko, am Playa del Carmen direkt am Golf, und zu guter Letzt ein wunderschönes, neununddreißig Fuß langes italienisches Motorboot, für das er – gebraucht –

175 000 Dollar bezahlte. Von seiner schrottreifen amerikanischen Karosse trennte er sich nicht.

Ein Freund, den er in Bidens Wahlkampfteam kennengelernt hatte, sagte einmal: »Für neunundneunzig Prozent der Amerikaner mag es seltsam klingen – aber mit vierhunderttausend im Jahr kommst du auch nicht mehr so weit wie früher. Ich muss das Haus in Great Falls abbezahlen, und die Privatschule für die beiden Kinder (es war undenkbar in Washington, seine Kinder auf eine öffentliche Schule zu schicken), ich kann froh sein, wenn am Ende des Jahres von den 400 000 etwas übrig ist.«

Connaughtons Freunde waren alle im Wahlkampf gewesen wie er, und einige hatten, wie er, den Sprung geschafft. Wer aber im öffentlichen Dienst geblieben war, war irgendwann in finanzielle Schwierigkeiten geraten. In Washington konnte man lange warten, bis man einen anderen Weg fand, eine andere Möglichkeit, Karriere zu machen, es gab in dieser Stadt nämlich nur das eine Geschäft. Washington war die Hauptstadt des Planeten, unfassbar viel reicher als je zuvor in der Geschichte Amerikas – und blieb doch isoliert, eine eigene Welt mit eigenen Regeln.

In gewissem Sinn gründete die Arbeit der Lobbyisten auf einem stadtweiten Netzwerk von Freundschaften und Bekanntschaften. Das war der Grund, warum Büroleiter und Referenten aus dem Kongress in den Kanzleien der K Street so begehrt waren. Der Stabschef eines Senators rief einen Lobbyisten nur dann zurück, wenn er ihn kannte und mochte, er dachte dann: »Ich würde ihm ganz gern helfen. Später organisiert er dann mal eine Veranstaltung für mich, das läuft ja wie geschmiert.« Was die Lobbyarbeit leistete, war, einen wertvollen Informationsaustausch zwischen Wirtschaft und Regierung herzustellen. Wenn ein Senator so etwas wie ein Richter war, dann war der Lobbyist der Anwalt, der ihm die besten Argumente im Sinne seines Klienten an die Hand gab.

Das Problem lag darin, dass es die Gegenseite normalerweise nicht einmal in den Gerichtssaal schaffte, um eine eigene Darstellung abzugeben – und dass niemand so viel Geld für Lobbyisten und Kampagnen ausgeben konnte wie die großen Konzerne. Außerdem war ein Senator kein Richter. Vielleicht ein Mal in der gesamten Amtszeit. Vielleicht die Senatoren Proxmire oder Javits. Inzwischen war es aber so, dass die Senatoren nicht mehr die Argumente der Anwälte betrachteten, um einen Fall zu entscheiden. Sie sahen zuerst das Geld, und sie sahen Einfluss. Die Lobbyisten waren nur noch Mittler und Söldner. Schuld waren am Ende immer die Industrieverbände mit ihren enormen finanziellen Mitteln und dem Zugang, den sie sich damit erkauften – und die Gesetze, die zuließen, dass jeder Wahlkampf zu einer Geldschlacht wurde. »Ich bin hier, weil ich Geld für Sie gesammelt habe, und ich kann Ihnen helfen, politische Stellungen zu beziehen, die Ihnen noch mehr Geld einbringen«, sagte Connaughton. »Wenn das vorbei wäre, dann wären wir wieder, wofür Jack und ich uns immer gehalten haben: kluge Typen und gute Anwälte.«

Connaughton formulierte später eine »Universaltheorie« zur Bedeutung des Geldes in Amerika seit den Achtzigerjahren: »Als an der Wall Street und in Washington auf einmal unglaublich viel verdient wurde, als es plötzlich möglich war, riesige Summen in die eigene Tasche zu wirtschaften – ich selbst bin ein lebendiges Beispiel dafür, kein Mensch weiß, wer ich bin, aber ich hatte Millionen, als ich Washington verließ –, als bestimmte Praktiken kaum noch ernsthafte Konsequenzen hatten, als Verhaltensnormen wegbrachen, die zumindest die schlimmsten Exzesse der Geldmacherei verhindert hatten, kippte plötzlich die gesamte Kultur. Und zwar gleichzeitig an der Wall Street und in Washington.«

Connaughton war in die Rolle des »Berufsdemokraten« gerutscht, wie er die Klasse der Washingtoner Gesellschaft bezeichnete – Lobbyisten, Anwälte, Berater, Consultants, Kommentatoren, Consiglieres, Vermittler –, die zwischen dem stetigen Geldsegen der Konzernspenden und ihren politischen Karrieren im demokratischen Parteiapparat hin- und herpendelten. (Berufsrepublikaner gab es natürlich auch – zum Beispiel Ed Gillespie – sie bewegten sich sogar noch leichter durch Washington als ihre demokratischen Gegenspieler, da sie es nicht nötig hatten, so zu tun, als hätten sie etwas gegen große Konzerne oder den Einfluss des Geldes auf die Politik.) Je wohlhabender sie waren, desto größer war ihre Macht, was weiteren Wohlstand nach sich zog. Sie führten Interessenvertreter und Politiker zusammen und verbanden sie mit dem Klebstoff der Parteispende. Berufsdemokraten frühstückten mit einem Politiker, trafen sich mittags mit einem Verbandspräsidenten und gingen abends mit anderen Berufsdemokraten essen. Hinter ihren Schreibtischen waren sogenannte Power-Wände – eine Sammlung gerahmter Fotos, die sie lächelnd neben ihren wichtigsten politischen Kontakten zeigten. Sie waren zuerst ihrer Kanzlei verpflichtet, dann ihren ehemaligen Chefs in der Politik, dann ihrer Partei und schließlich – wenn sie Demokraten waren – dem Präsidenten.

Washington war praktisch eine Kleinstadt, jeder war mit jedem um höchstens zwei Ecken verbunden. Man musste aufpassen, was man beim Empfang der Telekommunikationsindustrie sagte, beim freundlichen Umtrunk der Finanzkonzerne, es konnte leicht passieren, dass einem die eigenen Worte um die Ohren flogen. Quinn Gillespie drängte seine Lobbyisten, jeden Abend zu irgendeiner Party zu gehen – die Informationen, die durch diese Art des Networking gesammelt wurden, waren ein unschätzbares Kapital. Connaughton tat, was von ihm erwartet wurde, zumindest zu Anfang – obwohl er große Veranstaltungen nicht leiden konnte. Irgendwann hatte er die Nase so voll, dass er seinen Wagen abgab, in den Saal trat, einen Ausschlag bekam und sofort wieder verschwand. Es genügten ohnehin ein oder zwei Fragen, um einen Gesprächspartner in der Hierarchie der Stadt zu verorten – einer von Bidens Leuten, einer aus dem Weißen Haus, arbeitet für Jack Quinn, vertritt die Telekommunikationsbranche –, was im Normalfall genügt, um herauszufinden, wie viel man miteinander zu tun haben wollte. Connaughton aber hatte noch immer nicht seinen Alabama-Komplex abgelegt, es wollte ihm nicht gelingen, sich vor anderen Leuten aufzublasen.

Zwei Mal hätte er beinahe geheiratet, er blieb aber Junggeselle. Wenn er die richtige Partnerin gefunden hätte, wäre sein Einfluss noch einmal exponentiell gestiegen. Power-Paare hatten noch ganz andere Möglichkeiten, zwischen Politik und Wirtschaft zu pendeln. Wenn einer das Geld nach Hause brachte, konnte sich der andere in der Regierung hocharbeiten, das Insiderwissen, das sie dabei sammelten, floss wiederum in beide Richtungen. Bei seiner Arbeit für die Finanzindustrie hatte es Connaughton im Senat mit einem Stabschef zu tun, der, wie sich herausstellte, mit einer hohen Bankmanagerin verheiratet war. In Washington konnte Bettgeflüster Millionen wert sein.

Einige dieser Paare gehörten der permanenten Klasse in Washington an, einer Gruppe von Finanzleuten, die die Achse zwischen Wall Street und Washington bildeten und im Finanzministerium, im Finanzausschuss oder in den Aufsichtsbehörden arbeiteten. Connaughton hatte seine eigene Bezeichnung für Gruppierungen dieser Art: Klumpen. (Es gab weitere Klumpen, die er nie kennenlernte: im Militärbereich, im militärisch-industriellen Komplex.) Die Mitglieder des Finanzklumpens hielten für gewöhnlich zusammen. In einem der wichtigsten Senatsausschüsse wirkte ein einstiger Lobbyist, seine Frau, die aus dem Finanzministerium kam, arbeitete für die Börsenaufsicht. Sie waren den ganzen Tag und die ganze Nacht mit Networking beschäftigt, sie dachten immer langfristig, und wenn sie eines Tages beschließen sollten, die Zelte abzubrechen und zu verschwinden, dann taten sie es mit einem Haufen Geld.

Quinn Gillespie versuchte von Beginn an, sich nicht mehr mit Parteispenden zu beschäftigen als unbedingt nötig. Es gab bessere Möglichkeiten, um Kunden anzuwerben, als in der Stadt Empfänge auszurichten – die Kanzlei setzte ganz auf kluge und strategische Planung. Doch die Politiker ließen nicht locker. Wenn es Connaughton gelang, für einen Klienten einen Termin bei einem Senator zu arrangieren, konnte er davon ausgehen, dass ihn dieser Senator wenige Tage später anrief, um ihn zu einem Spendenempfang zu bitten, Eintritt: tausend Dollar. Es gab darauf nur eine mögliche Antwort: »Mit Freuden!« Da die Kompagnons schon bald an die Spendenobergrenze pro Wahlperiode stießen – fünfzigtausend Dollar pro Person waren erlaubt –, begannen Quinn Gillespie, die Spenden der Kanzlei zu bündeln und sehr große Schecks zu überreichen, auch wenn sie an die ganz Großen in diesem Geschäft – Patton Boggs und die Podesta Group, die beinahe wöchentlich einen Empfang ausrichteten – nicht heranreichten.

Spendenveranstaltungen begannen normalerweise mit einem Frühstück im Konferenzraum des Kanzleibüros, und zwar dienstags, mittwochs oder donnerstags, weil Senatoren nur an diesen Tagen verlässlich in Washington anwesend waren. Gegen acht Uhr ging es los mit einem Bacon-and-Eggs-Büfett, Connaughton wusste nicht, wie oft es vorgekommen war, dass ein Senator bereits um Viertel vor auf der Matte stand, und er nur dachte: »Scheiße, da sind wir beide noch im Halbschlaf und ich muss den Mann eine Viertelstunde unterhalten.« Als Gastgeber stellten Quinn oder er den Senator überschwänglich vor: »Einer der großartigsten Politiker unserer Zeit und ein wunderbarer Mensch, er hat mich sogar angerufen, als mein Kind krank war …« Dann war der Senator an der Reihe, er riss ein paar dumme Witze und brachte die Klienten zum Lachen. Und dann ging es ums Geschäft. Als Connaughton mit der Lobbyarbeit begann, galt es noch als ungehörig, das Sammeln von Spenden mit Inhaltlichem zu vermischen, aber diese Grenze – wie alle anderen Grenzen auch – wurde bald verwischt, und es kam so weit, dass ein Profi wie Chris Dodd, der immer zu einem Spaß aufgelegt war, mit seinem roten Gesicht und der dichten weißen Senatorenmähne von einem Spender zum anderen ging und fragte, welche Themen ihnen am Herzen lagen. Wenn Connaughton drei Wochen später im Büro des Senators anrief, hieß es plötzlich: »Warte mal, der Senator möchte gern selbst mit dir sprechen« – denn er war jetzt ein Mitglied seiner politischen Familie. Verging aber ein Jahr ohne Spendenempfang, wurde es wieder schwieriger, den Senator ans Telefon zu bekommen. Dann wusste Connaughton, dass es an der Zeit war, ein weiteres Frühstück zu arrangieren.

Im Jahr 2001 organisierte er mit Quinn eine Spendenveranstaltung für Biden, der gerade Vorsitzender des Auswärtigen Ausschusses im Senat geworden war und sich 2002 zum sechsten Mal zur Wiederwahl stellen musste. Es kamen beinahe fünfundsiebzigtausend Dollar zusammen. Zwei Jahre später organisierte er ein weiteres Frühstück. Beide Male versäumte es Biden, sich zu bedanken, was für Connaughton das Fass zum Überlaufen brachte. Er beklagte sich bei einem engen Vertrauten, der schon 1979, bei der Rede in Tuscaloosa, für Biden gearbeitet hatte, und der ihn zum Mittagessen eingeladen hatte, um ihm für die zweite Veranstaltung zu danken. Zwei Wochen später erhielt er eine Karte von Biden, auf der stand: »Jeff, ich konnte mich immer auf dich verlassen. Ich hoffe, du weißt, dass du dich auch auf mich verlassen kannst.«

Connaughton hatte sich nie als jemand ausgegeben, der eine direkte Verbindung zu Biden hatte – in zwölf Jahren bat er Biden nur ein Mal um einen Termin für einen Klienten –, aber er kalkulierte kühl, dass es sich trotzdem lohnte, die Illusion der Nähe zu erhalten und die Kränkungen zu ertragen. Es gab niemanden außer Biden selbst, der glaubte, dass Biden eines Tages Präsident werden würde – aus dem Mythos war längst ein Witz geworden –, aber als Vorsitzender des Auswärtigen Ausschusses war er trotzdem sehr mächtig, und in John Kerrys Wahlkampf von 2004 war er in der engeren Auswahl für den Posten des Außenministers. Vor allem war es nicht gut, in Washington als ehemaliger Biden-Mann bekannt zu sein. Zu Biden zu gehören, bedeutete, dass er Konzernen gegenüber, die sich in Washington zu orientieren versuchten, ganz anders auftreten konnte. Zumindest in der Öffentlichkeit blieb also alles beim Alten.

2003 wurde Quinn Gillespie von der Londoner Firma WPP, dem weltweit größten Werbe- und PR-Konzern, übernommen. Die Kompagnons erhielten drei gestaffelte Zahlungen über vier Jahre, die Gesamtsumme hing vom Ertrag der Kanzlei ab. Jeder Dollar Ertrag für die Kanzlei bedeutete ein Vielfaches an Gewinn. Connaughton arbeitete härter als je zuvor, und wenn er abends in einer Kneipe oder einem Restaurant saß, sah er sich die letzte Bilanz an und rechnete auf einer Serviette seine Millionen aus. Der Jahresgewinn der Kanzlei lag zwischen 2005 und 2007 bei annähernd zwanzig Millionen Dollar, gegen Ende der Earn-out-Phase waren sie ganz besessen davon, die Ausgaben zu kürzen und den Gewinn zu steigern. Quinn erklärte lachend, sie sollten auch in den Sofaritzen nach Kleingeld suchen. Als Connaughton schließlich ausstieg, war er ein reicher Mann.

TEIL II

Dean Price

Durch den Wald von Weißeichen, Hickory und Eschen führte eine zweispurige asphaltierte Landstraße, im Schatten der Bäume stand eine alte, dem Einsturz nahe Tabakscheune, das Blechdach war bereits abgesackt, Bretter hingen lose herunter. Nicht weit entfernt stand ein weißes Schindelhaus, geduckt unter hängenden Ästen, die Fenster waren herausgebrochen, eine handgemalte Tafel an der Seitenfassade, die Brandspuren aufwies, warb für das Waschmittel CRUSH. Etwas weiter, hinter einer Kurve, öffnete sich der Blick auf ein rotbraunes, im goldenen Sonnenlicht stehendes Grundstück mit einem gepflegten, einstöckigen Klinkerhaus, auf dessen Dach eine riesige Satellitenschüssel montiert war. Eine weitere Kurve, ein sanfter Anstieg, wieder dichter Wald – dann, auf einer Lichtung, ein einzelnes, verlassenes Lagergebäude. Hier wurde die Straße gerader und flacher, an einer Kreuzung standen sich zwei Ladenzeilen gegenüber, die Parkplätze waren voll, hier der Drogeriemarkt, dort McDonald's, hier Shell, dort BP. Eine Ampel, ein Gebrauchtwagenmarkt, geschlossen, ein Schrottplatz, ein Berg aus verbogenem Blech, Holzstapel, daneben eine Baumwollspinnerei, die Stück für Stück ausgeweidet wurde wie ein großer Wal. Dann der Ortskern, eine einzige, stille Hauptstraße, ein Taekwondo-Studio, ein Büro des Sozialamts, ein geschlossenes Restaurant, ein namenloser Eckladen, zu vermieten, zwei Fußgänger auf der gesamten Strecke. Das Ortsende markierte Dollar General, ein Ramschladen. Sofort öffnete sich die Landschaft, Maisfelder im Wechsel mit Brachland, Unkraut und Erdklumpen. Dann eine Siedlung aus zweistöckigen, baugleichen Häusern, hübsch aufgereiht auf dem Gelände einer alten Tabakfarm. Hinter einem Lattenzaun, einem künstlichen See, stand auf einer mehrere Hektar großen Wiese die überdimensionierte Villa eines berühmten NASCAR-Rennfahrers, ein kulissenhaftes Château.

Die Landschaft, in die Dean zurückgekehrt war, wo er seinen Lebensabend verbringen wollte, war einerseits sehr alt und andererseits ganz neu, sie war eigenwillig, wie eine amerikanische Landschaft nur sein konnte, und doch auch modellhaft, sie war schön und hässlich zugleich. In seinen Augen war sie ein Alptraum, die Entwicklung schien ihm derart falsch, dass ihm nur das Wort Sünde einfiel, und er hasste die Sünde, die hier begangen wurde, mehr als ein einfacher Tourist oder ein ferner Kritiker es jemals tun konnten. Und doch hatte er auch einen Traum, eine Vision einer unwahrscheinlichen und glorreichen Versöhnung, die nur im geistigen Auge eines Mannes entstehen konnte, der hier geboren war.

Eines Tages fuhr Dean durch Cleveland County, als er zufällig an der kleinen Baptistenkirche vorbeikam, in der der Wille seines Vaters gebrochen worden war, als er sich um ihre Leitung bewarb und scheiterte. Dean erkannte die Kirche auch nach Jahrzehnten wieder, er war damals, um 1975 herum, dabei gewesen, als der Vater seine Predigt hielt, er erkannte das Gebäude und sah, dass direkt daneben ein beschissenes Bojangles' stand. Ausgerechnet Bojangles', das in Deans Welt für alles stand, was an der Lebensweise der Amerikaner nicht stimmte: Wie sie Nahrung herstellten und kreuz und quer durch das Land transportierten, wie das Futter für die Tiere hergestellt wurde, die sie aßen, wie sie die Kellner bezahlten, die ihnen das Essen brachten, wie die Profite aus den Dörfern und Gemeinden abgezogen wurde – es war alles falsch. Dean hasste sein eigenes Geschäft, seine Tankstellen und Restaurants, er sah seine eigene Sünde deutlicher, als sein Vater es je getan hatte, und als er vorbeifuhr, traf ihn die bittere Ironie ihrer verschlungenen Schicksale wie ein Schlag.

Er sah jetzt nicht allein die Oberfläche der Landschaft, er sah die Wahrheiten, die unter ihr verborgen lagen. Manchmal saß er mit einem Glas Bourbon auf seiner Veranda und lauschte den Lastwagen, die über die Route 220 nach Süden rauschten, um lebendige Hühner zu den Schlachthäusern zu bringen. Sie fuhren nur, wenn es dunkel war, sie waren Drogenschmuggler, und was sie verschoben, waren mit Hormonen vollgepumpte Tiere, die so fett waren, dass sie unter ihrer eigenen Last zusammenbrachen. Und er dachte daran, dass diese Hühner bald schon in abgepackten Stücken zu dem Bojangles' zurückkehren würden, das auf der Anhöhe hinter seinem Haus im Flutlicht stand, und dass das Fleisch in einer blubbernden Friteuse versenkt würde, von Angestellten, die ihre Arbeit hassten und ihren Hass auf Tellern zu den Gästen trugen, die ihn hinunterschlangen, die fett wurden und mit Diabetes oder Herzversagen im Krankenhaus von Greensboro landeten, wo sie auf Kosten der Allgemeinheit versorgt wurden. Später waren diese Leute so schwer, dass sie in Elektrokarts durch den Wal-Mart von Mayodan fuhren, genau wie die hormonverseuchten Hühner konnten sie sich nicht mehr auf den eigenen Beinen halten.

Wenn er den Verkehr auf der 220, der Lebensader seines Geschäfts, sah, dachte er daran, dass all die Motoren Millionen Gallonen von Benzin schluckten, das aus Übersee kam, wo die Feinde Amerikas lebten, und dass das Geld, das vor Ort erwirtschaftet wurde, wie Blut zu den großen Ölkonzernen und Handelsketten zurückfloss. Die Tanksäulen der Marathon-Kette krönten Schilder mit dem Umriss der Vereinigten Staaten und einem Flaggenhintergrund, auf dem stand: ALLE STRASSEN FÜHREN IN DIE FREIHEIT, und wenn er gelegentlich an einer dieser Tankstellen hielt, konnte er seinen Ärger kaum verbergen. Es gab so viele Leute, die diesen überheblichen Dreck glaubten – weil sie von den großen Konzernen abhängig waren, weil ihr freier Geist gebrochen war. Aus zupackenden Amerikanern war ein zögerliches, ängstliches Volk geworden in einem Land, dessen Demokratie immer mehr verwahrloste. Etwas Großes müsste geschehen, um die Menschen im Piedmont aus ihrem Tagtraum zu wecken. Etwas, das so groß war wie *peak oil* – das große Thema, das eigentliche Schicksal des neuen Jahrhunderts. Das Zeitalter der billigen Energie hatte begonnen, als Colonel Edwin Drake 1859 in Titusville/Pennsylvania die ersten Ölbohrungen machte, so war die größte Industriemacht aller Zeiten entstanden. Jetzt ging das Öl zur Neige.

Im letzten Abschnitt von *Denke nach und werde reich* zitierte Napoleon Hill Emerson: »Wenn wir verwandt sind, dann werden wir uns begegnen.« Dean, der Erweckte, entdeckte den Autor James Howard Kunstler, er las alle seine Bücher und seinen Blog Clusterfuck Nation. Kunstler, der im ländlichen Teil von New York nahe der kanadischen Grenze lebte, sagte einen »langen Notstand« voraus. Er zeichnete ein apokalyptisches Amerika im Zeitalter der Ölverknappung, er erwartete den Zusammenbruch der Vorstädte und des typischen Pendlerdaseins, das ohne Auto nicht denkbar war, er sagte den Zusammenbruch der öffentlichen Ordnung voraus, Guerillakämpfe, die hier und da aufflammen würden, das Auseinanderbrechen des Landes in halbautonome Regionen und Ortschaften, einen schrecklichen Notstand in einem Land, das ein halbes Jahrhundert lang »die größte Fiesta aus Luxus, Annehmlichkeiten und Freizeit in der Geschichte der Menschheit gefeiert hatte«. Am besten würde es denen ergehen, die auf dem Land oder in kleinen Dörfern lebten, die Bindungen hatten und nützliche Berufe, die praktische Fähigkeiten hatten und die Reife hatten, um Verantwortung für ihre Mitbürger zu übernehmen. Die Verlierer würden die Angestellten in ihren Vorortsiedlungen sein, die dem amerikanischen Traum nachjagten und in riesigen Häusern wohnten, die vierzig Meilen von ihren Büros entfernt waren, die alles mit dem Auto machten, die bei Target und Home Depot einkauften und verlernt hatten, ihre eigene Nahrung, ihr eigenes Brennmaterial herzustellen. Aus Gründen der Geographie, der Geschichte und Kultur würden die Südstaatler in der großen Not besonders schlecht abschneiden, was zu Wahrnehmungsstörungen und gewaltsamen Auseinandersetzungen führen würde. Es war eine Zukunft, die der Autor, der einer langen, uramerikanischen Tradition puritanischer Untergangspropheten angehörte, beinahe herbeizuwünschen schien.

Die starken Verallgemeinerungen, die drastischen Vorhersagen, die keine Zwischentöne zuließen, das Gefühl, dass hier ein Geheimnis ruhte, dem sich die Mehrheit der Menschen verschlossen hatte – all das berührte Dean sehr, weil es zu seinem eigenen Denken passte. Aber eine Weltsicht war auch nicht mehr als die Projektion einer psychologischen Neigung angesichts einer bestimmten Wirklichkeit, und Dean war immer noch Optimist, ein Horatio Alger unserer Tage. Vor dem Armageddon kam die Verzückung. Er war zutiefst überzeugt, dass auf den Zusammenbruch ein Neubeginn folgen würde, eine neue Art zu leben, nicht nur hier, auf dieser Scholle von Rockingham County, sondern im ganzen Land. Die gesamte Landschaft würde sich radikal verändern, in einem Jahrzehnt wäre sie nicht wiederzuerkennen. Es würde keine Wal-Marts mehr geben, Exxon und der Agrarkonzern Archer Daniels Midland lägen im Sterben, bewusstlos und obsolet. Benzin kostete sechs oder sieben Dollar pro Gallone, die zentrale Versorgung, die weiten Transportwege rechneten sich nicht mehr. Ländliche Gegenden wie das Piedmont begannen, sich zu erneuern, alles, was sie benötigten, war da, der Reichtum lag in den brachliegenden Feldern. Im Zeitalter des Raddampfers hatte am Rand des großen Flusses etwa alle fünfzig Meilen eine Getreidemühle gestanden, die mit Wasserkraft betrieben wurde. Nach demselben Prinzip – und in ähnlichen Abständen – würden in den nächsten Jahren kleine Raffinerien und Schlachtbetriebe die Route 220 säumen. Anstelle der Massenproduktion würden die Massen wieder an der Produktion teilnehmen. Die Zukunft verwies Amerika auf seine Vergangenheit. In zwanzig Jahren würde die Welt anders aussehen. Die Umstellung war schwierig, aber auf der anderen Seite lag ein Amerika, das umwerfend schön war.

»Wenn es eine einhundertfünfzig Jahre anhaltende Anomalie war«, sagte Dean, »in der wir das billige, bezahlbare Öl aus dem Boden geholt haben, was uns an den Punkt gebracht hat, an dem wir heute stehen – und wenn diese Anomalie nun vorbei ist und abgewickelt wird, dann stehen wir wieder da, wo wir schon einmal waren, nur dass wir eine Menge dazugelernt haben, was die ganze Technologie betrifft, die wir ja behalten.« Und der Schlüssel, davon war er überzeugt, war Biosprit. »Das ist das Modell, das ausdauernd sein wird: eine grüne Wirtschaft auf der Grundlage erneuerbarer Energien. Tausend Jahre werden wir so leben, es sein denn, sie erfinden noch einen Motor, der mit Luft betrieben wird, oder mit einem anderen Stoff, der unbegrenzt verfügbar ist. Es wird ein landwirtschaftlich orientiertes Leben sein, wir werden regional handeln und konsumieren. Wer weiß, was die Zukunft bringt, aber eine Veränderung kommt ganz bestimmt, und sie wird tiefgreifend sein: Farmer werden ihre eigene Saat pflanzen und ihren eigenen Traktorendiesel herstellen, und sie müssen niemandem Rechenschaft leisten als sich selbst. Wir sollten nicht meinen, dass wir in dieser Abwicklung nur Betroffene sind. Ich bin überzeugt, dass der Wechsel die größte wirtschaftliche Umwälzung mit sich bringen wird, die wir je erlebt haben, denn all das Geld, das jetzt durch die Nahrungsmittelindustrie, durch Energiekonzerne und Bekleidungsindustrie – nicht zu vergessen die Banken – in wenigen Händen konzentriert ist, könnte in die Dörfer und Kleinstädte zurückfließen. Ich halte das für denkbar.«

Dean verstrickte sich immer weiter in seine Vision, seine politischen Ansichten nahmen eine neue, seltsame Richtung. Den konservativen Ausblick seiner Familie und seiner Nachbarn wies er von sich, er war überzeugt, dass die Schwierigkeiten erst mit den Republikanern begonnen hatten. Reagan war nicht mehr der Held von einst, und Bush war nie einer gewesen. Aber als Demokrat bezeichnete sich Dean ebenfalls nicht. Es war eher so, dass er versuchte, die Dinge für sich selbst herauszufinden, vor allem im Internet, es gab keine politische Partei, keine Genossenschaft, keine Gewerkschaft und keine Zeitungsredaktion, der er sich verbunden fühlte. Es gab keine Institutionen mehr, die seine Überzeugungen hätten leiten und fördern können, denn sie hatten ihre Glaubwürdigkeit verloren. Er hasste Banken und Konzerne und traute der Regierung nicht, die mit der Wirtschaft unter einer Decke steckte. Wenn er überhaupt eine politische Heimat hatte, dann wohl am ehesten bei den ländlichen Populisten des ausgehenden neunzehnten Jahrhunderts. »Manchmal glaube ich«, so Dean, »dass ich hundert Jahre zu spät geboren bin.«

Nur eine dünne Wand trennte Deans Küche vom Zimmer seiner Mutter, wo den ganzen Tag Fox News lief. Als Dean aufwuchs, sah die Familie die Nachrichten mit Walter Cronkite, seine Mutter hatte damals kaum eine dezidierte politische Meinung gehabt. Doch nun wurde sie immer konservativer. Ihre politischen Ansichten beruhten auf den »Prinzipien der Bibel«, sie war gegen Abtreibung und Homosexualität, und seit Fox und die Republikaner jedes ihrer politischen Themen an Religion gekoppelt hatten, war es unmöglich geworden, sie von ihren Positionen abzubringen. Dean und seine Mutter mieden es fortan, über Politik zu sprechen.

Im Jahr 2007 lernte Dean über Rocky Carter einen Mann namens Gary Sink kennen. Gary, ein schwerer, konservativer Mann mit silbernem Haar, war pensioniert, er war im Druckerei- und Verpackungsgeschäft tätig gewesen und hatte den Hochseeanglerverein von Greensboro geleitet. Er war überzeugt, dass Biodiesel eine kluge Investition war, und Dean Price schien ihm ein charismatischer Unternehmer mit einer eigenen Vision zu sein, der reden und zuhören konnte und wusste, was andere Menschen bewegte. Im Februar 2007 flogen Gary, Rocky und Dean nach Oregon, um eine Maschine zur Verarbeitung von Ölsaat zu besichtigen, die ein Farmer entwickelt hatte. Sie bestellten gleich drei Stück und ließen sie nach Virginia liefern. Die Reise stärkte das Vertrauen der drei Männer untereinander, sie waren nun fest entschlossen, ihre Idee in die Tat umzusetzen. Im September gründeten sie Red Birch Energy, jeder hielt ein Drittel der Anteile, Gary wurde Vorsitzender und Dean sein Stellvertreter. Jeder steuerte etwa dreißigtausend Dollar bei, Rockys Anteil floss in den Umbau eines Lagerhauses auf einem von Deans Grundstücken, die neue Biodieselraffinerie neben dem Truck Stop in Bassett/Virginia war anfangs nicht mehr als eine Bretterbude mit Wellblechdach, neben der ein Getreidesilo stand. Die Anlage baute ein Ingenieur aus Winston-Salem, Derrick Gortman, der auf einer 200 Hektar großen Tabakfarm aufgewachsen war. Nachdem der Tabakschuppen abbrannte, versuchte es Derrick zuerst mit Mais und dann mit Erdbeeren, doch es gelang ihm nicht, aus den roten Zahlen herauszukommen. Nun lagen seine Felder brach. Derrick trat in die neue Firma ein und baute den Kessel, Dean dekorierte den Schuppen mit einigen der alten Werbeschilder für Limonade, Eis und Brot, die er auf Trödelmärkten gekauft hatte. Im Jahr 2009 war es so weit: Die Firma verhandelte mit fünfundzwanzig örtlichen Farmern und verpflichtete sich zur Abnahme von zwölfhundert Hektar Winterraps zu neun Dollar pro Scheffel – mehr als dem Zweifachen des Marktpreises für Mais. Neben der Raffinerie, gleich an der Route 220, baute Dean auf einem kleinen Feld ebenfalls Raps an, um zu demonstrieren, dass die Pflanze, mit der die meisten Bauern keine Erfahrung hatten, in der roten Erde des Piedmont hervorragend gedieh. Der Diesel war für den Truck Stop bestimmt, die Lastwagen sollten eine zwanzigprozentige Beimischung tanken. Was sie schufen, war ein geschlossenes System, das von der Farm bis zur Zapfsäule reichte, alle Zwischenhändler ausschloss und die Transportkosten minimierte. So war es möglich, das Produkt zum selben, sogar zu einem günstigeren Preis zu verkaufen als den normalen Diesel.

Die Anlage war einzigartig, und als im Frühsommer 2008, einem verheißungsvollen Zeitpunkt, die Raffinerie fertig war – gerade hatte der Benzinpreis die Marke von 4,50 Dollar überschritten, die Straßen des Piedmont waren wie ausgestorben, im Wahlkampf bemühten sich die Kandidaten, eine wütende Bevölkerung zu beschwichtigen – installierten Dean und Gary ein Schild, das stolz verkündete: RED BIRCH ENERGY: AMERIKAS ERSTER TRUCK STOP FÜR BIODIESEL.

Am Getreidesilo hissten sie eine gigantische amerikanische Flagge. Auf dem Acker an der Straße blühte samtgelb der hüfthohe Raps.

Regionale Zeitungen begannen, sich für das zu interessieren, was dort oben an der Route 220 vonstatten ging. Sie schickten Reporter nach Bassett, und Dean lieferte die Zitate, die sie brauchten: »Wir bauen's an, wir stellen's her und dann verkaufen wir's«, erklärte er dem *Winston-Salem Journal.* »Wir machen hier alles selbst. Wir müssen nirgends hinfahren, um unseren Diesel zu kaufen.« »Gestern haben die Bauern von Tabak gelebt, morgen leben sie vom Raps«, notierte der Reporter des *News & Record* aus Greensboro. »Das Beste, was dem Land passieren könnte, wäre, wenn das Benzin acht Dollar kosten würde. Dann würde es uns gelingen, uns von ihm loszusagen.« »Viele Fernfahrer sind eigentlich Farmer, und viele Farmer verstehen was von Trucks«, erklärte er dem *Richmond Times-Dispatch*, »sie werden schon zueinander finden.« Und im *Martins-*

ville Bulletin schwärmte er: »Es werden eine Menge gut bezahlter, grüner Jobs entstehen« – zwischen fünfundsiebzig und einhundert Stellen pro Truck Stop, mit einem Stundenlohn bis fünfundzwanzig Dollar –, Stellen, die man nicht einfach nach China auslagern konnte. Sie waren für die Menschen in Henry County/Virginia bestimmt, wo die Arbeitslosenquote bei über zwanzig Prozent lag, und – wenn es gelang, das Modell zu konzessionieren – für die Menschen im ganzen Land: auf dem Feld beim Rapsanbau, bei der Herstellung der Anlagen, bei Bau und Betrieb der Raffinerien, bei der Herstellung des Diesels, bei regionalen und bundesweiten Aufsichtsbehörden, in Fachhochschulen, wo man die neue Technik lernen und lehren würde. »Wir sind Verfechter kleiner, farmgebundener Bioraffinerien«, erklärte er dem *Carolina-Virginia Farmer.* »Von jedem Dollar, den Sie für Biodiesel ausgeben, bleiben neunzig Cent vor Ort. Stellen Sie sich mal vor, welche wirtschaftliche Wirkung das entfaltet, wenn dieses Geld fünf oder sechs Mal in einer Stadt oder Region zirkuliert, der Effekt wäre enorm – er würde einen Wirtschaftsboom im ganzen Land auslösen.« Umweltfreundlich war die Technologie außerdem, der Verbrauch der großen Lastwagen verbesserte sich. Dean zitierte Jefferson (»Die das Land bebauen, sind die nützlichsten Bürger, niemand ist lebendiger, unabhängiger und tugendhafter als diejenigen, die mit ihrer Erde verbunden sind ...«) und sprach über die Wiederentdeckung der bürgerlichen Tugenden. Er berief sich auf Patriotismus und amerikanische Unabhängigkeit. Selbst wenn Iraner und Iraker um Ölfelder kämpfen sollten, wenn Amerika in einen Krieg mit China gezogen würde, wenn es einem Moslem gelänge, mit einer schmutzigen Bombe die Stromversorgung an der gesamten Ostküste auszuschalten – die Produktion bei Red Birch würde immer weitergehen, und die Lastwagen auf der Route 220 würden weiterrollen. »Es gibt hier keine Gewinner und Verlierer«, sagte Dean, »es gibt nur Gewinner.«

Nur die Erderwärmung erwähnte Dean nicht. In diesem Teil des Landes zweifelten zu viele Menschen daran – wenn sie nur das Wort Klimakatastrophe hörten, war mit ihnen nicht mehr zu reden. Dean selbst wusste auch nicht recht, was er von der Sache halten sollte. Aber bei *peak oil* war er sich sicher, schließlich war der Effekt im eigenen Land zu besichtigen. Er brauchte die Erderwärmung nicht, um sein Produkt zu verkaufen.

Gary machte sich manchmal Sorgen, dass Dean etwas zu weit ging und

Dinge versprach, die er nicht halten konnte, und es behagte ihm nicht, dass Dean mit seinen Sprüchen die ganze Aufmerksamkeit auf sich zog. Außerdem fragte er sich, wann Dean bereit sein würde, weiteres Geld in die Firma zu stecken – bisher hatte er erst achtundzwanzigtausend Dollar eingezahlt. Red Birch Energy hatte eine Viertel Million geliehen, um Dean das Grundstück abzukaufen, auf dem die Raffinerie stand, und es störte Gary, dass Dean nicht einen Cent seines Gewinns in die Firma einbrachte – auch wenn er sich ansonsten bis zur Erschöpfung einsetzte und nicht auf die Idee kam, irgendwelche Quittungen einzureichen. Doch Dean stand unter Druck, weil der Truck Stop nicht gut lief, er brauchte das Geld, um ihn zu stützen. Dann hieß es auf einmal, dass Dean das Grundstück falsch vermessen hatte. Er hatte einen Teil für eine neue Finanzierung der Tankstelle verwendet, ohne seine Geschäftspartner darüber zu informieren – nun war das Grundstück von Red Birch an der Straße nur halb so breit wie gedacht, der Parkplatz und ein Bereich, auf dem die Silos standen, gehörten der Firma überhaupt nicht. Damit gab es weniger Grund, den man beleihen konnte.

Dean gelang es, Red Birch Energy regional bekannt zu machen. Er wusste, wie man die Menschen von einer Idee überzeugen konnte – und Gary sprach bald wie er. Im August begannen sie, aus altem Bratfett, Sojaöl und tierischen Fetten, die sie aus dem Handel bezogen, Biodiesel herzustellen, den sie als Beimischung an den Zapfsäulen verkauften. Dean und Gary verbrachten einige schlaflose Nächte, bis klar war, dass die Lastwagenmotoren mit der neuen Mixtur zurechtkamen. Es gab keine Probleme, und so warfen sie ihre Maschinen an und begannen, den Raps zu verarbeiten, den sie auf einer experimentellen Farm in North Carolina gekauft hatten. Ein kräftiger Ölstrahl schoss ins Sammelbecken, seitlich schob sich das Mehl in schwarzen Platten heraus, die als Futtermittel verkauft werden sollten. Zwei Tage und verschiedene chemische Zusätze brauchte es, um die Triglyceride zu lösen und das Glycerin herauszuwaschen, dann konnte die eigentliche Umwandlung in Diesel beginnen. Bald verkaufte die Raffinerie zweitausend Gallonen pro Tag an Deans Tankstelle, zehntausend waren geplant, was einer Jahresproduktion von zweieinhalb Millionen Gallonen entsprach.

Im Sommer schrieb das Unternehmen zum ersten Mal schwarze Zahlen. Sie verkauften die Gallone Biodiesel mit einer zwanzigprozentigen Beimischung zu vier Dollar und unterboten die Konkurrenz um die entscheidenden zehn Cent. Dean war überzeugt, dass die Sache nun von selbst laufen würde. Für die Ölindustrie waren sie die Büchse der Pandora – einmal geöffnet, hieß es nur noch: Haltet euch fest! Die Menschen in der Region würden es sehen, und sie würden verstehen, dass sie von den großen Konzernen und den Öländern geknebelt wurden. Im nächsten Schritt wollten sie beginnen, in den ländlichen Gebieten von Virginia und North Carolina Konzessionen zu vergeben.

Doch während Deans lang gehegter Traum in Erfüllung ging – denn genau das war es, ein Traum, es war der Traum von dem Hohlweg und den Spurrillen –, ging es mit dem anderen Geschäft, das ihn so anwiderte, rapide bergab. Denn in den Monaten des Jahres 2008, als Red Birch Energy die Produktion aufnahm, begannen im ganzen Land die Immobilienpreise zu fallen, und im Piedmont, wo seit einem ganzen Jahrzehnt schon die Wirtschaft darniederlag, standen viele Menschen vor der Wahl, entweder ihre Hypotheken weiter abzustottern oder ihre Tanks zu füllen, um zur Arbeit zu kommen – und das bei Höchstpreisen an den Säulen. Auf Grundstücken, die nie viel wert gewesen waren, tauchten Schilder auf, die zu Zwangsauktionen luden. Dean sah die gesamte Krise als einen Effekt der hohen Benzinkosten an – eine Folge von *peak oil*. Doch was für die neue Wirtschaft gut war, war für die alte schlecht. Wie eine Reihe von Dominosteinen kippten seine verschiedenen, allesamt kreditfinanzierten Geschäfte.

Als Erstes traf es das Back Yard Burgers-Schnellrestaurant in Danville. Beinahe über Nacht sank dort der Umsatz um dreißig Prozent – von 17 000 Dollar auf 12 000. Die Verlustzone begann bei 12 500 Dollar. Die verfügbaren Einkommen seiner Kunden sanken, sie meinten, sich die 5,50 Dollar nicht mehr leisten zu können, die ein Cheeseburger mit Pommes frites bei ihm kostete, also gingen sie quer durch das Einkaufszentrum zu McDonald's, wo es einen Dollar billiger war. Ein Dollar Unterschied und sechzig Tage Krise genügten, um Deans Fastfood-Restaurant in die Verlustzone zu drücken. Im folgenden Jahr, nachdem er noch einmal 150 000 Dollar Verlust gemacht hatte, blieb ihm nichts übrig, als das Geschäft abzustoßen.

Dean hatte den großen Fehler gemacht, seine verschiedenen Unternehmen geschäftlich nicht zu trennen – alles lief unter dem Namen Red Birch of Martinsville, Inc. Als der erste Riss in der Wand sichtbar wurde, brach bald das gesamte Gebäude zusammen. Da er mit einem Restaurant

Schwierigkeiten hatte, wurde ihm an anderer Stelle der Kredithahn zugedreht. Als Nächstes geriet die Tankstelle der Rennstrecke in den Strudel, kurz darauf, Ende 2009, zog Bojangles' die Lizenz für das Restaurant ein. 2010 musste er den Standort schließen. Kurz darauf schloss auch das eigenständige Restaurant in Martinsville. Mit dem Verkauf konnte er zwar seine Kredite bei der Bank bezahlen, doch einige seiner Lieferanten blieben auf ihren Forderungen sitzen. Das Geld, das er verdient hatte, als er den Indern den Laden in Stokesdale verkauft hatte, war verpufft: »Ich habe eine Million verdient«, sagte Dean, »und dann habe ich eine Million verloren.«

Die Wirtschaftskrise war nicht der einzige Grund für seine Schwierigkeiten. Dean hatte an den Läden schlicht das Interesse verloren, er hatte die Leitung an einen Buchhalter in Martinsville abgegeben und wurde von seinen Angestellten betrogen. Deans Freund Howard sagte: »Dean hat diesen Leuten einfach nicht auf die Finger gesehen – sie haben ihn ausgenommen. Er hat das letzte Geld zusammengekratzt, nur damit seine Leute es verschleudern konnten. Sie haben ihm alles geklaut. Am schlimmsten war der Geschäftsführer in Bassett, der war völlig überfordert.«

»Ich habe mich auf den Biodiesel konzentriert«, erklärte Dean. Doch es stellte sich heraus, dass sein Zukunftstraum auf der Vergangenheit gegründet war. Ein Geschäft nach dem anderen kippte, und am Ende fiel als letzter Stein: Amerikas erste Biotankstelle.

Radieschenkönigin: Alice Waters

Alice hatte eine Leidenschaft für das Schöne, was sie auch umgab, sollte allzeit schön sein. Sie war sinnlich und zutiefst empfindsam, immer sorgte sie dafür, dass frische Blumen da waren, und dass die Vorhänge auf der Westseite aufgezogen waren, damit das goldene Nachmittagslicht das Restaurant durchflutete. Nichts konnte ihren Gaumen täuschen, und was sie einmal gekostet hatte, vergaß sie nie. Wenn sie sagte »Hier brauchen wir noch ein wenig Zitrone«, dann stimmte das. Ihre Gerichte waren so schlicht und köstlich, wie sie nur sein konnten: eine Suppe aus Wurzelgemüse, ein Mesclun-Salat mit Ziegenkäse, Schweinebraten, Spargel an Vinaigrette, Tarte tatin.

Ihr Lieblingswort war *vorzüglich*, und ihr liebstes Gedicht stammte von Wallace Stevens und hing in den Sechzigerjahren in Berkeley über ihrem Küchentisch: Während die Hunnen elftausend Jungfrauen abschlachten und Sankt Ursula weiß, dass auch ihre letzte Stunde sehr bald schlagen wird, richtet sie einen Teller Radieschen und Blüten an, ein Opfer für ihren Herrgott,

den es zart durchschauderte,
nicht aus himmlischer Liebe
noch aus Mitleid.

Aber Alice sah nicht das Schlachten, sie sah nur das hübsche Arrangement, und sie entdeckte, was sie im innersten Herzen begehrte. Sie verliebte sich immer wieder von neuem – in ein Gericht, in einen Mantel, in einen Mann oder eine Idee – und sie bekam beinahe alles, was sie sich wünschte, egal was es kostete (mit Geld ging sie immer sehr sorglos um), denn in ihrem schmalen, kleinen Körper, ihrer Begeisterungsfähigkeit, der nervösen, mädchenhaften Stimme, der Berührung, mit der sie ihre Bekannten begrüßte, verbarg sich ein eiserner Wille.

In ihrem Leben hatte es zwei Offenbarungen gegeben. Die erste handelte von Schönheit, und sie vollzog sich in Frankreich, dem Land, das für alles stand, was ihren Sinnen schmeichelte. 1965, kurz nach dem ersten Höhepunkt der Free Speech-Proteste, verließ sie Berkeley, um ein Semester in Paris zu studieren, wo sie sich bald mehr für Zwiebelsuppe, Gauloises-Zigaretten, Straßenmärkte und französische Männer interessierte als für ihre Seminare. Sie war mit Freunden in der Bretagne unterwegs, als sie ein altes Steinhaus betraten und in die obere Etage geführt wurden, wo ein Dutzend rosafarben gedeckte Tische standen. Vor den Fenstern des Restaurants lagen der Bach und der Garten, aus denen die Forelle und die Himbeeren stammten, die sie gerade aßen. Als das Essen zu Ende war, brach unter den Gästen Applaus aus. »C'est fantastique!«, riefen sie dem Koch zu.

Das war die Lebensart, nach der sich Alice sehnte – sie wäre am liebsten selbst Französin gewesen, sie hätte so gern die eng gewundenen Glockenhüte aus den Zwanzigerjahren getragen, Baguette mit Aprikosenmarmelade gefrühstückt und Milchkaffee getrunken, sie hätte die Nachmittage im Café verbracht und am Abend Speisen gekostet, die so spektakulär frisch waren wie die in der Bretagne. Ja, ganz eigentlich träumte sie davon, selbst ein solches Restaurant zu führen, für ihre Freunde zu kochen, die stundenlang sitzen und über Filme reden würden, die flirten, tanzen und lachen sollten. Doch sie wollte diese frankophilen Träume im puritanischen Amerika verwirklichen, im Land der Massenproduktion.

Alice liebte die revolutionäre Atmosphäre, die in den späten Sechzigern in Berkeley herrschte, aber ihre eigene Revolution betraf die Sinne, die gemeinsame Erfahrung von sinnlichem Genuss. Um 1970 herum boten amerikanische Restaurants meist nur eine vage Reproduktion französischer Gerichte an – aus Tiefkühlkost. 1969 hatte McDonald's bereits fünf Milliarden Hamburger verkauft, drei Jahre später waren es schon zehn Milliarden. Genau in dieser Zeit, im Sommer 1971, eröffnete auf der Shattuck Avenue in Berkeley ein kleines Restaurant, das nach einer Figur aus einem alten Marcel-Pagnol-Film den Namen Chez Panisse trug.

Auf einer Kreidetafel stand ein einziges Menü:

Pâté en croûte
Canard aux olives
Plum tart
Café
$3,95

Die Schlange reichte bis auf den Bürgersteig. Einige Gäste warteten zwei Stunden, um einen Tisch zu ergattern. Andere wurden abgewiesen. In der Küche herrschte Chaos, aber das Speisezimmer war ein gastronomisches Paradies. Alle Zutaten stammten aus der Region – die Enten aus Chinatown in San Francisco, das Gemüse von einem japanischen Lizenzbetrieb – und die perfekt gereiften Pflaumen von den Bäumen der Stadt. Alice war siebenundzwanzig Jahre alt, und sie hatte einen Anfang gemacht.

Chez Panisse zelebrierte eine ganz bestimmte Art von Gerichten – verarbeitet wurde nur, was gerade reif war und aus der Region stammte. Alice und ihre Helfer suchten die Gegend um Berkeley nach Zutaten ab, sie stiegen in Bäche und pflückten auf alten Bahntrassen den Salat und die Beeren, die sie brauchten. Die Vorstellung, Zutaten zu verarbeiten, die gefroren waren oder per Lastwagen aus einem anderen Landesteil kamen, widerte sie an. Einmal, als der Verband der Tiefkühlkost-Produzenten einen Blindtest abhielt, bei dem Experten zwanzig verschiedene Gerichte mit frischen und gefrorenen Zutaten verkosteten, tippte Alice nicht ein einziges Mal daneben.

Das Restaurant zelebrierte noch etwas anderes: die Bohème. Die Atmosphäre war offen und informell – der perfekte Rahmen für die snobistische Jagd nach den frischesten Zutaten und den schlichtesten Rezepten. Unter der Belegschaft kam es zu wechselnden Liaisons (Alice selbst ging mit gutem Beispiel voran – sie mochte ihre Beziehungen, solange sie nicht zu Verpflichtungen führten), das Restaurant lebte vom Drogengeld der Hippies, die Köche koksten, um nicht am Herd umzukippen, Kellner nahmen noch schnell einen Zug von ihrem Joint, bevor sie die Teller hinaustrugen, Hilfskellner und Tellerwäscher steckten sich bei Schichtbeginn Opium in den Hintern (gegen die Übelkeit), und jede Nacht, wenn die Gäste fort waren, tanzte die Belegschaft auf den Tischen. Alice war eine inspirierende, kritische und chaotische Chefin, und die Jahre zogen dahin, ohne dass das Restaurant aus den roten Zahlen herauskam, und oft sah es aus, als würde alles unter der Last zusammenbrechen, aber jedes Mal stand die Frau mit den feinen Zügen und der Kurzhaarfrisur auf und sagte: »Wenn es machbar ist, dann wird es auch geschehen, dann werden wir es tun, darauf könnt ihr euch verlassen.«

Und Chez Panisse feierte noch etwas weiteres: sich selbst, und zwar ohne Unterlass.

Es dauerte Jahre, bis Chez Panisse zum bekanntesten Restaurant von Amerika wurde. In den Achtzigern setzte im ganzen Land eine neue Bewegung um das Essen ein, wer jung war und Geld hatte, gab sich nur noch mit dem Besten zufrieden, zumindest wollte man glauben, dass es das Beste war. Die Reichen und Schönen kamen zu Alice, um zu sehen und gesehen zu werden. In den Neunzigern war Alice bereits selbst im ganzen Land bekannt, sie verkündete die frohe Botschaft vom gerechten und moralisch einwandfreien Essen und wies ihre Köche an, nur noch biologische Zutaten zu verwenden und Fleisch von Tieren, die vor ihrer Schlachtung einigermaßen glücklich gewesen waren. Wo sie auch auftrat, sprach sie über Nachhaltigkeit, und jedem, der ihr zuhörte, rief sie zu: »Gutes Essen ist ein Grundrecht, nicht ein Privileg … mit unseren Essgewohnheiten können wir die Welt verändern … Schönheit ist keine Frage von Luxus.« Alice wurde eine Moralistin der Sinnlichkeit, eine zänkische Verfechterin der Bohème, sie arrangierte köstliche Büfetts für Bill Clinton und schrieb am nächsten Tag fordernde Briefe an den jungen Präsidenten und die First Lady, dass sie ein Zeichen für Amerika setzen und vor dem Weißen Haus einen Gemüsegarten anlegen sollten. Ihr Ratschlag wurde nicht befolgt, was sie maßlos ärgerte, aber der Rest des Landes schien ihre Botschaft doch zu hören. Pärchen gingen samstags zum Markt und kauften Steinpilze und alte Tomatensorten. Unter denen, die es sich leisten konnten, gab es kein Wort, das höhere Wertschätzung erfuhr als Bio. Es hatte beinahe heiligende Wirkung.

Mitte der Neunziger erfuhr Alice ihre zweite Offenbarung. Diese begann mit Hässlichkeit. Eines Tages, als sie von einem Reporter in ihrem Restaurant interviewt wurde, sprachen sie über Landwirtschaft in städtischen Räumen, und plötzlich rief sie: »Wollen Sie mal sehen, wie man städtische Grundstücke nicht verwenden sollte? Sehen Sie sich die gigantische Schule in meinem Viertel an, sie sieht aus, als wäre sie verlassen und aufgegeben. Alles, was an unserer Welt nicht stimmt, kann man dort ablesen.« Die Schule, an dessen tristem Asphaltschulhof Alice täglich vorüberfuhr, hieß Martin Luther King Middle School und war durchaus nicht stillgelegt. Der Direktor entdeckte das Zitat in seiner Zeitung und lud Alice unverzüglich ein, die Schule zu besichtigen und vielleicht etwas gegen die Hässlichkeit zu unternehmen.

Alice bat um Erlaubnis, auf einem ungenutzten, etwa einen Hektar großen Grundstück neben dem Schulhof einen Gemüsegarten anzulegen. Sie hatte gesehen, was man den Kindern als Essen verkaufte – Walking Tacos, Plastikbeutel voller Maischips, die unter einer aus Dosen gekratzten Tomatenmatsche begraben waren –, für Alice das Symbol einer völlig zerstörten Kultur. Fast Food war nicht nur ungesund, es vermittelte auch die falschen Werte. Und so kam ihr eine grandiose Idee: Die Schüler selbst sollten Grünkohl und Pak Choy anbauen, und hundert andere Gemüse. Und sie sollten dieses Gemüse ernten und in der Schulküche (die aus Geldmangel geschlossen war) ein gesundes, ausgeglichenes Essen herstellen, das sie essen würden, in einer Weise, die sie in ihren hektischen, verkorksten Familien nie gelernt hatten: Gemeinsam an einem Tisch, wo sie einige grundlegende Manieren lernen würden und mit geweckten Sinnen ein neues Verhältnis zum Essen entwickeln würden.

Alice glaubte, dass es nichts gab, was das Elend der öffentlichen Schulen in Kalifornien so grundlegend verändern würde wie ein Gemüsebeet, und es störte sie auch nicht, dass sie bei ihren Spaziergängen durch die Slums, bei ihren nagenden Fragen, warum die Männer so viel tranken, immer wie eine puritanische Moralistin wirkte. Wenn jemand die Frage der Prioritäten stellte – sollten Schulen, denen das Geld für Aushilfslehrer und für die nötigste Ausstattung fehlte, ein »Nachhaltigkeitscurriculum« entwickeln? –, wurden ihre Züge schärfer und sie antwortete: »Wenn es machbar ist, dann wird es auch geschehen, dann werden wir es tun, darauf können Sie sich verlassen.«

Das war der Beginn ihrer Verwandlung, aus einer Gastronomin wurde eine Predigerin. Zwei Jahre brauchte sie, um Spenden zu sammeln, die nötigen Genehmigungen einzuholen, Personal einzustellen und – dies war die größte Hürde – die Schüler zur Mitarbeit zu überreden. Doch als das Programm schließlich stand, war der Erfolg so durchschlagend, dass andere Städte die Idee übernahmen. 2001 führte Alice ihr Programm in Yale ein, wo ihre Tochter gerade ihr Studium aufgenommen hatte. Vier Jahre später schaffte sie es auf die National Mall, den zentralen Park der Hauptstadt.

Als Barack Obama ins Weiße Haus einzog, schrieb sie ihm sogleich einen Brief: »Sie haben eine einmalige Gelegenheit, den Bürgern des Landes bezüglich ihrer Essgewohnheiten einen entscheidenden Impuls zu geben. Die Reinheit und Gesundheit Ihrer politischen Bewegung muss von dem parallelen Versuch begleitet werden, die Ernährung der Bürger zu reformieren, und diese Reform muss an der sichtbarsten Stelle beginnen – vor dem Weißen Haus.« Als Michelle Obama 2009 im Garten des Weißen Hauses ein Gemüsebeet anlegen ließ, wusste jeder, dass Alice die Patin dieser Idee war.

In den Sechzigerjahren aßen die Amerikaner alle mehr oder weniger dasselbe, die Qualität war schlecht. Zu den beliebtesten Gerichten gehörte Chicken à la King mit einem Keil Eisbergsalat, die Abenteuerlustigen versuchten sich an Fondue. Doch spätestens zur Jahrtausendwende tat sich in der amerikanischen Gesellschaft auch in dieser Hinsicht ein Riss auf. Die einen Amerikaner aßen gesünder und achtsamer, andere stopften sich mit industriellen Lebensmitteln voll und wurden fettsüchtig. In einigen, überwiegend gebildeten und wohlhabenden Familien legte man Wert darauf, sich mehrmals in der Woche zu Hause zu versammeln und ein Essen zu genießen, das mit Umsicht aus regionalen Zutaten hergestellt war. Andere saßen in ihren Autos und schoben sich Burger in den Mund, und manchmal reichte es nicht einmal dazu. Alice half, die Ernährung zu einem politischen Thema zu machen, zu einer gesellschaftlichen Debatte um Gerechtigkeit und Gesundheit. Nur war es im Zeitalter von Chez Panisse nicht möglich, darüber zu sprechen, ohne über gesellschaftliche Klassen zu sprechen. Da sie nicht bereit war, ihre eigenen Ansprüche zu senken, kamen bald andere, die ihren revolutionären Ansatz auf den Kopf stellten.

Einige Amerikaner sahen es so, dass die Biobewegung einen selbstgerechten Rückzug praktizierte, eine Ethik, die ausschließlich am Konsum orientiert war. Der moralische Druck, den die Bewegung auf bestimmte Teile der Bevölkerung ausübte, war jedoch erheblich: Wenn wir auch sonst nichts ändern können, so können wir zumindest unsere Körper immer reiner machen. Der Fanatismus, mit dem das eine dem anderen vorgezogen wurde, lieferte dafür den Beweis. Eine Mutter fragte sich in einer Listserv-Debatte, ob sie ihrer kleinen Tochter verbieten sollte, mit einem Kind zu spielen, dessen Mutter den Kleinen Hot Dogs gab. Diese Mutter versuchte, sich und ihre Tochter vor der Ansteckung einer unübersichtlichen, als gefährlich empfundenen Gesellschaft zu schützen, die mit dem Lebenswandel und den sichtbaren Körpern der Unterschicht eine ständige Warnung bereithielt. Alice hasste es, wenn man sie als elitär bezeichnete, aber die Entscheidungen, die sie in ihrem Leben traf, waren doch elitärer Art – denn eine alleinerziehende Mutter mit drei verschiedenen Arbeitsstellen hatte weder Zeit noch Geld noch Kraft, um zu überprüfen, ob der Grünkohl, den sie abends nach Hause brachte, aus dem richtigen Anbaugebiet stammte, und seine wohltuende Wirkung zu beschwören, wie Alice es tat.

Alice wollte die Menschen zu einem besseren Leben führen, und es fiel ihr schwer sich vorzustellen, dass ein Walking Taco manchmal genau das ist, was ein Zwölfjähriger braucht und was ihm wohltut. Als die kritischen Stimmen lauter wurden, wandte sie sich von den Menschen ab und betrachtete ihre Radieschen und ihre Blüten. Wenn dir eine Bio-Erdbeere genug bedeutet, glaubte sie, kannst du sie dir auch irgendwie leisten. »Jeden Tag entscheiden wir von neuem, was wir essen werden. Die einen wollen sich ein (oder gleich zwei!) Paar Nikes kaufen, die anderen wollen nahrhafte Weintrauben essen, die in der Bronx gereift sind. Ich zahle halt ein bisschen mehr – weil ich es so will.«

Tampa

Alles sah danach aus, dass Tampa die nächste Stadt mythischer Größe werden könnte. So nachzulesen in dem 1982 erschienenen Buch *Megatrends* – die Städte mit dem größten Entwicklungspotential, hieß es da, lägen allesamt im Süden, im sogenannten Sunbelt, und Tampa gehöre eindeutig dazu – und im Jahr 1985 beschloss die örtliche Handelskammer, das alte, hedonistische Motto der Stadt (Tampa ... wo der Spaß gerade erst anfängt) wie folgt zu ersetzen: Tampa – America's Next Great City. Autoaufkleber und T-Shirts wurden gedruckt, riesige Werbetafeln aufgestellt, niemand zweifelte an der Prognose, erst recht nicht, als die Stadt einen internationalen Flughafen eröffnete und 1984 den Super Bowl ausrichten durfte, als sie mit den Buccaneers schließlich eine eigene Footballmannschaft bekam und in Westshore ein Geschäfts- und Einkaufsbezirk von über einer Million Quadratmetern entstand. Tampa bot Sonne, Strand und ein rasantes Wachstum – jedes Jahr kamen Millionen neue Besucher nach Florida – und da auf Sonne und Strand Verlass war und der Menschenstrom nicht nachließ, schien es nur eine Frage der Zeit, bis sie ihren eigenen Mythos erschaffen würde.

Tatsächlich wuchs die Stadt immer weiter, sie wuchs, weil sie wachsen musste, in den Achtzigern, als die Wirtschaft boomte, und später, als es bergab ging – als der Bezirk von konservativen, wirtschaftsfreundlichen Politikern geführt wurde, und als er von progressiven Kräften geführt wurde, die mehr Regulierung forderten. Die Region wuchs weiter, als mit den Lightning die Nationale Eishockeyliga nach Tampa Bay kam und die Devil Rays, eine Baseballmannschaft, sich dort ansiedelte. Und wieder ein Superbowl. Im neuen Jahrtausend ging der Irrsinn weiter. Die Stadt wuchs und wuchs. Floridas Gouverneur, Jeb Bush, hatte selbst mit Erschließungsprojekten sein Vermögen gemacht, er verstand also, worum es beim Wachstum ging. Bald war die gesamte Bezirksregierung republikanisch, und mehr als ein Landrat ließ sich von der Immobilienindustrie nicht nur inspirieren, sondern wohl auch bezahlen. Zu dieser Industrie gehörten Makler und Bauunternehmer, Anwälte, die auf Baunutzung spezialisiert waren, und Ralph Hughes. Hughes war ein ehemaliger Boxer mit einer Vorstrafe wegen gefährlicher Körperverletzung, dessen

Firma Cast-Crete jeden einzelnen Türsturz herstellte, der in Hillsborough County verbaut wurde, in jedem Vorort und in jeder Straße, und zwar so lange, bis der Mann mit einer Steuerschuld von dreihundert Millionen Dollar verschied.

Denn was wuchs, war nicht eigentlich die Stadt Tampa, sondern der Landkreis. Die Stadt selbst hatte gut dreihunderttausend Einwohner, aber das umliegende Hillsborough County mit seinen endlosen Weiten aus Ackerland, gemeindefreien Weiden und Sümpfen überschritt sehr schnell die Millionengrenze. Es ging also gar nicht um die nächste mythische Stadt – Tampa war eigentlich nichts anderes als ein altes Hafenstädtchen mit einer brachliegenden Zigarrenindustrie, mit einer von Streiks geprägten Geschichte, einer hohen Kriminalitätsrate und Spannungen unter der überwiegend aus Latinos, Italienern, Anglos und Schwarzen bestehenden Bevölkerung. Tatsächlich litt das Stadtleben unter dem Wachstum in der Region. Was die Prospekte versprachen, war der amerikanische Traum der Vorstädte, das ergreifende Bild des Siedlers, der eine Autostunde vor der großen Stadt sein eigenes Heim errichtete. Riesige Villen, so hieß es in einer Broschüre, entstanden »fernab der großen, überteuerten Städte mit ihren hohen Grundsteuern und Verkehrsstaus. Erfreuen Sie sich an einem Heim, von dem man in Tampa nur träumen kann.« Dies war der Ethos des Sunbelt, der seit den Siebzigern für das ganze Land Modellfunktion hatte.

Solange in diesem Jahr mehr Menschen kamen als im letzten, und im nächsten Jahr mehr als in diesem, würden immer mehr Häuser entstehen, und mit ihnen neue Stellen im Baugewerbe, in der Immobilienbranche und in der Gastronomie. Die Immobilienpreise würden weiter steigen, und der Staat Florida würde sich aus Umsatzsteuer und Amtsgebühren finanzieren und bräuchte keine eigene Einkommensteuer einzuführen. Um das Wachstum weiter anzukurbeln, erließen wirtschaftsnahe Landräte die Gebühren, durch die Bauherren im Normalfall an den Kosten für Erschließung und Straßenbau beteiligt waren. In den äußeren Vororten blieb die Grundsteuer niedrig, neue Schulen und Feuerwachen wurden durch Anleihen finanziert, hinter denen die Aussicht auf zukünftiges Wachstum stand. In gewissem Sinn verdienten alle an Investitionen, deren Erträge für den nächsten Tag, das nächste Jahr erwartet wurden.

Einige Kritiker vor Ort wiesen darauf hin, dass die Strategie einer kriminellen Investitionspyramide ähnelte. Doch solange das Wachstum anhielt, scherte sich niemand darum.

Der Wachstumsmaschine fielen Kiefernwäldchen zum Opfer, Zwergpalmenstrände und Orangenhaine an der State Road 54 im Bezirk Pasco. Sie rodete die Mangroven von Apollo Beach und asphaltierte die Erdbeerfelder von Plant City. In Lee County, weiter südlich an der Interstate 75, setzte die Wachstumsmaschine einen Universitätscampus in ein Marschgebiet bei Fort Myers (ein Anruf des Senators Connie Mack beim technischen Hilfskorps genügte) und verkaufte winzige, zwischen den Entwässerungskanälen von Cape Coral gelegene Baugrundstücke mit Ratentilgung. Bauern verkauften für viel Geld ihr Land, wo eben noch Obstgärten, Weiden und Sümpfe gewesen waren, entstanden unversehens ganze Fertigsiedlungen – sogenannte Boomburgen – deren Namen englische Herrenhäuser beschworen: Ashton Oaks, Saddle Ridge Estates, the Hammocks at Kingsway. (Selbst Wohnwagensiedlungen trugen Namen wie Eastwood Estates.) Beinahe über Nacht planierte die Maschine Wildwiesen und Knöterichbewuchs, gerade Bahnen von schwarzem Asphalt wurden in die Landschaft gelegt, die Old Waverly Court, Rolling Greene Drive und Pumpkin Ridge Road hießen, aus ihren Rändern sprossen Garagenauffahrten, neben denen winzige, baumlose Vorgärten entstanden. Zum Schluss kamen zweistöckige Häuser aus vorgefertigten Betonplatten, gelber oder cremeweißer Stuck, ein Säulenportikus, das dem Gebäude einen eleganten Anschein geben sollte, der bares Geld wert war. Bauunternehmer versprachen, Hobbyräume anzulegen, Spielplätze und Teiche, und verkauften die Häuser schlüsselfertig für 230 000 Dollar, und wer ein halbes Jahr wartete, zahlte schon 300 000 Dollar – wer da nicht mithielt, ging früher oder später unter. Einkaufszentren und Megakirchen schossen aus dem Boden, und als die Landstraßen zu eng wurden, wurden sie einfach ausgebaut.

Kein Ort war zu abgelegen oder ungeeignet, um erschlossen zu werden. In Gibsonton, einem kleinen Dorf an der Ostseite der Bucht von Tampa, überwinterte regelmäßig eine Gruppe von Karnevalsfanatikern, ansonsten sah der Ort aus, wie das ländliche Florida einst ausgesehen hatte: An jeder Ecke konnte man Anglerbedarf und Munition kaufen, die schmalen Straßen säumten moosbehangene Eichen. Hier kaufte Lennar Homes, eine Baufirma, eine alte Tropenfischzucht, schaufelte sie zu und begrub sie unter einer Betonplatte. Eine Siedlung aus 382 Häusern sollte entstehen. Die einzigen Schulen, die es in der Nähe gab, bestanden aus Containern, die einzige Einkaufsmöglichkeit war ein wenige Meilen entfernter Wal-Mart. Arbeit gab es im Umkreis von dreißig Meilen keine. Aber die Siedlung war Wachstum, weshalb die Bezirksverwaltung die Warnungen der eigenen Fachkommission in den Wind schlug und Lennar alle erdenklichen steuerlichen Vergünstigungen einräumte. 2005 war alles fertig, Carriage Pointe öffnete die Tore.

Da nirgends eine Ortsmitte zu finden war, da überhaupt keine Orte zu erkennen waren und kein einziger Hügel die Monotonie der flachen Landschaft brach, war es beinahe unmöglich, sich ohne GPS zu orientieren. Wer seine Uhr einmal vergessen hatte, verlor im immergleichen tropischen Licht schnell das Zeitgefühl. Man konnte nur versuchen, sich die Kreuzungen zu merken, an denen die immer gleichen Supermärkte, der Großmarkt Sam's Club, die Drogeriekette Walgreens und eine Shell-Tankstelle die vier Ecken besetzten. In Brandon, einer gigantischen Boomburg mit hunderttausend Seelen, die zu keiner Stadt gehörte, war das »Town Center« die größte Shopping Mall des Bezirks. Der West Brandon Boulevard, die Hauptstraße der Siedlung, war ein Teil des Highway 60. Wer eine Weile von Kreuzung zu Kreuzung, von Ampel zu Ampel rollte, sah bald nur noch einen einzigen, verschwommenen Streifen von Geschäften, Leuchtreklamen und Fastfood-Restaurants: *Einstein Bros Bagels Florida Car Wash State Farm Dairy Queen Express Lube Jesse' Steaks McDonald's Five Star Paint Ball Aquarium Center Sunshine State Federal Credit Union Mister Car Wash Weavers Tire & Automotive Wendy's.*

Aus der Wachstumsmaschine wurde ein Jobcenter. Wer nicht in der Bauindustrie arbeitete, fand vielleicht eine Stelle zum Mindestlohn, in einem Burgerrestaurant oder in einem Kaufhaus. In den Jahren des Booms bildeten mexikanische Tagelöhner auf den Baustellen die unterste Stufe der sozialen Hierarchie. Etwas besser ging es den klassischen Arbeitern, die im Baugewerbe untergekommen waren. Die untere Mittelklasse bestand aus Bankangestellten und Kassierern, die mittlere Mittelklasse aus Immobilien- und Versicherungsmaklern, aus Statikern und Tiefbauingenieuren. In der oberen Mittelklasse tummelten sich Fachanwälte für Baurecht und Architekten. Die Reichen waren die Bauunternehmer.

Einige der Käufer waren aus Tampa geflohen, sie kehrten der Stadt den Rücken, um sich in einer Siedlung namens Country Walk, von der noch nie jemand gehört hatte, ihr Traumhaus zu bauen. Die meisten Käufer kamen aus anderen Bundesstaaten. Aber die Region war nicht wie Miami oder Palm Beach, das Winter für Winter von koksenden New Yorkern heimgesucht wurde. Die Karawane, die über die Interstate 75 in den Süden zog, bestand aus einfachen Leute aus dem Mittleren Westen, aus Ohio und Michigan, wo Sparsamkeit und Besonnenheit noch als Tugenden galten. Hillsborough und die angrenzenden Bezirke wurden protestantisch und erzkonservativ, an den Highways warnten Schilder vor Abtreibung, zwischen Werbetafeln für neue Siedlungen und Fettabsaugung standen apokalyptische Prophezeiungen. Doch die alten Wertvorstellungen konnten dem blassgrellen Licht, das wie ein ewiger High Noon auf die Erde niederbrannte, kaum standhalten.

Da war zum Beispiel das Ehepaar Luxe, Richard und Anita, aus Michigan. Anitas Vater hatte so lange in River Rouge bei Ford gearbeitet, dass er sich noch an Henry Ford und Walter Reuther erinnerte, und Anita arbeitete in der Stadtverwaltung von Dearborn, bis in den Achtzigerjahren Richard von seinem Arbeitgeber, einem Architekturbüro, nach Florida geschickt wurde, um eine Dependance aufzubauen. Anita, die die Sparsamkeit ihres Vaters nach St. Petersburg mitbrachte, wurde die Königin der Schnäppchenjagd. Sie arbeitete bei der Wachovia-Bank, die sich mit der Übernahme der kalifornischen Sparkasse World Savings in das Geschäft mit den Schrotthypotheken gestürzt hatte. Ihr besonderes Kreditangebot hieß Pick-a-Pay: Kunden waren eingeladen, Kreditverträge nach den eigenen Bedürfnissen zu gestalten, Zinssätze zu wählen und Ratenzahlungen festzulegen. Diese Hypotheken wurden zu einem spektakulär profitablen Saft gepresst, der in die Tanks der Wachstumsmaschine floss.

Da war Jennifer Formosa, ebenfalls aus Michigan, die aber bei ihrer Mutter in Florida aufgewachsen war. Nach der High School arbeitete sie als Bankangestellte in Cape Coral und heiratete den Vater ihres Babys, einen Mann namens Ron, der zwar keinen Schulabschluss hatte, aber mit dem Gießen von Fundamenten ganz ordentlich verdiente. Ron und Jennifer nahmen einen Kredit von 110 000 Dollar auf und bauten ein Haus mit drei Schlafzimmern. Nach einiger Zeit refinanzierten sie die Hypothek, um die laufenden Rechnungen zu bezahlen, dann beliehen sie das Haus, um ein neues Dach zu bezahlen, dann refinanzierten sie noch einmal, um ihre Autos abzuzahlen, eine Terrasse zu bauen, ein Boot zu kaufen. Was übrig blieb, verschleuderten sie auf Kreuzfahrten und – mit den Kindern – in Disney World.

Da war Bunny – »Bunny«, sonst nichts –, die am Utopia Parkway in Queens/New York aufgewachsen war, dann der Sonne und dem guten Leben hinterhergejagt und in Hawaii gelandet war, in Arizona, in West Palm Beach und schließlich in einer Siedlung namens Twin Lakes an der Landstraße 54 in Pasco County. Das Haus, das sie für 114 000 Dollar gekauft hatte, war nach sechs Jahren 280 000 Dollar wert.

Andere kamen aus ferneren Regionen. Da war Usha Patel, die Tochter eines erfolgreichen Bauunternehmers in Gujarat. Als Kind war Usha maßlos verwöhnt worden, sie wurde von einem Chauffeur gefahren und musste nicht ein einziges Mal das Geschirr abräumen. All das änderte sich 1978, als sie achtzehn Jahre alt war und einem indischen Ingenieur zur Ehefrau gegeben wurde, der in London arbeitete. Da der Mann unter chronischen Rückenschmerzen litt, beschlossen sie 1991, ins schwülheiße Tampa zu ziehen, wo ihr Bruder eine Arztpraxis hatte. In Tampa lernte Usha, noch einmal bei null anzufangen und bis zur Erschöpfung zu arbeiten. Von sechs in der Frühe bis zwei Uhr nachmittags stand sie an der Kasse einer Tankstelle in einem heruntergekommenen Drogenviertel, die ihr Bruder gekauft hatte. Sie verdiente dreihundert Dollar in der Woche und wurde zwei Mal mit einer Waffe bedroht und ausgeraubt. Von der Tankstelle fuhr sie nach Brandon zurück, versorgte die Kinder und überprüfte ihre Hausaufgaben. Dann zog sie die Uniform eines mexikanischen Restaurants an und kellnerte von vier bis elf. »So ist das Geld reingekommen.«

Usha sparte und sparte, und sie brachte ihren Kindern bei, ebenfalls sparsam zu sein. Als ihr Jüngster die Air Jordans von Nike haben wollte, sagte sie: »Da zahlst du doch nur für den Namen von Michael Jordan.« Sie wohnte zur Miete, bis das Letzte ihrer Kinder mit dem Studium fertig war.

Als die Kinder Arbeit hatten, musste sie eine Entscheidung treffen, die jeder, der Patel hieß und aus Gujarat stammte, eines Tages treffen musste: eine Tankstelle zu führen oder ein Motel. Da sie erfahren hatte, wie gefährlich es war, nachts an einer Kasse zu stehen, beschloss sie, ein Comfort Inn an der Autobahn I-75 zu übernehmen, an einer Abfahrt, die zu den Boomburgen von Pasco County führte und nur drei Meilen von Country Walk entfernt lag. Das Motel hatte zwei Etagen und wurde von einem Cracker Barrel und einem Outback Steakhouse flankiert, es war grün-beige gestrichen und hatte achtundsechzig Zimmer zu fünfzig Dollar die Nacht. Neben dem Parkplatz war ein winziger Swimmingpool. Usha zahlte 3,2 Millionen Dollar, fünfhunderttausend kamen von ihrem eigenen Ersparten. Für den Rest nahm sie zwei Hypotheken auf, die erste über 1,2 Millionen vom Kleinunternehmerverband, die zweite, zu 1,5 Millionen, von einem kommerziellen Kredithaus namens Business Loan Express. Im Rückblick war sie überzeugt, dass bei der Finanzierung Betrug im Spiel gewesen war. Die Bewertung der Immobilie schien völlig überzogen. Als sie den Antrag ausfüllte, folgte sie einfach den Anweisungen des Kredithauses.

»Sie überhäufen dich mit Schulden, als würden sie dir Butter in den Mund schieben«, erklärte sie. Das Motel sah wie jedes andere Comfort Inn aus, der einzige Unterschied war, dass dieses ihr gehörte.

Aus dem ganzen Land kamen Spekulanten, die Häuser kauften, um sie möglichst schnell wieder abzustoßen. Fünfzigtausend Dollar in sechs Monaten galt als realistischer Profit, es gab Sekretärinnen mit einem Jahresgehalt von fünfunddreißigtausend Dollar, die fünf oder zehn Häuser besaßen und mit Millionenkrediten jonglierten, und Autohändler, die ihr erstes richtiges Geld verdienten, als sich die Immobilienpreise innerhalb von zwei Jahren verdoppelten. 2005, auf dem Höhepunkt des Wahnsinns, wechselte am 29. Dezember in Fort Myers ein Haus für 399 600 Dollar den Besitzer, das einen Tag später, am 30. Dezember, für 589 900 Dollar weiterverkauft wurde. Es waren die Spekulanten, sogenannte »Flippers«, die die Preise in die Höhe trieben. Einer von ihnen war Mike Ross.

Mike wuchs im kalifornischen Newport Beach auf und zog im Alter von elf Jahren nach Florida. Er stammte von einer langen Reihe von Bootsbauern ab, als er nach der neunten Klasse die Schule verließ, arbeitete er im Pasadena Jachthafen & Golfclub in Gulfport, gegenüber von Tampa an der Bucht gelegen, wo er die Boote von sehr reichen Leuten reparierte. Anfangs arbeitete er in einem Team, machte sich aber bald selbständig. Zu einem Stundensatz von hundertfünfzig Dollar sandstrahlte er Ansaugstutzen aus Aluminium und besserte die schlechten Lackarbeiten der Werft aus – denn Lackieren war eine Kunst, die niemand mehr beherrschte. Einer seiner Kunden war der Geschäftsführer von duPont-REGISTRY (»The World's Premier Luxury Marketplace«), der Mike samt Gattin im Privatjet auf die Bahamas fliegen ließ, um seine Boote zu wachsen. Ein weiterer Kunde war Jim Walter, ein Multimillionär aus

Tampa, der im ganzen Land Billighäuser hochzog. Mike, der stolz auf sein handwerkliches Können war, konnte sich vor Aufträgen nicht retten. Drei Jahre, nachdem er sich selbständig gemacht hatte, hatte er sechzig Prozent der Boote im Hafen unter Vertrag und verdiente siebzigtausend Dollar im Jahr. Aber die Arbeit in der Hitze war hart und brutal, Tag für Tag flogen ihm die Chemikalien der Poliermittel ins Gesicht.

Im Sommer 2003 war es so heiß, dass Mike, der in der prallen Sonne gearbeitet hatte, heftig zu zittern begann und sich erbrach. Er beschloss, die Arbeit im Hafen aufzugeben. Er war zweiundvierzig Jahre alt und übergewichtig, sein Körper machte nicht mehr mit. Er interessierte sich schon seit längerem für den Häusermarkt, doch erst jetzt wagte er den Sprung und ging unter die Flipper. Viele der Bootseigner, für die er gearbeitet hatte, waren genau damit reich geworden, einige investierten nur zum Spaß und spornten ihn immer wieder an, es selbst zu versuchen. Mike und seine Frau kauften das erste Investitionsobjekt mit einem Kredit der Swift Funding Corp. Sie zahlten drei Prozent über den üblichen Marktzinsen, eine Rate, die bedeutete, dass der Kreditgeber beide Augen zugedrückt hatte. Das war Mike egal, denn er rechnete mit einem schnellen Gewinn von sieben oder acht Prozent. Das Haus kostete 50 000 Dollar, er renovierte Küche und Bad und verkaufte es zwei Monate später für 68 000 Dollar. Die nächsten sechs Monate verbrachten sie damit, ihr eigenes Haus in St. Petersburg zu renovieren, das sie 1985 für 48 000 Dollar gekauft hatten. An einem Freitag um 17 Uhr stellte Mike ein Schild in den Garten: PROVISIONSFREI ZU VERKAUFEN. Das Telefon hörte nicht mehr auf zu klingeln, nach drei Tagen verkaufte er für 169 000 Dollar – eine Menge Geld. Sie nahmen es und kauften einen hundert Jahre alten Bauernhof in Georgia, wo Mikes Eltern wohnten. Sie zogen um und begannen, den Hof zu renovieren. Der Markt war auf dem Höhepunkt angekommen, es schien alles so einfach.

Und dann war da Michael Van Sickler.

Van Sickler wuchs in den Siebziger- und Achtzigerjahren in der Nähe von Cleveland auf, als die Stadt mit dem Bankrott kämpfte. Sein Vater arbeitete als Ingenieur bei General Electric in Nela Park, wo er die Abteilung für Weihnachtsbeleuchtung leitete. Dementsprechend war ihr Haus im Winter dekoriert, es war das festlichste im Viertel. Das Leben in der Vorstadt langweilte Mike zu Tode, er dachte nur immer wieder: »Mein

Gott, wo sind nur all die Leute geblieben?« Als er in die High School kam, konnte er endlich entkommen, der Rapid, eine Schnellbahn, verband Cleveland Heights mit der Innenstadt. Er fuhr mit seinen Freunden zum Baseballstadion, das in jenen Tagen, kurz vor dem Abriss, beinahe immer leer war, und feuerte die Cleveland Indians an. Danach gingen sie in die Flats, eine ehemalige Industriezone am Cuyahoga River, wo sich ein reges Nachtleben etabliert hatte. Sie gingen in die Kneipen und versuchten, mit Mädchen ins Gespräch zu kommen. »Da lernte ich die magische Anziehungskraft der Städte kennen«, sagte er – selbst einer heruntergekommenen Industriestadt wie Cleveland. »Es geht ja immer um die Menschen.«

Als er Anfang der Neunziger sein Studium beendete, zog er nach Florida. Seine Eltern waren pensioniert und wohnten in einer Stadt namens New Tampa. Er schrieb sich für ein journalistisches Zusatzstudium in Gainesville ein – er hatte schon im College, in einem Seminar über Woodward und Bernstein, Didion und weitere Klassiker der Zunft, Blut geleckt – und schloss mit dem Master ab. Anfangs arbeitete er für verschiedene Regionalzeitungen, mit kleinen Berichten aus der Lokalpolitik verdiente er sich die Sporen, was gut war, denn er machte zu Anfang eine Menge Fehler. Sein erster Artikel für den *Lakeland Ledger* bestand praktisch nur aus Zitaten, weil er nicht fassen konnte, dass er das Recht hatte, sich selbst zu äußern. Dann nahm er sich vor, sein Thema so zu durchdringen, dass seine Leser am Ende des Artikels wussten, was von der Sache zu halten war.

2003 wechselte Van Sickler auf eine Stelle bei der *St. Petersburg Times*, der besten Zeitung im Südosten. Es war ein Traumjob. Die Aussichten waren nicht gut gewesen – überall wurden Stellen gestrichen, einige Zeitungen mussten wegen der Konkurrenz des Internets und dem damit einhergehenden Anzeigenrückgang schließen. Der *Times* ging es vergleichsweise gut, sie war der direkten Konkurrenz aus Tampa haushoch überlegen. Die *Tampa Tribune* war von ihrem Besitzer, einem Medien-Konzern aus Richmond/Virginia, in einer Weise zusammengestrichen worden, dass sie eigentlich nur noch zum Fischverkauf taugte. Die *Times* dagegen war nicht verkauft worden. Nelson Poynter, der letzte Eigentümer, hatte seine Aktien 1978 in eine Stiftung eingebracht, die das Poynter Institute für Medienstudien finanzierte – für die Zeitung bedeutete das, dass sie nicht die gleichen Profite abwerfen musste wie die blutenden Giganten, die *Chicago Tribune* etwa oder die *Los Angeles Times*, die kurz davor standen, von Investoren, die ihre Gewinne maximieren wollten, zerlegt zu werden.

Van Sickler und seine Frau, die ebenfalls bei der Zeitung arbeitete, blieben in Tampa und kauften einen 1930 gebauten Backsteinbungalow in Seminole Heights, einem nördlich an die Innenstadt grenzenden Viertel, das nach einer Phase der Verwahrlosung gerade wieder hip und attraktiv wurde. Die Atmosphäre erinnerte ein wenig an die Nächte in den Cleveland Flats. An das Gerede von der nächsten mythischen Stadt glaubte Van Sickler nicht.

Schon als Reporter bei der *Palm Beach Post* hatte er begonnen, sich intensiv mit Stadtplanung auseinanderzusetzen – eine Zeitlang dachte er sogar daran umzusatteln, bis er gerade rechtzeitig bemerkte, dass Stadtplaner noch weniger zu sagen hatten als Reporter. Aber seine Bücherregale waren mit Titeln wie *Zersiedelung – eine Anleitung, Die Geschichte des Rasens, Die Nation der Vorstädte*, gut gefüllt, besonders zwei Bücher hatten es ihm angetan: *Die Macht des Maklers* und *Leben und Sterben der legendären amerikanischen Großstädte*. Van Sickler bewunderte Jane Jacobs, die das Vokabular zu den Sehnsüchten geliefert hatte, die er damals, als junger Mann in Cleveland, gespürt hatte – an jenen lähmenden Sommernachmittagen, wenn er ganz auf sich selbst gestellt war: Sie forderte kürzere Wege, fußgängerfreundliche Zonen, gemischte Bewirtschaftung, erhöhte Sicherheit, belebtere Straßen, dichtere Besiedlung. Das Leben, so Jacobs, war dort am spannendsten und kreativsten, wo Menschen unterschiedlicher Herkunft aufeinandertrafen und Ideen austauschten. Genau das, was in den Städten – in ganz bestimmten Städten – geschah.

Van Sickler hatte all dies deutlich vor Augen, als er 2005 nach Tampa zog. In der Redaktion bekam er ein eigenes Ressort, das ausschließlich mit Planung und Wachstum befasst war. In den frühen Neunzigern, als er zweiundzwanzig war, hatte er das Stadtleben genossen, und Tampa schien ihm vielversprechend, eine Region mit großem Potential. Ein Jahrzehnt später war vom Stadtleben nicht viel übrig geblieben: Die Innenstadt war von Büros dominiert, die um 17 Uhr schlossen, und hatte ganze fünfzig Einwohner, bis zwei gigantische Türme mit Eigentumswohnungen hochgezogen wurden, denen jeder Bezug zum städtischen Straßennetz fehlte. Ein lebendiger Wohnungsmarkt konnte neben diesen Türmen nicht entstehen. Einkaufsmöglichkeiten und die besten

Bürolagen befanden sich mehrere Meilen entfernt in Westshore unweit des Flughafens. Tampa hatte zu viel auf einmal gewollt, eine Großstadt mit Flair und Charme ließ sich nicht einfach aus dem Boden stampfen: Der Innenstadt fehlte jeder Zusammenhalt, außer den Büros, dem gelegentlichen Eishockeyspiel oder einem Gerichtstermin gab es keinen Grund, in die Stadt zu fahren. Für Radfahrer lauerten zahlreiche Gefahren, ebenso für Fußgänger, die die breiten, mitten durch die Stadt führenden Schnellstraßen überqueren mussten. Tampa hatte landesweit die zweithöchste Unfallrate für Radfahrer und Fußgänger. Zu Fuß ging ohnehin nur jemand, dessen Auto liegen geblieben war. Wenn bei Wind und Wetter eine Frau eine ganze Stunde auf dem Bordstein hockte, dann wartete sie wohl auf den Bus. Die Bezirksverwaltung blockierte jeden Versuch, eine Schnellbahn für Pendler zu bauen, Tampa blieb – neben Detroit – die größte Stadt des Landes ohne nennenswertes Nahverkehrssystem, was unter anderem zur Folge hatte, dass sich Fremde niemals begegnen, niemals ins Gespräch kommen mussten. »In Tampa kommen Zufallsbegegnungen nicht vor«, sagte Van Sickler, »außer sie enden dramatisch.«

Die gängige These, dass das Leben in der Stadt eigentlich unamerikanisch sei, fand in Hillsborough County, im Schatten der Wachstumsmaschine, immer neue Anhänger. Die Fertighäuser der großen Immobilienfirmen wirkten wie Bunker, ihre Fenster waren winzig, es fehlten Innenhöfe und beschattete Gänge, die in diesem Klima eigentlich unverzichtbar waren. Stattdessen brummten Klimaanlagen in abgedunkelten, höhlenartigen Zimmern, auf dem Teppichboden des Wohnzimmers versammelten sich Familien vor riesigen Plasmabildschirmen, die mit Jalousien vor direktem Sonnenlicht geschützt wurden. Niemand wäre auf die Idee gekommen, über die endlosen, von Einheitshäusern gesäumten Straßen zu spazieren, man trat aus dem Haus und stieg ins Auto und lernte seine Nachbarn nie kennen. Die Menschen hatten sich aus der Welt zurückgezogen, ihre Beziehungslosigkeit führte zu einer immer tieferen, alles durchdringenden Paranoia. Auf zahllosen Werbetafeln suchten Anwälte nach Unfallopfern, Expresskredite für Immobiliengeschäfte wurden angeboten und jede Art von Geldmacherei. Versicherer gingen längst davon aus, dass Florida ein Staat voller Betrüger war, und erhöhten die Prämien. Denn Florida zog die Wurzellosen an, die Getriebenen, die eine zweite Chance suchten. Viele von ihnen waren Schwindler und Betrüger. Nicht auszuschließen, dass der Typ, der nebenan wohnte, auch so einer war.

Eine Siedlung wie Carriage Pointe war genau das, was sich Jane Jacobs unter der Hölle vorstellte.

2006 schrieb Van Sickler einen Artikel über die Menschen, die in der Region um Tampa Häuser kauften. Viele der Eigentümer lebten anderswo, wenn er sie endlich erreichte, fragte er: »Wohnen Sie denn in dem Haus? Ach, es ist also ein Ferienhaus? Und wie kommen Sie auf die Idee, in Ruskin Ferien zu machen, es ist ja keine klassische Urlaubsgegend?« Es stellte sich heraus, dass mindestens die Hälfte der Eigentümer Investoren waren – ein enorm hoher Anteil. Das ganze Konzept des Eigenheimbesitzes war auf den Kopf gestellt und praktisch nicht mehr zu erkennen. Die Häuser waren zu Handelsware geworden, nur so war die Nachfrage überhaupt zu erklären.

Van Sickler passte eigentlich nicht nach Tampa. Er war groß und hellhäutig, hatte rötlich-blondes Haar und trug langärmelige Oberhemden zu Anzughosen. Er sprach ein wenig gestelzt, wie ein Radiosprecher aus alten Zeiten, durch seine Ernsthaftigkeit, die er aus dem Mittleren Westen mitgebracht hatte, wirkte er unter den sonnigen Gemütern des Südens – der Kehrseite des ganzen Schwindels – irgendwie fehl am Platz. Vor allem nahm er seine Arbeit ernst. Ein investigativer Reporter musste Idealist sein – Van Sickler glaubte nicht, dass alle Journalisten Zyniker waren. Die Presse half weder sich noch ihren Lesern, wenn sich ein Artikel damit begnügte, das Thema von allen Seiten zu beleuchten, denn es gab doch eine objektive Wahrheit, und der waren Reporter verpflichtet.

Manchmal fürchtete Van Sickler, dass sein Reportagestil zu abrupt und konfrontativ war. Wenn er Mark Sharpe, einen republikanischen Landrat, anrief und nach Wahlkampfspenden von Immobilienfirmen fragte, dann wusste der Politiker, dass er in Schwierigkeiten war. Die ersten Fragen, meistens zu irgendwelchen Fakten, wirkten immer sehr harmlos, aber damit war es nicht getan, es folgten Fragen auf Fragen, und Van Sickler hatte alles präsent, was Sharpe ihm jemals gesagt hatte, und irgendwann stellte er dem Landrat die entscheidende Frage, auf die von Anfang an alles hinausgelaufen war: »Wenn dieser Mann einer Ihrer größten Wahlkampfspender ist, glauben Sie, dass es richtig war, für seine Steuerbefreiung zu stimmen?«

Nach Van Sickler gab es genau zwei Arten von Reportern – solche, die

Geschichten erzählten, und solche, die Unrecht ans Licht brachten. Er gehörte definitiv zu den Letzteren. Doch nur ein einziges Mal gelang es ihm, jemanden zu stürzen, und das war Sonny Kim.

Im Frühjahr 2006 hörte Van Sickler von verschiedenen Seiten den Namen Kenny Rushing. Er war Immobilienmakler, und er war schwarz – eine ungewöhnliche Erscheinung in Tampa. Sein Name und Gesicht waren auf Werbetafeln zu sehen und in Fernsehspots, wo er im Superheldenkostüm als Eigenheimretter (»Save a house«) auftrat, eine Anspielung auf einen sexistischen Song des Rappers E-40 (»Save a hoe« – Rettet die Hure). Er füllte Festzelte mit seinen Veranstaltungen, bei denen er im weißen Bentley vorfuhr, in einem Konvoi von Hummer-Geländewagen, auf denen sein Foto prangte. Er trug eine Schirmmütze von Kangol und erklärte, selbst ein Schwarzer aus dem Ghetto könne vom Häuser-Boom profitieren, mit gepfändeten Häusern zum Beispiel ließen sich gewaltige Gewinne erzielen. »Jetzt sind wir dran!«, rief er den Versammelten in Ybor City zu. »Wir Schwarzen glänzen im Sport, und wir glänzen im Entertainment-Bereich. Ich aber möchte eines Tages sagen können: Schwarze glänzen bei den Immobilien, denn kein Markt hat so viele Millionäre hervorgebracht wie dieser.«

Es ging also um Mitwirkung, Macht und Bürgerrechte, und es ging darum, reich zu werden. Rushing hatte als Teenager mit Drogen gehandelt und vier Jahre in Florida im Gefängnis gesessen – ein Aspekt seiner Lebensgeschichte, den er gern in seine Motivationsreden einflocht, denn er ermutigte junge Dealer, ihren Geschäftssinn auf einen anderen, legalen Markt zu richten, sich als Haus-Flipper sozusagen eine goldene Nase zu verdienen – und ganz nebenbei schwarzen Hausbesitzern aus einer Notlage zu helfen. »Der Mann war Carnegie und Jay-Z in einem«, sagte Van Sickler. »Das Problem in Florida war nur, dass es der Wirtschaft nicht gut ging – dem Boom der Immobilienbranche fehlte die Grundlage. Der einzige Sektor, in dem es brummte, war der Häusermarkt, wer nicht mitmachen wollte, musste sehen, wie er zurechtkam.«

Van Sickler begann, sich näher für Kenny Rushing zu interessieren, der sich immer als kleiner Dealer darstellte. Tatsache war, dass er in großem Stil Crack für die Crips verkauft hatte. Seine Geschichten über eine Boxerkarriere waren erfunden. Er selbst – der Superheld – war genau die Art von Abzocker, vor denen er in seinen ausverkauften Seminaren warnte. Er hatte ein dreiundsiebzigjähriges schwarzes Großmütterchen in Tampa Heights, einem überalterten, gemischten Viertel, überredet, ihm für 20 000 Dollar ihr verfallenes Haus zu überlassen. Mit dem Geld zahlte sie einen Kredit der Stadt zurück, am Ende blieben ihr 1729 Dollar. Drei Wochen später verkaufte Rushing das Haus an einen Investitionsfond – für 70 000 Dollar.

Van Sickler fragte Rushing, was es damit auf sich hatte.

»Wenn ich damals gewusst hätte, dass das Haus siebzigtausend wert war, hätte ich ihr natürlich mehr gezahlt«, erklärte Rushing, »mindestens sechzig. Schreiben Sie also nichts Falsches – ich habe die Frau nicht übervorteilt.«

Van Sicklers Fragen wurden schärfer: Ob der Superheld vielleicht bereit wäre, ihr einen Teil des Gewinns zurückzugeben?

»Nein, ich bin nicht bereit, einfach zu sagen, hier, bitteschön, da haben Sie den Gewinn, den ich mit Ihrem Haus gemacht habe.«

Rushing und seine Partner verdienten in vier Jahren weit über eine Million Dollar. In Tampa Heights, wo mit einer Investition von einer halben Milliarde ein neues Viertel namens Heights of Tampa entstand – geplant waren neunhundert Einheiten – kauften sie allein fünfzehn Häuser. Rushing arbeitete außerdem als Strohmann für zwei der mächtigsten Bauherren von Tampa. Während er versuchte, die Beziehung kleinzureden, behaupteten die Bauherren, Rushing überhaupt nicht zu kennen.

Die Verbindung zwischen einem ehemaligen Crack-Dealer und der Geschäftselite der Stadt ließ Van Sickler nicht los. Im Mai des Jahres veröffentlichte er dazu seinen ersten Artikel. So lernte er die finsterste Seite des heißesten Immobilienmarkts der USA kennen. Ein Makler, mit dem er über diese Machenschaften sprach, gab ihm einen Tipp: »Wenn Sie glauben, Kenny ist eine große Nummer, dann fragen Sie mal nach Sonny Kim.«

Als Van Sickler den Mann endlich aufspürte, war die Party schon vorbei.

Einige in der Immobilienbranche in Florida konnten den genauen Zeitpunkt benennen, als es passierte. Marc Joseph, ein Makler in Fort Myers und Cape Coral – dem Zentrum des Wahnsinns – bemerkte im Dezember 2005, dass in einer bestimmten Woche, als der Durchschnittspreis mit 322 000 Dollar seinen Höhepunkt erreicht hatte, das Telefon etwas seltener klingelte. Es war, als säße er in einem Auto, dessen Reifen langsam und stetig Luft verloren. Für andere lag der Zeitpunkt, an dem es kippte, einige Wochen oder Monate früher oder später, wieder andere meinten, es habe sich angefühlt, als hätte jemand plötzlich alle Lichter ausgeschaltet. Ende 2005, Anfang 2006, auf dem Gipfel der Spekulation, brach plötzlich das Vertrauen weg, der Grund gab nach, auf den Floridas Wirtschaft gebaut war, sie stürzte wie Bugs Bunny, der noch kurz in der Luft schwebte und in die Tiefe blickte, bevor er abwärts rauschte. Die Preise taten etwas, das Schuldner und Kreditgeber, Flipper, Wall-Street-Broker mit Überbeständen, Kreditausfallversicherer, die Hypothekenbank Fannie Mae, asiatische Banker, die acht Prozent erwarteten, groteske Preistreiber im Kabelfernsehen und Alan Greenspan für undenkbar gehalten hatten: Sie begannen zu fallen.

Nach zwei Jahren begann die Wende in den Boomburgen, in Maklerbüros, auf Baustellen und in Einkaufszentren Wirkung zu zeigen. Anfang 2007 berichtete die Umzugsfirma Allied Van Lines auf Anfrage der Handelskammer von Tallahassee, dass mehr Menschen fortzogen als ankamen. Von 2007 auf 2008 fiel zum ersten Mal die Zahl der neuen Stromanschlüsse – zum ersten Mal seit Beginn der Statistik vor vierzig Jahren. Und zum ersten Mal überhaupt versiegte auch der Strom der Zuwanderer, die die Wachstumsmaschine angetrieben hatten: Es kamen nicht mehr, als der Staat durch Abwanderung verlor.

Holzlager begannen, ihre Maschinen zu verkaufen. Autohändler trennten sich von Mitarbeitern. Bauunternehmer gingen in Konkurs, ihre Frauen reichten die Scheidung ein. Anfang 2008 begann die Betonfirma, für die Ron Formosa arbeitete, Stellen zu streichen. Ron wurde auf Teilzeit gesetzt, dann ließ man ihn ganz gehen. Zur gleichen Zeit stiegen die variablen Zinssätze der Hypotheken, überhöhte Schlusszahlungen wurden fällig, was bedeutete, dass Kreditnehmer mit geringer Bonität, wie die Formosas, deren Einkommen genauso dahinschmolz wie der Wert ihres Hauses, die monatlichen Raten bald nicht mehr aufbringen konnten. Ron und Jennifer wollten Konkurs anmelden, konnten aber die Gebühr von vierzehnhundert Dollar nicht aufbringen, selbst dann nicht, als Ron eine Stelle als Schlosser gefunden hatte – zu einem Stundenlohn von neun Dollar wechselte er die Schlösser der Häuser aus, die an die Banken gefallen waren. Ein Jahr lang zahlten die Formosas keine einzige Rate, eines Tages klebte an der Haustür das gelbe, hässliche Pfandsiegel der Bank. Sie zogen in eine Mietwohnung in der Nähe, und Jennifer schwor, von nun an sparsamer mit ihrem Geld umzugehen. »Ich glaube nicht, dass ich noch einmal ein Haus kaufen möchte«, sagte sie. Es war der Beginn einer großen Epidemie von Zwangsvollstreckungen.

An der State Route 54 in Pasco County wurde das Country-Walk-Projekt mitten im Bau gestoppt, was zurückblieb, waren halb asphaltierte Straßen, die in Stoppelfeldern endeten, beschilderte und beleuchtete Straßen, an denen keine Häuser standen, andere Straßen, an denen unbewohnte Häuser standen. Von dem versprochenen Tennispavillon war genauso wenig zu sehen wie vom Volleyballplatz. In einem Vorgarten stand ein Verkaufsschild neben einem kollabierten aufblasbaren Nikolaus. Auf dem Plattenweg von 30 750 Pumpkin Drive lagen drei vergilbte Ausgaben der *Tampa Tribune*, der Müll in der Küche war nicht geleert, die Kühlschranktür stand offen. Im Garten steckte ein Schild: »Verkauf von privat«. Die Hälfte, vielleicht zwei Drittel der Häuser in der Siedlung standen leer, und wer versuchte, sich in Country Walk zu halten, parkte weiterhin brav in der Einfahrt und mähte den Rasen des Nachbarn mit, um die Verwahrlosung zu verbergen. Es gab Abschnitte, die schneller verkamen als andere: Hier wuchs das Gras bereits kniehoch, das Unkraut schoss zwischen den Platten hervor, aus Klimaanlagen waren die Kupferdrähte herausgerissen, grüner Schimmel wuchs auf altweißem Stuck wie Ausschlag, hier und da klebte an einer Haustür ein Zettel: LEERSTEHEND, AUFGEGEBEN. Trotzdem fehlte dem Zusammenbruch der Investitionspyramide das Spektakuläre, es gab keine Bilder von Abrissbirnen, stillgelegten Fabriken, überwachsenen Farmen. Die Gespenstersiedlungen waren in gewisser Weise sogar hübsch. Unter strahlend blauem Himmel wirkten die Häuser wie perfekte Kulissen, die Flächen und Fassaden waren glatt und gleichmäßig, die Jalousien waren herabgelassen, die Landschaft war von menschlichem Leben beinahe unberührt.

So schnell, wie die Preise in die Höhe geschossen waren, waren sie auch wieder gefallen. Bunnys Haus in Twin Lakes, wenige Meilen nördlich von Country Walk, dessen Wert sich in kürzester Zeit von 114 000 Dollar auf 280 000 Dollar mehr als verdoppelt hatte, war zwei Jahre später noch 160 000 Dollar wert. Einige der Häuser in Bunnys Straße gehörten Investoren, andere Eigentümern, die sich übernommen hatten – so oder so standen sie leer und verlassen da. Als Bunny – tief sitzende Caprihose, ärmelloses Hemd, silber-grüner Lidschatten – an einem Wochenende nachmittags vor ihrem Haus am Utopia Drive stand und den Vorgarten wässerte, war außer ihr keine Menschenseele zu sehen.

Im ersten Jahr machte Usha Patel, die das Comfort Inn an der Autobahnausfahrt gekauft hatte, eine Million Dollar Umsatz, im zweiten Jahr waren es noch achthunderttausend. Amerikaner, fand sie heraus, waren als Angestellte nicht zu gebrauchen. Sie lebten von der Hand in den Mund, nahmen freitags ihre Lohntüten und trugen sie in die Clubs und Kneipen, selbst wenn sie Kinder hatten. Montags kamen sie nicht zur Arbeit, dienstags kamen sie zu spät. Sie verwiesen auf ihren mageren Lohn und weigerten sich, bestimmte Arbeiten zu machen. Sie lamentierten ununterbrochen und kamen mit den lächerlichsten Ausreden: Mein Sohn hat meinen Schlüssel mitgenommen. Wenn jemand eine Woche lang hart arbeitete, wusste sie, dass er bald um Urlaub bitten würde. Einige hätten am liebsten alle zehn Minuten Zigarettenpause gemacht, selbst wenn sie gar nicht rauchten. Wenn es um amerikanische Angestellte ging, machte Usha ein Gesicht, als wäre ihr das ganze Thema zuwider: Sie rümpfte die Nase, verzog die Mundwinkel, kniff die Augen zusammen. Die Amerikaner waren so verwöhnt, wie sie selbst einst verwöhnt gewesen war, weil es immer genug Einwanderer gegeben hatte, die die Drecksarbeit gemacht hatten. Die einzigen Angestellten, mit denen sie je zufrieden gewesen war, waren Einwanderer – der Nachtportier aus der Karibik, der Inder, das spanische Hausmädchen –, Menschen wie sie, zuverlässig und ehrlich und bereit, sich für wenig Geld ein bisschen anzustrengen.

Trotzdem war ihr Optimismus ungebrochen. Amerika war das Land der unbegrenzten Möglichkeiten – für jeden. »Ich liebe Amerika«, sagte sie. »Wenn ein Fremder kommen und erfolgreich sein kann, meinen die Leute von hier, sie bräuchten nicht zu arbeiten.« Sie mochte die klaren Vorschriften und Gesetze, die fehlende Korruption, die Tatsache, dass jeder die Möglichkeit hatte, sein Recht durchzusetzen. Ihr Sohn hatte es schon zum Geschäftsmann gebracht – er hatte in einem kleinen Einkaufszentrum in Tampa ein Computergeschäft gegründet, fuhr einen BMW, wohnte in der Stadt, im sechsundzwanzigsten Stock eines Genossenschaftshauses. Verglichen mit Indien war das ein Traum.

Im dritten Jahr – 2007 – sank Ushas Umsatz auf eine halbe Million, ihre durchschnittliche Auslastung lag bei fünfundzwanzig Prozent, fünfzig Prozent waren nötig, um sich über Wasser zu halten. Zwei Faktoren waren an dem Rückgang schuld: Erstens die Immobilienkrise, die sich auf die gesamte Wirtschaft auszuwirken begann (sie sah die Ursache in den strengen Einwanderungsgesetzen, die verhinderten, dass gute

Arbeitskräfte ins Land kamen). Zweitens entstand zwischen der Autobahnauffahrt und ihrem Motel ein neues Einkaufszentrum, die Bauarbeiten begannen gerade, als die Krise spürbar wurde. Dadurch war die Abfahrt nachts gesperrt, und ihr hohes Werbeschild an der Straße war verschwunden. Für das Motel war die Baustelle der Ruin. (Das Einkaufszentrum wurde nie fertiggestellt.) Bald hatte sie Schwierigkeiten, die monatlichen Raten von fünfundzwanzigtausend Dollar aufzubringen. Ihr Sohn half aus, wie er konnte, trotzdem geriet sie immer mehr in Rückstand.

Mike Ross traf es, als er gerade in einer familiären Krise steckte. Seine Tochter und ihr Freund misshandelten die Enkelkinder, deren Sorgerecht er nun vor Gericht einforderte. Eins der Kinder hatte Kinderlähmung – der Freund hatte es in den Swimmingpool gestoßen und laut darüber gelacht. Als Mike und seine Frau, die seit einem Autounfall schwerbehindert war, endlich das Sorgerecht hatten, war eine Renovierung des alten Bauernhauses mindestens zwei Jahre überfällig. Bevor sie fertig waren, kippte der Markt, das Haus, für das sie 180 000 Dollar bezahlt hatten, war am Ende noch 110 000 Dollar wert. Mikes ehemalige Kunden aus dem Jachthafen rieten ihm, nach Nord-Kalifornien zu ziehen, weit weg von denen, die alles zerstörten, und dort mit Häusern das schnelle Geld zu verdienen. Als er aber mit seinen Enkelkindern in Vacaville ankam, befand sich auch dort die Wirtschaft im freien Fall, es gab überhaupt keine Jobs, nicht einmal an der Tankstelle oder in einem Kiosk. Zudem waren die Kreditbedingungen plötzlich ganz andere, es war viel schwerer geworden, einen Kredit aufzunehmen und mit Häusern zu spekulieren. Der Umzug kostete sie, alles in allem, fünfzigtausend Dollar – die Hälfte ihrer Ersparnisse. Nach sechs Monaten kehrten sie in den Osten zurück, in einen hübschen kleinen Ort außerhalb von Raleigh/North Carolina, einer Art Vacaville mit Bäumen. Aber die kalifornischen Verhältnisse waren auch hier längst eingekehrt – weder auf der Baustelle noch in der Autowerkstatt gab es eine freie Stelle. Mike ließ nichts unversucht. Das Geld ging langsam zur Neige, er hatte Angst, dass sie auf der Straße landen würden. Sie hatten keine andere Wahl, als nach St. Petersburg zurückzukehren, wo seine Tochter noch immer mit ihrem Freund zusammenwohnte.

Mike versuchte, am Jachthafen an seine alten Verbindungen anzuknüpfen, die Bootsbesitzer waren aber alle bestens versorgt, er hatte ihnen schließlich selbst die Handwerker vermittelt. Er bekam keinen einzigen Anruf. Es war unmöglich, in dieses Leben zurückzukehren. Immerhin lieh ihm ein ehemaliger Kunde Geld, genug, um die Familie in einer Mietswohnung in einem schäbigen Viertel unterzubringen, wo sich die Straßenkinder auf dem Parkplatz nebenan über seinen verkrüppelten Enkelsohn lustig machten. Sie lebten jetzt von Lebensmittelgutscheinen, von den Beihilfen, auf die seine Frau und das Enkelkind Anspruch hatten, und von verschiedenen Sozialeinrichtungen. Mike begann, psychisch unter der Situation zu leiden, seine Gedanken rasten und kamen nicht mehr zur Ruhe, er hatte Angst – vor Obdachlosigkeit, vor seinen eigenen Suizidgedanken, vor der Klapse. Er hatte Angst, auf der Straße dem Freund seiner Tochter zu begegnen, der von ihrer Rückkehr nichts wissen durfte. Die Angst war ihm ständig im Nacken, sie ließ sich nicht abschütteln. Immer wieder fielen ihm neue Geschichten ein, neue Schwierigkeiten, die ihn befallen könnten, bis sie ihn schließlich *tatsächlich* befielen. Dabei war er früher so ruhig gewesen, so ausgeglichen, damals, als er unter dem tiefblauen Himmel Jachten lackiert hatte. Er nahm weiter zu, sein Bauch wuchs mächtig an, und wenn er auch noch manchmal über sich lachen konnte, so verrieten seine Augen, die durch eine randlose Brille starrten, nur eine sedierte Trauer. Er nahm Schmerzmittel wegen des Rückens und Xanax wegen der Angstzustände, und einmal hatte er alles so satt, dass er dreißig Xanax und vier Hydrocodon nahm und in ein zwei Tage währendes Koma fiel.

»Das war alles wegen der Wirtschaftskrise«, sagte er. »Es hat mich einfach zerrissen. Es hat mir den Willen zum Leben genommen. So sehe ich das heute.«

Mike kam für drei Tage in die Klapse, als er wieder draußen war, wusste er sich nicht anders zu helfen, als zu einer Sozialstation in Tampa zu gehen. Er wurde psychotherapeutisch behandelt und bekam eine Beihilfe für die Stromrechnung. Niemand war so erstaunt wie er, der sich immer als Mitglied der Mittelklasse gesehen hatte, dass er mit einem Bein im Obdachlosenheim stand. Doch die geschlossene Abteilung und die Sozialstation gaben ihm einen entscheidenden Impuls. Er las ein Buch mit dem Titel *Weiterleben nach dem Trauma* und begann, tiefer und ruhiger zu atmen. Er entdeckte seine Spiritualität und lernte, von seinen schlimmsten Gedanken zurückzutreten. Da nur die Medizin wirklich krisensicher war, meldete er sich für eine staatlich geförderte Weiterbildung zum Pfleger an. Am Ende half er einem dementen, einundneunzigjährigen Weltkriegsveteranen bei der Toilette und verdiente 10,50 Dollar die Stunde, ohne Krankenversicherung. Die Arbeit war nicht schwerer als auf den Jachten der Millionäre. Mike war froh, dass er sich nützlich machen konnte.

Van Sickler und einige Kollegen analysierten eine Menge Daten zu den Zwangsvollstreckungen in Hillsborough County. Die Krise hatte den gesamten Bezirk erfasst, am schlimmsten hatte es zwei Orte getroffen: die älteren Slums der Innenstadt und die neuen Geistersiedlungen. Seine Software zeigte eine Karte mit einem dicken roten Punkt in Carriage Pointe, der Siedlung, die auf einer Tropenfischzucht in Gibsonton entstanden war: Dort lag die Rate der Zwangsvollstreckungen auf dem Rekordwert von fünfzig Prozent. Abends fuhr Van Sickler oft mit einem Fotografen, Chris Zuppa, hinaus, um sich umzusehen.

Es war einer der seltsamsten Orte, den Van Sickler in seinem Reporterleben gesehen hatte. Einmal entdeckten sie in den Reihen der Einfamilienhäuser mehrere abgemagerte Kühe. Irgendein Hausbesitzer hatte die Kühe wohl benutzt, um sein Grundstück als landwirtschaftliche Fläche zu deklarieren und Steuern zu sparen. Jetzt kümmerte sich niemand um sie, sie verhungerten. Van Sickler und Zuppa klopften an eine Menge Haustüren, doch die wenigen, die überhaupt zu Hause waren, wollten nicht mit ihnen sprechen. Die Gestrandeten waren meist junge Familien, die eigentlich weiterziehen wollten, die Siedlung war für sie nur ein Schritt auf dem Weg zu etwas Besserem gewesen. Als die Preise zeitweise um fünfzig Prozent fielen, steckten sie in der Falle. Ihre ganze Wut richtete sich auf Lennar, das Unternehmen, das ihnen einen Swimmingpool und Gemeinschaftsräume versprochen hatte. Die Firma hatte außerdem versprochen, nicht mehr als zwanzig Prozent der Einheiten an Spekulanten zu verkaufen. Nun stellte sich heraus, dass viele der Eigentümer an Orten wie Fort Mill/South Carolina oder Ozone Park/New York wohnten, es war ihnen egal, wie es den Leuten erging, die in Carriage Pointe feststeckten. In einigen der verlassenen Häuser hatten sich Drogenhändler und Hehler eingenistet, sie waren vollgestopft mit Schmuggelware. Sogar Schüsse hatte es schon gegeben. Nachts fuhren Polizeistreifen durch die Siedlung. Die Menschen wurden paranoid, ein Hausbesitzer führte Van Sickler stolz die Überwachungskameras vor, die er in der Einfahrt installiert hatte.

»In diesen Siedlungen«, sagte Van Sickler, »hört niemand deine Schreie.«

Eine Investitionspyramide war ein Vertrauensspiel, das nur so lange funktionierte, wie sich Leute fanden, die bereit waren, ihren gesunden Menschenverstand auszuschalten. Jeder, der sich darauf einließ, war Opfer und Täter zugleich. Das Ergebnis war eine allumfassende Leichtgläubigkeit, gepaart mit allumfassender Angst. Carriage Pointe hätte eine Nische im großen amerikanischen Traum sein können, doch am Ende war es die Apokalypse. Van Sickler, der noch lange recherchierte, war schließlich überzeugt, dass naive Hauseigentümer an der Krise nur einen Teil der Schuld trugen – und er schrieb einen Artikel, der Baulöwen und Politiker auf das Schärfste anklagte.

Sang-Min Kim, genannt Sonny, stammte aus Südkorea. Er gründete Body Design Tattoos, ein Piercing- und Tätowierungsstudio mit asiatischer Note. Außerdem besaß Sonny Kim um die Mitte des Jahrzehnts etwa hundert Häuser in Tampa, vor allem in den ärmsten Vierteln im Norden, wo auch Kenny Rushing aktiv war. Tatsächlich war es so, dass Kenny und Sonny Geschäftspartner waren, sie verkauften sich immer wieder gegenseitig Häuser. Als Van Sickler Kim im Sommer 2008 endlich aufspürte, hatte dieser bereits vier Millionen Dollar Profit gemacht. Mehr als ein Drittel seiner Häuser befanden sich in Zwangsvollstreckung.

Van Sickler fuhr durch Belmont Heights und Sulphur Springs, die ärmsten Viertel der Stadt, um einige von Kims Häusern anzusehen. An der Seventeenth Street, Hausnummer 4809, stand ein zweistöckiges, stuckverziertes Haus, dessen Dach mit blauer Plane abgedeckt war. Die Fenster waren vernagelt, im verwilderten Garten lag ein Matratzenhaufen. Kim hatte das Haus 2006 für einhundert Dollar in seinen Besitz gebracht, die Zeugenunterschrift auf der Verzichtserklärung stammte von einem verurteilten Drogendealer. Drei Monate später verkaufte Kim das Haus für 300 000 Dollar an einen Käufer namens Aracely Llanes, der eine Hypothek über den gesamten Betrag bei Long Beach Mortgage, einer Tochtergesellschaft der Washington Mutual Bank, aufnahm. Van Sickler stand fassungslos im Vorgarten, er konnte über die Höhe der Hypothek nur staunen. War von der Bank einmal jemand vorbeigekommen, um einen Blick auf die Immobilie zu werfen? Vor achtzehn Monaten war das Haus an die Bank gefallen, die nun versuchte, es für 35 000 Dollar loszuschlagen. Van Sickler hätte gern mit den Nachbarn gesprochen, um herauszufinden, ob in dem Haus noch jemand wohnte, aber es dämmerte schon, und das Viertel galt als gefährlich. Niemand kam an die Tür, wenn er irgendwo klopfte. Schließlich kam ein Streifenwagen, ein Polizist stieg aus und sagte: »Es gibt hier jemanden, der Sie nicht mag.« Jemand hatte den Notruf gerufen, weil ein großer, weißer Typ herumlief und die Nase in Dinge steckte, die ihn nichts angingen.

Van Sickler versuchte, Aracely Llanes zu finden. Es gab eine Adresse in Opa Loca, aber die Telefonnummer, die er bekam, war ungültig. Einige von Kims weiteren Käufern waren Drogenhändler, Brandstifter und psychisch Kranke. Van Sickler fand Dutzende Häuser, die nach dem immer gleichen Muster abgewickelt wurden: Ein verfallenes Haus, ein minimaler Kaufpreis, ein schneller Verkauf zu einem irrwitzig hohen Preis, eine Hypothek ohne Bonitätsnachweis, keine – oder nur eine geringe – Anzahlung, ein Käufer, der sich in Luft auflöste, Leerstand, Zahlungsverzug. Ein Experte erklärte Van Sickler, dass einige der Käufer wohl Strohmänner waren oder überhaupt nicht existierten. Andere traten unter falschem Namen mit gefälschten Papieren auf. Sie alle, wie auch die Makler, Gutachter, Notare, Anwälte, steckten mit Sonny Kim unter einer Decke. Selbst die Bankangestellten wussten, wie das Geschäft lief, in den Papieren tauchten immer wieder dieselben Namen auf. Jeder von ihnen verdiente an Sonny Kims Geschäften, und an den Geschäften all der anderen Sonny Kims. Und die faulen Kredite verflüchtigten sich irgendwie, man schrieb sie einfach ab.

Van Sickler recherchierte noch, als im September Lehmann Brothers in Insolvenz ging. Lehman war eine der Institutionen, die Sonny Kims Strohmännern Geld geliehen hatten, genau wie die anderen großen Finanzhäuser, die in den Schlagzeilen waren, weil sie vor dem Ruin standen – Washington Mutual, Wachovia, JP Morgan Chase, Countrywide, Bank of America, Fannie Mae, Freddie Mac. Wenn Van Sickler die Nachrichten sah, erfasste ihn ein Schaudern und eine seltsame Erregung. Er erkannte nun, dass die Geschichte über den Besitzer eines Tätowierungsstudios in Tampa (die er nun schon sehr lange verfolgte, die Redaktionsleitung hatte sich sehr geduldig gezeigt) mit der Story der größten Finanzkrise unserer Zeit zusammenhing. Er hatte in Tampa etwas gesehen, ein Teil des Puzzles, das den bekannteren Reportern aus New York und Washington noch fehlte. Man konnte den Einbruch an der Wall Street bis zu der Ruine an der North Seventeenth Street, Hausnummer 4809, zurückverfolgen, bis nach Carriage Pointe und Country Walk.

Die Banken hatten Schwindlern Kredite gegeben, die überteuerte Schrottimmobilien kauften, weil das Risiko ohnehin schnell weitergereicht wurde. In der Finanzwelt war ein neuer Begriff aufgetaucht, zumindest einer, den Van Sickler nie zuvor gehört hatte: Hypotheken-gedeckte Wertpapiere (*mortgage-backed securities*) waren Bündel von Hypotheken, die von Wall-Street-Banken aufgekauft und in Anleihen umgewandelt und mit enormen Margen an Investoren weiterverkauft wurden. Allein das Wort war geeignet, Panik zu verbreiten, wie ein neuer Virus vielleicht. Jetzt verstand Van Sickler: Dies waren die Hypotheken, die die Wertpapiere deckten. Hier waren die faulen Kredite, die das gesamte globale Finanzsystem bedrohten.

Die meisten Journalisten waren überzeugt, dass für die Finanzkrise eigentlich jeder verantwortlich war. »Die Gier war nicht mehr zu bändigen. Wir sind einfach alle unglaublich gierig geworden, keiner kann wirklich sagen, warum, jeder wollte ein Haus haben, das er sich nicht leisten konnte.« Sickler glaubte diese Story nicht: »Das ist journalistische Faulheit. Das sind ein paar hingeworfene Sätze für Politiker, die kein Interesse an Aufklärung haben. Wir sind doch nicht *alle* verantwortlich für das, was passiert ist.« Er hasste die gängige Berichterstattung, die eine falsche Ausgewogenheit herzustellen versuchte und sich scheute, eindeutige Schlüsse zu ziehen, selbst dann noch, wenn die Wahrheit eigentlich nicht mehr zu übersehen war. Seine eigene Recherche hatte nicht etwa *alle* als Schuldige identifiziert, sondern Verantwortliche in bestimmten Institutionen – in der Politik, im Immobilien- und vor allem im Bankengeschäft. Sonny Kim war nur ein Name und ein Gesicht. »Es war systemisch. Banken vergaben diese Kredite, ohne dass ein Mensch einen Blick auf die Verträge geworfen hätte. Sie waren so gierig geworden. Sie konnten diese Hypotheken gar nicht schnell genug vergeben.«

Van Sicklers Artikel erschien kurz nach Thanksgiving auf der Titelseite. Eine Woche später begann das FBI, sich für die Story zu interessieren. Sonny Kim zeigte sich bereit, als Zeuge für die Anklage aufzutreten, er trug einen Sender und kooperierte mit den Ermittlern. Van Sickler sah zu, wie die Bundespolizei den Fall aufrollte, bis hinauf zu den großen Fischen.

Seit ihren Studientagen in Stanford stritt sich Peter Thiel mit seinem Freund Reid Hoffman über die Natur der Gesellschaft. Weihnachten 1994 verbrachten sie gemeinsam an der kalifornischen Küste, um Ideen für ein Internetunternehmen zu entwickeln. Hoffman, der bei Apple arbeitete, gab Thiel den Science-Fiction-Roman *Snow Crash* von Neil Stephenson zu lesen – eine Dystopie, in der große Teile Amerikas als souveräne Enklaven privatisiert waren, die von mächtigen Unternehmern und Mafiosi regiert wurden. Es war eine Art fiktionaler Vorläufer von *The Sovereign Individual*. Den Helden des Romans gelang es, mithilfe von Metaverse – dem Nachfolger unseres Internets – der Gewalt und der gesellschaftlichen Zerrüttung zu entkommen, als Avatare traten sie in die virtuelle Welt ein. *Snow Crash* lieferte Hoffman eine Geschäftsidee, er machte sich mit einer Website für Singles selbständig, die socialnet.com hieß und möglicherweise das erste soziale Netzwerk im Internet war. Erfolg hatte er nicht – aus verschiedenen Gründen. Vor allem wollten die Benutzer nicht als Avatare miteinander in Kontakt treten, sondern als sie selbst. Trotzdem entwickelte Hoffman seine Idee weiter, und als PayPal 2002 an eBay verkauft wurde, nahm er seinen Gewinn und gründete ein soziales Netzwerk für Geschäftsleute, das er LinkedIn nannte. Durch LinkedIn lernte er Sean Parker kennen, und durch Hoffman und Parker lernte Thiel wiederum Mark Zuckerberg kennen.

Im Frühjahr 2004 versuchten Thiel und Hoffman, ihrem hyperkinetischen, vierundzwanzigjährigen Freund auszureden, Sequoia Capital, die Investoren seines Online-Adressbuch-Unternehmens Plaxo, zu verklagen. Parker war wegen seiner wüsten Umgangsformen aus der eigenen Firma gedrängt worden, wie einige Jahre zuvor schon aus der Musik-Sharing-Platform Napster. Thiel riet ihm, eine neue Firma zu gründen, statt sich in ein langes Gerichtsverfahren zu verstricken. Drei Monate später erzählte Parker Thiel, dass er gerade Präsident von Thefacebook geworden sei, eines sozialen Studentennetzwerks mit vier Mitarbeitern, und dass der Harvard-Student, der die Firma gegründet hatte, dringend Geld brauchte, weil so viele Studenten mitmachen wollten, dass seine Computer vor dem Zusammenbruch standen. Hoffman, der

Thefacebook und Mark Zuckerberg schon seit einem Jahr beobachtete, lehnte es ab, als Hauptinvestor einzusteigen, um den Eindruck eines Interessenkonflikts mit LinkedIn zu vermeiden. Der Weg war frei für Thiel.

Thiel erklärte gern, dass ein echter Liberalist prinzipiell nicht in soziale Netzwerke investieren sollte. Wenn es eigentlich nur Individuen gab und keine Gesellschaft – wie war es dann möglich, mit einer solchen Investition Gewinn zu machen? Ayn Rand hätte sicherlich nicht in Thefacebook investiert. Aber Thiel, der sich schon länger für soziale Netzwerke interessierte, beschloss, in einer Weise, die mit seinem Objektivismus nicht unbedingt unvereinbar war, das rationale Eigeninteresse über die ideologische Reinheit zu stellen. Thefacebook sah aus, als könnte es erfolgreich sein, wo andere Websites wie Friendster gescheitert waren. Das kommerzielle Internet hatte sich vom Crash noch längst nicht erholt, zum ersten Mal gab es mehr gute Ideen als Investoren, die ihnen nachjagten. Thefacebook existierte bereits an über zwanzig Universitäten, es breitete sich unter einer gutartigen Fassung der Breschnew-Doktrin aus: Wenn ein neues College ausgewählt wurde, dauerte es meist nur wenige Tage, bis die komplette Studentenschaft beigetreten war. Und es gab kein Zurück. Das Potential war da, denn die Studenten waren begeistert und nutzten die Website intensiv. Hoffman hatte mit den Software-Leuten gesprochen, sie schienen kompetent genug. Im Sommer 2004 schließlich empfing Thiel Zuckerberg in den Büros von Clarium Capital: im Herzen des Bankenviertels von San Francisco, auf der vierunddreißigsten Etage eines Granitturms an der California Street, der einst als Hauptquartier der Bank of America gedient hatte.

Zwar trat Parker als Wortführer auf, aber es war Zuckerberg, der den bleibenden Eindruck bei Thiel hinterließ. Er war zwanzig Jahre alt, trug Jeans, T-Shirt und Badeschlappen und war schon damals ziemlich störrisch. Er wusste genau, was er wollte. In seiner hochkonzentrierten, introvertierten Art war er der klassische Programmierertyp. Was Menschen und ihre Bedürfnisse anging, war er so begriffsstutzig, dass es nahelag, an Asperger zu denken – paradox für den Gründer eines sozialen Netzwerks. Nüchtern beschrieb er das dramatische Wachstum von Thefacebook, ohne jeden Versuch, Thiel zu beeindrucken. Thiel deutete das als Ernsthaftigkeit. Am Ende des Treffens – das fast den ganzen Nachmittag dauerte – beschloss Thiel, als Investor bei Thefacebook einzusteigen. Für eine halbe Million Dollar Startkapital übernahm er 10,2 Prozent der Anteile und einen Sitz im fünfköpfigen Aufsichtsrat.

Thiel verabschiedete Zuckerman mit den Worten: »Mach bloß keinen Scheiß.«

Als Zuckerberg einige Jahre später überhaupt keinen Scheiß gemacht hatte, und die Anzahl der User eine halbe Milliarde überschritt und Thiels Anteil 1,5 Milliarden Dollar wert war und Hollywood einen Film über die Anfänge von Facebook herausbrachte, in dem Zuckerberg und Parker in sehr schlechtem Licht erschienen – was beiden außerordentlich zusetzte –, verabredete sich Thiel mit einer kleinen Gruppe von Freunden, um in einem Kino in San Francisco den Film zu sehen. Die Verhandlung in Thiels Büro dauerte im Film ganze vierunddreißig Sekunden. Thiel kam zwar vergleichsweise gut weg, er fand aber, dass seine Figur zu alt aussah, wie ein typischer Finanzmensch – dabei kam Thiel meist im T-Shirt zur Arbeit, nicht im hellblauen Oberhemd. Noch später, als Facebook an die Wall Street ging und die Kurse gleich dramatisch fielen, verkaufte Thiel einen Großteil seiner Aktien. Seine Investition von fünfhunderttausend Dollar brachte ihm knapp eine Milliarde.

Im selben Jahr, in dem er mit Zuckerberg verhandelte, gründete Thiel mit einigen Partnern eine Firma namens Palantir Technologies (nach einem Stein, einer Art Kristallkugel, aus seinem Lieblingsroman *Herr der Ringe*). Die Software, die für PayPal entwickelt worden war, wurde eingesetzt, um die Betrugsversuche russischer Gangster abzuwehren, und sie wurde für komplexe Datenanalysen weiterentwickelt, die subtile Muster in Datenströmen entdeckten. Staatliche Stellen setzten die Technik ein, um Terroristen, Betrüger und andere Kriminelle zu verfolgen. Ein Teil des Startkapitals stammte aus einem Investitionsfonds der CIA, trotzdem war Palantir auf eine Investition von dreißig Millionen Dollar angewiesen, die von Thiel kam. Thiel wurde Vorstandsvorsitzender, und als Facebook den Büros in Palo Alto entwachsen war, zog Palantir an der University Avenue ein. Gegenüber war das Büro, in dem PayPal seinen Anfang genommen hatte. Der Wert von Palantir stieg auf 2,5 Milliarden Dollar, Thiel war auf dem besten Weg, der erfolgreichste Technologie-Investor der Welt zu werden.

Clarium Capital war nicht weniger erfolgreich. Thiel leitete einen globalen Makrofonds, jeder Investition gingen gründliche Analysen der Weltmärkte und der staatlichen Eingriffe auf höchster Ebene voraus.

Im ersten vollen Geschäftsjahr 2003 – der Fonds hatte Einlagen von 250 Millionen – lag der Gewinn bei fünfundsechzig Prozent. Thiels Strategie bestand darin, langfristige Trends in einem breiten Kontext zu betrachten. Er engagierte sich am liebsten gerade dort, wo andere zögerten: Er setzte auf japanische Anleihen, als andere verkauften; auf den Energiesektor, weil er überzeugt war, dass *peak oil* Wirklichkeit war, und dass die globalen Energiereserven zur Neige gingen. Er kaufte amerikanische Staatsanleihen, weil er überzeugt war, dass sich die Wirtschaft nach der Rezession von 2001 nur langsam erholen würde. In diesen ersten Jahren wuchs Clarium rasant, auf dem Höhepunkt im Sommer 2008 hatte der Fonds Einlagen von sieben Milliarden Dollar – was einer siebenhundertfachen Steigerung in sechs Jahren entsprach. Die Finanzpresse beschrieb Thiel als Genie unter den konträren Investoren. Für Thiel selbst bedeutete konträres Interesse nur, dass er das Denken nicht anderen überließ. Die meisten Menschen richteten sich nach der Mehrheit, der Herde. Der Welt fehlten einige Robinson Crusoes, fand Thiel.

Clarium bezog eine Büroetage am Presidio-Park in San Francisco, die einen traumhaften Blick auf die Golden Gate Bridge und den Pazifik bot. Aus seinem Eckbüro im vierten Stock konnte Thiel von Alcatraz bis in die Hügel von Marin County sehen. Das Grundstück am Park gehörte Lucasfilm, der Produktionsfirma von George Lucas, im Erdgeschoss standen Darth Vader und Yoda, Figuren aus Thiels Lieblingsfilm. Die Lounge war von Bücherregalen unterteilt, in denen ledergebundene Ausgaben von Madame de Sévigné, Dickens, Darwin und George Eliot neben Werken über strukturierte Finanzprodukte und quantitative Analyse standen. In der Mitte des Raums stand ein Schachtisch, der zu einer Partie einlud.

Wer zur wöchentlichen Konferenz zu spät kam, zahlte hundert Dollar Strafe. An einem Dienstagmorgen um halb elf ging es um Japan. Elf Männer in hellblauen, weißen oder gestreiften Hemden saßen an einem langen Tisch. Thiel, der Vorsitzende, saß am Kopfende.

»In Japan passiert nie etwas – das ist der Schlüssel zu Japan«, sagte er. »Wenn ich Japaner wäre, hätte ich nach zwei Jahren Stagnation auf jeden Fall die Nase voll. Aber ich bin kein Japaner. Also?«

Kevin Harrington, ein ehemaliger Physik-Doktorand aus Stanford, der Thiels wichtigster Broker war, meldete sich. »Die alten Leute in Japan sind zufrieden. Ihre Vermögen sind gewachsen. Sie sind wie die Baby Boomer bei uns, sie denken, dass ihnen nichts passieren kann.«

»Glaubst du, dass wir gegen Japan wetten sollten?«, fragte jemand aus der Runde.

»Seit zwanzig Jahren ist es ein Fehler, gegen Japan zu wetten«, sagte Thiel. »Ich habe da persönlich keine Überzeugungen. Aber wenn es dumm läuft, kann es so noch eine Weile weitergehen. Die politische Frage ist nur: Ist Japan ein autoritärer Staat? Oder ein Land ohne Regierung? Eine Demokratie ist es, glaube ich, nicht. Davon können wir ausgehen. Sind wir wieder in den Siebzigern, als ein autoritärer Wirtschaftsstaat die Bevölkerung zum Sparen zwingen konnte? Oder ist es eher wie Kalifornien, wie die USA, wo – und darin liegt unser Geheimnis – eigentlich niemand das Sagen hat? Natürlich tun alle so, als hätten sie die Dinge im Griff, aber die tiefere Wahrheit ist, dass niemand etwas im Griff hat.«

Aus dem Meeting wurde ein Seminar über japanische Geschichte und Kultur. Nach einer halben Stunde fragte Thiel: »Und worauf richtet sich der Optimismus der Menschen?«

»Ausbau der Ölförderung in den USA und Kanada«, sagte ein junger Broker.

Patrick Wolff, ein Kollege, der per Telefon zugeschaltet war, sagte: »Auch wenn ich damit meinen Libertarismus verrate: Das staatliche Energiemonopol bröckelt rasant.«

»Nächste Woche«, sagte Thiel, »sollten wir uns mal Gedanken darüber machen, was die Menschen optimistisch macht, worauf sich ihre Hoffnungen richten.«

Wie bei PayPal hatte Thiel Köpfe versammelt, die ihm sehr ähnlich waren. Clarium stand bald in dem Ruf, ein Thiel-Kult zu sein, ein Club junger liberalistischer Denker, die ihren Chef verehrten, seine Arbeitsgewohnheiten nachahmten, Schach spielten und alle anderen Sportarten mit Widerwillen betrachteten. Da Thiel die Immobilienblase kommen sah, schärfte er seinen Angestellten ein, keine Häuser zu kaufen. Er selbst mietete eine opulente, mehrstöckige Tausend-Quadratmeter-Villa an der Marina, gar nicht weit vom Büro entfernt, mit Blick auf das palastartige Kunstmuseum mit seiner angestrahlten Kuppel.

Sein Lebensstil war jetzt der eines ganz normalen Silicon-Valley-Milliardärs. Es kümmerten sich um ihn: zwei schwarz gekleidete, blonde Assistentinnen, ein Butler im weißen Jackett und ein Koch, der ihm täglich einen Smoothie aus Stangensellerie, Roter Bete, Grünkohl und Ingwer kredenzte. Wenn er zum Essen einlud, bekamen die Gäste eine gedruckte Speisekarte, aus der sie ein Menü zusammenstellen konnten. Er flog nur noch im Privatjet. Einmal lud er seine engsten Freunde zum Surfen in Nicaragua ein, ein anderes Mal zu einer Floßfahrt in Zimbabwe – samt Body Guards. Thiel war emotional nur schwer zu durchschauen, was nicht unsympathisch war, doch er hatte auch eine angeberische Seite. Sein persönlicher Konsum hielt sich in gewissen Grenzen, wodurch er ein wenig an Gatsby erinnerte, der nur als Phantom auf seinen eigenen Partys erschien. Er kaufte einen Ferrari 360 Spider, um sich auszutoben (sonst fuhr er einen Mercedes SL500), ließ sich auf einer Rennstrecke in Las Vegas Fahrunterricht geben und gründete die Zeitschrift *American Thunder*, die Stockcar-Rennen zelebrierte, Jäger, Angler, Country-Musik und den gesamten »NASCAR-Lifestyle«. (Obwohl die Zeitschrift in zwei Dritteln der Wal-Marts auslag und Dale Earnhardt junior den Titel zierte, wurde *American Thunder* nach nur vier Ausgaben eingestellt.) Thiel kaufte das Clubrestaurant Frisson und schmiss bei jedem neu erreichten Meilenstein von Facebook eine Party. Auch in seine Villa lud er ein – zu Spendenkampagnen, Buchpremieren und Firmenstarts. Es kamen fünfzig oder hundert Gäste, manchmal, wenn es ganz hoch her ging, servierten die Kellner mit nackten Oberkörpern, manchmal trugen sie nichts als Schürzen. Mit seinen Millionenspenden unterstützte er viele konservative Initiativen und Politiker. Als die Immobilienblase platzte, kaufte er die Villa in San Francisco für 6,5 Millionen, und eine Anlage auf Maui für 27 Millionen. Am Union Square in Manhattan mietete er ein Loft. Seine Häuser waren makellos ausgestattet, immer im neuesten Stil, und wirkten doch, als gehörten sie niemandem.

»Es ist seltsam, wie die Schere zwischen arm und reich immer weiter aufgeht«, sagte er später. »In den Siebzigern kannte ich keinen einzigen Millionär. Ein Millionär, das wäre ein richtig reicher Mann gewesen, eine Seltenheit. In den späten Achtzigern galt man in Stanford als kolossal reich, wenn man zwanzig oder dreißig Millionen auf dem Konto hatte, auch wenn einige natürlich mehr besaßen. Wenn die Eltern Geld in diesem Bereich hatten, war das wirklich außergewöhnlich.« 1997 erschien ein Roman, der im Silicon Valley spielte und den Titel *Die ersten 20 Millionen sind die schwierigsten* trug. »Zwanzig Millionen – das war wahnsinnig viel Geld. Meine Theorie damals war, dass es kontraproduktiv wäre, mehr zu besitzen. Zwanzig Millionen, dachte ich, wären schon sehr gut, mehr würde eine Menge Schwierigkeiten mit sich bringen.« Ein Jahr verging, und noch eins, und »irgendwie ging es dann immer weiter«.

Wer in einer tatsächlich ungerechten Welt immer danach strebt, so viel zu besitzen wie der Durchschnitt aller, die mehr haben als er, geht irgendwann zugrunde, denn er spürt, dass er immer weiter zurückfällt. Denn die Entfernung zu denjenigen, mit denen er sich vergleicht, wächst stetig an – egal wie groß sein eigenes Vermögen ist. Der angestrebte Reichtum ist nichts als eine Fata Morgana am Horizont. In einer Welt, die wirklich nicht gerecht ist, braucht man einen festen Punkt, an dem man sich festhalten kann, einen Anker.

Als Liberalist begrüßte er ein Amerika, in dem weder auf die alten Institutionen Verlass mehr war noch auf die Gemeinschaften, die lange das einzige Sicherheitsnetz geboten hatten, die jedem, der dazugehörte, eine Stelle im Leben angewiesen und die gemeinsamen Ziele vorgegeben hatten. All das widersprach Thiels Vorstellungen zutiefst. Er war überzeugt, dass der Mensch allein den Sprung ins Ungewisse machen, dass er sich aus einem inneren Streben, aus Begabung und abstrakter Neugier immer neu erfinden müsse – weshalb er gerade unter den Bedingungen der Abwicklung gedeihen würde. Aber Thiel stand auch im Mittelpunkt einer kleinen, eng verbundenen Gruppe von Freunden, jungen Männern zumeist, die ähnlich dachten und nach der binären Treppenfunktion des Silicon Valley zur gleichen Zeit wie er beinahe über Nacht reich geworden waren – unfassbar reich, auch wenn sie weiterhin Jeans und T-Shirt trugen. Natürlich war niemand so reich wie Thiel. Diese Freunde sorgten dafür, dass er die Bodenhaftung seiner früheren Wirklichkeit nicht vollständig verlor, sie schützten ihn vor den flüchtigsten und giftigsten Statussymbolen. Als 2007 ein Online-Magazin Thiel outete, bezeichnete er die Verantwortlichen als »Al-Qaida des Silicon Valley« und blieb ansonsten dabei, selbst seinen engsten Freunden gegenüber sein Privatleben abzuschirmen. Beim Abendessen wurde nicht über Sex gesprochen, nicht über Religion, nicht über andere Leute. Es ging immer nur um Ideen, um Weltpolitik und die Zukunft der Technik. Wenn Thiel gefragt wurde, welchen Investor er am meisten bewunderte, nannte er immer den völlig zurückgezogen lebenden Milliardär Howard Hughes.

Im Wahlkampf des Jahres 2008 gab Thiel der libertären Zeitschrift *Reason* ein Interview: »Ich sehe das ganz optimistisch. Mag sein, dass die Politik immer antilibertärer wird. Das ist aber nur ein Symptom dafür, dass die Menschen immer libertärer werden«, erklärte er. »Vielleicht zeigt all das nur, wie gut die Dinge eigentlich laufen.« Im September, nachdem Clarium die Sieben-Milliarden-Marke überschritten hatte, zog die Firma mit neunzig Prozent der Angestellten nach Manhattan um. Thiel gehörte jetzt zu den weltweit erfolgreichsten Hedgefonds-Managern, er suchte die Nähe zur Wall Street.

Im selben Monat brachen die Finanzmärkte ein. Panik brach aus. In der Panik versuchte Thiel, das fallende Messer zu fangen, aber diesmal wurde ihm sein konträrer Geist zum Verhängnis. Er rechnete damit, dass die Regierungen versuchen würden, mit einer koordinierten Aktion die Märkte zu stützen, und setzte bis zum Ende des Jahres auf steigende Aktienpreise – doch an der Börse ging es immer weiter abwärts, sein Fonds verlor eine Menge Geld. Als er 2009 schließlich gegen den Markt wettete, begannen die Aktien zu steigen, Clarium verlor immer mehr. Investoren begannen, ihr Geld aus dem Fonds zu ziehen. Einige murrten, dass Thiel zwar ein brillanter Denker sei, dass ihm aber das Gespür für den Markt und seine Risiken fehlte. Thiel warnte schon seit Jahren vor einer Immobilienkrise, doch als sie eintrat, war er nicht in der Position, von ihr zu profitieren. Mitte 2010, während immer mehr Kapital abfloss, musste Clarium das New Yorker Büro schließen und kehrte nach San Francisco zurück – eine teure, aufwendige Störung. 2011 war der Fonds auf 350 Millionen geschrumpft, zwei Drittel des Geldes gehörten Thiel – es war sein gesamtes liquides Vermögen. Clarium war nicht mehr als eine private Vermögensverwaltung.

Zum ersten Mal in seinem Leben war Thiel an einer Sache, die ihm wirklich etwas bedeutete, gescheitert – und zwar spektakulär und in aller Öffentlichkeit. Anders als bei PayPal, wo jeder Fehltritt zu wütenden Tiraden geführt hatte, reagierte er demütig, er war ein guter Verlierer, sein Verhältnis zu den Mitarbeitern blieb unbelastet. Zur gleichen Zeit begann sein Bild von Amerika düsterer zu werden. Wenn er die Entwicklung seit den Siebzigerjahren betrachtete, die, besonders im Silicon Valley, so voller Licht und Hoffnung gewesen waren, schien ihm nun selbst Facebook an Glanz verloren zu haben. Thiels neuer Pessimismus führte dazu, dass er über die Zukunft ganz neue Vorstellungen entwickelte.

2008 BAM SCHLÄGT HILLARY – HISTORISCHER SIEG Nie zuvor konnte ein Schwarzer die Vorwahlen in Iowa gewinnen. **Change kommt bei den Wählern an** … IMMOBILIEN BEWERTET: VON DER MALAISE IN DEN KRITISCHEN ZUSTAND … REKORD FÜR 2007: GM VERLIERT 38,7 MILLIARDEN IM HEIMISCHEN AUTOGESCHÄFT. **Abfindungsangebote für 74000 amerikanische Arbeiter** … ÖLSCHOCK: EXPERTEN ERWARTEN DRASTISCH STEIGENDE BENZINPREISE. »MASSENABWANDERUNG« VON AMERIKANISCHEN AUTOS … EINE WIRTSCHAFTSKRISE FÜR DAS NEUE JAHRHUNDERT? … AM JAHRESTAG DES IRAKKRIEGS DOMINIERT OBAMA MIT EINER REDE ÜBER RASSENBEZIEHNUNGEN DIE NACHRICHTEN … Obamas gesamter Wahlkampf gründet auf Klassenkampf und Neid. Der Politikwechsel, den er uns andrehen will, ist nichts Neues, wir kennen ihn längst: Es ist der Change, der die individuellen Freiheiten zurechtstutzt, um einem sanft autoritären Sozialismus Platz zu machen … *dass sich etwas bewegt in Amerika, dass wir nicht so weit voneinander entfernt sind, wie es in der Tagespolitik aussieht, dass wir ein Volk sind, eine Nation* … LEHMANN MELDET KONKURS AN, MERRILL VERKAUFT, AIG BRAUCHT FRISCHES GELD … BUSH FORDERT 700 MILLIARDEN FÜR BANKENRETTUNG … OHIO: McCAIN LOBT FREIHANDELSABKOMMEN VOR ARBEITERN, FABRIK STEHT VOR DEM AUS. Er verwies auf sein eigenes politisches Schicksal – dramatischer Absturz gefolgt von einem überraschenden Comeback bis hin zur Nominierung als republikanischer Präsidentschaftskandidat – um zu illustrieren, dass es auch in Rust-Belt-Städten wie Youngstown wieder bergauf gehen kann … PALIN ZETTELT NEUEN KULTURKRIEG AN … Wir sind überzeugt, dass das Herz von Amerika in diesen Kleinstädten schlägt, die wir besuchen, in diesen wundervollen, versteckten Nischen, die ich das wahre Amerika nenne, hier bei euch fleißigen, patriotischen … Wetten, dass sich Bin Laden gerade total bescheuert vorkommt? Häh? Ich habe das falsche Amerika bombardiert? … Heath Ledger am Dienstag verstorben, verraten Quellen exklusiv bei PerezHilton.com … SILICON VALLEY VON DER FINANZKRISE KAUM BERÜHRT – BISHER … Was machst du so? Facebook muss man einfach lieben! DU SIEHST TOLL

AUS. Hoffentlich kann ich auch bald ein paar Bilder von mir und meiner Familie downloaden … Du wartest bestimmt ganz aufgeregt auf den Wahltag, oder? Bist du noch immer so ein überzeugter Republikaner? Wie auch immer, unsere Freundschaft wird mir immer viel bedeuten … **CHANGE HAS COME - DER WECHSEL IST DA. Barack Obama zum ersten schwarzen Präsidenten gewählt. Wirtschaftliche Ängste bescheren Demokraten überwältigenden Wahlsieg** … *und gemeinsam werden wir das nächste große Kapitel der amerikanischen Geschichte aufschlagen, mit drei Wörtern, die von Küste zu Küste, von See zu strahlender See schallen werden: Yes. We.*

Ein Mann der Institutionen (2): Robert Rubin

Robbie Rubin war selbst sehr überrascht, als er, der Neue aus Manhattan, 1947 zum Sprecher einer vierten Klasse in Miami Beach gewählt wurde, obwohl er von den Pflichten eines Klassensprechers nicht die geringste Ahnung hatte. In der High School waren seine Zeugnisse gut, sie hätten aber niemals für Harvard gereicht, wenn nicht ein Anwalt, der mit seinem Vater, einem Anwalt, befreundet war, sich die Zeit genommen hätte, ihn dem verantwortlichen Dekan vorzustellen. Als er eingeschrieben war, ging er immer davon aus, dass er einer von den zwei Prozent sein würde, die das Studium nicht schaffen würden. Aber seine Noten im ersten Jahr waren ausgezeichnet. 1960 schloss er das Studium summa cum laude und mit einer Auszeichnung der Ehrengesellschaft Phi Beta Kappa ab.

Bob Rubin hätte nie gedacht, dass ein derart talentiertes und schönes Mädchen wie Judith Oxenberg mit ihm ausgehen würde, weshalb er sie allen seinen Freunden in Yale, wo er Jura studierte, vorstellte – in der Hoffnung, dass sie ihm zum Dank Frauen vorstellen würden, die besser zu ihm passten. Trotzdem heirateten Bob und Judy nach nur wenigen Monaten in einer Kapelle auf dem Campus.

Da er kaum Chancen hatte, in der Kanzlei, für die er arbeitete, Gesellschafter zu werden, sah er sich nach einer Stelle an der Wall Street um. Damals galt es als ungewöhnlich, aus einer Anwaltskanzlei zu einem Finanzdienstleister zu wechseln, doch seinem Vater gelang es, ihn bei Lazard Frères und Goldman Sachs einzuführen, die ihn zu seinem Erstaunen beide einstellen wollten. Er entschied sich für die Arbitrage-Abteilung bei Goldman, obwohl er nicht einmal wusste, was Risiko-Arbitrage war. Er bezweifelte zudem sehr, ob er dreist genug sein würde, Manager am Telefon zu überreden, ihre Übernahmepläne zu verraten. Der Chef von Goldman, der legendäre Gus Levy, schimpfte Rubin regelmäßig aus, weil er so dumme Fragen stellte, glaubte andererseits aber, dass Rubin eines Tages die Firma leiten würde, was Rubin damals sehr weit hergeholt schien. Zwar war er im Arbitrage-Team erfolgreich, er wäre aber nie auf den Gedanken gekommen, dass man ihn zum Gesellschafter machen würde, weshalb er sich nach einer neuen Stelle umzusehen begann. So fiel er aus allen Wolken, als Goldman ihn mit dem ersten Tag des fiskalischen Jahrs 1971 derart beförderte. Einige Jahre später nahm er seinen Verwaltungsratssitz ein.

Sein Leben lang trug er einen gelben Notizblock bei sich, er machte sich Notizen, schrieb Summen auf, er berechnete Wahrscheinlichkeiten für bestimmte Ergebnisse, kalkulierte Risiken und Wertsteigerungen. Er merkte, dass ihn die Finanzmärkte vor allem deshalb interessierten, weil sie ihn zwangen, Wahrscheinlichkeiten zu berechnen. Um in Wahrscheinlichkeiten zu denken, musste jede noch so ferne Möglichkeit in Betracht gezogen werden. Der Druck, das Unablässige des Arbitrage-Geschäfts zehrten an den Nerven seiner Mitarbeiter, ihre Angst und Gier verstellten ihnen den Blick, er aber hielt dem Druck seiner hochriskanten Trades stand. Er hatte durchaus ein Händchen für das Geschäftliche, es reichte ihm aber nicht, Geld zu verdienen – er hatte nämlich verstanden, dass Menschen nur in sich selbst Erfüllung fanden, ein Selbstverständnis, das mit seiner Arbeit nichts zu tun hatte. Dies gab ihm die Freiheit, die nötig war, um in Klarheit über Risiken nachzudenken.

Er sah seine Arbeit in einem größeren Kontext, er vergaß nie, dass ein einzelnes Aktiengeschäft in hundert Jahren bedeutungslos sein würde. Einerseits freute er sich an seiner Stellung im Establishment, andererseits war ihm bewusst, dass er jederzeit alles hinter sich lassen und eine neue Existenz aufbauen könnte, dass er zum Beispiel an der Rive Gauche sitzen und den *Wendekreis des Krebses* lesen und über den Sinn des Lebens debattieren könnte, dass er nach Feuerland reisen und am Spruce Creek Fische fangen könnte. Da er im Innersten überzeugt war, dass es nichts gab, was mit absoluter Sicherheit bewiesen werden konnte, war er auf die unsichere Welt des Marktes bestens vorbereitet. (Er spielte auch recht ordentlich Poker.) Seine philosophische Abgeklärtheit machte ihn zu einem überraschend erfolgreichen Arbitrage-Banker.

Die Atmosphäre bei Goldman Sachs war damals eine ganz andere als später – alles war kleiner, zahmer, eine privat gehaltene Firma für besondere Ansprüche, die ihr Geld ganz überwiegend im Investitionsgeschäft verdiente, nicht an der Börse. Die obersten Ränge taten nichts, als sich um die Wünsche ihrer Kunden zu kümmern. In den Siebzigern war es Rubin, der die Firma langsam und stetig, immer auf die Vernunft verweisend, dazu brachte, mit außerbörslichen Derivaten – Optionsscheinen – und mit Rohstoffen zu handeln. Die Zuwachsraten in diesem Bereich wuchsen exponentiell, das Geschäft war äußerst profitabel. 1981 gehörte er zu einer kleinen Gruppe von Managern, die die Firma überzeugte, ihre erste größere Übernahme zu riskieren. J. Aron, ein auf Rohstoffe spezialisiertes Handelshaus, wurde eingegliedert, die Abteilung geriet bald in Schwierigkeiten. Rubin rettete sie, indem er das Risiko erhöhte, eine Strategie, die ihn sehr interessierte. (Mehr als die Hälfte der Aron-Mitarbeiter mussten entlassen werden, was ein gewisses Fingerspitzengefühl erforderte.) Aus dieser Position stieg er weiter auf, bis er an der Spitze der gigantischen Abteilung stand, in der mit festverzinslichen Papieren gehandelt wurde. Gemeinsam mit seinem Partner Steve Friedman musste er dort gewaltige Verluste decken, die durch illiquide Positionen entstanden waren. Um das Kapital aufzustocken, drängten sie die Firma dazu, selbst an die Börse zu gehen, ein Schritt, den andere Investment-Häuser an der Wall Street bereits gemacht hatten, aber die jüngeren Gesellschafter votierten mit ihren kleineren Anteilen erfolgreich dagegen. Gemeinsam mit Friedman wurde Rubin 1987 zum stellvertretenden Vorsitzenden von Goldman ernannt, 1990 schließlich gelang ihm der Sprung an die Spitze. Dass er mit seinem bescheidenen Ehrgeiz und seiner unaufgeregten Risikobereitschaft so weit gekommen war, überraschte wohl niemanden so sehr wie ihn selbst.

Politisch war Rubin moderat, er sah in beide Richtungen. Was ihn zum Demokraten machte, war seine ehrliche Sorge um die Armen im Land. Zudem machte er sich wegen der Staatsverschuldung Gedanken, die unter Reagan dramatisch anstieg. Er suchte das politische Engagement – es gab wohl kaum etwas, das ihn mehr anzog, als die Vorstellung, die Welt aus dem Weißen Haus heraus zu betrachten – und begann damit, Parteispenden für die Demokraten zu sammeln. 1982 lud ihn sein Freund Bob Strauss ein, den Vorsitz einer Spendenveranstaltung für Kongressabgeordnete zu leiten. Rubin hatte Zweifel, dass es ihm gelingen würde, genügend Geld zu sammeln – es gab damals unter den Finanzleuten nicht viele Demokraten –, doch es kamen an einem einzigen Abend über eine Million Dollar zusammen. Die Parteiführung begann, sich an ihn zu wenden, wenn die Unterstützung der Wall Street gebraucht wurde. 1984 unterstützte er Walter Mondale mit vier Millionen Dollar, weitere vier Millionen flossen 1988 an Michael Dukakis.

Rubin wurde älter. Sein Haar war zwar längst grau, wuchs aber weiterhin dicht, nur seine Augen, die Lider und Tränensäcke, wurden immer schwerer, sein Blick wirkte skeptisch, beinahe traurig. Während die Wall

Street zu einem mächtigen und unberechenbaren Moloch anwuchs, blieb er gertenschlank und behielt einen klaren Kopf. Als in der Finanzwelt die letzten Schranken fielen, blieb er diszipliniert. Während seine Kollegen fünfte Domizile und zweite Ehefrauen kauften und auf den Modeseiten der Sonntagszeitungen erschienen, mied er die Öffentlichkeit. Er hatte die Hälfte seines Lebens bei Goldman verbracht, sein Vermögen betrug weit über hundert Millionen Dollar, und er wohnte in einem Penthouse an der Park Avenue. Doch zur Arbeit erschien er in einem schlichten, etwas abgewetzten Anzug, und wenn er in seinem Viertel spazieren ging, trug er eine Khakihose, und er hatte immer Zeit, ein gutes Buch zu lesen oder angeln zu gehen, und im Büro kam die Phrase »nur meine persönliche Meinung« wohl ein Dutzend Mal am Tag zum Einsatz. Vorsichtig paarte er seinen Ehrgeiz mit Demut, seine Risikobereitschaft mit dem Ausdruck der Sorge.

Als Bill Clinton 1992 Präsident wurde, glaubte Rubin nicht, dass er ins Kabinett berufen würde. Doch genau da landete er, als er zum Leiter des neu geschaffenen Nationalen Wirtschaftsrats berufen wurde. Er war, was die inneren Vorgänge im Weißen Haus anging, vollkommen ahnungslos – er wusste nicht einmal, was eine Entscheidungsvorlage war –, aber er hatte ja seinen gelben Notizblock. Er nahm sich eine Suite im Jefferson Hotel und suchte den Rat der Politveteranen Brent Scowcroft und Jody Powell. Wenn er zu Konferenzen ins Oval Office oder in den Roosevelt Room kam, versuchte er nicht, so nah wie möglich beim Präsidenten zu sitzen. Es gefiel ihm, aus einiger Entfernung die Menschen zu beobachten und seine Meinung mit einer gewissen Distanz kundzutun. Seine zurückhaltende Art kam ihm in Washington genauso zugute wie vorher an der Wall Street. »Sie werden bald der stärkste Mann im Weißen Haus sein«, sagte ihm der Präsident einmal. Rubin fand das lächerlich. Er hoffte nur, eine gewisse Relevanz zu haben.

Vom fernen Ende des langen Konferenztischs erklärte er Clinton, dass er seine Wahlversprechen – Initiativen in der Bildungspolitik, Steuersenkungen für die Mittelklasse – nicht würde halten können, wenn er bei der Schuldenbekämpfung glaubwürdig sein und die Anleihenmärkte beruhigen wollte. Er forderte Einsparungen im Haushalt und eine Steuererhöhung für die reichsten 1,2 Prozent. Wenn die Defizite auf dem Niveau von Reagan und Bush blieben, argumentierte er, würden unweigerlich die Zinsen steigen, was zu einer Abkühlung des Wirtschaftswachstums führen würde. (Das war nicht nur die gängige Sicht an der Wall Street, es war schlicht und einfach *Rubinomie.*) Clinton schimpfte zwar, dass man ihn zu einem Eisenhower-Republikaner machte, gab aber schließlich nach. Der Präsident gab auch nach, als vom fernen Ende des Tischs der Vorschlag kam, auf klassenkämpferische Ausdrücke wie »die Reichen« und »Wohltaten für Großkonzerne« zu verzichten. Nicht einmal »Verantwortung« war erlaubt, wenn es um Konzerne ging. Als der Arbeitsminister Robert Reich für mehr Populismus in der Politik und in der Kommunikation warb, antwortete Rubin mit ruhiger Stimme: »Hören Sie, ich habe den größten Teil meines Lebens an der Wall Street verbracht. Ich kann Ihnen sagen, das bringt nur Ärger.« Im Weißen Haus unter Clinton gab es keinen höheren Trumpf als diese Wall-Street-Erfahrungen, nur der Anleihenmarkt war reell, alles andere waren Leute, die etwas von einem wollten.

Rubin beriet den Präsidenten nach bestem Wissen und Gewissen, seine eigenen Interessen stellte er bewusst zurück, das Einzige, was zählte, war das Ergebnis. (Wenn es sich ergab, dass die Wall Street einverstanden war, so lag es daran, dass die Wirtschaft von der Finanzindustrie dominiert wurde, und dass ohne das Vertrauen der Banker kein demokratischer Präsident überleben konnte, erst recht nicht einer, dessen Wahlkämpfe von der Wall Street finanziert wurden.) Clinton, der als populistischer Kandidat der Mittelklasse angetreten war, regierte als bürgerlich-wirtschaftsliberaler Präsident, und Rubin wurde, nachdem er 1995 ins Finanzministerium wechselte, ein weithin bewunderter Minister. Er entschärfte die Finanzkrisen in Mexiko, Asien und Russland, legte einen ausgeglichenen Haushalt vor und führte die Wirtschaft durch die längste Wachstumsphase der Geschichte.

1998 schlug Brooksley Born, die Vorsitzende der Aufsichtsbehörde für den Handel mit Rohstoff-Futures, vor, den riesigen, kaum übersehbaren Markt mit außerbörslichen Derivaten zu regulieren – genau den Markt also, den Rubin zwanzig Jahre zuvor für Goldman geöffnet hatte. Bei einer Konferenz im Finanzministerium war Rubin wütender, als seine Kollegen ihn je gesehen hatten. (Er empfand Brooksley Born als schrill, sie war nicht bereit, sich unterzuordnen.) Eine geschlagene Stunde lang belehrte er die Frau, warum sie die Finger vom Derivatehandel lassen solle, und riet ihr, auf die Anwälte der Banken zu hören statt auf die ihrer eigenen Behörde. Gemeinsam mit seinem Stellvertreter Larry Summers und dem Notenbankchef Alan Greenspan – ein Dreigespann, das die *Time* einmal den »Weltrettungsausschuss« nannte – gelang es ihm, den republikanischen Kongress zu überzeugen, die Berufung von Brooksley Born zu blockieren. Dabei ging es Rubin gar nicht um den Derivatehandel. Er hatte schon an der Wall Street mit Sorge betrachtet, wie exponiert Goldman in diesem Bereich war, auch wenn er selbst immer wieder nachgegeben hatte, wenn Broker ihre Positionen vergrößern wollten. Auch als Finanzminister machte er sich weiter Gedanken, schließlich wusste er, dass ganze Banken in den Handel verstrickt waren, der die Exzesse des Markts noch vergrößerte. Er hatte im Prinzip nichts gegen eine strenge Aufsicht – solange Brooksley Born nicht zuständig war. Weil er aber wusste, dass der Widerstand der Wall Street und des übrigen Weltrettungsausschusses unüberwindbar gewesen wäre, machte er keinen Vorstoß in diese Richtung. Im Jahr 2000 wurde ein Gesetz verabschiedet – das letzte, das der Präsident vor Ende seiner Amtszeit noch unterschrieb –, das den Derivatehandel vor jeglicher Aufsicht durch die Behörden schützte. (Als der *Commodity Futures Modernization Act* in Kraft trat, war Rubin nicht mehr in der Regierung. Man könne ihn, so argumentierte er Jahre später, also für die negativen Folgen des Gesetzes nicht verantwortlich machen.)

Das Gleiche galt für das Gramm-Leach-Bliley-Gesetz, das vom Kongress 1999 verabschiedet und von Bill Clinton unterzeichnet wurde. Es hob den Glass-Steagall-Act von 1933 auf und ließ zu, dass Finanzfirmen und Banken unter einem Dach firmierten. (Ja, auch Rubin war für die Abschaffung von Glass-Steagall, vor allem deshalb, weil die Grenze zwischen dem kommerziellen Bankgeschäft und den Investitionshäusern längst aufgeweicht war – ein *fait accompli*, dem der berühmteste Finanzminister seit Alexander Hamilton machtlos gegenüberstand.)

1999 kehrte Rubin in seine Heimatstadt New York zurück. Er dachte über seinen nächsten Schachzug nach, zückte den gelben Notizblock und notierte einige Fragen, die er Henry Kissinger, Warren Buffett und ähnlichen Leuten stellte. Er wollte seinen politischen Einfluss nicht aufgeben, war aber auch nicht bereit, ein Armutsgelübde abzulegen. Einen Konzern wollte er auch nicht leiten, weil er nicht bereit war, die Verantwortung zu übernehmen. Mit anderen Worten: Er wollte ein Weiser sein, ein Douglas Dillon oder Averell Harriman unserer Zeit, jemand, der sich nahtlos zwischen Wall Street und Washington bewegte, er wollte den Investoren genauso helfen wie dem amerikanischen Volk. (Wenn er an der Wall Street arbeitete, war er in Finanzfragen immer auf dem neuesten Stand, wodurch er den Entscheidungsträgern in Washington äußerst nützlich war, die seinen unbefangenen, ergebnisorientierten Rat schätzten.)

Alle großen Wall-Street-Firmen bemühten sich um Rubins goldenen Namen, aber es war Sandy Weill von der Citigroup, der ihm am unermüdlichsten nachstellte und schließlich mit dem richtigen Angebot kam: Rubin würde als Vorstandsvorsitzender die Geschicke der Bank leiten und als hauseigener Consigliere die Ziele vorgeben, ohne für das Tagesgeschäft verantwortlich zu sein. Das Jahresgehalt für diesen Dienst betrug fünfzehn Millionen Dollar plus Bonus und Aktienoptionen (er war und blieb ein Mann, der wirtschaftlich dachte). Die Flugzeuge des Konzerns standen ihm für Angeltouren und andere Expeditionen zur Verfügung. (Citigroup, der größte Finanzdienstleister der Welt, war erst im Jahr zuvor aus dem Zusammenschluss von Citicorp und Travelers hervorgegangen, eine Verbindung, die dem Glass-Steagall-Gesetz nicht standgehalten hätte, aber Glass-Steagall gab es ja nicht mehr, was Rubin nicht direkt zu verantworten hatte, weshalb auch niemand das Recht hatte, ihn zu bezichtigen, dass er sich seinen Einsatz von Citicorp hatte vergolden lassen, obwohl es genau danach aussah.)

Rubin ging angeln, er las, beriet Senatoren, traf sich mit ausländischen Staatschefs und schrieb seine Autobiographie. Außerdem leitete er die Sitzungen des Exekutivkomitees. Er war jetzt ein Weiser, ein Orakel – mit dichtem Haar und einem schlanken Körper. Es gab keinen Teil des Establishments, in dem er nicht die Finger hatte. Er trat den Aufsichtsräten von Ford und Harvard bei und dem Rat für auswärtige Beziehungen, er spielte eine wichtige Rolle am Brookings-Institut und förderte die zahlreichen Anhänger, die er in Wirtschaft und Politik hatte. Er warnte vor einer leichtfertigen Haushaltspolitik, vor Staatsverschuldung und kurzfristigen Investitionen. Selbst als die längste wirtschaftliche Wachstumsphase der Geschichte sich ihrem Ende zuneigte, durfte er sich noch in ihr sonnen.

Es stellte sich bald heraus, dass die Rubinomie nur wenig bewirkt hatte. Die Jahre 1993 bis 1999 bremsten kaum die langfristigen Trends, die sich seit einer Generation abzeichneten. Von den späten Siebzigern bis zum Jahr 2007, eine Zeit, in der Rubin zu den wichtigsten Entscheidungsträgern bei Goldman Sachs, im Weißen Haus, im Finanzministerium und bei der Citigroup gehört hatte, wuchs der Finanzsektor spektakulär, während die Vorschriften und ungeschriebenen Gesetze, die ihn im Zaum gehalten hatten, hinweggefegt wurden. Finanzkonzerne verdoppelten ihren Anteil am wirtschaftlichen Gesamtgewinn, und die Gehälter im Finanzbereich verdoppelten sich im Bezug auf das Gesamteinkommen. Das oberste Prozent der Gesellschaft verdreifachte seinen Anteil am nationalen Einkommen, während das Einkommen der Mittelklasse nur um zwanzig Prozent, das Einkommen der unteren Schichten überhaupt nicht stieg. Vierzig Prozent des gesamten Privatvermögens gehörten dem einen obersten Prozent im Jahr 2007, die unteren vier Fünftel besaßen zusammen nur sieben Prozent. Die Jahre, in denen Rubin einer der mächtigsten Männer der Wall Street und der amerikanischen Politik gewesen war, waren ein Zeitalter massiver Umverteilung – einer vererbbaren Ungleichheit, die das Land seit dem neunzehnten Jahrhundert nicht mehr gesehen hatte.

Als Hausorakel drängte er die Citigroup, ganz wie er es bei Goldman getan hatte, in ihrem gigantischen Portfolio größere Risiken einzugehen. Gleichzeitig riet er, diese Risiken sorgfältig zu managen. Rubin war mit anderem beschäftigt, als die Citigroup zwischen 2003 und 2005 die Ausgabe von besicherten Schuldverschreibungen (CDOs) verdreifachte, vor allem von Papieren über gebündelte Immobiliendarlehen, die mit faulen Krediten nur so vollgestopft waren, weil die Kreditnehmer in Städten wie Tampa, deren Einkommen seit Jahren nicht gewachsen waren, ihr ganzes Geld in Häuser gesteckt hatten, die sie jetzt wieder beliehen, um ihren Konsum zu finanzieren. Ende 2007 standen in der Bilanz der Bank CDOs im Wert von vierunddreißig Milliarden Dollar.

Der größte Teil davon war wertlos. Als 2008 die Finanzkrise ausbrach, wurde die Citigroup praktisch unter Staatsaufsicht gestellt. Die Verluste beliefen sich auf fünfundsechzig Milliarden, zwei riesige Stützungszahlungen waren nötig, um die Bank zu retten. Citigroup war die einzige Bank, deren Verstaatlichung innerhalb der Regierung ernsthaft diskutiert wurde.

Rubin hatte seine gesamte Karriere damit zugebracht, seine eigenen Interessen und die der Wall Street mit denen des Landes zu harmonisieren. Als er 2008 erkannte, dass das nicht möglich war, tauchte er unter. Er gab kaum noch Interviews, in den wenigen öffentlichen Äußerungen dieser Zeit wies er jede Verantwortung von sich. »Angesichts der Fakten, wie ich sie in meiner Position gesehen habe, fühle ich mich nicht verantwortlich«, erklärte er. »Natürlich ist etwas schiefgegangen. Aber ich kenne niemanden, der den gewaltigen Sturm hätte voraussehen können, der sich dort zusammenbraute.« Selbst Alan Greenspan gab zu, dass er sich geirrt hatte, aber der Stolz, der immer unter der dünnen Haut seiner Demut gelegen hatte, verbot es Rubin, das einzugestehen.

Im Januar 2009, nachdem Rubin für seine Dienste 126 Millionen Dollar eingestrichen und sein Vermögen verdoppelt hatte, trat er als Vorstandsvorsitzender der Citigroup zurück. Im April 2010 musste er als Zeuge vor einem Untersuchungsausschuss zur Finanzkrise erscheinen. Im Ausschuss saß unter anderem Brooksley Born, die ihn über die Regulierung des Derivatehandels befragte. Rubin eilte, ihr in allem beizupflichten. Allerdings tat er dies nicht in der gewohnt ruhigen Art. Er saß in einem zerknitterten Anzug am Zeugentisch, nervös, mit rot geränderten Augen, als hätte er schlecht geschlafen. Vor dem Ausschuss gab er folgende Erklärung ab: »Das Exekutivkomitee des Aufsichtsrats, als dessen Vorsitzenden Sie mich eben bezeichnet haben, hatte eine rein administrative Aufgabe. Es traf keine Entscheidungen. Es trat zwischen den Aufsichtsratssitzungen zusammen, das war alles. Diese Sitzungen fanden nicht sehr oft statt. Sie waren kein tragender Aspekt der Entscheidungsprozesse innerhalb der Organisation.«

»Sie müssen sich schon entscheiden«, sagte Philip Angelides, der Leiter des Untersuchungsausschusses. »Entweder Sie haben selbst den Schalter umgelegt oder Sie haben im Dienst geschlafen.«

Rubin erklärte, es sei unmöglich gewesen, als Mitglied des Aufsichtsrats alle Risiken zu kennen, die die größte Bank der Welt hielt.

»Aber Sie waren ja nicht irgendein Aufsichtsratsmitglied«, sagte Angelides. »Die meisten Leute würden meinen, dass der Vorsitz des Exekutivkomitees des Aufsichtsrats in einem Unternehmen eine Führungsrolle bedeutet. Man darf wohl auch davon ausgehen, dass ein garantiertes Jahresgehalt von fünfzehn Millionen Dollar eine gewisse Führungsverantwortung mit sich bringt.«

Rubin gab noch zu bedenken, dass er einen Bonus für 2007 abgelehnt hatte (und zwar nicht im Sinn eines Schuldeingeständnisses, sondern damit das Geld anderen Zwecken zufließen konnte, also ohne jeden Eigennutz).

Angelides sagte: »Sie werden am Ende der Einzige sein, der Ihre Verantwortlichkeit wirklich einschätzen kann.«

Als die Anhörung nach drei Stunden vorbei war, eilte Rubin aus dem Saal.

Jeff Connaughton

Die Immobilienblase bemerkte Connaughton nicht. 2007 verkaufte er seine mexikanische Ferienwohnung zum Dreifachen des Kaufpreises. Mit dem Gewinn und der großen Summe, die er beim Verkauf der Firma eingestrichen hatte, machte er sich auf die Suche nach einem weiteren Ferienhaus, einer Immobilie, die er ebenfalls schnell wieder abstoßen könnte. Er hatte immer wieder von einer Küste namens Mal País in Costa Rica gehört, einem Surferparadies mit weltberühmten Stränden. Das brasilianische Supermodel Gisele Bündchen hatte dort ein Haus gebaut, die Gegend galt unter Hollywoodstars als gut gehütetes Geheimnis. Die Preise stiegen rasant. Im Sommer flog er hin und besichtigte zwei Grundstücke, die nebeneinander auf einem Hang über dem Pazifik lagen. Er beschloss, beide zu kaufen, mit dem Gedanken, auf einem ein Haus zu bauen, das er schnell weiterverkaufen konnte, um mit dem Gewinn auf dem angrenzenden Grundstück seine eigene Villa zu bauen.

Zu Connaughtons Kunden bei Quinn Gillespie gehörte Genworth Financial, ein privater Hypothekenversicherer. Von dort hörte er, dass im ganzen Land eine Epidemie von Zwangsvollstreckungen bevorstand. Seine Kontakte warnten ihn, mit dem Kauf von Immobilien bis mindestens 2009 zu warten. Biden war wieder in den Präsidentschaftswahlkampf eingestiegen. Connaughton stieß zum Wahlkampfteam und reiste nach Des Moines/Iowa, wo ihm ein Stadtrat erklärte, dass das Problem mit den Zwangsvollstreckungen zu den drei wichtigsten Themen in Iowa gehöre. Connaughton gab die Information an einen Berater von Biden weiter: Konzentriert euch auf die Immobilienkrise. (In den Siebzigern, in Bidens erster Amtszeit, riet ihm Hubert Humphrey einmal: »Sie müssen ein Thema wählen, das zu Ihrem Thema wird. Sie müssen Mr Immobilien werden. Immobilien – das ist das Thema der Zukunft.«) Aus der Idee wurde nichts. Keiner der Kandidaten sprach über Zwangsvollstreckungen.

Auch Connaughton missachtete die Warnungen. Im Herbst 2007, auf dem Höhepunkt der Blase, kaufte er für eine knappe Million Dollar die Grundstücke in Costa Rica. Er wusste, dass das Land überbewertet war, rechnete aber damit, dass die Überbewertung noch weitergehen würde.

Wenn sich der Preis von holländischen Tulpen Monat für Monat verdoppelt, und man mit der Hoffnung investiert, dass er sich noch einmal vervierfacht – ist das dann rational oder irrational? »Es war einfach Gier«, sagte Connaughton.

Fünfzehn Jahre lang hatte er für Biden Spenden gesammelt, mehr als für jeden anderen in Washington. Er trat Bidens zweitem Wahlkampf um die Präsidentschaft als Schatzmeister eines formal unabhängigen Komitees mit dem Namen *Unite Our States* bei. (Jeder ernstzunehmende Kandidat gründete ein solches Komitee, zu dem einzigen Zweck, die Beschränkungen des Wahlkampffinanzierungsgesetzes zu umgehen.) Der Wahlkampf war von vornherein zum Scheitern verurteilt. Biden hielt immer dieselbe Rede, auf die er sich nicht vorbereitete – sie bestand hauptsächlich aus einer Auflistung seiner Errungenschaften –, mal war er großartig, mal faselte er Unzusammenhängendes. Und er hasste noch immer den Kampf um die Spendengelder. Als eines Tages ein junger Helfer mit einer Namensliste zu ihm ins Auto stieg und sagte, Okay, Senator, jetzt müssten wir mal ein paar Spender anrufen, sagte Biden: Raus aus meinem Auto, verpiss dich. Er war überzeugt, dass er in den Fernsehdebatten glänzen würde und so mehr Geld hereinbekäme als durch persönliche Anrufe. Der Politiker, der Connaughton dreißig Jahre zuvor mit einer Rede in Tuscaloosa in seinen Bann gezogen hatte, war im Vergleich zu seinen beliebteren Mitbewerbern (Hillary Clinton, John Edwards, Barack Obama) auf der Fernsehbühne eine beeindruckende Größe. Doch in den Umfragen kam er auf keinen grünen Zweig.

Den gesamten Dezember verbrachte Connaughton in Iowa. Er war damit Teil eines Rituals, das Washingtons Berufspolitiker und Wahlkämpfer alle zwei Jahre an Orte des »wahren Amerika« führte, wo »echte Menschen« lebten und ihre Kandidaten unterstützten. Mit ihren Besuchen verdienten die Politiker Dankbarkeitspunkte – sogenannte *chits* –, die sie später einfordern konnten. Außerdem erinnerten diese Reisen daran, was es bedeutete, einfache Parteiarbeit zu leisten. Im Jahr 2000 hatte Connaughton an einer Kreuzung in Wassau/Wisconsin gestanden und ein Schild für Al Gore gehalten. Um sechs Uhr am Morgen streckten alle schwarzen Fahrer und die Hälfte der Frauen den ermunternden Daumen nach oben, während ihn weiße Männer mit Blicken zu töten versuchten. Ein Schulbusfahrer, der eine Horde Kinder geladen hatte, zeigte ihm sogar den Stinkefinger. 2004 verbrachte er drei Wochen damit, für Tom

Daschle, den Oppositionsführer im Senat, in South Dakota von Tür zu Tür zu gehen – zehn Stunden am Tag, echte Knochenarbeit. Die Armut schockierte ihn. Viele der Wohnwagen, in denen die Menschen von Rapid City lebten, hatten vermoderte Böden, unter denen die nackte Erde sichtbar war. Die gepflegteren Mobilheime gehörten Republikanern. »Daschle hat seine Heimat vergessen«, sagten sie. Er sprach mit Frauen aus der Lutheranischen Gemeinde, die dem Senator in der Abtreibungsfrage Scheinheiligkeit vorwarfen – in South Dakota sagte er das eine, in Washington das andere –, sie waren so leidenschaftlich, dass sie eher ihn umgestimmt hätten als umgekehrt. Abtreibung gehörte zu den wenigen Themen, die einem Politiker beim Heimatbesuch um die Ohren fliegen konnten – wohingegen es niemanden interessierte, ob der Senator für die Novelle der Zivilprozessordnung im Wertpapierhandel gestimmt hatte oder nicht, es wusste ja niemand, was sich hinter dem Namen verbarg.

In der Nähe des Pine Ridge-Reservats sagte ihm eine indianische Frau: »Sie interessieren sich nur alle vier Jahre für uns« – ein Satz, der ihm im Herzen wehtat, weil Connaughton spürte, dass sie recht hatte. In jedem Wahlkampf rührten ihn die Kämpfe dieser Menschen von neuem an, und jedes Mal vergaß er sie wieder. Er versuchte, eine Spendenaktion ins Leben zu rufen, durch die den Armen in öffentlichen Einrichtungen Computer zur Verfügung gestellt werden sollten, aber im Daschle-Team interessierte sich niemand für so eine Initiative. Hier draußen, im Herzen des Landes, schien die Energie zu fehlen, der unternehmerische Geist, der an den Küsten und in den großen Städten wehte. Es war, als wären die Moleküle zum Stillstand gekommen. Wenn er nachts erschöpft ins Bett fiel, war unten die Hotelbar voller Leute, die aus Washington gekommen waren und dasselbe taten wie er. Im November verlor Daschle die Wahl.

Im Wahlkampf 2007 kam es gelegentlich dazu, dass Connaughton sich mit Biden unterhielt. Einmal fanden sie sich vor einem Spendendinner allein in einem Zimmer wieder. Connaughton setzte sein übliches Lächeln auf und sagte, wie gut es sei, den Senator wieder einmal zu sehen. Dann erklärte er dem Kandidaten kurz, um welche Gruppe es sich handelte, vor der er gleich sprechen werde. Plötzlich sah Biden ihn fragend an, als wollte er sagen: »Warum sind Sie nur so nett zu mir? Warum sind wir eigentlich nicht befreundet?« Er versuchte sogar, etwas zu sagen – Warum sind Sie …, warum sind wir … – aber Connaughton ging darauf nicht ein. Noch drei Sekunden, dann würde der Veranstalter hereinkommen – nach zwei Jahrzehnten, in denen Biden ihm gegenüber nie mehr als ein »Dann schießen Sie mal los« über die Lippen gebracht hatte, hätte man zu viel erklären müssen. Dafür war es wohl zu spät.

Ein Wahlkampf wie der von Biden war eine Übung in kollektivem Selbstbetrug. Ted Kaufman, ein enger Berater von Biden, sagte Connaughton einmal: »In einem Präsidentschaftswahlkampf kann man die Leute anschwindeln, oder man ist tot.« Am 3. Januar 2008 erlebte Connaughton in einer Schulaula bei Waterloo/Iowa eine traditionelle Caucus-Abstimmung. Etwa achtzig Wähler standen in der Ecke von Barack Obama, etwa sechzig bei Hillary Clinton, und sechs bei Biden. Biden belegte in Iowa den fünften Platz, er erhielt 0,9 Prozent der Stimmen. Noch am selben Abend zog er seine Kandidatur zurück. Er bat sein Team, eine Liste zu erstellen mit denjenigen, die dem Wahlkampf am meisten geholfen hatten. Auf Platz drei dieser Liste stand Connaughton.

Connaughton hatte die Wähler lange genug angeschwindelt, jetzt war er unfassbar erleichtert. Er schloss im Geist eine Akte, die er drei Jahrzehnte lang mit sich herumgetragen hatte. Er wollte mit Biden nichts mehr zu tun haben.

Kurz darauf flog Connaughton nach Costa Rica und traf sich zum Essen mit einem Architekten und einem amerikanischen Bauunternehmer. Der Unternehmer kam gerade von Schuldnerkonferenzen in New York. »Lehman Brothers und Merrill Lynch«, sagte er, »sind technisch bereits in der Insolvenz.«

»Was? Das glaube ich nicht«, sagte Connaughton.

Der Unternehmer erklärte, dass die Vermögenswerte der Banken geringer seien als ihre Schulden. Connaughton glaubte es noch immer nicht. Wenn es stimmte, war nichts mehr von dem gültig, was er im Studium über die Effizienz der Märkte gelernt hatte, und was über die Veröffentlichungspflichten der Banken in seinen Jurabüchern gestanden hatte. Was er über die Berufspflichten von Anwälten wusste, und von Finanzprüfern, die dafür bezahlt wurden, relevante Daten offenzulegen und Investoren zu schützen. Er hatte all diesen Institutionen doch immer vertraut – und wem denn sonst?

»Ich sage voraus, dass wir drei Jahre Rezession haben werden«, fuhr der Unternehmer fort. Connaughton suchte noch immer nach Gegenargumenten. Viel später wünschte er, der Mann hätte ihn damals am Kragen gepackt und ihm ins Gesicht geschrien: »Ich weiß, wir haben uns gerade erst kennengelernt, aber kriegen Sie das mal in Ihren Kopf: beide Firmen insolvent. Sie müssen handeln, und zwar sofort! Verkaufen Sie alles, was Sie besitzen, verkaufen Sie, bevor es zu spät ist!«

Als er nach Washington zurückkehrte, kaufte Connaughton ein Buch mit dem Titel *The Trillion Dollar Meltdown*, von Charles R. Morris, einem ehemaligen Banker, der argumentierte, dass überschuldete Banken und Konsumenten, die mit viel zu großen Darlehen belastet waren, eine Kreditblase hergestellt hatten, die bald platzen und eine globale finanzielle Katastrophe auslösen würde. Connaughton las das Buch und pfefferte es in die Ecke.

Im März ging Bear Stearns in Konkurs. Connaughton behielt seine Aktien im Blick, der größte Teil seines Vermögens steckte in einem diversifizierten, globalen Portfolio. Die Märkte fielen, die Verluste hielten sich aber noch in Grenzen. Er erwartete schlimmstenfalls eine Korrektur von zehn Prozent. Es war noch nie einfach gewesen, den richtigen Zeitpunkt für den Ausstieg oder Wiedereinstieg zu finden. Er blieb im Markt, während der Dow in Richtung 10 000 Punkte fiel.

Im September war Lehman Brothers am Ende, und es sah aus, als würde der Rest der Wall Street mit in den Abgrund gerissen. Die finanzielle Kernschmelze, die Charles R. Morris vorhergesagt hatte – zwei Billionen waren schon vernichtet –, vollzog sich schneller, als irgendjemand für möglich gehalten hätte. Innerhalb weniger Monate verloren Connaughtons Aktienpaket und die Grundstücke in Costa Rica die Hälfte ihres Werts.

Dagegen schoss in jenen Monaten sein politischer Wert in die Höhe. Am 4. November wurde Joe Biden zum Vizepräsidenten der Vereinigten Staaten gewählt. Zum Jahresende war Connaughton wieder auf dem Weg in die Politik.

Tammy Thomas

Anfang 2008, ein gutes Jahr, nachdem Tammy ihre Stelle in der Fabrik verloren hatte, bat sie ein Mann namens Kirk Noden um ein Gespräch bei einer Tasse Kaffee. Noden, der sein Geld damit verdiente, Bürgerbewegungen zu organisieren, war in der Nähe von Youngstown aufgewachsen, hatte an der Kent State University ein Studium absolviert und in Chicago und Birmingham Erfahrungen mit Bürgerinitiativen und Protestbewegungen gesammelt. Als er 2006 aus England zurückkehrte, versuchte er, in Youngstown das zu tun, was er – nach dem Muster von Saul Alinsky – auch andernorts erfolgreich getan hatte: Er versammelte Menschen zu einer Gruppe, marschierte zum Rathaus oder zur Hauptverwaltung irgendeines Baukonzerns und schüttelte so lange den Baum, bis Mittel für die Gemeindearbeit abfielen. Die Strategie entstammte einer anderen Ära, aus der Mitte des zwanzigsten Jahrhunderts, als die Macht noch stärker konsolidiert und in den Städten konzentriert war. Nach einem Jahr erkannte Noden, dass er nach diesem Muster in Youngstown nichts ausrichten konnte. Es gab keine Mittel, die man vom Baum rütteln konnte. Die Steuereinnahmen der Stadt waren weggebrochen. Der Bürgermeister war praktisch machtlos. Die Industrie war nur noch ein Schatten ihrer selbst. Die Zentren der Macht lagen anderswo – in gewissem Sinn waren sie über die ganze Welt verteilt. Youngstown war zerstört, die Lage war viel schlimmer, als Noden erwartet hatte. Er suchte nach einem ganz neuen Weg.

Er holte sich Rat bei der Wean-Stiftung – altes Geld der Stahlbarone von Warren –, die im Gegensatz zu anderen Eliten und Institutionen längst keine nostalgischen Illusionen mehr hegte, sondern beinahe radikale Ideen für die Wiederbelebung des Valley entwickelte. Im Sommer 2007 beschlossen Noden und Wean, eine neue Gemeindeorganisation zu gründen, die Mahoning Valley Organizing Collaborative, die Grundlage für Initiativen in ganz Ohio, mit denen sowohl Ursachen des Verfalls – Verlust von Arbeitsplätzen, Ungleichheit nach Klasse und Rasse – als auch seine unmittelbaren Auswirkungen bekämpft werden sollten. Den großen Institutionen von Youngstown – den Industriekonzernen, Gewerkschaften, Banken, Kirchen und Verwaltungen – traute man nicht, sie waren bereits gescheitert. Es gab nur eine Lösung, um die Verhältnisse im Valley zu verändern: Straße um Straße, Block für Block.

Noden suchte jemanden, den er vor dem offiziellen Start im Frühjahr 2008 für die Organisationsarbeit einstellen konnte. Joel Ratner, der Vorsitzende von Wean, erzählte Noden von einer Frau, die er durch ihre Arbeit bei der Heilsarmee kennengelernt hatte, wo sie ein von der Stiftung bezahltes Praktikum absolvierte und Workshops für alleinerziehende Mütter leitete, während sie an der Youngstown State University Soziologie studierte. »Sprechen Sie mit ihr«, sagte Ratner, »sie ist vielleicht Ihr Sechser im Lotto.«

Der Kontakt kam schnell zustande, sie verabredeten sich an einem Aprilnachmittag in einem Schnellrestaurant in ihrem Viertel.

Noden trank einen Schluck Kaffee, und Tammy fiel gleich auf, wie glatt und milchgesichtig dieser Weiße war, er war Mitte dreißig und sah aus wie ein Dreizehnjähriger. Als er ihr von der Möglichkeit einer Stelle in der neuen Organisation erzählte, war sie zuerst skeptisch. Ihr fehlte noch ein Jahr bis zum Bachelor, sie hatte in einigen Kursen Schwierigkeiten und war, das gab sie ehrlich zu, von der ganzen Welt der sozialen Dienste bereits einigermaßen enttäuscht. Es gab endlose Streitereien, bei denen es eher um das Überleben der Organisation als um den Dienst an den Menschen ging.

Trotzdem erklärte ihr Noden detailliert, was von einer Organisatorin erwartet würde. Ihre Aufgabe wäre, den Menschen beizubringen, dass ihnen diejenigen, die Macht über sie ausübten, Rechenschaft schuldig waren. Es war wichtig, sie zur Verantwortung zu ziehen. Tammy war nie in den Sinn gekommen, dass sie so etwas tun könnte. »Wie soll das gehen?«, fragte sie. »Der Kongressabgeordnete, den wir nach Washington geschickt haben, sitzt im Gefängnis. Der Sheriff der Stadt sitzt im Gefängnis. Wie soll man diese Leute zur Rechenschaft ziehen?« Sie schwieg und dachte nach, dann setzte sie hinzu: »Aber irgendjemand muss es ja wohl tun.«

Noden stellte ihr Fragen über ihre Kindheit, über das Viertel, in dem sie aufgewachsen war, er fragte sie, ob sie sich an die Stahlwerke erinnerte und wie sie es geschafft hatte, als Fabrikarbeiterin drei Kinder großzuziehen. Sie war es nicht gewöhnt, in dieser Weise über sich zu sprechen, aber sie beantwortete seine Fragen gewissenhaft. Sie erzählte sogar, wie sicher das Viertel wegen der Mafia gewesen war, wie die Gangs und die Crack-Epidemie alles verändert hatten. Sie erzählte davon, obwohl sie spürte, dass er einiges schon wusste.

»Und was macht Sie wütend?«

»Na ja, die Leute haben immer gesagt, dass die East Side wie Beirut aussieht, und ich habe mir immer – natürlich nur im Stillen – gedacht, was soll denn das eigentlich heißen? Ich bin doch hier aufgewachsen!« Sie sagte: »Ich bin sauer, dass ich meine Kinder fortschicken muss, nachdem ich sie hier aufgezogen und in die Schule gegeben habe. Weil es hier keine Möglichkeiten für sie gibt.« Ihre ältere Tochter wohnte in Orlando (die Jüngste wäre ihr am liebsten gleich hinterhergeflogen), ihr Sohn stand kurz davor, nach North Carolina zu ziehen. Nach der Übernahme von Delphi versuchten die Kinder, ihre Mutter zu überreden, ebenfalls nach Florida zu ziehen. »Ich muss in ein Flugzeug steigen, um meine Kinder zu sehen. Das ist nicht richtig so. Sie müssten die Möglichkeit haben, an dem Ort, in der Gemeinde, in der sie aufgewachsen sind, ein Haus zu kaufen. Meine Großmutter hat so schwer gearbeitet, und jetzt sieht ihr Viertel so aus. Sie hat gekocht und in Häusern geputzt, die jetzt verfallen. Ich weiß noch, als ich klein war, durfte ich meine Großmutter zum Einkauf begleiten – in die Stadt.«

Sie hatte noch nie richtig darüber nachgedacht, wer an all dem eigentlich schuld war. Oder ob es gelingen könnte, die Menschen wachzurütteln. Nur die Wut hatte sie gespürt, und Noden hatte sie genutzt, um sie zu packen. Er bot ihr eine andere Chance, den Menschen zu helfen. Er erzählte ihr von Chicago, von den Kampagnen, die er dort geführt hatte, und verband einiges davon mit der Bürgerrechtsbewegung. All das hörte sich für sie sehr aufregend an.

Sie saßen sehr lange zusammen, und während sie von sich erzählte, betrachtete Noden sie und entdeckte etwas, das er erst später versuchen würde, für sie in Worte zu fassen, etwas, das sie selbst nicht sehen konnte: eine Art Urkraft. Sie entsprang ihrer Leidenschaft für alles, was mit der East Side zu tun hatte, ihrem Kampf gegen das Vergessen. Was er sah, war ein Leuchtfeuer, das sie jeden Morgen von neuem für eine Arbeit motivieren würde, die nicht leicht sein würde. Sie tat einen großen, mutigen Schritt in ein neues Leben, vielleicht war es nur eine kurze Phase, aber die Wahrscheinlichkeit war doch sehr groß, dass sie länger dabeibleiben würde als jemand, der von außerhalb kam, aus Columbus oder sonstwo in Ohio. Sie kannte die Geschichte der Schwarzen in dieser Stadt, denn es war auch ihre Geschichte.

Noden lud sie zu einem förmlichen Vorstellungsgespräch ein, und sie nahm die Einladung an. Es fand in der Unitarischen Kirche an der Elm Street statt, ganz in der Nähe der Universität. Tammy wusste nichts über diese Kirche. Seit ihrer Scheidung war sie in ihrer Gemeinde in Akron engagiert. Sie fragte die Cousine, die sie dort eingeführt hatte, was es mit den Unitarischen auf sich habe.

»Sie akzeptieren alle Religionen und jede Art von Glauben«, erklärte die Cousine.

»Aber was heißt das dann?«

»Es heißt, dass dich die Unitarischen selbst dann mit offenen Armen empfangen würden, wenn du als Satanist zu ihnen kämst.«

»Nie im Leben.«

»Pass auf dich auf«, sagte sie, »ich werde für dich beten.«

Am Tag des Vorstellungsgesprächs kam ihr Noden am Eingang der Kirche entgegen. Er bat sie, in der Sakristei zu warten, bis sie so weit seien. Tammy trug ihr Haar in langen Dreadlocks, und sie hatte einige Pfunde zugelegt – sie stellte sich vor, wie schwarz sie auf die Leute wirken würde, auf die sie gleich treffen sollte. Sie setzte sich und sah sich um. In dem Zimmer hing kein einziges Kreuz, was sie beunruhigte: Ich bin noch nie in einer Kirche ohne Kreuze gewesen, dachte sie. Um sich an etwas festzuhalten – schließlich war es ihr erstes Vorstellungsgespräch seit zwanzig Jahren (damals ging es um einen Fließband-Job bei einem Autozulieferer) –, nahm sie ein Gesangbuch in die Hand und blätterte darin. Ihr Blick fiel auf ein Lied über die Sommersonnenwende. Sie war tatsächlich in einer Kirche von Teufelsanbetern gelandet!

Gerade als sie das kleine Buch zur Seite legte, kehrte Noden zurück. Er führte sie in ein Büro, wo zwei Frauen und ein Mann warteten. Tammys Verunsicherung war so groß, dass sie sie instinktiv kompensierte, indem sie voller Selbstbewusstsein auftrat. Sie stellte sich jedem Einzelnen vor. »Wie geht es Ihnen? Mir geht's ausgezeichnet!« Als Kirk sie fragte, ob sie ein Beispiel geben könne für eine Situation, in der sie sich wegen einer Ungerechtigkeit einer Autorität widersetzt hatte, erzählte sie die Geschichte von dem Mädchen bei Packard, die auf allen vieren den Ölfleck am Boden geschrubbt hatte. Sie spürte, dass alle von der Geschichte gerührt waren. Noden und seine Kollegen waren von Tammy über alle

Maßen beeindruckt, sie hatte die Situation mit fliegenden Fahnen gemeistert. Sie fragte sich nur, was geschehen würde, wenn sie die Stelle tatsächlich bekäme. Würden sich ihre Kollegen über ihre gesalbten Worte, ihre Eleganz lustig machen?

Sie war eine der Ersten, die eingestellt wurden. Sie konnte ihr Studium zu Ende führen und gleichzeitig eine spannende Arbeit machen, die ordentlich bezahlt wurde. Sie war jetzt sogar krankenversichert. Sie dachte: »Ich wusste, dass Gott mir eines Tages diese Türen öffnen würde.«

Noden gab seinen neuen Organisatoren folgenden Auftrag: Loszuziehen und mit jeder Kirchengemeinde, jedem Bürgerverein, jedem möglichen Wortführer zu sprechen, um mindestens fünfundsiebzig Menschen für eine Versammlung zu rekrutieren und eine Initiative zu starten. Wer das nicht schaffte, wurde gleich wieder entlassen. Noden war davon ausgegangen, dass Tammy auf der East Side arbeiten wollte, sie aber war anderer Ansicht, weil sie das Problem eben in diesen Strukturen sah: Sie kannte zu viele Menschen dort, sie hatte Verwandte und Freunde, sie wusste, was ihre Brüder taten – die Gefahr eines Interessenkonflikts war zu groß. Stattdessen begann sie auf der North Side, die seit den Tagen, als ihre Großmutter für die Weißen gearbeitet hatte, kaum noch wiederzuerkennen war – das Viertel sah längst aus wie das übrige Youngstown.

Dann kam der Tag, als Tammy zum ersten Mal von Haus zu Haus ging. Sie trug ein Klemmbrett mit einem gelben Notizblock, klopfte an Türen, stellte sich kurz vor und sprach mit jedem, den sie antraf. Immer versuchte sie, das Gespräch unter fünf Minuten zu halten. »Wie sieht es in Ihrem Viertel aus? Wie lange steht das Haus da drüben schon leer? Warum ist es wohl noch nicht abgerissen worden? Ich habe gerade mit jemandem gesprochen, der genauso denkt wie Sie. Es gibt in dieser Stadt so viele leerstehende Häuser, die unbedingt abgerissen werden müssen. Es gibt hier eine Menge, das man ändern müsste. Wären Sie bereit, zu einer Versammlung zu kommen? Was nützt es schon, wenn ein Einzelner versucht, sich bei der Stadt zu beschweren? Aber wenn wir uns alle zusammentun … Ja, ich bin hier aus Youngstown, ich bin hier aufgewachsen und habe gesehen, wie sich die Stadt verändert hat. Und wissen Sie was? Ich bin jetzt an einem Punkt angelangt, an dem ich sage: Es reicht. Wenn Sie zu der Versammlung kommen und fünfzig oder sechzig Ihrer Nachbarn mitbringen, dann können wir darüber reden. Würden Sie mir Ihre

Telefonnummer geben?« Das Ziel war, Menschen aus dem Viertel zu rekrutieren, die zu Nachbarschaftssprechern ausgebildet werden konnten. Wenn diese ihre Bekannten und Verwandten mitbrachten, würden die Machtlosen ein Gespür dafür wiederentdecken, dass sie durchaus etwas ausrichten konnten – sie würden ihre Stimme wiederfinden.

Sie ging die Straße entlang und entdeckte zwei Frauen, die auf einer Veranda plauderten und lachten. Die Veranda war mit den Flaggen und Farben der Pittsburgh Steelers geschmückt, der Vorgarten lag voller Gerümpel, es sah aus wie auf einem Flohmarkt. Die Frauen feierten das, was Tammy gern als Jammerparty bezeichnete. Eine klagte, dass sie sich die Krankenversicherung nicht mehr leisten könne. Tammy nutzte die Gelegenheit, um näher zu treten. »Was haben Sie da über die Krankenversicherung gesagt?« Sie stellte sich vor, hielt ihre kleine Rede. Die Frau, die keine Versicherung hatte, hieß Hattie Wilkins, es war ihr Haus, sie war der Football-Fan. Sie war Ende fünfzig, klein, dick und burschikos, sie trug das Haar in langen, gold gefärbten Dreads und hatte eine tiefe, rauchige Stimme. Sie war, wie sich herausstellte, eine entfernte Verwandte von Tammys Stiefvater. Aus ihrer Sicht war Tammy gerade aus dem Nichts aufgetaucht, sie stand plötzlich auf dem Bürgersteig und sprach sie an.

Tammy fragte Miss Hattie, ob sie Interesse hätte, ein Einzelgespräch mit ihr zu führen und sich zur MVOC-Sprecherin ausbilden zu lassen.

»Ich bin ja schon Sprecherin«, sagte Hattie, »mir muss niemand erklären, wie das geht.« Sie hatte nämlich zwanzig Jahre in einer Kissenfabrik auf der West Side gearbeitet und im Vorstand ihrer Gewerkschaft gesessen. Bis man ihr eine Abfindung anbot, weil sie zu viel Ärger machte. Dies war der Grund, warum sie einen Teil ihrer Versicherung selbst bezahlen musste. Die drei Nachbarhäuser standen leer, auf dem angrenzenden Grundstück mähte sie den Rasen mit. Dahinter befanden sich zwei bereits geräumte Grundstücke. Hattie hatte eines in ein riesiges Blumenbeet verwandelt, das dem Andenken an ihre Enkelin Marissa gewidmet war, die sechzehnjährig gestorben war, als man ihr nach einer Party ins Herz geschossen hatte. Hattie sammelte in den Gärten der leerstehenden Häuser Blumenzwiebeln, die sie bei sich einpflanzte, und sie schnitt niemals eine Blume ab, weil Marissa aus dem Leben geschnitten worden war wie eine Blume.

Mit der Arbeitsstelle verlor Hattie ihren Einfluss, den sie den Hunderten von Arbeiterinnen in der Kissenfabrik verdankte. Inzwischen waren nur noch vier oder fünf Nachbarinnen übrig, die ihren Führungsanspruch akzeptierten. Vielleicht war es, genauer betrachtet, auch damit längst vorbei, vielleicht war Tammys Angebot genau das, was sie suchte. Sie erklärte sich bereit, an einem Einzelgespräch teilzunehmen.

Es dauerte nicht lange, bis Hattie begann, sich an Tammy zu orientieren. Tammy hatte die Gabe, zu den von ihr rekrutierten Anführerinnen eine tiefe Beziehung herzustellen, was Noden bereits früh bemerkt hatte. Sie inspirierte durch ihre Energie, ihre Zielstrebigkeit, die Frauen waren schließlich zu allem bereit, um ihr zu helfen. Hattie bewunderte Tammy für ihre Redegewandtheit, für die Weise, wie sie die Aufmerksamkeit ihrer Zuhörer weckte und hielt. Hattie belegte am College einige Kurse, in denen sie lernte, grammatisch richtig zu sprechen, damit auch die Kinder, mit denen sie in ihrem Viertel zu tun hatte, eines Tages ihren Straßenslang ablegen und sprechen würden wie Moderatoren im Fernsehen. Zu Tammy sagte sie: »Wenn ich auch mal erwachsen werde, tät ich gern so sprechen wie du.«

Das erste Großprojekt der Organisation war, ein Inventar der Häuser von Youngstown herzustellen – von Haus zu Haus und durch jede Straße zu gehen und zu notieren, welche Häuser leerstanden und welche bewohnt waren, wo ein Grundstück geräumt und wo ein Abriss besonders dringlich war. Jedes Haus bekam eine Note, und Tammy dachte, wenn sie selbst für die East Side zuständig wäre, würde sie dem alten Haus an der Charlotte Avenue, Hausnummer 1319, wohl ein Ungenügend geben. Im Norden, in der Nähe des Parks, wo Granny einst, als sie in der Villa der Purnells wohnten, immer die Schwäne gefüttert hatte, gab es einen Block, in dem von vierundzwanzig Häusern dreizehn leerstanden. Sie sprach mit dem Briefträger, und im Winter wartete sie auf den ersten Schnee, um in den Einfahrten nach Reifenspuren zu suchen.

Vierzig Prozent der Grundstücke in Youngstown, so das Ergebnis der Inventur, waren unbewohnt. Nahezu ein Viertel der leerstehenden Häuser gehörte irgendwelchen Leuten, die anderswo lebten: in Kalifornien, sogar in fernen Ländern wie Österreich oder China. Es waren Spekulanten, die in der Immobilienkrise den Schwarzen Peter bekommen hatten, sie hatten die Häuser bei Craigslist oder pennyforeclosure.com gekauft und hatten keine Ahnung, in welchem Zustand sich ihr Eigentum befand. Über nichts klagten die Menschen, die Tammy bei ihren Runden kennenlernte, so oft wie über verlassene Häuser und die Kriminalität, die sie mit sich brachten. MVOC stellte auf der Grundlage der gesammelten Daten einen großen Stadtplan her, auf dem leere Grundstücke grün, leerstehende Häuser rot markiert waren. Die East Side bestand aus einer riesigen grünen Fläche mit zahlreichen Sprenkeln von roter Farbe.

Jay Williams, der schwarze Bürgermeister von Youngstown, hatte versprochen, den Abriss der leerstehenden Gebäude zu beschleunigen, aber das Ausmaß des Problems war gewaltig, es fehlte eine gründliche Erhebung, und die Position des Stadtdirektors war nicht besetzt. Es gab also nichts, was den physischen Zustand der Stadt abbildete wie die farbig markierte Karte von MVOC. Im Jahr 2005, nachdem es gelungen war, vierzehnhundert Bürger im Stambaugh-Auditorium zu versammeln, gab die Stadt einen ambitionierten »Plan 2010« heraus. Es war der erste rationale Versuch, mit der Tatsache zurechtzukommen, dass die Stadt im Verfall begriffen war – dass sie sichtbar *schrumpfte.* So nämlich sah Youngstown aus: Wie ein kranker Mann, der sein Gewicht verloren hatte und immer noch die alten, ausgeleierten Klamotten trug – große, unbebaute Flächen, menschenleer und herrenlos. Das Verhältnis zwischen Raum und Bevölkerung war unausgeglichen, die Stadt mit ihren Brachen wirkte wie leergefegt, nur selten sah man einen Fußgänger, der einsam durch die Straßen zog. Der Begriff der »schrumpfenden Stadt« war gerade in aller Munde – meist im Bezug auf Detroit – und da der Plan 2010 unter anderem vorsah, die städtische Versorgungsstruktur auf ein realistisches Maß zu reduzieren, um der sinkenden Einwohnerzahl gerecht zu werden, galt Youngstown als Pionier. Man sprach über Gartenkooperativen, Kleinparks, Bienenzucht, Hühnerställe. Das Magazin der *New York Times* kürte den Plan von Youngstown als eine der besten Ideen des Jahres 2005. Es sah beinahe so aus, als würde Youngstown zum Medienstar.

Was außerhalb der Stadt nie bekannt wurde, war, dass der Plan nie ausgeführt wurde. Die Tatsache, dass einige Bürger umgesiedelt werden sollten, führte zu extremen Spannungen. Wer waren diese Leute? Ältere schwarze Hausbesitzer auf der East Side, die dort geblieben waren, die an ihrer Geschichte festhalten wollten. Viele hatten die Hoffnung nicht ganz aufgegeben, dass die Industrie eines Tages zurückkehren würde. Und wo sollten sie denn hin? In den Westen, in die weißen Viertel? Tammy fand die Idee furchtbar, sie war vehement dagegen. Sie dachte an ihre Bekannten – an Arlette Gatewood, eine pensionierte Stahlarbeiterin und Gewerkschaftlerin, die weit draußen im Osten, beinahe schon in Pennsylvania, wohnte, in einer Gegend, die bereits an die Natur zurückfiel. Oder Miss Sibyl, ihre alte Freundin von der East Side. Sie erinnerte sich an das Haus, das ihr Großonkel gebaut hatte. Es stimmte zwar, dass die Stadt kein Geld hatte, um auf dem ganzen Stadtgebiet die Müllabfuhr zu bezahlen und Wasserleitungen zu reparieren, das verstand sie durchaus: »Andererseits, warum sollte eine Ms Jones aus dem Haus ausziehen, das sie gekauft und bezahlt hat (wo ihre Kinder aufgewachsen sind) und in ein ganz anderes Viertel ziehen?«

Tammy konzentrierte sich in ihrer Arbeit auf kleinere, für die rekrutierten Nachbarschaftssprecher zumutbare Schritte. Sie organisierte eine Versammlung und stellte Mark King an den Pranger, einen auf die ärmsten Viertel spezialisierten Vermieter, der in der Immobilienblase dreihundert Häuser gekauft hatte – von denen zwanzig Prozent bereits verfallen waren. Lokale Medien nahmen Notiz davon, und am folgenden Tag erschien King persönlich im Büro der Organisation und fragte, was er tun könne, um sich vor der Öffentlichkeit zu rechtfertigen. Tammy überredete Miss Sybil, bei einer Veranstaltung zu sprechen, sie erklärte ihr, die East Side brauche eine starke Stimme. Miss Sybil wurde stellvertretende Vorsitzende des MVOC, und von ihr erfuhr Tammy, dass sich auf der East Side etwas regte, ein Schimmer der Hoffnung, dass sich die Bürger des Viertels zusammenrauften. »Wirfst du jemandem einen Rettungsring zu, dann bekommt er ihn auch zu fassen«, sagte sie.

Die Arbeit führte dazu, dass Tammy Youngstown in einem ganz neuen Licht betrachtete, es war, als weitete sich bei ihren Gängen durch die Wohnviertel, wenn sie an Türen klopfte und Straße um Straße erfasste, ihr Blick auf die Stadt, in der sie ihr ganzes Leben verbracht hatte. Sie hatte bisher die Schuld immer den Einzelnen gegeben, die nicht bereit waren, sich zu helfen. »Was ich frustrierend finde, sind die Leute, die nichts haben, die nach nichts greifen, die nichts erreichen wollen, die Unmotivierten, die gar nicht versuchen, ihre Situation zu verbessern.« Von dieser Sorte gab es in Youngstown mehr als genug, aber sie sah auch, dass die ganze Stadt in Schwierigkeiten steckte. Zum ersten Mal sah sie die Stadt als Einheit, als ein einziges System, die Armut betraf ganze Generationen, es ging um katastrophale Schulen, um Arbeitslosigkeit und vieles mehr: »Den meisten fehlt es nicht am Willen. Das ganze System ist so beschaffen, dass manche Leute einfach verschluckt werden und andere verwirrt zurückbleiben. Die Menschen geraten in einen Strudel, sie wissen nicht, wie sie da rauskommen sollen.« Ihr selbst war es gelungen, aber den Schritt, im politischen Sinne darüber nachzudenken – egal auf welcher Ebene –, hatte sie nie gemacht.

Vielleicht war Tammy die letzte Schwarze in Youngstown, die von Barack Obama hörte. Sie war so sehr mit ihren Kindern beschäftigt, mit Studium, Arbeit und Kirche, dass sie die Nachrichten nicht verfolgte. Erst Anfang 2008 erfuhr sie, dass unter den ernsthaften Kandidaten für die Präsidentschaft ein Schwarzer war – dazu noch einer, der wie sie als *community organizer* angefangen hatte. Als sie achtzehn Jahre alt war, hatte Granny sie aufgefordert, sich als Wählerin registrieren zu lassen, und zwar als Demokratin. Das hatte sie getan, und sie war zwar zu jeder Wahl gegangen – um Kandidaten hatte sie sich aber nie gekümmert. Sie wusste zwar, wer der Bürgermeister war, aber die nationale Politik ging an ihr vorbei. Bei Packard sprachen die Frauen manchmal über Politik. 2004 konnte sie nicht verstehen, warum viele ihrer Kolleginnen – besonders weiße Frauen – allein aus religiösen Gründen für George Bush stimmten. Im Ganzen hielt sie Politik für ein schmutziges Geschäft. Youngstown war eine der korruptesten Städte des ganzen Landes. Ein Richter saß schon im Gefängnis, ein Sheriff ebenso, und der Abgeordnete, der ihr ganzes Leben lang die Region in Washington vertreten hatte, war James Traficant, ein Mann mit Mafiaverbindungen, der selbst nach seinem Ausschluss aus dem Kongress und einer Haftstrafe wegen Korruption und organisierter Kriminalität in Youngstown noch zahlreiche Anhänger hatte. Der Geist von Youngstown war immer ein populistischer gewesen, man misstraute den Institutionen, und Traficant hatte in seiner grellen Art davon gelebt, seinen Gegnern den Stinkefinger zu zeigen.

Ihre Freundin Karen war es, die ihr Interesse für Obama weckte. Tammy glaubte nicht, dass das Land so weit war – sie war überzeugt, dass Hillary Clinton die Vorwahlen gewinnen würde, die Wähler würden sich für eine weiße Frau entscheiden, bevor sie einem schwarzen Mann die Chance gäben. Trotzdem ging sie im Februar mit Karen zu einem Wahlkampfauftritt an der Youngstown State University. Tammy war von Obamas Rede so beeindruckt, dass sie zu Hause gleich einige Notizen machte. Als sie im Sommer wieder von Haus zu Haus ging, um im Rahmen einer MVOC-Kampagne Wähler zu mobilisieren, meinten die einen: Endlich die Möglichkeit, einen Schwarzen zum Präsidenten zu wählen – während die anderen sagten: Einen schwarzen Präsidenten wählen die nie! Auf jeden Fall hatte sie noch nie vor einer Wahl eine solche Stimmung erlebt. Selbst Tammys Vater meldete sich als Freiwilliger, er arbeitete im Hauptquartier der Demokraten und rief Wähler an. Es war das erste Mal in seinem Leben, dass er so etwas tat. Er war im Obama-Fieber, nichts anderes zählte mehr. Durch die Scheidung und ihre neue Stellung war zwischen Tammy und ihrem Vater ein tiefer Riss entstanden, nun, bei ihrem Einsatz für Obama, fanden sie wieder zueinander. Sie unterhielten sich regelmäßig und tauschten sich über die Arbeit aus. Einmal rief ihr Vater an und sagte: »Wenn mir noch einmal jemand erzählt, dass er nicht für Obama stimmen wird, weil er glaubt, dass der ohnehin nur ermordet wird, dann springe ich aus dem Fenster.«

Am Wahlabend trafen sich alle im MVOC-Büro zum Pizzaessen. Es war das erste Mal, dass Tammy einen Jameson's probierte. Selbst als Obamas Sieg feststand und als er schließlich mit seiner Familie auf die Bühne trat, um seine Rede zu halten, konnte Tammy den letzten Zweifel nicht abschütteln, dass es geschehen war. Als sie ein Mädchen war, hatte ihr die Großmutter die dreibändige *Ebony Success Library* geschenkt, das die Leistungen der Schwarzen in der gesamten Geschichte darstellte. Ihre eigenen Kinder hatte Tammy immer angehalten, auf ihre Hautfarbe stolz zu sein. Wenn im jährlichen *Black History Month* in den Schulen die Geschichte der Schwarzen auf dem Lehrplan stand, achtete sie darauf, dass die Kinder ihre Aufsätze nicht über die üblichen Verdächtigen schrieben. In der fünften Klasse schrieb ihre ältere Tochter über die Bürgerrechtsaktivistin Ella Baker. Der Lehrer gab die Arbeit zurück – Thema verfehlt. Er wusste nicht, wer Baker war.

Man konnte unterschiedlicher Meinung sein, ob jemand als wichtiger Erfinder oder politischer Wegbereiter galt. Was aber niemand bezweifeln konnte, war die historische Bedeutung des ersten schwarzen Präsidenten – nicht nur für die Schwarzen, sondern für das ganze Land. Tammy nahm ein gerahmtes Bild des vierundvierzigsten Präsidenten mit ins Büro und hängte es an die Wand über ihrem Schreibtisch. Das Foto zeigte Obama, wie er in der Wahlnacht der Menge in Chicago zuwinkt. Darüber stand der Satz, den er im Wahlkampf immer wieder gesagt hatte: »Unser Schicksal wird nicht für uns gemacht, sondern von uns.«

Dean Price

Barack Obama war der erste Demokrat, für den Dean je gestimmt hatte. Es war ganz einfach: Wenn Obama ein Weißer gewesen wäre, hätte er achtzig Prozent bekommen. Es war Obama – nicht John McCain, nicht Sarah Palin –, der in der Augusthitze jenes Wahljahrs nach Martinsville/ Virginia kam und der versammelten Menge in einer Aula zurief: »Ich werde für euch kämpfen, Tag für Tag. Ich werde morgens im Weißen Haus aufwachen und an die Menschen in Martinsville denken, die Menschen hier in Henry County, und ich werde mich fragen, wie ich euch helfen kann.« Obama verstand, dass das alte System bankrott war, und wenn er vielleicht auch nicht wusste, was Biodiesel war, so sprach er doch immer wieder von einer neuen, einer grünen Wirtschaft. Genau das war es, was Dean hören wollte.

2008 sah es im ganzen Land aus wie im Piedmont. Nachdem im September die Wall Street zusammenbrach, verloren Millionen von Menschen ihre Arbeit. Der Tiefpunkt war im Januar, als Obama den Amtseid ablegte und ein »neues Zeitalter der Verantwortung« beschwor. Riesige Konzerne, darunter General Motors, standen vor dem Aus. Wachovia Bank, die einst eine feste, verlässliche Institution in Winston-Salem gewesen war, ging in Konkurs, andere Banken – von der Wall Street bis Seattle – folgten. Eine Institution nach der anderen bröckelte und fiel. In den Zeitungen war von einer neuen Great Depression die Rede, vom »Untergang der Vorstädte«. Nur mit dem Allerschlimmsten ließen sich die Vorgänge vergleichen. Dean war überzeugt, dass das amerikanische Volk nun zu radikalen Veränderungen bereit war. Dass sie einen schwarzen Präsidenten gewählt hatten, war erst der Anfang.

Die Kongressabgeordnete im fünften Bezirk von North Carolina, Deans Heimatbezirk, war eine ältere Republikanerin namens Virginia Foxx, eine kleine, stämmige Frau mit grauem Kurzhaarschnitt, die als Hinterbänklerin zuverlässig für George W. Bush gestimmt hatte. Der Bezirk reichte von den Blue Ridge Mountains an der Grenze zu Tennessee bis westlich von Greensboro. Keine Ortschaft hatte mehr als fünfundzwanzigtausend Einwohner, neunzig Prozent waren weiß. Anders gesagt: Foxx vertrat das, was Sarah Palin (drei Wochen vor der Wahl bei einem

Auftritt in Greensboro) als das »wahre Amerika« bezeichnet hatte. An brachliegende Felder und Berufsunfähigkeit und Crack-Kokain dachte sie dabei wohl nicht. Foxx war mehrmals ohne Schwierigkeiten wiedergewählt worden, doch 2008 wirkte sie, als stammte sie – mitsamt ihren Wählern, vielleicht sogar mitsamt ihrer ganzen Partei – aus einer anderen Ära.

Im Nachbarbezirk in Virginia vollzog sich gerade ein kleines politisches Erdbeben. Virgil Goode, ein fremdenfeindlicher, erzkonservativer Demokrat und Freund der Tabaklobby, der zu den Republikanern übergelaufen war und seinen Sitz im Kongress verteidigen musste, wurde von einem jungen Anwalt herausgefordert, der sich selbst als Überzeugungstäter bezeichnete. Tom Perriello, so sein Name, war vierunddreißig Jahre alt und wirkte wie ein Nachwuchsringer, der zu seinem ersten Kampf in den Ring stieg. Er war klein, mit einem kräftigen Kreuz, sein Gesicht war breit und flächig, das scharf geschnittene Kinn wirkte muskulös. Sein Blick war eindringlich und nervös. An dem Tag, als er sich zur Wahl anmelden musste, wurde er von fünfzig Wespen gestochen. Er erlitt einen anaphylaktischen Schock und taumelte in ein Waldstück hinter dem Haus seiner Eltern bei Charlottesville. Sein Vater, ein Arzt, sah ihn, nahm einen EpiPen, der gerade zur Hand war, weil die Mutter kürzlich eine allergische Reaktion gehabt hatte, und rannte durch den Garten. Tom lag schon mit verdrehten Augen im Wald, als der Vater die Injektion geben konnte. Ob er einen göttlichen Wink erhalten hatte, wusste Perriello nicht zu sagen, aber so nahm er es auf, und er ließ sich als Kandidat für den Kongresssitz von Goode aufstellen.

Niemand wusste, wovon Perriello lebte und ob er Arbeit hatte – mal bezeichnete er sich als »nationaler Sicherheitsberater«, mal als »Sozialrechtsaktivist« und »öffentlicher Unternehmer«. Er hörte »bewussten Hip-Hop« und liebte es, mit Jack Daniel's auf eine »bessere Welt« anzustoßen. Für das Wahlkampfteam von Goode war er ein gefundenes Fressen: Er war alleinstehend, hatte mal einen Bart getragen und sein kurzes Erwachsenenleben in New Haven, New York, Sierra Leone und Darfur verbracht. Was hier neu aufgelegt wurde, war eine Art kultureller Bürgerkrieg.

Die Hälfte der Amerikaner, die demokratisch wählten, rätselte sehr, sehr lang, warum weiße Wähler, die in winzigen, obskuren Orten wohnten und von Jahr zu Jahr ärmer wurden, gleichzeitig immer republikanischer wurden – warum Amerikaner, die ein Jahrhundert früher mit Leidenschaft William Jennings Bryan unterstützt hätten, nun eine Partei wählten, die die Wall Street liberalisieren und die Kapitalgewinnsteuer abschaffen wollte –, warum an der Route 29 südlich von Charlottesville, vor einer zugewachsenen Scheune, ein riesiges GOODE-Schild stand. Doch 2008 ging es dem Piedmont so schlecht, dass die Ersten begannen, sich auf der anderen Seite umzusehen. Perriello trug dazu bei, weil er nicht die Sprache der Linken aus den Großstädten benutzte – sondern über Gott sprach und für das Waffenrecht eintrat und sich bei der Homoehe nicht festlegte und in Wirtschaftsfragen wie ein Radikaler klang, der die »Übernahme der Politik durch die Wirtschaft« anprangerte und gegen Großbanken und globale Konzerne wetterte, die mit Washington unter einer Decke steckten und es dem kleinen Mann unmöglich machten, im Wettbewerb zu bestehen. Perriello war zwar nicht der Bryan des einundzwanzigsten Jahrhunderts – doch manchmal klang er so. Seine Freunde waren Menschenrechtsaktivisten und Leute in Forschungsinstituten, er kannte Autoren des *New Republic* und Mitglieder der Ostküstenelite, die mit derselben Selbstverständlichkeit über Baseball wie über linke Politik plaudern konnten. Doch im fünften Bezirk erhob er die Stimme aus Leidenschaft, er kämpfte für gebeutelte Bauern, arbeitslose Näherinnen und Kleinhändler. Ihm war das große Rätsel der amerikanischen Politik überhaupt nicht rätselhaft. »Wir gehen immer davon aus, dass die Arbeiterklasse quasi umnachtet ist, weil sie gegen die eigenen Interessen wählt«, erklärte er. »Nennen Sie mir nur einen reichen Demokraten, der nicht genau dasselbe tut.«

Am 4. November, dem Wahltag, siegte er mit großer Mehrheit in den Wahlkreisen, in denen die gebildeteren Schichten wohnten – vor allem in Charlottesville, einer Universitätsstadt, wo die Wahlbeteiligung unter den Jüngeren besonders hoch war, da Obama ganz oben auf dem Wahlzettel stand. (Perriello hatte erklärt, Barack Obama sei der erste Politiker überhaupt gewesen, der ihn inspirierte.) Selbst in den ärmsten Dörfern und in den Landkreisen des Südens, in unmittelbarer Nähe zu North Carolina, fügte er Goode empfindliche Verluste zu. In der Wahlnacht lag Perriello mit 745 Stimmen vorn, 315 000 Bürger waren zur Wahl gegangen. Goode verlangte eine Neuauszählung, weshalb Perriello erst sechs Wochen später offiziell zum Wahlsieger erklärt wurde.

Sein Sieg in einem konservativen Bezirk war eine der großen Überraschungen in jenem Wahljahr, plötzlich sah es aus, als könnte 2008 die große Wende bringen. Perriello war ein Politiker, wie Dean ihn sich wünschte, und der fünfte Bezirk war der Ort, an dem Dean die erste Biodiesel-Tankstelle des Landes gebaut hatte. Es war also unausweichlich, dass sich die beiden eines Tages über den Weg laufen würden.

Zu Perriellos ersten Amtshandlungen gehörte, dass er einen Berater durch den riesigen Bezirk schickte, um herauszufinden, welche Wünsche die Bürger für das große Infrastrukturgesetz hatten, das dem Kongress vorlag. Auf den Farmen und in den Dörfern der South Side fand der Berater erste Anzeichen für ein Interesse an erneuerbaren Energien. Eine Molkerei bei Danville stellte aus Kuhmist Strom her. In einer Baumschule testete ein ehemaliger Ingenieur von Goodyear die energetische Bilanz verschiedener Nutzpflanzen. An einer Müllkippe in Martinsville wollten die Betreiber versuchen, das Methangas zu verstromen. Niemand hatte diesen Bürgern gesagt, was sie tun sollten, ihre Initiativen waren genau das, was Perriello propagieren wollte. Hier waren konkrete Beispiele, innovative Ansätze für eine neue Wirtschaftsbasis im Piedmont. Im Gegensatz zu gigantischen Fabriken und riesigen Einkaufsmärkten, die nur so lange blieben, bis die Gemeinden ausgeblutet waren, waren all diese Projekte überschaubar. Sie schufen fünf oder zehn Arbeitsplätze, und das Geld blieb vor Ort.

Und dann hörte Perriello von Red Birch Energy.

Dean hatte eine kleine Präsentation vorbereitet, einen PowerPoint-Vortrag, den er überall hielt, wo man ihn haben wollte. Er brachte immer drei Weckgläser mit. Eins war mit Rapssamen gefüllt, das zweite mit Öl und das dritte mit Biodiesel, eine goldene Flüssigkeit, aus der sich eine dunkelbraune Glycerinmasse absetzte. Er begann mit seinem eigenen Erweckungserlebnis, als Hurrikan Katrina die Golfküste traf. Er erzählte, wie Red Birch Energy entstanden war, und zitierte Jefferson (»Die das Land bewirtschaften …«). Er zeigte seinem Publikum Zahlen, die deutlich machten, wie energiereich Raps war, und welche Einsparungen mit Biodiesel möglich waren, und er brach eine Lanze für die kleineren Betriebe vor Ort, damit das Geld in der Region blieb. Farmer und Tankstellenbesitzer – sie waren die neuen Ölbarone! Von ihrem Wohlstand sollten alle profitieren, nicht von der Wall Street!

Bei jedem seiner Vorträge fragte er das Publikum, ob sie von *peak oil* gehört hatten, es meldeten sich meist nicht mehr als fünfzehn, zwanzig Prozent. Dean glaubte, dass es entweder bei einem einzigen Red Birch bleiben würde oder dass die Branche explosiv wachsen würde – entweder gab es nur eine Firma dieser Art oder fünftausend. Am Ende erzählte er immer von Roger Bannister, dem ersten Mann, der die Meile in unter vier Minuten gelaufen war. Fünf Jahre nach dieser Leistung hatten es bereits hundert weitere geschafft. »Er hat eine Schwelle überschritten. Er hat den anderen gezeigt, dass es machbar ist. Und so wird es mit Red Birch Energy sein, das spüre ich.«

Nach einiger Zeit begann er, seine Präsentation besser auf das jeweilige Publikum abzustimmen. Bei einem Frühstückstreffen der Kiwani-Gesellschaft von Greensboro, das monatlich in einem Golfclub abgehalten wurde, sprach er über das Investitionspotential bei Biodiesel. Manchmal spürte er, dass die Zuhörer ihm nicht mehr folgten, und später verstand er dann, woran es gelegen hatte: zu viele Zitate von demokratischen Präsidenten in einem Landstrich, der konservativ wählte; unzureichende Erklärung des Raffinerieprozesses bei einer Gruppe von Beamten. Doch jedes Mal – er hielt seine Rede wohl hundert Mal – wirkte Dean wie jemand, der selbst von seiner neuen Entdeckung noch ganz erregt war, dem seine Worte gerade in diesem Moment erst einzufallen schienen, denn *so war es auch*, und der überzeugt war, und *so war es auch*, dass es keinen anderen Weg der Rettung gab, kein anderes Heilsversprechen. Wer etwas verkaufen wollte, musste an sein Produkt glauben, und Dean glaubte mit der Inbrunst des Bekehrten. Er war der Johnny Appleseed des Biodiesels, er fuhr von Ort zu Ort und verkündete die frohe Botschaft.

Dean sagte gern, dass die Grenze, die Unternehmer von Gaunern trennte, eine sehr dünne war. Warum war der große Motivationstrainer Glenn W. Turner ein Gauner geworden, warum nicht ein Unternehmer? Bestimmt glaubte er jedes Wort, das er bei seinen *Dare to be Great*-Veranstaltungen sagte. Vielleicht ging es ihm nur um Geld und Ruhm – aber auch Dean wollte ja viel Geld verdienen. Worin also lag der Unterschied? »Am Anfang habe ich mich manchmal gefragt: Verstehen sie mich überhaupt? Bin ich ein Betrüger? Ist der Biodiesel das Allheilmittel, mit dem ich den Menschen das Geld aus der Tasche ziehe?« Aber sein Mittel war kein leeres Versprechen, sondern Öl. Biodiesel war eine Wirklichkeit, konkret wie die Erde selbst. Jeder, der zuhörte, verstand intuitiv: Das ist der Weg aus der Rezession, der Weg in die Zukunft. Manchmal musste er sich zwicken, er dachte: Bin ich wirklich so weit gekommen? Bin ich jetzt an der Stelle angelangt, wo es kippen muss? Die Vorstellung war schwindelerregend.

Eines Tages, im Februar 2009, bereitete sich Dean im Omni Hotel in Richmond auf seine Rede bei einem Bauernverband vor, als er bei Starbucks jemanden am Laptop sitzen sah, der ihm bekannt vorkam. Es war Tom Perriello. Dean stellte sich vor, bat um eine Minute Geduld und rannte hinaus, um in seinem Zimmer eine Zeitschrift der Rapsindustrie zu holen, in der seine Firma lobende Erwähnung fand: »Red Birch Energy könnte der Regierung Obamas als Modell dienen, die Firma wirtschaftet unabhängig und nachhaltig, sie ist ganz der Region verpflichtet und inspiriert die Menschen.« Perriello blieb sitzen und war begeistert, als Dean ihm das Zitat zeigte. Sie unterhielten sich zwanzig Minuten lang, beim Abschied lud Dean Perriello ein, Red Birch zu besichtigen.

Aus Perriellos Sicht bestätigte das Gespräch mit Dean eine über die Jahre gewachsene, tiefe Überzeugung, die er zur Grundlage seiner politischen Arbeit gemacht hatte: Die Eliten Amerikas haben keine Lösungen für die Probleme der Arbeiter und der Mittelschicht. Die Eliten glaubten, dass jeder zum Programmierer oder Finanzfachmann umgeschult werden sollte, dass zwischen einem Stundenlohn von acht Dollar und einem sechsstelligen Jahreseinkommen keine Möglichkeiten waren. Perriello war überzeugt, dass neue Ideen und neue heimische Produkte von Unbekannten an obskuren Orten entwickelt würden.

Zwei Monate später, Anfang April, kam Perriello zu Red Birch, und er brachte den Gouverneur von Virginia mit und einen ganzen Tross von Regionalpolitikern, Beratern und Reportern. Dean trug ein braunes Jackett und Krawatte, sein Haar war in der Mitte sorgfältig gescheitelt. Er wirkte inmitten all der dunklen Anzüge wie ein ungelenker, nervöser Bauernjunge. (Gary Sink trug dunkelblau.) Er führte die Gäste in die Raffinerie und hielt seine Rede. Kaine schlief in der ersten Reihe ein. Dean war drauf und dran, ihn anzusprechen, wie es sein Vater getan hatte, wenn er in der Kirche eingeschlafen war. Aber Perriello hörte sehr aufmerksam zu. Er war anders als die Politiker, die er kannte und die er noch kennenlernen würde, bei denen er sich immer vorkam wie ein Schuhverkäufer, dem nur wenige Sekunden gegönnt waren, um sein Produkt vorzustellen. Nach dem offiziellen Teil führte Dean Perriello in den hinteren

Teil der Anlage, um ihm die Saatpressen zu zeigen, die gerade auf Hochtouren liefen. Der Abgeordnete gab Dean seine Handynummer und lud ihn auf ein Bierchen ein, wenn er das nächste Mal in Washington sei. Dean wählte diese Nummer nur ein einziges Mal. Perriello ging nicht ran, und Dean hinterließ keine Nachricht.

Im Juli trafen sie sich auf einer Farm in Danville wieder, wo, als Teil einer Rundreise durch das ländliche Amerika, zwei Kabinettsmitglieder aus Washington auftraten: Landwirtschaftsminister Tom Visack und Energieminister Stephen Chu. Einen Monat zuvor hatte Perriello für das Energiegesetz der Regierung und den Emissionshandel gestimmt, was ihm einige seiner Wähler übelgenommen hatten, denen Energiekonzerne und konservative Gruppierungen weisgemacht hatten, dass ihre Stromrechnungen in die Höhe schnellen und Arbeitsplätze im Kohlebergbau verlorengehen würden. Auf der Farm warben Vilsack und Chu für erneuerbare Energie, die sich die Arbeitsmoral und die bedrohten, zum Teil schon zerstörten Wertvorstellungen des ländlichen Amerika zunutze machen könne. Die höchsten Vertreter der Regierung, dachte Dean, waren also auf dem gleichen Weg wie er. Als jemand Red Birch erwähnte, drängte Perriello Dean, aufzustehen und die Würdigung entgegenzunehmen.

Dean sagte einmal, dass Perriello das Zeug hätte, eines Tages Präsident zu werden. Und Perriello sagte einmal, wenn es in Amerika einen Menschen gäbe, den er dem Präsidenten für eine Unterredung empfehlen würde, dann wäre es Dean. Der Abgeordnete machte das Weiße Haus auf Red Birch aufmerksam. An einem Donnerstag im August erreichte Dean eine E-Mail, in der der »Dear Friend« eingeladen wurde, »als Teil einer Gruppe regionaler und nationaler Vordenker zukünftige Entwicklungen im Energiebereich« zu diskutieren und »mit Ministern und Regierungsberatern im Weißen Haus zu besprechen, in welcher Weise jeder zum Erfolg der Reform beitragen kann«. Das Treffen war für den folgenden Montag vorgesehen. Am Sonntag nahmen Dean und Gary den Zug nach Washington, sie übernachteten in einem Hotel gleich neben der Union Station. Am Morgen zog Dean den einzigen Anzug an, den er besaß – einen schwarzen, den er 2004 gekauft hatte, um die Tochter seiner dritten Frau zum Abschlussball zu führen, den er dann aber zur Beerdigung seines Vaters in derselben Woche getragen hatte –, dazu eine grüne Krawatte. Mit dem Taxi fuhren sie zur Pennsylvania Avenue Nr. 1600.

Ins Weiße Haus kamen sie nicht. Die Veranstaltung fand im dritten Stock des Old Executive Office Building statt, eines gewaltigen Verwaltungsgebäudes im Empire-Stil, das Mark Twain einmal als »das hässlichste Gebäude Amerikas« bezeichnet hatte. Dean aber fühlte eine tiefe Ehrfurcht, die er noch nirgends sonst verspürt hatte. Die Flure aus Granit, die Marmorstufen, die Geschichte, die in den nach Präsidenten benannten Sälen steckte! Der letzte Sprecher des Programms war Van Jones, der Sonderbeauftragte des Präsidenten für die Schaffung neuer Arbeitsplätze in der grünen Energiewirtschaft. Der junge schwarze Politiker konnte wirklich reden. Als er darüber sprach, wie man die Jugendlichen in den Innenstädten einsetzen könnte, um Häuser energetisch zu sanieren, sagte er: »Wir werden ihre Waffen wegnehmen und ihnen Auspresspistolen in die Hände drücken!«

Zufällig war es Dean, der die letzte Frage des Tages stellen durfte. Er stand auf und sagte: »Da wir hier alle dieselben Ziele verfolgen und ausschwärmen werden, um das Evangelium ins Land zu tragen, müssen wir auch über *peak oil* sprechen – denn nur, wenn wir das tun, können wir den Leuten erklären, worum es geht. Wie sieht die Regierung die Problematik des *peak oil*?«

Jones wusste offenbar weder, wie die Regierung dazu stand, noch was der Begriff eigentlich bedeutete. Er gab die Frage an eine Frau aus dem Energieministerium weiter, die eine halbe Minute sprach und offenbar ebenfalls keine Ahnung hatte. Dean war von diesem Punkt an überzeugt, dass das Thema für Politiker zu schwierig war. Da es letztendlich um ein ganz neues Amerika ging – ohne Pendlerhäuser, ohne Fastfood und gigantische Konzerne, ohne die Wall Street – war eigentlich klar, dass die Regierung keine Stellungnahme hatte. Trotzdem war Dean von Van Jones beeindruckt, der ihn mit einem High Five verabschiedete. Es tat ihm leid, dass Jones zwei Wochen später zurücktreten musste, als der Journalist Glenn Beck und andere Konservative ihn mit Verschwörungstheorien zu 9/11 und zur Verhaftung von Mumia Abu-Jamal in Verbindung brachten. Zudem hatte er einige republikanische Abgeordnete offenbar als »Arschlöcher« bezeichnet. Aber Van Jones hätte es ohnehin nicht geschafft, die Farmer von Rockingham County für erneuerbare Energien zu gewinnen. Die hörten nicht auf einen radikalen Schwarzen aus San Francisco, und Obama mochten sie auch nicht wirklich. Als Dean aus Washington zurückkehrte und in seiner Stammkneipe von seinem Erlebnis erzählte, sagten einige: »Du bist zu diesem Nigger gefahren?« Der einzige Mann, auf den sie vielleicht hören würden, war T. Boone Pickens, ein Milliardär, der sein Geld damit verdiente, Firmen zu zerschlagen. Er war alt und weiß und warb im Fernsehen für Gasförderung und erneuerbare Energien.

Kontakt mit Obama gab es bei der Einladung nach Washington keinen – der Präsident befand sich im Urlaub auf Martha's Vineyard. Aber einige Monate später kam es doch zu einer Begegnung. 2010 fand auf dem Luftwaffenstützpunkt Andrews Air Force Base eine Zeremonie statt, um den ersten mit Biosprit betriebenen Kampfjet vorzustellen. Dean erhielt eine Einladung. Er nahm seinen Sohn Ryan mit, gemeinsam warteten sie in der Schlange auf den Präsidenten. Als er kam und sie per Handschlag begrüßte, reichte die Zeit nicht, um etwas zu sagen. Was Dean vor allem auffiel, war, dass er den weichsten Händedruck hatte, den er je bei einem Mann erlebt hatte. Das konnte nur bedeuten, dass Obama in seinem Leben nicht ein einziges Mal körperlich gearbeitet hatte.

Red Birch Energy bemühte sich um Finanzierung aus dem Investitionspaket, das der Kongress verabschiedet hatte. Die Firma brauchte Geld. In den letzten Wochen des Jahres 2008 war der Benzinpreis eingebrochen, und zwar schneller und tiefer als je zuvor. Unter der Schwelle von vier Dollar pro Gallone schwand der Vorteil gegenüber der Konkurrenz, die Firma ging in die roten Zahlen. Im Frühjahr, als die Farmer ihre Rapssamen abliefern wollten, mussten Dean und Gary eingestehen, dass sie trotz der vertraglich festgelegten Abnahme nicht zahlen konnten. Sie konnten gerade die sechs Prozent Zinsen auf das Geld aufbringen, das sie schuldeten. Die meisten Farmer hatten Verständnis, doch einige waren stinksauer und drohten mit Klagen. Ein Bauer aus North Carolina, der aussah wie ein Motorradrocker, fuhr mit einem gewaltigen Doppelachser vor. Bevor er seinen Raps abladen konnte, sagte Dean: »Wir können nicht zahlen.«

Dean rechnete fest damit, an Ort und Stelle vermöbelt zu werden.

»Lassen Sie es hier, wir verarbeiten es und versuchen, das Benzin zu verkaufen«, sagte Dean blitzschnell, »oder Sie nehmen es wieder mit und verkaufen es woanders.«

Wenn Dean sprach, musste man ihn zumindest ein kleines bisschen mögen. So rettete er seinen Kopf. Der Farmer stieg in seinen Truck und fuhr zurück nach Hause. Der Ruf der Firma im Piedmont war allerdings angeschlagen.

Solange der Dieselpreis unter fünf Dollar lag, war es unmöglich, mit Red Birch Gewinn zu machen. Das war die erste Lektion, die sie 2009, im Jahr des Rapsfiaskos, lernten. Die zweite war, dass sie den Raps nur zwei Mal zu verwenden bräuchten, um das Geschäft zu retten. Erst wurde die Saat zu Speiseöl verarbeitet, das für zehn Dollar pro Gallone an örtliche Restaurants verkauft wurde. Siebzig Prozent kamen als Abfall zurück, der zu Biodiesel raffiniert werden konnte. Wenn es ihnen gelänge, die Qualität von Speiseöl zu erreichen, könnten sie achtzehn Dollar pro Scheffel bezahlen, was zu größeren Rapslieferungen führen und ihre Gewinne erhöhen würde. Aber die Saatpressen, die angeschafft werden müssten, um die Anlage auf den Standard des Agrarministeriums zu bringen, kosteten eine halbe Million Dollar. Perriellos Stab stellte die Verbindung zu einer Regierungsstelle in Richmond her, die den Antrag auf einen Zuschuss leider ablehnte. Die Beamten schlugen stattdessen vor, eine Subvention für die Anschaffung einer Mikroturbine zu beantragen, die das in der Raffinerie anfallende Glyzerin verstromen könnte. Die Raffinerie könnte auf diese Weise ganz auf den Zukauf von Strom verzichten und sogar noch einen Überschuss verkaufen. Dean entschloss sich, es zu versuchen. Sein Antrag traf wenige Minuten vor Abgabefrist in Richmond ein. Im Januar 2010 kam Perriello nach Martinsville und gab bekannt, dass Red Birch für den Kauf einer Mikroturbine eine Subvention von 750 000 Dollar erhielt.

Die offizielle Feier für Dean und mehrere andere Unternehmer, deren Anträge erfolgreich waren, fand im Hauptsaal des Naturkundemuseums statt – unter dem hängenden Skelett eines vierzehn Millionen Jahre alten Wals. Dean trug ein gelbes Jackett über einem gelben Hemd, dazu eine schwarze Hose. Neben Perriello hatten sich weitere Politiker die Ehre gegeben, die es sich nicht nehmen ließen, jeweils einige Worte zu sagen. Als endlich Perriello ans Rednerpult trat, war die Veranstaltung gerade auf ihrem Tiefpunkt, es war, als wäre auch der letzte Sauerstoff aus dem Saal gewichen. Perriello, der einen grauen Anzug mit einer Flaggen-Ansteckнadel trug und halb so alt aussah wie alle seine Vorredner, begann seine Rede mit einer Art zorniger Unruhe.

»Die nächste große Welle in unserer Region wird saubere Energie sein«, sagte er. Er vergaß nicht, Red Birch zu erwähnen und nannte Dean und Gary »Freiheitskämpfer und Innovatoren«. »Wenn Sie bei Red Birch tanken, bleiben von Ihrem Dollar nicht drei oder vier Cent bei der Firma, sondern neunzig. Riesige, vom Staat gestützte Firmen sind vielleicht nicht die Modelle, an denen wir uns orientieren sollten. Wir sind begeistert, weil wir an der Schwelle zu einer großen Veränderung stehen. Vor unseren Augen spielt sich eine industrielle Revolution ab.« Beide Parteien, erklärte er, hätten eine Politik verfolgt, die große Konzerne gestützt und kleine Produzenten benachteiligt hätte. »Ich habe das so satt! Ich habe es satt, alles aus China und sonst woher zu kaufen und unser Benzingeld an Petrodiktatoren zu schicken. Wir sind das einzige Land in der Weltgeschichte, das beide Seiten eines Krieges finanziert!« Er wurde immer lauter. »Die Politiker beider Parteien waren noch nie auf einem Bauernhof – höchstens mal für ein Foto. Sie denken, dass diese Arbeit der Vergangenheit angehört. Aber ich sage Ihnen: Dort sind die Arbeitsplätze der Zukunft. Diese Region hat schwere Zeiten hinter sich, aber ihren Stolz hat sie nicht verloren. Sie will aufstehen und zeigen, was sie kann.«

Das Fernsehen war da, überall drängten sich Reporter, die Dean und Gary interviewen wollten. Die Finanzierung war die offizielle Bestätigung – von ganz oben –, dass eine Biodiesel-Tankstelle keine verrückte Idee war. Es gab Leute, die sehr mächtig waren und den Wert ihrer Arbeit erkannten. Dieser Tag – es war der 14. Januar 2010 – war der Höhepunkt des Erfolgs für Red Birch Energy.

Nach der Feier fuhr Dean zurück nach North Carolina, und Gary fuhr zur Raffinerie zu einem Termin mit Flo Jackson, einer schwarzen Frau Mitte vierzig, die einen neuen Geschäftsplan für sie entwickeln sollte und Red Birch zum ersten Mal besichtigte. Flo, eine ehemalige, sehr erfolgreiche Basketballspielerin, hatte BWL an der James Madison University in Virginia studiert und war Filialleiterin bei Target und Wal-Mart gewesen. Gary hatte sie engagiert, um Red Birch finanziell neu aufzustellen.

Das größte Problem war die Tankstelle – der Hauptkunde der Raffinerie. Dean hatte den Laden vernachlässigt, seine Angestellten beklauten ihn, viele wären wohl an einem Drogentest gescheitert. Im Oktober hatte Dean mit seiner Firma – Red Birch of Martinsville, Inc. – Konkurs angemeldet, so konnte er die Tankstelle weiter offen halten und seine Schulden neu strukturieren. Flo Jackson war vertraglich eigentlich nicht verpflichtet, sich um die Tankstelle zu kümmern, sie brachte aber einen guten Teil des Jahres mit Deans Firma zu – erst, um sie zu retten, und dann, um sie abzuwickeln. Die Buchhaltung war eine Katastrophe. Zwei Auszahlungen von insgesamt einer Viertelmillion Dollar waren als »Auszahlung an Eigentümer« verzeichnet. Die Firma hatte zwei Millionen Bankschulden, zu viel, um einen Käufer zu finden. Flo, die kein Blatt vor den Mund nahm, sagte zu Dean, er führe sein Geschäft wie ein Schlafwandler. Dean kam bald nicht mehr mit ihr klar, denn die Frau, die Gary in die Firma gebracht hatte, repräsentierte das Wirklichkeitsprinzip, sie sagte Dean all die Dinge, die er nicht hören wollte. Er kam dann immer seltener in die Firma. Sein Eindruck war, dass Gary mit seinem neuen Geschäftssinn versuchte, ihn loszuwerden.

2010 stolperten sie von einem Desaster ins nächste. Wegen der Bürokratie dauerte es neun Monate, bis die erste Hälfte des Zuschusses da war. Inzwischen waren durch die Berichterstattung Steuerbeamte des Bezirks auf die Firma aufmerksam geworden. Dean schuldete fünfundachtzigtausend Dollar, die zwischen 2007 und 2009 angefallen waren. Er hielt die Forderung für eine politische Verschwörung, da Red Birch eng mit dem Linken Perriello verbunden war und der Bezirk, Henry County, erzkonservativ war. Bei der Raffinerie ging eine Anzeige der Umweltbehörde ein, die ein Fettleck festgestellt hatte. Die Strafe wurde mehrmals angehoben. »Die Behörden haben alles in Bewegung gesetzt, um uns zu vertreiben«, sagte Gary. Was sie auch unternähmen, Menschen wie er und Dean, die beide aus North Carolina stammten, würden an einem Ort wie Martinsville, in der Enge dieser Provinz, niemals akzeptiert werden.

Vom Highway aus sahen die Raffinerie und die Tankstelle aus wie eine einzige Anlage, sie standen, verbunden durch einen fünfzig Meter langen Plattenweg, auf einem einzigen, zwei Hektar großen Grundstück, das einem einzigen, roten Hügel abgerungen war. Als die Zukunft 2008 noch rosig aussah, feierten sie diese enge Verbindung als »geschlossenes Kreislaufsystem«. Zwei Jahre später wurde deutlich, dass die beiden Firmen sehr unterschiedliche Ziele verfolgten, die nicht unbedingt miteinander vereinbar waren. Die Tankstelle – Red Birch of Martinsville – gehörte allein Dean. Die Raffinerie – Red Birch Energy – gehörte ihnen zwar gemeinsam, die Verantwortung trug aber zusehends Gary allein. Als die Raffinerie Gläubigerin der Tankstelle wurde, musste Gary einen Kredit von achtzigtausend Dollar aufnehmen, um die Tankstelle weiter mit Benzin zu versorgen. Dean war gezwungen, Gary seine Anteile an Red Birch Energy zu überschreiben, um die Schulden zu begleichen.

Am 16. September musste Dean beim Konkursgericht des westlichen Virginia den Offenbarungseid leisten. Sechsunddreißig Gläubiger saßen an diesem Tag im Gerichtssaal. Red Birch of Martinsville wurde komplett aufgelöst, die Tankstelle übernahm eine große Kette. Als Erstes rissen die neuen Eigentümer die zweistöckige Veranda mit dem rustikalen Holzgeländer ab und ersetzten sie durch eine brutal weiße Betonfassade. Das Gebäude verlor vollständig den ländlichen Charme eines Hofladens, der die Kunden zu Anfang so angesprochen hatte. Die Tankstelle stellte auf konventionellen Diesel um, der 2005, während des Hurrikans Katrina, als er plötzlich nicht mehr zur Verfügung stand, zu Deans Bekehrung geführt hatte. Red Birch Energy verlor damit seinen wichtigsten Kunden, die Raffinerie wurde auf ein Zehntel ihrer Kapazität zurückgefahren. Das Schild, das draußen an der Anlage stand, war genaugenommen nicht falsch, Red Birch war noch immer AMERIKAS ERSTER TRUCK STOP FÜR BIODIESEL. Aber der Ruhm war vergangen. Red Birch war nicht mehr die Firma, die anbaute, herstellte und verkaufte.

Vier Tage nach der Entscheidung des Konkursgerichts wurde gegen Dean Anklage erhoben, er hatte versäumt, beinahe zehntausend Dollar an Restaurantsteuer abzuführen.

Seine Furcht vor der Macht des Staates war beinahe so groß wie seine Angst vor der Armut. Der Staat konnte einen ins Gefängnis stecken – Gefängnisse gehörten zu Deans größten Alpträumen. Die Vorstellung, seine Freiheit zu verlieren, war für ihn unerträglich. Er träumte immer wieder davon – von diesem Gefühl der Angst, der Sorge, alles falsch gemacht zu haben. Sie würden kommen, um ihn zu holen, obwohl er ohne Vorsatz gehandelt hatte. Wenn er dann erleichtert aufwachte, dachte er: Gott sei Dank war das nicht echt. 2007, um die Zeit, als Dean begann, mit Biodiesel zu experimentieren, hatte er eine Nacht im Gefängnis verbracht. Er musste seiner Frau nach der Scheidung dreitausenddreihundert Dollar im Monat überweisen, fünf Jahre lang, Dean rechnete aus, dass sie für jeden Tag ihrer Ehe achthundert Dollar bekam. Als seine Exfrau wieder heiratete, ging er davon aus, dass er damit befreit wäre, und stellte die Zahlungen ein. Doch es stellte sich heraus, dass Dean im Rückstand war, der Gemeinderichter in Wentworth ließ ihm Fußketten anlegen. Sein zwölfjähriger Sohn Ryan musste ansehen, wie sein Vater abgeführt wurde. Dean verbrachte die Nacht in einer Zelle mit Dutzenden von Männern, es war der letzte Ort, an den er zurückkehren wollte.

Dean sprach nur ungern über diese Dinge. Wenn ihm jemand eine schwierige Frage zu geschäftlichen Dingen stellte oder über seine persönlichen Finanzen oder über die Schwierigkeiten vor Gericht, sagte er immer nur: »Ähmmmm …«, eine hohe, leichte Silbe, die sich in der Luft zu verflüchtigen schien, sie sollte bedeuten, dass es nicht so ernst sei, dass alles am Ende geklärt werde oder bereits geklärt worden sei. Dann wechselte er schnell das Thema, sprach über die Weisheit von Napoleon Hill oder die großen Chancen der erneuerbaren Energien. Im Jahr 2010 war es leichter für ihn, in der Vergangenheit zu leben oder in der Zukunft, als an dem Abschnitt der Route 220, der sein Leben gewesen war. So blieben zahlreiche Anrufe unbeantwortet, wichtige Termine verstrichen, die große Abrechnung wurde aufgeschoben.

Das Jahr war wohl das schlimmste, das Dean je erlebt hatte. Doch 2011 sollte noch schlimmer werden. Trotzdem schwor er sich immer wieder, dass er nicht aufgeben würde. Er verlor nie den Glauben an seine Vision. Er war nicht jener Goldgräber aus Colorado, von dem Napoleon Hill erzählt hatte, ein Mann, der seine Bohrung aufgab und das Werkzeug verkaufte, um später zu erfahren, dass ihm ein einziger Meter zum Gold gefehlt hatte.

Rein geschäftlich: Jay-Z

Man muss die Sache im Kontext sehen.

Shawn Corey Carter, geboren 1969, aufgewachsen in den Marcy Houses, Bedford-Stuyvesant hieß sein Land, Brooklyn war sein Planet (New York, das Universum, kam erst später). Viertes und letztes Kind von Gloria Carter, einer Büroangestellten, und dem Pastorensohn Adnis Reeves. Marcy war eine gemauerte Festung, bestehend aus siebenundzwanzig Gebäuden von jeweils sechs Stockwerken. Viertausend Menschen wohnten links von ihm, rechts von ihm, über und unter ihm – es gab Partys und es gab Ärger, an einem Tag wurde irgendein Geburtstag gefeiert, am nächsten wurde jemand erschossen.

Mit vier stieg Shawn auf ein Zehngangrad, zog sich hoch, setzte sich seitlich auf die Stange und rollte die ganze Straße hinunter. »Oh Wahnsinn«, riefen die Leute. Da spürte er zum ersten Mal in seinem Leben Ruhm. Er mochte dieses Gefühl. Ruhm war ein gutes Gefühl.

Mama und Papa besaßen unzählige Schallplatten, die in Plastikkisten verstaut waren: Curtis Mayfield, Staples Singers, ConFunkShun, die Jackson 5, Rufus, die O'Jays … Er liebte Michael Jackson über alles, und wenn Gloria von der Arbeit nach Hause kam und »Enjoy Yourself« auflegte, sang Shawn mit und drehte Pirouetten, und seine Schwestern sangen den Backup. Die Siebzigerjahre waren erträglich in Marcy, für ein Kind gab es immer etwas zu sehen und zu entdecken. Es gab auf dem Asphalt hockende Hütchenspieler, es gab Football auf einem Platz voller Scherben, Junkies, die auf Bänken einschliefen. Für die Kleinsten war es eine Mutprobe, sie umzuschubsen. »Es gelang uns«, schrieb er später, »einen Teil des Zaubers jener sterbenden Zivilisation herauszuschmuggeln und in die Musik zu legen, und wir haben damit eine bessere Welt geschaffen. Wir haben unsere Väter in den Wachsrillen alter Platten gefunden, in der Gosse und in der Geschichte.«

Im Sommer 1978 sah er einen unscheinbaren Jungen in Marcy, um den sich eine Menschenmenge versammelt hatte. Er sagte irgendwelche Reime auf, dichtete spontan über alles, was er sah – über die Bänke, die Leute, die ihm zuhörten, über seine eigenen Reime, dass er gut sei, der Beste in New York und so weiter, das ging eine halbe Stunde so. Und

Shawn dachte: »Das ist ja cooles Zeug. Das kann ich auch.« Er ging nach Hause und notierte noch in derselben Nacht eine Menge Reime in seinem Spiralblock. Dieser Block füllte sich schnell, das Reimen wurde sein Leben. Er reimte, wenn er morgens vor dem Spiegel stand, abends, wenn er längst im Bett sein sollte und am Küchentisch seinen Beat trommelte, was seine Schwestern wahnsinnig machte. Er konnte es also auch. Als ein älterer Junge namens Jaz-O, der beste Rapper des Viertels, mit einem fetten Rekorder ihre Stimmen aufnahm, stellte Shawn fest, dass seine Stimme anders klang als die in seinem Kopf. »Ich habe das als Chance verstanden, mich neu zu erfinden, meine Welt neu zu denken. Wenn ich einen Reim aufgenommen hatte und die Aufnahme hörte, war ich wie berauscht, berauscht von meiner eigenen Stimme.«

I'm the king of hip-hop
Renewed like Reeboks
Key in the lock
Rhymes so provocative
As long as I live

In Marcy begann man, ihn Jazzy zu nennen.

In der sechsten Klasse bei einer Klassenarbeit stellte sich heraus, dass er seinen Mitschülern im Lesen um Jahre voraus war. Für den Unterricht interessierte er sich kaum, daran lag es also nicht. Aber er blätterte den ganzen Tag in seinem Wörterbuch. Einmal organisierte Miss Louden einen Klassenausflug nach Manhattan, da zeigte sie den Kindern ihr Haus. Als er sah, dass ihr Kühlschrank einen Wasser- und einen Eiswürfelspender hatte, verstand er zum ersten Mal, dass er arm war. Die Menschen aus den Sozialbauten verbrachten die Hälfte ihres Lebens damit, auf Plastikstühlen in dreckigen Warteräumen in irgendwelchen Ämtern zu sitzen, bis sie aufgerufen wurden. Die Kinder machten sich über jeden lustig, dessen Armut sichtbar war, und sie sprachen von wenig anderem als vom Geld, das sie verdienen wollten, egal wie. Dieses Fieber erfasste auch ihn – warum sollte er seine Tage damit verbringen, in der Schule herumzusitzen? Als er zum ersten Mal in seinem Leben genug *Cheese* hatte, um sich einen cremeweißen Lexus zu kaufen, »spürte ich, wie der ganze Gestank, die Schande der Armut von mir abfiel, es war wunderschön. Die Scheiße ist nur, dass du ihn leider nie ganz los wirst, egal, wie viel Geld du verdienst.«

Er war in der sechsten Klasse, als sich 1980 sein Vater aus dem Staub machte. Es wäre einfacher gewesen, überhaupt keinen Vater zu haben, als einen, der elf Jahre lang für ihn da gewesen war, der ihm gezeigt hatte, wie man sich im Ghetto bewegt, und der ihm gesagt hatte, in welcher Bodega man Waschmittel kaufen konnte und ob der Ladenbesitzer Puerto-Ricaner oder Araber war, der ihm am Times Square erklärt hatte, die Menschen zu beobachten (Welche Kleidergröße trägt diese Frau?), der all dies für seinen Sohn getan hatte – und plötzlich und für immer verschwand. Der Junge beschloss, niemals mehr an etwas zu hängen, was man ihm wegnehmen könnte, er wollte nie wieder diesen Schmerz erfahren, er würde nie wieder zulassen, dass man ihm das Herz brach. Sein Blick in die Welt wurde skeptischer und kühler, er lächelte nicht mehr, sein Lachen wurde schärfer und rauer: »Ha, Ha, Ha.«

Ein Jahr später, Shawn war zwölf Jahre alt, stahl ihm sein großer Bruder, der ein Drogenproblem hatte, einen Teil seines Schmucks. Shawn besorgte sich eine Pistole, sah, dass in Erics betäubtem Blick der Teufel saß, kniff die Augen zusammen und drückte ab. Er traf seinen Bruder am Arm und dachte, sein eigenes Leben sei vorbei. Aber Eric ging nicht zur Polizei, und als Shawn ihn ihm Krankenhaus besuchte, entschuldigte er sich sogar für seine Drogensucht. Es war eine Schießerei unter vielen in Marcy, es war auch nicht die letzte in Shawns Leben, aber er hat nie wieder getroffen, und er ist selbst nie verwundet worden, er hatte immer Glück.

1985, wenige Jahre nach dem Rap, kam Crack nach Marcy. Die Siedlung stand jetzt ganz im Zeichen der Droge. Plötzlich war nichts mehr, wie es gewesen war. Koks wurde jetzt nicht mehr in Toiletten und dunklen Korridoren konsumiert, sondern offen und am helllichten Tag. Erwachsene wurden zu Süchtigen, die von Jugendlichen abgezockt wurden, Eltern begannen sich vor ihren eigenen Kindern zu fürchten. Die Polizei zog sich zurück, das Ghetto stand kopf. Shawn Carter ergriff seine Chance.

Mit fünfzehn begann er zu dealen. Er tat einfach, was die anderen auch taten. Anderswo redeten alle vom College, also ging man aufs College. Hier verkaufte man Drogen und zockte die Leute ab. Sein Freund Hill brachte ihn zu einem Dealer, sie unterhielten sich eine Weile, das war sein erstes Vorstellungsgespräch. Der Dealer schärfte ihm ein, wie ernst das Leben auf der Straße war, dass er vollen Einsatz erwarte – und Integrität. Später wurde der Dealer ermordet – seine abgeschnittenen Hoden steckten in seinem Mund, mit einem Schuss in den Hinterkopf wurde er erledigt. So ernst war das Leben auf der Straße. Shawn ließ sich davon nicht abschrecken. Er stieg jetzt richtig ein.

Er half seiner Mutter aus, wenn die Stromrechnung fällig war. Er stattete sich standesgemäß aus, kaufte sich Schuhe von Ewing, ließ sich die Zähne vergolden, hatte Mädchen. Er spürte den Rausch des Adrenalins. Gemeinsam mit einem Cousin von Hill übernahm er einen Abschnitt einer Sackgasse in Trenton, er fuhr an den Wochenenden mit der Stadtbahn hinüber. Er stellte sich einfach hin und wartete. Die Ware versteckte er in einer lockeren, tief sitzenden Jeans, die Waffe unter einer dicken Daunenjacke. Er trug Bauarbeiterstiefel, damit er in den Winternächten nicht fror. Shawn ging es nur ums Geld. Er verkaufte zu niedrigeren Preise und machte der Konkurrenz das Leben schwer, weil er seine Ware von den Peruanern in Washington Heights bekam, die billiger waren. Dadurch schuf er sich Feinde, eines Nachmittags kam es zu einer Konfrontation im Park. Sein Territorium stand auf dem Spiel. Die Pistolen waren gezogen, es fiel aber kein Schuss. Er hatte die Nerven behalten und setzte sich durch. Irgendwann wurde er zum ersten Mal verhaftet. Sie ließen ihn gehen, aber sein Stash war weg. Er musste sechzig Stunden in Marcy arbeiten, ohne Unterbrechung, um die Schulden abzuzahlen. Er hielt sich mit Keksen wach, und mit den Reimen, die er auf braune Papiertüten schrieb.

Er träumte davon, der reiche Typ in dem geilen Wagen mit der fetten Pistole zu sein, Scarface: *Sag Hallo zu meiner kleinen Freundin!* Das Dealen war ein paranoides Fieber, jeder und alles konnte zur Bedrohung werden, er war »berauscht vom Verbrechen, vom Überfluss, vom Luxus, er war einfach berauscht«. Und dieser Rausch machte ihn süchtig, wie Junkies nach seiner Ware süchtig wurden. Wer Tag für Tag in hellroter Uniform zur Arbeit bei McDonald's ging und versuchte, die Regeln einzuhalten, war selber schuld. Diese Jugendlichen hatten keine Träume, sie hatten nur ihren Stundenlohn, für den sie es von neun bis fünf aushielten. Shawn wollte es nicht aushalten, er wollte das Beste aus seinem Leben machen. Lieber starb er einen glorreichen Tod auf der Straße, als in Apartment 5C zu verkommen, in irgendeiner kleinen Kiste. Er rauchte nur gelegentlich einen Joint und trank nie mehr, als er vertrug. So konnte er sich aufs Geldverdienen konzentrieren. Es ging ihm immer nur ums

Geld. Er war bereit, auf der Straße den ultimativen Preis zu zahlen – aber nur als Sieger. Also lernte er, sich durchzusetzen, er spielte das Spiel, als hinge sein Leben davon ab.

Auch als Crackdealer blieb er ein Rapper. Er verbrachte manchmal mehrere Wochen in Marcy, um mit Jaz-O an seinen Reimen zu arbeiten. Da er während der Arbeit in Trenton kaum dazu kam, seine Texte in dem alten Spiralblock aufzuschreiben, begann er, sich immer längere Abschnitte zu merken, bis er seine Text bald überhaupt nicht mehr aufschrieb, und bei dieser Methode blieb er. Er stand mit einem Fuß in der Rap-Szene, mit dem anderen Fuß draußen. Sein Cousin B-High beschuldigte Shawn, sein Talent auf der Straße zu verschwenden, und sprach nicht mehr mit ihm. Seine eigene Crew sagte: »Diese Rapper sind Nutten. Irgendwelche Weißen nehmen ihnen das ganze Geld ab.« Er hätte es nie zugegeben, aber er befürchtete, den Durchbruch in der Musik nicht mehr zu schaffen. Und so viel Geld, wie er damals hatte, konnte er mit Musik ohnehin nicht verdienen. EMI hatte Jaz-O 1988 einen Plattenvertrag angeboten, er flog für zwei Monate nach London und nahm Shawn mit. Die erste Single war ein Flop, Jaz-O verlor den Vertrag.

Shawn wechselte zu Big Daddy Kane, einem legendären Rapper aus Brooklyn, der mit einem eigenen Bus tourte. In den Pausen durfte er das Mikro nehmen, er nannte sich Jay-Z und bekam als Gage etwas zu essen. Wer Jay in dieser Zeit hörte, war von seinen sprachlichen Kunststücken begeistert, von seinem Selbstvertrauen, von der schieren Geschwindigkeit, mit der er im hohen, emotionslosen Ton der Vorstädte seine Reime vortrug. Es lief wie von selbst, es war so einfach, dass er es gar nicht richtig ernst nahm. Als die Tournee vorbei war, ging er wieder auf die Straße.

Seine Leute eroberten neue Absatzmärkte in Maryland und Washington, D.C., wo die Gewinnspannen höher waren. Sie fuhren mit ihren Lexus-Limousinen die I-95 rauf und runter und verkauften ein Kilo Kokain in der Woche. Sein einziges Ziel war das Geld – dem war er treu geblieben. Aber die Vorstellung, mit dreißig noch auf der Straße zu stehen, ein Niemand, das machte ihm Angst. 1994 schoss ein Rivale drei Mal auf ihn, traf aber nicht. Shawn war völlig ungedeckt – allein »die Hand Gottes« hatte ihn geschützt. Nach einem Jahrzehnt auf der Straße beschloss er, statt Crack-Röhrchen Platten zu verkaufen, und mindestens so viel Geld damit zu verdienen. »Und ich dachte: Scheiße, warum muss ich meinen

Hals riskieren, ich schreib es halt auf und lass es dich fühlen, ist mir egal, ob's dir passt oder nicht.«

Ein Produzent aus Brooklyn, der sich DJ Clark Kent nannte, brachte ihn zu einem Promotor namens Damon Dash, der zuerst eher skeptisch war. Dann sah er Jays Nikes: Air Force 1. Aber kein Label wollte Jay-Z haben – die einen fanden ihn zu clever, die anderen zu realistisch. Also nahm er das Geld aus dem Drogengeschäft und gründete mit Dash ein eigenes Label, das sie Roc-A-Fella nannten. Niemandem sollte entgehen, was sie vorhatten. Sie waren auf dem Weg, die Welt zu erobern.

Reasonable Doubt erschien 1996, das Ergebnis von sechsundzwanzig Jahren Arbeit. Das Album war vielschichtig und düster, die Texte, Salven von Reimen, flossen über üppige Samples von den Platten, die Shawns Eltern in den Siebzigern geliebt hatten. Er zeichnete das Bild eines jungen Rappers, der von der Straße kam, eines Vertreters der neuen, verlorenen Generation. Er war bereit zu töten und ein Leben zwischen Reue und Gewalt zu führen, und er war bereit zu sterben bei dem Versuch, das große Geld zu machen und der Straße zu entkommen, mit Diamanten, Rolex-Uhren, edlem Champagner und edlen Mädchen.

This shit is wicked on these mean streets
None of my friends speak
We're all trying to win

Die Welt lag ihm noch nicht zu Füßen, aber die Platte war ein riesiger Erfolg. Jay-Z machte in den Clubs die Runde und verkaufte seine Kassetten an kleine Einzelhändler und fand schließlich einen Vertrieb. Plötzlich hatte Marcy eine Stimme, und der Alptraum, den Amerika im Keller zu verstecken suchte, lief jetzt in den Kinderzimmern – gewaltsam rissen sie den amerikanischen Traum an sich, sie waren Scarface und Jay-Z, die keine Gesetze achteten und am Ende als Sieger dastanden, weil nur die Dummen immer noch glaubten, sie könnten es in hellroten Uniformen schaffen, in billigen Anzügen –, aber die Karten in diesem Spiel waren gezinkt, man musste es ganz anders spielen, mit ein paar Tricks konnte man richtig Kasse machen. Vor allem machte einer Kasse, Shawn Carter, der nicht mehr so hieß. Jeder, der etwas von Rap verstand, wusste, dass Jay auf dem Weg war, ein Superstar zu werden.

Musik war auch nur ein Spiel. Als Künstler verstand er sich kaum, er machte keinen Hehl daraus, dass es ihm noch immer ausschließlich um Geld ging. Aber auf Dauer konnte er sich nur behaupten, wenn er Kunst machte. Er ging genauso kühl und konzentriert vor wie damals auf der Straße und schaffte sieben Platten in sieben Jahren, die alle zu Platin wurden. Er machte die Musik weicher und die Texte schlichter – mehr Luxus, weniger Reue –, um ein größeres Publikum zu erreichen und seinen Einsatz zu verdoppeln. Es ergab sich, dass eine Menge junger Weißer mit *money cash hoes Gs cream Cristal Lexus mackin poppin pimpin bitches grams rocks nines niggaz* etwas anfangen konnten. Jay-Z erzählte die eine Geschichte, die der Rap immer schon erzählt hatte: *Warum ich so hart drauf bin, härter als du.* Er erzählte sie immer wieder, immer wieder in neuen Worten und Reimen, und die jungen Leute glaubten ihm, und sie trugen, was er trug, und sie tranken, was er trank, und sie machten ihn sehr reich.

Er gründete eine Modefirma, die ihm noch mehr Geld einbrachte als die Produktionsfirma – Hunderte Millionen. Er gründete sein eigenes Filmstudio, ließ sich von Reebok einen eigenen Turnschuh entwerfen, verkaufte seinen eigenen Wodka, sein eigenes Parfüm, ließ sein »Jay-Z-Blau« ins Markenregister eintragen, gab seinen Namen für alles her. Im VIP-Raum eines Clubs am Times Square griff er einen Produzenten, den er beschuldigte, sein viertes Album als Bootleg verkauft zu haben, mit dem Messer an. Er stach mehrmals zu, nicht ohne dabei Al Pacino (*Der Pate II*) zu zitieren: »Du hast mir das Herz gebrochen.« Dann versteckte er sich mit seinem Anwalt im Trump Hotel, und seine Entourage spielte *Guts* – ein Kartenspiel, bei dem der großkotzigste Spieler gewinnt. Als ihm das Gericht Strafmilderung in Aussicht stellte, gestand er und schwor, nie wieder auszurasten, er kam mit einer Bewährungsstrafe davon.

Er war ein rappendes Wirtschaftsunternehmen, ein Outlaw und Kapitalist, der – nicht anders als die Jungunternehmer im Silicon Valley – in Turnschuhen in den Aufsichtsrat ging. Er ließ sich nichts mehr zuschulden kommen und lebte doch den schmutzigen Traum von der Straße. 2003 verabschiedete er sich von der Bühne, er gab in Madison Square Garden sein letztes Konzert. (Der Vorsatz hielt nicht lange.) Er war jetzt der Vorstandsvorsitzende von Def Jam, dem größten Label im Hip-Hop. Seinen alten Partner von Roc-A-Fella drängte er raus, den Namen behielt er. »Reine Geschäftssache«, sagte er zu Damon Dash, ein Satz, der ebenfalls aus einem Mafiafilm stammen könnte. Später erklärte er die Angelegenheit noch einmal in Reimen:

I sold kilos of coke, I'm guessing I can sell CDs
I'm not a businessman, I'm a business, man
Let me handle my business, damn!

Das Prinzip war immer dasselbe – was er auf der neunundzwanzigsten Etage eines Büroturms in Manhattan tat, war nichts anderes als das, was er in Trenton getan hatte. Der Mainstream entdeckte den Rap, und der Rap kopierte den Mainstream, und Jay-Z spielte das Spiel ein bisschen besser als die anderen, weil er es auf der Straße gelernt hatte. Wenn Kritiker ihn als Verräter oder Materialist bezeichneten, gab er immer dieselbe Antwort: Sein Egoismus war eine rationale Reaktion auf die Wirklichkeit, in der er lebte.

Man muss die Sache im Kontext sehen.

Er verhielt sich, wie man es von einem Superstar erwartete: Er wurde zur Lifestyle-Marke, öffnete eine Kette von Sportkneipen, wurde von seinen Angestellten verklagt, weil er sie nicht bezahlte, unterhielt sich in einer Londoner Zigarrenbar mit Bono und Quincy Jones, gab seinen Namen für wohltätige Zwecke her, schaffte es auf die Forbes-Liste der vierhundert reichsten Amerikaner (Vermögen: 450 Millionen), ging mit Präsidenten essen, kultivierte Erzfeindschaften mit anderen Stars, hatte eine Freundin, die mindestens so berühmt war wie er, kaufte ihr eine Insel zum Geburtstag, mietete lange vor ihrer Niederkunft einen ganzen Krankenhausflügel und ließ sie dort einziehen, versuchte, den Namen des Babys als Marke einzutragen (das Patentamt lehnte ab), und brachte vier Tage nach der Geburt von Blue Ivy Carter eine Single heraus, auf der er rappte: *My greatest creation was you … You don't know yet what swag is.*

Je erfolgreicher er wurde, desto mehr wurde er geliebt, die Masse lebte durch ihn, feierte sein Geld und seine Macht, als wäre es ihre eigene. Bei seinen Konzerten rissen die Fans die Hände hoch und zeigten das Diamantlogo von Roc-A-Fella mit einer Begeisterung, als wären sie an der Firma beteiligt. Er war Mogul und Revolutionär, Ikone und Gangster (besser konnte man das Spiel nicht spielen), er wurde verehrt, weil er Fuck you sagte, er wurde verehrt, weil er rücksichtslos war, er wurde verehrt, weil er sich vorgedrängt hatte, und noch immer erzählte er der

Welt, warum er härter drauf war, härter als du. Und wenn es mal danebenging – als die Sportkneipe in Las Vegas schließen musste, als beim Sommerturnier sein Basketball-Team, bestehend aus NBA-Ersatzspielern, verlor, als die Verhandlungen mit Chrysler über ein Jay-Z-Sondermodell des Jeep Commander scheiterten –, wurde alles darangesetzt, sofort die Spuren zu verwischen. Es war, als könnte ihn jede kleinste Enthüllung entzaubern. Er musste immer weiter siegen, denn beim Erfolg ging es immer nur um eines: weiteren Erfolg.

Als Jay-Z einen Anteil an den Nets kaufte und den Umzug des Teams nach Brooklyn finanzierte, war er Chef und Star zugleich, er war der schwarze Branch Rickey, ein Jackie Robinson mit schlechten Angewohnheiten. Die Eröffnung des neuen Stadions feierte er mit sechs ausverkauften Abenden, im schummrigen Dunst erklärte er sechzehntausend Fans: »Es ist bestimmt kein Zufall, dass gerade an diesem Ort Jackie Robinson als erster Afroamerikaner sein Debüt als Sportprofi hatte, dass er gerade hier den Bann der Hautfarbe gebrochen hat. Und es ist bestimmt auch kein Zufall, dass ich zu der Gruppe gehöre, der es gelungen ist, die Nets aus New Jersey hierherzuholen. Die Leute werden euch sagen, dass ich nur einen kleinen Anteil am Team besitze, aber es ist egal, wie klein oder groß der Anteil ist – worum es geht, ist, dass es ein schwarzer Junge geschafft hat, ein Sohn einer alleinerziehenden Mutter, der sechs Minuten von hier, in den Marcy Projects, aufgewachsen ist. Also ist es ein verdammtes Wunder, dass ich jetzt hier Teilhaber bin. Passt also auf, lasst euch nicht kleinreden, lasst euch euren Glanz nicht nehmen.« Und damit zeigte er den Stinkefinger, und sechzehntausend Fans hoben die Arme und taten es ihm nach.

Es gab Zeiten, da sah er sich in seinem Leben um und dachte, die Gesetze der Menschen gälten für ihn nicht.

Tampa

Darlehenskündigungen, Zwangsvollstreckungen, Auktionen – sie kamen zu Abertausenden, sie kamen nach Country Walk und erreichten Carriage Pointe, sie fraßen sich durch die Innenstadt von Tampa und die äußersten Ausläufer von Pasco, durch Gulfport und St. Pete. Sie erreichten Häuser, in denen die Post von drei Monaten im Flur lag, und Häuser, in denen Kinder vor dem Fernseher saßen und *Dora* sahen und die Erwachsenen nicht mehr ans Telefon gingen. Die Zwangsvollstreckungen kamen zu Motels, die zu zwanzig Prozent ausgelastet waren, und zu Investitionsruinen mit obskuren Namen, die nicht einmal eine vollständige Adresse hatten. Sie kamen, lakonische Gerichtsvollzieher, wie Todesengel.

Der Ablauf war immer der gleiche, es begann mit einem Anspruchsschreiben: *Sie schulden uns Geld!* Unterzeichner waren Finanzunternehmen, eine ganze Buchstabensuppe von Instituten wie HSBC Bank USA, EMC Mortgage Corporation, BAC Home Loans Servicing L.P., ehemals Countrywide Home Loans Servicing L.P., LSF6 Mercury REO Investments Trust Series 2008–1, Citibank, N.A., treuhänderisch für Bear Stearns Alt-A Trust 2006–6 Mortgage Passthrough Certificates Series 2006–6, Deutsche Bank Trust Company Americas f/k/a Banker's Trust Company, treuhänderisch und verwalterisch für IXIS 2006-HE3 von: Saxon Mortgage Services, Inc. f/k/a Meritech Mortgage Services, Inc. als Bevollmächtigte. Die Anzeigen dieser Institutionen wurden im großen Stil von hochspezialisierten Zwangsvollstreckungsfirmen versandt, von Kanzleien wie David J. Stern, P.A., Marshall C. Watson, P.A., und der Florida Default Law Group, Vorladungen kamen von Gerichtsvollzugsgruppen, die sich ProVest nannten, LLC Tampa, Gissen & Zawyer Process Services, und manchmal auch vom Sheriff von Hillsborough County. Jede Vorladung musste persönlich überbracht oder an die Tür genagelt oder bei einem Nachbarn abgegeben werden, und manchmal landeten sie auch in einem Mülleimer in der Nähe des leerstehenden Hauses von Olivia M. Brown et al., und Jack E. Hamersma, und Mirtha De La Cruz a/k/a Mirtha Delacruz, und Aum Shree, wohnh. in Tampa, LLC, und LSC Investor, LLC, John Dow, Josephine Givargidze verh. mit Unbekannt. Die Vorladungen hatten folgenden Wortlaut:

> Gegen Sie ist ein Verfahren eröffnet worden. Innerhalb einer Frist von zwanzig Tagen ab dem Datum der Übergabe sind Sie berechtigt, gegen den beiliegenden Bescheid vor Gericht Widerspruch einzulegen. Ein Anruf genügt nicht, um Sie zu schützen. Das Gericht wird Sie nur anhören, wenn Sie unter Angabe des Aktenzeichens und der Namen der streitenden Parteien eine schriftliche Eingabe machen. Wenn Sie dies nicht innerhalb der angegebenen Frist tun, ist es möglich, dass Sie verurteilt werden, was zur Folge haben kann, dass ohne weitere Vorwarnung seitens des Gerichts Ihr Gehalt gesperrt und Ihr Vermögen eingezogen werden.

So kamen die Klagen in Gang und liefen im Zentrum von Tampa zusammen, in einem Saal des George E. Edgecomb-Gerichtsgebäudes, wo der dreizehnte Bezirk seinen Sitz hatte. Auf der anderen Seite der Bucht drängelten sich auf der dritten Etage des Gerichtsgebäudes von St. Petersburg, Sitz des sechsten Bezirks, ganze Horden. Sie wurden zu Millionen Seiten von amtlichen Schriften verarbeitet, in dicke, mattbraune Mappen gestopft, die zusammengefasst und in Kartons gestopft wurden, die auf Karren in die Gerichtssäle transportiert wurden, was den Gerichtsdienern sichtlich an die Substanz ging. Richter in schwarzen Roben standen bereit – darunter einige, die aus dem Ruhestand zurückgekehrt waren und einen Tagessatz von sechshundert Dollar erhielten, der zum großen Teil durch die anfallenden Vollstreckungsgebühren gedeckt wurde – und machten sich daran, eine halbe Million Fälle abzutragen, wie frühere Generationen die Mangrovensümpfe trockengelegt hatten, um Platz für die Stadt Tampa zu schaffen.

Die Anzahl der Fälle war so enorm, und der Druck des obersten Gerichts von Florida war so groß, dass einem einzigen, altgedienten Richter, der vielleicht fünfundsiebzig Jahre alt war, dreitausend Verfahren auf einmal gegeben wurden. Ein normaler Verhandlungstag an einem Dezembermorgen in Hillsborough County bestand vielleicht aus sechzig Fällen, um 9:00 Uhr begann es mit National City Mortgage gegen Christopher Meier und endete um 12:00 mit Chase Home Finances gegen William Martens. Pro Fall waren drei Minuten vorgesehen, meistens entschied der Richter schneller. Nach der Mittagspause kamen die nächsten sechzig Fälle dran. Es begann um 13:30 Uhr mit Wells Fargo gegen Stephanie Besser und endete um 17 Uhr Deutsche Bank gegen Raymond Lucas.

Falls Ms Besser oder Mr Lucas durch einen Anwalt vertreten waren, musste die Justizrakete (so die interne Sprachregelung) vorübergehend gedrosselt werden, es kam zu ärgerlichen Verzögerungen. Schlimmer noch, wenn Ms Besser oder Mr Lucas persönlich anwesend waren, denn dann war das Gericht gezwungen, der Zwangsvollstreckung sozusagen ins Gesicht zu sehen und die fein gezeichneten Sorgenfalten jener Menschen zu bemerken, die gerade ihre Häuser verloren. Dann legte sich über die Verhandlung eine drückende Scham, und es war, als wäre die sterbende Patientin in den Saal getreten, in dem Ärzte ihren hoffnungslosen Fall besprachen. Immerhin führte ihre Anwesenheit dazu, dass der Richter dem Anwalt des Klägers ein paar schwierige Fragen stellte. Zum Glück kam es sehr selten dazu. In den meisten Fällen wurde ohne Verteidigung entschieden, einzig anwesend war der Anwalt der Bank. Die meisten Anwälte gehörten zu einigen wenigen Kanzleien in Florida, die als Vollstreckungsmühlen bekannt waren und die Fälle von einem Computer zugeordnet bekamen. Manchmal kamen die Anwälte auch nicht, dann wurde der Fall von einer Stimme in einem Freisprechgerät vertreten, von irgendeinem Juristen, der vierzehn Fälle in dreißig Minuten abarbeitete. Am Ende eines jeden Falls stand die Frage des Richters: »Irgendwas Besonderes in dieser Akte? Haben wir alles?« Zwei Etagen tiefer, in Zimmer 202, wurde der Termin für die Zwangsauktion festgesetzt. Manchmal saß der Richter ganz allein in seinem Saal, nur der ein oder andere Assistent war zur Stelle, und ein Gerichtsdiener brachte Kartons herein und lud andere auf seine Karre. Und aus Zeitgründen – vielleicht auch, um der Öffentlichkeit den Anblick dieses juristischen Schlachthofs zu ersparen – fanden einige Verhandlungen gar nicht erst im Gerichtssaal statt, sondern in der Abgeschiedenheit der richterlichen Privatkammern.

Im Sommer 2010 bemerkten Sicherheitsbeamte, dass eine Frau Tag für Tag in den Saal 409 des George E. Edgecomb-Gerichts kam, obwohl sie offenbar mit den Verhandlungen nichts zu tun hatte. Jeden Morgen setzte sie sich in die letzte Reihe, machte Notizen und sagte kein Wort. Ihr eigener Fall, falls sie denn einen hatte, wurde nie aufgerufen. Sie trug einen tief ausgeschnittenen Pulli, Schlangenledermuster, eine schwarze Hose, eine bestickte Jacke, eine Hornbrille – und war allem Anschein nach keine Anwältin. Vielleicht war sie Justizsekretärin. Sie war Mitte sechzig, klein und rund wie ein Knödel, und hatte strohtrockenes, strohblondes, schulterlanges Haar und einen erschöpften Blick, sie war eine jener Frauen, die man überhaupt nur bemerkte, wenn sie etwas Verrücktes taten.

Sylvia Landis – so hieß die Dame – war Bürgerin, Privatperson. Und als solche hatte sie ein besonderes Interesse daran zu erfahren, wie das Gericht mit der Flut von Fällen umging, die die Menschen aus ihren Häusern spülte. Wie beinahe alle Einwohner von Tampa, so war auch sie eine Zugezogene, ursprünglich stammte sie aus Doylestown/Pennsylvania. Ihr Vater war ein chronisch unterbeschäftigter Vertreter gewesen, sie war im finanziellen Chaos aufgewachsen. Erst mit dreißig hörte sie auf, vom Verhungern zu träumen. Trotzdem gelang es ihr, ein Studium zu absolvieren und sich als Personalmanagerin aus eigener Kraft in die Mittelklasse zu hieven, aus der ihre Eltern herausgefallen waren. Zwei Jahrzehnte lang arbeitete sie bei der Polizei von Los Angeles als Fortbildungsbeauftragte. 1999 begann sie, sich auf ihre Pensionierung vorzubereiten, und tauchte, wie viele in ihrem Umfeld, in die wachsende Subkultur des Immobiliengeschäfts ein. Sie belegte ein Seminar bei einem Investitions-Guru namens Marshall Reddick, der sich in seinen Reden gern auf die göttliche Inspiration berief und unter dem Motto auftrat: Raus aus der Armut der Mittelklasse. Das Seminar hatte etwas von einer religiösen Erweckungsversammlung, immer wieder standen Teilnehmer auf und liefen aus dem Saal, um sofort ein Haus zu kaufen. Sylvia ließ sich von der Begeisterung mitreißen, einmal besaß sie gleichzeitig fünf Immobilien: zwei in Kalifornien, die sie mit Gewinn verkaufte; eine Ferienwohnung in Asheville/North Carolina; und zwei Häuser in Florida, eins in Tampa, das sie vermietete, und ein nagelneues in Cape Coral, wo sie sich zur Ruhe setzen wollte.

Aber es kam anders.

2004 erkrankte sie an Eierstockkrebs und musste in Frührente gehen. 2007 zog sie in die Wohnung in Asheville und dachte über neue Geschäftsmöglichkeiten nach. Als der Markt 2008 abstürzte, wurde sie mit Atemnot ins Krankenhaus eingeliefert und kam gleich ins Herzzentrum. Sie schuldete 157 500 Dollar auf das Haus in Cape Coral – im Epizentrum der Krise. Nirgends war die Vollstreckungsquote so hoch wie hier. Gleichzeitig fielen die Mieteinnahmen um die Hälfte. Sie wusste, dass sie das Haus nicht würde halten können, und versuchte, es unter dem Wert der Hypothek abzustoßen, bevor die Bank of America zum Zug kam. So lernte sie das Geschäftsgebaren der Banken kennen.

Anfang 2009 fand sie tatsächlich einen Käufer und war bereit, die Hälfte ihrer Investition als Verlust zu verbuchen. Täglich telefonierte sie mit der Bank und wurde von einem zum nächsten weitergereicht, bis die Chance verpasst war. Der Verkauf kam nicht zustande, die Bank packte immer neue Gebühren auf ihr Darlehen. Sie hatte eigentlich gedacht, dass Unterschriften noch etwas galten. Sie erhielt aber immer neue Dokumente, die nicht authentisch zu sein schienen – gescannte Kopien, auf denen das Datum nicht stimmte, offensichtlich gefälschte Unterschriften, die die Überschreibung ihrer Darlehensvereinbarung an die Bank of America beglaubigen sollten, nachdem diese den ursprünglichen Kreditgeber (Countrywide) gekauft hatte. Sie schrieb Briefe – an die Bankvorstände, Staatsanwälte, an die Reporterin Gretchen Morgenson von der *New York Times*, an jeden, der Interesse daran haben könnte. Bald konnte sie ihren Anwalt nicht mehr bezahlen, sie ging also selbst zu den Verhandlungen, während sie gegen den Krebs kämpfte. Gesund war der Stress mit Sicherheit nicht.

Ende 2009 verkaufte sie das Haus in Cape Coral mit einem Verlust. Zwei Wochen später verklagte sie eine von der Bank beauftragte Kanzlei, David J. Stern, wegen des Zahlungsrückstands. Sie taten, als hätte der Verkauf nicht stattgefunden. (Stern war die größte der berüchtigten »Vollzugsmühlen« in Florida, die wie ein Sweatshop hunderttausend Fälle im Jahr vors Gericht brachten, meistens im Auftrag der beiden großen, halböffentlichen Kreditgeber Fannie und Freddie. Die Kanzlei lief so gut, dass sich ihr Besitzer mit vier Villen, zehn Luxusautos, zwei Privatjets und einer 130-Fuß-Jacht belohnte, bevor sie in einem Betrugsverfahren geschlossen wurde.) Es dauerte weitere vier Monate, bis sie bei der Bank jemanden fand, der bereit war, die falsche Zwangsvollstreckung rückgängig zu machen. Aber ihre Bonität war trotzdem hinüber.

Inzwischen lebte sie in Tampa. In ihrem Haus dort steckten fünfzigtausend Dollar ihres eigenen Geldes. Dazu kam eine Festzinshypothek über 91 000 Dollar. Es war sinnvoll gewesen, die Wohnung in Asheville (ebenfalls mit Verlust) abzustoßen und ihren Wohnsitz in das Haus zu verlegen, das bisher vermietet war. Sie war kinderlos, aber ihr ständiger Begleiter, ein hyperaktiver, winziger Shih Tzu, brauchte dringend einen Garten. Das Haus in Sugar Grove, einem Arbeiterviertel, war sehr bescheiden. Die meisten ihrer Nachbarn fuhren Trucks und reparierten alles an ihren Häusern selbst. Sylvia musste eine Mitbewohnerin suchen.

2007 hatte sie ein Vermögen von einer Million gehabt, jetzt war sie mittellos. Auch ihr letztes Erspartes war weg. Wenn sie nicht ihre Rente gehabt hätte, wäre sie auf der Straße gelandet. Eine größere Summe hatte sie Wajed »Roger« Salam anvertraut, einem »Joint-Venture-Experten« aus Tampa, der ein »Mastermind-Forum« gegründet hatte und eine Zeitlang für den Motivationssprecher Anthony Robins tätig gewesen war. Natürlich sah sie das Geld nie wieder. In L. A. hatten einige Mitglieder eines von Marshall Reddick gegründeten Immobilienclubs eine Sammelklage gegen ihren Mentor eingereicht, wegen betrügerischer Hausverkäufe in Florida. (Sylvia ist überzeugt, dass Reddick in der Bilanz mehr Armut als Wohlstand geschaffen hat.) Sie bereute zwar, dass sie ihrem Instinkt auszusteigen nicht gefolgt war, als sie den Zusammenbruch vor Augen sah, schämte sich aber nicht, in den Immobilienmarkt eingestiegen zu sein, obwohl Spekulanten wie sie nun mit Schmähungen überzogen und – gemeinsam mit den Kreditgebern im Subprime-Segment – für den Crash verantwortlich gemacht wurden. War es denn nicht ein uramerikanischer Impuls, die Initiative zu ergreifen und sich selbst zu helfen?

In der *New York Times* hatte sie einen Ausdruck gelesen, der sie perfekt beschrieb: *die Abgestiegenen*. Sie war aus dem Bürgertum abgestiegen wie so viele, die sich in derselben Abwärtsspirale befanden. Sylvia war in einem unpolitischen Haushalt aufgewachsen, sie hatte sich immer den Autoritäten gefügt und hatte sie respektiert – sie kannte nicht einmal den Namen der Polizeigewerkschaft in L. A. –, doch all dies änderte sich nach der Erfahrung mit der Bank. Nun war sie »richtig betrogen worden«, etwas, das sie sich nie hatte vorstellen können. Was sie in die Stadt führte, in einen Gerichtssaal des dreizehnten Bezirks, war ein sehr konservativer Impuls, der aus Doylestown stammte: die Angst vor dem Chaos, die Sehnsucht nach Recht und Gesetz. Sie wollte wissen, was sich abspielte, wenn eine Zwangsvollstreckung vor den Richter kam. Sie hoffte, ihre Beobachtungen könnten anderen Menschen vielleicht helfen.

Als sie an einem Montag zum ersten Mal ins Gericht ging, spürte sie eine Art Ehrfurcht. Instinktiv wollte sie höflich sein, unauffällig, aber sie hatte Schwierigkeiten, den richtigen Saal zu finden – es fehlte ein Aushang für die Termine der Anhörungen. Von einer Empfangsdame auf der sechsten Etage bekam sie die Auskunft, dass die Anhörungen in Zimmer 513 stattfänden, vielleicht auch in Zimmer 409. (Sie hatte sich das Gesetz immer anders vorgestellt: schriftlich und verlässlich, was nützte ein Gesetz, das nirgends aufgeschrieben war?) Zimmer 513 befand sich in einem gesperrten Teil der fünften Etage. Niemand vom Gericht war da, der ihr helfen konnte. Sie ging hinunter in die vierte Etage und fand den Saal. Die Tür stand offen. Eine Justizangestellte sagte, es gäbe nichts zu sehen. Nur Verwaltungsvorgänge.

»Darf ich mich hier hinsetzen, oder ist das verboten?«, fragte Sylvia.

Richter Doug Little leitete eine Versammlung aus mehreren Kartons und einem Telefon. Anwesend im Freisprecher war ein Anwalt der Kanzlei David J. Stern, Esq. »Guten Morgen, Euer Ehren«, quäkte das Telefon, passend zur Feierlichkeit der Verhandlung. Dann wurde die Justizrakete gezündet, und Sylvia begann, Notizen zu machen. Oft fehlte in der Akte die ursprüngliche Hypothekenvereinbarung, der Richter wies den Anwalt an, sie bis Ende der Woche nachzureichen. Manchmal fehlte die ganze Akte. Mehrere Angeklagte erschienen persönlich oder schickten einen Anwalt. Darunter Michael Mcrae, der achtzehn Jahre lang in seinem Haus gewohnt hatte. Er hatte zwei Söhne und eine neue Arbeitsstelle und versuchte, seine Hypothek zu refinanzieren. Der Richter gewährte Aufschub. Und da war Howard Huff, ein sehr einfacher Schwarzer, der nicht sagen konnte, wo sich das Haus befand, um das es ging. Er hatte eine Investitionsvereinbarung unterschrieben, die ein befreundeter Makler vorbereitet hatte. Jetzt zerrte ihn die Bank vors Gericht. (Sylvia war so erschüttert, dass sie dem Mann hinterherlief. Sie empfahl ihm, sich an die Hilfsorganisation Legal Aid zu wenden. Huff sah sie unsicher an und sagte nichts.) Aber die allermeisten Fälle wurden ohne Anhörung des Beklagten entschieden. Sylvia verstand, wie das System funktionierte, sie wusste, was Banken taten, um die Menschen in Bedrängnis mundtot zu machen, wie sie die Kunden belogen, wie sie sie von Pontius zu Pilatus schickten, sich verleugnen ließen, bis die Hausbesitzer aufgaben und die Fälle zur Verhandlung kamen. Recht wurde in Abwesenheit gesprochen, manchmal im Bruchteil einer Sekunde.

»Die Leute verloren ihre Häuser im Akkord«, erzählte Sylvia später. »Es ging schneller als am Drive-Through-Fenster bei McDonald's.« Wenn sie im Gerichtssaal saß und all diese Menschen stillschweigend vertrat, spürte sie etwas, das über die Anspannung, die ihre eigene Situation mit sich gebracht hatte, weit hinausging. Es war Mitgefühl.

Am Ende der Sitzung sprach der Richter sie plötzlich an: »Kann ich Ihnen helfen?«

»Dürfte ich eine Kopie der Prozessliste haben?«

Der Richter sah die Mitarbeiterin an. Die Mitarbeiterin schüttelte den Kopf: »Die Prozessliste wird jeden Abend geschreddert.« Später sah Sylvia, dass die Angestellte dem Richter und einem Gerichtspolizisten etwas zuflüsterte, das offensichtlich sie betraf.

Aber Sylvia war an einem Punkt in ihrem Leben, in dem sie weniger zaghaft war als sie wirkte. Sie wartete die Nachmittagssitzung ab und bat noch einmal um die Prozessliste. Die Mitarbeiterin gab ihr eine Kopie. Nun war es Sylvia möglich, die Namen der Hausbesitzer und der Banken mit den Fällen zu verbinden, die sie gehört und notiert hatte. Am Abend verfasste sie einen Bericht, den sie an ein Netzwerk von Anwälten schickte, die Hausbesitzer bei Zwangsvollstreckungen verteidigten. Von nun an hielt sie – unbezahlt – Wache, von nun an war sie Teil einer Bewegung (der ersten, der sie sich je angeschlossen hatte), sie gehörte zu den Abgestiegenen, erklärte sie, zu einer Gruppe von Menschen, denen das Recht am Herzen liegt, besonders das Eigentumsrecht, und Transparenz und Demokratie. Sie stürzte sich mit der Naivität jener Amerikaner in ihre neue Betätigung, die dem System immer vertraut, die es noch nie bekämpft hatten. Und so lernte sie Matt Weidner kennen.

MATTHEW D. WEIDNER, P.A., ATTORNEY AT LAW, stand auf der Glastür der Kanzlei, REAL ESTATE CIVIL LITIGATION FAMILY LAW CORPORATE LAW. Mit anderen Worten: Weidner vertrat jeden, der durch seine Tür kam, jeden, der zweitausend Dollar auf den Tisch legen konnte, er war ein Subsistenzbauer der Juristerei, sein Büro war ein heruntergekommener Laden zwischen einer Kneipe und einer Bikini-Bar in einem zwielichtigen Viertel von St. Petersburg, der geschwungene Schreibtisch nahm den Raum beinahe vollständig ein. Weidner selbst schien ihr ebenfalls etwas zwielichtig, zumindest am Anfang.

Er war Ende dreißig und stammte aus Florida. Auf einer alten Bankkarte war zu erkennen, dass er einmal fett gewesen war. Er begann, sich für Triathlons zu interessieren, trainierte und nahm ab. An der Wand hinter dem Schreibtisch hängen nicht nur die üblichen Universitätsdiplome, sondern auch mehrere gerahmte Siegermedaillen. Seine Ex-Frau wohnte in ihrem gemeinsamen, mit einem großen Darlehen belasteten Haus und weigerte sich auszuziehen. Als im Viertel die ersten Hummer-Geländewagen auftauchten, wusste er, dass es bald steil bergab gehen würde. Es gab einfach zu viele Anzeichen von Überheblichkeit und Absurdität. Allerdings unterstützte auch Weidner die amerikanische Autoindustrie – er fuhr einen weißen Cadillac. Im Kofferraum lag ein Militärrucksack voller Survival-Material. Er hatte O-Beine, ein rosarotes Gesicht und einen quicklebendigen Blick – und er hatte für jede Situation einen Kommentar parat. Wenn er im Saal 400 des Gerichts die versammelten, dunkel gekleideten Anwälte sah, riss er in falschem Schrecken die strahlend blauen Augen auf und rief: »Ah, ein ganzer Gerichtssaal voller Verbrecher.« Wenn er einmal den Mund aufmachte und loslegte, rollten ihm die Sätze in Wellen der Aufregung und Empörung über die Lippen. »Wir konsumieren Zeug, das wer-weiß-woher kommt, aber wir stellen nichts her. Wie sollen wir denn unsere Häuser abbezahlen, wenn wir nichts produzieren? Was machen wir, wenn die Stromversorgung zusammenbricht, wenn in New York oder Chicago die Lichter ausgehen? Dann bricht Panik aus ..., was meinen Sie, wie schnell das geht?« Auf dem Höhepunkt der Übertreibung nahm er sich meistens etwas zurück und relativierte mit einer Wendung wie: »Finden Sie das etwa hysterisch?«

Es hatte eine Zeit gegeben, in der Weidners Vorstellungen von Amerikas Zukunft durchaus nicht apokalyptisch waren. Er war als Pfadfinder in Daytona Beach aufgewachsen, einem Badeort, der jedes Frühjahr von Horden feiernder, halbnackter Studenten aus dem ganzen Land aufgesucht wurde. Sein Onkel Don war Vorsitzender der Republikaner in Florida, einem Staat, der damals noch weitgehend demokratisch war. Unter seiner Führung gelang es, in jedem der sechsundsiebzig Bezirke einen Ortsverein zu gründen und 1979 den ersten Parteitag abzuhalten. Matt, der Ronald Reagans Optimismus mit der Muttermilch aufgenommen hatte, besuchte die Veranstaltungen der Jungen Republikaner, glaubte inbrünstig an Gott und Vaterland, an Amerikas Einzigartigkeit, an Eigenverantwortung und einen schlanken Staat. Den Boxer, den er im Studium kaufte, als Gingrich den Kongress dominierte, taufte er Newt. Er unterstützte den Einmarsch im Irak. »Wir tun was Gutes und kriegen noch eine Tankstelle geschenkt, die wir als Operationsbasis nutzen können.« Doch wenn er später auf diese Zeit zurückblickte, sah er, dass die Fäulnis schon viel früher eingesetzt hatte, in den Siebzigern, mit der Generation seiner Eltern. Weidners Großeltern hatten sich nach dem Krieg den Arsch aufgerissen und hinterließen ein abbezahltes Haus – der Großvater arbeitete sogar noch, als Weidners Vater mit seiner Umkehrhypothek schon zehn Jahre Ruhestand und Blödsinn hinter sich hatte. »Unsere Eltern waren fett und faul«, sagte er, »unsere Großeltern hätten nie ihre Häuser belastet, um davon zu leben. Wenn man sich das Bruttosozialprodukt der letzten zwanzig Jahre, vor allem des letzten Jahrzehnts ansieht, stellt man fest, dass nichts davon aus der Produktion kommt. Wir handeln nur noch mit den Papieren über das, was wir vor dreißig Jahren hergestellt haben.«

1999 schloss Weidner sein Jurastudium ab und nahm eine Stelle als Lobbyist für die Florida Academy of Pain Medicine an. Er flog von Ort zu Ort, führte Ärzte zu großzügigen Abendessen aus und redete bei der Jahrestagung der Vereinigung so lange auf die Pharmavertreter von Pfizer und Novartis ein, bis sie ihre Scheckbücher zückten und fünfzigtausend Dollar spendeten. In Tallahassee besuchte er regelmäßig eine Tagung, wo die ankommenden Lobbyisten in eine Schneise geleitet wurden, die am Büfett vorbei direkt in die Arme des wartenden Abgeordneten führte. Der Augenblick der Wahrheit kam, wenn Weidner seine Hand ausstreckte, dem Politiker fest in die Augen sah, seinen Umschlag aus der Innentasche zog und überreichte. Geübt betastete der Regionalpolitiker die Schecks und berechnete, wie viel Zeit er Weidner geben würde, um zu erklären, warum es so wichtig war, ein Gesetz zu kippen, das Patienten verpflichtete, für jedes Hydrocodon-Rezept einen Arzt aufzusuchen, weshalb Mütter für ihre Kleinen keinen Hustensaft mehr kaufen konnten – worauf Weidner mitten im Satz unterbrochen wurde. Seine Zeit war abgelaufen.

Nach einer Weile begannen diese Veranstaltungen, ihn physisch krank zu machen. Wenn er einen solchen Saal verließ, sagte er sich immer: »Ich will was Ehrliches machen, ich will endlich mal als verdammter Jurist arbeiten.«

2001 trat er in die Kanzlei seines Onkels Don in Jacksonville ein. Am 12. Dezember sollte er mit seinem Onkel, der eine einmotorige Piper Cherokee besaß, und zwei seiner Mandanten nach Fort Lauderdale fliegen. Kurz vor Abflug erhielt er einen Anruf von einem Richter, er musste im Büro bleiben und sich bereithalten. Wenig später stürzte das Flugzeug bei dichtem Nebel in einen Kiefernsumpf nahe Jacksonville, niemand überlebte.

Mit dieser unheimlichen Erfahrung im Nacken floh Matt nach St. Petersburg, um seine eigene Kanzlei zu eröffnen. In den ersten Jahren stellte er niemanden ein, er besaß nicht einmal einen eigenen Schreibtisch. Er wartete, bis einer der Kollegen, mit denen er das Ladengeschäft teilte, zum Gericht gerufen wurde, und setzte sich an seinen Platz. Er hielt sich mit kleinen Fällen über Wasser, hauptsächlich mit Scheidungen. 2007 kamen die ersten Zwangsvollstreckungen – und wuchsen bald zu einer Flut an. Anfangs kamen die Leute aus den ärmeren Vierteln im Süden der Stadt. Dann kamen berufstätige Hauseigentümer aus der Mittelschicht. Es war eine blutige Schlacht in einer Schattenwelt, niemand wollte darüber sprechen – voller Scham berichteten ihm Männer von den kriminellen Hypothekenspekulationen, auf die sie hereingefallen waren. Paare gingen aufeinander los, die Frau schrie den Mann an, weil er seinen Job verloren hatte, der Mann schrie die Frau an, weil sie so ein großes Haus haben wollte. Bis Weidner dazwischenfuhr und sagte: »Hey, Leute, eure Gegner sind jetzt andere, es ist egal, was passiert ist, wir müssen alle zusammenhalten.« Er stand auf, schob seinen Stuhl zwischen das Paar und setzte sich. »Ich möchte, dass ihr euch darauf konzentriert, welche Folgen die Situation für eure Kinder hat.«

Manchmal kam ein Mandant und sagte: »Mich vertreibt keiner aus meinem Haus, egal was kommt.« Dann antwortete Weidner: »Dann bin ich Ihr Mann, ich werde für Sie kämpfen.« 2008 und teils noch 2009 war er überzeugt, dass die Regierung am Ende mit den Banken zu einer Regelung käme – man würde die Hypotheken teilen, die Banken würden die Hälfte als Verlust abschreiben und der Staat würde versuchen, die Leute in ihren Häusern zu halten, statt sie auf die Straße zu setzen. Es würde laufen wie bei der Bankenkrise – mit einem Strich würden die gesamten Phantomschulden getilgt, die ohnehin bis zum Ende der Geschichte niemand mehr abbezahlen konnte. Aber ein solches Programm hat es nie gegeben. Seine Mandanten verbrachten Wochen damit, irgendjemanden bei der Bank ans Telefon zu bekommen, der einem Verlustverkauf zustimmte oder bereit war, die Darlehensbedingungen anzupassen, und kehrten schließlich frustriert zu Weidner zurück: »Ich bin jetzt so weit, ich geb' auf. Ich kann eine Weile zu meiner Mutter ziehen.« Oder: »Wir mieten uns was in der Stadt.«

Weidner aber versprach: »Ich habe noch keine einzige Zwangsvollstreckung verloren.« Was die Wahrheit war. Keine einzige. Was nicht etwa an seinen anwaltlichen Fähigkeiten lag – immerhin kämpfte er mit vollem Einsatz für seine Mandanten –, sondern am kaputten System.

Weidner bemerkte schnell, dass die Banken weiche Knie bekamen, sobald sich jemand zur Wehr setzte. Die ursprüngliche Darlehensvereinbarung war oft unauffindbar. Die Eigentumsverhältnisse waren unklar, die Eintragungen in den Grundbüchern lückenhaft. Das physische Papier, das früher im Grundbuchamt hinterlegt werden musste, war längst durch Dateien ersetzt worden, gescannte Abbildungen, die nach den Gesetzen von Florida überhaupt keine Gültigkeit hatten. Die Papiere waren nachdatiert und voller gefälschter Unterschriften und Siegel. Als es der Wirtschaft gut ging, kümmerte das niemanden, als aber der Sinkflug begann und die Hauseigentümer ihre Zahlungen einstellten, stellte sich heraus, dass amerikanische Darlehensvereinbarungen ein Witz waren. Eine Mandantin namens Arlene Fuino, selbst Maklerin und zahlungsunfähige »Beraterin für Verlustverkäufe und Zwangsvollstreckung«, wurde von einer Körperschaft verklagt, die sich »U. S. Bank National Association, treuhänderisch für den Structured Asset Securities Corporation Trust 2006-WF2« nannte. Und was zum Teufel sollte das sein? Weidner ging mit der Akte zum Richter und verlangte, dass der Anwalt des Klägers Befugnis nachwies: »Wir bitten nur darum, zu erfahren, welche Körperschaft er vertritt, die meinen Mandanten auffordert, zweihunderttausend Dollar zu überweisen.« Die Wall Street (»Gotham«, so seine Bezeichnung, oder wahlweise »der Anus, das schwarze Loch unseres Landes, in dem alles Geld verschwindet, der Kern der Apokalypse«) hatte die Hypotheken derart oft aufgeteilt, verbrieft und neu verpackt, die Banken hatten so viel Pfuscherei betrieben, um ihr Geld zu retten, dass keine Institution mehr nachweisen konnte, wem ein Haus eigentlich gehörte. Was aber die Behörden nicht davon abhielt, an Türen zu klopfen und Häuser zu räumen.

Weidner hatte nie grundlegende Zweifel an den Gerichten des Landes gehabt. Doch was diese Verhältnisse für das System bedeuteten, raubte Weidner den Atem. »Das Eigentums- und Grundbuchsystem ist ein einziges Chaos, eine Katastrophe.«

Einmal saß Weidner im Gericht und wartete auf seinen Fall, als eine andere Anwältin dem Richter erklärte, dass sie den Kläger offenbar doch nicht vertrat. Das Mandat für die Wells Fargo Bank hatte ihr ein Computer zugeteilt, der »Lender Processing Services«, einer gigantischen Zwangsvollstreckungsfirma, gehörte. Allerdings habe sich herausgestellt, dass die Hypothek nicht von Wells Fargo gehalten wurde, sondern von der U. S. Bank – glaubte sie zumindest. Pamela Campbell, die Richterin, schickte die Anwältin mit Klärungsbedarf nach Hause. Als Weidner an die Reihe kam, stellte er sich auf den bleichgrünen Teppich vor der Richterbank und sagte: »Euer Ehren, mein Schädel explodiert gleich, was habe ich da gerade gehört?«

Die Richterin lächelte müde. »Hoffentlich gelingt es Ihnen, bald den richtigen Kläger ausfindig zu machen.«

Immer wieder gelang es ihm, mit seinen Argumenten eine Aussetzung der Zwangsvollstreckung zu erreichen, egal mit welchem Richter er es zu tun hatte. Doch kein Richter ließ sich erweichen, die Verfahren einzustellen – weil die Mandanten doch irgendjemandem Geld schuldeten. Das Ergebnis war, dass die Fälle jahrelang im juristischen Fegefeuer blieben, dass Hypotheken nicht abbezahlt wurden und Gerichte überlastet blieben und Banken sich weigerten, Darlehensbedingungen zu ändern. Den Mandanten nützte all dies wenig, aber immerhin durften sie vorerst in ihren Häusern bleiben.

Zum Beispiel Jack Hamersma. Als der stämmige Bootshändler, ein kumpelhafter Typ, in die Kanzlei kam, schuldete er sechshunderttausend Dollar – zwei Darlehen auf sein Haus in St. Petersburg –, eine irrwitzig hohe Summe. Der Verkauf des Hauses hätte höchstens die Hälfte eingebracht. Jack hatte eine eigene Werkstatt gehabt und war dann ins Immobiliengeschäft eingestiegen. Er legte Wert darauf, dass sein Anwalt und jeder, der es hören wollte, wussten, dass er sein ganzes Leben lang gearbeitet hatte, dass er sich das Haus, in dem er wohnte, durchaus hatte leisten können. Als Weidner den Fall übernahm und die Bank gezwungen war, Nachweise zu liefern, begann ein Verfahren, das sich über Jahre hinziehen sollte. Jack verlor seine Stelle im Bootshandel, brauchte sein Erspartes auf und bekam es mit drei Sorten Krebs zu tun: Darm, Leber und Lymphen. Vielen von Weidners Mandanten erging es ebenso – erst verloren sie den Job, dann das Haus und am Ende die Gesundheit. Weidner sah zu, wie Jack fünfzig Kilo seines Körpergewichts verlor und immer weiter zusammenschrumpfte, bis er eines Tages auf dünnen, aus einer kurzen Hose stakenden Beinchen ins Büro gehumpelt kam und einen Rucksack auf der Schulter trug, in dem ein Infusionsbeutel versteckt war. Der Schlauch endete unter einem Pflaster auf seiner Brust. Er hatte gerade eine fünfstündige Chemo hinter sich, achtundvierzig Stunden Pumpe hatte er noch vor sich.

»Viele meiner Mandanten werden krank«, erzählte Weidner ihm, als er sich gesetzt hatte. »Ich verstehe nicht, wo da die Verbindung ist. Verstehen Sie es?«

»Der Stress ist natürlich extrem«, antwortete Jack, seine Stimme klang belegt. Vom Hals aufwärts war noch zu erkennen, dass er einmal sehr gut ausgesehen hatte. »Wenn du nicht arbeiten kannst und jahrelang kein Einkommen hast, hat das böse Folgen. Irgendwann hast du nichts mehr und kannst deine Schulden nicht bezahlen – nicht absichtlich, sondern weil es einfach so passiert.«

»Sie gehören zu meinen ältesten Fällen, Sie haben lange gekämpft«, sagte Weidner.

»Ich werde sterben, bevor die Sache vom Tisch ist.«

»Geben Sie jetzt nicht auf.« Es brauchte nicht viel, um Weidners Schimpftiraden auszulösen, manchmal genügte schon die Anwesenheit eines Mandanten wie Jack. »Wir wollen ja tun, was uns aufgetragen ist, unserer Berufung nachgehen, wir wollen uns um unsere Familien kümmern – ich bin so sauer auf den beschissenen Staat, der uns die Möglichkeit genommen hat, das zu tun.«

»Ich bin mir nicht so sicher, ob es die Rolle der gewählten Politiker ist, Arbeitsplätze zu schaffen«, meinte Jack, »aber in einer Notlage sind sie natürlich zuständig. Ich bin also hingegangen und habe gefragt, welche Hilfen mir zustehen, und sie haben mich angeguckt, als hätte ich drei Köpfe.« Jack war praktisch pleite, für das Notprogramm der Regierung kam er trotzdem nicht in Frage. Seine Behandlung kostete fünfunddreißigtausend Dollar im Monat, falls Medicaid, die Krankenkasse für Bedürftige, seinen Antrag abwies, war es mit der Chemo vorbei. »Ich weiß weder ein noch aus. Früher oder später passiert etwas, das eigentlich nicht passieren dürfte.«

»Die Frist, die sie meiner Mutter gegeben haben, war auch nicht länger als Ihre. Sie ist immer noch quicklebendig.«

»Ich will natürlich glauben, dass ich das überstehe. Von der inneren Haltung her – von der spirituellen Seite – glaube ich, dass ich es könnte. Aber aus klinischer Sicht, unmöglich. Für eine Operation ist es zu spät. Die Statistik gibt mir noch zwei Jahre, mehr habe ich nicht.«

Nun kamen sie auf Jacks Fall zu sprechen, es hatte sich wenig getan. »Von der Bank of America habe ich seit bestimmt einem Jahr nichts gehört«, sagte Jack. »Manchmal bekomme ich ein Telegramm über FedEx,

Wells Fargo teilt mir mit, dass ich mich von allen Schulden befreien kann, wenn ich noch heute hundertdreiundachtzigtausend Dollar überweise.«

»Wenn Sie das Telegramm also heute erhalten und das Geld morgen bei der Bank ankommt –«

»Dann ist die Zahlung zu spät.« Jack lachte ein wenig, immerhin. »Ich werde mich hüten, an die Sache zu rühren.«

»Man soll die schlafenden Hunde nicht wecken.« Weidner fing schon wieder an: Wie zum Teufel sollten denn fünfzig Billionen Dollar Schulden jemals abbezahlt werden? »Das Ganze ist so abstrakt geworden, dass die Einzigen, die überhaupt noch zahlen – also warum zahlen die eigentlich? Die Schulden sind so enorm, wir füttern doch nur das Monster, und wenn sich alle auf einmal weigern zu zahlen, wird es wirklich ernst. Dann kommen die da nicht mehr raus.«

»Ich zahle überhaupt keine Rechnungen mehr«, sagte Jack, »es geht einfach nicht.« Als jemand bei ihm klingelte, um eine Vorladung wegen eines alten Baumarktkredits zu überreichen, ging er nicht an die Tür.

»Die einzige Möglichkeit wäre eine weltweite, massive Entschuldung«, sagte Weidner. »Das muss alles in den verdammten Ofen, sonst müssen deine Kinder noch für die Bank schuften und werden nie dazu kommen, eigenes Vermögen zu bilden. Denn erst zahlen sie die persönlichen Schulden, dann die Staatsschulden und dann die institutionellen Schulden.«

»Ich von meiner Seite kann da gar nichts machen. Was soll ich auch machen?«

»Nichts.«

»Nichts«, sagte Jack. »Es ist nämlich eigentlich nicht meine Sache, es passt überhaupt nicht zu mir, so bin ich nicht. Aber ich stecke fest und habe überhaupt keine andere Wahl.«

Weidner fand es rätselhaft, dass die Banken nicht härter gegen Jack vorgingen – sein Haus war immerhin noch einiges wert –, während andere Mandanten mit Forderungen überschüttet wurden. Es schien vollkommen willkürlich, was die Verunsicherung noch verstärkte. Wenn Banken ihre Verluste nicht abschrieben, um den Aktieninhabern Aktivposten vorzugaukeln, war das einfach nur beängstigend. Oder die finanziellen Leistungsanreize gingen in die falsche Richtung, oder die Banker glaubten tatsächlich an eine baldige Wende im Immobilienmarkt. Was Weidner ebenfalls nicht verstand, war, warum sich all die arbeitslosen

Hausbesitzer im Land nicht zusammenrauften und einen Massenprotest auslösten. Weidner fragte Jack, und Jack meinte: »Man wird von allem abgeschnitten. Man steht am Morgen auf und weiß nicht, wozu man gut ist. Man arbeitet nicht, das Selbstwertgefühl macht einen Sturzflug. Der Kontakt zur Außenwelt bricht ab. Man bleibt zu Hause. Man zögert, ans Telefon zu gehen. Man ist isoliert. Ich kann nicht mehr mittags rausgehen, um eine Kleinigkeit zu essen. Ich will die fünfzehn Dollar nicht ausgeben.«

Weidner lehnte sich in seinem Stuhl zurück und faltete die Hände hinter dem Kopf. »Die gute Nachricht ist, dass wir Sie in Ihrem Haus gehalten haben.«

»Das ist großartig«, sagte Jack. »Aber morgen kann alles ganz anders aussehen.«

»Das stimmt. Und Sie werden da sein und es erleben. Sie lassen sich so schnell nicht unterkriegen.«

»Ich bin lieber pleite und am Leben als unter der Erde. Sie dürfen dich umbringen, aber fressen dürfen sie dich nicht. Lautet so nicht unser Gesetz?« Jack und Weidner lachten herzhaft.

So zog sich der Fall BAC Home Loans Servicing, L. P., f/a/k Countrywide Home Loans Servicing, L. P. gegen Jack E. Hamersma hin, und Jack blieb in seinem Haus, wo er zwei Monate später verstarb.

Weidners Schädel war kurz davor zu explodieren. Er hatte diese Vision vor sich, von einer dekadenten, rasant zerfallenden Kleptokratie, die von beiden großen Parteien aufrechterhalten wurde. Das amerikanische Volk wurde mit industriellen, vergifteten Lebensmitteln abgefüttert, die sie mit einer Karte vom Sozialamt bezahlten. Ungelernte Arbeiter waren aus strukturellen Gründen unfähig, jemals wieder einen Beitrag zu leisten, und dumm genug, um zu glauben, dass die Industrie sie eines Tages wieder einstellen würde. Die Banken in Gotham saugten das Land bis zum letzten Tropfen aus, Konzerne handelten ohne jeden Sinn für das Gemeinwesen, das Eigentumsrecht lag in Trümmern, der überschuldeten Welt stand das Wasser bis zum Hals. Er war Mitglied in der National Rifle Association, dem nationalen Club der Waffenbesitzer, und hatte eine Sonderlizenz, um versteckte Waffen zu tragen. Neben seinem Bett stand ein halbautomatisches Gewehr von Smith & Wesson, auf dem Nachttisch lagen drei Clips mit jeweils vierzig Schuss. Aber sicher fühlte er sich trotzdem nicht, ganz im Gegenteil, er hatte riesige Angst. Denn er hatte die Orgien der Waffennarren bei den großen Messen gesehen, er wusste, wie viele seiner Landsleute – gerade in Florida – bewaffnet waren: Es waren Verfassungspatrioten wie er, Veteranen, Jäger in Tarnanzügen, tätowierte Jugendliche aus der Innenstadt, die ausgerüstet waren, als wollten sie eine Miliz gründen. Richtig schlimm wurde es, als Obama an die Regierung kam – die Leute kauften Munition, was das Zeug hielt, Waffenhändler verkauften T-Shirts mit der Aufschrift: »ACHTUNG: VETERAN – vom Heimatschutzministerium als radikal eingestuft. Ich gelte als Bedrohung für die nationale Sicherheit. Sie nähern sich auf eigene Gefahr. ICH HABE SIE GEWARNT.«

Was würde passieren, wenn in Tampa die Stromversorgung zusammenbrach? Chaos würde ausbrechen, Aufstände, Straßenkämpfe, sozialer Zusammenbruch: So sah die Zukunft aus.

Weidner legte vor seiner Wohnung in St. Pete einen kleinen Siegesgarten an, ein Beet mit Karotten, Salat, Tomaten und Chili. Es war wie ein Wunder, echtes Gemüse zu schmecken – und zu berühren. Er spielte mit dem Gedanken, im östlichen Hillsborough ein Stück Land zu kaufen, weit weg von der Zivilisation, er dachte an Wochenendausflüge mit seiner Freundin, an Honig direkt vom Imker, er wollte Milch von kleinen Bauernhöfen kaufen, wo noch gepflanzt und gejagt wurde. Vielleicht war das die einzige Chance: Dass Amerika die Landwirtschaft wiederentdeckte. All die Broker und Spekulanten müssten sich die Hände schmutzig machen, sie müssten sich einen Sonnenbrand holen, abends würden sie erschöpft und glücklich ins Bett fallen und ihre Ängste und Depressionen vergessen. Die Erde gehörte den einfachen Leuten, den kleinen Gemeinschaften. Seine Farm wäre ein Ort des Rückzugs, wenn das Chaos ausbrach, er würde zwei Veteranen einstellen, Räumungsopfer mit militärischer Ausbildung, die seinen Besitz beschützten. Die schlimmste Vorstellung war, dass all diese Verzweifelten und Durchgedrehten in den Städten herumliefen und nichts zu tun hatten.

2009 begann Weidner einen Blog, anfangs nur, um neue Klienten zu gewinnen, doch bald schon fand er seine Stimme – bombastisch, verschmitzt, durchtrieben, wutentbrannt – und wurde eine führende Figur in der Mobilisierung gegen Zwangsvollstreckungen, die von einer Anwaltsgruppe in Jacksonville ausgegangen war. Die Gruppe leitete eine Pflichtverteidigerin namens April Charney, die Weidner mit Sylvia Landis bekannt machte. Er schrieb täglich, meist nachts oder am frühen Morgen, an seinem Blog, die Einträge waren oft sehr lang. Auf dem Banner stand: IM KAMPF FÜR DAS AMERIKANISCHE VOLK. ICH SAGE MEINE MEINUNG, SOLANGE ICH DAS RECHT DAZU HABE. Zum Martin-Luther-King-Geburtstag schrieb er einen Essay unter dem Titel »Meine lieben Mitanwälte«, der Kings berühmten »Brief aus dem Gefängnis von Birmingham« zur Vorlage hatte:

> Während ich hier im Vollstreckungsgericht festgehalten werde, bin ich auf eine Äußerung aufmerksam geworden, die meine gegenwärtigen Aktivitäten als »unklug und zeitlich ungelegen« bezeichnet … Jenen, die noch nie den spitzen Pfeil der Zwangsvollstreckung gespürt haben, mag es leicht fallen zu sagen: Wartet! Wer aber gesehen hat, wie gute Familien auf die Straße gestoßen werden, wer gesehen hat, wie Banken Türen eintreten und ohne gültigen Gerichtsbeschluss Schlösser austauschen, wenn die Staatsmacht daneben steht, ohne einzugreifen, weil es sich um eine »Angelegenheit zwischen Bürgern« handelt, wer Urteile gehört hat, die der grundlegenden Rechtsordnung zuwiderlaufen, wer Zeuge geworden ist, wie sich Banker und Konzernchefs schamlos bereichern, wer Mandanten gesehen hat, die erkranken und sterben, weil sie den Stress der Zwangsvollstreckung, ihre gesamte wirtschaftliche Lage, nicht mehr ertragen, wer eine alleinstehende Frau kennt, die Angst hat, dass ihr zum dritten Mal ein Gerichtsvollzieher die Haustür eintritt, wer Kinder gesehen hat, die ihre Eltern nur als Leidende kennen – der wird verstehen, warum es mir schwerfällt zu warten.

Der Sechste Gerichtsbezirk rügte Weidner, weil er eine Verhandlung gestört hatte, als er einer alten Dame, der die Zwangsvollstreckung drohte, seine Hilfe anbot. Das Gericht befand, dass er versucht hatte, Mandanten anzuwerben. Weidner meinte, einige Richter wollten ihn bestrafen, weil er die Regierung aufgerufen hatte, die Gerichtsverwaltung von Florida zu übernehmen. Eine Firma in Palm Harbor, der er vorgeworfen hatte, Hypothekendokumente maschinell zu unterzeichnen, klagte ihn wegen Verleumdung an. Wenn in der Presse der Begriff Robo-Unterschrift auftauchte, wurde Weidner manchmal genannt als derjenige, der ihn in Umlauf gebracht hatte. Er bekam Anrufe von der *New York Times* und dem *Wall Street Journal* und wurde immer wieder in der *St. Petersburg Times* zitiert. Er sprach gern mit Reportern – die Presse war die letzte, beste Hoffnung für sein Anliegen, die einzige Institution, der er noch traute, und zwar in einem Maß, das das Vertrauen der Journalisten untereinander weit überstieg. Bei all dem blieb Weidner ein ganz normaler Anwalt mit einem kleinen, hässlichen Büro, der im weißen Cadillac zum wenige Straßen entfernten Gericht fuhr. »Es wäre großartig, Gloria Steinem zu sein«, sagte er, »ich kann schließlich ganz schön das Maul aufreißen, die Leute hören mir zu. Ich muss aber auch Geld verdienen.« Der eine Gedanke, der die unmittelbare Schädelexplosion verhinderte, war, dass seine Kanzlei und sein Blog – wo er seine Anträge zur freien Verwendung veröffentlichte – die großen Banken in Gotham Millionen kosteten.

Eines Tages rief ihn eine Inderin an, sie hieß Usha Patel. Ein Kreditunternehmen, Business Loan Express, versuchte, das Comfort Inn Motel zu übernehmen, das sie in Pasco County betrieb. Usha mailte Weidner eine ganze Reihe von Dokumenten, die er aufmerksam las, doch am Ende nahm er ihren Fall nicht an. Denn er vertrat in der Regel nur Eigenheimbesitzer. Bei Usha ging es um ein Geschäft, die Sache war kompliziert. Als der Fall später vor Gericht verhandelt wurde, griff er doch noch einmal ein, er war froh, dass er helfen konnte, denn eine Frau wie Usha, die so hart gekämpft hatte, deren Glaube an den amerikanischen Traum so unerschütterlich war, dass er beinahe seinen eigenen wieder aufrichtete, hatte er noch nie gesehen.

Usha wusste, dass sie für ihr Darlehen verantwortlich war – sie hatte ja die Vereinbarung unterschrieben. Anfang 2010 versuchte sie noch, mit dem Kreditunternehmen einen neuen Zahlungsplan auszuhandeln. Sie flog mit ihrer Familie zu einer Hochzeit nach London, und als sie zurückkehrte und in Tampa aus dem Flugzeug stieg, sah ihr Sohn auf sein Handy und sagte: »Mama, wir haben eine dringende Anhörung.«

Diese Anhörung war nur ein Nebenschauplatz auf dem großen Jahrmarkt des Scheiterns und des Betrugs, der das neue Jahrtausend eröffnet hatte. Business Loan Express hieß nun Ciena, befand sich selbst im Konkursverfahren und wurde vom Justizministerium betrügerischer Geschäftspraktiken bezichtigt. Da Ciena nach Möglichkeiten suchte, seine Gläubiger zu bedienen, bedrohte nun ein Konkurs im fernen Gotham

Ushas tief in roten Zahlen steckendes Motel. »Diese Titanen der Finanzwelt da oben in Gotham«, sagte Weidner, »zerfetzten den Kadaver von Ciena, dessen Tentakel noch um Ushas Hals geschlungen sind.« Usha war getäuscht worden – die Firma hatte das Interesse an einer Änderung des Rückzahlungsplans nur vorgeschützt. Bei der Verhandlung am 19. März beschloss das Gericht von Pasco County, das Motel, für das Usha ihr ganzes Leben gearbeitet hatte, in die Zwangsverwaltung zu geben. Alle Einkünfte wurden abgeschöpft, um die bankrotte Ciena und ihre Gläubiger zu bedienen, Usha verlor ihre Existenz. Weinend saß sie im Verhandlungssaal. Ihr Sohn versuchte, sie zu trösten: »Ich habe noch Geld, ich werde einen Anwalt finden, bevor der Richter den Beschluss unterschreibt.« Noch am selben Tag meldete Usha Insolvenz an, ihre Firma Aum Shree of Tampa schlüpfte unter den Schutzschirm des Verfahrens, das Motel erhielt Aufschub. Doch nun wurde die Sache erst richtig kompliziert.

Bei der ersten Anhörung hieß es, Ushas Gegnerin sei nicht mehr Ciena, auch nicht Business Loan Express und auch sonst keine Firma, mit der sie je zu tun gehabt hatte. Sie stritt jetzt mit HSBC, der zweitgrößten Bank der Welt und Treuhänderin des Anlageinstruments, in das Ushas Darlehen eingegangen war. In den Akten fand sie Papiere, in denen HSBC allerdings als Kreditgeberin genannt war. Andere Dokumente waren nicht besiegelt, bezeugt oder datiert, Unterschriften angeblicher Vizepräsidenten wirkten mehr als verdächtig. So wurde Usha mit ihrer Insolvenz von der großen Schlammlawine der Zwangvollstreckung fortgerissen, die sich durch das ganze Land wälzte. Da die Bank sich zu einem Vergleich nicht bewegen ließ, sah Usha, dass ihre einzige Chance, das Motel zu retten, in einem langen Papierkrieg lag.

Zwei Jahre lang wehrte sie sich gegen die HSBC und ihre Meute von Anwälten. Sie las jede Akte und jeden Vermerk, der durch die Hände ihres Anwalts ging, und lernte, was sie konnte, über Insolvenz- und Eigentumsrecht. Das Verfahren zog sich hin, die Akten füllten Karton um Karton, die sie im Laderaum ihres Toyota-Geländewagens verwahrte, um sie im Motel, zu Hause und im Computerladen ihres Sohnes immer parat zu haben. Als ihr erster Anwalt gezwungen war, das Mandat abzugeben, nahm sie sich einen zweiten, und als der aufgab, einen dritten, und schließlich einen vierten, und Matt Weiner, der einen der drei Eigentümer von Aum Shree vertrat, kam als Berater hinzu. Aber niemand kannte den Fall so gut wie Usha selbst – sie war es, die ihre Anwälte zum Durchhalten aufforderte, nicht umgekehrt. Nach einiger Zeit beliefen sich die Anwaltskosten auf zweihunderttausend Dollar. Usha, die selbst längst kein Geld mehr hatte, wurde von ihrem Sohn und von der gesamten Familie – in Amerika, England und Gujarat – unterstützt. Denn im Gegensatz zu Mike Ross, Sylvia Landis und Jack Hamersma war Usha Patel keine geborene Amerikanerin, und das hieß, sie war nicht allein.

»Es ist meine Existenz«, erklärte sie, »mein Herz steckt darin und mein Geld. Wenn ich jetzt aufgebe, lande ich bald auf der Straße. Nach zwanzig Jahren harter Arbeit.«

In den Wochen vor dem Prozess arbeiteten Usha, Weidner und ihr neuester Anwalt oft bis spät nach Mitternacht, sie saßen im Computerladen und gingen jede Akte, jedes Wort noch einmal durch. Zwei Tage vor Prozessbeginn ließ sich die Bank, die spürte, dass sie verlieren könnte, plötzlich doch noch auf einen Vergleich ein. Usha akzeptierte einen neuen Rückzahlungsvertrag mit einer Anzahlung von 150 000 Dollar und monatlichen Raten von 10 000 Dollar. Der effektive Jahreszins betrug sechs Prozent. Auch wenn sich ein Sieg wohl anders anfühlte, ließ sic es sich nicht nehmen, ihre Anwälte und Unterstützer in das älteste Restaurant von Tampa einzuladen und noch einmal mehrere Tausend Dollar für ein großes Festessen auszugeben.

Usha hatte gegen einen globalen Finanzkonzern immerhin ein Remis erreicht, und sie hatte begonnen, ihre Wahlheimat neu zu beurteilen. Recht bekamen in diesem Land nur die Reichen, zu denen sie nicht gehörte. Wenn sie pleiteging, profitierten Banken und Anwälte. Banken verdienten ihr Geld damit, die kleinen Leute herumzuschubsen. Erst versuchten sie es mit Einschüchterung, und wenn sie Gegenwehr spürten, zettelten sie einen Papierkrieg an. Zur Bewertung des Motels wurden Sachverständige bestellt, die Gutachten voller falscher Behauptungen ablieferten. Ihr Name wurde durch den Schmutz gezogen. Wenn sie über HSBC sprach, rümpfte sie die Nase, verzog den Mund, runzelte die Stirn – es war derselbe angewiderte Ausdruck, mit dem sie die Arbeitsmoral der Amerikaner beschrieb.

Trotzdem gelangte Usha zu demselben Schluss wie Weidner. Sie glaubte nicht, dass Amerika unterging. Sie sah immer noch eine verheißungsvolle Zukunft, zumindest für ihre Kinder. »Gesegnetes Amerika«, sagte sie, als die Akten geschlossen waren, »ich glaube daran, ehrlich.«

TEIL III

Jeff Connaughton

2009 und 2010 stieg Connaughton Morgen für Morgen stinksauer in sein schrottreifes amerikanisches Auto und fuhr über die Massachusetts Avenue zum Capitol Hill, wo er arbeitete. Seine Wut auf die Wall Street hatte mehr Ursachen, als er aufzählen konnte. Bankdirektoren, Anwälte und Finanzprüfer hatten das Gesetz mit Füßen getreten, sie hatten Vorschriften, Überprüfungsmechanismen und Verhaltensregeln missachtet, die er seit seinem Studium mit einer gewissen Gutgläubigkeit ehrte. Und weil die Politiker beider Parteien all das zugelassen hatten, richtete sich seine Wut auch gegen Washington. Er war wütend auf die Aufsichtsbehörden (SEC, OTC, OCC ...), auf Rating-Agenturen und alle anderen, die fahrlässig weggesehen hatten. Er war wütend im Namen des amerikanischen Volkes, nicht der Armen, die es immer geben würde, sondern der Mittelklasse, die, wie Bill Clinton einst gesagt hatte, hart arbeiteten und sich an die Regeln hielten, die Endfünfziger, deren Pensionsfonds auf die Hälfte zusammengeschmolzen waren, just in dem Moment, in dem sie glaubten, es könnte reichen. Das waren – die Gearschten. Er war wütend im Namen seiner Schulfreunde, Männer um die fünfzig, die in Tampa, Austin und Madison lebten und nicht wussten, ob sie ihre Häuser halten konnten. Und er war wütend in seinem eigenen Namen. Er erwartete kein Mitleid, aber er hatte eine Menge verloren, gerade als er zum ersten Mal im Leben richtig viel hatte. »Vielleicht ist es mir so nahe gegangen, weil für mich persönlich so viel daran hing«, sagte er. »Ich habe gerade in dem Moment Kasse gemacht, als das ganze System zusammenbrach. Was soll man mit Republikanern anfangen, wenn es ihnen nicht einmal gelingt, den Wohlstand zu schützen?« Er wunderte sich, dass nicht mehr Menschen so wütend waren wie er. Connaughton, eigentlich ein moderater Demokrat, wurde zusehends radikalisiert, als er erstaunt feststellte, dass »der Staat von der Finanzelite übernommen worden ist, die ihn ganz in den Dienst der Plutokratie gestellt hat«.

Als Biden im Sommer 2008 die Kandidatur zum Vizepräsidenten gewann, fand sich Connaughton plötzlich am äußersten Rand eines inneren Kreises wieder, der das größte Spiel Amerikas unter sich ausmachte. Es war so groß, dass Connaughton nicht einen Augenblick zögerte, wieder auf sein Biden-Konto zuzugreifen. So begann von neuem das elende Gerangel, die Achterbahnfahrt, der Kampf um die Pole-Position – nur dass diesmal alles schwindelerregend schnell ging. Zum Wahlparteitag in Denver reiste er ohne jeden Auftrag an, er begann im Exil eines weit vor der Stadt gelegenen Hotels – und hatte bald die Macht über die Gästeliste einer exklusiven Party in Bidens Suite. Er ließ anderen ehemaligen Beratern ausrichten, dass er sie auf die Liste setzen könnte, und er wies andere ab, die behaupteten, Bidens blaues Blut in den Adern zu haben. Bei der Party wartete er, bis er an der Reihe war. »Wir haben's geschafft, Kumpel«, sagte Biden und legte ihm den Arm um die Schulter.

Im Wahlkampfherbst ging die Achterbahnfahrt weiter. Er war ein Niemand, bis er plötzlich Kaufman zugeteilt wurde, der mit einem Kollegen den Vorbereitungsausschuss für den Regierungswechsel leitete. Zwei Monate arbeitete er an einer dicken Vize-Bibel, in der alles zusammengefasst war, was der Kandidat über seinen neuen Job wissen musste – bis hin zur Einrichtung seiner Büroräume. Nach der Wahl wurde er aus dem Ausschuss verbannt, weil er als Lobbyist zwei Jahre lang nicht der Regierung angehören durfte (Ausnahmen bestätigten die Regel). Dass er Biden nicht ein einziges Mal um einen Gefallen gebeten hatte, spielte dabei keine Rolle. Er fand es zynisch von Obama, unter all den Berufspolitikern ausgerechnet Leute wie Connaughton zu sperren, während die meisten, die in der Regierung arbeiteten, natürlich längst ihre Schäfchen ins Trockene gebracht hatten. Am Ende reichte sein Einsatz nur für ein blaues Ticket zur Amtseinführung, das ihn zu einem Stehplatz Hunderte von Metern von der Bühne entfernt berechtigte, den er wegen der Massen, die auf den Platz drängten, nicht einmal erreichte, weshalb er mit einem alten Kollegen im Hawk 'n' Dove, seiner Stammkneipe aus den langen Biden-Jahren, einkehrte und den Amtseid im Fernsehen ansah.

Als Connaughton langsam in den interstellaren Raum des politischen Universums trudelte, klingelte eines Tages sein Handy. Es war Ted Kaufman, sein treuester Verbündeter in Washington. Er hatte für eine Übergangszeit von zwei Jahren Bidens Senatssitz geerbt und bat Connaughton, sein Büro zu leiten – das heißt, er bat einen anderen Biden-Insider, Connaughton zu fragen, ob er die Stelle annehmen würde, wenn er ein solches Angebot erhielte, denn auf dieser Ebene war in Washington niemand bereit, ein Nein zu akzeptieren. Connaughton wäre lieber ins Weiße Haus gegangen, etwa als Rechtsberater, doch er trug das Stigma eines eingetragenen Lobbyisten, und Biden hatte anderes zu tun, als seinen ohnehin geringen Einfluss darauf zu verwenden, seine Leute in die besten Positionen zu hieven. Nach einem Wochenende Bedenkzeit teilte er Jack Quinn mit, dass er die Kanzlei, in der er so erfolgreich gewesen war und wo er einige seiner besten Freunde gefunden hatte, verlassen würde. Mit knapp fünfzig nahm er eine enorme Gehaltskürzung in Kauf und wechselte noch einmal in den Senat.

Connaughton und Kaufman waren sich einig, dass das größte politische Thema der Zeit die Finanzkrise war. In erster Linie zeigte sie, dass das Rechtssystem nicht mehr funktionierte. Es wurde hemmungslos betrogen – wie sonst war es möglich, dass jene Banken »technisch insolvent« waren und nur eine Handvoll Insider Bescheid wusste? Aber die Ursachen lagen noch tiefer. Die Vorschriften, die das Bankensystem über ein halbes Jahrhundert stabil gehalten hatten, galten nicht mehr. Connaughton betrachtete Kaufman – einen siebzigjährigen Mann mit einem vergilbten Wirtschaftsdiplom vom Wharton College – als einen Rip Van Winkle, der nach langem Schlaf im Zeitalter »synthetisch kollateralisierter Schuldobligationen« und »nackter Kreditausfall-Swaps« aufgewacht war. Was zum Teufel war aus Glass-Steagall geworden, das Gesetz, das als feste Mauer zwischen dem Investitionsgeschäft und den Konten privater Sparer gestanden hatte? (1933 vom Kongress verabschiedet, 1999 von Demokraten und Republikanern gemeinsam außer Kraft gesetzt und von Clinton unterzeichnet.) Und die Regel, die Spekulanten zwang, eine Aufwärtsbewegung des Kurses abzuwarten, bevor sie gegen einen Wert wetten konnten? (Eingeführt 1938 von der Börsenaufsicht und von derselben 2007 wieder abgeschafft.) Es war, wie Connaughton aus eigener Erfahrung wusste, in den langen Jahren des Aufschwungs leicht zu übersehen gewesen, wie radikal die Landschaft des freien Markts gerodet worden war – als aber die Stürme einsetzten, fehlten die Schutzwälle, es fehlten Bäume, die das Erdreich hielten, es begann ein großes Geheul.

Kaufman war nur auf zwei Jahre vereidigt, er konnte die Zeit nutzen, ohne auf die nächste Wahl zu schielen wie auf eine Guillotine, was bedeutete, dass er nicht jeden zweiten Morgen zu irgendeinem Frühstück auf die K-Street musste. Auch für Connaughton war es eine Befreiung. Er hatte ja schon einmal Kasse gemacht, er hatte es nicht nötig, jeden Anruf eines Lobbyisten anzunehmen und an seinen Zukunftschancen herumzurechnen. Sie genossen den Luxus, ohne Rücksicht auf die Folgen die

Wall Street angreifen zu können. »Wenn ich zur Wiederwahl stünde, würde ich es genauso machen«, erklärte Kaufman vor der Presse. Connaughton war lange genug in Washington, um zu wissen, dass das so nicht stimmte. Dieses erste Jahr unter Obama, in dem die Wirtschaft blutete und Hunderttausende von Arbeitsplätzen verschwanden, war ihre Chance.

Schon im Oktober, im Endspurt des Wahlkampfs, hatte Kaufman durchblicken lassen, dass Obamas Team Robert Rubin zum Finanzminister berufen wollte. »Wisst ihr denn nicht, dass das halbe Land Rubin am liebsten aufknüpfen würde?«, fragte Connaughton, als sich Kaufman in der Sache enthusiastisch zeigte. Später erklärte Kaufman: »Wir waren mit dem Auto liegengeblieben und suchten dringend einen Mechaniker.« Obama, der keine Regierungserfahrung hatte und in Wirtschaftsfragen unbeleckt war, glaubte, dass Rubin und seine Leute die Einzigen waren, die den Wagen wieder zum Laufen bringen konnten.

Wieder einmal zeigte sich, dass das Establishment (das Clinton damals in seinem Privatbüro beschworen hatte) die Katastrophe ungeschoren überstehen würde. Das Establishment konnte Fehler um Fehler machen, es kam trotzdem immer durch, und am Ende profitierte es noch von den eigenen Fehlern. Es war wie im Kasino, die Bank gewann am Ende immer. Und wer einmal in diese Kreise aufgenommen war, musste schon etwas Dramatisches tun, um wieder rauszufliegen – zum Beispiel in der Zeitung scharfe Kritik üben. (Solange man keine Namen nannte, konnte man noch auf Vergebung hoffen.) Rubin selbst hatte keine Chance mehr auf das Finanzministerium, aber das Rennen machte sein Team praktisch unter sich aus. Obama, der einen weiten Weg ins Establishment hinter sich hatte, kam nicht auf den Gedanken, anderswo zu suchen. Es war Michael Froman, Rubins Büroleiter unter Clinton (später im Vorstand der Citigroup), der Rubin und Obama zusammenbrachte. Er arbeitete als Personaldirektor in Obamas Übergangsteam, während er noch bei der Bank beschäftigt war, unmittelbar vor seinem Wechsel in die Regierung erhielt er einen Bonus von 2,25 Millionen Dollar. Jacob Lew, ebenfalls von Citigroup, wurde Vize-Außenminister, nachdem er 900 000 Dollar Bonus eingesteckt hatte. Mark Patterson, ein Lobbyist von Goldman Sachs, wurde trotz der Lobbyisten-Regel Stabschef im Finanzministerium. Timothy Geithner, der zu Rubins engsten Weggefährten gehörte und den Plan zur Bankenrettung entworfen hatte, wurde Finanzminister, obwohl bekannt wurde, dass er der Steuerbehörde, der er nun vorstehen würde, eine Menge Geld unterschlagen hatte. Larry Summers, dessen fleischiger Fingerabdruck auf all den Geschenken war, die die Politik in den Neunzigerjahren der Finanzbranche gemacht hatte, wurde der führende Wirtschaftsberater im Weißen Haus. Er verdiente Millionen mit Vorträgen bei Unternehmen, die von den verschiedenen Rettungsfonds profitieren sollten. Selbst Obamas Stabschef Rahm Emmanuel, ein politischer Beamter, hatte in seiner dreißig Monate währenden Auszeit, die er bei einer Investmentbank in Chicago verbracht hatte, lockere 16,5 Millionen Dollar eingestrichen. Die Crème de la Crème der Finanzwelt, brillante, hochgebildete Leute, allesamt Demokraten, allesamt in die epische Katastrophe verwickelt, wurde angestellt, um das Trümmerfeld zu besichtigen, das sie hinterlassen hatten. Natürlich sahen sie die Dinge wie die Banker, bei denen sie gelernt und gearbeitet, mit denen sie gegessen und gesoffen, die sie reich gemacht hatten. Cliquenwirtschaft und Interessenkonflikte gehörten zur Seele der Meritokratie, sie waren nicht wegzudenken. Der Klumpen konnte nicht sterben.

Connaughton nahm all das mit Unbehagen wahr. Er kannte das Drehtürprinzip, und er wusste, wie in Washington eine Hand die andere wusch, er kannte die Reflexe der Mächtigen. Schließlich war er in seiner eigenen Karriere mit diesen Welten in Berührung gekommen – mit den Investitionen, dem Kongress, dem Weißen Haus, dem Lobbyismus. Doch die Finanzkrise war mehr, sie war eine seismische Verschiebung, die Millionen von Menschen betraf. Endlich wurde die Öffentlichkeit aufmerksam, endlich waren die Massen aufgebracht. Für die Politik war es der richtige Augenblick, um gegen die Wall Street vorzugehen.

Wer als Senator etwas bewegen wollte, musste sich auf wenige Themen beschränken. Für mehr war im Terminkalender – und im Kopf – einfach kein Platz. Als sie beide für Biden arbeiteten und Connaughton den Senator auf etwas aufmerksam machen wollte, sagte Kaufman immer: »Jeff, wenn du etwas ins Boot legen willst, musst du erst etwas anderes herausnehmen.« Kaufman, der nicht einmal dem Bankenausschuss angehörte, konzentrierte sich vom ersten Tag an auf nur zwei Themen: Finanzbetrug und das Problem der »systemrelevanten« Banken. Er brachte mit einem Kollegen ein Gesetz auf den Weg, das 340 Millionen Dollar für FBI und Strafverfolgungsbehörden bereitstellte, um Betrügern – von kleinen Hypothekenmaklern in Long Beach und Tampa bis hin zu Wall-Street-Managern, die den Schaden so lange verheimlicht hatten, bis das ganze Gebäude einstürzte – das Handwerk zu legen. Letztendlich entschied das Justizministerium, wer angeklagt würde, sie gingen aber davon aus, dass Leute wie Dick Fuld (Lehman), Joseph Cassano (AIG) und Stanley O'Neil (Merrill) mit der Staatsanwaltschaft zu tun bekämen, vielleicht sogar Lloyd Blankfein von Goldman & Sachs. Als das Gesetz im Mai mit großer Mehrheit verabschiedet wurde und Kaufman (ein Neuling im Senat) eingeladen wurde, bei der öffentlichen Unterzeichnung durch den Präsidenten auf der Bühne zu stehen, glaubten er und Connaughton, sie hätten tatsächlich etwas bewegt.

Im September baten Kaufman und Connaughton um ein Gespräch mit Lanny Breuer, einem Vertreter des Justizministers Eric Holder, der die Kriminalabteilung der Oberstaatsanwaltschaft leitete. (Connaughton kannte ihn schon lange, als er Covington & Burling verließ, war Breuer gerade in die Firma eingetreten.) Die Betrugsinitiative hatte noch keinen einzigen Fall zutage gefördert, Kaufman wollte sich vergewissern, dass das Ministerium der Sache nachging und das Geld an der richtigen Stelle einsetzte. Um ganz sicherzugehen, plante er eine Anhörung der Aufsichtskommission. Der Termin fand in Kaufmans Büro im dritten Stock des Russell Building statt. Breuer erklärte, er habe mit verschiedenen Schwierigkeiten zu kämpfen, unter anderen fehlten Laptops. Er müsse sich auf die FBI-Ermittler verlassen, die im ganzen Land stationiert seien und die Fälle in die »Pipeline« brächten.

Hier setzte Connaughton an: »Lanny, du musst in diese Pipeline reingehen, du musst dem FBI und den Staatsanwälten einschärfen, dass die Sache oberste Priorität hat. Wenn du kräftig an deiner Pipeline rüttelst, kommt auch was heraus – wenn du einfach nur dasitzt und wartest, passiert gar nichts.« Komplexe Betrugsanzeigen waren so schwierig, dass sie im normalen Betrieb einer überlasteten Staatsanwaltschaft keinen Platz hatten. Die Kriminellen waren so geschickt, dass sie kaum Spuren hinterließen und letztendlich schon bei ihren betrügerischen Aktivitäten an der Verteidigungsstrategie arbeiteten, wobei ihnen gut bezahlte Anwälte und Finanzprüfer halfen, später auch Ermittler, die jeden Gegner unter einem Haufen von Papier begruben. Eine Sonderabteilung von Ermittlern musste her, die jede Institution überprüfte, auf die auch nur ein Schatten des Verdachts fiel. Nach ein, zwei Jahren würde man wissen, wonach man suchen musste, in welchen E-Mails und Chats sich die wichtigen Informationen verbargen. Connaughton erinnerte an die gemeinsamen Zeiten unter Clinton: »Du musst wie der Sonderermittler sein, der die Monica-Lewinsky-Affäre damals aufgerollt hat. Ihr müsst die Leute ins Visier nehmen, als wären sie Drogenbosse, und so viel Druck auf die Helfer machen, bis einer von ihnen die Seiten wechselt.«

Als Breuer fort war, spürte Connaughton deutlich, dass die Initiative im Justizministerium keine besondere Dringlichkeit hatte.

Im Dezember kam es dann zur Anhörung des Aufsichtsausschusses. Am Zeugentisch saßen Breuer und Beamte aus der Führungsebene von SEC und FBI. Alle behaupteten, sie wären an der Sache dran, könnten aber ohne Insider, die als Zeugen auszusagen bereit wären, wenig ausrichten. Denn ohne einen Nachweis des Vorsatzes und der Motive kämen sie nicht weiter. Sie baten um mehr Zeit.

Connaughton hätte ihnen gern geglaubt. Aber 2009 verstrich, ohne dass sich etwas bewegte. Und auch im neuen Jahr tat sich nichts.

Mitte Januar fuhren Connaughton und Kaufman nach New York zu einem Termin mit Paul Volcker, der grauen Eminenz der Federal Reserve Bank. Die hohen Zinssätze, mit denen Volcker unter Carter und Reagan die Inflation bekämpft hatte, hatten das Land in eine tiefe Rezession gestürzt. Von der Finanzwelt wurde er dafür verehrt, Farmer und Bauarbeiter aber blockierten aus Protest und Verachtung in Washington den Verkehr. Doch Volcker war zwar exzentrisch, er gehörte aber durchaus dem Establishment an. Er lebte im Herzen der Schnittmenge zwischen den politischen und finanziellen Eliten und war doch auch einer der schärfsten Kritiker der Wall Street, ihrer Tricksereien und der absurd hohen Gehälter. So galt er als innerer Dissident, der zwar offiziell respektiert, inoffiziell aber mit Skepsis betrachtet wurde. Einmal erklärte er vor einem Publikum von Managern: »Die wichtigste finanzielle Neuerung, die ich in den vergangenen zwanzig Jahren gesehen habe, ist der Geldautomat … Ich habe praktisch keine Hinweise gefunden, dass die große Mehrheit der Neuerungen in den Finanzmärkten der letzten Jahre irgendeinen positiven Effekt für die Produktivität unserer Wirtschaft hatte. Beweisen Sie mir das Gegenteil, wenn Sie können, vielleicht habe ich unrecht. Ich kann nur sagen, dass die Wirtschaft in den Fünfziger- und Sechzigerjahren brummte, und zwar ohne diese Neuerungen. Selbst in den Achtzigern – vor den Kreditausfall-Swaps, den Kreditverbriefungen und CDOs – lief es noch ganz gut.« Für den Präsidenten war Volcker der perfekte Gegenpart. Er beruhigte die Reformer und lieferte die Deckung, wenn die Eliten verärgert waren. Obama ernannte Volcker zum Vorsitzenden seines Wirtschaftsrats, dessen Rat er aber nicht sonderlich ernst nahm. Volcker empfahl einen halben Schritt rückwärts in Richtung Glass-Steagall: Banken sollte verboten werden, Hedgefonds zu betreiben und auf eigene Rechnung mit dem Geld der Anleger zu spekulieren. Sechs Monate später hatte sich noch nichts getan.

Volcker – ein kleiner, runder Kopf auf einem langen Körper, mit einer Brille, die seine Augen größer machten, als sie waren – saß in seinem Konferenzzimmer in Midtown, betrachtete seine Gäste und sagte: »Wissen Sie was? Egal, was irgendjemand vorschlägt, die Banken werden immer warnen, dass es der Kreditvergabe schadet und die Wirtschaft abwürgt.« Er schwieg, zog argwöhnisch die Mundwinkel herunter und sagte schließlich: »Das ist natürlich Quatsch.«

Kaufman lachte. Er gestand, dass er Glass-Steagall am liebsten vollständig wieder einführen würde.

»Ich werde niemandem im Weg stehen, der eine radikalere Lösung sucht«, antwortete Volcker.

In der folgenden Woche gab Obama bekannt, dass er die sogenannte Volcker-Regel unterstützte. Es war ein Versuch, das erste echte Tief seiner Amtszeit zu überwinden. Gerade hatte Scott Brown Ted Kennedys alten Senatssitz erobert und den Demokraten die Möglichkeit genommen, republikanische Filibuster zu überwinden, mit der ausnahmslos jede Initiative blockiert wurde, die die Mehrheit zur Abstimmung bringen wollte. Die Gesundheitsreform stand vor dem Aus. Die Arbeitslosigkeit war größer als zu irgendeiner Zeit seit der Wirtschaftskrise von 1929.

Connaughton hielt es für unklug, die Gesundheitsreform zu diesem Zeitpunkt voranzutreiben. Seit einem Jahr war sie das einzige Thema in Washington, es war für nichts anderes Platz. Und wie genau hing die Reform mit der Arbeitslosigkeit und der Finanzkrise zusammen? Vielleicht lag es an seiner Südstaatenherkunft, dass er so skeptisch war. Er konnte sich nicht vorstellen, dass es Washington gelingen würde, ein mehrere tausend Seiten langes Gesetz zu einem überaus komplexen Thema zu verabschieden, während das Land auf den Abgrund zusteuerte. Jeden Freitagmorgen ging er zur Sitzung der demokratischen Stabschefs im Tagungsraum des Hart Buildings und hörte den Präsidentenberatern zu, die begeistert beschrieben, welch großartige »Optik« die Kampagne des Weißen Hauses für die Gesundheitsreform hatte, welches »Messaging« geplant war, wie gut das Wort *Kostendämpfung* in den Umfragen angekommen war – während manchmal wochenlang das Wort *Wirtschaft* nicht fiel. Aber Kaufman hielt sich bei der Gesundheitsreform einfach an die Vorgaben der Fraktionsführung. Connaughton interessierte sich weiterhin nur für die Wall Street, ein Thema, das er mit Kaufman vorantreiben konnte.

Der verantwortliche Senator für die Finanzreform war Chris Dodd, der Vorsitzende des Bankenausschusses. Connaughton konnte ihn nicht leiden, und zwar seit 1995, als Connaughton Clinton gedrängt hatte, gegen die Konzerne vorzugehen, die das Gesetz zur Haftungsbeschränkung bei Aktiengeschäften durchsetzen wollten – das erste Mal, dass er die Wall Street herausforderte. Es war Dodd gewesen, der dagegenhielt. Er hatte Zigmillionen an Wahlkampfspenden von der Wall Street bekommen – über eine Million allein von 2007 bis 2008 – und stand so tief in der Schuld der Banken, dass ihn viele seiner Wähler für die Finanzkrise persönlich verantwortlich machten. Bald zeigte sich, dass der Senator ein Darlehen zu äußerst günstigen Konditionen erhalten und den Managern von AIG Millionen an Boni zugebilligt hatte. Die Wähler in Connecticut waren wütend. Dodd spürte, was ihm blühte, und kündigte zum Ende des Jahres seinen Rücktritt an.

Er hätte also eigentlich die Freiheit gehabt, mit Kaufman gegen die Wall Street zu kämpfen, doch Connaughton sah, dass genau das Gegenteil der Fall war. Hätte er sich noch einmal den Wählern stellen müssen, wäre der Druck groß gewesen, ein scharfes Gesetz auf den Weg zu bringen. Stattdessen konnte er sich nun in aller Ruhe auf die Karriere nach der Politik vorbereiten, die weiterhin vom Spiel um Macht und Geld geprägt sein würde. Es war wirklich fraglich, ob es sich lohnte, das Establishment herauszufordern, denn die Möglichkeiten, sich ein angenehmes Leben zu machen, wenn man nicht aufbegehrte, waren ohne Zahl. Zum Beispiel konnte man Lobbyist für die Filmindustrie werden – wie Dodd. Wer sich gegen das Establishment stellte, hatte in einem großen Teil von Amerika nichts mehr zu suchen, der einem ansonsten weit offen gestanden hätte. Man war entweder drin oder draußen.

Hinter den verschlossenen Türen des Bankenausschusses verhandelte

Dodd den ganzen Winter mit den Republikanern. Er ging auf sie zu und bot Kompromisse an, weil er ein Gesetz wollte, das von beiden Seiten getragen wurde. Das führte zu nichts. Richard Shelby, der Senator aus Alabama, spielte nicht mit, und Bob Corker aus Tennessee hatte nicht genug Einfluss. Die Volcker-Regel fiel unter den Tisch, Glass-Steagall war nicht mehr in Sicht. Die Verhandlungen zogen sich in die Länge, und Connaughton schöpfte den Verdacht, dass Dodd eigentlich mit sich selbst verhandelte. Er benutzte die Republikaner und versteckte sich hinter dem Ideal der überparteilichen Lösung, um das Finanzreformpaket zu schwächen und ein Gesetz zu verabschieden, mit dem auch die Wall Street leben konnte. Connaughton begann zu verstehen, wie übermächtig der Vorsitzende eines solchen Ausschusses war, weil er entschied, was Eingang in den Entwurf fand, ob Änderungsanträge im Ausschuss und in der Kammer zugelassen waren, und welcher Antrag überhaupt eine Chance hatte. Da sein Chef nicht im Ausschuss saß, konnte Connaughton nur schwer einschätzen, wie die Dinge standen.

Eines Tages rief er Jack Quinn an, seinen ehemaligen Geschäftspartner. »Ich komme nicht in den Bankenausschuss«, sagte er, »ihr habt bestimmt auch Schwierigkeiten, an die Informationen über das Gesetz zu kommen, oder?«

»Ich habe gestern eine Dreiviertelstunde mit Chris Dodd gesprochen«, sagte Quinn. Quinn war mit dem Vorstandsvorsitzenden eines Versicherers, den er vertrat, bei Dodd gewesen und hatte alles herausgefunden, was er brauchte, während Connaughton, die rechte Hand eines besonders an dem Thema interessierten Senators, im Nebel stocherte. In einer Mail an einen anderen Stabschef schrieb er kurz darauf: »Ich bin in die Politik gegangen, um etwas an der Wall Street zu verändern, und jetzt beginne ich zu verstehen, dass der Lobbybetrieb, dem ich gerade erst den Rücken gekehrt habe, größeren Einfluss auf das Gesetz hat als ich, der ich im Senat arbeite.« Die Antwort kam umgehend: »Das ist wirklich traurig.«

Connaughton pflegte mit einigen Reportern Kontakt, die bereit waren, seine Anonymität zu schützen. Er begann, in der Presse gegen Dodd vorzugehen, und ließ sich als »leitender Berater im Senat« zitieren. »Soweit ich das beurteilen kann, ist Dodd Kompromisse eingegangen«, sagte er dem Sender CNBC. »Ich dachte, Kompromisse macht man, um den Gegner auf seine Seite zu ziehen. Aber nach vier Monaten Verhandlung sieht es aus, als hätte Dodd Positionen geräumt, um die Republikaner davon zu überzeugen, mal einen Blick auf sein Papier zu werfen. Ich verstehe das wirklich nicht.« Derselbe »leitende Berater« erklärte gegenüber *Newsweek*: »Ich kann nur hoffen, dass der Präsident weiß, worum es hier geht.«

Kaufman beschloss, sein Anliegen im Senat vorzubringen. Gemeinsam mit Connaughton und einem anderen Berater schrieb er eine Reihe von Reden über die Exzesse der Wall Street, die Finanzkrise und die Tatsache, dass die Verantwortlichen nicht zur Rechenschaft gezogen wurden.

Als der Senator an das Mahagonipult trat und die Rede verlas, die ein Helfer nebst einem Glas Wasser dort platziert hatte, hörte ihm niemand zu. Geleitet wurde die Sitzung von einem unbekannten Nachrücker, der auf seinem erhobenen Stuhl hockte, in der *New York Times* blätterte und gelegentlich einen Blick auf seinen Blackberry warf. Ansonsten war die Senatskammer leer. Manchmal öffnete sich während der Rede die Doppeltür, um einen Senator einzulassen, der die folgende Redezeit hatte. Er ging an seinen Platz und raschelte mit einem vorbereiteten Redetext, den er in diesem Moment zum ersten Mal sah. Keine Journalisten waren zugegen, der Pressebalkon über dem Vorsitzenden war leer. Nur die automatischen Kameras des Senders C-SPAN, programmiert, den Redner so ins Bild zu setzen, dass die leeren Reihen der Senatorenplätze nicht zu sehen waren, stellten sich gelegentlich scharf. Die Zeiten waren vorbei, als Senatoren aufeinandertrafen und einander zuhörten, um die vorgebrachten Argumente abzuwägen. Als Jeff Merkley, ein neuer Senator aus Oregon, einmal zufällig in die Kammer trat und sah, dass dort ein Demokrat und ein Republikaner eine einsame Debatte vor leerem Haus führten, dachte er: »Mensch, das ist aber ungewöhnlich – hier findet tatsächlich ein Gespräch statt, mit echten Argumenten, die ausgetauscht werden, und mit gegenseitiger Kritik.« Dies war der Zustand, in dem sich der wichtigste parlamentarische Debattierclub der Welt im Jahr 2010 befand.

Connaughton wusste bereits vorher, dass niemand die Reden hören würde, die Kaufman plante, weshalb sie in der Form langer, ausführlicher Essays gehalten waren. Sie enthielten zahlreiche historische Anmerkungen und scharfe politische Attacken, in der Hoffnung, dass der ein oder andere politische Verbündete im Internet – Arianna Huffington oder der MIT-Wirtschaftswissenschaftler und Blogger Simon Johnson – vielleicht daraus zitieren würde, was zu einem weiteren Medienecho führen könnte.

Am 11. März stand Kaufman vor der leeren Kammer und forderte: »Da die Kosten des gegenwärtigen Systems, der lückenhaften Aufsicht, der Fahrlässigkeit der Wall Street, enorm sind, liegt die Beweislast wohl nicht bei denen, die zu den bewährten Regeln der Vergangenheit zurückkehren wollen.« Er fuhr fort: »Die Beweislast liegt bei denen, die glauben, es genügt, hier und dort etwas nachzubessern. Die Krise hat eine solche Dimension, dass ich nur staunen kann, dass die Reformvorschläge, die gerade diskutiert werden, den Status quo in den kritischen Bereichen erhalten.« Er traue den Aufsichtsbehörden nicht zu, fügte er hinzu, beim nächsten Zusammenbruch einer Bank die Vorschriften durchzusetzen. Es sei Aufgabe des Kongresses, hier klare und eindeutige gesetzliche Vorgaben zu machen. Dodds Gesetzesentwurf würde das Problem der systemrelevanten Banken nicht lösen. »Wir müssen diese Institutionen zerschlagen, bevor sie von sich aus zusammenbrechen, statt mit einem Rettungsplan dazustehen und zu warten, bis es so weit ist.«

Am 15. März, nachdem der Insolvenzprüfer seinen Bericht über Lehman Brothers abgeliefert hatte, der deutliche Hinweise enthielt, dass bei der Pleite Betrug im Spiel gewesen war, hielt Kaufman seine zweite Rede. Er hörte sich beinahe an wie Joe Biden im Jahr 1985, als er sagte: »Letztendlich entscheidet sich hier, ob in diesem Land ein Rechtssystem herrscht oder zwei. Wenn wir eine Firma an der Wall Street, die Investoren um Millionen von Dollar erleichtert hat, auf dieselbe Weise behandeln wie jemanden, der fünfhundert Dollar aus einer Registrierkasse gestohlen hat, dann können wir auch nicht erwarten, dass unsere Bürger dem Rechtsstaat vertrauen.«

Am 22. März lieferte Dodds Ausschuss einen Gesetzesentwurf ab, der eine schwache Version der Volcker-Regel enthielt sowie Vorschriften zum Derivatehandel, die nicht griffen, und Unklarheiten über die Haftungsgrenzen, die Banken zugemutet werden sollten. Connaughton und Kaufman schrieben eine scharfe Kritik.

»Dodd und das Weiße Haus werden stinksauer sein«, warnte Connaughton.

»Hier geht es um Generationen«, antwortete Kaufman.

Die Presse begann, auf die Reden aufmerksam zu werden. Das *News Journal* in Wilmington schrieb darüber auf der Titelseite und zitierte zustimmend in mehreren Meinungsartikeln. *Time* brachte ein Porträt von Kaufman, und Huffington pries seine Arbeit. Dodd war immerhin so verärgert, dass er aus Mittelamerika anrief, wo er mit einer Delegation von Kongressabgeordneten unterwegs war, um Kaufman zu sagen: »Hören Sie endlich auf, meinen Entwurf schlechtzumachen.« Connaughton sprach mit dem Stabsdirektor von Dodds Ausschuss, der ihm versicherte: »Ihr könnt so kritisch sein, wie ihr wollt. Am Ende ist es ja doch Chris, der die Ehrenrunde fährt.«

Und er hatte recht, denn Dodd hatte nicht nur die anderen Ausschussvorsitzenden auf seiner Seite, sondern auch die wichtigsten Präsidentenberater. Anfang April kam Larry Summers in Kaufmans Büro, um ihm zu erklären, warum der Senator irrte, wenn er forderte, die größten Banken zu zerschlagen. Die Folge wäre, dass Amerika im globalen Finanzwettbewerb zurückfallen würde. Außerdem waren es eher die kleinen Banken, die untergingen, als die großen. Kaufman, der keine Lust hatte, sich zurechtweisen zu lassen, unterbrach Summers, der ihm seinerseits ständig ins Wort fiel, immer wieder, indem er ihm freundlich den Arm drückte und zur Verteidigung seiner Sache Alan Greenspan zitierte. Einen Monat später kam Geithner. Connaughton unterhielt sich mit ihm, während sie draußen vor Kaufmans Büro warteten. Der Finanzminister war klug und witzig und dachte mit spielerischer Leichtigkeit. Als sie in Kaufmans Büro traten, sagte Connaughton zu seinem Chef: »Ich hab' ihn abgetastet – er ist sauber.« Geithner war versöhnlicher als Summers, er behauptete, die großen Banken würden unter neuen, internationalen Eigenkapitalvorschriften ohnehin schrumpfen müssen. Kaufman erwiderte, dass Regulierung in der Vergangenheit kaum etwas gebracht hätte, nur wenn man die Größe der Banken beschränke, sei es möglich, eine weitere Rettungsaktion zu verhindern. Im Ergebnis konstatierten sie nur ihren Meinungsunterschied.

Am Ende hatte Dodd das Weiße Haus – den Präsidenten selbst – auf seiner Seite. Connaughton war in den Senat zurückgekehrt in der Hoffnung, dass Biden als Verbündeter eine Schlüsselrolle einnehmen würde, und er drängte Kaufman, seinen alten Freund anzurufen mit der Bitte, Druck auf das Justizministerium auszuüben, weil die bekanntesten Köpfe nicht strafrechtlich verfolgt wurden, und auf das Finanzministerium, weil die Reformen nicht vorankamen. Kaufman nahm Biden wieder einmal in Schutz. Biden, meinte er, könne sich um das Wall Street-

Thema nicht kümmern – es wäre die halbe Fracht gewesen, und das Schiff war schon voll mit Irak, dem Investitionsprogramm und den Hilfen für den Mittelstand. Connaughton fand das alles sehr seltsam: Ihr alter Boss war der zweitwichtigste Mann im Land, sein Büro war nur wenige Schritte vom Oval Office entfernt – und trotzdem konnten sie gegen die Wall Street nichts ausrichten. Da mit den Republikanern ohnehin nicht zu reden war, wandte sich Connaughton in seiner Verbitterung gegen das eigene Team. »Wenn man im Augenblick der nationalen Krise den Kopf einzieht, kann man sich als Berufspolitiker auch gleich um die eigenen Belange kümmern.«

Ende April verfassten Kaufman und Sherrod Brown, der Senator aus Ohio, einen Änderungsentwurf, der die nicht einlagengestützten Verpflichtungen der Banken auf zwei Prozent des Bruttosozialprodukts beschränkte, was bedeutete, dass unter einem Kaufman-Brown-Gesetz Banken ab einer bestimmten Größe geteilt werden müssten. Gemeinsam traten die beiden Senatoren vor die Kammer und sprachen ohne vorbereiteten Redetext über das Gesetz. Kaufman, mit einer Lesebrille auf der Nasenspitze, ragte an seinem Pult auf, durchschnitt mit der Hand die Luft und erklärte mit zitternder Stimme: »1933 haben wir eine Entscheidung getroffen, die uns drei Generationen lang gute Dienste geleistet hat. Warum verabschieden wir nicht ein Gesetz, das uns noch einmal zwei oder drei Generationen lang schützt? Ein Gesetz, das wirksam ist, egal ob wir einen Präsidenten haben, der an den freien Markt glaubt, oder nicht? Ob wir gute Aufsichtsbehörden haben oder nicht? Warum tut der Senat der Vereinigten Staaten nicht, wozu er verpflichtet ist?«

Connaughton verfolgte die Reden im Büro – er saß da und dachte an die alten Zeiten und starrte vor sich hin. »Er ist genau wie Biden.« Später schickte er Kaufman eine Nachricht: »Es gibt nichts Würdevolleres, als auf der Grundlage fester Prinzipien seine Stimme zum Dissens zu erheben.«

Diese Wochen im Winter und Frühjahr 2010 waren die intensivsten, die Connaughton in seinem gesamten Arbeitsleben erfahren hatte. Er war um halb acht im Büro, und er arbeitete noch, wenn er abends nach Hause kam. Er las und schrieb Mails bis Mitternacht. Ein Wochenende verwandte er darauf, den zweitausend Seiten langen Bericht des Insolvenzprüfers von Lehman Brothers zu verschlingen und Kaufman eine Rede dazu zu entwerfen. Es war, als würde eine alte Politikvorstellung zurückkehren, die ihm auf dem Weg verlorengegangen war, in all den Jahren der Ziellosigkeit und der Frustration, zwischen Fundraising-Frühstück und Happy Hour, als er langsam im Sumpf der Kompromisse versunken war. Plötzlich löste sich all das auf, und er stand wieder in Tuscaloosa auf dem Campus und war bereit, sich dem edelsten aller Berufe zu widmen.

Doch das war nun dreißig Jahre her, Jahre, in denen Washington von der Macht des Geldes gefangen – *gefangen* – worden war. Auch er war gefangen, erst jetzt verstand er, in welchem Maß die »Beeinflussungsindustrie« – Lobbyismus, Medienkampagnen, Basisbewegungen, die keine waren, die Drehtür zwischen Wirtschaft und Politik – Washington verändert hatte. »Wenn man in die Verwaltung zurückkehrt, sieht man erst, wie dramatisch es ist. Die Politik steht in keinem Verhältnis mehr zum öffentlichen Interesse. Es gibt niemanden, der hereinspaziert und versucht, dir die Sicht der Menschen zu erklären.« Connaughton sah sich nun als Jack Burden – er war der korrupte, desillusionierte Erzähler aus dem Filmklassiker *All the King's Men* [Der Mann, der herrschen wollte, 1949]. Die Natur des Menschen war unverändert, aber der Einfluss des Geldes war so massiv gestiegen, dass er sein Verhalten auf tausend kleine Weisen veränderte. »Washington hat mich verändert«, sagte er. »Und wenn es mich verändert hat, wird es wohl auch eine Menge andere Leute verändert haben.«

Am Kapitol arbeitete eine Horde von dreitausend Lobbyisten, und jeder schien den Kongress zu drängen, trotz des Totalschadens, den die Banken angerichtet hatten, alles so zu lassen, wie es war. Wer stand denn noch auf ihrer Seite? Allein das wütende Volk. Doch das war zerstreut und wusste die Mechanismen der Macht nicht zu bedienen. Dazu ein paar Blogger, deren Einfluss über den Kreis der Überzeugten nicht hinausging. In den Achtzigerjahren noch hatte sich eine Koalition aus Gewerkschaften, Anwälten und Verbraucherschützern zur Wehr gesetzt, von ihr war 2010 praktisch nichts mehr übrig. Eine Organisation namens *Americans for Financial Reform*, die für ein neues Verbraucherministerium eintrat, war so schwach, dass Connaughton *sie* anrufen musste: »Wo seid ihr denn?«, fragte er. »Im Kongress auf jeden Fall nicht, sonst hätten wir es gemerkt.« Wäre das Brown-Kaufman-Gesetz für die Konzerne lukrativ gewesen, hätte Connaughton ein Team von Lobbyisten, Strategen und Industrieführern versammeln können, um enormen Druck auf den Kongress auszuüben. Wie die Dinge standen, war er aber völlig allein.

Kaufman und Connaughton fassten nun die Unsicherheiten der Börse ins Auge. Der Markt hatte die Finanzkrise zwar nicht ausgelöst, er blieb aber für viele Millionen Amerikaner das Tor in die Welt der Finanzen, ihre Investitionen hatten massiv an Wert verloren. Wie auch Darlehen waren Aktien längst nicht mehr das, was Connaughton im Studium und an der Wall Street kennengelernt hatte. Der Markt bestand nicht mehr aus verschiedenen Börsen, wo Männer in blauen Jacketts um die Wette schrien, um ihre Orders loszuwerden, er war zu einem hochtechnisierten, auf fünfzig Systeme im ganzen Land verteilten Kasino geworden, in dem Broker dominierten, die mithilfe ausgefeilter Algorithmen blitzschnell Tausende von Transaktionen ausführen konnten, um von den winzigen Fluktuationen des Marktes zu profitieren: Sie waren Zocker – moderne Trickspieler. Connaughton verbrachte Monate damit, diese neuen Märkte zu untersuchen, er war erstaunt, wie undurchsichtig das elektronische Labyrinth war. Dabei kannte er sich mit Aktien gut aus, schließlich hatte er sein eigenes Geld angelegt. Aber er musste feststellen, dass für den Einzelnen nicht mehr nachzuvollziehen war, was mit seinem Auftrag geschah – nicht einmal die Insider waren in der Lage, es ihm zu erklären. Der einfache Anleger war immens benachteiligt, der Markt unterlag heftigen Schwankungen und die SEC hinkte bei der Aufsicht um Jahre hinterher.

Kaufman drängte die SEC, die Aufsicht über den Hochfrequenzhandel zu verschärfen, anfangs schien es, als würde sich tatsächlich etwas bewegen. Mary Schapiro, die von Obama als Leiterin der Behörde nominiert war, erklärte, sie teile Kaufmans Sorge, die SEC werde die Strukturen des Aktienhandels überprüfen. Am Rand einer Sitzung nahm ein leitender Beamter der Kommission Connaughton zur Seite und sagte: »Wow, es ist großartig, mal von jemandem zu hören, der nicht aus dem Finanzsektor kommt.« Die Einzigen, die bei der Behörde auf der F Street ein- und ausgingen, waren Finanzleute, die sich über irgendwelche Regeln beklagten. Aber auch bei dieser Initiative von Kaufman bekämpfte die Wall Street jede noch so geringe Änderung, die SEC lehnte sich zurück und nichts geschah.

Der 6. März 2010 war der Tag, an dem Connaughtons zweites Leben in der Politik seinem Ende entgegengehen sollte. Am frühen Nachmittag stürzte die Börse innerhalb von acht Minuten um siebenhundert Punkte, bevor sie sich wieder erholte, in dieser kurzen Zeitspanne hatte sich eine

Summe von über einer Billion Dollar in Luft aufgelöst. Der Blitz-Crash, wie er genannt wurde, war durch die Art des Computerhandels entstanden, vor dem Kaufman gewarnt hatte. Wenige Stunden später leitete Kaufman eine Senatssitzung, als Senator Mark Warner aus Virginia seinen Kollegen zu erklären versuchte, was passiert war. »Ich bin bekehrt«, sagte er und forderte Kaufman auf, ans Rednerpult zu treten und der Welt zu erklären: »Ich habe euch ja gewarnt.« Und so geschah es. Dann sprach Kaufman noch einmal über seinen Änderungsantrag und forderte die Rückkehr zu den Regeln und Schranken der Glass-Steagall-Ära.

Am selben Nachmittag ließ Chris Dodd, der sich wochenlang gegen Brown-Kaufman gestemmt hatte, plötzlich eine Abstimmung über den Entwurf zu, der in der Presse und im Kongress immer mehr Unterstützung fand. Selbst einige republikanische Senatoren hatten sich auf die Seite der Reformer geschlagen, darunter Richard Shelby aus Alabama, der die Opposition im Bankenausschuss anführte. Brown-Kaufman kam zur Abstimmung, um es zu kippen, bevor sich eine Mehrheit für das Gesetz finden konnte.

Kurz vor der Abstimmung fragte Dianne Feinstein, eine der reichsten Senatsmitglieder, ihren Kollegen Richard Durbin: »Worum geht es bei dem Gesetz?«

»Sie wollen die Banken zerschlagen.«

Feinstein reagierte bestürzt: »Wir sind schon noch in Amerika, oder?«

Kurz nach neun war es so weit, der Entwurf wurde 61 zu 33 abgelehnt.

Nach der Abstimmung stand Dodd auf und gab bekannt, dass Richard Shelby Geburtstag hatte. Um 16 Uhr hatte es im Bankenausschuss Kuchen gegeben. »Wir haben also gefeiert, während ihr hier debattiert habt. Es ist wichtig, dass das Volk sieht, dass wir zusammenarbeiten können, auch wenn unsere Positionen oft sehr unterschiedlich sind. Wir sind uns in entscheidenden Fragen nicht einig, und trotzdem können wir einen persönlichen und höflichen Umgang pflegen.« Er schloss mit den herzlichsten Glückwünschen für den Senator aus Alabama.

Am Abend, als Kaufman in sein Büro im Russell Building zurückkehrte, fragte Connaughton, was in der Pressemitteilung stehen solle. Kaufman brachte nur drei Wörter heraus: »Ich bin enttäuscht.« Sie hatten gewusst, dass das Gesetz keine Chance mehr hatte, doch dass die Unterstützung derart gering war, war niederschmetternd. Der Blitz-Crash hatte sie bestätigt und aufgebaut, die Niederlage im Senat hatte sie gebeutelt – alles innerhalb weniger Stunden. Connaughton, dessen Südstaatlerherz nicht aufgehört hatte zu schlagen, sagte zu seinem Team: »Es gibt noch immer Dinge, für die es sich zu kämpfen lohnt.«

Am 21. Mai wurde im Senat das Dodd-Gesetz verabschiedet, am 21. Juli, als Präsident Obama den »Dodd-Frank Wall Street Reform and Consumer Protection Act« unterzeichnete, trat das Gesetz in Kraft. Die Volcker-Regel war ein Schatten ihrer selbst, den Behörden wurde überlassen, die Details auszuarbeiten. Die Regeln waren so schwach, dass Kaufman zögerte, das Gesetz zu unterstützen, am Ende stimmte er aber doch mit der Fraktion.

Die Lobbyistengruppe Americans for Financial Reform, die sich für ein möglichst schlagkräftiges Gesetz ausgesprochen hatte, veranstaltete eine Party und lud Kaufmans gesamtes Büro ein. Das neue Gesetz hatte immerhin eine Verbraucherschutzbehörde für Investoren geschaffen – damit auch normale Kleinanleger gehört würden. Diesen Teil des Gesetzes hatte auch Connaughton unterstützt. Die Veranstaltung fand in einem heruntergekommenen Kinopalast weit außerhalb statt, es gab Weißbrot, Kinderwurst und Doritos. Connaughton fielen all die schicken Veranstaltungen ein, die in der Stadt in edlen Tagungsräumen abgehalten wurden, er dachte an üppige Büfetts, an Roastbeef und Gambas. Und er war froh, hier zu sein.

Vier Monate noch bis zum Ende von Kaufmans verkürzter Amtszeit – große Kämpfe gab es nicht mehr zu bestehen. Die meisten Initiativen hatten sie verloren, andere waren irgendwo in der Versenkung verschwunden, was noch schlimmer war. Wenn es nach Connaughton gegangen wäre, hätte man all die Gesetze – Dodd-Frank, die Volcker-Regel – einstampfen können, wenn man nur die bestehenden Gesetze zur Anwendung gebracht hätte. Ein kräftiger linker Haken gegen die Wall Street, Gefängnisstrafen für einige Topmanager hätten mehr gebracht als alle Gesetze und Regeln zusammen.

Kaufman, der als Nachfolger von Elizabeth Warren den Sonderausschuss zur Bankenrettung leiten sollte, fragte Connaughton, was er nun vorhabe. Ob er weiter Politik machen oder vielleicht eine Organisation für Finanzreform leiten wolle?

Connaughton versuchte sich vorzustellen, wie es wäre, im Innenministerium oder sonstwo zu arbeiten und jeden Mittag auf die Straße rauszugehen, um den Hot-Dog-Verkäufer zu fragen: »Na, Harvey, hast du heute Sauerkraut?« Die Vorstellung, für eine Non-Profit-Organisation zu arbeiten, war ebenso furchtbar. Wenn die Republikaner im Weißen Haus gewesen wären, hätte es vielleicht spannend sein können, aber dort saßen ja sogenannte Verbündete. Warum sollte er in einem Washington unter Obama und Biden versuchen, gegen das Establishment vorzugehen? Eines Tages im späten August zappte er durch die Fernsehkanäle und sah den ultrarechten Talkshow-Moderator Glenn Beck, der einer riesigen Menschenmenge zurief, dass wahre Veränderung nicht von Washington ausgehe, sondern von echten Menschen, die im ganzen Land an echten Orten lebten. Beck war ein Arschloch, aber auch die progressive Arianna Huffington schrieb zwei Tage später in ihrer Kolumne etwas Ähnliches. Und er fand, sie hatten recht. Im Geheimen erlaubte er sich sogar ein wenig Sympathie für die Tea Party.

Natürlich konnte er jederzeit zu Quinn Gillespie zurückkehren, er wusste aber auch, dass sein politisches Vermächtnis dadurch beeinträchtigt würde. Die Jahre bei Kaufman, die ihn stolzer gemacht hatten als alles, was er im Leben erreicht hatte, sollten seine letzten in Washington sein. Er war bald einundfünfzig Jahre alt und hatte es satt, immer die Nummer zwei zu sein. Wenn er bliebe, müsste er irgendwie die Fiktion aufrechterhalten, zu Biden zu gehören. Vielleicht müsste er sich noch einmal demütigen lassen von einem Mann, dem er ein Vierteljahrhundert die Treue gehalten hatte. »Es tut weh, das zu sagen, aber als Biden Vizepräsident wurde, hatte ich einfach nicht mehr die Kraft zu lügen. Es ist mir egal, wie viel Geld im Spiel ist, es ist mir egal, wie viele Leute mir gern einen Drink spendieren würden. Ich mache das nicht mehr. Es ist die Sache mit dem Spiegel, in den man nicht mehr sehen will.« Je länger er darüber nachdachte, desto klarer wurde ihm, dass er Washington verlassen musste.

Er verkaufte sein Townhouse in Georgetown, schon nach vierundzwanzig Stunden fand er einen Käufer. Am 1. November unterschrieb er die Papiere. Am 2. November waren die Wahlen. Die Republikaner übernahmen das Unterhaus, die letzte Chance, Banken und Banker für die Finanzkrise haftbar zu machen, um eine neue Krise zu verhindern, war erloschen. Am nächsten Morgen nahm Connaughton den Zug nach New York. Ein Kollege hatte ihn gebeten, bei einer Sitzung der Federal Reserve Bank einzuspringen. Sein Thema lautete »Finanzkrise und Kriminalität«. Im Auditorium nahe der Wall Street saßen dreihundert geladene Gäste –

Bankmanager, Beauftragte der staatlichen Aufsichtsbehörden, Anwälte der Bezirksstaatsanwaltschaft. Connaughton bemühte sich, die Arbeit der letzten zwei Jahre in fünfzehn Minuten zusammenzufassen.

»Erst einmal«, so begann er, »diese Frage: War die Finanzkrise im Kern ein Betrugsfall? Zweitens: Hat die Reaktion der Strafverfolgungsbehörden genügt, um eine effektive Abschreckung gegen Finanzbetrug aufzubauen? Drittens: Sind die staatlichen Behörden überhaupt gerüstet, um Betrug und Manipulation aufzudecken, in Märkten, die immer komplexer werden? Und schließlich: Sollte die Wall Street sich darüber vielleicht Gedanken machen?«

Er hielt inne.

»Um es kurz zu machen: Meine Antwort lautet, ja, nein, nein, ja.«

Er sprach darüber, dass es dem Justizminister, der gleichzeitig der oberste Staatsanwalt der Nation war, nicht gelungen war, ein einziges Urteil gegen einen leitenden Manager zu erwirken, obwohl der Insolvenzprüfer im Fall Lehman und der Ständige Untersuchungsausschuss des Senats eine Menge Beweise zutage gefördert hatten. Er sprach über die Lähmung der SEC angesichts der Manipulationen im Hochfrequenzhandel. Das Publikum war gebannt, es war totenstill im Saal.

»Senator Kaufmans Amtszeit endet in zwölf Tagen, und damit endet auch meine Arbeit in seinem Stab«, schloss er. »Aber dies ist nicht eine Schlacht, die ein einzelner Senator schlagen kann. Es sind Fragen, die die Grundlagen unseres Rechtsstaats betreffen und unsere wirtschaftliche Zukunft. Zum Wohl unseres Landes kann ich nur hoffen, dass Sie sie richtig beantworten.«

Als er draußen war, an der Kreuzung von Nassau und Wall Street, fühlte er sich großartig. Er hatte sich gerade im Herzen der amerikanischen Finanzwelt in die Luft gesprengt. Er würde nie wieder ein Mitglied der politischen Klasse seines Landes sein.

Am 15. November endeten seine Verpflichtungen. Er flog nach Costa Rica und ging sofort auf eine achtstündige Wanderung. Er kehrte ins Hotel zurück und stolperte so, wie er war, unter die Dusche. Das Wasser rann herab und durchnässte seine Kleidung, und es rann weiter, bis er sich endlich sauber fühlte.

2010 EINKOMMENSSCHERE GEHT WEITER AUSEINANDER … TEA PARTY ZÜNDET PULVERFASS DER REBELLION IM RECHTEN LAGER … EXKLUSIVE DETAILS: SNOOKI VERLÄSST EMILIO – GLAUBT, ER HAT SIE BENUTZT, UM BERÜHMT ZU WERDEN … @SenJohnMcCain: Stimmt @SnOOki, Steuern auf deine Sonnenbank gibt's bei mir nicht! Obamas Steuerpolitik ist schlimmer als dein Ex. Vergiss nicht die Sonnencreme! … Wenn dir das Geld ausgeht, klammerst du dich immer zorniger an deine Freiheiten. Selbst wenn dich die Zigaretten umbringen. Selbst wenn du dir nicht mehr leisten kannst, deine Kinder zu ernähren. Selbst wenn ein durchgeknallter Typ mit einer Schnellfeuerwaffe kommt und deine Kinder erschießt. Kann sein, dass du arm bist, aber eins können sie dir nicht wegnehmen – die Freiheit, dein eigenes Leben zu verkacken … GESUNDHEITSREFORM UNTERZEICHNET: GESETZ TRITT IN KRAFT … BANKER-BONI KOMMEN – UND DIE WUT DER STRASSE Für 2009, eines der besten Jahre in der 141-jährigen Geschichte der Firma, zahlt Goldman Sachs seinen Angestellten im Schnitt jeweils $595000 … JUSTIN BIEBER-FIEBER TRIFFT MIAMI … CHINA ÜBERHOLT JAPAN ALS ZWEITSTÄRKSTE WIRTSCHAFTSMACHT … DIE PARTEIEN SUCHEN NACH WEGEN, DIE WUT DER POPULISTEN FÜR SICH ZU NUTZEN … Ich bin sicher, dass es in den nächsten Monaten Zeiten geben wird, wo du bis spät für eine Klassenarbeit pauken musst, oder dich an einem regnerischen Morgen aus dem Bett quälst und dich fragst, ob sich das alles überhaupt lohnt. Und ich sage dir, ja, natürlich, auf jeden Fall … Wer den Namen Barack wählt, identifiziert sich nicht mit Amerika. Wer den Namen Barack wählt, identifiziert sich – ja, womit? Mit seiner Herkunft vielleicht? Und wenn diese Herkunft ein kenianischer Vater ist, ein Radikaler? Wirklich? … NACH 99 WOCHEN BLEIBT ARBEITSLOSEN NICHTS ALS VERZWEIFLUNG … Ich bin keine Hexe. Ich bin nicht, was Sie denken. Ich bin Sie. Keiner von uns ist perfekt, aber niemand von uns kann zufrieden sein mit dem, was wir um uns herum erleben: Mit Politikern, die … Khloe Kardashian hatte vergessen, ihre Bikinizone enthaaren zu lassen, als sich ihr Mann Lamar

Odom ankündigte, weshalb ihre Schwester Kourtney – die sich selbst seit Jahren mit Warmwachs verschönert – ihre Hilfe anbot. Die Geschichte endet mit einer übel verbrannten Vagina. ... OBAMA UNTERZEICHNET FINANZMARKTREFORM ... REPUBLIKANER ÜBERNEHMEN UNTERHAUS, RECHTSRUCK IM GANZEN LAND ... *Mein Haus war nie die große Liebe / ich schulde noch das Geld vom Geld vom Geld / wo das Parkett/ wo noch der Boden fehlt / da treten wir ins Leere*

Der Bürger als Journalist: Andrew Breitbart

Im Februar 1969 – als die Nachrichtensendung von CBS, moderiert von Walter Cronkite, dem vertrauenswürdigsten Mann des Landes, täglich zwanzig Millionen Zuschauer, jeden sechsten Haushalt, erreichte – wurde in Los Angeles ein drei Wochen alter Junge irischer Abstammung von einem jüdischen Steakhausbesitzer und seiner Frau, einer Bankdirektorin, adoptiert. Gerald und Arlene Breitbart gaben ihm den Namen Andrew.

Als Andrew zwei Jahre alt war, widerstanden die *New York Times* und die *Washington Post* dem massiven Druck der Nixon-Regierung und veröffentlichten die Pentagon-Papiere. Ein Jahr später beauftragte die *Post* zwei junge Reporter, Bob Woodward und Carl Bernstein, über den Einbruch im Wahlkampfbüro der Demokraten in Washington zu berichten. Als Andrew ins Krabbelalter kam, war das Goldene Zeitalter der alten Medien in vollem Gang.

Die Breitbarts gehörten der oberen Mittelklasse an und wählten republikanisch. Sie bewohnten ein großes Haus (vier Schlafzimmer, Swimmingpool, Panoramablick) im wohlhabenden, progressiven Viertel Brentwood. Andrew wuchs mit amerikanischer Popkultur auf, mit der britischen New Wave und mit den Prominenten von Hollywood. »Welche berühmten Leute kommen in dein Restaurant?«, fragte er seinen Vater. Die Reagans, Broderick Crawford, Shirley Jones, Familie Cassidy und viele andere mehr. Andrew lernte Tennis bei dem besten Pro von Malibu und verbrachte einmal unvergessliche fünfzehn Minuten mit Farrah Fawcett, als sie ihn auf dem Gelände suchten.

Andrew war elf, als 1980 Cable News Network (CNN) auf Sendung ging. Als er dreizehn war, wurde mit den Sendungen *The McLaughlin Group* und *Crossfire* das klassische Nachrichtenformat erweitert, man sah jetzt eine Menge Köpfe, die sich gegenseitig anschrien. Andrews Appetit nach neuesten Nachrichten und Eilmeldungen war seit seiner Kindheit unstillbar. Da er weder ultrareich noch berühmt war, machte er sich als Klassenclown interessant und erfand lustige Zitate, mit denen er im *Brentwood Eagle* den Schulklatsch aufpeppte. Um mit seinen Freunden mitzuhalten, lieferte er abends Pizza aus und ließ sich von Judge

Reinhold und anderen königlich dafür bezahlen. »Ich war«, so schrieb Breitbart später, »wohl der beste Vertreter meiner denkfaulen Generation X, ich war ein bisschen links, weil alle ein bisschen links waren, ansonsten interessierte mich Politik nicht. Ich glaubte damals, dass es zu meinen Grundrechten als Amerikaner gehörte, vier Mal in der Woche ins Kino zu gehen, die Abendprogramme der großen Sender auswendig zu können und ganze Nachmittage im Plattenladen zu verbringen.«

1987 – das Jahr, in dem die Aufsichtsbehörde FCC mit vier zu null Stimmen die Fairness Doctrine aufhob, die seit 1949 jeden Sender verpflichtet hatte, wichtige öffentliche Angelegenheiten auf ehrliche und ausgewogene Weise darzustellen (womit der Weg für Rush Limbaugh, einen Radiomoderator aus Sacramento, frei wurde, seine konservative Sendung ins ganze Land zu tragen) – schrieb sich Breitbart an der Tulane University in New Orleans ein. Es begann eine vier Jahre währende Party, bei der er sich mit seinen reichen, irrsinnig witzigen, wunderbar verdorbenen Freunden um den Verstand soff und das Geld seiner Eltern mit Sportwetten (Football und Backgammon) verjubelte.

Derart geschwächt, wurde Breitbart den verderblichen Einflüssen seiner American Studies-Professoren ausgesetzt, die ihm leider nicht Emerson und Twain zu lesen gaben, sondern Foucault, Horkheimer, Adorno und Marcuse. Zum Glück war er zu betrunken, um sich von der Kritischen Theorie indoktrinieren zu lassen. Allerdings griff die vorherrschende Philosophie des moralischen Relativismus seine persönlichen Standards an. Es war nur ein winziger Schritt von der Frankfurter Schule zum allabendlichen Komasaufen.

Breitbart stolperte durchs Studium, nahm sein Diplom und kehrte nach L. A. zurück, wo ihm seine Eltern den Geldhahn zudrehten. Es war der Schock seines Lebens. Er musste als Kellner in Venice Beach jobben. Die Arbeit war hart, brachte ihm aber eine gewisse Befriedigung. »Meine inneren Werte kehrten aus dem Exil zurück.«

Im Herbst 1991 verfolgte er die Anhörungen zu Clarence Thomas, einem konservativen Kandidaten für das oberste Gericht, dem Anita Hill und demokratische Senatoren sexuelle Belästigung vorwarfen. Eigentlich hatte Breitbart fest damit gerechnet, auf der Seite der Ankläger zu stehen. Doch er war außer sich, dass man ein paar ausgeliehene Pornofilme und einen flapsigen Kommentar über ein Schamhaar an einer Cola-Dose benutzte, um die Ehre eines Mannes zu zerstören, nur weil er schwarz und konservativ war. Vor allem ärgerte es ihn, dass an der Spitze der blutrünstigen Meute Journalisten standen, die zur Neutralität verpflichtet waren. Seine Augen wurden geöffnet, Hass stieg in seiner spaßverwöhnten Seele auf. Er sollte den Mainstream-Medien niemals vergeben.

Es vergingen weitere Jahre, bis Andrew Breitbart seinen Lebenszweck fand. 1992 – das Jahr, in dem Warren Buffett, einer der Hauptinvestoren der Washington Post Company, warnte, dass »die wirtschaftliche Stärke einst mächtiger Medienunternehmen immer mehr schwinden wird, weil sich der Einzelhandel verändert und die Werbe- und Unterhaltungsbranche neue Wege geht« – arbeitete Breitband für eine Firma in Hollywood, die Drehbücher auslieferte. Er saß lieber in seinem Saab und hörte Kurzwelle, als in einem Vor-Vorzimmer von Michael Ovitz irgendwelchen Leuten in den Arsch zu kriechen oder Partys zu besuchen, wo man Sätze hörte wie: »Ich bin Kostümbildnerin bei *Mad About You.*« Als die Alternativ-Rock-Sender von der Schlammlawine des Grunge begraben wurden (»Wer sind diese freakigen, suizidalen Heulsusen?«), war er so entsetzt, dass er auf Mittelwelle umstellte, wo der Polit-Talk auf ihn wartete.

Er tat von nun an alles, um die Schock-Talker Howard Stern und Jim Rome nicht zu verpassen. Wenn er aus dem Auto steigen musste, um Drehbücher abzugeben, setzte er einen Walkman auf. Trotzdem war er noch immer ein derart gedankenloser Linker, dass er spöttisch den Mund verzog, als er im Wohnzimmer des Vaters seiner Freundin, eines Fernsehschauspielers namens Orson Bean, das Buch *The Way Things Ought to Be* von Rush Limbaugh sah.

»Hast du Rush denn mal gehört?«, fragte Breitbarts zukünftiger Schwiegervater.

»Ja, der ist doch ein Nazi oder so was.«

»Bist du sicher, dass du ihn mal gehört hast?«

Wenn Orson Bean – Dauergast in zahlreichen Quiz-Sendungen seit den Sechzigern, einer der häufigsten Gäste in Johnny Carsons *Tonight Show* – eine Meinung äußerte, galt es, sie ernst zu nehmen. Breitbart verfolgte die Sendung einige Monate im Wahlkampf und begann, El Rushbo als seinen eigentlichen Lehrer und Meister zu betrachten. »Ich bewunderte, wie er zu einer Eilmeldung eine unterhaltsame und deutliche Erklärung aus dem Ärmel schüttelte, in einer Weise, die ich aus dem Fernsehen nicht kannte.« Die verdeckte Struktur der Dinge wurde langsam klar.

Im selben Jahr besuchte ihn ein Schulfreund in seiner Wohnung, weil er sich um Breitbart Sorgen machte. Er hielt ihn für ziellos und sagte: »Ich habe deine Zukunft gesehen – sie liegt im Internet.«

»Was ist das … Internet?«, fragte Breitbart.

1994 saß er in seiner Wohnung und schwor, sie erst wieder zu verlassen, wenn er einen Anschluss hätte. Er benötigte ein ganzes Brathähnchen, sechs Flaschen Pilsner Urquell und mehrere Stunden, bis er das primitive Modem in Gang gesetzt hatte. Er war schweißgetränkt, als er endlich das kratzende Geräusch hörte, das die Verbindung ankündigte, und damit war Andrew Breitbart im Internet, an dem einzigen Ort der Welt, der nicht von der demokratischen Medienmaschine unterdrückt wurde, wo man sagen und denken konnte, was man wollte, wo man war, wer man sein wollte. Es war seine Wiedergeburt.

Wenig später entdeckte er den Drudge Report, eine Nachrichtenseite, die von einem einzigen Mann betrieben wurde und eine Mischung aus Politik, Hollywood-Klatsch und Katastrophenwetter präsentierte. Er war sofort süchtig danach, und als Drudge begann, über die Sexskandale von Clinton zu schreiben, die die Medien nicht anfassen wollten, wusste Breitbart, was er mit seinem Leben anfangen wollte. Drudge und das Internet retteten ihn vor dem Zynismus seiner Generation und zeigten ihm die Macht des Einzelnen, der in der Lage war, die Korruption der gesamten Maschinerie aufzudecken. Breitbart war so fasziniert, dass er dem geheimnisvollen Drudge eine ehrfürchtige E-Mail schrieb. »Bist du fünfzig Leute? Oder hundert? Habt ihr ein Gebäude?« Drudge stellte den Kontakt zu Arianna Huffington her, einer reichen, geschiedenen Griechin, die genau das im Web machen wollte, was Drudge bereits praktizierte: im Schlamm wühlen, Promis erschrecken. Im Sommer 1997 – ein Jahr nach der Gründung von MSNBC und Fox News – erhielt Breitbart eine Einladung in ihre Villa in Brentwood. Arianna servierte Spanakopitas und Eistee und bot ihm eine Stelle an. Er wäre am liebsten gleich bei ihr eingezogen.

In Breitbarts Hirn vollzog sich die Verschmelzung des Internets mit der konservativen Bewegung. Er las Camille Paglias Kritik der akademischen Politik und sah sein eigenes Leben als beispielhaft für das Leben unter dem Machtapparat der totalitären Maschine. Er war hinter feindlichen Linien geboren und hatte dort sein Leben verbracht: im Linksfaschismus der Hollywood-Elite, unter der linken Agenda der großen

Medien, den deutschen Philosophen auf den Leselisten von Tulane, die vor den Nazis nach L. A. geflohen waren und das akademische Leben dominiert hatten, um das coolste Lebensgefühl in der Geschichte der Menschheit zu zerstören und ihren Kurt Cobain-mäßigen, depressiv-nihilistischen Marxismus zu verbreiten. Die Linke hatte etwas verstanden, das den Konservativen entgangen war: New York, Hollywood und die Universitäten zählten mehr als Washington. Der Krieg der politischen Lager spielte sich auf dem Gebiet der Kultur ab. Niemand war besser für diesen Krieg gerüstet als Andrew Breitbart, der prekär beschäftigte Autodidakt mit dem Aufmerksamkeitsdefizitsyndrom und der Internetsucht.

Acht Jahre arbeitete Breitbart mit Arianna und Drudge. Er half Arianna bei ihrem größten Coup, als es ihr gelang, die Umbettung eines Clinton-Vertrauten zu erwirken, der sich fälschlich als Veteran ausgegeben hatte und auf dem Ehrenfriedhof in Arlington begraben lag. Wer brauchte da noch die *New York Times*? »Wir haben mit unseren minimalen Ressourcen von L. A. aus mehr bewegt als die Hundertschaften der akkreditierten Berichterstatter in Washington D. C.«

Die Medienlandschaft, in die Breitbart eher zufällig hineinspazierte, war nur noch ein Schatten ihrer selbst, er konnte tun und lassen, was er wollte. Die Säulen der alten Medien wurden zu Infotainment-Sendungen umgebaut, der Meinungsjournalismus war billiger als echte Berichterstattung und hielt die Zuschauer bei der Stange. Journalisten der alten Schule bekamen es mit der Angst zu tun, weil Jayson Blair in der *Times* Geschichten erfand und Dan Rather bei *60 Minutes* gefälschte Reportagen präsentierte, während bei jedem Hauch von Parteinahme die Wachhunde der Rechten und der Linken zornig bellten und die Jungstars der neuen Medien die verschüchterten Gatekeeper laut verhöhnten, bis niemand mehr wusste, wer eigentlich recht hatte und wo die Wahrheit lag, bis das Vertrauen in die Presse verspielt und das Selbstverständnis eines ganzen Berufs zerstört war.

Es war das perfekte Umfeld für Breitbart, der nun sein eigenes Territorium absteckte.

2005 – als Rather von CBS gefeuert und das *Wall Street Journal* von fünfzehn auf zwölf Zoll reduziert wurde und die *Los Angeles Times* weitere zweiundsechzig Redakteursstellen strich und die zu den Demokraten übergelaufene Arianna mit Andrews Hilfe die *Huffington Post* (gedacht, so Breitbart, als fünfte Kolonne der Maschine) gründete – hob Breitbart seine eigene Site aus der Taufe: Breitbart.com. Sie führte Agenturnachrichten zusammen (es war möglich, die alten Medien zu verhöhnen und gleichzeitig von ihnen zu profitieren) und veröffentlichte Wahrheiten im Geiste des Bürgerjournalismus, etwa nach dem Vorbild der Swift Boat Vets, einer Organisation, die John Kerry im Wahlkampf gnadenlos angegriffen hatte. Das Wunderbare an den neuen Medien war, *dass es jeder machen konnte*. Breitbart flog ständig nach New York und ließ sich auf die Dinnerpartys der alten Medien einladen, wo er Appletinis trank und Pinot Noir und sich als Verbündeter ausgab, nur um zum Ende des Dinners zu verkünden: »Ihr versteht's einfach nicht. Die Bürger entscheiden jetzt selbst, wer ihre Geschichte erzählt. Und sie geben die Kontrolle nicht mehr her, weil sie wissen, dass ihr alles kaputt machen würdet.«

Für Breitbart veränderte sich noch einmal alles, als an einem Augusttag des Jahres 2009 – die *Chicago Tribune* schloss ihre Auslandsredaktion, die *Washington Post* schloss die letzten Büros in New York, Chicago und Los Angeles – ein junger Bürgerjournalist namens James O'Keefe mit einem Stapel ungeschnittener Videos in sein Haus spazierte. Sie waren das Abu Ghraib des Sozialstaats, wie er seit den Great-Society-Reformen unter Lyndon B. Johnson bestanden hatte. In den Videos gaben sich O'Keefe und eine Bürgerjournalistin namens Hannah Giles als Zuhälter und Prostituierte aus, die ein Bordell mit minderjährigen Mädchen aus El Salvador eröffnen wollten. James und Hannah trugen ihre versteckte Kamera in Baltimore, New York und anderswo in die Büros der linken Organisation ACORN und filmten freundliche Büroangestellte, die ihnen Ratschläge zur Geschäftsgründung gaben und Steuertricks verrieten. »Es war, als würde man zuschauen, wie die westliche Zivilisation an die Wand gefahren wird.«

Breitbart wusste sofort, was zu tun war. Eine Nachricht war erst dann etwas wert, wenn man die Leute hungrig machte, er wollte die Medien füttern wie einen abgerichteten Hund. Ein Video nach dem anderen würden sie veröffentlichen, sie würden ACORN ohne Warnung konfrontieren und die Agenturen überraschen, um sie mit ihren Lügen und Tendenzen bloßzustellen und die Story möglichst lange am Leben zu halten. Ein Sender wie Fox News würde den Effekt verstärken. Immer auf Angriff bleiben, immer laut und empört. Er zielte eher auf die Mainstream-

Medien – mal ehrlich, wer interessierte sich schon für die paar armen Hausbesitzer, die ACORN gegen Kredithaie schützte, oder die Arbeiter, für deren Löhne die Organisation kämpfte?

Wenige Monate später gab es ACORN nicht mehr, und Breitbart war ein Held der Tea Party. Die Medien stürzten sich auf ihn, alle wollten über ihn schreiben. Er fühlte sich, als hätte er hundert verbotene Substanzen gleichzeitig eingeworfen. Ein Riesenspaß war das! Es machte Spaß, die Wahrheit zu sagen, es machte Spaß, die öffentliche Meinung hinter sich zu wissen, es machte Spaß, nervöse Journalisten zu verarschen und den alten Medien auf den Hocker zu helfen, damit sie sich erhängen konnten. Breitbart ging in die Sendung des Politsatirikers Bill Maher bei HBO und verteidigte sich selbst und Rush Limbaugh gegen die politisch korrekte Meute seiner Fans. Und er spürte zum ersten Mal im Leben wirklich, dass er auf der richtigen Seite stand. Er war der Anführer einer Freischärlertruppe von unangepassten Patrioten, die Chance zu tun, was die Gründerväter einst getan hatten – eine Revolution gegen die Maschine anzuzetteln – war *zum Greifen nahe.*

Es kam dann so, dass eine Beamtin des Landwirtschaftsministeriums namens Shirley Sherrod gefeuert wurde, weil sie in einem irreführend geschnittenen Video anti-weiße, rassistische Kommentare zu machen schien, obwohl sie eigentlich genau das Gegenteil getan hatte. Und wenn schon? Die andere Seite war auch nicht gerade fürs Fair Play bekannt. Und überhaupt: Die Regeln der alten Medien, ihr Beharren auf Wahrheit und Objektivität, galten nicht mehr. Was zählte, war der größtmögliche Effekt, es ging darum, die Geschichte selbst an sich zu reißen. Das war der Grund, warum Breitbart von seinen erklärten Feinden Schützenhilfe erhielt, warum er jede Schlacht gewann. Offenbar war er zumindest halbwegs nüchtern gewesen, als er im College Vorlesungen über moralischen Relativismus hörte.

2010 war das Jahr, in dem man Breitbart nicht mehr entkommen konnte. Er war in Manhattan und in Washington, beim Parteitag der Tea Party und beim Presseball im Weißen Haus, er war auf Twitter und YouTube, er tippte in seinen Blackberry, während er telefonierte, und sah mit seinem blühenden, von Wellen ergrauenden Haars umrankten Gesicht, mit seinen kühnen blauen Augen in jede Kamera, die auf ihn gerichtet war, und immer trat er einen Schritt auf sie zu, stieß einen selbstgerechten, ausgestreckten Finger nach ihr und gab seinen pubertären Humor zum Besten: *Kate Zernike, von der* New York Times, *sind Sie hier irgendwo? Sie sind widerwärtig … Ted Kennedy war ein ganz besonderer menschlicher Exkrementhaufen, er war ein Fickschwanz, ein fettärschiger Motherfucker … Wenn mich die Leute zum Beispiel fragen, wie ich unser Gesundheitssystem reformieren würde, sage ich immer, ich hab' keinen blassen Schimmer, das ist mir alles viel zu kompliziert … Es ist an der Zeit, dass sich der angeblich tadellose Charakter des Kongressabgeordneten John Lewis zeigt, der Mann soll Flagge zeigen oder den Mund halten … Sie glauben, sie können mich abschießen, sie können mich verwunden. Aber das macht mich nur noch größer … Fuck. You. John. Podesta … Haben Sie mich mal im Fernsehen gesehen? Ich wechsle immer das Thema, es geht nur um den Medienkontext … Nichts zählt außer den Medien … Es ist eine fundamentale Schwachstelle meiner Seele, dass ich mit dem Tod nicht zurechtkomme … Sie stellen mich als verrückt dar, als durchgedreht, als verstört. Okay, na gut. Fuck you. Fuck you. Fuck –*

Der größte Skandal, den er aufdeckte, war der erigierte Penis des Kongressabgeordneten Anthony Weiner, gut erkennbar unter einer grauen Unterhose auf einem Selfie. Am 1. März 2012, auf dem Höhepunkt seines Ruhms, brach Andrew Breitbart, der in einer Bar in Brentwood ein Glas Wein mit Freunden getrunken hatte, auf dem Heimweg zusammen und starb. Die Todesursache war Herzversagen, er war dreiundvierzig Jahre alt.

Tampa

Anfang 2010 zog die *Times* Mike Van Sickler von der Immobilienkrise ab und schickte ihn als Reporter ins Rathaus von St. Petersburg. Die Gründe dafür konnte er nachvollziehen: Das Geld wurde knapper, die Zeitung musste nahezu zweihundert Stellen streichen. Er hatte gehofft, seine Recherche zu Sonny Kim auf diejenigen auszuweiten, die seine Geschäfte möglich gemacht hatten. Aber die Redakteure sahen nicht, wie er innerhalb von drei Monaten zu einem Ergebnis kommen wollte, länger konnten sie nicht warten.

Im Juni kam Sonny Kim vor Gericht, er bekannte sich des Betrugs und der Geldwäsche schuldig. Für den Mittleren Bezirk von Florida war der Fall, der wesentlich auf Van Sicklers Vorarbeit beruhte, ein großer Erfolg. Die Staatsanwaltschaft gab zwar bekannt, dass Kim Teil einer größeren Verschwörung war und weitere Ermittlungen stattfinden würden, aber Monate vergingen, in denen keine neuen Ergebnisse hereinkamen. »Wo sind die großen Fische«, fragte sich Sickler, »warum werden sie nicht verhaftet? Was ist mit den Bankern, den Anwälten, den Maklern?« Kim war schließlich nur ein Rädchen im größeren Getriebe – vor allem der Institutionen. Es war nicht anders als in Washington und New York: Gegen die großen Banken war nicht eine einzige Strafanzeige eingegangen. Van Sickler hätte nur zu gern gewusst, warum: »Es wird eins der größten Rätsel der Geschichte sein, warum der Generalstaatsanwalt diese Betrugsfälle nicht als Priorität behandelte, als Obama ins Weiße Haus zog.«

In Tampa war 2010 der absolute Tiefpunkt erreicht. Die Arbeitslosenquote in Hillsborough County stieg auf über zwölf Prozent. Auf dem privaten Immobilienmarkt tat sich überhaupt nichts, auch der Markt für Geschäftsimmobilien begann zu fallen. Ganz normale Bürger erschienen in den Hilfsbüros und Sozialstationen und verirrten sich im Labyrinth der staatlichen Fürsorge. Im Fernsehen sah man vierköpfige Familien, die in Autos übernachteten, Schulkinder, die ihren Klassenkameraden nicht verraten wollten, wo sie wohnten. Im Radio sprachen Edelmetallhändler von dem Zusammenschluss der Interessen von Washington und Wall Street und warnten vor einem Aktiencrash und einer neuen hyperinflationären Wirtschaftskrise. Aber Lösungen bot niemand an, es hieß nur, man solle warten, bis es auf dem Immobilienmarkt wieder aufwärts ginge, was für 2015 prognostiziert wurde. Die Bezirksregierung baute weitere bürokratische Hürden ab und senkte die Gebühren für Bauherren, man tat alles, um die Wachstumsmaschine anzuwerfen, während noch immer Tausende Häuser in Hillsborough County leerstanden. Die Strände warteten, die Sonne schien ununterbrochen, und die Apokalypse vollzog sich langsam und zäh.

Doch eine Idee inspirierte die Bürger von Tampa: eine Bahn. Als Tampa die nächste »Stadt mythischer Größe« werden sollte, hatte keine der rivalisierenden Städte – Charlotte, Phoenix, Salt Lake City – eine Regionalbahn, inzwischen hatte sich das geändert, Tampa stand allein. Es gab Pläne für eine Stadtbahn, die durch eine Erhöhung der Verkaufssteuer finanziert werden sollte, doch der Bezirksrat hatte immer wieder einen Volksentscheid verhindert. 2010 wechselte die Stimmung. Einer, der sich hinter die Pläne stellte, war der republikanische Landrat Mark Sharpe, ein ehemaliger Geheimdienstoffizier der Navy mit Bürstenhaarschnitt, der Bücher aller Art verschlang und seine Muskelpakete im Fitnessstudio pflegte. Er war überzeugt, dass die Investition in eine Bahn die Region wirtschaftlich aufwerten und Tampa Bay am Ende doch noch in die glorreiche Zukunft führen würde, die der Region seit einem Vierteljahrhundert versagt geblieben war. Sharpe war ein Konservativer – er hatte 1994 für den Kongress kandidiert, um an der Gingrich-Revolution teilzunehmen, und hatte die von Grover Norquist initiierte Verpflichtungserklärung gegen Steuererhöhungen unterzeichnet. (Er verlor gegen den demokratischen Amtsinhaber.) Jetzt aber war er entsetzt, wie engstirnig und extrem die Partei der Republikaner geworden war. Er sah sich in der reformerischen Rolle eines John McCain und sprach Dinge an, die andere Republikaner nicht anfassten. Er zitierte John Quincy Adams, der Kanäle und Straßen als Grundlage einer vereinten Nation bezeichnet hatte, und er zitierte Lincoln, der die Bahngesellschaften mit großzügigen Landzuweisungen bedacht hatte. Wenn er erklärte, warum Eisenhower den Ausbau des Autobahnnetzes vorangetrieben hatte, schmunzelte er und sagte: »Es war *verfassungsmäßig durchaus in Ordnung*, dass die Regierung in Washington den Straßenbau förderte.« Diese Autobahnen waren inzwischen völlig überlastet, das Benzin blieb teuer, an der I-275 fehlte der Platz für eine weitere Verbreiterung. Sharpe machte sich laut über die Wachstumsmaschine lustig. »Die setzen irgendwo eine Siedlung hin, nennen sie Lazy Oaks oder so, hoffen, dass irgendwo noch ein Abwasserkanal hinpasst und bauen noch schnell einen 9-Loch-Platz. Ich weiß nicht, wie das bei Ihnen ist, aber ich hätte nach der zweiten Runde keine Lust mehr.«

Eine leichte, langsame Straßenbahn war wesentlich billiger als eine Regional- oder U-Bahn. Sechsundvierzig Meilen Gleise waren geplant, eine einzige Strecke, die vom Flughafen durch Westshore in die Innenstadt führte, und von dort zur Universität und nach New Tampa. Die Strecke folgte zum Teil der Trasse einer alten Straßenbahn, die vor langer Zeit einmal kreuz und quer durch Tampa gefahren war. Tatsächlich gelang es, zur Finanzierung eine Erhöhung der Verkaufssteuer um ein Prozent auf den Wahlzettel im November 2010 zu bringen.

Van Sickler liebte Züge, seit er als Teenager einmal mit dem Cleveland Rapid zum Stadium und in die Flats gefahren war. Er sah die Straßenbahn als Lösung des Zersiedlungsproblems, das Tampa in die Knie gezwungen hatte. Durch den Bau der Strecke und der Haltestellen würden Jobs geschaffen, vor allem aber würden die Einwohner lernen, ihr Leben anders zu gestalten. Wer mit der Straßenbahn fuhr, ging zu Fuß ins Büro, frei von Angst, überfahren zu werden. Der urbane Raum würde verändert, statt Einkaufszentren, Parkplätzen, Tankstellen und riesigen Werbeschildern sah Van Sickler Townhouses, Cafés, Buchhandlungen und Plätze, die Fußgänger zum Verweilen einladen, und wo Menschen waren, entstanden auch neue Geschäfte in einer Dichte, die Jane Jacobs in den siebten Himmel geschickt hätte. Es käme zu untraumatischen Zufallsbegegnungen zwischen Fremden und einem vielfältigen Ideenaustausch. Tampa würde gebildete junge Menschen anziehen, Internet-Start-ups und Firmensitze, mit anderen Worten: All das würde geschehen, was in vergleichbaren Städten, die auf den öffentlichen Nahverkehr gesetzt hatten statt auf den Ausbau ferner Wohnsiedlungen, längst Wirklichkeit war. Der Schwerpunkt würde in die Stadt zurückkehren, und Country Walk und Carriage Point würden irrelevant und letztlich verschwinden. Wenn es einen Gegenentwurf zu der fatalen Wachstumsmaschine gab, dann war es die Straßenbahn.

Karen Jaroch war als Tochter eines pensionierten Offiziers in Tampa aufgewachsen. 1980 – sie war gerade sechzehn Jahre alt – traute sie sich, an der Ecke von Westshore und Kennedy Boulevard ein Wahlkampfschild für Reagan zu halten, und eines für Paula Hawkins, eine Republikanerin, die (in einem guten Jahr für die Konservativen) zur ersten Senatorin von Florida gewählt werden sollte. In den folgenden dreißig Jahren engagierte sich Karen nicht mehr politisch. Sie studierte an der University of South Florida, verliebte sich in einen Mitstudenten und heiratete ihn. Er war der progressivste Mensch, den sie kannte. Anfangs fiel es ihnen schwer, über Politik zu sprechen, aber über die Jahre gelang es ihr in ihrer stillen, vernünftigen Art, ihn auf ihre Seite zu ziehen. Sie waren beide Ingenieure und wohnten in einer Boomburg am Golfplatz von New Tampa, einer gemeindefreien Siedlung am nördlichen Rand der Stadt. Karen blieb zu Hause und zog vier Kinder auf, sie engagierte sich in der Gemeinde und im Elternausschuss der Schule, sie war die perfekte Verkörperung der amerikanischen Mittelklasse, nicht einmal ihr Akzent war identifizierbar.

Ihr Gesicht hatte etwas Eckiges. Dunkle, bauschige Strähnen fielen ihr in die Stirn – im Stil der Achtziger. Sie wählte immer republikanisch, obwohl sie weder den von Bush eingeführten Medicare-Zuschuss für rezeptpflichtige Medikamente gutfand noch die Schulreform – je weniger sich der Staat einmischte, desto besser. Sie gaben nicht mehr aus, als sie verdienten, ihr Haus war 250 000 Dollar wert. Als sie einmal bei einem Abendessen ein Ehepaar kennenlernten, das behauptete, ihr Haus sei 700 000 Dollar wert, obwohl der Mann offensichtlich viel weniger verdiente, sträubte sich alles in ihr. »Sie versuchten, von der Spekulationsblase zu profitieren. Sie planten, nicht länger als ein Jahr in dem Haus zu bleiben, sie bedienten nur die Zinsen. Sie hatten all diese grandiosen Pläne, während wir uns an die Regeln hielten. Das konnte nicht gut gehen.« Auch dafür machte sie letztendlich die Regierung verantwortlich – nicht aber die Liberalisierung, oder Wall Street, oder die Hypothekenmakler. An einer Stelle hatte die Regierung tatsächlich die Banken vor sich hergetrieben. Ein Gesetz von 1992 zur Förderung des Eigenheimbesitzes hatte die Banken verpflichtet, Kredite an Kunden mit extrem niedriger Bonität zu vergeben. Welchen Grund hätten die Banken gehabt, sich auf ein Verlustgeschäft einzulassen?

Erst 2008 begann Karen, sich politisch zu engagieren. Um die Wirtschaft anzukurbeln, hatte die Regierung Bush an alle Haushalte Schecks geschickt – Steuerrabatte von dreihundert Dollar pro Person und mehr. Karen hatte zum Jahresanfang sechshundert Dollar bekommen. »Was soll denn das?«, fragte sie sich. »Warum schicken die uns dieses Geld? Es ist nicht Aufgabe der Regierung, uns Geld wegzunehmen, um es so wieder zu verteilen.« Trotzdem blieb sie politisch eher passiv. John McCain, der republikanische Kandidat für 2009, inspirierte sie nicht. Dann trat im August Sarah Palin auf die nationale Bühne, und Karen war elektrisiert. »Ich konnte mich auf vielen Ebenen mit ihr identifizieren, sie hatte Feuer im Hintern, sie sagte, was ich immer nur gedacht hatte, und sie tat es, ohne sich zu schämen. Wir waren im selben Alter, sie hatte zur gleichen Zeit geheiratet wie ich, sie hatte ja auch Kinder, saß im Elternausschuss, ihre Ansichten zu Wirtschaftsfragen ...« Karen, eine Vegetarierin, störte es nicht einmal, dass Palin Jägerin war – wenn sie das Fleisch nur selbst aß. Palin gehörte nicht zur Elite, das war es, was ihr die Identifikation so leicht machte. Tampa wurde von einer mächtigen Elite von wenigen Geschäftsleuten beherrscht, von Leuten wie Al Austin, der Westshore gebaut hatte. Sie hatten in einem aufgeblasenen Staat immer wieder dieselben Fehler gemacht. Karen erinnerte sich an ihre ersten politischen Erfahrungen, auch Reagan war ein Außenseiter gewesen, der sich gegen das System gestellt hatte. So wie Palin. Genau danach hatte Karen gesucht.

Die Regierung gab in einer Weise Geld aus, die nur den Schluss zuließ, dass sie mit den Wirtschaftsbossen gemauschelt hatte. Banken wurden gerettet, Obama legte ein Investitionsprogramm nach dem anderen auf, rettete die Autoindustrie und verschenkte Schrottprämien. Irgendjemand verdiente eine Menge Geld damit – aber nicht die kleinen Leute. Karen wusste nicht, dass ein Drittel des gesamten Investitionsprogramms aus Steuersenkungen bestand, wozu auch? Als sie schließlich von »spatenstichreifen« Projekten hörte, war sie ohnehin gegen das gesamte Programm. Menschen wie sie, die sich immer an die Regeln gehalten hatten, sollten immer und immer wieder die Zeche für all jene zahlen, die weit über ihre Verhältnisse gelebt hatten, ein Ende war nicht abzusehen. Obamas Entscheidungen legten den Schluss nah, dass er von dem amerikanischen Ideal nicht viel hielt, nach dem sich harte Arbeit auszahlte und jeder seinen Lohn auch mit nach Hause nehmen durfte. Sein kommunistischer Vater, über den Obama als Kandidat ein ganzes Buch geschrieben hatte, und seine radikalen Mentoren hatten in seine Psyche andere Ideen eingepflanzt.

Karen fürchtete, dass Amerika, das Land, in dem sie aufgewachsen war, für ihre Kinder nicht mehr da sein würde. Eines Tages, als sie ihrem Sohn half, sich auf eine Klassenarbeit vorzubereiten – es ging um das alte Ägypten – regte sich ein Gedanke in ihr. Am Anfang bestellte im Niltal jeder sein Feld und schenkte dem Pharao Reis. Aber dann wollten die Pharaonen Pyramiden bauen, um sich ewigen Ruhm zu sichern. Also begannen sie, Steuern zu erheben. Genauso war es in Rom. Und genauso war es in den Vereinigten Staaten. Das Land war dem Untergang geweiht, ihre Kinder würden kaum noch die Möglichkeiten haben, die sie einst gehabt hatte.

Karen hatte viele Jahre lang Glenn Beck gehört, der seinen Durchbruch als Radiomoderator und Kommentator im Jahr 2000 in Tampa hatte. Er hatte inzwischen seine eigene Sendung auf Fox News, und weil er fast immer genau das sagte, was sie fühlte, nahm sie alle seine Sendungen auf. Nach Obamas Wahlsieg wurde Glenn Beck zu einem der bekanntesten und einflussreichsten Kommentatoren des Landes, jeden Nachmittag sahen drei Millionen Menschen seine Sendung. Wenige Wochen nach der Vereidigung des Präsidenten schlug Beck seinen Zuschauern vor, miteinander in Verbindung zu treten und sich kennenzulernen. »Es gibt mehr von euch da draußen, als ihr denkt.« Mit diesem Satz im Ohr gründete Karen für zehn Dollar einen Online-Treffpunkt, um die erste Versammlung des Tampa 9/12-Projekts zu organisieren. Beck hatte für seine Kampagne neun Prinzipien formuliert – »Amerika ist gut«, »Ich habe für mein Vermögen hart gearbeitet und entscheide selbst, mit wem ich es teile« und Ähnliches – und außerdem zwölf »Werte« (Ehrfurcht, Hoffnung …).

Am 13. März versammelten sich Menschen in Hebron/Kentucky, in Golden Valley/Arizona und in vielen anderen Städten und Dörfern des Landes, um gemeinsam Glenn Beck zu sehen. Achtzig Fremde trafen sich in einer Kneipe in Tampa. Die Sendung begann um fünf mit einem Einspieler über den 11. September 2001, über den Mut der Helfer und die selbstlosen Einsätze nach den Anschlägen, dann sah man Glenn Beck, der mit blonder Igelfrisur, in Nadelstreifen und Turnschuhen, hinter seiner Bühne stand und so nah an die Kamera ging, dass der ganze Bildrahmen ausgefüllt war. Er unterdrückte die Tränen, als er sagte: »Seid ihr bereit, wieder die Menschen zu werden, die ihr am Tag nach 9/11, am 12. September, wart? Seit Wochen sage ich euch: Ihr seid nicht allein.« Beck sah zum Himmel und breitete die Arme aus. »Ich glaube, ich werde einer von diesen freakigen Fernsehpredigern!« Seine Stimme begann zu brechen, seine Augen wurden feucht, sein ganzer, geschwollener Hundeblick schien die zahllosen Verletzungen und Kränkungen zu spiegeln, die er stellvertretend für das Millionenheer seiner Zuschauer ertrug. Er wischte eine Träne fort. »Verzeiht mir. Ich liebe mein Land so sehr. Es ist, als hätten uns die Stimmen von Politikern, von Lobbyisten und Journalisten umzingelt – ein fürchterlicher, erdrückender Lärm! Aber wisst ihr was? *Lüftet den Vorhang.* Dann seht ihr, dass da niemand ist! Da sind nur ein paar Leute, die Tasten drücken, ihre Stimmen sind *ausgesprochen schwach.*« Er kam noch näher heran, sein Blick wurde hart. »In Wahrheit sind wir nicht umzingelt. Wir umzingeln *sie.* Das ist nämlich *unser Land.*«

Die Menschen, die im Tampa Ale House zusammengefunden hatten, sahen die Sendung nicht bis zum Ende. Sie wollten sich kennenlernen, miteinander reden. Karen war immer schüchtern gewesen, selbst als Erwachsene – sogar beim Rechtschreibwettbewerb in der Schule, den sie leitete, hatte sie Lampenfieber –, doch nun wurde sie plötzlich mutig, beinahe kühn. »Irgendwie kannten wir uns ja alle schon«, sagte sie später. »Natürlich kannten wir uns nicht, aber wir spürten diese Verbindung. Uns hatte immer eine Stimme gefehlt. Nun schufen wir unsere eigene.« Hier waren normale Bürger versammelt – keine Golfclub-Republikaner – Bürger wie Karen, die spürten, dass etwas im Land nicht in Ordnung war. Karen hatte sie zusammengeführt, es war der Anfang ihrer politischen Karriere.

Im Sommer setzte Obama seine Gesundheitsreform durch (»Obamacare«, eine Bezeichnung erbitterter Gegner, die sich der Präsident aneignete), Konservative im ganzen Land gingen auf die Barrikaden. Am 6. August hielt die demokratische Abgeordnete Kathy Castor eine Ortsversammlung ab, fünfzehnhundert Menschen drängten in den viel zu kleinen Saal. Chaos brach aus, als Mitglieder des 9/12-Projekts, deren ganze Wut auf Castor gerichtet war, auf Obamacare, auf die Veranstalter, die ihnen die Türen vor der Nase zugeschlagen hatten, skandierten: »Arbeite für uns! Arbeite für uns! Tyrannei! Tyrannei!«, und zwar so lange, bis Castor ihre Rede abbrach und den Saal verließ. Karen, die es in den Saal geschafft hatte, erhielt einen Tag später einen Anruf von einem CNN-Produzenten. Ob sie in die Stadt fahren könne, um am Abend in der Talksendung von Campbell Brown aufzutreten? Drei Stunden später saß sie allein in einem Studio, über Satellit mit der Sendung verbunden, die Stimme in ihrem Ohrhörer war verzögert, ein winziger Bildschirm befand sich unter dem schwarzen Loch der Kamera, auf das sie mühsam den Blick gerichtet hielt. Sie war erstarrt wie ein Reh im Scheinwerferlicht.

Campbell griff sie sofort an. »Ich bin hundert Prozent für bürgerliches Engagement, aber erklären Sie mir bitte, was Sie bezwecken, wenn Sie Ihre Abgeordnete niederbrüllen. Was haben Sie davon?« Karen versuchte zu antworten, wurde aber von Campbell gleich unterbrochen. »Sie sind gleich dran – aber lassen Sie mich sagen, dass niemand gehört wurde. Es war komplettes Chaos, ein einziges Geschrei.«

»Die Menschen sind frustriert«, sagte Karen, während ihr Pony über das linke Auge fiel. Ihr Kopf, neben Campbells Kopf, nahm den halben Bildschirm ein, oder ein Achtel, wenn die anderen drei Gäste eingeblendet wurden, die zu dem Thema sprechen sollten: ein republikanischer Stratege, ein Analyst aus dem Kabelfernsehen und ein Blogger. »Die Mitte des Landes wirkt entrechtet. Man hört uns nicht zu. Unsere Abgeordneten winken alles Mögliche durch«, sagte sie. »und die einfachen Leute haben Angst, dass ihnen die Krankenversicherung kündigt. Die Schulden, die dadurch entstehen, werden noch meine Kinder und Enkel bezahlen.«

Und wer sind die Anführer der Bewegung?

»Wir sind eine Graswurzelbewegung«, sagte Karen. Sie war freundlich, beinahe zurückhaltend, aber in der Sache behauptete sie sich. »Es sind Gruppen vor Ort. Niemand bezahlt mich für meine Arbeit, ich bekomme keinen Cent.« Campbell versuchte, der Tea Party an den Karren zu fahren, indem er die Mitglieder als Störenfriede darstellte. Aber das war Karen egal – ihre Mitstreiter informierten sich ohnehin anderswo. Nach der Sendung bekam sie eine Menge Gratulationen von politischen Verbündeten, weil sie ihre Stimme für das vergessene Amerika erhoben und die Mainstream-Medien als einseitig und dumm entlarvt hatte.

Dann die Straßenbahn. Nichts, was Obama und der Kongress taten, brachte Karen so auf die Palme wie das vom Steuerzahler subventionierte Bahnprojekt in Tampa. 2010 beschäftigte sie sich mit nichts anderem. Sie gründete einen Verein namens »No Tax for Tracks« – kein Steuergeld für Gleise – und vertiefte sich in den kritischen Bericht der Heritage Foundation, um sich einzuarbeiten. Sie behauptete, das Projekt sei zu teuer, die Bahn würde keine neuen Stellen schaffen, niemand würde sie benutzen, ähnliche Projekte seien andernorts gescheitert, es würde nichts bleiben als ein Schuldenberg, der die Region über Jahrzehnte belasten würde. Wenn sie mit Daten konfrontiert wurde, die eines ihrer Argumente entkräfteten, wechselte sie einfach auf eine andere Angriffslinie, denn ihr wahrer Einwand gegen das Referendum hatte mit den Kosten der Strecke wenig zu tun.

Im neunzehnten Jahrhundert hatte die Eisenbahn wie die Zukunft des Transportverkehrs ausgesehen, sie war der Motor des amerikanischen Wohlstands. Im zwanzigsten Jahrhundert wurde daraus ein langweiliges Thema, mit dem sich Verwaltungen und Haushaltsexperten beschäftigten. 2010 symbolisierte die Bahn alles, was die Rechte fürchtete und hasste – die große, teure Verwaltung, Steuern und staatliche Investitionen, europäischen Sozialismus, eine Gesellschaft, die die Menschen zwang, sich an öffentlichen Leistungen zu beteiligen und ihr Geld an Fremde abzugeben. Die Bahn, die in New Tampa enden sollte, bedrohte den Lebensstil der Siedlungen. In New Tampa fuhr man einmal in der Woche mit dem Auto zum Supermarkt (statt, wie in den Innenstädten, einmal am Tag zu Fuß zum Einkauf zu gehen, vielleicht mit dem Bus zu fahren). An den Wochenenden fuhr man zum Baumarkt und kaufte ein, bis nichts mehr in die Familienkutsche passte. In ihren Reden wetterte Karen gegen den Einfluss der Stadtplaner und warnte vor der Agenda 21, einer nicht bindenden UN-Resolution von 1992 zur »nachhaltigen Entwicklung«, die viele Tea Party-Republikaner für ein Trojanisches Pferd zur Bildung einer Weltregierung hielten, eine Gefahr für die amerikanische Souveränität und eine ominöse Bedrohung für Einfamilienhäuser, asphaltierte Straßen und Golfplätze. Die Tatsache, dass der Bau von Hochgeschwindigkeitsstrecken ein wichtiger Baustein von Obamas Investitionsprogramm war, bestätigte die schlimmsten Befürchtungen. So wurde die Straßenbahn in den Strudel der Wut gezogen, die das ganze Land erfasst hatte. Für die Tampa Tea Party war die Straßenbahn *das* zentrale Thema von 2010, sie war das, was für frühere Generationen von Konservativen Steuersenkungen gewesen waren oder der Widerstand gegen Abtreibung.

Vor einer Fernsehdebatte mit Bürgermeisterin Pam Iorio, der wichtigsten Befürworterin der Straßenbahnpläne, erwähnte Karen hinter der Bühne, dass ihr Ehemann seine Stelle als Bauingenieur verloren hatte. Sie bangten um ihren Versicherungsschutz und hatten es gerade sehr schwer.

»Karen«, sagte die Bürgermeisterin, »würde er durch diese Initiative nicht wieder zu Arbeit kommen?«

»Nein, denn Ihr Plan wird keine einzige Stelle schaffen«, antwortete Karen. Diese Wahrheit war unantastbar – angesichts der Schwierigkeiten ihrer Familie war sie davon überzeugter denn je. Der Widerstand gegen die Straßenbahn schien ihr wie der Kampf zwischen David und Goliath. Auf beiden Seiten gab es mächtige Interessengruppen – die Handelskammer, die wirtschaftliche Elite von South Tampa, die Herausgeber der *St. Petersburg Times* und Landrat Mark Sharpe – die Befürworter gaben über eine Million für Anzeigen aus. An Karens Seite stand Sharon Calvert, eine weitere unermüdliche Tea Party-Wortführerin, deren Geländewagen, ein Dodge Durango, beklebt war mit Sprüchen wie ICH LASS MICH NICHT KLEINKRIEGEN und EROBERT AMERIKA ZURÜCK! Und da war David Caton, ein ehemaliger Porno-, Koks-, Alkohol-, Quaaludes-, Tavor- und Masturbationssüchtiger, der Gott gefunden hatte und einen Kreuzzug gegen Pornos, Homosexualität und Straßenbahnen anführte. Und da war noch Sam Rashid, ein in Karachi geborener Geschäftsmann aus Brandon mit dem Blick eines professionellen Pokerspielers (der er war), der ultrarechte Kandidaten finanzierte, darunter auch Mark Sharpe, zumindest bis Sharpe den Erzverrat beging, sich für die Straßenbahn auszusprechen, womit er sein wahres Gesicht als korrupter Betrüger und Lügner und als RINO (Republican in name only) zeigte. Rashid schwor, ihm und seiner geliebten Straßenbahn bei den nächsten Wahlen die Hölle heißzumachen.

Am 2. November stimmten 58 Prozent der Wähler von Hillsborough County gegen das Projekt. Karen Jaroch und die Tea Party hatten sich gegen die Geschäftsleute und Politiker in der Stadt durchgesetzt, die Wähler in den Boomburgen und Geistersiedlungen sahen in der Bahn keinen Nutzen und wollten in der Rezession keinen Cent Steuern mehr zahlen als unbedingt nötig. Rick Scott, ein Held der Tea Party, der jedes Gespräch mit Zeitungsredaktionen abgelehnt hatte, die dementsprechend alle für den Gegner votierten, wurde zum Gouverneur gewählt und führte eine republikanische Regierung in Florida fort, die seit 1998 ununterbrochen im Amt war. Scott wurde vereidigt und lehnte 2,4 Milliarden Dollar ab, die der Staat von der Bundesregierung im Rahmen des Investitionsprogramms erhalten sollte. Das Geld war für eine Hochgeschwindigkeitsverbindung zwischen Tampa und Orlando gedacht, die nur wenige Wochen vor dem ersten Spatenstich stand. (Das Geld ging nach Kalifornien.) Das 75 Hektar große Gelände in der Innenstadt, auf dem der neue Hauptbahnhof entstehen sollte, blieb staubig und leer. Eine Statistikfirma verglich fünfzig amerikanische Städte und kam zu dem Ergebnis, dass die Menschen nirgends so unter Stress litten wie in Tampa. Zu den untersuchten Faktoren gehörten: Arbeitslosigkeit, Fahrzeiten für Pendler, Suizid, Alkoholkonsum, Gewaltverbrechen, Raub und Einbruch, psychische Krankheiten und Wolkentage. Acht der zehn schlimmsten Städte waren in den Südstaaten. Fünf waren in Florida.

Mark Sharpe setzte sich knapp gegen einen eigens von Sam Rashid ausgewählten Gegenkandidaten durch, er behielt seinen Sitz. Im Bezirksrat stimmte er dafür, Karen Jaroch in den Aufsichtsrat für den öffentlichen Nahverkehr zu berufen. Schließlich hatte ihre Seite die Schlacht um die Straßenbahn gewonnen, und Karen schien ihm unter all den Kritikern aus der Tea Party die vernünftigste zu sein.

Einige Wochen nach der Wahl sollte Mike Van Sickler über eine Sitzung des Verkehrsausschusses von Pinellas County berichten, die in der Nähe des Flughafens St. Petersburg-Clearwater im EpiCenter abgehalten wurde, einem von Bezirksverwaltung, Universität und verschiedenen Unternehmen gemeinsam genutzten Gebäudekomplex. Doch so sehr er sich auch bemühte, er konnte das EpiCenter inmitten all der Wohnsiedlungen, Einkaufszentren und Bürohäuser nicht finden. »Verirrt in Clearwater«, brummte er und hielt sich am Steuer seines Ford Focus fest. »Wenn es einen Unort gibt, dann ist es dieser. Ich brauche ein Zeichen, ein Schild, irgendetwas!« Rio Vista, Bay Vista – die Falschheit dieser Namen! Es widerte ihn an, am liebsten hätte er laut aufgeschrien. Es hätte ihn ohnehin niemand gehört.

Van Sickler hatte nicht damit gerechnet, dass ihm der Widerstand gegen die Straßenbahn derart zusetzen würde – er war regelrecht deprimiert. Das Land hatte aufgehört, an sich zu glauben. »Das geht nicht, das geht nicht, das geht nicht. Die Bahn bauen wir nicht, weil es nicht funktionieren wird. Wir versuchen gar nicht erst, eine mythische Großstadt zu werden. Wir geben uns mit dem zufrieden, was wir haben. Wir sind zwar nicht glücklich damit, aber besser kriegen wir es eben nicht hin.« Das war nicht das Land seiner Kindheit, das voller Optimismus war.

Van Sickler kam eine halbe Stunde zu spät, erhitzt von seiner inneren Wut. Mit rotem Gesicht saß er da und hörte dem Ausschuss zu, der debattierte, ob man nach der Niederlage in Hillsborough auch das eigene Straßenbahnprojekt streichen solle. Hundert Bürger waren im Saal, darunter Karen Jaroch. In der ersten Reihe saßen zwei junge Männer, der eine trug ein grünes T-Shirt mit einem irischen Kleeblatt, der andere trug ein T-Shirt, auf dem stand: ICH WARTE NOCH AUF MEINE BANKENRETTUNG! Jedes Mal wenn einer der Ausschussmitglieder etwas sagte (»Wir reden immer über den erhofften *Aufschwung* – den wir doch mit diesem Projekt herbeiführen wollen …«), hielten sich die beiden Männer die Hände vors Gesicht, legten die Köpfe in den Nacken und kicherten.

Als die Sitzung vorbei war, ging Van Sickler – ganz der Reporter mit Notizblock, Krawatte und Kordjackett – zu dem Mann mit dem irischen Glücks-T-Shirt und stellte sich vor. Der Mann sah ihn scharf an. Van Sickler fragte, was er von der Debatte hielt.

»Ich glaube, das sind alles kommunistische Wichser, die nur unsere Steuern erhöhen wollen. Wenn du genau hinhörst, verstehst du, dass sie eigentlich nur darüber reden, wie sie die Öffentlichkeit hinters Licht führen können. Sie wollen den Bürgern ihre Agenda aufdrücken. Würden Sie denn mit dieser Bahn fahren? Sie fährt nicht dahin, wo ich hinwill. Und wer will schon nach Pasco? Die Kühe vielleicht, oder die Zaunpfähle?« Der Mann, ein arbeitsloser Bauarbeiter, hieß Matt Bender. Er suchte dringend Arbeit, egal welcher Art – und weigerte sich, Arbeitslosenhilfe anzunehmen. »Ich schaffe das aus eigener Kraft«, sagte er. »Wir haben das Recht, unser Glück zu machen, aber eine Garantie gibt es dafür nicht. Ich habe es so satt, dass die großen Parteien nicht hören, was die Menschen wollen. Und ich habe die Korruption satt, das Geschacher, die Deals im Hinterzimmer. Wir müssen die politische Klasse Stück für Stück eliminieren.«

Als Van Sickler in die Redaktion zurückfuhr, um seinen Artikel zu schreiben, dachte er über Benders Blick nach, die Verachtung, die in ihm lag. Es war wie die Kommentare, die übers Internet kamen, wenn er wieder einmal über diese Themen geschrieben hatte – sie hatten mit seinen eigentlichen Beobachtungen nicht das Geringste zu tun, jeder beharrte auf seiner Meinung, jedes städtische Problem wurde unter dem politischen Kommentargeschrei der Privatsender begraben. Es gab keinen gemeinsamen Ausgangspunkt mehr, keine Fakten, über die sich das Land einig war. Seine Zeitung hatte viel Zeit und Geld investiert, um Kosten und Nutzen einer Straßenbahn in Tampa in allen Details darzustellen. Doch bei den Lesern war nichts davon angekommen. Was angekommen war, war der Spruch »No tax for tracks«. Offenbar hielten die Einwohner von Hillsborough County die Straßenbahnpläne für versponnen, sie verschanzten sich lieber zu Hause, versorgten ihre Familien und versuchten Geld zu verdienen. Nicht einmal Van Sicklers große Reportage über Sonny Kim und die Finanzkrise hatte irgendetwas bewirkt. Zwei Jahre wartete er darauf, dass auf den oberen Etagen Köpfe rollten, aber das Einzige, was der Bundesstaatsanwalt von der Straße hereinschleppte, war ein armseliger Kreditbetrüger. Van Sickler begann, an der Relevanz seiner Arbeit zu zweifeln. Es dauerte Wochen und Monate, bis ein investigativer Journalist eine Geschichte recherchiert hatte, bis sie geschrieben war, bis sie endlich mit der Hoffnung gedruckt wurde, dass etwas angestoßen würde – und dann geschah *nichts*. Wofür gab er sich diese Mühe – für sein Ego? War er der Einzige, den seine Geschichten interessierten?

Aber den Glauben an die Macht des Journalismus verlor er eben doch nicht. »An irgendwas muss man ja glauben«, meinte er. »Ich glaube nicht an Gott – ich glaube an diese Arbeit. Ich glaube, dass der Mensch sich und seine Lage verbessern kann, dass wir uns als Gesellschaft verändern können. Die Presse hat daran großen Anteil, sie überprüft, ob alles läuft, wie es laufen soll.« Im Amerika des zwanzigsten Jahrhunderts war es besser gelaufen als je zuvor in der Geschichte der Menschheit. Selbst wenn es damit nun vorbei war und die Menschen der Presse nicht mehr trauten – gab es denn eine Alternative? Gab es denn sonst jemanden, der die Rolle als Auge und Ohr der Öffentlichkeit einnehmen konnte? Die Internetjournalisten von Daily Kos oder Red State hatte Van Sickler im Rathaus noch nie gesehen, Google und Facebook kamen nicht zur Bezirksratssitzung.

Es war erst März, und der Tag war noch jung, als Van Sickler sich eines Sonntags mit Sonnenschutz eincremte und aus der Stadt fuhr. Er wollte einen Blick auf Carriage Point, die am schlimmsten betroffene Boomburg im ganzen Land, werfen. Er war bestimmt ein Dutzend Mal in der Siedlung gewesen und hatte immer wieder über sie geschrieben. Sie wirkte immer noch ziemlich verlassen, Häuser, deren Besitzer er einst interviewt hatte, standen nun leer. Doch als er über die schattenlosen Straßen spazierte und mit einer Frau aus New Jersey sprach, die im Garten arbeitete, und mit einem Schwarzen aus West Palm Beach, der mit seiner Familie in der offenen Garage saß, konnte er doch erkennen: Das Leben kehrte zurück. Die meisten, mit denen er sprach, hätten sich die Häuser, in denen sie wohnten, niemals leisten können – die Miete aber war sehr günstig. Über ihre Nachbarn wussten sie nichts. Falls sie gehofft hatten, ihre Kinder nachmittags in der öffentlichen Tagesstätte unterzubringen, wurden sie enttäuscht – der Bezirk hatte die Gelder gestrichen, ihre Schließung war bereits beschlossen. Und einen großen Teil ihrer Löhne mussten sie für Benzin aufwenden, denn im Umkreis von dreißig Meilen gab es keine Arbeit. Und wenn sie da draußen eine Panne hatten, waren sie aufgeschmissen.

Aber Carriage Point war nicht tot, und als Van Sickler ins Auto stieg und heimfuhr, hatte er eine Vision, wie dieser Ort in fünf oder zehn Jahren aussehen könnte: ein Slum, ein gesichtsloser Ort auf dem Land. Die Reichen waren in die Städte gezogen, die Armen hausten hier draußen, und Tampa wartete noch immer darauf, dass der Wachstumsmotor ansprang und die Krise wie von selbst vorüberging.

Dean Price

Wenn man in den Wochen vor der Zwischenwahl des Jahres 2010 durch den Süden von Virginia oder den Piedmont Triad von North Carolina fuhr, entdeckte man an den Straßen schwarze Werbetafeln mit den Worten DER NOVEMBER KOMMT. Die Kampagne wirkte vage und ominös, aber jeder wusste, worum es ging. Ein schwarzer Bus mit derselben Aufschrift fuhr über das Land und verkündete in großen weißen Zahlen die Kosten des »gescheiterten Investitionsprogramms«, der »staatlichen Übernahme des Gesundheitssystems« und des »steuerfinanzierten Emissionshandels«. Die Tafeln und der Bus wurden von einem Verein bezahlt, der sich »Americans for Prosperity« – Amerikaner für den Wohlstand – nannte. Der Verein wurde von den Brüdern Koch finanziert, Dean hatte noch nie von ihnen gehört. Die Kochs waren Öl- und Gasmilliardäre aus Kansas, die überzeugt waren, dass Präsident Obama absichtlich und willkürlich die freie Marktwirtschaft zerstören wollte.

In der Gegend, wo Dean lebte, war die Tea Party so stark, dass er sich mit seiner eigenen Meinung zurückhalten musste. Seine Nachbarn waren Braunhemden, sie gaben Obama überhaupt keine Chance, sich zu beweisen. Sie beschimpften ihn als Sozialisten, als Radikalen, als Moslem, aber das Wort, das den Kern ihrer Vorstellungen am besten traf, begann mit dem Buchstaben *N*. Menschen, die so redeten, ließen sich leicht von einem populistischen Aufwiegler wie Glenn Beck vereinnahmen. Dean hatte manchmal seine Sendung gesehen, als sie noch auf CNN lief. Das war ein normaler Nachrichtensender, und als Beck nach 9/11 begann, alle möglichen Bedrohungen heraufzubeschwören – einen weiteren Anschlag, eine Bombe, die am nächsten Tag um soundso viel Uhr hochgehen sollte –, dachte Dean: »Um Himmels willen, wenn das stimmt, ist das Land nicht mehr zu retten.« Aber nachdem sich das Muster ein paar Mal wiederholt hatte, hielt Dean den Moderator einfach nur noch für durchgedreht. Er verkaufte den Leuten, was sie hören wollten, es war eine Form der Unterhaltung. Aber er hatte Fans, nicht zuletzt in Deans eigenem Haus. MSNBC hatte der Sendung nichts entgegenzusetzen, die Moderatorin Rachel Maddow wirkte lesbisch und hart, und mit ihrem Kollegen Keith Olbermann konnte Dean nichts anfangen.

Auch Dean hatte seine Zweifel an Obama. Er mochte den Präsidenten und respektierte ihn, aber er verstand nicht, warum Obama nicht mehr tat, um den Menschen seine Ideen für eine wirtschaftliche Erneuerung nahezubringen. Die Subventionen für Biosprit waren 2009 ausgelaufen. Investoren hielten sich zurück, die Lage war zu unsicher. Außerdem berührte Biosprit die verfahrene Debatte um den Klimawandel, die politischen Lager standen sich unversöhnlich gegenüber. Obama sprach immer wieder über erneuerbare Energien, wusste aber offenbar nicht, wie er vorgehen sollte. Vielleicht glaubte er, dass das Land die Wahrheit nicht verkraften würde. Oder er hielt noch immer an dem Glauben fest, dass die größere Lösung unweigerlich die bessere sei. Er würde der industriellen Landwirtschaft nie den Rücken kehren, auch wenn sein Landwirtschaftsminister Vilsack mit einem Slogan durchs Land zog, der kleinere Farmen fördern sollte: »Know your farmer, know your food.« Sie wollten es sich mit niemandem verderben. Alle hatten geglaubt, Obama würde sich die Hände schmutzig machen und die globalen Konzerne an den Pranger stellen. Hatten sie ihn bezahlt? War das möglich? Saßen nicht in seinem Kabinett genau die Leute, die die Katastrophe zu verantworten hatten? Summers und Geithner waren die Füchse im Hühnerstall. 2008, im Wahlkampf, hatten sich die Wähler unter *change* etwas anderes, Radikaleres vorgestellt als den Erhalt des Status quo.

Dean dachte oft über Obama nach, er stellte ihm Fragen, stritt mit ihm, zweifelte an ihm – wie an einem alten Bekannten. Sogar in seinen Träumen tauchte der Präsident auf, was Dean nicht ganz verstand. Aber er versuchte, diese Träume zu befördern. Wer etwas erreichen wollte, musste sich mit dem letzten wachen Gedanken darauf konzentrieren, so Napoleon Hill. Und wenn Dean im Bett lag, malte er sich aus, was er mit dem Vermögen anstellen würde, das er anhäufen wollte. Er hatte da sehr genaue Vorstellungen. Dann schlief er ein und träumte, dass er mit dem Präsidenten allein in einem Zimmer war. Dean sprach und der Präsident hörte ihm zu. An seine Worte konnte er sich nie erinnern – aber es ging immer um die Gründe, die Gründe, *die Gründe.*

Im November blies die Tea Party zum Angriff auf Tom Perriello.

Er war gerade einen Monat im Amt, als die erste Werbekampagne gegen ihn im Fernsehen geschaltet wurde – und seine republikanischen Kollegen im Kongress gingen nicht ans Telefon, wenn er anrief. »Man wollte sich nichts anhängen lassen, das war auf der obersten Führungsebene der Partei beschlossen worden«, erzählte er. »Sie waren schlau genug, um zu wissen, dass die Wirtschaft sich bis November 2010 nicht erholen würde, also positionierten sie sich gegen uns. Strategisch gesehen war das nicht dumm, aber es war grundlegend unmoralisch und außerdem unpatriotisch. Also das Böse im eigentlichen Sinn, so sehe ich das.«

In Perriellos eigenem Wahlkreis war die Krise so ernst, dass es nur noch zwei Optionen gab: Entweder mussten Schulen geschlossen oder die Grundsteuer angehoben werden. Anfangs hatte kaum jemand etwas dagegen, Finanzhilfen aus Washington anzunehmen. Ein republikanischer Bankdirektor in Danville, der ehemalige Vorsitzende der Bankenvereinigung von Virginia, fragte sich, warum das Investitionsprogramm keine Ausgaben für Infrastruktur vorsah, zum Beispiel für die Sanierung der in den Zwanzigerjahren gebauten Hauptpost in der Innenstadt – so schlimm stand es um die Finanzen. Perriello hielt das Investitionsprogramm für »einigermaßen zimperlich«, er suchte nach einer größeren Vision, einem intelligenten, nationalen Stromnetz zum Beispiel. Immerhin brachte das Investitionsgesetz dem Bezirk etwa dreihundert Millionen Dollar, mit denen Lehrer bezahlt und Straßen ausgebessert wurden. Aber an der baufälligen Robertson-Brücke am Dan River tat sich nichts, die dringend nötige Sanierung verzögerte sich Monat um Monat, während die Republikaner im Kongress und die Glenn Becks auf den Bildschirmen alles miesmachten, was der Staat leistete, und endlos die Lüge wiederholten, dass die Investitionen keinen einzigen Arbeitsplatz geschaffen hätten. Und so begann sich die öffentliche Meinung im fünften Wahlkreis gegen Obama und Perriello zu wenden.

Es folgte der höllische Sommer 2009. Nachdem Perriello mit der Mehrheit für Obamas Energiegesetz gestimmt hatte, wurden gut finanzierte Gruppierungen wie Americans for Prosperity in seinem Wahlkreis aktiv. Es floss eine Menge Geld. Als einmal fünfzig oder hundert Mitglieder der Tea Party auf einem Parkplatz vor Perriellos Büro in Charlottesville protestierten, trat der Abgeordnete heraus, um mit ihnen zu sprechen. Sie behaupteten lautstark, das Energiegesetz würde den Staat ermächtigen, in ihre Häuser einzudringen, um die Energieeffizienz ihrer Kühlschränke zu überprüfen.

Der ganze Aufwand war nur ein Vorspiel für den Kampf um die Gesundheitsreform. Im August trat Perriello auf einundzwanzig Ortsversammlungen auf und diskutierte mit den Bürgern – einsame Spitze unter den Abgeordneten. Wo immer er auftrat, kamen fünfhundert, tausend oder mehr Menschen, sie drängten, aufgestachelt von griffig formulierten Thesen, die sie aus dem Internet heruntergeladen und ausgedruckt hatten, in die Frühstückssäle der Altenheime oder in die Theater, einige waren so wütend, dass sie Perriellos Helfer traten und bespuckten. Sie standen in einer Reihe und schrien gegen »Death Panels« an – hartnäckig hielt sich das Gerücht, dass Verwaltungsausschüsse über medizinische Behandlungen, und damit über Leben und Tod von Patienten, entscheiden würden – und behaupteten, die Reform sei mit der Verfassung nicht vereinbar. (»Wollt ihr, dass der Staat den Ärzten vorschreibt, wie sie euch behandeln? Seid ihr nur verrückt und bescheuert, oder seid ihr richtig böse?«). Perriello, der in seiner Khakihose, in blauem Hemd und Krawatte wie ein Student aussah, stand mit dem Mikrophon in der Hand da, der Schweiß stand ihm auf der Stirn, er nickte, machte Notizen, trank aus einer Wasserflasche, hörte fünf Stunden lang zu, bis auch der Letzte seine Frage gestellt hatte, und antwortete, bis er keine Stimme mehr hatte: »Das oberste Gericht hat den ersten Verfassungsartikel in den letzten zweihundert Jahren sehr weit ausgelegt.«

»Ich habe niemanden umgestimmt«, meinte er später. »Es ging nur darum, wer länger aushält.«

Das Fernsehen begann, über die Versammlungen zu berichten, und zwar so, dass es wirkte, als sei jeder einzelne Wähler im Bezirk gegen die Reform. Dabei kamen immer viele Befürworter und Unentschlossene (und noch mehr blieben zu Hause), aber ihre Stimmen waren leiser, und manchmal wurden sie niedergebrüllt, und je öfter die Menschen im Fernsehen sahen, wie aufgeheizt und wüst diese Debatten waren, desto weniger Lust hatten sie hinzugehen. Ende August behauptete die Tea Party, der Abgeordnete Perriello würde den beinahe geschlossenen Widerstand gegen das Gesetz ignorieren.

Es ging derart rau zu, dass ältere Bürgergesellschaften, der Rotary Club und die Gartenvereine, Säulen der Gesellschaft, die auf Ausgewogenheit Wert legten, aus Angst vor Protesten ihren Abgeordneten nicht mehr, wie eigentlich üblich, zu ihren Versammlungen einluden. Auch den traditionellen Berufsverbänden, den Mittelstands- und Bankenvereinigungen, die ihre Mitglieder immer mit nützlichen Informationen versorgt hatten, um ein positives Bild von öffentlichen Ausschreibungen und

Aufträgen zu zeichnen, wurde die Debatte zu heiß, sie machten nicht mehr mit.

Gegen Ende des Sommers konnte man den Eindruck haben, dass das ganze Land gegen einen Präsidenten, der neun Monate vorher mit großer Mehrheit gewählt worden war, auf die Barrikaden ging.

Perriello stimmte mit Bauchschmerzen für die Gesundheitsreform. Als das Gesetz im März 2010 verabschiedet wurde, rief ein Aktivist der Tea Party zu einem Protest vor seinem Privathaus auf. Aber an der Adresse, die jemand ins Internet stellte, wohnte nicht Perriello, sondern sein Bruder mit Frau und vier Kindern. Am nächsten Tag zerstörte jemand die Gasleitung der Familie.

Perriello glaubte inzwischen, dass ihn der Mann, der ihn einst so inspiriert hatte, politisch im Stich ließ. Einerseits hatte Obama »einen unglaublichen Willen, in der Politik das zu tun, was auch ich mir vorgenommen hatte, also die Probleme anzugehen, die da waren, seit ich denken kann, weil weder die eine noch die andere Partei den Mumm hatte, sich damit zu befassen«. Andererseits verschwendete der Präsident sein erstes Jahr darauf, der Gegenseite, die ihm keinen Zentimeter entgegenkam, Kompromisse anzubieten, und er tat alles, um den Bankern, die in der Finanzkrise so eine schlechte Figur gemacht hatten, die Konsequenzen zu ersparen. Der Präsident sprach immer von einer »neuen Ära der Verantwortung«, wenn es aber um diese Typen ging, schien das nicht zu gelten. Obama hatte einen Beraterstab um sich versammelt, der viel zu Wall-Street-freundlich war und völlig ideenlos, wenn es um Arbeitsplätze für ganz normale Bürger ging. »Wenn man nur Bekannte hat, die ebenfalls an der Wall Street arbeiten und ebenfalls sechs- oder siebenstellige Jahresgehälter beziehen, versuchst du halt, wieder in die schönen Neunzigerjahre zurückzukehren«, erklärte Perriello. »Also in meinem Bezirk haben die Leute in den Neunzigern reihenweise ihre Jobs verloren.« Die Eliten schlagen sich immer gleich auf die Seite der anderen Eliten, selbst wenn diese massiv gescheitert waren. »Weltreiche gehen unter, wenn ihre Eliten verantwortungslos handeln.« Obama war kein populistischer Outsider, sondern ein progressiver Insider. Wenn Periello dort draußen mit den verzweifelten, zornigen und falsch informierten Bürgern sprach, erhielt er von der Regierung nicht die geringste Schützenhilfe.

Das grelle Geschrei im Radio, im Kabelfernsehen und auf den Bürgerversammlungen; feindselige anonyme Werbekampagnen auf allen Kanälen, finanziert von der Kohle- und Versicherungsindustrie, von den Koch-Brüdern; die Verstrickungen von Geld und Einfluss, Lobbyisten und Politiker ohne Rückgrat; das seltsam wirkungslose Weiße Haus; die andauernde Krise im Piedmont – wie sollte sich da noch jemand für Red Birch interessieren, für Perriellos Unterstützung dieses Projekts?

Sechs Republikaner meldeten sich zu den Vorwahlen an. Es gewann Robert Hurt, ein unauffälliger Landessenator, der nirgends aneckte. Drei Monate vor der Wahl, an einem Tag im August, wurde Perriello schlecht, er erbrach sich immer wieder und konnte nächtelang nicht schlafen. Er hatte zwei Jahre lang praktisch nur Kaffee und Cola Light getrunken, und am Abend Jack Daniel's, sein Körper war völlig ausgetrocknet.

Am Tag vor der Wahl im November absolvierte er zusammen mit Senator Mark Warner aus Martinsville einen wilden Wahlkampfmarathon. In einem Steakhaus gingen sie von Tisch zu Tisch und grüßten die Gäste. Einige hoben kaum den Blick von ihren Käsefritten. Dean Price war da – er war gekommen, um Hallo zu sagen und Glück zu wünschen –, Perriello breitete die Arme aus und drückte ihn an sich.

»Mensch, du hast eine Menge durchgemacht«, sagte Perriello, »aber wir sind auf dem richtigen Weg, dem Weg der Gerechten! Du weißt, ich glaube an dich und dein Unternehmen, es ist so wichtig, dass das Geld hier in der Region bleibt und nicht bei den Petrodiktatoren landet.«

Die Nachrichtensender waren da, die Kameras blinkten, Dean wusste, was er zu tun hatten: »Ich nenn den Effekt den *löchrigen Eimer*: Neunzig Cent von jedem Dollar, den wir für Benzin ausgeben, und sechsundachtzig Cent von jedem Dollar, den wir in die Warenhäuser tragen, verlassen sofort die Region.«

»Wenn in zwei Wochen der Zirkus hier vorbei ist«, sagte Perriello leiser, »dann setzen wir uns mal zusammen und trinken ein Bier.«

Zeit für eine Antwort blieb nicht, Perriello zog mit seiner Karawane zum nächsten Restaurant – das Pigs-R-Us –, dabei hatte der Tag gerade erst begonnen.

Am folgenden Tag gab eine Frau namens Lorna im Ridgeway Ruritan Club, einem einstöckigen Holzhaus in einer ruhigen, begrünten Straße in Martinsville, nicht weit von der Rennstrecke entfernt, ihre Stimme ab. Dann stellte sie sich mit einem Schild vor das Gebäude, auf dem das Wort HURT stand, Schmerz – oder der Name ihres Kandidaten. Lorna, eine pensionierte Lehrerin um die siebzig, war klein und kugelrund und steckte in einem grünen Wollmantel mit einer spitzen Kapuze. Ihre Sonnenbrille hatte ein Leopardenmuster, die dick bemalten Lippen waren fest zusammengepresst.

»Dieses Land ist nicht sozialistisch, es ist auf judeo-christlichen Werten aufgebaut«, rief Lorna mit feuchter Stimme, »wenn es sein muss, gehe ich auf die Straße und randaliere. Ich habe mich noch nie so geschämt. Der Mann, dieser Präsident, schadet dem Amt, das er bekleidet. Er zieht sich nicht ordentlich an, er bezeichnet bestimmte Leute als Feinde und er redet immer über Netze. Er ist einfach, was er ist: ein Agitator aus Chicago. Dem Mann fehlt, was ein Präsident braucht. Er müsste alle Amerikaner repräsentieren, das tut er aber nicht. Früher hatten wir Staatsmänner, heute haben wir nur noch Politiker. Ich habe noch nie einen Präsidenten erlebt, der das Land grundlegend verändern wollte. Das Land ist gut, wie es ist – aber dieser Agitator aus Chicago will es komplett umkrempeln.«

Lorna hörte die einschlägigen Radiosendungen und sah nur Fox News, weil ihr die anderen Sender zu einseitig waren – zum Beispiel diese Kolumne von David Broder gestern, der meinte, Obama sei so viel schlauer als alle anderen! Und dann dieser Al Gore, der in einer Villa lebt und im Privatjet durch die Welt fliegt, aber sie, Lorna, sollte ihr ganzes, sauer verdientes Geld ans Finanzamt geben, dabei hat sie mit ihrem Mann nicht einmal eine Kreuzfahrt gemacht, sie haben nie ein extravagantes Auto gefahren, und haben jeden Cent, den ihr Mann als Schichtleiter bei DuPont verdient hat, gespart, sie wollten ja das Leben noch ein bisschen genießen, und ihr Mann wollte Golf spielen, aber dazu ist es nicht mehr gekommen. Wenn er sie hören könnte, wie sie so brabbelt, würde er sich im Grab umdrehen und sagen: »Halt den Mund, Lorna.« Aber jetzt, wo sie in Pension war, konnte sie sagen, was sie wollte, und da war vieles, was sie bewegte. »Ich will essen, was ich essen will, und wenn die mir verbieten wollen, Fritten mit Coca-Cola zu essen – ohne mich! Am liebsten würden sie mir vorschreiben, was ich denken soll. Ich habe immer selbständig gedacht und bin sehr gut damit gefahren. Ich hatte nichts, als ich aufgewachsen bin, aber so entmutigt wie heute war ich noch nie, auch damals nicht. Man kann doch nicht die Supermacht in der Welt sein, wenn die Wirtschaft schwach ist. Ich kann nur hoffen und beten, dass das Land wieder auf den richtigen Weg kommt.«

Es dauerte, bis Lornas Wut sich legte. Ihren Abgeordneten erwähnte sie kein einziges Mal.

Am Abend saß Perriello mit seinen Helfern und seiner Familie im Büro eines kleineren Finanzdienstleisters in der historischen Innenstadt von Charlottesville, gleich über einer Weinbar. Nirgendwo im ganzen Bezirk war der Wohlstand so sichtbar wie hier. Sie warteten auf das Wahlergebnis.

»Alle herhören«, rief Perriello, »in Danville liegen wir mit tausend Stimmen vorn!« Jubel überall. Um zwanzig Uhr hatten die Hälfte der Wahlkreise ihre Zahlen gemeldet, da lag Perriello mit 45 zu 53 Prozent hinten. Aber diese Ergebnisse kamen fast alle aus den ländlichen Gemeinden. Erst jetzt meldete Charlottesville erste Zahlen, Hurt lag weiter vorn. Perriellos Pressesprecher flehte die Sender an, noch zu warten, bis sie den Sieger verkündeten. Perriello gelang ein verschrobenes Lachen: »Jetzt starten wir durch! Nein, nicht ganz. Aber es wird enger, komm, da tut sich noch was.« Um halb neun kamen die Zahlen aus Henry County, das war der Todesstoß für Perriello. Red Birch hatte ihm nicht eine zusätzliche Stimme eingebracht.

Er unterlag mit 47 zu 51 Prozent. Den meisten Demokraten in Virginia, selbst einigen altgedienten Abgeordneten und einigen, deren Sitz als sicher galt, erging es noch schlechter. Der Wahlhelfer, der 2009 durch den Bezirk gereist war, um Subventionsprojekte zu identifizieren, sagte zu Perriello: »Wir sind in einen Orkan geraten.« Die Partei des Präsidenten musste im ganzen Land drastische Einbußen hinnehmen.

Perriello versammelte seine Familie um sich. Einige hatten Tränen in den Augen. Nur Perriello wirkte regelrecht vergnügt.

»Ich muss euch sagen, ich weiß nicht, warum, aber mir geht es prächtig. Wir haben alles auf eine Karte gesetzt. Nicht jeder, der heute verloren hat, hat sich für vierzig Millionen Amerikaner eingesetzt, die keine Krankenversicherung haben und wegen ihrer Vorerkrankung auch keine bekommen werden. Nicht jeder, der heute verloren hat, hatte eine Strategie für einen nationalen Netzausbau. Aber wir – wir sind so. Wir haben immer hoch gepokert, alles oder nichts, jedes Mal.« Perriello lächelte. »Ich fühle mich plötzlich ganz leicht.«

An einem Labor Day, Ryan war dreizehn Jahre alt, fuhr Dean mit seinem Sohn nach Hillsville/Virginia zu einem großen Flohmarkt mit einer Waffenbörse. Auf Deans Empfehlung kaufte Ryan mit seinem eigenen Geld einen Kaugummiautomaten, um ihn neben dem Laden in Bassett aufzustellen und ein bisschen Geld zu verdienen. »Es war eine Art praktischer Unterricht«, erzählte Dean. »Ich glaube, die meisten Menschen bleiben ihr Leben lang arm, weil sie den Unterschied zwischen einem Vermögenswert und einem Passivposten nicht verstehen. Die meisten hielten ihr Haus für einen Vermögenswert, das stimmte aber nicht. Am besten erkennt man den Unterschied so: Wenn es dir Geld einbringt, ist es ein Vermögenswert. Wenn es dich etwas kostet, ist es ein Passivposten. So einfach ist das. Wenn er den Automaten kauft, ein bisschen Geld damit verdient, dann kann er daraus etwas lernen, dachte ich.«

Als die Firma im Jahr darauf aufgelöst wurde und Dean den Laden abgeben musste, trugen sie den Kaugummiautomaten ins Haus und versteckten ihn in einem Schrank. Es schmerzte Dean zu sehen, dass Ryan auf diese Weise um seinen Gewinn gebracht wurde. Aber Napoleon Hill hatte ja gesagt, dass jeder Widrigkeit eine Saat gegenüberstand, die es an Nutzen aufwog.

Nach diesem Nutzen suchte Dean nun.

In der Raffinerie kam er sich überflüssig vor. Wegen der Kapitalaufnahmen war von seinen Anteilen an Red Birch Energy kaum etwas übrig geblieben, Gary und Flo führten das Geschäft allein. Dean versuchte, Gary zu erklären, dass sein Ansatz falsch sei – er solle das Unternehmen langsam aufbauen, statt gleich auf den großen Gewinn zu setzen. Sie versuchten jetzt, Lizenzen auf ihr Geschäft zu verkaufen, aber die Interessenten liefen ihnen davon, weil Gary unglaublich hohe Preise nannte – so geschehen mit einem Geschäftsmann aus New Jersey. »Das hungrige Schwein wird fett und rund, das gierige kommt zum Schlachter«, sagte er.

»Was hast du gesagt?«, blaffte Gary, der ein Gewichtsproblem hatte. Er haftete jetzt für den gesamten Schuldenberg des Unternehmens, beinahe eine ganze Million, er hatte der Bank sein Haus und sein Boot als Kreditsicherung überschrieben. Gary sah es so, dass Dean immer gern Geld ausgab, solange es nicht sein eigenes war. Rocky Carter, der dritte Partner, wollte sich auszahlen lassen, sein Bauunternehmen steckte wegen der Immobilienkrise in Schwierigkeiten. Aber Gary hatte kein Geld. Alle drei wurden von ihren Schulden gewürgt wie von einer Schlange.

Gary und Dean stritten sich ständig. »Ich mag dich nicht mehr«, sagte

Gary eines Tages. »Du bist nicht mehr der Mensch, mit dem das hier alles angefangen hat.« Ihm kam in den Sinn, dass Dean psychisch labil sein könnte, und er warnte ihn, dass er enden könne wie sein Vater. Dean war außer sich. Sein Partner fiel ihm gerade in dem Moment in den Rücken, wo er ohnehin schwer getroffen war.

Im Winter 2011 brach dann alles auf einmal zusammen.

Erst kam das Steuerverfahren. Henry County/Virginia hatte Dean im September angeklagt, weil er versäumt hatte, beinahe zehntausend Dollar an Restaurantsteuer abzuführen. Am 27. Januar wurde er schuldig gesprochen und zu einer Strafe von fünfundzwanzigtausend Dollar plus einhundert Dollar Gerichtskosten verurteilt. Im Winter kam dann noch eine Steuerprüfung bei Red Birch. Da Dean, der seine Steuerschuld nicht begleichen konnte, im Aufsichtsrat saß, verlor die Firma vorübergehend die Lizenz zur Benzinproduktion, sieben Wochen lang stand die Produktion still.

Im März trat Dean von seinem Amt zurück. Was von seinem Anteil übrig war, verkaufte er für zehn Dollar, und von der Gehaltsliste wurde er auch gestrichen. Daraufhin hob das Finanzamt das Betriebsverbot auf, die Raffinerie nahm die Produktion wieder auf – ohne Dean. Damit endete die Geschichte von Dean Price, der eine Biodieselfirma gegründet hatte. Der Name gehörte ihm nicht mehr, und die Idee auch nicht. Kurz nach der Trennung erschien auf der Website von Red Birch Energy diese Ankündigung: »Dean Price, ein ehemaliger Miteigentümer von Red Birch Energy, Incorporated, gehört der Firma Red Birch Energy nicht mehr an, er ist seit April 2011 in keiner Weise mit der Firma verbunden.«

Und doch erfuhr Gary immer wieder, dass Dean über Red Birch sprach, als gehörte er noch dazu. Im Juli schrieb Gary ihm diesen Brief:

Dean,

es fällt mir sehr schwer, dass wir nun an einen Punkt gekommen sind, an dem ich Dir diesen Brief schreiben muss. Aber diesen Weg hast Du für mich gewählt, ich habe keine andere Wahl. Ich habe mehrfach versucht, ein ernsthaftes Gespräch mit Dir zu führen, leider ist es dazu nicht gekommen.

Ich weiß, dass in Deinem Leben gerade vieles durcheinander ist, und es tut mir außerordentlich leid, dass ich Deinen Sorgen nun noch eine hinzufügen muss – ich habe leider wiederum keine Wahl. Ich bin zu folgendem Schluss gekommen:

Ich sehe, dass Du weiterhin nach Gutdünken als Sprecher von RBE auftrittst. Das können wir nicht zulassen … Es tut mir schrecklich leid, aber ich muss darauf bestehen, dass Du sofort davon ablässt, RBE in irgendeiner Weise zu repräsentieren.

Wie Du weißt, Dean, haben wir für Dich und Deine Familie die Krankenversicherungsprämie bezahlt. Da Du nun nicht mehr mit der Firma verbunden bist, müssen wir diese Leistung zum 1. September 2011 einstellen.

Dean, ich möchte Dir persönlich noch einmal sagen, wie leid es mir tut, dass es so weit gekommen ist. Ich hätte mir wirklich einen anderen Ausgang gewünscht. Als wir begonnen haben, warst Du ein großartiger Partner. Das änderte sich, als Du mit der Tankstelle unter Druck gerietst. Du bist noch immer ein freundlicher Mensch, aber in der Firma hast Du Dich verantwortungslos verhalten. Du hast jegliche Kommunikation abgebrochen und uns mehrfach angelogen … Ich könnte noch vieles anführen, aber das ist wohl nicht nötig. Ich kann Dir nur meine besten Wünsche senden, ich hoffe sehr, dass Du Dein Leben wieder in Ordnung bringst.

Mit freundlichem Gruß,
Gary N. Sink
Vorsitzender

Dean antwortete auf diesen Brief nicht. »Sie haben mich getreten, als ich schon am Boden lag«, sagte er, »sie haben mich fortgejagt.«

Die Liquidation seines Geschäfts löste das Problem seiner Schulden nicht. Zu seinen Gläubigern gehörte auch der Lieferant Eden Oil, eine kleine Firma in Rockingham County. Dean hatte Reid Teague, den Eigentümer, immer für einen Freund gehalten, aber nun, da das Gericht seine Forderung von 325 000 Dollar bestätigt hatte, wurde er zum Erzfeind. Als Erstes stellte er die Lieferungen ein, was zum Insolvenzantrag führte. Teague aber gab sich mit der Abwicklung von Red Birch of Martinsville nicht zufrieden, seine Forderung erstreckte sich auch auf Deans Privatvermögen. Im Februar erfuhr Dean, dass sein Haus zwangsversteigert werden sollte – das Haus, das sein Großvater Birch Neal 1934 gekauft hatte, auf einem Grundstück, das er beim Poker gewonnen hatte. Es war das Haus, in dem seine Mutter aufgewachsen war, wo die Neals, alteingesessene Tabakfarmer, jahrzehntelang gelebt hatten. Hier hatte er zuletzt mit seinem Vater unter einem Dach gewohnt, der ihn schlug und zu Boden warf, als er nach Pennsylvania zog. In dieses Haus war er 1997 zurückgekehrt, und er hatte ein Jahr gebraucht, um es vom Highway den Hang hinunter auf sein neu gegossenes Fundament zu ziehen. Hier war Ryan zu Hause gewesen, als er zu ihm zog. Es war Deans Haus, und das der Mutter, und es wurde am 15. Mai 2011 auf den Stufen des Bezirksgerichts in Wentworth versteigert. Seiner Mutter erzählte er nichts davon. Eine entfernte Cousine, die in der Lokalzeitung die Ankündigung gesehen hatte, kam am Sonntag vor der Versteigerung vorbei, angeblich, um ein bisschen in alten Erinnerungen zu schwelgen. Beim Abschied gab sie Dean zu verstehen, dass sie nur gekommen war, um sich das Haus anzusehen und den Verkaufspreis zu schätzen.

Schon seit Ende 2009 dachte Dean daran, eine persönliche Insolvenz anzumelden – hatte den Schritt aber aus verschiedenen Gründen immer wieder verschoben. Er war mit dem Biodiesel befasst. Dann rief sein Anwalt, dem er immerhin fünfzehnhundert Dollar zur Anzahlung gegeben hatte, nicht mehr zurück. Vor allem aber fiel es ihm schwer, dem Ruin ins Gesicht zu sehen. Doch am Montag, den 9. Mai, sechs Tage vor der geplanten Versteigerung, fuhr er zum Bezirksgericht in Greensborough/North Carolina und meldete als »selbständiger Unternehmer« Insolvenz an – ein letzter Versuch, das Haus zu retten. Neben Dean waren an diesem Tag sechsundzwanzig weitere Schuldner im Gericht. Landesweit erklärten in jenem Jahr 1 410 653 Menschen den persönlichen Bankrott.

Deans Schulden beliefen sich auf über eine Million Dollar. Sein Vermögen – die Hälfte des Hauses in Stokesdale, ein Viertel der vierundvierzig Hektar, die von der Tabakfarm übrig geblieben waren, seine Möbel, ein Traktor, Kleidung, Bücher und Gewehre, die antiken Werbeschilder, ein alter Ford mit Ladefläche und ein gebrauchter Jeep Wrangler, den er Ryan zum sechzehnten Geburtstag geschenkt hatte – galt nicht als pfändbar, er konnte alles behalten. Das Gericht schickte ihn zu einer Schuldnerberatung und verdonnerte ihn zu einem Kurs in Finanzplanung.

Die Gläubigersitzung war für den 25. Juli anberaumt, in einem Saal im Obergeschoss des Gerichtsgebäudes. Doch statt der Gläubiger, die zu solchen Terminen üblicherweise nicht erschienen, nahm Dean unter einer großen Gruppe anderer Schuldner Platz. Darunter waren viele Alte, einige auf Krücken oder in Rollstühlen, sie saßen da mit ihren Sauerstoffflaschen und warteten, bis der Insolvenzverwalter ihre Namen aufrief. Sie erinnerten Dean an seinen Vater, der so oft scheiterte, bis sein Wille gebrochen war. Es war das erste Mal, dass er den Schatten seines Vaters in dieser Weise spürte, seine »Falte im Gemüt«.

In dieser Zeit spielte er gelegentlich mit dem Gedanken, allem ein Ende zu machen. Aber das wollte er seinen Kindern nicht antun. Es war auch zu einfach, und seine Pleite war in gewissem Sinn eine tolle Sache, denn er konnte ganz von vorn anfangen. Er dankte Gott, dass er nicht in einem Land lebte, in dem Schuldner einen Kopf kürzer gemacht wurden.

Am 30. August war Deans Fall abgeschlossen. Während des gesamten Prozesses hatte er gespürt, dass die Hand Gottes schützend über ihm lag.

Er sah bereits den Weg, der vor ihm lag. Nach seinem Rausschmiss aus der Raffinerie hätte er die Entwicklung des Biodiesels am liebsten ganz an den Nagel gehängt. Doch es stellte sich heraus, dass seine Trennung von der Firma das Beste war, was ihm passieren konnte. Nur so konnte er etwas Neues entwickeln. Bei Red Birch wäre er auf der Stelle getreten bis zum Ende, bis zu seinem letzten Atemzug.

Tammy liebte die Versammlungen, je größer die Bühne war, je größer die Initiative, desto besser. Sie hatte riesige Angst davor, in der Öffentlichkeit zu sprechen, aber als sich die Organisation 2009 mit Gewerkschaften und anderen Gruppen zusammentat, um in Ohio und Washington unter anderem für die Gesundheitsreform zu werben, war es Tammy, die im Reisebus das Mikrophon nahm, die Gruppe anfeuerte und Lieder anstimmte. Sie hatte ein dramatisches Gespür, intuitiv verstand sie, wann die Spannung nachließ und der Protest neu angeheizt werden musste. Einmal demonstrierten sie vor einer Filiale der Chase Bank in Columbus, als ein Mitstreiter begann, »Si se puede« zu skandieren – Obamas »Yes, we can« auf Spanisch. Der Versuch zog nicht, weil kaum Latinos da waren. Tammy nahm ihm das Megaphon ab und stimmte ein Lied an, das alle mitsangen. Noch ein »Si se puedo«, und die ganze Demo wäre in sich zusammengefallen.

In Mason/Ohio, einer kleinen, weißen, sehr konservativen Stadt stürmten sie die Lobby von United Healthcare, sie sangen und skandierten. In Washington unterstützten Tammy und die Delegation aus Youngstown – Miss Hattie und andere Nachbarn, die sie selbst rekrutiert hatte – eine landesweite progressive Koalition, die im Herzen des Lobbyismus auf der K Street demonstrierte und eine Kreuzung blockierte. Von dort marschierten sie zur Bank of America, um die Praktiken der Wall Street anzuprangern, und zogen bis in die Vorgärten einiger Bankmanager. Es regnete in Strömen, Tammy war bis auf die Haut durchnässt, obwohl sie einen Müllsack als Regenponcho trug. Ihr Enthusiasmus wurde auch nicht durch die Erkältung gedämpft, die sie davontrug. Stattdessen spürte sie etwas wie: Na also, jetzt seht ihr mal, wie das ist! Ihr habt uns immer kleingehalten, immer unter Druck gesetzt – jetzt wisst ihr, wie es sich anfühlt. Tammy hatte sich das Recht genommen und gesagt, was sie bewegte – ob es nun richtig war oder nicht: Ihr könnt so nicht mit uns umspringen. Sie dachte an all die Bekannten und Freunde, die ihre Häuser verloren hatten, sie sah die Pfändungsmarken in den Schwarzenvierteln, die Betrügereien der Kreditunternehmer. »Mir wird schlecht, wenn ich sehe, dass Menschen einander ausnutzen. Wie kann man nur jemanden ausnutzen, der ohnehin schon weniger hat? Ist das etwa Amerika? Ja, es ist die Bestie, es liegt in ihrer Natur, aber so brutal ist es, glaube ich, noch nie gewesen.« Sie selbst war gezwungen worden, in Frührente zu gehen, während die Manager von Packard ihre Boni einstrichen, so viele Leute hatten ihre Stellen verloren und waren fortgezogen … Aber die Banken, die waren gerettet worden, mit ihrem Steuergeld, dieselben Banken, die ihr keinen Kredit mehr gaben und darauf bestanden, dass sie jeden Monat pünktlich ihre Rate zahlte. »Das ist zum K…, sage ich, wo bleibt da die Gerechtigkeit?«

Die Nachbarschaftssprecher, die Tammy rekrutiert hatte, hätten sich nie träumen lassen, jemals eine solche Bühne zu betreten. Miss Sybil, die gerade in Ruhestand getreten war, nachdem sie jahrzehntelang in einer Fabrik Zement geschleppt hatte, reiste nach Washington und sprach mit Shaun Donovan, Obamas Minister für Wohnungsbau und Stadtentwicklung. Sie schlug ihm vor, Gelder aus dem Investitionsprogramm für Abrissprogramme in Städten wie Youngstown zu verwenden. Sie zeigte ihm den Stadtplan von MVOC und erklärte, dass sie nicht die Gentrifizierung bekämpften wie in New York oder Chicago, sondern Leerstand und Verwahrlosung. Youngstown brauchte keine neuen Sozialwohnungen. Nach dem dritten Gespräch dieser Art verstand der Minister, worum es ging, und erinnerte sich sogar an ihren Namen.

Miss Hattie war jetzt in der ganzen Stadt bekannt. Tammy setzte sie ein, so oft sie konnte, sie sprach über medizinische Versorgung, über Leerstand, über die Banken und ihr zerstörerisches Werk, bis irgendwann beim Einkaufen wildfremde Menschen auf sie zukamen und sagten: »Sie kennen mich nicht, aber ich weiß, wer Sie sind. Ich habe Sie im Fernsehen gesehen. Sie sprechen für uns alle, die wir keine Stimme haben.«

Tammy nahm sie mit nach Washington. Als sie nach Capitol Hill kamen, war Miss Hattie so nervös, dass sie am liebsten im Erdboden versunken wäre. Mindestens tausend Menschen waren versammelt. Sie stotterte und verhedderte sich, aber Tim Ryan, der Abgeordnete, der den Sitz von Jim Traficant übernommen hatte, zog sie an seine Brust: »Sie sind eine tolle, energische Rednerin, voller Energie«, sagt er, »ich wünschte, sie würden mich bei jeder Veranstaltung vorstellen.« Es war, als hätte ihre Mutter ihr über den Rücken gestrichen und gesagt: »Es wird alles gut.« Nach diesem Erlebnis war sie nicht mehr zu bremsen. Später einmal sagte sie: »Tammy war es, die mir diese Rolle gegeben hat, sie hat mich geformt.«

Neben ihren Schnittblumen lag ein weiteres freies Grundstück, wo Miss Hattie nun einen Gartenclub für Mädchen aus dem Viertel gründete. Sie stellte einen weißen Lattenzaun auf, wie er in jede amerikanische Idylle gehört, und baute aus alten Brettern und Spanplatten Hochbeete und aus Industriepaletten gleich mehrere Komposthaufen. Sie bekam täglich dreißig Pfund Kompost aus Georgine's Restaurant, und Pferdemist von ihrem Arzt, der eine Farm hatte. Tammy beantragte Starthilfe bei einer Stiftung, Miss Hattie erhielt 3700 Dollar, um das Viertel zu verschönern und den Kindern eine Erfahrung zu vermitteln, die ihnen niemand mehr wegnehmen konnte. »Mag sein, dass ihr all das Grünzeug im Moment nicht ausstehen könnt, aber später kocht ihr es vielleicht und seid nicht auf Fleisch angewiesen. Wer fleißig ist, braucht praktisch kein Geld, um sich zu ernähren. Aber man muss fleißig sein, das ist der Schlüssel zu allem. Ich wusste das nicht, als ich in eurem Alter war, aber inzwischen bin ich ein bisschen weiser geworden.« Der Garten war still und wunderschön, er erinnerte Miss Hattie an den Garten ihres Vaters. Aber die Kinder ihres Viertels waren jetzt alle Teenager, es war nicht leicht, ihr Interesse zu wecken. Es half nicht, als der Dachstuhl des Hauses nebenan abbrannte, weil ein Siebenjähriger mit Streichhölzern gespielt hatte. Der Eigentümer riss daraufhin die Aluminiumverkleidung herunter, um sie an einen Schrotthändler zu verkaufen.

Auf der East Side gründete Miss Sybil ihr eigenes Gartenprojekt. Sie baute auf einem Betongrund einen Stadtgarten, legte Beete aus schwarzem Humus an und bedeckte sie mit grünem Kompost. »Alles ist aus Staub geworden«, sagte sie, »und alles kehrt zum Staub zurück.« Das Einzige, was sie über Gemüse wusste, war, dass man es essen konnte. Aber bald wuchs auf den Gemeindebeeten so ziemlich alles, was man sich vorstellen konnte. Jeder konnte nehmen, was er wollte, nur die Beete durften nicht zerstört werden. Alle hielten sich daran – nur nicht die Murmeltiere und die Rehe.

Tammy und der MVOC gingen noch einmal daran, Daten über die Stadt zu erheben. Diesmal ging es um Lebensmittelgeschäfte. Das Ergebnis war eine Karte, die zeigte, dass Youngstown eine Wüste war – es gab praktisch nirgends etwas zu kaufen. Wer im Osten wohnte, musste vier Stunden Bus fahren, um frische Lebensmittel zu bekommen. Es galt als

Ereignis, als im Süden Bottom Dollar eröffnete, ein Geschäft, das drittklassige und beschädigte Ware verramschte. Einige der besseren Läden hatten ein paar Kartoffeln im Angebot, vielleicht einige Zwiebeln und einen Salatkopf, aber die meisten, wie der F&N Food Market auf der Shehy Street, gleich neben Vickies altem Haus, verkauften nur Fertigprodukte, Alkohol und Zigaretten. Tammys Organisation übte Druck auf die Ladenbesitzer aus, die schließlich Selbstverpflichtungen unterschrieben, frische, nahrhafte Lebensmittel anzubieten und Sorge zu tragen, dass sich keine Dealertreffs bei ihnen ansiedelten.

Durch die Lebensmittelkampagne bekam Tammy Kontakt mit einer weißen, evangelikalen Kirche südlich von Youngstown, deren Pastor, Steven Fortenberry, auf einunddreißig Hektar eine Farmkooperative gegründet hatte. Da die älteren, konservativen Gemeindemitglieder allem, was nach Umweltschutz roch, eher skeptisch gegenüberstanden, lief das Projekt als Hungerhilfe, was viel besser ankam. Im Sommer arbeiteten auf der Farm Teenager aus Youngstown, Behinderte und ehemalige Strafgefangene. Tammy und Fortenberry sorgten gemeinsam dafür, dass die frischen Lebensmittel an Gemeindezentren und Märkte in Youngstown ausgeliefert wurden.

Früher hätte Tammy jemanden wie Fortenberry niemals kennengelernt. Sie hätte auch Kirk Noden nicht kennengelernt. Sie wusste damals nicht, dass es Menschen gab, die sich mit solcher Leidenschaft für die Schwachen und Armen in der Gesellschaft einsetzten. Sie nannte ihn den »schwärzesten ihrer weißen Freunde«. Ihr ganzes Leben war bald von der Arbeit bestimmt, sie hatte kaum noch Zeit für ihre Familie, und sie ging seltener in die Kirche. Der Frühjahrsputz fiel aus. Aber durch MVOC kam sie mit vielen verschiedenen Menschen in Berührung, sie machte neue Erfahrungen und lernte Dinge kennen, die sie sonst nicht kennengelernt hätte. Kirk brachte sie dazu, Tintenfisch zu essen, und sie aß mit wachsender Begeisterung indisch. Früher hatte sie sich immer über Weiße gewundert, die Dreadlocks trugen – »Warum wollen die Locken haben wie Schwarze?« –, inzwischen nahm sie es hin wie die ungewöhnlichen Riten der Unitarier – Gongschläge und der Singsang einer Frau zum Beginn des Gottesdienstes – oder anderer Gemeinden, die sie kennenlernte. Sie erweiterte ihren kulturellen Horizont. Als sie nach ihrer Scheidung so innig Trost in der House-of-the-Lord-Gemeinde gesucht hatte, hatte sie dem Alkohol ganz abgeschworen, aber bei den langen

Strategietreffen mit ihren Kollegen, bei denen sie ihre Kampagnenerfahrungen verglichen wie alte Kampfgenossen, die sich gegenseitig ihre Narben zeigten, wurde selbstverständlich auch gegessen und getrunken. Sie hatte noch nie mit derart leidenschaftlichen Menschen zu tun gehabt. Das Leben hatte so viel mehr zu bieten, als sie immer gedacht hatte. Und wenn gewisse Leute behaupteten, Kirk würde Schwarze für seine Zwecke ausnützen, oder er sei eigentlich Rassist, wurde sie fast rasend vor Wut. »Ist das dein Ernst? Weißt du, was er für mich und meine Familie getan hat? Er hätte mich nicht einstellen brauchen. Ich hatte kein abgeschlossenes Studium und keine Erfahrung. Er hat gesehen, dass etwas passieren muss, und er hatte ein, zwei gute Ideen. Und dann hat er es einfach gemacht. Hast du denn eine bessere Idee, wie man die Probleme anpacken kann? Und warum hast du in den letzten zwanzig Jahren nichts gemacht? Worauf wartest du?«

Ihre Abfindung bei Delphi hatte einhundertvierzigtausend Dollar betragen, eine ordentliche Summe, fand sie damals, aber sie entsprach nur ihrem Lohn von zweieinhalb Jahren, und es gab keine Garantie, dass sie etwas Neues finden würde. Ihre Pensionsansprüche wurden um die Hälfte gekürzt. Aber sie gehörte zu den glücklichen, denen es gelungen war, anderswo unterzukommen. Ihre beste Freundin Karen dagegen, die zehn Jahre älter war, fand keine neue Stelle, sie und ihr Mann hatten es in dieser Zeit sehr schwer. Auch die anderen Arbeiterinnen aus der Firma hatten große Schwierigkeiten. Die Manager hatten ihre Sache etwas zu gut gemacht, so viele hatten die Abfindung genommen, dass Delphi Leiharbeiter nach Warren schicken musste. Tammy kannte einige von ihnen, sie bedienten zu einem Stundenlohn von dreizehn Dollar drei oder vier Schnellläuferpressen gleichzeitig – doppelte Arbeit zum halben Lohn.

In den Medien war von anstehenden Streiks die Rede. Doch die Gewerkschaften verhandelten im Geheimen um die drastisch gekürzten Löhne und Sozialleistungen. 2009 war das Konkursverfahren beendet, die Produktion von Delphi war nun – wie schon von 1932 bis 1999 – wieder Teil von GM. (Auch GM wurde im selben Jahr neu strukturiert, der Staat rettete den Konzern mit einer Finanzspritze von fünfzig Milliarden Dollar.) Einen kleineren Teil von Delphi hatte eine private Investorengruppe übernommen. Das Unternehmen, das erst Packard Electric hieß, dann Delphi Automotive Systems, dann Delphi Corporation, firmierte nun unter dem Namen DLPH Holdings Corp. Als Delphi an die Börse ging, verkaufte der Hedgefonds-Manager John Paulson, der 2007 vier Milliarden mit einem einzigen Short Sale von gebündelten Schrotthypotheken verdient hatte, 20,5 Millionen Anteile der neuen Firma und machte bei einer Investition von vierzehn Millionen Dollar 439 Millionen Gewinn. Die Belegschaft in den USA fiel auf weniger als zwanzigtausend, weltweit beschäftigte Delphi beinahe einhundertfünfzigtausend Menschen.

Die Fabriken, in denen Tammy gearbeitet hatte – Plant 8, Hubbard, Thomas Road –, wurden geschlossen. Sie wurden Teil einer Landschaft aus eingeschlagenen Fenstern, Unkraut im aufgerissenen Asphalt und leeren Parkplatzflächen, die beinahe das gesamte Mahoning Valley einnahmen. Die Restaurants und Bars, in denen Tammy mit ihren Kolleginnen zu Mittag gegessen hatte, verloren fast ihre gesamte Kundschaft.

Delphi galt als Musterbeispiel für eine gelungene Kostensenkung in der Insolvenz.

Nachdem Tammy Steuern auf ihre Abfindung bezahlt hatte, blieben ihr noch zweiundachtzigtausend Dollar. Sie half ihrer Mutter aus und ihren Kindern. Einen Teil legte sie zu drei Prozent Zinsen auf einem Geldmarktkonto an. Aber 2007 war sie noch nicht bei MVOC, und sie überlegte erneut, Youngstown zu verlassen. Um ihre Ausgangslage zu verbessern, wollte sie mit dem übrigen Geld versuchen, etwas mehr zu verdienen, zudem brauchte sie ein kleines, regelmäßiges Einkommen während des Studiums. In der Verwandtschaft gab es einen Makler, der Tammy und Barry bei der Finanzierung ihres Hauses auf der Südseite geholfen hatte. Er bewunderte Tammy dafür, dass sie sich nicht unterkriegen ließ und fragte sie jedes Mal, ob sie nicht für ihn arbeiten wolle (er besaß auch noch einen Gartenpflege-Service und einen Kinderhort, und er leitete einen gemeinnützigen Verein, der entlassene Strafgefangene unterstützte). Manchmal nannte er sie seine »Tochter«. Er schlug ihr vor, ihr Geld in Immobilien anzulegen. Sie unterschrieb einen Vertrag, der ihr monatliche Zahlungen und einen Gewinn von zehn Prozent im Jahr versprach. Tammy gab ihm achtundvierzigtausend Dollar – alles, was von der Abfindung übrig war.

Im ersten Jahr lief es sehr gut. Jeden Monat kam ein Scheck, der ihre laufenden Kosten für Haus und Auto deckte. Als Mitte 2008 der Immobilienmarkt ins Schlingern geriet, bat der Makler sie, die Anlage um ein

Jahr zu verlängern, und handelte eine niedrigere Gewinngarantie von acht Prozent aus. Um Weihnachten herum zahlte er noch fünf Prozent, oftmals kam der Scheck nicht pünktlich. 2009 hörten die Zahlungen ganz auf.

Tammys Mutter ging es nicht gut, Tammy hätte sie gern aus dem Pflegeheim geholt und ihr ein ordentliches Haus eingerichtet. Sie bat den Makler, fünfzehntausend Dollar aus ihrer Anlage für ein Haus bereitzustellen, auf das sie bieten wollte. Es war sicherlich das Doppelte wert. Sie erhielt den Zuschlag, aber die fünftausend Dollar, die sie für die Anzahlung brauchte, bekam sie nicht. Jetzt erst verstand sie, dass der Makler in Schwierigkeiten war. Sie verlangte sofort ihr Geld zurück, aber er hatte nichts mehr. »Es tut mir so leid«, sagte er, »ich werde das hinkriegen. Ich will keinen Konkurs anmelden, weil dann niemand etwas zurückbekommt. Ich komme wieder auf die Beine, bestimmt, und dann bekommst du dein Geld.«

Er tat, was er konnte, das war deutlich zu sehen. Aber ohne die monatlichen Zahlungen kam sie mit dem Darlehen für die Liberty Street nicht nach, die Bank drohte schon mit dem Gerichtsvollzieher. Irgendwie gelang es ihm dann doch, ihr die zwölftausend Dollar zu geben, die sie für eine Umschuldung brauchte. Aber das Geld, das sie investiert hatte, war schlichtweg nicht mehr da. Sie begann zu vermuten, dass er eine Ponzi-Pyramide betrieben hatte, er hatte ihr Geld an andere Kunden ausgezahlt, genau wie Bernard Madoff, dessen Finanzimperium gerade zusammengebrochen war. Sie erfuhr, dass mehrere Anleger, darunter einige in Kalifornien, ihr Geld bereits verloren hatten. Jemand erzählte, dass er Hypotheken auf Mitglieder seiner Familie umgeschrieben und diese heimlich durch andere Hypotheken abgelöst hatte, was er mit seiner Maklerlizenz offenbar tun konnte. Auch seine Angestellten bekamen ihre Gehälter nicht mehr. Tammy stellte ihn zur Rede und drohte, ihn anzuzeigen. Der Mann, der in seiner Gemeinde als Diakon diente, antwortete: »So gehen Christen nicht miteinander um.«

Sie gab sich große Mühe, eine gute Christin zu sein, sogar in diesem Fall. Was hatte sie auch davon, zur Polizei zu gehen? Sie ließ es bleiben und erzählte kaum jemandem davon. Am Ende erhielt sie doch noch einen Scheck über einen Teil der Summe, die er ihr schuldete. Aber der Scheck, stellte sich heraus, war nicht gedeckt. Sie rief ihn an, aber er ging nicht mehr ans Telefon, schließlich tauchte er ganz unter. Sie hörte nie wieder von ihm, und ihr Geld, das sie für die schwierigen Jahre, die bevorstanden, so dringend benötigte, sah sie nie wieder. Sie ärgerte sich maßlos über sich selbst. Es wäre so viel besser gewesen, das Geld sicher bei der Bank anzulegen und vielleicht als Experiment einige Aktien zu kaufen. »Wie dumm bin ich gewesen«, schimpfte sie, »wie konnte ich das nur tun. Wie konnte ich diesem Mann so blind vertrauen?« Sie war wütender auf sich selbst als auf den Makler, sie hatte sogar ein wenig Mitleid mit ihm, weil er ruiniert war.

Während dieses Fiaskos verlor Tammy ihre Eltern. Ihrem Vater, einem bissigen, manchmal streitsüchtigen Menschen, war sie seit frühester Jugend mit Trotz begegnet. Aber gegen Ende seines Lebens entdeckte sie eine tief verschüttete, zartere Seele in ihm, und das genügte ihr, um sie zu überzeugen, dass er sie geliebt hatte. Er hatte Leberkrebs. Im September 2009 verließ er das Krankenhaus und kehrte zu seiner Frau und seinen Kindern zurück. Er aß ein letztes Mal mit ihnen – es gab Barbecue, Wassermelone, Trauben und Bier –, dann legte er sich ins Bett und starb.

Vickies Lage war noch komplizierter. Ihre Gesundheit war schon seit Jahren angeschlagen, ihre Knochen lösten sich auf, Hepatitis C und die verheerenden Schäden durch das Heroin setzten ihr weiter zu. Sie litt unter Depressionen und dämmerte vor sich hin. Tammy suchte nach einer Möglichkeit, sie zu Hause zu versorgen. Über Thanksgiving kam Tammy selbst ins Krankenhaus, ihre OP war für den 2. Dezember vorgesehen. Eigentlich hätte sie danach einen Monat gebraucht, um wieder auf die Beine zu kommen, aber sie konnte ihre Arbeit für die Gemeinde nicht einfach auf die Kollegen abwälzen, wie sie es bei Packard manchmal getan hatte. In den Tagen vor der Operation gab sie sich alle Mühe, die nötigsten Dinge zu erledigen, für einen Besuch bei ihrer Mutter reichte die Zeit nicht mehr. Aber drei Mal telefonierten sie noch. Vickie ließ ihre eigene Behandlung absetzen, ohne mit Tammy darüber zu sprechen. Tammy wurde am 4. Dezember entlassen und kehrte nach Hause zurück. Zwei Tage später wurde ihre Mutter in die Notaufnahme gebracht, sie starb mit einundsechzig Jahren an Herzversagen. »Sie war allein«, erzählte Tammy, »ich habe es nicht mehr ins Krankenhaus geschafft. Ich hatte ihr versprochen, dass ich bei ihr sein würde. Meine Mutter hat mich gebraucht, und ich bin nicht da gewesen.« Es war ein Gedanke, der Tammy lange nicht losließ.

Es gab noch so viel zu tun, so viel zu erleben. Aber Vickie hatte schon vor langer Zeit mit allem abgeschlossen. Sie wusste, dass Tammy sie nicht einfach würde gehen lassen. Als sie fort war, sehnte sich Tammy danach, zu ihr ins Bett zu kriechen, oder still bei ihr zu wachen, sie vermisste ihre Umarmungen, die Hand, die ihr übers Haar strich, tröstliche Augenblicke, die ihr niemand ersetzen konnte. Denn Vickie war – trotz allem – ihre Mutter.

Noch lange nach ihrem Tod zweifelte sie an ihren Entscheidungen, an ihrer Arbeit, die sie gehindert hatte, ihre Mutter noch einmal zu sehen, und an Gott, der ihr einen solch schweren Lebensweg aufgegeben hatte und ihr so vieles genommen hatte, das sie liebte – alles außer ihren Kindern.

Tampa

Am flacheren Ende der Stadt, wo die Halbinsel wie sterbend in der Bucht versank, endete der South Dale Mabry Highway, und zwar genau vor dem Tor der MacDill Air Force Base, der Heimat des United States Central Command. Hier war es, wo weltberühmte Vier-Sterne-Generäle wie Tommy Franks, John Abizaid und David Petraeus ihre Kriegspläne für Afghanistan und Irak geschmiedet hatten, hier leiteten sie den Einsatz von Hunderttausenden von Soldaten, hier stiegen sie in ihre reservierten Jets, um Visiten zu absolvieren, hier trafen sie ihre gewaltigen strategischen Fehlentscheidungen und hier versuchten sie, diese Fehler zu korrigieren, als es längst zu spät dafür war. Während sie die Außenpolitik der USA und die Schicksale ganzer Staaten in den entzündlichsten Regionen der Welt – von Ägypten bis Pakistan – entscheidend beeinflussten, erfreuten sie sich der großzügigen Gastfreundschaft verschiedener Damen der besten Gesellschaft von Tampa. Neben dem Weißen Haus und dem Pentagon gab es im ganzen Land keinen Flecken Erde, der im Krieg gegen den Terror eine solche Machtfülle beherbergte. Vier Straßen weiter wohnten die Hartzells.

Die Hartzells, das waren Danny und Ronale, ihre Kinder Brent und Danielle, Dannys jüngerer Bruder Dennis und vier Katzen. Sie wohnten direkt am Highway in einer Dreizimmerwohnung im Erdgeschoss einer drogenverseuchten Wohnanlage, gegenüber vom MacDill Motel und einem Kreditbüro, wo Arbeiter, die keine Konten hatten, ihre Lohnschecks einlösten. Die Nachbarn reagierten wütend, wenn man ihnen zu tief in die Augen sah. Bei den Hartzells lief regelmäßig ein Kabelkanal namens HGTV, der ganz dem Immobilienmarkt gewidmet war. Dabei hatten sie überhaupt nicht das Geld, um auf eigene Faust mit Häusern zu handeln, oder sie bei Zwangsversteigerungen zu verlieren, oder in der Sprechstunde von Matt Weidner zu landen. Nicht einmal ein Auto besaßen sie, weshalb sie der Gnade des öffentlichen Busverkehrs ausgesetzt waren. Danny hatte noch nie mehr als zwanzigtausend Dollar im Jahr verdient, flüssig waren sie nur bei der jährlichen Steuerrückzahlung. Einmal bekamen sie so viel Geld zurück, dass sie sich einen Computer kauften, eine mit schwarzem Vinyl bezogene Sofagarnitur und einen billigen

Flachbildfernseher. Von ihren Verwandten, die beinahe alle Trinker gewesen waren, lebten nur noch wenige, Kontakt gab es keinen. Sie hatten kaum Freunde, keine Gemeinde (obwohl sie sich als Christen bezeichneten), keine Gewerkschaft (obwohl sie eindeutig der Arbeiterklasse angehörten) und keine Nachbarschaftshilfe (obwohl sie sich gefreut hätten, wenn ihre Kinder zu Halloween an die ein oder andere Türe hätten klopfen können). Politik interessierte sie kaum. Sie hatten nur einander.

Als 2008 die Rezession nach Tampa kam, verlor Danny seinen Job in der Nähe des Stützpunkts, wo er zehn Dollar in der Stunde verdient hatte. Die Fabrik stellte Plastikverpackungen für Snacks her. Was ihn am meisten ärgerte, war, dass sein Vorgesetzter, ein Schulkamerad, jemanden vorschickte, um ihm die Nachricht zu überbringen. Danny brachte das Kündigungsschreiben nach Hause und zeigte es seiner Frau, und Ronale fragte: »Und was machen wir jetzt?« Das war im März. Danny verbrachte den Rest des Jahres damit, eine Arbeit zu suchen. Er bewarb sich bei Home Depot, Sam's Club, Publix und sechzig weiteren Firmen, er fuhr mit dem Bus zu Vorstellungsgesprächen, es waren aber immer schon fünfundzwanzig andere Bewerber da. Er war Ende dreißig und klein, er hatte einen runden Bierbauch, ein dürres Ziegenbärtchen und eine Glatze, auf der eine Baseballmütze der Pittsburgh Steelers prangte. Ihm fehlten ein paar Zähne, und da er auf einem Ohr taub war, sprach er lauter als nötig, seine Stimme klang heiser. Er sah sich selbst als »einfachen Arbeiter«, nicht als jemanden, der »an der Kasse steht und dein Geld nimmt oder fragt, kann ich Ihnen helfen, Ihre Größe zu finden?« Aber die einzigen Jobs, die es gab, waren Verkäuferstellen, für die ihm eindeutig das richtige Auftreten fehlte.

Eines Abends kurz nach Weihnachten saß die ganze Familie in dem engen Wohnzimmer, im Fernseher lief eine Gameshow für Teenager. Die Kinder saßen auf dem grauen Teppich, der schon bessere Zeiten gesehen hatte, und hielten sich an den Händen. Brent, der zwölf war, aber schmächtig und zurückgeblieben wirkte, und Danielle, die Neunjährige, glaubten beide noch an den Weihnachtsmann, sie konnten sich nämlich nicht vorstellen, dass ihre Eltern Geld für Geschenke übrig hatten. Tatsächlich hatten Danny und Ronale zu Weihnachten einige Spenden bekommen. Danny hatte seine Schwierigkeiten damit – es gab schließlich Menschen, denen es noch schlechter ging als ihnen –, aber die Vorstellung, dass seine Tochter nicht zum Ballettunterricht durfte oder das Geld für Brents Fußballschuhe fehlte, war ihm regelrecht zuwider. Jeden Tag dankte er Gott für Ronale, und doch war er drauf und dran, den Mut zu verlieren. »Warum halten mich die Leute da draußen für einen schlechten Menschen? Sie kennen mich doch gar nicht, sie wissen nicht, wo ich gearbeitet und was ich geleistet habe, sie geben mir keine Chance. Ich frage mich langsam, ob mit mir etwas nicht stimmt. Du arbeitest und kommst zurecht, und dann geht plötzlich die Wirtschaft den Bach runter und auf einmal suchen nicht mehr dreißig Leute eine Stelle, sondern dreitausend.«

Und trotzdem suchte Danny die Schuld bei sich selbst. Er bereute zutiefst, dass er kurz vor dem Abschluss die Schule verlassen hatte, er hatte das Gefühl, die Menschheit brauchte jemanden, dem sie alles heimzahlen konnte, und auf ihn hatte sie sich geeinigt. Trotzdem glaubte er, dass er für seine Schwierigkeiten selbst verantwortlich war, dass nur er sein Scheitern verschuldet hatte, weshalb er auf Hilfe kein Anrecht hatte. Allerdings schien er weit und breit der Einzige zu sein, der so dachte. Die Banker auf der Wall Street sahen das ganz anders, und die Hauseigentümer in Weidners Sprechstunde ebenso.

Danny stammte aus der Umgebung von Pittsburgh. Sein Vater, ein Trinker, hatte bei der Bahn in der Instandhaltung gearbeitet, dann in einem Kraftwerk, schließlich als Hausmeister in einem College. Als Danny ungefähr zwölf war und die Stahlwerke der Region zu schließen begannen, zog er mit seiner Familie nach Tampa. Mit dem Trinken wurde es immer schlimmer. Zwei Dinge nur brachte der Vater Danny bei – defensiv zu fahren und die Steelers zu lieben –, ansonsten fragte niemand nach, ob er sich die Zähne geputzt und was er den ganzen Tag getrieben hatte.

Ronale hatte es noch schwerer gehabt. Sie war in Tampa geboren, ihre Eltern waren beide Säufer, ihre Mutter war eine gemeine, grimmige Frau. Sie trennten sich, als Ronale sieben war, ihre Mutter, die sogar Reinigungsalkohol trank, wenn nichts anderes zur Hand war (und die zu jedem Mann ins Bett sprang, der sie haben wollte), schleppte das Mädchen durch halb Florida und North Carolina. Oft übernachteten sie im Auto, sie ging kaum zur Schule und klaute Erdnusspralinen, weil ihre Mutter nicht nur halb bewusstlos, sondern auch noch egoistisch war. Sie reagierte überhaupt nicht, wenn Ronale sagte: »Mama, ich habe Hunger.« Ganz früh schon beschloss sie, ihre eigenen Kinder niemals so zu behandeln.

Als Danny in der zehnten Klasse war und Ronale in der neunten, lebten beide in South Florida in einem Gebäude unweit des Luftwaffenstützpunkts. Dannys älterer Bruder Doug hatte sich in Ronale verknallt, und Danny war so eifersüchtig, dass er jedes Mal ins Zimmer stürzte, wenn die beiden auf dem Bett lagen und rumknutschten. Wenn er Ronale vor dem Haus begegnete, sah er sie scharf an und hauchte *bitch* – Hure – und sie antwortete immer auf dieselbe Weise: »Du bist so ein Arschloch.« Aber dann bemerkten sie irgendwann, dass sie gut miteinander auskamen – es war der Anfang einer großen Liebe. Zuerst verließ Ronale die Schule – sie hatte keine Lust mehr, sich herumschubsen zu lassen –, dann Danny. »Es gab da Schüler, die mich am liebsten umgebracht hätten«, erzählte Ronale, »sie haben mich in irgendeine dunkle Ecke gedrängt, und da war niemand, der mir geholfen hätte, und all das.« Sie fand einen Job im Waschsalon, er arbeitete in einer Schweißerwerkstatt in St. Petersburg an der Schleifmaschine. Mit zweiundzwanzig wurde sie schwanger, 1995 wurde Brent geboren. Sie zogen in einen Wohnwagen. 1999, als Danielle unterwegs war, heirateten sie.

Das Leben der Hartzells war so schwer, weil sie weder Bildung noch Geld hatten, weder Freunde noch Verwandte, die ihnen auf die Beine helfen konnten. Außerdem hatten sie eine Menge gesundheitliche Probleme: Zahnausfall und Taubheit bei Danny; kaputte Zähne, Fettleibigkeit und Diabetes bei Ronale; Aufmerksamkeitsdefizitsyndrom und Wachstumsprobleme bei Brent; Taubheit und Angststörungen bei Danielle. Was ihnen aber half, war, dass Danny eine Fachausbildung hatte, dass die beiden weder ein Alkohol- noch ein Drogenproblem hatten, dass ihre Kinder respektvoll waren und dass die Familie in Liebe verbunden war, fest entschlossen, alle Schwierigkeiten gemeinsam zu meistern. Nach konventioneller Moral hätte die positive Seite genügen müssen, um sie über Wasser zu halten, und zu einer anderen Zeit, an einem anderen Ort, wäre das vielleicht auch möglich gewesen.

Die erste Katastrophe kam 2004. Sie gerieten in den üblichen Strudel von Missverständnissen und Fehlern. Zuerst zog die Schweißerei um. Das Geld für den Umzug nach New Port Richey, einen Küstenort nördlich von Tampa, konnte Danny nicht aufbringen – er verlor die Stelle. Die Familie wohnte in einem Wohnwagen in St. Pete zur Miete, und Danny, der hier und da für den Besitzer der Anlage arbeitete, hoffte, den Wohnwagen mit der nächsten Steuerrückzahlung kaufen zu können. Der Besitzer aber behauptete, Danny sei im Mietrückstand und weigerte sich, Danny seinen Lohn auszuzahlen. Schließlich schmiss er die Hartzells raus. Eines Nachts fuhren Dannys Vater und Bruder besoffen zu der Anlage und verwüsteten den Wohnwagen, um Danny zu rächen. Die Polizei kam, fuhr gleich weiter zum Motel, in dem die Hartzells untergekommen waren, und führte Danny ab. Er lag auf einer Betonplatte in einer Zelle mit hundert anderen Typen, es war die schlimmste Nacht seines Lebens. Am Morgen warf der Richter einen Blick in die Akte, stellte fest, dass sich Danny noch nie etwas hatte zuschulden kommen lassen, und schickte ihn nach Hause. Die Familie hatte kein Zuhause mehr.

Einen Monat lang schlugen sie sich in St. Pete durch, sie schliefen im Auto und versorgten sich mit Snackpaketen, die Ronale von einer Suppenküche bekam. Als die Kinder Sonnenbrand bekamen, rieb Ronale sie mit Essig ein, damit die Wunden schneller heilten. Brent vermisste seine Videospiele und langweilte sich zu Tode. Danielle fürchtete sich in der Nacht wegen der unvertrauten Geräusche. Später erinnerte sie sich daran, wie sie eines Abends unter der Gandy-Brücke am Strand saßen. »Ich hatte ein paar Snackpakete auf den Knien, ich betrachtete sie, dann fiel mein Blick auf den sandigen Pfad, der zum Meer hinunterführte.« Jeden Morgen brachten Danny und Ronale die Kinder zum Schulbus und taten, als sei alles in Ordnung.

Es gelang ihnen, nach Tampa zurückzukehren und am South Dale Mabry Highway eine Wohnung für siebenhundertfünfundzwanzig Dollar zu mieten. Danny fand eine Stelle bei Master Packaging. Vier Jahre lang ging alles gut, die Familie hatte sich gefangen. Dannys jüngerer Bruder Dennis schlief im Wohnzimmer auf dem Sofa, er hatte einen Teilzeitjob bei Wal-Mart, wo er Einkaufswagen einsammelte. Mit Dannys Lohn und Danielles Sozialhilfe und den Lebensmittelmarken kam die Familie zurecht. Dann kam die Kündigung, der endgültige Abstieg nahm seinen Lauf.

Im Frühjahr 2009 wurde bei Danielle Osteosarcoma festgestellt – ein Knochenkrebs im linken Bein. Anderthalb Jahre lang drehte sich im Leben der Hartzells alles um Krankenhäuser und Blutproben und Operationen und Chemotherapie. Beinahe die gesamten Kosten wurden von verschiedenen Hilfsorganisationen getragen. Ein Fremder schenkte ihnen Geld, mit dem sie einen Chevy Cavalier, Baujahr 2003, kauften, um zu den Terminen zu fahren. Danny verschickte keine Bewerbungen mehr, er kümmerte sich nur noch um seine Tochter. Ronale, die sich gern über Lehrer, Vorgesetzte, Vermieter und Nachbarn beklagte, liebte Danielles Ärzte. Sie besuchte die Selbsthilfegruppen für betroffene Eltern und hatte das erste Mal im Leben das Gefühl, zu einer Gemeinschaft zu gehören. In der Wohnung hängte sie allerlei inspirierende Tafeln auf:

> WAS DER KREBS NICHT SCHAFFT
> Er kann die Liebe nicht besiegen
> Er kann die Hoffnung nicht zerstören
> Er kann den Lebensgeist nicht erdrücken
> Er kann das Vertrauen nicht untergraben
> Er kann die Erinnerungen nicht verdrängen

Danielle bekam eine Knochenprothese, die über die gesamte Länge ihres dürren, kleinen Beins verlief. Da das Mädchen noch wuchs, musste sie regelmäßig nachgestellt werden, Millimeter für Millimeter. Ein ganzes Jahr lang kehrte der Krebs nicht zurück. Sie dankten Gott. Ansonsten hatte sich am Leben der Hartzells kaum etwas verändert.

Gegen Ende des Frühjahrs 2011 träumte Danny Hartzell, dass er mit seiner Familie nach Georgia ziehen würde.

Seit seinem zwölften Lebensjahr hatte er in Tampa gewohnt, er kam sich eingesperrt vor. Die Wände der Wohnung schienen enger und enger aneinanderzurücken, die Beklemmung nahm noch zu, als sie erfuhren, dass das Paar nebenan verhaftet worden war, weil ihre beiden kleinen Kinder verwahrlost waren, die Wohnung war dreckig, Fastfood-Schachteln lagen überall herum, es war so schlimm, dass die Kakerlaken ihren Weg bis in die Wohnung der Hartzells fanden. Es waren die kleinen, die ganze Gebäude befallen – ein langer, schwarzer Streifen von Larven klebte in einer Ecke der Wohnzimmerdecke, die Kakerlaken huschten über die Vinylgarnitur, hockten im Waschbecken, in der Küche, in den Tupperdosen, die Klimaanlage pumpte den grausamen Gestank ihrer Exkremente in die Zimmer. Wegen der Kakerlaken kochte Ronale keine Pasta mehr, es gab nur noch Fertigmahlzeiten von Wal-Mart, Tiefkühlpizza, Velveeta Cheesy Skillets, sechs Hacksteaks für zwei Dollar achtundzwanzig – all das war ohnehin billiger, als selbst zu kochen. Es war sogar billiger, einen Kuchen zu kaufen, als ihn selbst zu backen.

Manchmal kochte sie Ramen Instant Nudeln, laut Danny die größte Erfindung der Menschheit. Den Kakerlaken hatten sie nichts entgegenzusetzen, sie hätten eine Firma beauftragen müssen, die Wohnung zu versiegeln und mit Gift vollzupumpen. Sie hätten drei Nächte im Motel schlafen müssen, was sie sich nicht leisten konnten. Danny und Ronale schämten sich wegen der Kakerlaken, Sauberkeit und Ordnung in der Wohnung waren ihnen immer wichtig gewesen. Nebenan war inzwischen eine Familie eingezogen, die gern mal nachts um eins Krach machte und die Musik aufdrehte. Eines Tages, als Ronale gerade im Bad war, zog über ihnen jemand die Toilette ab, Putz krachte von der Decke. Der Hausmeister kümmerte sich nicht darum, der Schaden wurde nie repariert.

Eine Zeitlang jobbte Danny bei Target, er arbeitete tief in der Nacht, bevor in den frühen Morgenstunden die ersten Einkäufer kamen, im Lager und räumte Regale ein, für acht Dollar fünfzig. Am Anfang gaben sie ihm dreißig oder vierzig Stunden, was für das Nötigste reichte, aber nach der Weihnachtszeit wurde es immer weniger, und im Frühjahr kam er nur noch auf zehn Stunden, alle zwei Wochen bekam er einen Lohnscheck über einhundertvierzig Dollar. In derselben Zeit wurden drei neue Lagerarbeiter eingestellt, die noch weniger verdienten. Der Gedanke kam ihm, dass er besser dran wäre, wenn er sich arbeitslos melden würde, es gäbe dann doppelt so viele Lebensmittelmarken. Einmal hörte Danny, wie die Geschäftsleitung über den Tagesumsatz sprach, er war auf 52 000 Dollar gesunken. Er rechnete kurz nach und dachte: Das sind fast vierhunderttausend in der Woche, und die können mich nicht ordentlich bezahlen. Das ist die reine Gier.

Als er eingestellt wurde, zeigten sie ihm ein Video über das Übel der Gewerkschaften und erklärten ihm, dass er seine Vorgesetzten informieren solle, sobald er angesprochen oder angeworben würde. Danny hatte kaum je über Gewerkschaften nachgedacht, doch inzwischen fragte er sich, was daran so schlimm sein sollte. Eines Abends saßen sie im Wohnzimmer und sahen fern, im History Channel lief eine Dokumentation über die Schlacht am Bear Mountain, einen Bergarbeiterstreik im südlichen West Virginia in den 1920er Jahren. Was Danny am meisten beeindruckte, war die Tatsache, dass aus dem ganzen Staat Arbeiter anreisten, um die Streikenden, die einer Gewerkschaft beitreten wollten, zu unterstützen. Viele von ihnen wurden durch die Schlägertrupps des Unternehmens getötet. So etwas gab es heute nicht mehr. Die meisten Arbeiter trauten sich nicht, einer Gewerkschaft beizutreten. Die Arbeitgeber, die viel zu viel Geld hatten, drohten einfach jedem mit einer Klage. Es war sehr schwer heutzutage, Menschen dazuzubringen, gemeinsame Sache zu machen. Er wusste, dass das Leben der Armen damals nicht besser war. Er hatte ja nicht vergessen, wie es damals in Pennsylvania gewesen war, als sich die ganze durchgefrorene Familie um den Herd in der Küche drängte und Bohnen von der Hungerhilfe und Erdnussbutter aus schwarz-weißen Dosen aß. Aber die Menschen, die waren damals anders gewesen. Heute kämpfte jeder gegen jeden, man war ganz auf sich selbst gestellt.

Einmal brachte Danny seine Tochter zum Arzt, als er zur Arbeit eingeteilt war. Er hatte nicht angerufen und wurde sofort gefeuert. Es war, als hätten sie nur auf so etwas gewartet. Er meldete sich arbeitslos und fing wieder von vorn an.

Die Hartzells hatten die Nase voll von Florida, fünf von zehn Leuten, mit denen sie zu tun hätten, seien Arschlöcher, meinte Ronale. Sie waren zwar nicht zur Wahl gegangen, aber nun hassten sie den neuen Gouverneur Rick Scott, der alle Programme zusammenstrich, die für die Armen so wichtig waren, vor allem an den Schulen. Die Hartzells begannen sich zu fragen, warum Amerikaner wie sie immer tiefer sanken, während neue Einwanderer wie die Inder auf der anderen Straßenseite Lebensmittelläden und Kioske kauften. Danny hatte gehört, dass sie in den ersten fünf Jahren keine Steuern zu zahlen brauchten. Er war kein Rassist, aber wenn das stimmte, war es nicht fair.

Als Danielle krank war, hatte Ronale sich bei Facebook angemeldet. Über ihre Seite entdeckte Danny einen Freund aus der Schulzeit. Er fuhr Gabelstapler in einer Firma in Georgia, in einem kleinen Ort namens Pendergrass. Am 4. Juli fuhren sie hinauf, um den Feiertag mit dem Freund und seiner Tochter zu verbringen. Sie waren begeistert. Es gab Bäume, man konnte angeln, und wenn man vor die Tür trat, sah man weit und breit kein anderes Haus. Die Schulen schienen besser zu sein, die Mieten waren niedrig. Nur zwei von zehn Leuten, fand Ronale, waren Arschlöcher. Angeblich gab es sogar freie Stellen. Selbst Wal-Mart schien freundlicher – Ronale hatte gehört, dass die Angestellten am 4. Juli freinehmen durften, wenn sie wollten. Falls sie nach Georgia zögen, meinte der Freund, könnten sie eine Weile bei ihm unterkommen, bis sie auf eigenen Beinen stünden.

Im folgenden Juni beschlossen sie spontan, den Neuanfang zu wagen. Ihr Mietvertrag lief zum Ende des Monats aus. Sie hätten eine andere Wohnung – ohne Kakerlaken – in Tampa nehmen können, was ihre Lage aber nicht grundlegend verbessert hätte. »Ich stecke in der Falle und komme einfach nicht mehr raus«, sagte Danny. »Mag sein, dass ich selber schuld bin, dass ich einfach aufgegeben habe. Ich habe gekämpft, bis mir irgendwann die Kraft ausging, ich hab' mich einfach ergeben. Es gibt Leute, denen es leichter fällt, aus der Grube rauszuklettern. Und da habe ich mir gedacht, wenn ich hier nicht rauskomme, dann versuche ich es woanders.«

Dannys Traum war aufregend und erschreckend zugleich. Die Hartzells klammerten sich daran wie an eine Leitersprosse in einem tiefen Brunnen. Danny war nicht sicher, was für die Familie das Beste war. Nichtstun war auf jeden Fall schlimmer. Ronale hatte es satt, am Ende des Monats mit neunundzwanzig Dollar dazusitzen und auf Danielles Sozialhilfe zu warten, um Pepsi Light und Dr. Pepper kaufen zu können. »Manche Leute sind von Natur aus ängstlich, aber irgendwann muss man sich einen Ruck geben und den Sprung wagen«, sagte sie. »Es geht nur mit Gottvertrauen, mit Gebet.« Das Einzige, was ihr in Georgia fehlen würde, waren Disney World und Danielles Ärzte. Danny hatte keine Stelle in Aussicht, aber Dennis, der mit ihnen umziehen wollte, konnte mit einem Job bei Wal-Mart rechnen, das hatte man ihm versprochen. Die Kinder freuten sich einfach darauf, etwas Neues zu sehen. Es gab kaum jemanden, von dem sie sich verabschieden mussten.

Am 31. Juni, dem Tag vor ihrem Umzug, bekamen Danny und Ronale neue Zähne. Sie fuhren mit den Kindern zu einer Zahnklinik in einem der schlimmsten Viertel von Tampa. Gleich nebenan war ein Crackhaus. Da sie beide Zahnfleischentzündungen hatten und die letzten verbliebenen Zähne gezogen werden mussten, hatte es Wochen gedauert, bis sie für ihre neuen Dritten bereit waren. In der Zwischenzeit waren sie vollkommen zahnlos gewesen. »Komisches Gefühl«, meinte Danny im Wartezimmer. »Morgen isst Daddy einen Dorito. Ich habe seit acht Jahren keine Doritos mehr gegessen.« Er wurde aufgerufen und kehrte nach einer halben Stunde mit einem blendend weißen Grinsen zurück. Er hatte zwei perfekte Zahnreihen. Medicaid übernahm beinahe die gesamten Kosten, er musste kaum etwas zuzahlen. Er sah viel jünger aus – und weniger arm. Danielle saß auf seinem Schoß und übte schwierige Wörter mit ihm: »Sag mal *Soße*. Und jetzt *Zebra. Delphin. Teufel. Wal-Mart.*« Danny mochte das Gefühl, das ihm die Dritten gaben. »Kann ich mir noch 'ne Freundin anlachen«, sagte er und zuckte anzüglich mit den Brauen.

Nach einer Stunde war Ronale immer noch nicht zurück. Im Sprechzimmer waren laute Stimmen zu hören. Plötzlich stürmte sie weinend ins Wartezimmer und sagte: »Die oberen drücken aufs Zahnfleisch, sie tun mir weh.«

Die Zahnärztin, eine Lateinamerikanerin, kam heraus und erklärte geduldig, dass Ronales Zahnfleisch noch nicht ganz verheilt war. In den ersten Tagen sollte sie die Zähne alle Viertelstunde herausnehmen und mit warmem Salzwasser abspülen. »Kommen Sie gern nächste Woche wieder vorbei, dann passen wir sie noch einmal an.«

»Wir ziehen morgen um«, antwortete Ronale. »Es tut weh. Ihren anderen Patienten macht es vielleicht nichts, aber ich bin empfindlich. Ich bin halt nicht perfekt. Es fühlt sich an, als hätte ich einen Zahnstocher da stecken.«

»Aber sie waren zu locker«, erklärte die Zahnärztin, »sie dürfen ja nicht herausfallen.«

»Ich will jetzt gehen. Ich hab's satt, dass Sie mich für dumm verkaufen.«

Auf dem Heimweg hörte Ronale nicht auf, sich über die Schmerzen zu beklagen. Außerdem fand sie, dass die Zähne ihre Lippen dicker machten, sie sehe aus wie ein Gorilla. Bei Danny drückte nichts, er war zufrieden. »Kannst froh sein«, sagte Ronale, »dass sie nicht wehtun. Mir tut es sogar weh zu reden.«

»Dann lass sie mal ruhig drin«, sagte Danny und lachte.

»Blödmann.«

Die Kinder begannen, auch mit ihrer Mutter Wörter zu üben, auch sie musste *Zebra* sagen und *Wal-Mart*. Bald war das Auto voller Gelächter, auch Ronale hatte ihren Spaß, wenn sie sich gerade nicht beklagte. Zu Hause nahm sie die Zähne heraus, sie hat sie nie wieder getragen. Aus Mitleid oder Trägheit folgte Danny ihrem Beispiel.

Am Morgen kratzte Danny das letzte Geld zusammen und mietete einen Umzugswagen, den er rückwärts bis an die Wohnungstür fuhr. Dennis und er packten den ganzen Tag. Sie luden das Sofa ein, den Fernseher, den Computer. Die Vorräte aus der Küche. Kinderräder. Danielles

Schulsachen, ihren Hannah-Montana-Ranzen. Dannys und Brents große Sammlung von Videospielen (Ronale hatte es satt, dass sie ihren Mann manchmal nur noch von hinten sah, er konnte bis zu zehn Stunden am Stück in die *World of Warcraft* abtauchen.) Sie versuchten, alles auszusortieren, was von den Kakerlaken befallen war, darunter auch den Vinylsessel. Irgendwann fand sich Danny damit ab, dass einige Exemplare den Weg nach Georgia finden würden.

Dann kam ein Brief aus Tallahassee, etwas vom Amt. Eine Prüfung des Sozialamts hatte ergeben, dass Danny schuldhaft entlassen worden war, sein Antrag auf Arbeitslosenhilfe wurde abgelehnt. »Na ja«, sagte er, »was soll ich mich noch darüber ärgern. Wir bauen uns oben in Georgia etwas Neues auf. Nicht wahr, Brent? Ich glaube wirklich, dass wir oben besser zurechtkommen werden. Alles ist neu, alles ganz frisch. Es ist bestimmt die richtige Entscheidung. Hier unten wird es sowieso nicht besser.«

Wegen der Hitze und den Staus fuhren sie erst am späten Nachmittag los. Danny, Brent und eine Katze fuhren im Umzugswagen, Dennis, Ronale, Danielle und die anderen drei Katzen fuhren im Chevy hinterher. Als die Sonne unterging, war von Tampa nichts mehr zu sehen.

Einen guten Monat verbrachten sie in Georgia, dann gaben sie auf.

Dannys Freund hatte eine neue Freundin, die auf die Hartzells keine Lust hatte. Er war ein mürrischer Gastgeber. Er rechnete alles auf, jede Kinokarte, und er ließ sie deutlich spüren, dass sie schnell weiterziehen sollten. Er behandelte sie von oben herab und machte sich sogar über Ronales Übergewicht lustig, was Danny tief verletzte. Einmal spielten die Kinder im Wald, Brent kam mit Zecken zurück. Am Tag darauf trat er auf ein Hornissennest und trug ein halbes Dutzend Stiche davon. Sie fanden einen Wohnwagen, den sie sofort mieteten. Er stand an einer lauten Landstraße. Die Klimaanlage funktionierte nicht, den ganzen Tag, die ganze Nacht war es unerträglich heiß, und die Kinder trauten sich wegen der Ameisenwespen nicht nach draußen. Immerhin – das war die gute Nachricht – fand Danny einen Job als Schweißer für zwölf Dollar fünfzig, er wurde einer Gruppe von Mexikanern zugeteilt, die an Sattelschleppern arbeitete. Gleich am ersten Tag musste er einen Stahlträger auffangen, der ins Rutschen geraten war, und zerrte sich den Rücken. Er hatte früher schon Rückenprobleme gehabt, als er am nächsten Morgen aufwachte, schaffte er es kaum aus dem Bett. Nach all den Jahren der Arbeitslosigkeit und der leichten Tätigkeiten im Handel war er auf diese harte Arbeit nicht mehr eingestellt.

Brent kam gut zurecht – er brauchte ja nichts außer der Familie und seinen Videospielen. Aber Danielle vermisste ihre Freundinnen. Jetzt erst wurde Danny klar, wie teuer und anstrengend die Fahrten nach Tampa sein würden, die sie regelmäßig machen mussten, um die Prothese nachstellen zu lassen. Die Fahrt dauerte acht Stunden. Auf dem Land in Georgia dauerte jede Fahrt länger. Der Wal-Mart, in dem Dennis arbeitete, war so weit entfernt, dass die Milch schlecht wurde, bevor Ronale sie in den Kühlschrank stellen konnte. Sie gaben ihr ganzes Geld für Benzin aus. Am schlimmsten war, dass sie so isoliert waren. Der Kontakt zu Dannys Freund war abgebrochen. In Tampa hatten sie wenigstens noch die Ärzte und die Selbsthilfegruppe. Hier hatten sie niemanden.

Anfang August konnten sie nicht mehr. Die Rückkehr nach Tampa war nicht Ergebnis einer Entscheidung, sondern Folge eines Zusammenbruchs. Jemand im Krankenhaus, der es gut mit ihnen meinte, fand einen Wohnwagen bei Brandon für sie, er hieß River Run. Ronale sah die Bilder im Internet an und schickte eine Kaution von vierhundert Dollar, um einen Wohnwagen zu reservieren. Noch einmal mieteten sie einen Umzugswagen und ließen Georgia an einem Freitag kurz vor Mitternacht hinter sich. Als sie am Morgen in River Run ankamen, sahen sie die Löcher in ihrem Wohnwagen, sie entdeckten die Jalousienfenster, die nicht aufgingen, die Tür, die kein Schloss hatte, und als sie sahen, dass Herd und Kühlschrank fehlten, wären sie am liebsten auf die Knie gefallen und hätten geweint. Das war kein Ort für ihre Kinder. Sie fuhren nach Tampa und setzten Dennis bei Wal-Mart ab, damit er um seinen alten Job zu sieben Dollar sechzig betteln konnte. Dann suchten sie ein Motel. Irgendein Heimatinstinkt führte sie in die Gegend um den Luftwaffenstützpunkt, wo sie im Crosstown Inn, an einer Abfahrt des South Dale Mabry Highway, für fünfundvierzig Dollar die Nacht ein Zimmer nahmen. Sie waren wenige Straßen von ihrer alten Wohnung entfernt. Es gab einen kleinen Tischbackofen, in dem sie Hot Dogs grillten. Am nächsten Tag gab es Minipizza bestehend aus Hamburgerbrötchen, Tomatensoße und Scheibenkäse. Ihre gesamten Habseligkeiten waren in dem Umzugswagen, den sie längst hätten abgeben müssen. Damit hatten sie die Hälfte der Kaution schon verloren. Die Anzahlung für den Wohnwagen in River Run war auch verloren, ihr Geld reichte noch für eine Woche im

Motel. Für die Zeit danach gab es die Möglichkeit, dass eine Frau, die sie aus dem Krankenhaus kannten, die Kinder versorgen könnte. Danny, Ronale und Dennis würden im Auto schlafen.

Danny wusste nicht, was er noch tun konnte. Er wollte sich nicht hängen lassen, machte sich aber die ganze Zeit Vorwürfe, weil er glaubte, er hätte alles besser durchdenken sollen. Er war wie gelähmt, selbst die kleinsten Entscheidungen traute er sich nicht mehr zu. Einmal fuhr Danny mit seiner Tochter zu Wal-Mart, um Aufschnitt, Brot und Kartoffelsalat zu kaufen. Als sie aus dem Auto stiegen, fing Danielle plötzlich an zu weinen. Sie hatte Angst, dass die Katzen sterben könnten, wenn sie wieder obdachlos würden. Danny zeigte vor den Kindern niemals Schwäche, aber als er Danielle in den Arm nahm, um sie zu trösten, kamen auch ihm die Tränen.

Mitten in dieser Krise sah Danny seine Lage mit schmerzlicher Klarheit. Er wusste, dass Danielles Behandlung oberste Priorität hatte. Und er wusste, dass alles davon abhing, ob er Arbeit fand oder nicht. Er hatte sich dumpf und taub gefühlt, aber jetzt riss er sich noch einmal zusammen und fuhr kreuz und quer durch Tampa, und auf jede freie Stelle bewarb er sich, selbst in den Fastfood-Ketten – es war ihm egal. Dennis' Vorgesetzter bei Wal-Mart setzte sich für Danny ein, er wurde eingestellt und bekam acht Dollar die Stunde, um Gemüse auszuladen und Regale einzuräumen. Mit dem Geld, das er und Dennis verdienten, gelang es ihnen, eine Sozialwohnung auf der South Lois Avenue zu mieten, die siebenhundertfünfundvierzig Dollar kostete. Sie hatte ein Zimmer mehr als die alte Wohnung am Highway, die nur eine Meile entfernt war. So schloss sich ein Kreis, es war, als wollte Gott sie vor der Erinnerung bewahren, dass sie einmal versucht hatten, der Stadt zu entkommen. Vielleicht gelang es ihnen hier, an dieser Stelle, noch einmal Fuß zu fassen.

Populistin aus der Prärie: Elizabeth Warren

Zwei Geschichten gab es, die sie gern erzählte. Die eine handelte von ihr selbst, die andere von Amerika.

Elizabeth Herring war ein braves Mädchen aus Oklahoma. Ihre Familie hatte die verheerenden Staubstürme der Dreißigerjahre überlebt, war aber, anders als die große Mehrheit der Präriebevölkerung, nicht an die Westküste geflohen, da ihnen als Methodisten die Familienwürde über alles ging. Drei der Söhne waren sehr viel älter. Als Elizabeth 1949 auf die Welt kam, war gerade ein Geschäftspartner des Vaters mit dem Geld durchgebrannt, das er gespart hatte, um einen Autohandel zu eröffnen. Mr Herring musste als Hausmeister in einer Wohnanlage in Oklahoma City arbeiten, um seine Schulden zu bezahlen und die Familie durchzubringen.

Die Eltern sprachen ein sauberes Englisch und achteten darauf, dass ihre Kinder nicht *ain't* sagten. Liz brachte Zeugnisse nach Hause, auf die sie sehr stolz waren. Obwohl sie um die Arbeit des Vaters wusste, war sie überzeugt, dass die Familie fest in der Mittelklasse verankert war. Als sie erfuhr, dass ihre Mutter kein Geld für ein richtiges Hochzeitskleid gehabt hatte, fiel sie aus allen Wolken.

Als Liz zwölf war, hatte der Vater einen Herzinfarkt. Er wurde bei der Arbeit zurückgestuft, Krankenhausrechnungen mussten beglichen werden. Sie waren gezwungen, ihren bronzefarbenen Oldsmobile mit Klimaanlage aufzugeben. Mrs Herring nahm eine Stelle als Telefonistin in der Versandabteilung des Sears-Kaufhauses an, damit sie das Haus behalten konnten, das im besten Schulbezirk von Oklahoma City lag. Als sie sich an ihrem ersten Arbeitstag in ein altes Mieder und ein schwarzes Kleid zwängte, sah Liz, dass sie Tränen in den Augen hatte.

»Ist das Kleid zu eng?«, fragte die Mutter.

»Es sieht sehr schön aus«, log Liz.

Ihre Mutter beklagte sich oft und lautstark darüber, dass sie wieder arbeiten musste. Sie ließ nicht nach, ihrem Mann Vorhaltungen zu machen, weil er unfähig war, die Familie zu versorgen. Er zog sich gedemütigt zurück. Liz hielt sich raus – auch später ging sie Konflikten immer wieder aus dem Weg – und versuchte, sich nichts anmerken zu lassen. Sie verdiente ein wenig Geld als Babysitterin und Aushilfskellnerin und nähte ihre eigenen Kleider. Wenn ihr Vater sie morgens zur High School brachte, ging sie das letzte Stück immer zu Fuß. Ihre Freundinnen sollten nicht sehen, in welchem Zustand der alte, cremefarbene Studebaker war, den sie jetzt fuhren. Sie trat einem Club bei, der bei Schulveranstaltungen für Stimmung sorgte, und gewann den von einer Lebensmittelfirma gesponserten Titel »Hausfrau von morgen«.

Die Turbulenzen der mittleren Sechzigerjahre erreichten die Herrings nicht. Rassentrennung war weiterhin die Regel in Oklahoma City. Don, einer der Brüder, kämpfte in Vietnam, sie unterstützten ihn und befürworteten den Krieg. Liz durfte morgens bei Schulbeginn das Gebet sprechen, das durch ein Lautsprechersystem in alle Klassenzimmer übertragen wurde. Sie wusste, dass es für Mädchen nur zwei Möglichkeiten gab: Krankenschwester oder Lehrerin. Und sie wollte Lehrerin werden.

Sie wurde in die Debattiermannschaft aufgenommen, es zeigte sich, dass sie Talent hatte. Sie abonnierte *Time* und *Newsweek* und recherchierte ein Jahr lang zur nuklearen Abrüstung und zum staatlichen Krankenversicherungssystem Medicaid. So gewann sie den Titel als beste Debattiererin von Oklahoma. Es war das erste Mal, dass sie das Gefühl hatte, dass eine größere Welt auf sie wartete. (Nur in ihrem achten Lebensjahr, als der Fernsehstar James Garner, der Absolvent ihrer Grundschule war, in ihrer Aula auftrat, hatte sie schon einmal etwas Ähnliches gespürt.) Sie war sechzehn, als ihr die George Washington University ein Vollstipendium anbot. Die Herrings hatten inzwischen ihren Platz in der (unteren) Mittelklasse wieder eingenommen.

Einige Jahre später heiratete sie ihren besten Freund aus der High School, einen Ingenieur bei der NASA, und wurde Elizabeth Warren. Sie hatte in Houston Logopädie studiert und hatte eine kleine Tochter. Ihr Mann wechselte immer wieder die Stelle, sie zogen von Stadt zu Stadt. In New Jersey, an der Rutgers University, schrieb sie sich für ein Jurastudium ein, das sie erfolgreich absolvierte. Sie bekam einen Sohn. Ihr Mann wollte, dass sie zu Hause blieb und sich um die Kinder kümmerte, aber sie war unruhig, sie wollte mehr. 1978 kam die Scheidung, sie zog nach Houston und lehrte Jura an ihrer Alma Mater. Sie trat den Republikanern bei, weil sie die Marktwirtschaft stärken wollten, die, so glaubte sie, von staatlicher Seite gehemmt und unterdrückt wurde.

1978 kippte der Kongress ein Gesetz, das ein Verbraucherschutzministerium geschaffen hatte, und verabschiedete eines, das es leichter machte, Konkurs anzumelden. Elizabeth Warren beschloss, sich wissenschaftlich mit dieser eher obskuren Thematik auseinanderzusetzen. Sie wollte herausfinden, warum Amerikaner beim Konkursgericht landeten. Sie nahm die Unerbittlichkeit ihrer Mutter zum Ausgangspunkt. »Ich wollte nachweisen, dass diese Leute das System ausnutzten«, erzählte sie später. »Ich wollte zeigen, wer uns, der übrigen Gesellschaft, auf der Tasche lag.«

Die ganzen Achtzigerjahre hindurch forschte sie mit zwei Kollegen. Es war der Punkt, an dem die erste Geschichte, die sie erzählen wollte – ihre eigene – auf die zweite traf, die etwa so ging:

Seit 1792, als George Washington regierte, kam es im Abstand von zehn oder fünfzehn Jahren immer wieder zu Finanzkrisen. Es gab Panikverkäufe, Bank-Runs, Kreditkrisen, Kursstürze, Wirtschaftskrisen. Hundert Jahre lang ging das immer so weiter, bis während der Großen Depression Oklahoma unter einer Staubwolke versank. »Das bekommen wir besser hin«, sagten die Amerikaner. »Wir brauchen nicht zu den Zyklen zurückzukehren, die uns von Krise zu Krise führen.« Diese Erfahrung führte zu drei neuen Regeln:

Der Staat versichert deine Spareinlagen (FDIC – Federal Deposit Insurance Corporation).

Deine Bank macht keine verrückten Sachen mit deinem Geld (Glass-Steagall).

Der Aktienhandel wird streng kontrolliert (SEC – Securities and Exchange Commission).

Fünfzig Jahre lang verhinderten diese Regeln eine neue Finanzkrise. Es gab keine Panikverkäufe und keine katastrophalen Zusammenbrüche. Amerika wurde sicherer und wohlhabender. Das Bankgeschäft war langweilig. Im ganzen Land etablierte sich die größte Mittelklasse in der Geschichte der Menschheit.

Es waren die Jahre ihrer Kindheit. Sie war zwar nicht einfach gewesen, aber am Ende kamen ihre Eltern und Brüder doch gut zurecht. Mit dreißig Jahren lebte sie selbst in guten, sicheren Verhältnissen.

Dann kamen die späten Siebziger-, die frühen Achtzigerjahre. »Ach, wer braucht diese Regeln, sie kosten nur Geld.« Der Staat begann, das System der ineinander verwobenen Sicherungssysteme aufzulösen. Und dann? – kam die Sparkassen-Krise.

In den späten Achtzigerjahren, als Warren und ihre Kollegen die Forschungsergebnisse zur Veröffentlichung vorbereiteten, gingen auf einen Schlag siebenhundert finanzielle Institutionen unter. Was sie herausgefunden hatten, stand in komplettem Widerspruch zu Warrens Erwartungen und führte dazu, dass sie ihre Überzeugungen komplett revidierte. Die meisten Amerikaner, die in Konkurs gingen, waren keine Abstauber, die das System ausnutzten. Sie arbeiteten hart, um nicht zurückzufallen, sie versuchten, wie Warrens Eltern, ihre Häuser in den besseren Schulbezirken zu halten, damit ihre Kinder eine Chance auf ein Leben in der Mittelklasse hatten. Dann verlor jemand seine Stelle, oder die Ehe zerbrach, oder jemand wurde krank. Sie lebten immer mehr auf Pump und flüchteten sich schließlich in den Konkurs, weil sie nicht den Rest ihres Lebens Schulden haben wollten. Die meisten, die vor dem Konkursrichter landeten, waren nicht verantwortungslos – im Gegenteil.

Als Mädchen hatte Warren erfahren, was es bedeutete, Schulden zu haben. Nun begann sie, finanziellen Ruin nicht durch die Augen der Mutter zu sehen, sondern durch die ihres Vaters – nicht als soziale Schande, sondern als persönliche Tragödie, die nur selten das Ergebnis eines schlechten Charakters war. Sie war eher das Ergebnis einer schwachen Aufsichtsstruktur. Je größer der Druck der Banken auf den Gesetzgeber war, Regeln abzubauen, desto mehr Menschen gingen pleite. Die Zahlen stiegen rasant.

Diese Studien veränderten Warrens Leben. Sie arbeitete weitere zwei Jahrzehnte daran (1992 erhielt sie einen Ruf nach Harvard) und beriet einen Kongressausschuss zur Konkursgesetzgebung. Sie beobachtete, wie Kreditkartenfirmen und Banken Millionen an Wahlkampfspenden verteilten und den Verbraucherschutz aushebelten. 2005 verabschiedete der Kongress mit Unterstützung von Demokraten wie Joe Biden, Chris Dodd und Hillary Clinton ein Gesetz, das den Weg zum Konkursgericht erschwerte. Es war ein gewaltiger Sieg für die Wirtschaftslobby. Warren begann zu verstehen, wie Washington funktionierte.

Und so nahm die zweite Geschichte ihren Lauf.

1998 brach Long Term Capital Management zusammen und hätte beinahe die Finanzdienstleister mit in den Abgrund gerissen, wodurch deutlich wurde, dass die zunehmend autonome Finanzwelt in gefährlicher Weise global vernetzt war. Einige Jahre später kam die spektakuläre Pleite des Unternehmens Enron, dessen Bücher gefälscht waren. Kongress und Weißes Haus arbeiteten weiter an der Lockerung der Aufsicht.

Da die Gehälter und Löhne nicht stiegen, nahmen immer mehr Familien Kredite auf. In den öffentlichen Schulen herrschten katastrophale Zustände. Wer seinen Kindern ein Leben in der Mittelklasse ermöglichen wollte, versuchte mit allen Mitteln, ein Haus in einem guten Schulbezirk zu kaufen. Die Preise dieser Häuser schossen in die Höhe, Eltern mussten immer länger arbeiten. (Gemeinsam mit ihrer Tochter schrieb Warren ein Buch über diesen Teufelskreis.) Die Banken bemerkten, dass sie nirgends so viel Geld verdienen konnten wie im Bereich der Mittelklasse. Sie unterwanderten die letzten Regeln, die das Geschäft mit Kreditkarten und Verbraucherkrediten abgesichert hatten. Die Zuständigkeit für die Aufsicht über das Kreditgeschäft war auf sieben verschiedene Ministerien und Ämter verteilt, von denen nicht eins die Interessen der Verbraucher im Blick hatte. Niemand sah hin, als die Banken immer riskantere Kreditgeschäfte mit Privatkunden machten, bei Hypotheken, Kreditkarten und selbst Autokrediten. Die Banken nahmen den Verbrauchern das Versprechen ab, ihre Schulden abzutragen, bündelten und verbrieften diese Versprechen und verkauften sie an Investoren.

Drei Dinge geschahen:

Die Gewinne stiegen enorm.

Boni stiegen noch viel mehr.

Das Risiko wurde stratosphärisch.

Dann stürzte alles wieder zur Erde, und die Banker traten vor das amerikanische Volk und sagten: »Oh Mann, wir haben hier ein echtes Problem, ihr müsst uns retten, sonst gehen wir alle unter.« Und das amerikanische Volk rettete die Banken.

Dreißig Jahre hatte es gedauert, bis Warren so weit war, diese Geschichte in der *Daily Show* des linken Satirikers Jon Stewart zusammenzufassen, in einem Segment, das ganze fünf Minuten dauerte.

Das Land befand sich in einer jener Krisen, mit denen sie sich ein Leben lang beschäftigt hatte. Präsident Obama kannte sie bereits seit 2004, er wusste genau, was sie meinte, wenn sie über »Raubkredite« sprach. Er las den Artikel, in dem sie 2007, zu Beginn der Immobilienkrise, eine neue Verbraucherschutzbehörde für Kreditgeschäfte forderte. »Toaster, die in einem von fünf Fällen in Flammen aufgehen und das ganze Haus in Schutt und Asche legen, werden bei uns nicht zugelassen«, schrieb sie. »Aber es ist möglich, ein Haus zu refinanzieren mit einer Hypothek, die in einer von fünf Fällen dazu führt, dass die Familie auf der Straße landet.

Die Banken sind nicht einmal verpflichtet, den Verbraucher entsprechend zu warnen.« Warren verlangte eine neue, vom Kongress unabhängige Behörde, die Banken und Kreditkartenunternehmen zwingen konnte, Risiken und Verzugsgebühren offenzulegen und deutlich zu beschreiben. Obama gefiel diese Idee. Kurz nach seiner Amtseinführung ernannte er Warren zur Vorsitzenden der Kommission, die den Bankenrettungsfonds beaufsichtigte.

Und so kam Warren nach Washington. Sie war nicht wie die anderen dort, sie sah nicht einmal so aus. Sie trug einen praktischen Kurzhaarschnitt und eine randlose Brille, sie schminkte sich nicht und bevorzugte lehrerhafte, ausgeleierte Rollkragenpullis, die lose an ihrem schmalen, zarten Körper hingen.

Sie sprach auch nicht wie eine typische Politikerin. Sie war zwar Juristin und Professorin, doch ihre Sätze waren so schlicht wie ihre Frisur. Sie rückte keinen Millimeter von ihrem Standpunkt ab und versuchte nicht, sich beliebt zu machen. Auf die Banken schien sie einen wahren Hass zu haben. Sie war nicht die erste Konservative, die radikale Ansichten entwickelte, weil die Institutionen, die die alte Lebensweise möglich gemacht hatten, vor ihren Augen zusammengebrochen waren. Sie konnte bissig sein und bitterböse, etwa, wenn sie meinte, dass die anstehende Debatte »Blut und Schneidezähne« kosten würde. Sie hätte zwar liebend gern selbst die Verbraucherbehörde geleitet, die sie erfunden hatte, tat sich aber keinen Gefallen, als sie genau diejenigen, deren Unterstützung sie gebraucht hätte, mit Fragen über den Verbleib von Steuergeldern bombardierte. Sie war nicht bereit, die Spielregeln zu befolgen.

Als sie in den Anhörungssaal der Senatskommission trat, schien sie aus einer anderen Ära zu kommen, aus einer Zeit, als die amerikanische Prärie wütende, wortgewaltige Kämpfer für das einfache Volk hervorbrachte, Politiker wie William Jennings Bryan und Robert LaFollette, George Norris und Hubert Humphrey. Ihre Anwesenheit genügte, um die politischen Insider nervös zu machen, denn sie mussten eingestehen, dass sie sich in der gemütlichen, korrupten Welt des Capitol Hill eingerichtet hatten wie alle anderen auch. Und das war unverzeihlich.

Die Banker sollten ihr niemals verzeihen. Sie sahen in Warren den »fleischgewordenen Satan« und ließen einen wahren Spendensegen auf den Kongress herabregnen, um zu verhindern, dass sie die Behörde leitete. Sie bezeichneten sie als naiv, was sie ihr aber nicht verziehen, war, dass sie ihr Spiel durchschaute.

Die Republikaner sollten ihr ebenfalls nie verzeihen. Sie gab nicht nach und verzichtete auf die üblichen Höflichkeitsgesten – worauf die Konservativen versuchten, sie einzuschüchtern. Sie nannten sie eine Lügnerin und versuchten mit allen Mitteln, die Einrichtung der Behörde zu kippen, und es schien beinahe, als würden sie mit Messern auf die Frau losgehen, die es gewagt hatte, sie herauszufordern.

Es gab auch einige Demokraten, die ihr nie verzeihen sollten. Das Weiße Haus hielt sie für eine Nervensäge. Dodd meinte, ihr Problem sei ihr Ego. Timothy Geithner, der in einer Sitzung so wütend wurde, dass er sie beinahe anschrie, konnte sie nicht ausstehen.

Der Präsident wusste nicht so recht, was er mit der Frau anfangen sollte. Sie verstanden sich gut, weil sie beide Juristen aus Harvard waren, und sie sprachen über dieselben Themen – die unter Druck geratene Mittelklasse, gleiche Bedingungen und Chancen für alle, die Exzesse der Finanzwelt. Aber Warren sprach darüber nicht als Teil der Elite. Sie wäre nie auf die Idee gekommen, ihre Kritik zu relativieren, ein Satz wie »Jungs, nehmt es nicht persönlich, lasst uns vernünftig sein und etwas aushandeln« wäre ihr nicht über die Lippen gekommen. Und so begannen einige von Obamas leidenschaftlichsten Unterstützern, vom Präsidenten abzurücken und sich auf ihre Seite zu schlagen.

Im Sommer 2011, nach zähen Verhandlungen mit sich selbst, die zu der Einsicht führten, dass der Kampf nicht zu gewinnen war, trat Obama in den Rose Garden und nominierte Warrens Stellvertreter Richard Cordray als Leiter der neuen Behörde. Dann küsste er Warren zärtlich auf die Wange.

Sie aber war in Gedanken ganz woanders, in Massachusetts nämlich, wo sie sich um einen Sitz in einer Kammer bewarb, in der einst Senatoren wie Fighting Bob und Happy Warrior die Seelen der einfachen Menschen angerührt hatten.

Wall Street

Kevin Moore, dessen wahrer Name ein anderer ist, wurde in Manhattan geboren. Er wuchs auf, studierte und fing 1998 bei einer amerikanischen Großbank an. Es war das Jahr, als Long Term Capital Management zusammenbrach und beinahe die ganze Wall Street ins Trudeln gebracht hätte, es war auch das Jahr, in dem Glass-Steagall ersatzlos gestrichen wurde. Kevin konnte damals nicht viel mit diesen Dingen anfangen – erst Jahre später wurde ihm die Bedeutung der Ereignisse klar. Er war unter den Bewerbern jenes Jahrgangs ohnehin der schwächste – die Stelle bekam er nur, weil es die meisten seiner Konkurrenten an die Westküste zog, um den Goldrausch im Silicon Valley nicht zu verpassen. Die Teilnehmer des Trainingsprogramms einigten sich in einer jovialen Abstimmung darauf, dass Kevin aller Wahrscheinlichkeit nach als Erster gefeuert würde.

Aber Kevin fand sehr schnell heraus, dass das Bankgeschäft nicht schwierig war. Die Wall Street benutzte eine undurchsichtige Sprache, um die Außenwelt zu beeindrucken, aber wer vorankommen wollte, musste entweder rechnen oder reden können, man wurde dementsprechend entweder in den Wertpapierhandel gesteckt oder auf die Kunden losgelassen. Einige wenige, die gut lügen konnten, machten das große Geld. Um ganz nach oben zu kommen, musste man ein richtiges Arschloch sein und fünfundsiebzig Leute rücklings erdolchen – nur die Gewissenlosigkeit unterschied diese Leute von den nächsten zehn, die gern nachgerückt wären. All das interessierte Kevin nicht. Sein Ziel war, möglichst wenig zu arbeiten und das Leben zu genießen, er wollte durch die Welt reisen, gut essen, gute Musik hören, Designerklamotten und lustige Freunde haben. Er begann in der Hauptverwaltung im Financial District, verdiente achtzigtausend Dollar Jahresgehalt und einen Bonus von nochmals achtzigtausend. In den ersten sechs Jahren verdiente er nie mehr als eine Viertelmillion. Erst später ging es richtig ab.

Am Morgen des 11. September 2001 saß Kevin in seinem Büro und besprach den Handel für den Tag, als der Boden zu wackeln begann. Plötzlich flogen am Fenster Papiere auf. Er hatte einen direkten Blick auf die Flammen, die aus dem Nordturm schossen. Alle Fernseher im Handelsraum waren wie immer auf CNBC gestellt – auf der Wall Street lief nichts anderes, CNN war bei den Finanznachrichten nicht zuverlässig, BBC war zu soft und international, Reuters hatte keinen eigenen Sender, Fox wurde nicht ernst genommen – und CNBC zeigte bald die ersten Bilder des brennenden Turms. Anfangs hieß es noch, es sei ein Kleinflugzeug gewesen, aber Kevin, der von seinem Platz aus die Austrittswunde sehen konnte, wusste, dass das nicht stimmte. Das war auch keine normale Flugroute – es sah überhaupt nicht gut aus.

Er ging wieder an die Arbeit und telefonierte gerade, als plötzlich die amerikanischen Staatsanleihen in die Höhe schossen – London kaufte. Zu dem Typen am anderen Ende der Leitung sagte er: »Ich glaube, das lassen wir für heute.« Er zerriss den Auftrag. Vor seinem Fenster regnete es brennende Schnipsel. Das Feuer war außer Kontrolle. Die Fernseher wurden auf CNN umgeschaltet, plötzlich war da ein Live-Bild von einem zweiten Flugzeug. *Verdammte Scheiße, noch ein Flugzeug!* Und dann … boom. Es fühlte sich an wie ein Erdbeben.

»Alle ruhig bleiben!«, rief der Abteilungsleiter.

»Ich bleib nicht ruhig, verdammt«, sagte Kevin, »ich will hier raus.«

Der Brandschutzbeauftragte sei auf dem Weg, hieß es, alle müssten sich an den Plan halten, aber Kevin war schon auf dem Weg zu den Aufzügen. »Ich scheiß auf euren Plan«, sagte er, »feuert mich doch, wenn ihr wollt. Ich hau ab.« Niemand rührte sich. Diese Aktien-Cracks mit zwei Millionen Jahresgehalt standen herum und warteten auf Anweisungen von irgendeinem Idioten, der selbst nicht wusste, was los war. Eine Unterbewertung der beiden Flugzeuge, sozusagen.

Unten drängten wie immer die Massen aus den U-Bahnen, niemand bemerkte, was geschehen war. Alles sah ganz normal aus. Kevin stieg in die Bahn nach Uptown und fuhr zu seinen Eltern, er war wohl der Einzige in dem ganzen Zug, der Bescheid wusste. Seine Mitarbeiter, die sich an den Evakuierungsplan gehalten hatten, standen auf der Straße, als der Südturm einstürzte und sie mit Staub zudeckte. In dem Chaos wurde erst deutlich, dass die Gesellschaft funktionierte, ohne dass irgendjemand wirklich durchschaute, was zum Teufel da draußen vor sich ging.

Die Bank kam außerhalb der Stadt unter, kehrte aber nach zwei Wochen bereits nach Manhattan zurück. Erstaunlich schnell begannen die Kurse, sich zu erholen. Sie hatten ja auch recht – die Anschläge hatten nicht viel geändert. Die Fluggesellschaften hatten die Arschkarte, aber schlimmer als ungefähr vier schreckliche Flugzeugabstürze war es wohl auch nicht. Die Notenbank senkte die Zinsen. Die Börse jubelte. Der Boom begann.

2004 verließ Kevin seinen sicheren, langweiligen Job und wechselte in die Eigenhandelsabteilung einer großen europäischen Bank. Das Risiko war groß – er konnte fristlos gekündigt werden – und die Chancen waren gigantisch. Es war eine der mutigeren Entscheidungen seines Lebens, und wohl eine der besten. Die Bank stand kurz davor, in das Geschäft mit kollateralisierten Schuldobligationen einzusteigen. Die Börse entschied, wie groß die Wohnung war, die man sich leistete, ob man einen Edelstahlherd von Viking in der Küche hatte, sie entschied, wer reich war und wer nicht. Am Anleihenmarkt konnte man ablesen, ob die Leute gut drauf waren oder Sand fraßen, man sah auf der Anzeige, wer lebte und wer nicht. Seit den Achtzigern kamen die Impulse immer wieder vom Anleihenmarkt. Alles, was später aus dem Ruder lief, beruhte eigentlich auf guten Erfindungen: strukturierte Finanzierungen, Kreditderivate. Sie minimierten das Risiko und standen Unternehmen und Investoren als finanzielle Lösung zur Verfügung. Das Problem war die Ausführung. Zur Mitte des Jahrzehnts lag einfach zu viel Geld auf dem Tisch, der moralische Kompass stimmte nicht.

Die Kultur in seiner neuen Abteilung war extrem aggressiv. Die Lahmärsche in Europa trauten sich nicht, ihre Einlagen zu hebeln, und ließen die Cowboys in New York und London ans Steuer, die gleich die Fenster runterkurbelten, die Schnapsflasche herumgehen ließen und in die Luft ballerten. Die Abteilung war auf einer der unteren Etagen – nach 9/11 wurden die Handelsbereiche nach unten verlagert, die Moneymaker mussten unbedingt am Leben bleiben, gerade wer Millionen verdiente, musste mit einem Ausblick auf den Sandwichladen gegenüber vorliebnehmen, während die Mädels von der Personalabteilung mit ihren vierzigtausend im Jahr die besten Blicke auf den Fluss hatten. Von einem Handelsteam konnte keine Rede sein – da saßen nur ein paar Typen herum, die ausrechneten, wie viel sie setzen konnten, und um gewaltige Einsätze spielten. Kevin handelte mit Kreditderivaten und Firmenanleihen, Schulden von Fluggesellschaften zum Beispiel.

Wenn man so einen Job hatte und ein gutes Händchen, gab es an der Wall Street nichts Besseres. Zwei Jahre lang hatte er ein gutes Händchen. Er verdiente jetzt – überwiegend als Bonus – eine knappe Million im Jahr, ein Vielfaches seines früheren Gehalts. Er hätte noch mehr verdienen können, wenn es ihm etwas bedeutet hätte. Aber die Wohnung im East Village war schon abbezahlt, er lebte von seinem Gehalt und legte den Bonus zurück. Er besaß weder ein Auto noch ein Boot. Aber er liebte es, in den besten Restaurants von New York zu essen und seine Freunde – allesamt mittellose Künstler – einzuladen. Er hatte mehr Geld, als er brauchte.

Es waren nicht nur die amerikanischen Hypotheken, die die Welt erschütterten, sondern die globale Schuldenkrise. Kevin war mittendrin, er beobachtete, wie in den Jahren um 2005 die Kreditblase immer größer wurde. Er machte keine unsauberen Sachen – er hatte einen tollen Job und keinen Grund, ihn aufs Spiel zu setzen. Er war nicht einer von denen, die sagten: »Komm schon, unterschreib schon die verdammte CDO, wir kriegen unseren Bonus und wenn das in drei Jahren mal explodiert, sind wir längst nicht mehr hier.« Aber er spürte auch, dass die Dinge aus dem Ruder liefen. Er hatte eine Freundin in dem europäischen Land, aus dem seine Bank kam, und wenn er sie besuchte, war er immer wieder überrascht, wie viele Leute mit den Karten der Bank bezahlten. »Verdammt, das ist ja eine stinknormale Bank. Das ist ja nicht Bear Stearns oder Merrill.« Für jeden Dollar, den seine Freundin auf ihr Sparbuch einzahlte, kaufte Kevin vierzig Dollar in Anleihen. Einmal machte ihn ein Kollege auf eine gigantische Transaktion aufmerksam. Greg Lippmann, der Leiter der Investitionsabteilung der Deutschen Bank, häufte Leerverkäufe gegen Immobilienpapiere an – er war offenbar der einzige Anleihenhändler, der damals erkannte, dass in Florida und Nevada die Hypotheken nicht mehr bedient wurden. Nun suchte er jemanden, der sein Risiko aus einigen Kreditderivaten übernehmen konnte. »So sieht es aus«, sagte der Broker, »das sind alles verdammte Hypotheken, und die sind alle einen Haufen Dreck wert.« Aber Kevin winkte ab. Es klang schon richtig – er hatte nie verstanden, warum all diese Häuser in Tampa und sonstwo so viel wert sein sollten –, aber er kannte sich mit Hypotheken nicht gut genug aus, um so tief einzusteigen und den richtigen Zeitpunkt zum Verkauf zu finden. Und das war ein Glück, denn er hätte am Anfang eine Menge Geld verloren, und als Lippmann Millionen verdiente und der Deutschen Bank einen Gewinn von 1,5 Milliarden bescherte, war er längst nicht mehr in der Firma.

Ende 2005, Kevin stand kurz vor dem dreißigsten Geburtstag, wechselte er mit seinem Chef in den Emerging Markets-Handel, er pendelte zwischen London und New York, handelte mit Anleihen und reiste vergnügt in Städte wie Buenos Aires oder Kiew. Er erreichte bei allen Fluggesellschaften Platin und kannte bald einige Städte im Ausland besser als die Orte in Amerika, wo man subventioniertes Benzin tankte und mit Pick-ups dreißig Meilen zur Arbeit fuhr. 2006 ging es richtig ab, Anleger kauften jedes Objekt, das sie kriegen konnten. London wurde so teuer, dass Kevin einen Monatsvorrat Socken bei Century 21 in Manhattan kaufte, nach London mitnahm und dort entsorgte. Das war billiger, als sie in Mayfair waschen zu lassen. Es war eindeutig eine Schieflage, und es war klar, dass es so nicht weitergehen würde. Ende des Jahres wettete er massiv gegen den Markt.

Drei oder vier Mal hatte er schon den Weltuntergang vorhergesagt, bevor er dann tatsächlich eintrat. Der ganze Kreditmarkt beruhte nur auf Vertrauen, und wenn er wackelte, bekamen es alle mit der Angst zu tun, denn was sich da ankündigte, war so groß, dass sie es nicht schaffen würden, rechtzeitig aus dem Markt zu gehen. Der erste Wackler kam im Februar 2007, als Merrill Lynch mit einem Hedgefonds von Bear Stearns über Sicherheiten stritt. Der Markt machte sich eine Woche lang in die Hose – wer wollte schon der letzte Schwimmer im Pool sein, in dem nur Leichen trieben. Kevin war so sicher, dass es der Anfang vom Ende war, dass er versäumte, seine Short-Positionen abzusichern. Der Markt setzte zu einem weiteren, fünf Monate währenden Höhenflug an – er hatte sich komplett verspekuliert. Hätte er damals recht gehabt, würde er jetzt auf fünfzehnhundert Quadratmetern wohnen.

Im Juli – Kevin hatte gerade ein paar ukrainische Schrottanleihen abgestoßen – kam ein Kollege zu ihm und sagte: »Du bist der Einzige hier, der Leerverkäufe macht. Du bist ein richtiger Schlappschwanz.«

»Hier arbeiten über dreihundert Leute«, antwortete Kevin. »Meinst du nicht, es wäre gut, wenn hier mehr als einer Leerverkäufe macht? Also gut, hier sind die Preise. Du kannst von jeder Position fünf Millionen haben, bis zu einem Maximum von hundert Millionen. Verkaufe ich dir alles.« Der Typ meinte, er würde es sich überlegen, er kam aber nie zurück. Wer war denn nun der Schlappschwanz?

Dann kam der zweite Wackler. Der Hedgefonds von Bear Stearns bekam einen weiteren Margin Call, diesmal war die Scheiße so wertlos, dass Bear den Fonds schließen musste. Aber statt den Verlust abzuschreiben, übernahm die Bank die Finanzierung, und das bedeutete, dass jetzt Bear selbst infiziert war, was auf direktem Weg zum dritten Wackler führte. Im März ging Bear in die Knie, Kevins Abteilung gehörte zu den Ersten, die den Stecker zogen.

Kevin reiste den ganzen Sommer 2008 um die Welt, teils geschäftlich, teils zum Vergnügen: Argentinien, China, Ukraine. Mitte September landete er um vier Uhr morgens in der ehemaligen Sowjetrepublik, schaltete seinen Blackberry ein und sah bei Bloomberg, dass Lehman Konkurs angemeldet hatte. Verglichen mit Lehmann war Bear nur eine kleine Maklerklitsche, eine ganz andere Nummer, Lehmann war einer der größten Marktteilnehmer im Derivatehandel, und Kevins Bank steckte tief mit drin. Vierundzwanzig Stunden brauchte er bis London, er stieg in den nächsten Flieger nach New York, schließlich hatte er einen der besten Plätze, um das Spektakel des Weltuntergangs zu sehen.

Es dauerte einige Wochen, bis das ganze Ausmaß der Zerstörung deutlich wurde. Kevin überschlug, wie viele Transaktionen abzuwickeln waren. Es war faszinierende Arbeit, jeden Morgen von neuem. Es war ein tiefgehender Umbruch, den nur wenige Menschen aus nächster Nähe erleben durften. Man sah jetzt, wie die Leute wirklich dachten. Die normalen Händler, die neben ihm im Schützengraben lagen, hielten einigermaßen zusammen. Der Chef zeigte sich loyal. Aber oben trieb nicht die Sahne der ethisch Unanfechtbaren. Da Kevins Bank bei Lehman sehr exponiert war, kam eines Tages jemand von der Firmenleitung vorbei. Er war auf der Suche nach einem Sündenbock. »Welches Arschloch hat das gemacht?« Jeder von denen da oben versuchte, als Erster ins Rettungsboot zu kommen. Sie stießen sich gegenseitig in die Rippen und sagten dabei Sätze wie: »Mach dir keine Sorgen. Bleib einfach dran und sieh zu, dass du aus den Risiken rauskommst, dann kriegst du im neuen Jahr einen frischen Start.« So naiv war Kevin nicht. »Ich spüre doch, dass ich einen roten Punkt auf der Stirn habe.« Er war nur ein Bauer, die Partie war erst entschieden, wenn König und Königin ihr Wörtchen gesagt hatten. Die Abteilung verlor zum Jahresende die Hälfte der Belegschaft. Die meisten ließen sich abfinden und nahmen ihren Hut. Darunter war auch Kevin.

Er war froh, endlich aus dem Bankengeschäft raus zu sein. Er sah das Ganze mit einer gewissen Distanz. Wer war schuld? Schwer zu sagen, wie immer, wenn es so groß ist. Auf einer bestimmten Ebene hatte er die

Finanzmärkte immer für Quatsch gehalten. Klar, es war nicht gerade Gottes Werk gewesen, aber es war Arbeit. Um ihren Wert hatte er sich nie geschert. Gleichzeitig war ein gutes Finanzsystem für die Menschen durchaus nützlich. Darlehen waren billig, niemand brauchte mit Goldmünzen in der Tasche herumzulaufen, eine Plastikkarte genügte. Und ohne die Kohle von der Wall Street wäre ein Boom wie in Silicon Valley nie möglich gewesen.

Als aber in den Achtzigern private Personengesellschaften wie Salomon an die Börse gingen und kleine, feine Investmenthäuser zu riesigen Finanzkonzernen anwuchsen und tranige europäische Banken wie UBS massiv ins Geschäft mit festverzinslichen Papieren einstiegen und die Aufhebung von Glass-Steagall die Grenzen verwischte, die das System kontrollierbar gehalten hatten, und Boni komplett aus dem Ruder liefen und das Geldkarussell sich schneller und schneller zu drehen begann – da überkam die Menschen an der Wall Street die Gier. Einige wurden eindeutig kriminell, andere taten Dinge, von denen sie wussten, dass sie nicht richtig waren. Kevin konnte nicht sagen, ob die Lösung in einer Neuregulierung bestand oder einem moralischen Hausputz. Es war lächerlich, dass ein Hedgefondsmanager wie John Paulson, der nichts tat, als Papiere hin- und herzuschieben, in einem einzigen Jahr 3,8 Milliarden verdiente. Aber was konnte man dagegen tun? Zu Glass-Steagall in die Fünfzigerjahre zurückzukehren, war unmöglich. Der Finanzsektor war viel zu groß geworden – wenn sich all diese brillanten Geister nur auf den grünen Umbau des Energiesektors gestürzt, wenn sie die nächste technische Revolution angezettelt hätten! Dort nämlich lag die Zukunft des Landes, nicht in der Finanzindustrie.

Ein Jahr lang reiste Kevin um die Welt und besuchte seine Freunde. Von der Rezession zu Hause spürte er nicht viel – New York erholte sich ohnehin sehr schnell –, nur im Frühjahr 2009 gab es einen Moment, als man sich fragte, ob es noch richtig war, im Restaurant zu essen. Auch die Börse erholte sich erstaunlich schnell. 2010 erhielt Kevin ein Angebot von einer europäischen Bank, die saubere Bilanzen hatte. Da er in den ersten zehn Jahren nicht genug beiseitegelegt hatte, um sich ganz aus dem Geschäft zurückzuziehen, stieg er noch einmal ein. An der Wall Street war die Finanzkrise nicht mehr als ein Schlagloch gewesen.

Nelini Stamp hatte gehört, dass eine kanadische Zeitschrift für Samstag, den 17. September 2011, um zwölf nur zu einer Protestaktion an der Wall Street aufrief. Facebook war voll davon, sie kannte sogar einen der Organisatoren – doch als sie im Finanzdistrikt eintraf und an der schnaubenden Bullenstatue im Bowling Green Park die Demonstration suchte, war niemand zu sehen, außer der Polizei, die den gesamten Park abgeriegelt hatte. Es hieß, die Gruppe sei auf dem Broadway nach Norden unterwegs, ein paar Straßen weiter, unter einem großen roten Ding, sei ein Park. Der Zuccotti Park – kaum ein New Yorker wusste von seiner Existenz – lag gegenüber vom Trinity Place gleich am Ground Zero, wo gerade das 9/11-Denkmal fertiggestellt wurde. Nelini kam am Nachmittag dort an, sie fand etwa dreihundert Menschen vor, darunter einige Freunde. Die Gruppe stand neben einer gigantischen, drei Stockwerke hohen Statue aus roten Stahlträgern, die sich wie Arme gen Himmel streckten. Es kamen immer mehr Menschen hinzu. Lange spazierte Nelini mit ihren Freunden durch den Park, und die Menge wuchs stetig an, es war ziemlich cool. Ihr Freund, der bei der Planung geholfen hatte, sagte: »Wir halten eine Generalversammlung ab«, und Nelini sagte, »Okay, das seh' ich mir an.«

Die Versammlung begann um sieben auf den Granitstufen, die vom Bürgersteig am Broadway in den Park hinabführten. Irgendjemand rief *Mic-check!*, worauf einige andere ebenfalls *Mic-check!* riefen.

»Was bedeutet das?«, fragte Nelini.

»Wir verwenden das Volksmikro«, antwortete ihr Freund.

»Und was ist *das*?«

Was die erste Person sagte – meist nur eine kurze Phrase – wurde von den Umstehenden lautstark wiederholt, und es wurde weiter wiederholt, bis es in zwei oder drei Wellen vom Zentrum bis an den Rand der Menge reichte, damit auch ohne Verstärker jeder hören konnte, was gesagt wurde, denn die Demo war nicht angemeldet. Auch das fand Nelini cool. Die Menge fand in einer Weise zusammen, die mit einem Megaphon nicht möglich gewesen wäre. Es gab keine Anführer, nur Mediatoren, die gelernt hatten, Konsens herzustellen. Es ging in der Generalversammlung nicht um Forderungen. Die Menschen waren im Park zusammengekommen, um ihre Empörung auszudrücken über die Macht, die Banken und Konzerne im Leben der Menschen und in der Demokratie hatten.

Nach der Versammlung teilte sich die Menge in verschiedene Arbeitsgruppen auf, Nelini schloss sich der Gruppe »Bündnisse« an, sie dachte daran, dass man die Gewerkschaften mobilisieren müsste, sie kannte da eine Menge Leute. In der Gruppe waren sechs oder sieben Demonstranten, sie diskutierten bis kurz vor Mitternacht, als aus dem Nichts jemand kam und mehrere Schachteln Pizza brachte. Natürlich twitterten alle wie verrückt, was in einer Pizzeria in der Nähe jemand aufgeschnappt hatte, der sofort einen ganzen Stapel Pizzen spendierte. Nelini war nicht auf Twitter, sie mochte das ganze soziale Networking nicht, weil alle immer so taten, als wäre es das richtige Leben, was nicht stimmte. Sie nutzte Facebook nur, weil einige ihrer Freunde nur dort zu erreichen waren. »Was schreibst du da?«, fragte Nelini.

»Occupy Wall Street.«

Sie sollte sich vielleicht doch bei Twitter anmelden, dachte sie. Es war irgendwie verrückt, das ganze Ding war verrückt. Sie beschloss, in der Nacht nicht nach Hause zu gehen. Sie war nicht bereit, den Park zu räumen, und sie war neugierig, wie es am Morgen weitergehen würde.

Zuccotti wurde von einer privaten Firma verwaltet, die Organisatoren hatten herausgefunden, dass Brookfield Properties verpflichtet war, den Park rund um die Uhr offen zu halten. In dieser ersten Nacht schliefen etwa sechzig Demonstranten dort. Es war ungewöhnlich kalt für September – richtig eisig. Nelini lag mit einem Stück Karton auf dem harten Granit an den Blumenkübeln an der Cedar Street, sie rückte eng an ihre Freunde und versuchte, vor dem ersten vollen Tag der Besetzung ein wenig zu schlafen.

Sie war dreiundzwanzig, eine Schulabbrecherin aus Brooklyn. Ihre Mutter stammte aus Puerto Rico und arbeitete in der Kundenbetreuung des Kabelanbieters Time Warner. Zu ihrem Vater, der aus Belize stammte und vier Kinder von vier verschiedenen Frauen hatte, bestand kein Kontakt. Nelini war klein und sprühte vor Energie, sie hatte einen breiten Mund und karamellfarbene Haut. Je nach Laune war ihr Haar mal glatt, mal lockig, mal schwarz und dann wieder hennarot. Am liebsten trug sie Tights und kurze Röcke, knöchelhohe Stiefel und Pullis über ausgeschnittenen Kapuzen-Shirts. Sie rauchte Camels, redete ohne Punkt und Komma und lachte ein heiseres Staccato. Anfang 2011 hatte sie sich die alten, holländischen Namen der fünf New Yorker Bezirke auf den rechten Unterarm tätowieren lassen, denn sie liebte alles, was mit Geschichte zu tun hatte. Das Tattoo war eine Mahnung, dass die Dinge in Veränderung waren.

Als Nelini klein war, hatte ihre Mutter ihr lesbisches Coming-out, Nelinis Großeltern brachen den Kontakt ab. Nelini fand es merkwürdig, dass Schwule und Lesben nicht genauso geliebt wurden wie alle anderen – ihre Mutter war ihre Mutter, alles ganz normal. Die Partnerin der Mutter arbeitete bei Smith Barney. Zufällig war der Tag, an dem 1998 der Merger von Travelers/Salomon Smith Barney mit Citicorp bekanntgegeben wurde, auch der Tag, an dem Mütter ihre Töchter mit zur Arbeit bringen durften. Nelini war zehn, als sie und die anderen Mädchen in einen Saal geführt wurden, wo gerade eine Pressekonferenz zu Ende ging. Ein roter Regenschirm, das neue Logo der Citigroup, des größten Finanzdienstleisters der Welt, war auf eine Leinwand projiziert, Sandy Weill stand mit breitem Grinsen da (er hatte kurz zuvor mit Clinton gesprochen und wusste bereits, dass das Glass-Steagall-Gesetz, das dem Zusammenschluss noch im Weg stand, aufgehoben würde). Nelini wusste nicht, was ein Merger war, aber am nächsten Tag in der Schule hatte sie die beste Geschichte zu erzählen: »Habt ihr schon mal von Citigroup gehört?«

Die Partnerin der Mutter verlor kurz vor 9/11 ihre Stelle, und kurz darauf zerbrach die Beziehung, und Nelini und ihre Mutter fanden eine Mietwohnung auf Staten Island, in einem Viertel voller irischer und italienischer Familien. Nelini liebte alles, was mit Musik, Theater und Tanz zu tun hatte. Als Mädchen hatte sie eine Zeitlang einen Agenten, sie bekam zwei kleine Filmrollen und spielte Cello in einer Live-Sendung im Radio. Doch das Geld wurde knapp, die Mutter konnte die Privatstunden nicht mehr bezahlen. Die Entertainment-Welt war ein einziger Stress. Wenn man nicht genau den richtigen Körper hatte und genau das richtige Haar, und wenn man nicht spätestens mit zwanzig seinen Durchbruch hatte, galt man schon als gescheitert. Was bedeutete eigentlich – Erfolg? Wenn man einen Plattenvertrag bei einer großen Firma landete und schlechte Musik machte? Die andere, realistischere Seite ihrer Persönlichkeit interessierte sich für Arbeiter, ihre Geschichte und ihren Kampf. In der Schule hatte sie begeistert alles über die Wirtschaftskrise der Dreißigerjahre und Franklin D. Roosevelt gelesen – es kam ihr unfassbar real vor. Sie liebte das berühmte Foto von den Arbeitern, die beim Bau des Rockefeller Center auf einem Stahlträger saßen und ihr Mittagessen aßen, und sie las von der ersten bis zur letzten Seite die dicke Biographie des Arbeiterführers Joe Hill, der den Märtyrertod gestorben war. Sie war immer davon ausgegangen, dass ihre Mutter einer Gewerkschaft angehörte, sie war tief enttäuscht, als sie eines Tages erfuhr, dass es nicht stimmte.

Für Nelini ging ein langgehegter Wunsch in Erfüllung, als sie einen Platz an der LaGuardia High School of Performing Arts bekam. Doch im letzten Schuljahr begann sie, an sich und ihren Zukunftsplänen zu zweifeln, und sie fiel in eine tiefe Depression. Die Schule war zu groß, sie, als Einzelne, bedeutete dem System nichts. Sie ging nicht mehr hin, und als die Schule das Diplom zurückhielt, weil ihr noch zwei Sommerkurse fehlten, sagte sie: *Fuck it*, und verzichtete auf den Abschluss, was ihre Mutter kolossal wütend machte. Sie war selbst nicht glücklich, dass sie als dunkelhäutige Frau die Schule abgebrochen hatte. Allerdings hatte die Schule sie nur gefördert, um sie ihrer Rassenstatistik einzuverleiben. Ein Jahr lang blieb sie zu Hause und las, und das Geld wurde so knapp, dass sie eines Tages die Tür öffnete und einem Gerichtsvollzieher gegenüberstand, der ihr einen Räumungsbescheid in die Hand drückte.

Sie suchte Arbeit und fand eine Stelle bei der Working Families Party, einer gewerkschaftsnahen politischen Organisation, die mitten in Brooklyn ein enges, unordentliches Büro hatte. Nelini verdiente dreißigtausend Dollar im Jahr, sie ging von Tür zu Tür, um progressive Kandidaten im Wahlkreis zu unterstützen und mit Wählern über Themen wie die Reform der Wahlkampffinanzierung oder Lohnfortzahlung im Krankheitsfall zu sprechen. Sie war ein Naturtalent, wie sich schnell herausstellen sollte. Selbst wenn man ihr die Tür vor der Nase zuschlug, sah sie noch das Menschliche, sie war nicht zu entmutigen. Zwar hatte sie die Idee noch nicht ganz aufgegeben, Musik und Kunst zu machen, aber jetzt wollte sie sich erst einmal politisch engagieren, und zwar auf der untersten Ebene – auf der Straße, wo der Kampf nie endete.

Als Obama 2008 im Wahlkampf in Erscheinung trat, war Nelini zwanzig Jahre alt. Sie fand die Vorstellung großartig, einen schwarzen Präsidenten zu haben, sie hatte aber ihre Zweifel, dass er so progressiv sein würde wie Hillary. Ihr Eindruck war, dass er jedem sagte, was er hören wollte. Doch dann stieß Obama etwas an, das wie eine große gesellschaftliche Bewegung aussah, es ging um große Themen wie die Einrichtung eines zentralen Versicherungssystems, und wer so etwas erreichte, hatte auf jeden Fall Nelinis Unterstützung verdient. Als kurz vor der Wahl die

Finanzkrise begann, dachte sie: »Jetzt ist es so weit, jetzt bricht das ganze System zusammen.« Sie sah die Wiederkehr der Fünfziger- und Sechzigerjahre voraus, eine strenge Regulierung der Märkte und eine Rückkehr zu Produktion und Schwerindustrie, diesmal ohne Hass und Vorurteil (denn sie und ihre Mutter hätten den amerikanischen Traum damals nicht träumen können). Dann gewann Obama die Wahl, und es änderte sich nichts. Nur die Banken machten wieder Geschäfte, die Konzerne und die Reichen verdienten mehr denn je, und der Rest des Landes musste dafür bluten. In Bed-Stuy fand Nelini ein winziges Zimmer in einer großen WG voller Aktivisten, das Haus lag zwei Straßen von den Marcy Houses entfernt. In der Rezession organisierte sie weitere Kampagnen für Working Families, und sie begann zu verstehen, dass das System so eingerichtet war, dass immer nur das Kapital geschützt war, mitsamt den Lobbyisten und allem, was daran hing. Die einzige Lösung war, den Kapitalismus abzuschaffen.

Doch dieser Kampf dauerte nun schon sehr lange an, es kam immer wieder zu kleinen Scharmützeln, es ging um immer die gleichen Themen. Meist war Nelini in der Defensive, sie war ständig damit beschäftigt, Sitze im Stadtrat zurückzugewinnen oder Haushaltskürzungen abzuwenden. Der Zynismus war überall, in den Wohnzimmern und Bars hörte sie nichts als Klagen, aber die Wut reichte nie ganz aus, um das knochentrockene Holz zu entzünden – bis zu jenem Samstag kurz nach dem zehnten Jahrestag von 9/11, als eine kleine Gruppe in unmittelbarer Nähe von Ground Zero das Feuer entfachte.

Zwei Wochen lang campierte Nelini im Schlafsack, tagsüber fuhr sie mit der U-Bahn zur Arbeit, kehrte eilig in der Mittagspause zurück und verteilte Flyer, die sie bei der Arbeit kopiert hatte. Nachmittags war sie wieder im Büro, danach fuhr sie nach Hause, um sich frisch zu machen. Zur Generalversammlung am Abend war sie wieder im Park, und die anderen Aktivisten sahen sie an und sagten: »Gut siehst du aus.« Und wieder verbrachte sie die Nacht unter freiem Himmel. Es war unglaublich viel los, sie wollte alles auf einmal tun, sie war, so erzählten ihr die Freunde später, in den ersten Tagen so überdreht, dass ein Gespräch mit ihr praktisch nicht möglich war.

Nach der ersten Woche waren bereits zweitausend Menschen im Zuccotti-Park. Die Besetzer nannten ihn Liberty Square, nach dem Tahir-

Platz im Zentrum von Kairo. Am zweiten Samstag der Besetzung marschierten sie über den Broadway und riefen: »*All day, all week, Occupy Wall Street!*« und »Wir sind die neunundneunzig Prozent«. Nelini tanzte und sprang durch die Reihen wie ein Derwisch in Trance und führte die Rufe an, als es plötzlich drunter und drüber ging. Demonstranten blockierten den Verkehr, die Polizei verhaftete eine Menge Leute, so etwas hatte sie noch nie gesehen. Ihre Freunde wurden fortgezerrt, plötzlich tränten ihre Augen. Ein Polizist in weißem Hemd (einfache Straßenpolizisten trugen blau) spritzte vier Frauen Pfefferspray ins Gesicht. Ein Video der Szene breitete sich blitzschnell im Internet aus, was die Demonstranten wiederum sofort mitbekamen. Sie kehrten eilig zum Park zurück und hielten eine Pressekonferenz ab: »Unser Protest ist gewaltlos«, rief sie den Kameras entgegen. Später rief ihre Mutter an, die alles in den Abendnachrichten gesehen hatte.

»Ich hab dich gesehen – was machst du denn da?«

»Mama, ich bin schon seit einer ganzen Woche hier.«

Der Park, das Video, die Bewegung verschmolzen zu einer Marke, plötzlich waren die Medien wie besessen von Occupy Wall Street, die Blogs und Twitter ohnehin. Sänger, Schauspieler und Wissenschaftler kamen in den Park, und auch wenn niemand recht wusste, worum es bei dem Protest ging – Occupy war nach gutem altem Anarchistenbrauch »horizontal« organisiert, es gab weder konkrete Forderungen noch Strukturen noch Anführer –, mussten Besucher doch den Kitzel spüren, die Spannung, die in der Luft lag, das Gefühl, dass etwas lang Begrabenes oder immer wieder Zerstreutes in die Welt hineingeplatzt war und hier, an diesem Ort, zu einer tausendköpfigen Bewegung zusammengefügt wurde.

Nelinis Chef, er hieß Bill, fragte eines Tages: »Du bist unten bei Occupy, nicht wahr? Was ist das?«

Sie antwortete, es sei das Coolste, was überhaupt je passiert sei, eine Bewegung, eine spürbare Bewegung, die immer mehr Menschen anzog, nicht nur Aktivisten, sondern Menschen aus allen Bereichen des Lebens.

»Die Gewerkschaften möchten eine solidarische Demonstration organisieren«, sagte Bill – sie seien aber gleichzeitig skeptisch, weil sie nicht wüssten, in welche Richtung es führte, was möglich war. »Ist es in Ordnung, wenn sie das machen?«

Nelini erklärte sich bereit, einen Marsch vom Foley Square zu organisieren, an dem Tausende von Arbeitern und Studenten teilnehmen sollten. Sie wurde die Verbindungsperson zwischen Occupy und anderen, solidarischen Gruppen. Das Wort »Anführerin« war verpönt, aber Nelini war auf dem besten Weg, eine solche zu werden. Ihr Chef beschloss, sie freizustellen. Nach einiger Zeit übernachtete sie wieder zu Hause, und doch war sie ständig im Park im Einsatz, sie schlief meist nur zwei oder drei Stunden. Die Erregung, das Adrenalin trieb sie an, es gab unendlich viel zu tun. Sie war nun so sichtbar, dass einige rechte Websites sie entdeckten und ihre Verbindung zur Working Families Party als Beweis anführten, dass Occupy heimlich von ACORN, der längst abgeschafften Organisation, die die Partei mitgegründet hatte, geleitet würde.

Spät am Abend des 2. Oktober, einen Tag, nachdem sie mit siebenhundert weiteren Demonstranten auf der Brooklyn Bridge verhaftet worden war, rief ihr Freund Max an. Am Montagmorgen war in Washington eine Konferenz geplant, eine linke Gruppe namens Rebuild the Dream, die als Antwort auf die Tea Party galt, war für die Organisation zuständig. Der Aktivist Van Jones, der die Gruppe leitete, hatte Max gebeten, jemanden von Occupy einzuladen. Es stellte sich heraus, dass seine ursprüngliche Wahl ein Typ war, der an die große Weltverschwörung und an Echsenmenschen glaubte. Nelini sollte den nächsten Zug nach D.C. nehmen und für ihn einspringen. Um 4:30 war sie am Bahnhof und stellte fest, dass ihre Kreditkarte nicht funktionierte. Sie rief Max an, aber Max hatte kein Geld, er musste seinen Chef bei Rebuild the Dream anrufen, der Nelini ein Flugticket buchte, weil sie es mit dem Zug nicht mehr geschafft hätte. In Washington rannte sie vom Taxi zur Konferenz. Als sie auf die Bühne trat und ihre Rede hielt, war sie noch ganz außer Atem.

»Ich bin hingegangen, und ich hatte keine Ahnung, dass es mein Leben ändern würde«, sagte sie. Sie hatte Mühe, das hohe Mikrophon zu erreichen und ihre Erlebnisse der vergangenen zweieinhalb Wochen in Worte zu fassen. »Ich schlief auf Kartonpappe und drängte Gewerkschaften und Organisationen, in den Park zu kommen und sich die Sache anzusehen … Immer wieder werden wir nach unseren Forderungen gefragt. Aber wir brauchen keine Forderungen. Wenn wir von der Wall Street etwas fordern, erklären wir, dass sie die Macht haben. Aber die Macht haben wir, denn je mehr Menschen zu uns kommen, desto stärker werden wir sein.«

Nelini war überzeugt, dass Occupy der Beginn der Revolution sei.

Der Park bestand aus einem mit Granit bedeckten Grundstück, fünfundfünfzig Gleditschien und viel Schatten von den Wolkenkratzern. Am Westende, wo er an die gigantische Baustelle von Ground Zero grenzte, saß in einem Kreis eine Gruppe von Trommlern, deren endloser Beat den Besetzern Mut machte und die Nachbarn nervte. Die Ecke, wo die Trommler saßen, wurde »Ghetto« genannt, hier, in dieser eigenen Welt, hatten sich radikale Anarchisten und Obdachlose zusammengefunden. Wer nur zufällig vorbeikam und nicht dazugehörte, wurde nicht gerade freundlich empfangen. Die Polizei hatte verboten, Zelte aufzuschlagen, weshalb die Aktivisten unter einfachen Planen auf dem gnadenlos harten Granit schliefen. Im Zentrum des Parks, wo das Gedränge am dichtesten war, befanden sich mehrere Stationen, die sich in der Selbstorganisation etabliert hatten: Unter der Küchenplane wurde Essen verteilt, das von draußen angeliefert wurde. Unter einer weiteren Plane gab es feuchtes Toilettenpapier, Zahnbürsten und Wäsche. An der Recyclingstation war ein Komposthaufen, und auf einem stationären Fahrrad, mit dem Batterien geladen wurden, wechselten sich die Besetzer ab. Auch eine Bibliothek gab es, wo sich auf Tischen mehrere Tausend Bände stapelten, und ein Studio, das rund um die Uhr Aufnahmen in die Welt sandte.

Auf der Ostseite am Broadway, unter einer roten Stahlskulptur mit dem Titel *Joie de Vivre*, traf die Bewegung mit der Öffentlichkeit zusammen. Demonstranten, die Schilder hielten, standen in einer Reihe wie Marktschreier, und Angestellte auf dem Weg in die Mittagspause blieben stehen und ließen sich in Gespräche verwickeln, und Touristen stellten Fragen oder fotografierten. Auf einem Stuhl saß eine ältere Frau und las laut aus Hart Cranes *Die Brücke*. Eine andere Frau stand schweigend da und hielt das Buch *Confidence Men* in die Höhe – Tag für Tag. Ein alter Mann mit Jackett und Golfmütze hielt ein Schild, auf dem stand: FÜR: EINEN REGLEMENTIERTEN KAPITALISMUS. GEGEN: OBSZÖNE UNGLEICHHEIT. WIR BRAUCHEN: EIN MASSIVES ARBEITSBESCHAFFUNGSPROGRAMM. Ein Elektriker mit Bauhelm: OCCUPY WALL STREET, TUT ES FÜR EURE KINDER. Eine Frau im blauen Kittel: DIESER KRANKENSCHWESTER IST SPEIÜBEL WEGEN DER GIER AN DER WALL STREET. VERTRAUEN IST ZERSTÖRT. Eine junge Frau in Jeans: WO IST MEINE ZUKUNFT HIN? DIE GIER HAT SIE GESTOHLEN. Es gab auch noch: WIR SIND HIER. WIR LASSEN UNS NICHT ERKLÄREN. GEWÖHNT EUCH DRAN und: IRGENDWAS LÄUFT HIER SCHIEF.

Wer selbst kein Schild hielt, fotografierte. Im dichten Gedränge überschnitten sich die Gespräche: »... Teil eines Plans, auf der ganzen Welt die Mittelklasse zu zerstören ... das Ziel ist, alle zu involvieren, damit wir ein Ziel formulieren können ... Wann ist Glass-Steagall in Kraft getreten?«

Auf dem Bürgersteig standen zwei Freundinnen, die dreißigjährige Shira Moss und die drei Jahre jüngere Mazal. Shira, eine Hebamme, war gerade arbeitslos. Mazal machte eine Ausbildung zur Sozialarbeiterin. Shira war seit halb sechs am Morgen im Park – sie hatte ihr Leben lang auf diesen Augenblick gewartet. Mazal hatte 2008 für Obama gestimmt und war glücklich, als er die Wahl gewann. Aber seitdem war sie politisch abgetaucht, 2010 war sie nicht einmal zur Wahl gegangen. Sie schämte sich deswegen, nun war sie bereit, sich wieder zu engagieren. Ein paar Bauarbeiter von der World Trade Center-Baustelle sahen auf dem Weg in die Mittagspause vorbei. Sie lasen die Schilder der Besetzer, einer von ihnen, er hieß Mike, salutierte. »Es gibt ja kaum noch Arbeit – manche warten ein ganzes Jahr, bis sie wieder eingestellt werden«, sagte er. »Wegen denen da –«, er zeigte auf die engen Gassen des Finanzbezirks. »Da sind die Leute, die uns nicht lassen. Die Banken, die Regierung, alle, die die Kontrolle über das Geld haben.«

Bei Shira blieben zwei Männer mittleren Alters stehen. »Kuba, Nord-Korea, Venezuela«, sagten sie mit schweren, russischen Akzenten, »das ist das Ziel, auf das ihr zusteuert.«

»Meine Frau ist Hebamme, sie hat Stelle«, sagte der eine.

»Glückwunsch«, antwortete Shira, »das freut mich.«

»Du kannst auch Job finden.«

»Schön wär's. Ich finde keinen.«

»Hier ist nur Zeitverschwendung. Geh Job suchen – das keine Zeitverschwendung.«

»Das ist Lösung: Geh nach Nord-Korea«, sagte der erste Russe. »Das ist Endstation für dich.«

Ein etwa vierzigjähriger Mann mit einer Baseball-Mütze mischte sich ein: »In Russland habt ihr diese Oligarchen. Seht ihr denn nicht die Verbindung zu dem, was sie sagt?«

»Das Problem ist mit Regierung, nicht mit Banken.«

Der zweite Russe begann, sich über die Leute im Zuccotti-Park aufzuregen. »Sie rauchen in Park! Das ist verboten! Sie glauben, sie sind besser als andere.«

»In diesem Land werden alle absolut fair behandelt«, sagte Shira. »Stimmt's, oder stimmt es nicht?«

»Stimmt«, sagte der Russe.

»Stimmt nicht!«, rief der Chor der Versammelten.

Ray Kachel hatte die ersten dreiundfünfzig Jahre seines Lebens immer am selben Fleck gelebt, er wohnte in Seattle kaum zwei Meilen von seinem Geburtshaus entfernt. Er hatte als Autodidakt die gesamte Computerindustrie kennengelernt. 1984 kaufte er seinen ersten Mac, einen 512K. Er brach seine Ausbildung am Seattle Central Community College ab und begann, für eine Firma zu arbeiten, die gedruckte Dokumente in Dateien verwandelte. Die Nächte verbrachte er in Clubs, er legte in der Tugs Belltown Tavern auf, spielte Eurobeat, Men Without Hats, Prince. Montagabends spielte er Synthesizer und Drum Machine in einer Band namens 5 Sides Collide, die auseinanderging, als die Sängerin lesbisch wurde. Manchmal kamen Stars auf der Suche nach Koks vorbei – Elton John wurde mehr als einmal gesichtet. Auch Ray hatte eine Koksphase, um die eigene Versorgung zu gewährleisten, begann er zu dealen. Irgendwann merkte er, dass er das Gefühl nicht mochte, das ihm das Koks gab, und hörte mit den Drogen auf.

Mitte bis Ende der Achtziger löste sich die Szene auf. Ray, der seinen Job verloren hatte, lebte zwanzig Jahre lang an den Rändern der technischen Welt, und er lebte nicht schlecht. Er blieb auf dem neuesten Stand in der Audio- und Videoproduktion und bereitete als Freelancer Online-Inhalte auf. Wenn er im technischen Bereich gerade nichts hatte, arbeitete er im Hausmeisterservice seiner Eltern. Sein Geld gab er für das gute Bier der örtlichen Hausbrauereien aus und für seine gigantische DVD-Bibliothek. Sein Lieblingsfilm war Andrei Tarkowskis *Stalker*. »Drei Typen, die durch den Wald stapfen – Bild und Ton wirken sehr, sehr seltsam«, erklärte Ray. »Tarkowski ist berüchtigt für seine schmerzhaft langen Szenen, er schafft Landschaften, die unbehaglich sind, ohne dass wir wissen, warum.«

Ray wohnte in einer Zweizimmerwohnung. Er war unauffällig – klein und kurzhaarig, langweilige Kleidung, ein sanftes Auftreten. Nach dem Tod der Eltern zog er sich zurück, er hatte nur wenige Freunde. Das war nicht ungewöhnlich, viele, die freiberuflich im technischen Bereich arbeiteten, waren antisozial, das Rückgrat der Informationswirtschaft war ein Heer von hochgebildeten, kulturell versierten, schrulligen Fachkräften. Solange die New Economy einen Platz für ihn hatte, war Ray mit seinem Leben zufrieden.

Als die Rezession kam, wurde es in der Technologiebranche in Seattle auf einmal eng. Der Eigentümer seines besten Kunden, eine Firma, für die er DVDs anpasste, starb. Ray sah sich um und merkte, dass er kaum noch weitere Kontakte hatte. Er begann zu sparen und hörte auf, Bier zu trinken. Ende 2010 bestellte er bei Amazon einen grünen, apfelförmigen USB-Stick, auf dem die gesamte Beatles-Collection gespeichert war. Er stornierte die Bestellung, kurz bevor sie verschickt wurde. »Ich begann zu verstehen, dass es nicht so schlau war, zweihundertfünfzig Dollar für so etwas auszugeben«, erzählte er. »Jetzt bin ich froh, dass ich mich damals so entschieden habe. Der Stereo-Mix hätte mir eh nicht so gut gefallen.«

Eines Tages im März 2011 hatte Ray ein trockenes Gefühl im Mund. Ihm war schlecht vor Angst, er bekam kaum einen Bissen runter. Er wusste, dass seine Ersparnisse aufgebraucht waren. Er hätte vielleicht als Barista oder Pizzafahrer über die Runden kommen können, aber er zweifelte, dass er es ertragen würde, den ganzen Tag Kundenkurzgespräche zu führen. Außerdem fuhr er seit Jahren nicht mehr Auto. Er bewarb sich auf jede freie Stelle im Technikbereich, bekam aber nur ein einziges Angebot. Die Firma Leapforce bewertete Internet-Suchergebnisse, Ray begann als Heimarbeiter zu einem Stundenlohn von dreizehn Dollar, aber kaum hatte er angefangen, schwanden seine Stunden, bis er nur noch zwanzig oder dreißig Minuten am Tag bezahlt bekam. Das war sein letzter Job.

Im Sommer verkaufte Ray seine Computerausrüstung auf eBay. Er war wie der Farmer in der Dürre, der sein Saatgut verkauft: Als Erstes schlug er das Macbook Air los, dann den iPad, dann den iMac. Er kopierte jede einzelne DVD in seiner tausend Titel umfassenden Sammlung und fand einen Käufer für die Originale. Als Letztes verkaufte Ray seine Kopie von Final Cut Pro, der Video-Editing-Software von Apple. »Ich dachte, wenn ich das behalten und vielleicht noch einmal ein Projekt machen kann, dann kann ich mir irgendwo einen Computer leihen. Aber das war eine Illusion.« Im Ganzen brachte der Verkauf zweitausendfünfhundert Dollar ein. Im September konnte er die Miete nicht mehr bezahlen. Es ist schlimm, obdachlos zu sein, dachte er, aber noch schlimmer ist es, in der eigenen Heimatstadt obdachlos zu sein.

2009 hatte Ray begonnen zu twittern, um seine Isolierung zu durchbrechen. Auf Twitter traf er viele Menschen, die ähnlich verzweifelt waren, die chancenlos waren und vor bitterem Elend standen. Und über Twitter erfuhr er Ende September, als er gerade seine Wohnung räumte, von einem Protest, der in Manhattan ausgebrochen war.

Die Wut der Aktivisten von Occupy Wall Street richtete sich gegen genau die Dinge, die Ray aus seinem eigenen Leben kannte: die Ungerechtigkeit eines Systems, in dem die Mittelklasse von den Reichen und Mächtigen ausgesaugt wurde. Schon lange stand er Banken, Ölmultis und Konzernen, die keine Steuern zahlten, kritisch gegenüber. Die Förderung von Schiefergas – Fracking – machte ihm besondere Sorgen. Außerdem war er ein Fan der Journalistin Rachel Maddow – er fand sie klug, witzig und sympathisch –, die in ihrer Sendung die Occupy-Bewegung immer wieder positiv erwähnte.

Vom Verkauf der Software hatte Ray vierhundertfünfzig Dollar in der Tasche. Zweihundertfünfzig kostete es, mit dem Greyhound-Bus von Küste zu Küste zu fahren. Der östlichste Ort, an dem er je gewesen war, war Dallas. Aber New York war so bunt und voll, so voller Ideen und Möglichkeiten, Geld zu verdienen – wenn es ihm nur gelänge, eine Weile dort auszuharren, könnte er wohl auch *einen Platz* für sich finden. An einem Abend Ende September lag er wach im Bett und dachte: »Das ist total verrückt, das kannst du nicht machen.« Am Morgen sah er die Dinge klarer: »Es ist genau das, was ich machen werde.«

Ray erzählte seinen wenigen Freunden nichts von seinen Plänen. Aber am 3. Oktober schrieb er in seinem Blog: »Ich steige gleich in den Bus nach NYC. Weiß nicht, ob ich noch einmal nach Seattle zurückkehren werde … ein paar Mal habe ich Angst bekommen, weil ich dachte, ich hätte vielleicht den Verstand verloren. Kann ja passieren. Aber diese Augenblicke gehen schnell vorbei, und dann freue ich mich auf das Abenteuer, ich bin bereit zum Aufbruch.« Er hatte sich von fast allem getrennt. Was er noch besaß, waren eine Tasche und ein Rucksack, darin ein paar Klamotten, eine Festplatte mit seinen Lieblingsfilmen und ein relativ dummes Handy, das gerade genug Speicherplatz hatte, um zu twittern. Der Bus fuhr um Mitternacht ab. Am 6. Oktober um fünf Uhr am Morgen kam Ray am Busbahnhof der Hafenbehörde in Midtown Manhattan an. Um zehn machte er sich auf den Weg zu den Besetzern in Downtown.

Die Gleditschien schimmerten grün, es wimmelte vor Menschen, überall standen Grüppchen von Aktivisten, die Schilder hielten, von Trommlern oder Küchenhelfern. Meetings wurden abgehalten, Demonstranten skandierten und riefen Slogans. Ray war übermüdet und hungrig, und plötzlich hatte er ein Déjà-vu: Der Ort, die Szene schienen ihm merkwürdig vertraut. Er saß auf einer Mauer an der Liberty Street und lauschte dem Gespräch einer Gruppe, und der Schädel schien ihm zu platzen – er war wirklich, körperlich schon einmal hier gewesen, er hatte mit diesen Menschen gesprochen, er wusste, was sie im nächsten Moment sagen würden. Jemand erklärte ihm, dass in der Mitte des Parks eine Duschmöglichkeit sei. In seinem Déjà-vu hatte er geduscht und war zu seinem normalen Leben, in sein warmes Bett zurückgekehrt, denn er hatte beschlossen, die Wall Street nicht zu besetzen. In Wirklichkeit aber gab es keine Dusche, und plötzlich wurde Ray bewusst, dass er obdachlos war, ohne Geld in einer fremden Stadt. Er igelte sich ein, sprach mit niemandem, zog Fleece-Pulli und Windjacke an und schlief eingerollt auf den Stufen an der Ostseite des Parks ein.

Ein paar Tage später hörte er einigen jungen Besetzern zu, die ganz in der Nähe saßen und über ihn sprachen, als wäre er nicht da. »Der schafft das hier nicht, der kommt nicht durch«, sagte einer von ihnen. »Der hat sich aufgegeben«, sagte ein anderer. Sie hatten recht – seit Tagen, als es gestürmt hatte, waren seine Socken und Schuhe nass. Ray verstand, dass er als Einzelner, als Satellit seiner selbst, keine Chance hatte, hier zu überleben. Er musste auf die Menschen zugehen und – zum ersten Mal im Leben – Teil eines Kollektivs werden.

Er meldete sich als Freiwilliger bei der neu gegründeten Reinigungstruppe. Um sich warm zu halten, schrubbte er halbe Nächte lang die Wege und die Bürgersteige. Ein Demonstrant, der ihn dabei beobachtete, schenkte ihm einen Schlafsack und eine Plane. Er lernte einige der Besetzer kennen, freundete sich an: Da war Sean, ein irischer Immigrant aus der Bronx, der nachts in einem Betrieb arbeitete, wo er feuerfeste Beschichtungen auf Stahlteile spritzte, und die Tage im Park verbrachte. Da war ein obdachloser ehemaliger Aushilfslehrer mit Physikdiplom. Und da war Chris, ein Landstreicher aus Tarpon Springs in Florida, den das Video mit dem Pfefferspray so wütend gemacht hatte, dass er auf einen Güterzug gesprungen und bis nach Manhattan gefahren war, um die Ehre der jungen Frauen zu verteidigen.

Ray fand ein Schild, auf dem FRACKING VERBIETEN stand, er nahm es, sprach zum Aufwärmen eine Weile mit sich selbst und stellte sich an den Bürgersteig, wo er sich ein paar Tage lang von Passanten ansprechen ließ. Er kam sich vor wie ein Schauspieler, und er entdeckte eine Stimme, von der er nicht wusste, dass sie in ihm steckte. Er schrieb Twitter-Nachrichten, sein Account, der in Seattle nur wenige Dutzend Follower hatte, wuchs plötzlich auf weit über tausend an.

> 8. Oktober: Es ist ein wenig wie eine Kommune. eigentlich nicht mein ding aber wirklich tolles erlebnis.
>
> 22. Oktober: Bin überrascht habe einen Schutzengel. bin nicht überrascht dass er sanft & freundlich spricht, ein Ire aus der Bronx der weiß wie man arbeitet.
>
> 23. Oktober: Lieber mr ferguson. ich wohne schon seit zwei wochen in new york. stimmt nicht dass es nach pisse riecht.
>
> 27. Oktober: Lese immer wieder hinweise auf »brutale polizeieinsätze«. apropos: autsch. bin jetzt seit 2+ wochen hier und habe nichts davon gesehen und kaum was gehört.
>
> 13. November: Ich habe fast ein Jahrzehnt in meiner wohnung in seattle gewohnt und nur zwei nachbarn kennengelernt … ich wohne seit einem monat in liberty square und rede regelmäßig mit den nachbarn und habe tolle leute kennengelernt.

Und deshalb war es halb so schlimm, als eines Nachts seine Tasche gestohlen wurde und als Wasser durch seine Plane drang und seinen Schlafsack durchnässte. Und er blieb ruhig, als am folgenden Morgen von übereifrigen Reinigungstruppen der Rucksack beseitigt wurde, in dem sich unter anderem die Festplatte befand. Ray besaß jetzt nur noch die Kleidung an seinem Körper. Er wandte sich an seinen neuen Freund, der ihm einen trockenen Schlafsack besorgte. Er war jetzt Teil der Besetzung, Liberty Square war seine Heimat.

Am Mittwoch, den 12. Oktober, kündigten der Bürgermeister Bloomberg und die Polizeidirektion an, dass der Park am Freitag geräumt werde, um ihn zu säubern. Nachbarn hätten sich über das unablässige Getrommel an der Westseite beklagt, über die allgemeine Verschmutzung und öffentliches Urinieren und Koten. Nelini hatte viel Zeit und Energie darauf verwendet, die Trommler zum Einhalten zu bewegen. Sie hatte an Sitzungen der Anwohnervereinigungen teilgenommen und ihre Klagen gehört, und sie hatte versucht, eine Vereinbarung durchzusetzen, die das Trommeln auf zwei Stunden pro Tag begrenzte. Als aber die Säuberungsaktion angekündigt wurde, war den Aktivisten klar, dass die Stadt sie zu verjagen suchte.

Sofort wurde die Nachricht über die sozialen Netzwerke verbreitet, in der ganzen Stadt wurden Politiker von ihren Wählern mit Anrufen und Facebook-Nachrichten bombardiert. Donnerstagabend strömten Tausende in den Park, um die Polizei an der Räumung zu hindern. Noch nie waren so viele Menschen im Zuccotti-Park versammelt gewesen wie in dieser Nacht – selbst Anwohner, die die Bewegung skeptisch betrachteten oder von den Trommlern und den Klischees der Demonstranten genervt waren, kamen, weil sie spürten, dass etwas bedroht war, was Bedeutung für sie hatte, weil es allen gehörte.

Mit dem Bürgermeisteramt sprachen die Besetzer aus Prinzip nicht (welches Prinzip genau gemeint war, wusste niemand). So kam es, dass hinter den Kulissen Bill, Nelinis Chef, mit dem Stellvertretenden Bürgermeister verhandelte, um den Park offen zu halten. Nelini fuhr in der Nacht für eine Stunde nach Hause und schlief, im Park war es zu eng geworden. Als sie um fünf zurückkehrte, waren die Besetzer schon auf den Beinen. Wieder begann sich der Park zu füllen, immer mehr Menschen drängten hinzu, bald war zwischen Broadway und Trinity Place jedes letzte Stück Granit besetzt. Es war noch dunkel, als Nelinis Telefon klingelte.

»Wir haben gewonnen«, sagte ihr Chef.

»Was?«

»Es wird nicht geräumt. Lauf zu Becca, schnell.«

Nelinis Freundin Becca stand auf der obersten Stufe am Broadway. Sie las die Nachricht, die Bill geschickt hatte, vor der Menge laut vor.

»Gestern Abend spät«, rief sie und wartete, bis das menschliche Megaphon ihre Worte in drei Wellen von Ost nach West getragen hatte. »Haben die Eigentümer des Parks! Brookfield Properties! Angekündigt, dass sie ihre Reinigungsaktion verschieben!« Die Menge brauste, bevor noch die erste Welle den Rand des Parks erreicht hatte, der Jubel hielt beinahe eine volle Minute an. Tausende von Händen erhoben sich über die Köpfe, Tausende von Fingern wackelten, was in der stummen Sprache der Anarchisten Zustimmung bedeutete. Nelini fuhr fort: »Der Grund dafür! Ist, dass sie glauben! Dass eine Einigung mit uns möglich ist! Und auch! Dass wir so viele sind!«

Es war so surreal, dass sie sich später kaum noch erinnern konnte, was in diesem dramatischsten Augenblick ihres Lebens genau geschehen war. Ihr Freund Max sagte: »Das wird eine tolle Szene in dem Film.«

»Mach's nicht kaputt«, sagte Nelini.

»Bin mal gespannt, wer dich spielt.«

Anfangs fanden Kevin Moore und seine Kollegen bei der Bank Occupy nur ärgerlich. Ein Typ im Büro meinte: »Da muss man mit Gummiknüppeln reingehen, und zwar sofort.« Aber Kevin fuhr nach der Arbeit von Midtown (Wall Street war längst nicht mehr nur an der Wall Street) hinunter, um sich die Proteste anzusehen, und er kehrte in den folgenden Tagen immer wieder zurück. Er mochte den freien Austausch am Broadway, das bunte Treiben im Park. Es erinnerte ihn ein wenig an die Achtziger, als er in der Stadt eine Privatschule besuchte, Run-DMC hörte und am Times Square den Kartenbetrügern und Polizeitrupps zusah – New York war damals wilder, es wirkte weniger aufgeräumt. Für Anwohner und Polizei war die Lage im Park schwierig, die Besetzer konnten nicht einfach dasitzen, sie mussten sich etwas überlegen, um immer wieder ihre Themen in die Diskussion zu bringen. Aber Kevin war froh, dass es hier Menschen gab, die auf die Probleme, die er teilweise aus eigener Anschauung kannte, aufmerksam machten.

Es gab Dinge an Occupy, die Kevin nicht mochte. Die Demonstranten hätten einen Marketingchef gut gebrauchen können. Außerdem meinte er, sie sollten über die oberen 0,1 Prozent sprechen, nicht über das eine Prozent, dem er selbst angehörte. Er hatte schließlich keinen Einfluss auf Politiker. Was ihm ebenfalls nicht gefiel, war, dass einige Demonstranten jeden, der in der Finanzindustrie arbeitete, gleich dämonisierten – genau wie seine Kollegen die Menschen im Park dämonisierten. Der Zustand ähnelte dem Zweiparteiensystem, Demokraten und Republikaner redeten nur noch aneinander vorbei. Einmal war Kevin in London, wo er einige dieser Occupy-Typen beobachtete, die in ein Gebäude eindrangen, das sie für eine Investmentbank hielten. Es war aber eine ganz normale Bankfiliale, ihre Schneebälle trafen ganz normale Angestellte. Die Investmentabteilung war nebenan. Kevin wusste, dass die Wall Street nicht unschuldig war, was ihn überraschte, war die Intensität des Zorns auf der Straße. Um tatsächlich etwas zu ändern, müssten sie an das Gute in den Herzen der Banker appellieren.

Die Flamme des Protests breitete sich von der Spitze von Manhattan über die ganze Stadt aus und schließlich über den ganzen Erdball. Nach einigen Wochen gab es Besetzungen in fünfundzwanzig, fünfzig, hundert verschiedenen Städten. Der Slogan der Bewegung – Wir sind die 99 Prozent – war einfach und so dehnbar, dass eine Menge verschiedener Forderungen unter ihm Platz fanden. Unter dem Slogan entstand eine Tumblr-Seite, die Hunderte von Fotos von Demonstranten sammelte. Einige verbargen ihre Gesichter hinter Statements, die sie auf einem Blatt Papier vor die Kamera hielten. Jemand, dessen Gesicht ganz verdeckt war, schrieb:

> Ich habe alles getan, was man mir sagte, um Erfolg zu haben.
> Meine Noten waren sehr gut, ich erhielt ein Stipendium.
> Ich nahm einen Kredit auf, studierte und schloss mit Diplom ab.
> Jetzt bekomme ich keine Stelle. Die Schulden erdrücken mich.
> An meiner Haustür hängt ein Räumungsbescheid. Ich weiß nicht, wohin ich gehen soll.
> Auf dem Konto habe ich $42.
> ICH BIN DIE 99 PROZENT!

Hinter einem anderen Blatt sah man die unscharfen Umrisse einer Frau:

> Ich bin 37 Jahre alt und verdiene acht Dollar die Stunde als Schichtmanagerin. In der Verwaltung sitzen Leute, die den ganzen Tag nur über Kollegen und Kunden lästern, sie verdienen ein ordentliches Gehalt. Pinkelpausen und Mittagspause werden mir vom Lohn abgezogen. Was ich selbst zahle:
> Krankenversicherung
> Bundessteuern, Landessteuern
> Fürsorgeversicherung
> Medicare

Übrig bleibt gerade genug, um das Benzin zu bezahlen, das ich brauche, um zur Arbeit zu kommen.

ICH BIN STINKSAUER!

Zusammengenommen entwickelten diese Kurzbiographien die moralische Kraft eines sozialkritischen Dokumentarfilms oder eines Romans von John Steinbeck. Und sie erklärten, warum Occupy Wall Street im Handumdrehen eine Marke wurde.

Die Verwendung des Worts »Einkommensschere« in den Medien verfünffachte sich, Präsident Obama hielt eine Rede zum Thema und sprach selbst über das »eine Prozent«. Jeder Filmstar, jede öffentliche Figur hatte zum Thema Occupy eine Meinung. Colin Powell äußerte sich verhalten positiv und erinnerte an eine Zeit, als seine Eltern in der South Bronx jederzeit Arbeit finden konnten. Robert Rubin bestätigte, dass in den vergangenen dreißig Jahre, mit Ausnahme der späten Neunziger, die realen Gehälter gefallen seien: »Die Demonstranten haben Themen gefunden, die in unserer Wirtschaft wirklich eine zentrale Rolle spielen.« Peter Thiel erklärte in einem Interview: »In der neueren Weltgeschichte hat ungerechte Einkommensverteilung immer zu kommunistischen Revolutionen, Krieg oder einem deflationären Zusammenbruch der Wirtschaft geführt. Die verstörende Frage ist, mit welchem Ergebnis wir dieses Mal zu rechnen haben, oder ob es einen vierten Weg gibt.« Elizabeth Warren, die mitten im Wahlkampf für den Senat stand, sagte: »Ich habe die intellektuelle Grundlage für das geschaffen, was die Demonstranten dort tun.« Newt Gingrich, der sich um die Präsidentschaft bewarb, wurde von Demonstranten bei einer Rede in Harvard gestört. Kurz darauf erklärte er vor einem Forum über »familienorientierte Wertvorstellungen« in Iowa: »Die ganze Occupy-Bewegung beruht auf der Annahme, dass wir denen immer irgendetwas schuldig sind. Sie besetzen einen öffentlichen Park, für den sie nicht bezahlt haben, sie benutzen Toiletten in der Umgebung, für die sie nicht bezahlt haben, sie betteln um Essen, für das sie nicht bezahlen wollen, und sie stellen sich denjenigen in den Weg, die zur Arbeit gehen und die Steuern aufbringen, mit denen Toiletten und Parks bezahlt werden. Und all das nur, weil sie in ihrer Selbstgerechtigkeit zeigen wollen, wie tugendhaft sie sind und dass wir in ihrer Schuld stehen. Ich finde, das macht ziemlich deutlich, wie moralisch zerrüttet die Linke in unserem Land ist, und warum wir ihnen immer wieder die schlichte Wahrheit zurufen müssen: Wascht euch erst mal ordentlich und sucht euch eine Arbeit.« Andrew Breitbart, der um einen Kommentar gebeten wurde, antwortete: »Man muss sich schon genau ansehen, worum es geht. Um die fäkale Verschmutzung? Um die öffentliche Masturbation? Um Vergewaltigungen und Belästigung im Park? Wir haben den ganzen Zirkus im Blick.« Er sprach den Kommentar zu einem Dokumentarfilm mit dem Titel *Occupy Unmasked*, es war sein letztes Projekt und erschien erst nach seinem Tod. Das Mode-Label Rocawear des Rappers Jay-Z verkaufte T-Shirts mit der Aufschrift »Occupy All Streets«. Später allerdings verteidigte er die Unternehmer unter den oberen ein Prozent gegen die Angriffe der Bewegung. »Wir leben in einer freien Wirtschaft, das ist die Grundlage von Amerika.«

Im Lauf des Oktobers entstanden überall neue Besetzungen. Unter den Demonstranten von Occupy Youngstown fanden sich einige alte Gesichter der Save-our-Valley-Bewegung wieder, die gegen die Werksschließungen in den Siebzigern gekämpft hatten. Am 15. Oktober zogen siebenhundert Demonstranten durch die Innenstadt von Greensboro, vorbei an Banken und am Bürgerrechtsmuseum im alten Woolworth-Gebäude bis zum Festival Park – darunter auch Dean Price. Er hatte am Planungstreffen teilgenommen und sprach nach der Demo mit den jungen Leuten, die auf dem Parkplatz des YMCA, gleich neben dem Park, Zelte aufgebaut hatten und Nudelteller an Obdachlose verteilten. Sie erzählten Dean von Hungerlöhnen und von den Krediten, mit denen sie ihre Studiengebühren bezahlt hatten. Über die verzweifelten Versuche, eine Krankenversicherung zu finden, die sie sich leisten konnten. Und voller Zorn dachte Dean daran, wie gut die Menschen es in den Fünfziger- und Sechzigerjahren hatten, dass sie alle Möglichkeiten hatten und nichts daraus gemacht hatten. Sie hatten sich einfach an den großen Tisch gesetzt und sich so vollgestopft, dass für die nachfolgenden Generationen nur noch Krümel übrig blieben. Es war nur logisch, dass junge Leute jetzt gegen die Wall Street protestierten, denn sie sahen keinen Ausweg, aber Dean versuchte, ihnen zu erklären, dass doch Veränderungen am Horizont waren, Veränderungen hier in Greensboro.

In Tampa dauerte es nur wenige Tage, bis Matt Weidner das Occupy-Thema für seinen Blog entdeckte. Er berichtete jeden Tag, und er verglich die Bewegung mit der Shays' Rebellion gleich nach dem Unabhängigkeitskrieg, er nannte sie die »Tea Party, aber mit Hirn« und schrieb unter dem Titel »Mr President – Tear down this Wall (Street)«:

> Die Occupy-Wall-Street-Bewegung hat gerade erst begonnen. Es stimmt, es sind noch sehr wenige. Aber sie sind mächtig, und sie stellen eine echte Gefahr dar. Für die gegenwärtige Ordnung, für die Lebensweise, die sich wie eine Krankheit in unserem Land verbreitet hat. Diese Lebensweise ist auf Dauer nicht tragbar. Das Land ist ein einziger Betrug. Es ist ein Betrug, weil politische Klasse und Wirtschaft durch und durch korrupt sind. Niemand glaubt mehr an Wahrheit oder Verantwortung. Lügen und Gier bestimmen das öffentliche Leben. Washington verkörperte einst die Ideale und Prinzipien, auf die das Land gegründet war. Jetzt haben wir nur noch die Wall Street und Goldman Sachs.

Occupy Tampa zog Hunderte von Menschen an, die sich in einem Park in der Innenstadt versammelten. Danny Hartzell wäre gern dabei gewesen, um gegen die Gier der Konzerne zu demonstrieren, fand aber wegen der Schichtarbeit bei Wal-Mart und wegen der Kinder keine Zeit. Außerdem war das Benzin zu teuer. Sylvia Landis ging hin und sah andere Rentner und Rentnerinnen, überschuldete Studenten, Familienväter und Arbeitslose, deren Hypotheken größer waren als der Wert ihrer Häuser. Einige der jüngeren Demonstranten wirkten orientierungslos, ihr antikapitalistischer Ton beunruhigte Sylvia. Sie sah sich zwar nicht als Teil der Bewegung, brachte aber eines Tages eine große Schüssel Pasta mit Käsesoße vorbei, die von einer Party übrig geblieben war. Und sie fuhr einige Demonstranten nach Sarasota, wo eine Gruppe von Anwälten, die mit der Hypothekenkrise beschäftigt waren, ein Training abhielten. Doch nach einigen Wochen, nach mehreren Tropenstürmen und zahlreichen Polizeieinsätzen kehrte in der Innenstadt wieder die gespenstische Ruhe ein, die vor der Besetzung geherrscht hatte, von Occupy Tampa blieben nur acht oder zehn einsame Demonstranten übrig, die in der Nähe des Flusses standen und Schilder hielten, und gelegentlich hupte jemand sein Einverständnis. Schließlich gaben sie dem Druck der Polizei nach und zogen in einen isolierten Park in West Tampa, der dem Betreiber eines Striptease-Clubs gehörte, der Mons Venus hieß.

Ende Oktober begannen die Behörden, einige Zelte im Park zu tolerieren. Ray, der einen arktistauglichen Schlafsack und ein Einmannzelt erbte, als der Aushilfslehrer ein winziges Zimmer in einer WG ergatterte, bezog am Südrand des Parks ein Grundstück von sechzig mal zweihundert Zentimetern. Bald war der Park so voller Zelte, dass man kaum noch durchkam, was zur Folge hatte, dass kaum noch Passanten kamen und das Camp abweisend und verkommen wirkte. Ray stand immer sehr früh auf und spazierte einige Blocks, um den Sonnenaufgang über dem East River zu betrachten. Dann durchstreifte er eine Weile die verschiedenen Viertel im unteren Manhattan – Lower East Side, Chinatown – und kehrte zum Zuccotti-Park zurück. Das Gefühl, unter ständiger Beobachtung in einer Art Aquarium zu leben, machte ihn zunehmend nervös – er hatte die ganze Zeit das Lied »Senses Working Overtime« von XTC im Kopf. Die Trommler wirkten inzwischen wie eine Szene aus Fellinis *Satyricon*. Ray sehnte sich danach, vor dem Fernseher ein wenig die Welt zu vergessen. Er hatte Seattle verlassen, bevor seine Lieblingsserie *Breaking Bad* – die beste Fernsehserie seit *The Wire* – mit einer Doppelfolge zu Ende gegangen war. Er verbrachte seine Tage damit, bei Starbucks sein Handy zu laden und sich um die banalen Dinge des Lebens zu kümmern. Er ging in den teuersten Biomarkt und kaufte mit seinen Lebensmittelmarken ein wenig Obst und ungesüßte, achtzigprozentige Schokolade. Er aß so wenig, dass es ihm nichts ausmachte, wenn er nur noch wenige Dollar in der Tasche hatte, im Park gab es immer kostenloses Essen. Gegen neun kroch Ray in sein Zelt, zog den Reißverschluss seines Schlafsacks zu, las die Twitter-Nachrichten zur Rachel Maddow Show und versuchte, ein paar Stunden zu schlafen, bevor er vom Lärm der jungen Leute geweckt wurde, die in der Nähe Partys feierten. Er schlief nie länger als vier oder fünf Stunden. Einmal wachte er auf, weil der Park von einem vielstimmigen, endlosen Jaulen erfüllt war.

Ray stellte fest, dass es nicht leicht war, bei Occupy engagiert zu bleiben. Er beteiligte sich an einer Gruppe, die den Central Park besetzen wollte, doch daraus wurde nichts, weil die Stadt keine Genehmigung erteilte. Zu den Versammlungen an der roten Skulptur ging er nur noch selten, denn die stundenlangen Diskussionen, die über das menschliche Megaphon übertragen wurden, führten kaum je zu einem Ergebnis. Außerdem verspielte die Bewegung die Sympathien der normalen Bürger. Über mehrere Wochen wurde dieselbe Ausgabe der Besetzerzeitschrift, das *Occupied Wall Street Journal*, verteilt. Die Gespräche am Broadway wurden von Verrückten gestört. Es gab Dutzende von Arbeitsgruppen, viele hielten ihre Sitzungen nicht im Park ab, sondern im Atrium der Deutschen Bank, die sich einige Blocks entfernt an der Wall Street Nr. 60 befand. Diese Gruppen wurden von einigen wenigen Aktivisten dominiert, die meisten Diskussionen hatten mit der Außenwelt nichts mehr zu tun, sie drehten sich um den »Prozess«, um die Neustrukturierung in kleinere Arbeitsgruppen, die den »Prozess« offener machen sollten. So entstanden zwei Lager: die Aktivisten, die im Atrium diskutierten, und die Parkbesetzer. Bei einer Sitzung der Arbeitsgruppe Organisationsverbesserung fragte ein Mann Ray – ein unvertrautes Gesicht –, warum er dort sei.

Ray wusste genau, warum er da war. »Der Park ist ein Symbol und muss weiter besetzt bleiben«, sagte er. »Wenn die andere Seite sagt, Okay, wir hören euch ja – wir beruhigen uns erst einmal und gehen alle nach Hause, und dann sprechen wir wieder –, wenn das passiert, dann achtet niemand mehr auf uns, und dann verschwinden die Übertragungswagen und die Leute versinken in Selbstzufriedenheit und gucken Reality-Fernsehen, und sie merken nicht, dass wir schon in die nächste Krise schlittern.«

Zu der Zeit, als bei Ray die Ernüchterung einsetzte, stieg auch die Frustration bei Nelini. In der Euphorie der ersten Wochen, als siebenhundert Besetzer zu den Generalversammlungen kamen, konnte ein Einziger den Ablauf nicht stören. Aber als sich nur noch dreißig oder vierzig Leute im Atrium versammelten, genügten zwei oder drei Mitglieder der Arbeitsgruppe Direkte Demokratie, um Streit anzufangen und alles durcheinanderzubringen. Manchmal schoben sie Minderheitenrechte als Argument vor, was es Max, einem weißen Mann, schwermachte, sie zur Ordnung zu rufen. Nelini wusste nicht, ob sie Provokateure waren, sie hoffte aber, dass irgendjemand ihnen mal die Meinung sagen würde: »Was ihr da sagt, hat gerade überhaupt nichts mit dem zu tun, was wir hier besprechen. Das muss jetzt aufhören.«

Die Richtung von Occupy wurde von gebildeten, postmodernen Anarchisten vorgegeben, die auch die Zeitschrift *Adbusters* herausgaben, mit der alles angefangen hatte. Nelini, die keinen Schulabschluss hatte, fühlte sich ihnen unterlegen. Sie lasen so viele Bücher, von denen Nelini nicht einmal gehört hatte, und sie gaben ihr das Gefühl, dass sie nicht radikal genug war. Nelini arbeitete am liebsten mit den Bürgern vor Ort, sie hatte Angst, Occupy könnte zu eng, zu speziell werden. Sie suchte nach Möglichkeiten, die Bewegung in etwas Dauerhaftes umzuwandeln, eine Organisation, die sich realistische Ziele setzte. So könnte man Bankkunden dazu bringen, ihre Konten bei den großen Banken zu schließen, und Obdachlose in leerstehenden Häusern unterbringen. Sie war überzeugt, dass es nötig war, Forderungen zu formulieren. Und sie dachte ernsthaft darüber nach, ob es nicht besser wäre, Zuccotti aufzugeben.

Als sich im November schließlich die Blätter verfärbten und das Laub der Gleditschien gelb strahlte, begann sich die Besetzung aufzulösen. Der Park hatte etwas Verzweifeltes, er wirkte eher wie ein Slum als ein Sit-in. In Rays Ecke stand ein ekeliges Sofa, das zu Spannungen führte. Chris, der Landstreicher, der wegen des Pfefferspray-Videos aus Florida gekommen war, hatte das Sofa irgendwo in Manhattan gefunden und mitgebracht. Doch es zog Partygänger an, die mit der Bewegung nichts zu tun hatten, und nahm zwei Zeltplätze ein. Nach langen Diskussionen bekamen es die Trommler. Doch eines Abends stand es wieder an der alten Stelle. Ray lag in seinem Zelt und versuchte zu schlafen, als Chris, der Wodka getrunken hatte, mit einem anderen Mann über das Sofa zu streiten begann. Chris landete einen Kinnhaken und wurde kurz darauf von der Polizei abgeführt. Ein paar Tage später war er wieder da.

Am 15. November kurz nach Mitternacht war Nelini zu Hause in Bed-Stuy, als ihr Telefon klingelte. Es war ihr Freund Yotam, der ihr zum Geburtstag gratulierte. Nelini war vierundzwanzig Jahre alt. Während sie sprachen, las Nelini ihren Twitter-Feed. Questlove, der Schlagzeuger der Roots, eine ihrer Lieblingsbands, hatte um 11:38 gepostet: Scheiße ich fahr gerad die South St. runter in der Nähe von #ows. Da geht gleich die Post ab, hab bestimmt 1000 Bullen in Kampfausrüstung gesehen, Überraschungsangriff, #vorsichtleute.

Nelini sagte zu Yotam: »Ich glaube, die räumen gleich den Park.«

Ray wachte im lauten Stimmengewirr auf. Er brauchte nicht lange, um zu verstehen, was draußen vor sich ging. Die Polizei war da, die Parkbeleuchtung war ausgeschaltet, von der Nordseite her wurde der Zeltplatz von einer Reihe mächtiger Flutlichter erhellt. Ray zog die Schuhe an und trat aus dem Zelt. Ein Polizist verteilte Zettel, die jedem, der nicht freiwillig ging, mit Verhaftung und Anzeige drohte. Dieselbe Warnung kam auch über Lautsprecher. Zuccotti-Park wurde aus Brandschutz- und

Hygienegründen geschlossen. Ray baute sein Zelt ab, so schnell er konnte. Er stopfte seine Habseligkeiten in eine Plastikkiste, die er mit Matte und Schlafsack aus dem Park trug. Als er den Broadway überquerte, rückte gerade die erste Welle der Polizei in den Park vor und riss alles herunter, was ihnen im Weg war.

Nelini nahm ein Taxi und erreichte den Park gegen eins am Morgen. Die Gegend war von kampfbereiten Polizisten belagert, der Broadway war nördlich der Liberty Street vollständig gesperrt. Die Straßen waren von Einsatzfahrzeugen gesäumt, Gitterwagen, Kehrfahrzeuge, mit Absperrgittern beladene Lastwagen und selbst ein Bagger standen bereit. Über dem Finanzviertel kreisten Hubschrauber, die mit ihren Suchscheinwerfern die Straßen abtasteten. Die rote Skulptur war hell erleuchtet, aus einem Lautsprecher plärrten unverständliche Anweisungen. Die Straßen waren voller wütender Menschen, die gekommen waren, sobald sie die Nachricht gelesen hatten. »Verpisst euch«, riefen sie den Polizisten entgegen, »verpisst euch aus meinem Land!« »Verhaftet die wahren Kriminellen!« »Leute, Osama wird stolz auf euch sein! Macht ruhig weiter und helft den Taliban! Genau hierfür sind eure Brüder und Schwestern im Irak und in Afghanistan gestorben! Zum Schutz der Vereinigten Staaten dient ihr – zu wessen Schutz genau?« Und die Menge skandierte »Wir sind die neunundneunzig Prozent!« und »So sieht der Polizeistaat aus!«

»Ich weiß, wie ein Polizeistaat aussieht«, sagte ein schwarzer Polizist. »Das hier ist etwas anderes.«

Nelini kannte einige Polizisten – ihre beiden Tanten waren bei der NYPD, auch eine Freundin ihrer Mutter. Wenn von übermäßiger Gewaltanwendung die Rede war, tendierte sie immer dazu, die Polizeiführung verantwortlich zu machen. Aber nach den Verhaftungen auf dem Union Square hatte sie ihre Meinung geändert, sie dachte: Die ganz oben sind verrückt, und die Einsatzleiter auf der Straße auch. Nun war sie so weit, alle Polizisten in einen Topf zu werfen. Unter den einfachen Polizisten auf der Straße mochte es wohl ein paar Gute geben, aber die Institution als Ganze hatte ihren Respekt verspielt.

Sie war in einer Gruppe, die auf dem Broadway in Richtung Maiden Lane gedrängt wurde, sie lief mit erhobenen Händen und drehte sich nicht um, um den Polizisten keinen Anlass zu geben, sie fortzuschleppen. Als sie gerade telefonierte und sich doch einmal kurz umsah, wurde ihre rechte Gesichtshälfte von einem Strahl getroffen. Ihre Kontaktlinse sprang heraus, das rechte Auge brannte, als hätte sie Zitronensaft hineinbekommen. Sie rannte mit einigen anderen, die ebenfalls getroffen waren, in ein Geschäft, wo sie Milch und Wasser kauften und ihre Augen auswuschen. Etwas später sah sie, wie ihr Freund Jeremy verhaftet wurde. Sie rannte zu ihm und schrie, so laut sie konnte, und als ein Polizist versuchte, sie zu packen, kamen ihr mehrere Besetzer zur Hilfe und befreiten sie. Als sie aber um drei am Morgen mit einigen Freunden weiter nördlich über den Broadway ging, hielt ein Polizeiwagen neben ihnen und einer der Bullen rief: »Das ist sie, das ist sie.« Drei Polizisten sprangen aus dem Wagen und zwangen sie zu Boden, und während sie auf dem Bauch dalag, rief sie: »Wo ist meine Mütze?«

Sie legten ihr Handschellen an, fuhren mit ihr zum Park zurück und steckten sie in einen der wartenden Transporter. Vier Beamte bewachten sie, Stunden schienen zu vergehen, bis sie endlich abfuhren. Sie sagte einem der Polizisten, dass sie ihre Tage hatte. Der zeigte Mitgefühl – seine Töchter waren im Teenageralter. Endlich fuhren sie zum Hauptquartier an der Police Plaza. Auf dem Weg zur Personenfeststellung begegnete sie ihrem Freund Yotam, den die Polizei gerade wieder laufen ließ. »Herzlichen Glückwunsch zum Geburtstag, Süße«, sagte er. »Wir sehen uns später.«

Nelini verbrachte den ersten Tag und die erste Nacht ihres vierundzwanzigsten Lebensjahrs im Gefängnis. Sie sang Revolutionslieder und dachte über die nächsten Schritte nach. Dann versuchte sie, ein wenig zu schlafen.

Das Finanzviertel war jetzt eine militärisch besetzte Zone. Ray versuchte nur noch, sich zu retten. Er beschloss, den Weg zu gehen, den er von seinen Morgenspaziergängen her kannte. Der einzige Unterschied war, dass er jetzt alles auf dem Rücken trug, was er besaß. Er kam an der Federal Reserve Bank vorbei, an der Chase Manhattan Bank (wo noch 42 Cent auf einem Konto lagen, das er bei Washington Mutual eröffnet hatte, bevor die Bank unterging und verkauft wurde), er kam am AIG-Gebäude vorbei und lief unter der nach Franklin D. Roosevelt benannten Stadtautobahn bis zum East River. Er wollte erst einmal dem ganzen Tumult entkommen. An einem ruhigen Flecken südlich der Brooklyn Bridge setzte er sich auf eine Bank und twitterte: »noch früher als sonst sitze ich an meinem lieblingsplatz. bin wohl kein guter besetzer, habe meine kameraden im stich gelassen.« Immer mal wieder flog ein Polizeihubschrauber über ihm vorbei, aber er saß gut geschützt und wurde nicht entdeckt.

Ray las weiter seine Twitter-Nachrichten, um vier Uhr gab es noch immer keinen Aufruf an die versprengten Besetzer, sich irgendwo anders zu versammeln. Seine Handybatterie war am Ende. Er war allein – ein weiterer Obdachloser in New York.

Am Morgen, als es dämmerte, setzte Regen ein. Zuccotti Park war mit Eisengittern abgesperrt. Außer einigen Wachleuten in giftgrünen Westen war niemand zu sehen. Der schlichte, rechteckige Park, vollständig mit Granit bedeckt, wartete auf die ersten Angestellten, die in ihre Büros an der Wall Street eilten.

2012 PRÄSIDENTSCHAFTSWAHLKAMPF KOSTET 2 MILLIARDEN ... Aber am Freitag kam plötzlich die rettende Kavallerie: ein Scheck über fünf Millionen von Mr Adelson, für Winning Our Future, eine Organisation, die Mr Gingrich unterstützt ... »Zwei Jahre ist es her, seit du dein Studium abgeschlossen hast, und wir haben dich weiter unterstützt. Mehr können wir nicht tun.« »Wisst ihr eigentlich, wie verrückt diese Wirtschaftslage ist? Also, von meinen Freunden kriegen alle Geld von ihren Eltern.« ... Trayvon zog die Kapuze über den Kopf, als es zu regnen begann, und ging in eine private, abgesperrte Wohnanlage namens Retreat at Twin Lakes. Es hätte ebenso gut eine andere sein können. Er kam an einem Dutzend Läden vorbei, vier von ihnen standen leer. ZU VERMIETEN! GÜNSTIG! – überall diese Schilder und Plakate. So sah Sanford nach dem großen Crash aus ... **@Barack Obama: Gleichgeschlechtliche Paare sollten das Recht haben zu heiraten. – Präsident Obama.** ZWEI FOOTBALLSTARS GERATEN WEGEN HOMOEHE ANEINANDER ... Junge Leute nehmen an einer Ziehung teil und werden ausgewählt, um sich in der Show »The Hunger Games« gegenseitig abzuschlachten, nach dem Motto: töten oder getötet werden. Das verzweifelte, blutige Ritual wird alljährlich vom tyrannischen Regime von Panem veranstaltet, einem kaputten Staat, der aus einem schrecklichen Zerstörungskrieg hervorgegangen ist ... WARUM SICH MILLIARDÄRE VON OBAMA HINTERGANGEN FÜHLEN ... Die Kelleys waren bekannt für ihre extravaganten Partys, für pompöse Büfetts, den in Strömen fließenden Champagner, die Hausdiener, die herbeieilten, um die Autos der Gäste zu parken, und die Zigarren, die Gäste von der nahe gelegenen MacDill Air Force Base geschenkt bekamen, unter ihnen David H. Petraeus und General John R. Allen, der das Oberkommando über ... WER HAT DEN IPO VON FACEBOOK IN DEN SAND GESETZT? ... 47 Prozent der Wähler werden für Obama stimmen, egal was kommt. Okay, es sind also 47 Prozent, die für ihn sind, nämlich alle, die von staatlichen Hilfen abhängig sind, und alle, die denken, sie sind nur Opfer und der Staat muss sich um alles kümmern, und alle, die meinen, dass sie ein Recht auf Krankenversicherung haben, auf Essen, auf eine Wohnung, auf ... Ab 5. November auf diesem Sender: Start-ups: Silicon Valley – Eine Serie, die sechs Unternehmer auf Schritt und Tritt beobachtet. »Wir haben einen Bereich gesucht, der noch nicht von Reality gesättigt ist«, erklärte Evan Prager, einer der Produzenten der neuen Serie ... *Wir sahen die Lichter des geistlichen Strahlens/Minute um Minute näher kommen* ... DIE NACHT DES OBAMA ... »Etwas Besseres erwartet uns« ... VERÄNDERTES WAHLVERHALTEN, NEUE PROBLEME FÜR DIE REPUBLIKANER ... *es hat uns aus der Bahn geworfen, wir kamen nicht mehr weiter/wir haben es nicht ganz geschafft, es reicht uns nicht/zu wissen, wie nah wir waren, wie nah/ich möchte über diese Erde gehen, mit Füßen des Giganten*

Silicon Valley

2009 war das letzte Jahr, in dem Peter Thiel am World Economic Forum in Davos teilnahm. Davos war noch immer ein sichtbares Statussymbol für die globale Elite, aber in jenem Jahr schien es, als bedeutete die Einladung, dass man zu der Gruppe von Menschen gehörte, die gerade die Welt ruiniert hatte. Thiel beschloss, die nächsten zehn Jahre weitgehend unterzutauchen und seine Sache dafür umso besser zu machen. Wenn es stimmte, dass das Land mehr oder weniger abgewickelt wurde, waren Statussymbole dieser Art äußerst problematisch – in einer Gesellschaft, in der alles kopf stand, konnten sie nicht die richtigen, die wahren Werte sein. Es lohnte sich kaum, in Dinge zu investieren, die einen hohen Status hatten.

Nach der globalen Finanzkrise entwickelte Thiel eine Theorie über die Vergangenheit und die Zukunft.

Sie setzte im Jahr 1973 an – dem letzten Jahr der »Fünfziger«. Es war das Jahr des Ölschocks und das Jahr, in dem die Löhne im Land zu stagnieren begannen. Die Siebziger waren das Jahrzehnt, in dem alles schiefzulaufen begann. Viele Institutionen funktionierten nicht mehr. Wissenschaft und Technik kamen nicht voran, das Wachstumsmodell verlor seine Gültigkeit, der Staat erfüllte seine Aufgaben nicht mehr so gut wie früher, die Mittelklasse zeigte erste Auflösungserscheinungen. Dann kamen die Achtziger – als Thiel 1985 die Schule abschloss, war der Optimismus enorm, alles schien möglich. Und in den Neunzigern wurde der Himmel einfach durch das Internet ersetzt, Vermögen entstanden über Nacht, das Leben auf dem Mauspad hatte etwas Wundersames. Nach dem Millennium und dem Crash der Dot-Coms begann mit dem zweiten Bush, mit Krieg und Gewalt und einer schwachen Wirtschaftsentwicklung (bei rasant steigenden Kursen) ein Jahrzehnt der Enttäuschungen – das direkt in die seismischen Verschiebungen des Jahres 2008 und die nachfolgende Depression mündete. In vier Jahrzehnten ging es runter, rauf, rauf und wieder runter. Danach war die Kurve flach.

Es war nicht einfach, das in der Mitte des Jahrzehnts zu erkennen, als es überall nur aufwärtsging. Schwieriger noch war es in Silicon Valley, wo es in den Jahren nach dem Crash sehr gut gelaufen war – Google war an die Börse gegangen, Facebook und die anderen sozialen Medien auch. Aber dreißig Meilen weiter östlich ging es den Menschen überhaupt nicht gut, denn ihr einziges Vermögen – ihre überschuldeten Häuser – hatte gerade die Hälfte seines Werts eingebüßt. Die mittleren Jahrzehnte waren, verglichen damit, eine Art Goldener Herbst der Siebziger, der sich ewig hinzog – beinahe ein Vierteljahrhundert lang, wenn man den Beginn am Ende der Reagan-Rezession 1982 ansetzt und bis zur Immobilienkrise 2007 rechnet –, so lang, dass es nicht mehr möglich war, zum Anfang zurückzukehren und eine Art Neustart zu versuchen. In dem langen Spätsommer waren die Institutionen weiter erodiert, und immer wieder gab es kürzere Rezessionen und panikartige Verkäufe. Man kann diese Phase auch als eine einzige Folge von Spekulationsblasen sehen: Anleihenblase, Technologieblase, Aktienblase, die Blase der Schwellenländer, der Immobilien … Jede einzelne ist geplatzt, und jede zeigte von neuem, dass sie kurzfristige Lösungen für langfristige Probleme waren, vielleicht sogar Ausweichmanöver oder Ablenkungen. Es gab so viel Spekulationsblasen – so viele Menschen, die, alle zur gleichen Zeit, nach dem flüchtigsten Vorteil suchten –, dass kein Zweifel bestehen konnte: Etwas Grundlegendes funktionierte nicht mehr.

Im Frühjahr 2011 kam Mitt Romney ins Silicon Valley, um Unterstützer für seinen Wahlkampf zu finden. Thiel lud ihn zum Frühstück in sein Haus ein. Romney erklärte, sein Wahlkampf habe vorrangig wirtschaftliche und nicht soziale Themen im Blick. Man wolle die Zahlen sprechen lassen. Thiel, der sehr beeindruckt von dem geschliffenen und eloquenten Geschäftsmann war, wagte eine Prognose: »Ich glaube, diese Wahl wird der pessimistischste Kandidat gewinnen, denn wer zu optimistisch ist, wird aussehen, als hätte er den Kontakt zu den einfachen Leuten verloren.« Mit anderen Worten: Es würde nicht genügen, wenn Romney Obama als inkompetent darstellte und behauptete, mit einem anderen Präsidenten würde alles besser. Als Reagan 1980 mit dieser Strategie gegen Carter gewann, glaubten nur fünfzig Prozent der Wähler, dass es ihre Kinder einmal weniger gut haben würden als sie. 2011 waren es schon achtzig Prozent. Es wäre besser, meinte Thiel, wenn Romney sagen würde, dass die Lage viel besser sein könnte und dass der Weg in eine bessere Zukunft sehr schwer sein würde, ein neuer Präsident allein würde nicht genügen. Aber Romney wollte Thiels Argument nicht verstehen. Er glaubte noch immer, dass der optimistischste Kandidat am

Ende gewinnen würde. Er glaubte noch immer, dass das System im Grunde funktionierte.

Zum Beispiel das Informationszeitalter: War das nicht eine unglaubliche Erfolgsgeschichte? Thiel, den Silicon Valley sehr reich gemacht hatte, sah das längst nicht mehr so.

Im Café Venetia in Palo Alto – wo Thiel und Elon Musk 2001 beschlossen hatten, mit PayPal an die Börse zu gehen, nur wenige Straßen von ihrem ersten Büro entfernt, das in Sichtweite des ersten Facebook-Büros lag und nun die Firma Palantir beherbergte, sechs Meilen vom Google-Campus in Mountain View entfernt, in unmittelbarer Nachbarschaft von zwei Apple Stores, den säkularen Tempeln der New Economy, umgeben von durchtrainierten, gesunden, schlicht und teuer gekleideten Menschen, die ihre Apple-Produkte in Händen hielten und über geistige Kreativität sprachen, über Start-up-Investoren – genau hier zog Thiel sein iPhone aus der Jeans, zeigte darauf und sagte: »Das ist für mich kein technischer Durchbruch.«

Verglichen mit dem Apollo-Programm oder dem Überschalljet war ein Smartphone nur ein geringer Fortschritt. In den vierzig Jahren vor 1973 hatte es enorme technische Sprünge gegeben, und die Löhne hatten sich versechsfacht. Seit dieser Zeit ließen sich die Amerikaner mit hübschem Spielzeug abspeisen, sie hatten längst vergessen, welch weitreichende Folgen ein technischer Durchbruch haben konnte.

Zu Thiels Lieblingsbüchern gehörte *Die amerikanische Herausforderung*, ein Buch des französischen Autors J. J. Servan-Schreiber. Es war 1967, in Thiels Geburtsjahr, erschienen. Servan-Schreiber argumentierte, dass die USA aufgrund der dynamischen Kräfte von Technologie und Bildung dem Rest der Welt davonlaufen würden, und dass sich bis zum Jahr 2000 in Amerika eine Art postindustrielle Utopie etablieren würde. Zeit und Raum würden keine Hindernisse mehr darstellen, Einkommen würden gerechter verteilt sein, Computer würden die Menschen befreien. »Die Menschen werden nur vier Tage in der Woche arbeiten, jeweils sieben Stunden lang. Das Jahr wird aus neununddreißig Arbeitswochen und dreizehn Ferienwochen bestehen … Und all das erreichen wir in einer einzigen Generation.« Das erträumte Informationszeitalter war pünktlich eingetreten, nicht aber die Utopie. Autos, Züge und Flugzeuge waren kaum besser als 1973. Der steigende Ölpreis machte deutlich, dass Energie- und Agrarpolitik komplett gescheitert waren. Die Computerindustrie schuf nicht genug Stellen, um die Mittelklasse zu erhalten, sie brachte keine revolutionären Neuerungen in der Produktion hervor und führte nicht zu Verbesserungen der Produktivität. Nur vereinzelt stieg der Lebensstandard, die Gesellschaft als Ganze machte keine Fortschritte. Thiel war zu dem Schluss gekommen, dass »das Internet ein Gewinn ist, aber kein allzu großer«. Und Apple »ist eine fortschrittliche Design-Firma«. Twitter hatte fünfhundert gute Arbeitsplätze geschaffen, die vielleicht ein Jahrzehnt lang erhalten blieben. »Aber wie groß ist der Wert, der für die Gesamtwirtschaft geschaffen wurde?« Facebook, das Thiel zum Milliardär gemacht hatte, war »auf der positiven Seite«, immerhin sei es radikal genug, um in China verboten zu sein. Mehr wollte Thiel über die gefeierten sozialen Medien auch nicht sagen. Alle Firmen, in die er investiert hatte, beschäftigten im Ganzen wohl nicht mehr als fünfzehntausend Menschen. »Die Dinge verändern sich in schwindelerregendem Tempo, aber Fortschritt ist das nicht.«

Ein Hinweis auf das Problem lag in der Information selbst. Die Schaffung virtueller Welten ersetzte das, was zuvor im Fortschritt der physischen Welt zum Ausdruck kam. »Man kann sagen, dass das ganze Internet eskapistisch ist«, erklärte Thiel. »Wir haben all diese Internetfirmen geschaffen, und die Leute, die sie leiten, sind alle einigermaßen autistisch, wir haben so viele kleine Asperger in diesem Geschäft, dass die Firmen sich kaum um den Vertrieb kümmern. Es liegt seltsamerweise nicht in ihrer Natur, sozial zu sein. Google ist dafür der Prototyp. Aber in einer Gesellschaft, die kaum noch funktioniert, scheint gerade dies der letzte Bereich zu sein, an dem noch große Wertsteigerungen möglich sind. Wir haben die ziemlich kaputte reale Welt, in der alles immer schwieriger wird, und die Politik spielt verrückt, und es ist beinahe unmöglich, gute Leute in die wichtigsten Ämter zu wählen, das ganze System funktioniert nicht. Und dann haben wir noch die virtuelle Welt, wo es überhaupt kein Zeug gibt, nichts, nur Nullen und Einsen im Computer, die man manipulieren und umprogrammieren kann, der Computer tut am Ende genau das, was du von ihm erwartest. Vielleicht ist das im Moment die einzige Stelle, an der man ansetzen kann, wenn man dem Land helfen möchte.«

Das Problem ließ sich also folgendermaßen auf den Punkt bringen: Amerikaner, die einst das Fließband entwickelt hatten, den Wolkenkratzer, das Flugzeug und den Schaltkreis, glaubten nicht mehr an die Zukunft. Die Zukunft war seit 1973 im Niedergang begriffen. Thiel sprach von einem »Technologie-Slowdown«.

Ein Beispiel: Die Science-Fiction-Romane der Fünfziger und Sechziger, die er als Jugendlicher gelesen hatte, mit ihren Visionen von Raumfahrt und Städten am Grund des Meeres, schienen wie Werke aus einer fernen Zivilisation. Heute ging es in der Science-Fiction nur noch um Technik, die schlecht oder gar nicht funktionierte. »Die Anthologie der fünfundzwanzig besten Sci-Fi-Erzählungen von 1970 bestand aus: ›Ich und mein Roboterfreund machen einen Mondspaziergang‹ und so weiter, 2008 ging es um eine Galaxie, die von einer islamistisch-fundamentalistischen Föderation dominiert wird, und um Leute, die Planeten jagen, um sie spaßeshalber in die Luft zu sprengen.« Gemeinsam mit Sean Parker und zwei weiteren Freunden gründete Thiel einen Investitionsfonds, den sie Founders Fund nannten. Als Erstes veröffentlichten sie ein Manifest über die Zukunft, das mit dieser Klage begann: »Wir wollten fliegende Autos, und was wir bekommen haben, sind 140 Zeichen.«

Es gab für den Slowdown nicht einen identifizierbaren Grund. Vielleicht gab es keine einfachen technischen Probleme mehr, vielleicht waren sie alle gelöst worden, und was nun übrig war – zum Beispiel die künstliche Intelligenzforschung – war ausgesprochen kompliziert. Vielleicht verloren die technischen Wissenschaften an Wertschätzung, weil ihnen die öffentlichen Gelder gekürzt wurden. Vielleicht – hier regte sich sein alter Libertarismus – wurden Energie, Nahrung und Medizin zu stark reguliert, es war kein Wunder, dass das größte Wachstum aus einem Bereich (Computer) kam, der am wenigsten überwacht wurde. Oder die ökologischen Vorstellungen waren zu engstirnig, alle Lösungen sollten unbedingt aussehen wie die Natur selbst, es war überhaupt nicht denkbar, dass zum Beispiel all die Reaktoren gebaut würden, die eigentlich gebraucht wurden – Hunderte. Vielleicht (und dieser Gedanke verstörte Thiel besonders, denn seine Abneigung gegen Gewalt ging sehr tief) fehlte seit Ende des Kalten Kriegs, als Amerika der letzte große Feind abhandengekommen war, der Anreiz zu echten Neuerungen im militärischen Bereich, und der Wille, Opfer zu bringen. Vielleicht hatten die Menschen in einer längeren Phase des Friedens weniger Grund, hart zu arbeiten, und der Slowdown hatte tatsächlich erst 1975 begonnen, als mit dem Apollo-Sojus-Flug der Wettstreit um das All ein vorläufiges Ende nahm. Oder es lag am Bildungssystem, an den Universitäten. Ein jüngerer Freund hatte Thiel erzählt, wie die neuen Studenten in Yale in der Orientierungswoche vom Dekan begrüßt wurden: »Herzlichen Glückwunsch – Sie haben ausgesorgt.« Niemand sollte jemals denken, er hätte ausgesorgt.

Obwohl Thiel eine herausragende Figur inmitten einer kleinen Elite war, griff er vor allem die Mitglieder seiner eigenen Klasse an sowie die Manager und Entwickler, die zwei- oder dreihunderttausend Dollar im Jahr verdienten und in den Firmen die wichtigen Entscheidungen trafen. Die Eliten waren selbstgefällig geworden. Ihr eigener Erfolg machte sie blind für die krassen Einkommensunterschiede im Land, für das, was an Orten wie Ohio geschehen war, und ihr aus dem Erfolg geborener Optimismus führte zu einer falschen Einschätzung der Lage im Technologie-Bereich. »Wer 1950 geboren wurde und in den oberen zehn Prozent war, konnte zwanzig Jahre lang fest damit rechnen, dass alles immer besser wurde. In den späten Sechzigern genügte es, die richtige Universität zu wählen. Man bekam sein Diplom, ging an die Wall Street und war Ende der Siebziger gerade an der richtigen Stelle: Es ging rasant bergauf. Wir haben eine sechzig Jahre währende, unfassbare Erfolgsstory hinter uns, aber für die meisten Sechzigjährigen sah diese Geschichte ganz anders aus.« Die Oberschicht war sanft von einem Erfolg zum nächsten geglitten, Lösungen waren von dort nicht mehr zu erwarten. Ihr Scheitern gab den Weg für anderes frei – vielleicht für den Marxismus, vielleicht für den Libertarismus –, sie waren nur noch Passagiere auf einer gefährlichen Reise, die ins Ungewisse ging.

Thiels Ansichten stießen auf allen Seiten des politischen Spektrums auf Ablehnung. Auf der Rechten wurde jeder Versuch, ernsthaft über Innovation nachzudenken, von den Fundamentalisten des freien Markts abgewürgt (hier lag der Grund dafür, dass Romney Thiel an seinem Frühstückstisch nicht verstanden hatte). Die Linke tat offiziell, als würde es genügen, mehr Geld in Innovationen zu stecken, und verbarg ihren tiefen, nie überwundenen Pessimismus. Präsident Obama glaubte offenbar, dass an der Entwicklung nichts zu ändern war, und schickte sich an, den Abstieg zu verwalten. Aber eine weitere Malaise-Rede, wie Carter sie gehalten hatte, konnte er dem Land nicht zumuten (und sich selbst nicht, wenn er politisch überleben wollte), weshalb sein Zukunftsbild merkwürdig unausgefüllt blieb. Sowohl Obama als auch Romney waren zur falschen Zeit am falschen Ort: Der Präsident hielt die Theorie der amerikanischen Einzigartigkeit – *exceptionalism* – für überholt, der Kandidat glaubte noch immer daran. Beide waren nicht bereit, dem Land zu erklären, dass es seine Einzigartigkeit eingebüßt hatte, dass damit aber nicht alles verloren war. Man musste es einfach wieder versuchen.

Thiel galt nicht mehr als Titan der Hedgefonds-Industrie, aber je mehr er seine Ideen veröffentlichte, je mehr der zahlreichen exklusiven Foren er besuchte, auf denen die Elite sich austauschte und kennenlernte, desto mehr gewann er den Status des intellektuellen Provokateurs, den er seit seiner Studienzeit angestrebt hatte. Im Sommer 2012 wurde er zur Fortune Brainstorm Tech-Tagung in Aspen/Colorado eingeladen und diskutierte vor Publikum mit dem Vorstandsvorsitzenden von Google, Eric Schmidt. Schmidt, ein freundlicher, zuversichtlicher Progressiver, war genau die richtige Zielscheibe für Thiels intellektuelle Häme. Schmidt erläuterte, wie Transistoren, Glasfaserkabel und Datenanalyse immer weiter die Welt verbesserten, und gab sich überzeugt, dass Moores Gesetz, nach dem sich die Rechenleistung von Computern alle zwei Jahre verdoppelte, noch mindestens ein Jahrzehnt Gültigkeit haben würde.

»Eric, du bist wirklich ein phantastischer Propagandaminister von Google«, begann Thiel.

»Sie haben mir doch versprochen, freundlich zu bleiben«, unterbrach der Moderator.

»Ich sage ja, er macht seine Sache hervorragend.« Thiel, mit geschlossenem Jackett und weit aufgeknöpftem Hemd, legte seine Ansichten zum Slowdown dar. Als Libertärer gab er der übermäßigen staatlichen Aufsicht die Schuld. »Im Prinzip ist alles verboten, was mit der Welt der Dinge zu tun hat«, sagte er. »Das Einzige, was man noch machen kann, ist, Bits zu manipulieren. Das ist der Grund für die Innovation, die wir im Computer- und Finanzbereich gesehen haben. Nur dort hat es in den letzten vierzig Jahren wirklich Fortschritt gegeben. Da nun die Finanzindustrie quasi verboten wird, bleiben nur noch die Computer, was für Computer sehr gut ist. Und so sieht es offenbar Google.«

Schmidt versuchte, seinen Ärger mit einem Lächeln zu überspielen. Der Moderator zeigte auf den Mann von Google und sagte: »Sie wollen aber nicht behaupten, dass der Mann ein Computer ist, oder?«

»Ach, wissen Sie, die mögen Computer oftmals mehr als Menschen«, antwortete Thiel, »das ist der Grund, warum sie die Revolution der sozialen Netzwerke verschlafen haben. Aber wenn wir mal vierzig Jahre in die Zukunft denken und Moores Gesetz betrachten, dann müssen wir sagen: Gut gelaufen für die Computer. Aber die Frage ist doch, ob es auch für den Menschen gut läuft. Wie lässt sich die Entwicklung in wirtschaftlichen Fortschritt für die ganze Menschheit umsetzen?«

Thiel mochte nichts lieber, als Leuten, die ehrenwerte Meinungen vertraten, an den Karren zu fahren. Ein Abschnitt aus einem seiner Essays (»The Education of a Libertarian«) führte 2009 im Internet zu einem Sturm der Entrüstung, vor allem bürgerliche Konservative reagierten wütend: »Die 1920er waren die letzte Dekade in der Geschichte Amerikas, in der man mit echtem Optimismus auf die Politik schauen konnte. Seither wurden immer mehr Menschen von Sozialleistungen abhängig, und Frauen gewannen neue Rechte – beides Gruppen, die bekanntermaßen schwer von libertären Positionen zu überzeugen sind –, was dazu geführt hat, dass der Begriff kapitalistische Demokratie eine Art Oxymoron geworden ist.« Thiel erläuterte, dass er keineswegs den Frauen das Wahlrecht wieder fortnehmen wolle. Seine Vision bestand darin, die Demokratie ganz zu umgehen, da sie mit Freiheit nicht vereinbar war. Er hatte immer wieder politische Kandidaten unterstützt. 2009 finanzierte er den Wahlkampf von James O'Keefe, dessen Videos später die Organisation ACORN in Bedrängnis brachten. 2011 und 2012 spendete er 2,6 Millionen Dollar an eine Organisation, die Ron Paul nahestand, und eine weitere Million an den Club for Growth. Er lud in sein Loft am Union Square, um für GOProud, eine Organisation schwuler Republikaner, Spenden zu sammeln, und bat Ann Coulter, einen Vortrag zu halten. Doch am Ende glaubte er, dass die Politik eine höchst ineffiziente Art war, Veränderungen herbeizuführen, und beschloss, sich weitgehend aus ihr herauszuhalten. Er hielt an dem Glauben seiner Teenagerjahre fest, sah aber keine Chance, dass Amerika jemals für einen Libertären stimmen würde.

In der Technologie dagegen konnte man die Welt verändern, ohne jemanden um Erlaubnis bitten zu müssen. Im selben Essay schrieb er:

> In unserem Zeitalter besteht die größte Herausforderung für den Libertären darin, der Politik in all ihren Formen zu entkommen – nicht nur dem Totalitarismus und den fundamentalistischen Katastrophen, sondern auch den kopflosen Demonstrationen der »sogenannten Sozialdemokratie« … Zwischen Politik und Technologie

wird ein Kampf um Leben und Tod ausgetragen … Das Schicksal unserer Welt liegt vielleicht in den Händen eines einzelnen Menschen, der den Mechanismus der Freiheit erschafft oder verbreitet, den wir brauchen, um die Welt zu einem sicheren Ort für den Kapitalismus zu machen.

Thiel selbst wollte dieser Mensch sein.

An einem regnerischen Morgen im Silicon Valley fuhr Thiel in seinem dunkelblauen Mercedes SL500 durch einen Industriepark zwischen dem Highway 101 und der Bucht von San Francisco und suchte eine Adresse. Sie gehörte zu einer Firma namens Halcyon Molecular, die nach einem Heilmittel gegen das Altern suchte. Thiel hielt den größten Anteil an der Firma und saß im Aufsichtsrat. Er trug Jeans und eine Windjacke und war nicht angeschnallt. Seine Haltung zu Sicherheitsgurten war unklar: Einerseits erhöhten Sicherheitsgurte die Sicherheit. Andererseits fuhr man vorsichtiger, wenn man weniger sicher war. Empirisch gesehen wäre es wohl am besten, man würde sich anschnallen und trotzdem aufpassen. An einer Kreuzung schnallte er sich an.

Auch wenn er bei den Sicherheitsgurten keine Klarheit fand, verlor er nie die Urangst vor der Todesnachricht, die er als Dreijähriger erlebt hatte. Er lehnte es ab, sich einer Ideologie zu beugen, die »jedes einzelne Individuum unweigerlich zum Tod verurteilte«. Er hielt den Tod für ein lösbares Problem, je früher man es in Angriff nahm, desto besser. Unter den gegenwärtigen Bedingungen glaubte er, vielleicht 120 Jahre alt zu werden – was nur ein lahmer Kompromiss war, wenn man die Möglichkeiten bedachte, die zur Lebensverlängerung bereits bestanden. Eine Lebensspanne von 150 Jahren war im Bereich des Denkbaren, und Unsterblichkeit war zumindest eine Möglichkeit. In seinen letzten Lebensjahren hatte Steve Jobs immer wieder davon gesprochen, in welchem Maß ihn die Erwartung des Todes motivierte, aber Thiel sah das anders. Für ihn war der Tod äußerst demotivierend. Er hatte einen dämpfenden, deprimierenden Effekt, verlieh allem, was die Menschen taten, eine Note der Verzweiflung und schränkte sie mit ihren Wünschen und Zielen ein. Es war gesünder, so zu leben, als würde das Leben niemals enden. Unsterblichkeit – und die Aussicht, sich in der Ewigkeit immer wieder zu begegnen – würde zu einem besseren Umgang der Menschen untereinander führen. Es erinnerte ihn an eine Zeile aus dem Lied »American Pie«: »und keine Zeit, noch einmal zu beginnen …« Die Vorstellung des eigenen Untergangs war vergleichbar mit der Überzeugung, dass Amerika unrettbar verloren war. Es war besser, an einem Ort zu sein, an dem es niemals zu spät war, etwas Neues zu beginnen.

2010 hatte ihm sein Freund und Geschäftspartner Luke Nosek von einem Biotechnologie-Start-up erzählt, das eine Technik entwickelte, mit der die gesamte DNS-Sequenz des menschlichen Genoms mithilfe eines Elektronenmikroskops eingelesen werden konnte. So hätten Ärzte die Möglichkeit, für etwa tausend Dollar eine vollständige Genanalyse ihrer Patienten zu bestellen. Die Entwicklungsarbeit von Halcyon Molecular versprach radikale Verbesserungen bei der Entdeckung und Behandlung genetisch bedingter Krankheiten. Thiel beschloss, mit dem Founders Fund als erster Investor in die Firma einzusteigen. Er verstand nichts von Elektronenmikroskopie und DNS-Sequenzierung, aber die jungen Wissenschaftler bei Halcyon waren ja auch längst noch nicht am Ziel – es war für alle Neuland, und genau deshalb begeisterte es ihn. Er spürte das Talent und den Enthusiasmus des Teams, und als sie ihn um fünfzigtausend Dollar baten, gab er ihnen eine halbe Million und die Zusage, sie weiter zu finanzieren.

Thiel fand schließlich das Büro, parkte und eilte hinein. Im Flur hing eine Reihe von Postern: UND WAS, WENN WIR MEHR ZEIT HÄTTEN? Auf einem war eine futuristische Bibliothek zu sehen, ein gigantischer Käfig aus Stahlregalen, unter dem Bild stand: ES GIBT 129 864 880 BÜCHER. WIE VIELE HABEN SIE GELESEN? Im Sitzungsraum war die gesamte, sehr junge Belegschaft versammelt, kaum einer war über vierzig. Abwechselnd trugen sie die Ergebnisse ihrer Teams vor, gelegentlich unterbrach William Andregg, Halcyons Gründer, mit einer Frage. Andregg war achtundzwanzig Jahre alt, ein schlaksiger Typ mit Cargohose und einem pinkfarbenen, zerknitterten Oberhemd. Während des Biochemie-Studiums an der University of Arizona hatte er eines Tages eine Liste angefertigt von allen Dingen, die er in seinem Leben erreichen wollte. Darunter war eine Reise in ferne Sonnensysteme. Da spürte er plötzlich, was es bedeutete, dass er nicht lang genug leben würde, um auch nur einen winzigen Teil all seiner Ziele zu erreichen. Einige Wochen lang war er darüber sehr deprimiert. Dann setzte er an die erste Stelle seiner Liste das Ziel: Alterung heilen. Anfangs zögerte er, den Ausdruck zu verwenden, aber Thiel überredete ihn, genau diesen zur Botschaft der Firma zu machen: Natürlich würden es einige für verrückt halten, dafür würden sich andere desto mehr angezogen fühlen.

Thiel saß hochkonzentriert am Konferenztisch, presste die Lippen zusammen und machte auf einem Schreibblock einige Notizen: »Eine gefährliche Frage, das ist mir klar: Was ist euer over/under für Prototyp A?«

»Fünfzig Prozent bis Anfang des Sommers«, sagte der Wissenschaftler, der mit seinem Laserpointer an der Leinwand stand. Haar und Bart sahen aus, als hätte sie ein Makak geschnitten. »Und achtzig Prozent bis Ende des Sommers.«

»Sehr cool.«

Es gehörte zum Ritual der Konferenz, dass verschiedene Mitarbeiter etwas über sich selbst erzählten. Williams Bruder Michael, der Technik-Vorstand der Firma, zeigte eine Folie mit einer Liste seiner Hobbys und Interessen:

Kryonik, falls alles andere danebengeht
Völkerball
Selbstvervollkommnung
persönliche digitale Archivierung
Superintelligenz durch Künstliche Intelligenz oder Uploading

Auf dem Weg aus dem Saal erlaubte sich Thiel eine Anregung: Bis zum folgenden Montag sollte sich jeder in der Firma überlegen, wer die drei intelligentesten Menschen waren, die er kannte. »Wir sollten so weit wie möglich bestehende Netzwerke nutzen«, erklärte er. Genauso hatte er es bei PayPal gemacht. »Wir müssen diese Firma mit dem Gedanken aufbauen, dass sie unfassbar erfolgreich wird. Wenn wir diesen Wendepunkt erreichen, wird der Druck riesig, gestern schon die besten Leute eingestellt zu haben.«

Biologie, verbunden mit Rechenleistung, zur Verlängerung des Lebens: Das war die Art der radikalen Zukunft, in die Thiel sein Geld und seine Anstrengungen steckte. Im Kampf zwischen Politik und Technologie, der bis aufs Messer ging, setzte er auf Robotertechnik. (Verkehrsstaus würden der Geschichte angehören, wenn Autos von Robotern gefahren würden, man bräuchte in Amerika nicht eine einzige neue Straße mehr zu bauen). Nach dem Verkauf von PayPal hatte Thiels alter Kollege

Elon Musk eine Firma namens SpaceX gegründet, die zum Ziel hatte, kommerzielle Raumfahrt bezahlbar zu machen. Der Founders Fund stieg als Erster ein, mit einer Investition von zwanzig Millionen. Durch seine eigene Stiftung finanzierte Thiel auch Forschung in der Nanotechnologie. Er spendete 3,5 Millionen an die Methuselah Foundation, die Bemühungen zur Umkehrung von Alterungsprozessen unterstützte, und gab Geld an eine gemeinnützige Stiftung namens Humanity Plus, die sich dem Transhumanismus verschrieben hatte – der Transformation der menschlichen Existenz durch Technologie. Als jemand Thiel von einer Fernsehsendung erzählte, die hässlichen Frauen durch Operationen, Fettabsaugung und Zahnbehandlungen einen neuen Start ins Leben ermöglichte, war er begeistert und begann, nach neuen Technologien zu suchen, die den menschlichen Körper verändern könnten.

Er saß im Vorstand des Seasteading-Instituts, einer von dem ehemaligen Google-Ingenieur Patri Friedman, einem Enkel von Milton Friedman, gegründeten gemeinnützigen Organisation. »Seasteading« bezog sich auf den Versuch, auf treibenden Plattformen in internationalen Gewässern neue Stadtstaaten zu gründen, Gesellschaften, die keinen Gesetzen und Verordnungen unterlagen. Das Ziel bestand darin, minimalistische Regierungsformen zu schaffen und durch die Systemkonkurrenz die bestehenden Regime zu grundlegenden Reformen zu zwingen. (Thiel war zu der Überzeugung gelangt, dass die amerikanische Verfassung keine geeignete Grundlage mehr war und abgeschafft gehörte.)

Wenn es einen Technologiebereich gab, in dem noch revolutionäre Durchbrüche möglich waren, dann war es die Künstliche Intelligenz. Computer lernten bereits, sich selbst zu verbessern, und waren auf dem besten Weg, intelligenter zu werden als die Menschen, mit unabsehbaren Folgen. Diese Entwicklung wurde unter dem Begriff Singularität diskutiert. Sie war extrem wichtig, egal ob die Konsequenzen letztlich positiv waren oder nicht. Der Founders Fund investierte außerdem in eine britische Firma namens DeepMind Technologies, die in der Künstlichen Intelligenzforschung engagiert war. Thiels Stiftung unterstützte auch das Singularity Institute, einen Think Tank im Silicon Valley, mit einer Viertelmillion im Jahr. Die Künstliche Intelligenz konnte Probleme angehen, von deren Lösung die Menschheit bisher nicht einmal träumte. Die Singularität – der Zeitpunkt, an dem Computer intelligenter sein würden als Menschen – war so merkwürdig und so schwer vorstellbar, dass es in der

Forschung weder Regeln noch Verbote gab, sie fand ohne jede Aufsicht statt, und damit wurde sie für Thiel interessant.

Aus denselben Gründen scheute sich Thiel, in Bereiche zu investieren, die unmittelbare Konsequenzen für die ärmeren Schichten der Bevölkerung haben könnten – wie die Energieversorgung und Lebensmittelindustrie. Hier war der Einfluss der Politik schlichtweg zu groß. Wenn seine Investitionen nicht geeignet waren, die Einkommensgerechtigkeit im Land wiederherzustellen, so lag es wohl daran, dass jeder echte technische Fortschritt automatisch eine Form von Ungerechtigkeit war – wer etwas Neues schuf, konnte kaum damit rechnen, dass es unmittelbar jedem zur Verfügung stehen würde. Das krasseste Beispiel dafür war die Lebensverlängerung: Es gab keine größere Ungerechtigkeit als die zwischen den Lebenden und den Toten. Eine größere Ungleichheit war nicht denkbar. Die ersten Menschen, die 150 Jahre alt würden, würden vermutlich reich sein. Aber Thiel war überzeugt, dass jeder wahre technologische Durchbruch am Ende das Leben der großen Mehrheit verbessert. Und klar war auch: Wenn man die Wähler entscheiden ließe, würde ganz bestimmt überhaupt nichts geschehen.

Die jungen Wissenschaftler bei Halcyon waren alle dem akademischen Betrieb entflohen, sie waren überzeugt, dass es keine effizientere Art gab, die Welt zu verändern, als durch eine Firmengründung – ein idealer Fund für Thiel, der im Übrigen glaubte, dass die neueste Investitionsblase im Bildungsbereich stattfand. Er verglich Universitätsverwaltungen mit den Hypothekenbrokern der Immobilienkrise und bezeichnete enorm überschuldete Studenten als die letzten Leibeigenen der zivilisierten Welt, da sie sich nicht einmal durch einen persönlichen Konkurs befreien konnten. Nirgends war die Selbstzufriedenheit des Establishments deutlicher als in der Einstellung zu den Eliteuniversitäten: Solange mein eigenes Kind an die richtige Universität kommt, wird es immer weiter aufwärtsgehen. Ein Universitätsdiplom war nicht mehr als eine sehr teure Versicherung und entsprach, in gewissem Sinn, dem Besitz einer Waffe. »Wer weiß, was die Zukunft bringt. Aber irgendwie kommen wir schon durch, wenn wir ein Haus mit einem elektrischen Zaun besitzen und ein Diplom in der Tasche haben. Und wer das nicht hat, hat halt Pech. Was ist da schiefgelaufen? Warum ist das so? Wenn wir nur diskutieren, wie wir es schaffen, die ganze Bevölkerung zu bewaffnen, ignorieren wir das Problem des Verbrechens.« In der wirtschaftlichen Stagnation war die Universitätsausbildung zum Statussymbol verkommen, sie diente nur dem »Erhalt der gesellschaftlichen Stellung« und war von der Frage des Nutzens für den Einzelnen und für die Gesellschaft »völlig abgekoppelt«.

Beweise fanden sich zuhauf, auch im Silicon Valley. Die öffentlichen Schulen, die einst der Stolz Kaliforniens gewesen waren, gehörten einem Schulsystem an, das auf Platz achtundvierzig unter den fünfzig Staaten stand. Es war chronisch unterfinanziert und befand sich in einer Dauerkrise. Mehr und mehr Familien entschieden sich für Privatschulen, und es entstand etwas, das es in der amerikanischen Geschichte noch nicht gegeben hatte: die privatisierte öffentliche Bildung. Schulen in wohlhabenden Gegenden wie dem Silicon Valley kämpften sich an die Spitze, indem sie unter der Elternschaft massiv zu Spenden aufriefen. Die öffentliche Grundschule in Woodside (vierhundertsiebzig Schüler) wurde von einer Stiftung unterstützt, die 1983, fünf Jahre vor Proposition 13, gegründet worden war, um die bedrohte Stelle eines einzigen Sonderlehrers zu retten – und nun zwei Millionen Dollar im Jahr zur Verfügung hatte. Eine halbe Million nahm die Stiftung allein bei der jährlichen Spendengala ein. 2011 war das Thema »Rockstar«. Eltern kamen in Leoparden-Print und hautengen Minikleidchen, sie trugen Spinal-Tap- oder Tina-Turner-Perücken, aßen gegrillte Nierenzapfen »à la Jumpin' Jack Flash« und tanzten zu einer Achtzigerjahre-Band namens Notorious. Ein Auktionsleiter heizte der Menge ein, die astronomische Summen für ein Harley-Tuning (Pimp my Hog!) und ein Rockin' Goddess-Wellnesswochenende boten. Jemand zahlte zwanzigtausend Dollar für eine Besichtigung des berühmten japanischen Gartens von Larry Ellison (Vorstandsvorsitzender von Oracle, drittreichster Mann Amerikas, bestbezahlter Manager des Jahrzehnts). Ein Immobilienmakler spendete dreiundvierzigtausend Dollar für ein *Mad-Men*-Dinner für sechzehn Personen in einer Privatvilla: »Feine Getränke und Rauchwaren werden dafür sorgen, dass jegliche Hemmungen fallen, tun Sie, was Sie nicht lassen können, bereuen können Sie es später.«

Einige Meilen weiter, in der Stadt East Palo Alto, gab es keine Stiftungen, und den Schulen fehlte das Geld für Bücher und die nötigste Ausstattung. So wurde das kalifornische Schulsystem langsam und schmerzhaft abgewickelt, es fiel erstaunlich tief.

Ähnliches galt für die Universitäten. Der Jahreshaushalt der kalifornischen Universitäten – die zu den besten der Welt gehörten – wurde innerhalb von vier Jahren um fünfundzwanzig Prozent, beinahe eine Milliarde Dollar, gekürzt. 2012 standen sie kurz vor dem Zusammenbruch und bereiteten sich auf weitere Milliardenkürzungen vor. Im selben Jahr verkündete Stanford, eine Privatuniversität, dass innerhalb von fünf Jahren, inmitten von Rezession und Immobilienkrise, Spenden im Wert von 6,2 Milliarden Dollar eingegangen waren. Es war der größte Fundraising-Erfolg in der Geschichte der amerikanischen Universitäten. Während der Boom des Silicon Valley weiterging, wurde in Stanford ein neues Klinikum gebaut, Institute für Wirtschafts- und Ingenieurswissenschaften, für Design und Interdisziplinäre Jura, ein Zentrum für Nanoforschung, ein Gebäude für Bildverfahren in den Kognitionswissenschaften und der Neurologie, ein Zentrum für Biotechnologie, ein Innovationszentrum für automobile Technik und ein neuer Konzertsaal. Mehr als fünftausend Firmen wurden im Umfeld von Stanford gegründet, achttausend Erfindungen wurden patentiert, die 1,3 Milliarden Dollar an Lizenzgebühren einbrachten. Teile des Campus, die in den Siebzigern förmlich brachgelegen hatten, sahen jetzt aus wie eine glänzende Vision aus dem *Zauberer von Oz.*

In Thiels Augen war der brutale Kampf der Universitäten in einer Klassengesellschaft ein weiteres Zeichen dafür, dass das System nicht funktionierte. Er bewunderte Stanford, wo er selbst sieben Jahre lang studiert hatte und gelegentlich unterrichtete. Aber die Universität schien ihm vom Silicon Valley merkwürdig abgetrennt, es waren die Studenten, die neue Firmen gründeten, während sich Professoren immer mehr in esoterischen Fachgebieten verloren. Ihm missfiel die ganze Idee, dass man studieren musste, um seinen intellektuellen Fokus zu finden. Besonders die Wahl eines geisteswissenschaftlichen Faches im Bachelor-Studium schien ihm unklug, denn sie führte bei den ehrgeizigeren Studenten beinahe unweigerlich ins Jurastudium. Die übrigen akademischen Wissenschaften schienen ihm nicht weniger dubios, ihre Schritte waren klein und zögerlich, niemand sah über den eigenen Gartenzaun. Statt auf echte Durchbrüche hinzuarbeiten, zerrieb man sich im Stellungskrieg zwischen den Disziplinen. Vor allem vermittelten die Universitäten keinerlei unternehmerischen Geist.

Thiel spielte eine Weile mit dem Gedanken, eine eigene Universität zu gründen, fand aber, dass es beinahe unmöglich sein würde, Eltern, denen das Prestige von Stanford und den Ivy Leagues quasi eingeimpft war, von einer Alternative zu überzeugen. Aber bei einem Flug von New York nach San Francisco hatten Luke Nosek und er die Idee, herausragenden jungen Menschen Stipendien zu geben, die ihnen erlauben würden, das Studium abzubrechen und ihre eigene Technologiefirma zu gründen. Thiel fackelte nicht lange und landete gleich am nächsten Tag einen Überraschungscoup: Auf der Tech Crunch-Konferenz in San Francisco kündigte er seine Thiel-Stipendien an: jährlich zwanzig Mal einhunderttausend Dollar für junge Menschen unter zwanzig, die eine unternehmerische Idee hatten, die die Welt verbessern würde. Sofort beschuldigten ihn Kritiker, junge Menschen zu verleiten, nach dem schnellen Geld zu greifen, statt die Ausbildung zu beenden. Thiel wies darauf hin, dass die Stipendiaten nach zwei Jahren wieder an die Universität zurückkehren könnten, wenn sie es wünschten. Das Ziel seines eigenen Engagements war klar: Er wollte die Eliteuniversitäten ärgern und ihnen einige der besten Studenten wegnehmen.

Nach dem Besuch bei Halcyon fuhr Thiel nach San Francisco ins Büro von Clarium, um einige der Kandidaten für sein Stipendium kennenzulernen. Von sechshundert Bewerbern waren fünfzig übrig. Als Erster nahm Andrew Hsu, ein chinesischstämmiger Amerikaner aus Seattle, an dem dunklen Holztisch im Konferenzraum Platz. Er war neunzehn Jahre alt, trug noch eine Zahnklammer und galt als Ausnahmebegabung. Mit fünf hatte er begonnen, Algebra-Aufgaben zu lösen. Mit elf gründete er zusammen mit seinem Bruder die gemeinnützige World Children's Organization, die Schulbücher und Impfmaterial für Kinder in Asien zur Verfügung stellte. Mit zwölf begann er sein Studium an der University of Washington und stand nun in Stanford kurz vor der Promotion in Neurowissenschaften. Er hatte beschlossen, sein Studium abzubrechen, um eine Firma zu gründen, um auf der Grundlage der neuesten Forschungsergebnisse in den Neurowissenschaften Videospiele zu entwickeln, die zu Bildungszwecken verteilt werden konnten. »Mein Kernziel ist, sowohl den Bildungs- als auch den Computerspiel-Sektor zu stören«, erklärte er und hörte sich beinahe an wie Peter Thiel.

Thiel gab zu bedenken, dass er mit seiner Geschäftsidee Angestellte anziehen könnte, die eher gemeinnützig dachten und glaubten, »es geht gar nicht um Geld, es geht darum, Gutes zu tun, und dafür muss man nicht so schwer arbeiten. Ich glaube übrigens, dass das Problem den gesamten Bereich der sauberen Technologien erfasst hat, da arbeiten eine Menge sehr talentierter Leute, die glauben, dass sie die Welt verbessern können.«

»Und deshalb sind sie weniger fleißig?«, fragte Hsu.

»Hast du darüber nachgedacht, wie man mit dem Problem umgehen könnte?«

»Sie glauben also, dass jede Firma mit einem Bildungsengagement mit diesem Problem zu kämpfen hat?«

»Ja«, sagte Thiel. »Wir zögern, in solche Firmen zu investieren, weil sie immer Leute anziehen, die weniger Einsatz zeigen. Und das ist die Basis meiner Beobachtung, dass sie selten erfolgreich sind.«

Hsu verstand, worauf Thiel hinauswollte. »Ja, gut, aber das hier ist ein Unternehmen, das Spiele herstellt. Ich würde also nicht sagen, dass wir es gründen, um uns zu engagieren. Wir wollen den Spielemarkt aufmischen. Und dazu werden wir knallharte Software-Ingenieure einstellen. Ich glaube nicht, dass diese Leute irgendwann keine Lust mehr haben.«

Hsu bekam das Stipendium. Und auch der Stanford-Student aus Minnesota, der seit seinem neunten Lebensjahr, als er sein erstes Perpetuum mobile zu bauen versuchte, mit dem Thema der Energie- und Wasserverknappung befasst war. »Zwei Jahre habe ich daran gearbeitet, bis ich verstanden habe, dass man eine Energiequelle, selbst wenn sie keinerlei Ressourcen verbraucht, auch bezahlbar und nutzbar machen muss«, erklärte er. »Die Sonne ist eine solche Quelle, aber wir nutzen sie kaum. Also habe ich begonnen, mich intensiv mit dem Kostenfaktor zu beschäftigen.«

Mit siebzehn hörte er zum ersten Mal von photovoltaischen Heliostaten – Anlagen, die den Sonnenstand dynamisch nutzten: »Auf zwei Achsen bewegliche Spiegel, die das Sonnenlicht bündeln und auf einen bestimmten Punkt werfen.« Wenn es ihm gelänge, mit Heliostaten billig Wärme zu erzeugen, würde Solarenergie endlich wirtschaftlich genug sein, um mit Kohle zu konkurrieren. Er hatte in Stanford eine Firma gegründet, um dem Problem auf den Grund zu gehen, aber die Universität hatte sich geweigert, ihm die Stunden, die er daran arbeitete, auf die Studienleistung anzurechnen. Deshalb hatte er sich beurlauben lassen und bewarb sich nun um ein Thiel-Stipendium.

»Ich glaube, dass ich weiterhin von Stanford profitieren kann«, erklärte er. »Ich wohne in einem Haus voller Jungunternehmer, das wir die Black Box nennen. Es sind nur zwölf Minuten bis zur Uni. Ich freue mich total auf die Arbeit, unser Büro ist auch in der Nähe, es gibt dort einen Whirlpool und einen Swimmingpool, an den Wochenenden kann ich meine Freunde in Stanford sehen. Ich kann also das Beste mitnehmen – den Umgang mit meinen Freunden – und gleichzeitig an dem arbeiten, was mir wirklich am Herzen liegt.«

Stanley Tang, ein Jungunternehmer, und Thomas Schmidt, ein Programmierer – beide im ersten Studienjahr in Stanford – kamen als Nächste, sie entwickelten eine Smartphone-App, QuadMob, mit der man seine engsten Freunde in Echtzeit auf einem Stadtplan finden konnte. »Man sieht also auf sein Handy und weiß sofort, wo die Freunde gerade sind, ob sie in der Bibliothek sitzen oder Sport machen«, erklärte Tang, der aus Hongkong stammte. Er hatte sogar schon ein Buch veröffentlicht: *eMillions: Ein Blick hinter die Kulissen bei 14 erfolgreichen Internetmillionären.* »Jeden Freitag gehe ich auf irgendeine Party, wirklich jeden Freitag, und irgendwie ist es immer schwierig, die Freunde nicht aus den Augen zu verlieren – es gibt ja eine Menge Partys, zu denen man gehen kann. Ich bin also die ganze Zeit am Simsen: Wo steckst du? Was machst du gerade? Auf welcher Party bist du? Und das mache ich mit zehn Freunden oder so, und das geht wirklich an die Substanz und ist sehr ärgerlich, und das ist, glaube ich, der Grund, warum wir dieses Problem lösen wollen, das wir alle kennen, wir und jeder andere Student in diesem Land.«

Schmidt, ebenfalls aus Minnesota, erklärte den Namen der App. »Damals in den Achtzigern, als es noch kein Facebook gab, als es nicht mal das Internet gab, da war der Quad – ein rechteckiger Park oder Hof – der zentrale Ort auf jedem Campus. Man traf dort immer jemanden an, man konnte rumsitzen und ein bisschen reden. Heute ist auf dem Quad nichts mehr los, da sind nur noch Touristen, hin und wieder fährt jemand mit dem Fahrrad vorbei. Wir finden das lächerlich, das ganze Miteinander, das ja auch zum Studium gehört, ist kaputt. Es gibt hier so viele coole Leute, die man überhaupt nie kennenlernt.«

Tang wurde gefragt, wie sein Projekt die Welt verbessern würde. »Wir werden das Studentenleben neu definieren, Leute zusammenbringen«, antwortete er. »Und irgendwann ist es dann auch für andere interessant, nicht nur Studenten, dann verändert es die ganze Gesellschaft. Wir sehen uns als Brücke zwischen der digitalen und der realen Welt.«

Thiel war skeptisch. Er hatte schon viele ähnliche Projekte gesehen, die versuchten, sich zwischen Facebook und Foursquare zu positionieren. Die App war auf jeden Fall nicht die technische Revolution, die Amerika aus dem Slowdown katapultieren würde. Die QuadMob-Kandidaten bekamen das Stipendium nicht.

Am Abend lud Thiel zu einer kleinen Dinnerparty in seiner Villa am Jachthafen. Außer einem Schachbrett und einem Bücherregal voller Science-Fiction und Philosophie verwies nichts auf den Bewohner des Hauses. Blonde Assistenten, elegant in schwarz gekleidet, schenkten Wein ein und führten die Gäste in den Speisesaal. An jedem Platz lag ein gedruckter Speisezettel, auf dem ein Dreigängemenü angekündigt war. Die Gäste hatten die Wahl zwischen einem pochierten Wildlachs mit gegrilltem Spargel, Frühlingszwiebeln und schwarzem Reis an einer mit Meyer-Zitronen bedufteten Sauce ravigote und einer gerösteten Polenta mit süßem Chili und in Butter geschwenkten Winterpilzen, begleitet von geschmortem Palmkohl, karamellisierten Cippolini und einem Olivenpüree niçoise.

Thiels Gäste schienen im Kerzenschein dieses formalen Abendessens ebenso fehl am Platz wie der Gastgeber. David Sacks war da, Thiels Freund aus Stanford- und PayPal-Zeiten, Co-Autor von *The Diversity Myth* und Gründer der Firma Yammer, eines sozialen Netzwerks für Organisationen. Auch Luke Nosek war da, ein weiterer PayPal-Mafioso, der den Biotechnologiebereich beim Founders Fund leitete und Mitglied der Alcor-Stiftung für Lebensverlängerung war, einer gemeinnützigen Organisation zur Förderung der Kryonikforschung. Er war registriert, seinen Körper im Fall seines offiziellen Todes mit Flüssigstickstoff füllen zu lassen, um ihn nach der Erfindung der entsprechenden Technologien wiederbeleben zu lassen. Der mit Künstlicher Intelligenz befasste Forscher Eliezer Yudkowsky war da, der das Singularity Institute mitgegründet hatte. Er hatte die Schule in der achten Klasse geschmissen und war ein reiner Autodidakt, der unter anderem online eine tausend Seiten lange Fan-Fiction unter dem Titel *Harry Potter und die Methoden der Rationalität* veröffentlicht hatte, in dem die Geschichte von Harrys Zauberkünsten einer wissenschaftlichen Überprüfung unterzogen wurde. Auch Patri

Friedman, der Gründer des Seasteading-Instituts, war gekommen. Sein Auftreten war elfenhaft und exzentrisch, mit seinem kurzen schwarzen Haar und dem schmalen Bärtchen sah er aus wie Raskolnikoff. Er wohnte in Mountain View in einer »Gesinnungsgemeinschaft« von libertären Anhängern der freien Liebe, über die er in einem Blog und bei Twitter berichtete: Parallele zw Polyamorie/konkurrenzbasiertem Staat: größere Auswahl/Konkurrenz führt zu größeren Herausforderungen, Veränderung, Wachstum. Übrig bleibt das, was stärker ist.

Beim Abendessen vertrat Nosek die These, dass die besten Unternehmer der Welt alle von einer Grundidee getrieben würden, der sie ihr ganzes Leben unterordneten. Es waren diese Visionäre, die der Founders Fund unterstützte, die Finanzierung stellte sicher, dass sie die Kontrolle über ihre Firmen behielten und vor der Einmischung anderer Investoren geschützt waren, die dazu tendierten, die visionären Gründer durch langweilige Verwalter zu ersetzen.

Thiel nahm den Faden auf: Es gab in Amerika nur vier Orte, in die ehrgeizige junge Leute aus dem ganzen Land drängten: New York, Washington, Los Angeles und Silicon Valley. Die ersten drei waren erschöpft und müde. Die Wall Street hatte seit der Krise ihre Anziehungskraft verloren. In D.C. war die Begeisterung über Präsident Obama verflogen. Hollywood war längst nicht mehr das kulturelle Mekka, das es einmal gewesen war. Nur das Silicon Valley war für Menschen, die große Träume hatten, noch ein attraktiver Ort.

Nosek erinnerte sich daran, dass er in Illinois bei einer Englischprüfung durchgefallen war, weil sein Lehrer behauptete, er könne nicht schreiben. Wenn es damals so etwas wie Thiel-Stipendien gegeben hätte, wären ihm und vielen anderen eine Menge Ärger erspart geblieben. Zu viele begabte junge Leute absolvierten ihr Studium, ohne ein echtes Ziel für die Zukunft zu haben. Das Stipendienprogramm fand diese Talente und bot ihnen die Chance, ein Unternehmen zu gründen, bevor sie sich im Bildungssystem weiter verirrten oder von den etablierten Strukturen fortgefegt wurden.

Bildung, meinte Thiel, sei wie ein Turnier, man sei gezwungen, von Runde zu Runde weitervorzudringen. »Du versuchst immer, der Beste zu sein. Das Problem mit den Universitäten ist, dass sie dein Selbstvertrauen zerstören, wenn du merkst, dass du nicht mehr der Beste bist.«

Auf dem Tisch stand reichlich Wein, aber die Gäste redeten mehr, als sie tranken. Das gesamte Gespräch kreiste um dieselben beiden Themen: die geistige Überlegenheit von freien Unternehmern und die Wertlosigkeit der universitären Ausbildung. Um Viertel vor zehn stand Thiel plötzlich auf.

»Die meisten Abendessen sind entweder zu lang oder nicht lang genug«, sagte er.

Die Gäste verloren sich in der kühlen Nacht von San Francisco. Das Kunstmuseum war prächtig erleuchtet, die Rotunde spiegelte sich im Teich. Dreißig Meilen weiter südlich brannten in den Laboren grelle Neonlichter. Dreißig Meilen weiter östlich ging es den Menschen nicht gut. Thiel zog sich in die oberen Etagen zurück, allein, um E-Mails zu beantworten.

Jeff Connaughton

Connaughton zog nach Savannah. Er wollte wieder im Süden leben, nahe am Atlantik, und kaufte ein dreistöckiges Wohnhaus im viktorianischen Türmchenstil. Es lag in der Nähe einiger hübscher, von moosbehangenen Virginia-Eichen gesäumter Plätze und war doppelt so groß wie das Haus in Georgetown, das doppelt so teuer gewesen war.

Unter der dünnen Oberfläche gemütlicher Eleganz war Savannah auch nur eine Stadt, die von der Krise schwer erschüttert war. In seinem Viertel stand eine Villa mit einem Verkaufsschild, die von 3,5 Millionen auf 1,5 Millionen heruntergesetzt war. Ein ehemaliger Immobilienmakler, derzeit arbeitslos, bot Führungen durch die Altstadt an. Connaughton hatte sich kaum niedergelassen, als er von seinen Nachbarn zu einem allmonatlich stattfindenden Potluck eingeladen wurde – jeder Gast brachte ein Gericht mit. Der Gastgeber war ein älterer Mann, der von seinem Immobilienbesitz lebte. Eine Woche später hörte Connaughton, dass er sich umgebracht hatte, er hatte sich offenbar verspekuliert.

Connaughton arbeitete einen Tag in der Woche pro bono für eine Rechtsberatung. Er fuhr zum Tierheim und adoptierte eine Hündin, halb Chow-Chow und halb Retriever, die er Nellie nannte. Sie war gestresst und verwahrlost und hatte einen Herzwurm. Sie wurde einige Tage mit Spritzen behandelt, dann nahm Connaughton sie mit nach Hause und setzte sie auf Antibiotika. In einer der folgenden Nächte hechelte Nellie so schnell – drei oder vier Mal pro Sekunde –, dass er bis zum Morgen an ihrer Kiste ausharrte und sie beruhigte. Zehn Tage blieb sie im Haus, dann nahm er sie zum ersten Mal mit in den nahe gelegenen Park. Einige Wochen später hatte sich Nellie an ihr neues Zuhause gewöhnt, sie wurde sein ständiger Begleiter.

In Washington hatte Connaughton Sonntage damit begonnen, zwischen den verschiedenen politischen Talk-Sendungen hin- und herzuschalten, ein Ritual, dem die gesamte politische Klasse der Stadt unterworfen war. In den Werbepausen las er die *Times* und die *Washington Post*. Die Diskussionen zwischen Star-Moderatoren und Politikern bildete die Grundlage für alle Gespräche, die unter der Woche stattfanden. In Savannah schien ihm dies völlig absurd. Von seinem großen Bekanntenkreis in Washington waren nur einige wenige Freunde übrig geblieben, es war, als wäre er auf die abgewandte Seite der Erde gezogen. Solange das Geld reichte, hatte er keine Schwierigkeiten, die Probleme des Landes zu ignorieren und sich ein schönes Leben zu machen. Er sehnte sich danach, das Leben fernab des politischen Schlamassels zu genießen, während Amerika immer tiefer in die Krise rutschte. Doch es zog ihn in beide Richtungen, es juckte ihn, sich wieder öffentlich zu engagieren. Er hatte Biden nicht vergessen, all das war immer noch da. Hin und wieder, wenn eine Stelle im Weißen Haus oder in einer gemeinnützigen Stiftung zu besetzen war, fragte jemand vorsichtig an, und jedes Mal sagte er nein.

Er wollte sein Schiff verbrennen, um überhaupt nicht mehr in Versuchung zu geraten, noch einmal in das alte Leben zurückzusegeln. Die Morgenstunden verbrachte er damit, am Schreibtisch zu sitzen, sich von Nellie die Füße wärmen zu lassen und ein Buch über seine Erfahrungen in Washington zu schreiben. Der Titel lautete: *The Payoff – Warum die Wall Street immer gewinnt*. Er wollte alles erzählen.

Tampa

Zum Nominierungsparteitag Ende August kamen Republikaner aus allen Teilen des Landes in die Stadt, und mit ihnen kam der Wirbelsturm Isaac. Der erste Tag der Veranstaltung musste abgesagt werden. Im letzten Moment bog der Sturm in den Golf von Mexiko ab, abgesehen vom heftigen Regen blieb die Stadt verschont. Derweil trafen in der Innenstadt von Tampa fünfzigtausend Republikaner, Journalisten, Demonstranten, Polizisten und Schaulustige ein. Das Organisationskomitee der Stadt hatte den Zugang zur neuen Promenade beschränkt und den Verkehr am Tagungszentrum weiträumig umgeleitet. Das rechteckige Raster der Stadt war von einem schwarzen Maschendrahtzaun, von Betonsperren und geparkten Müllwagen durchschnitten. Die meisten Bürger hatten die Stadt verlassen, am Tag des Sturms lag die Innenstadt verwaist da, die Parkplätze waren nahezu leer. Trotz des geringen Autoverkehrs wäre Jane Jacobs auf diese Innenstadt nicht stolz gewesen, sie wirkte noch ausgestorbener als sonst, das Einzige, was sich bewegte, waren die Augen des Wachpersonals, das an jeder Kreuzung postiert war – darunter Verkehrspolizisten auf schwarzen Mountainbikes, aus der Umgebung angeforderte Bezirkspolizisten, Autobahnpolizisten, Nationalgardisten in Militäruniform, private Wächter, schwarze Aushilfskräfte, deren ganze Autorität auf weißen, übergroßen T-Shirts beruhte, auf denen das Wort STAFF – Personal – stand. Bewaffnete Boote patrouillierten auf dem Hillsborough River, Hubschrauber kreisten ununterbrochen über der Stadt, kein einziger Mülleimer war mehr an seinem Platz. Tampa war nie so sicher gewesen – und niemals so ausgestorben.

Wegen der gewaltsamen Zusammenstöße im Umfeld des republikanischen Parteitags 2008 in Minneapolis und der Nachwirkungen des Occupy-Phänomens, das böse Vorahnungen weckte, waren für Tampa 2012 Unruhen vorausgesagt worden, die es mit Chicago 1968 aufnehmen konnten. Die Stadt war auf Straßenschlachten eingestellt. In den Tagen vor dem Parteitag erklomm Matt Weidner in seinem Blog neue, nie dagewesene rhetorische Gipfel:

> … erst wenn man mittendrin ist, versteht man, was es bedeutet, wenn die eigene Stadt zu einer schwer befestigten Kriegsstellung ausgebaut wird. Als ich versuchte, mit dem Auto zur Arbeit zu kommen, wurde mir klar, dass ich mich hier in Tampa/St. Petersburg am Ground Zero des republikanischen Wahlkampfs befinde … Das ist also der Stand unserer gescheiterten Demokratie? Das Polizeihauptquartier, das wenige Schritte von meinem Büro entfernt liegt, sieht aus wie ein Bunker. Was aber besonders bemerkenswert ist und mir einen Stich ins kalte Herz gibt, sind die endlosen Gitter und Betonelemente, es müssen Zehntausende sein. Es ist ein verstörender Kommentar zum Zustand unserer Politik, dass ein derartiger Aufwand betrieben wird, um die herrschende Klasse vor den Bauern und Arbeitern zu schützen.

Weidner war so radikal geworden, dass ihm die amerikanische Politik keine Heimat mehr bot. Obwohl er überzeugt war, dass nur eine massive, weltweite Entschuldung die Dinge ins Lot bringen würde, steckte in ihm noch genug libertäres Gedankengut, um Ron Paul mit vollem Einsatz zu unterstützen. Als man Pauls Delegierten untersagte, eigene Jubelschilder mit dem Namen ihres Kandidaten in die riesige Halle zu bringen, als man außerdem zwanzig libertären Wahlmännern aus Maine die Wahlberechtigung entzog und Paul seine Redezeit verweigerte, weil er sich nicht hinter den Kandidaten gestellt hatte, kündigte Weidner, ein lebenslanger Republikaner, seinen Austritt aus der Partei an. Er hatte aber nicht vor, zu den Demokraten, der Partei des »Obersten Statisten« Obama zu wechseln, und so schrieb er: »Ich habe mich also entschieden, KEINER PARTEI MEHR ANZUGEHÖREN!«, und er rief seine Leser auf, seinem Beispiel zu folgen. Dann fuhr Weidner mit seiner neuen Frau und ihrem vier Wochen alten Baby aus der Stadt, die einer Kriegszone glich, und verbrachte einige Tage auf dem Land, während sich im Tagungszentrum ein »zweifellos faszinierendes Spektakel« abspielte.

Mike Van Sickler berichtete über den Parteitag für die *St. Petersburg Times*, die seit Jahresanfang *Tampa Bay Times* hieß. Er war auf die Delegation aus Florida angesetzt. Die republikanische Partei des Gliedstaats wurde von der nationalen Partei bestraft, weil sie ihre Vorwahlen früher abgehalten hatte als von oben verfügt. Teil der Strafmaßnahme war, dass die gesamte Delegation eine Autostunde vom Tagungszentrum entfernt, auf einem Golfresort in Palm Harbor, untergebracht war. Nachdem die Delegation wegen eines Busstaus und einiger Verkehrsausfälle erst um drei am Morgen ins Hotel zurückgekehrt war, schrieb Van Sickler einen sarkastischen Artikel darüber, wie anders die Erfahrung gewesen wäre, wenn man in Tampa eine Bahn gebaut hätte wie in Charlotte, wo in der folgenden Woche der Nominierungsparteitag der Demokraten stattfinden sollte.

Nach den Parteitagen wurde Van Sickler in die Redaktion in Tallahassee versetzt, wo er unter anderem über Gouverneur Rick Scott berichtete. Sein ganzes Reporterleben hatte er damit verbracht, in Rathäusern und Landkreisverwaltungen zu recherchieren, er hatte sich in Grundbücher vertieft und die geographische Verteilung zwangsversteigerter Objekte untersucht. Er hatte es immer nur mit den verborgenen Beweisen von Wahn und Korruption, für die er ein sicheres Gespür hatte, zu tun gehabt, noch nie mit Medienstrategen und politischen Wortverdrehern. Die richtige Politik war Neuland für ihn und machte ihn verdammt nervös, und wenn er sich ins Getümmel stürzte, waren es Adrenalin und Angst, die ihn antrieben und ihm halfen, die richtigen Fragen zu stellen.

Was, zum Beispiel, könnte er die Mutter des Gouverneurs fragen? Da war sie nämlich am zweiten Abend des Parteitags, sie saß in einem großen schwarzen Rock und einer geblümten Bluse ganz vorn im Saal, hörte Janine Turner, einer blondierten Schauspielerin – fast alle anwesenden Frauen waren blondiert – aus der Fernsehserie *Northern Exposure* zu und wartete auf die Rede der Ehefrau des Kandidaten. Ob er Mrs Scott in eine Falle locken sollte? Und warum eigentlich? Es war sehr zweifelhaft, dass sich ein Artikel daraus stricken ließe. Vermutlich würde sie ihm nicht einmal antworten. Also ließ er sie lieber in Ruhe.

Van Sickler machte sich Sorgen, dass seine Auffassungsgabe und seine Eloquenz für die große Welt der Politik nicht ausreichen würden. Er wusste, dass er eines Tages Rick Scott würde parieren müssen, dass er genau beobachten und wie ein Theaterkritiker die jährliche Parlamentsrede des Gouverneurs analysieren müsste, dass er stetig bemüht sein musste, seine Kontakte zu pflegen, den direkten Draht in die Regierungsbüros. So funktionierte auf der höchsten Ebene die politische Berichterstattung, und das musste er erst noch lernen. Viel mehr lag es ihm, im Stillen zu recherchieren, Fakten zutage zu fördern und abzuwarten, bis sich die Politiker bei ihm meldeten. Die Fakten waren seine Stärke, und er beschloss, sich in dieser nächsten Phase seiner Karriere weiterhin möglichst an sie zu halten.

Zwar fand der Parteitag in Tampa statt, doch kaum jemand im Saal sprach von der Immobilienkrise, von Zwangsversteigerungen, gespenstischem Leerstand in den Vororten, von Unterschriftenautomaten, Hypothekenbetrug, Konkursanträgen und Obdachlosigkeit. Keiner der Redner erzählte, wie es gekommen war, dass die Wall Street, gemeinsam mit Darlehensgebern, Bauherren und Verwaltungsbeamten, die Bedingungen für eine Katastrophe geschaffen hatte, die noch immer an der Tampa Bay wütete. Niemand erwähnte Usha Patel oder Mike Ross, den verstorbenen Jack Hamersma oder die Hartzells. Stattdessen trat ein Politiker nach dem anderen ans Rednerpult und sang ein Loblied auf erfolgreiche Unternehmer und risikobereite Investoren.

Die versammelten Republikaner mochten ihren Kandidaten nicht. Sie hatten ihn gewählt, wie die Demokraten einst John Kerry gewählt hatten – in der Hoffnung, dass andere ihn besser fänden als sie selbst. Ihre politische Leidenschaft fand bei diesem Kandidaten kein Ventil, ihnen fehlte die Liebe, die den bitteren Hass auf den Präsidenten geadelt hätte, auf politische Zustände, die die republikanische Basis seit 2009 motiviert hatte. In dieser lieblosen Halle war das schlagende Herz der Partei nicht zu hören, hier, wo nur treue Parteisoldaten Zugang hatten und ausgewählte, akkreditierte Besucher, die durch den Stau einer einzigen Zufahrtsstraße in Bussen herbeigebracht und weit außerhalb des Gebäudes durch einen Trichter getrieben wurden, an dessen engster Stelle ein einziger Metalldetektor stand. Sie schwitzten in ihren Jacketts, schoben sich in knallroten Kleidern, auf hochhackigen Schuhen durch ein Spalier von Betonsperren und blieben in einer finsteren Unterführung unter der Stadtautobahn stecken, wo sie vergeblich nach einem Geschäft suchten, das Wasserflaschen verkaufte.

Vier Jahrzehnte nach seinem ersten Kongresswahlkampf, den er verloren hatte, ließ sich Newt Gingrich, dessen zugeknöpftes Jackett seinen Umfang betonte, mit seiner Frau Callista ablichten. Zwei Stunden täglich, einschließlich des abgesagten Eröffnungstags, sprach er in seiner mobilen »Newt University«. Er stand im Wyndham Tampa Westshore Hotel im Royal Palm-Ballsaal und dozierte vor jedem, der ihn hören wollte, über Amerikas zukünftige Energieversorgung. Morning Joe, ein Fernsehmoderator, hörte eine Weile zu und überredete Gingrich, mit ihm auf den Korridor zu treten, um ein kurzes, satirisches Segment zu drehen. Jeder wusste, dass sich Gingrich und der Kandidat nicht riechen konnten. Warum, fragte Morning Joe, war Newt überhaupt in Tampa? Um den Kandidaten zu unterstützen? »Wie schaffen Sie es, das Persönliche außen vor zu lassen?«

»Wir sind uns ja grundsätzlich alle einig, dass wir Amerikaner sind«, antwortete Gingrich. »Deshalb haben wir diese Macht. Wir können gemeinsam handeln in einer Weise, die Adolf Hitler oder Tojo oder Chruschtschow nie möglich war.« Als er sich zum Thema einer alle politischen Differenzen überbrückenden Bürgergesellschaft warm geredet hatte, lief ein Lächeln über seine Lippen, und wenn er lächelte, sah er immer aus wie ein Schuljunge, der sich eine besonders clevere Antwort aus den Fingern gesogen hatte. »Ich finde es bemerkenswert, dass ich an den Vorwahlen teilnehmen durfte. Ich finde es bemerkenswert, dass ich in Ihrer Sendung sein darf. Es ist großartig, Bürger dieses Landes zu sein.«

Morning Joe flachste ein wenig mit Gingrich, dankte ihm und eilte aus dem Hotel. Gingrich wandte sich einer französischen Fernsehkamera zu und wurde gebeten, einige Gründe zu nennen, die für den Kandidaten sprächen. Das Lächeln gefror ihm auf den Lippen, die zufriedene Spannung wich aus seinem Gesicht, tiefe Falten an den Mundwinkeln zeigten deutlich nach unten, und unter dem weißen Helm seiner Frisur runzelte Gingrich die Stirn zu einem humorlosen, kaltherzigen Starren. »Obama«, antwortete er wie aus der Pistole geschossen, »steht für radikale Werte, die Amerika für immer verändern werden.« Eine Aussage, die er wohl schon zehntausend Mal wiederholt hatte, so oft, dass niemand mehr wissen konnte, ob er wirklich daran glaubte, wie auch längst nicht mehr klar war, ob er noch glaubte, dass wir alle Amerikaner waren, oder ob er nicht wenigstens im Unterbewusstsein ahnte, welche Widersprüche er produzierte. Aber all das war egal, denn er war schon wieder auf dem Weg zurück in den Royal Palm Ballroom, wo dringend weitergeredet werden musste, immer weiter, denn wer nicht redete, musste sterben.

Gingrich war einer von Karen Jarochs persönlichen Helden. Sie hatte sich für ihn engagiert, nachdem ihr Favorit Herman Cain (in dessen Wahlkampforganisation sie gearbeitet hatte) das Handtuch geworfen hatte. Als sie an einem Abend im Theater von Tampa an einer Kundgebung zum Thema »Glaube und Freiheit« teilnahm, war unter den Rednern nicht nur Gingrich, sondern auch noch andere ihrer Helden. Phyllis Schlafly, die 1964 für Barry Goldwater gekämpft hatte, sah mit achtundachtzig Jahren noch immer aus wie eine heißspornige Hausfrau (nicht anders als Karen). Karen hatte sich mit der Wahl des Kandidaten für 2012 abgefunden (»Jeder ist besser als Obama«), aber der Nominierungsparteitag interessierte sie nicht sonderlich, es war genau die Art von Insider-Veranstaltung, die sie immer davon abgehalten hatte, aktiv politisch tätig zu werden. Sie hätte eigentlich nicht kommen brauchen, denn in Tampa hatte ohnehin der rechte Rand alles an sich gerissen: die Delegationen, die Redezeit, das Grundsatzprogramm. Im Programm fand sich sogar ein Abschnitt, der aufs Schärfste die Agenda 21 verurteilte, eine zwanzig Jahre alte UN-Resolution zur nachhaltigen Entwicklung, die zum roten Tuch der Bahngegner geworden war.

Karen hatte jetzt eine volle Stelle, sie war seit Beginn des Jahres Bezirksleiterin der Organisation Americans for Prosperity, eine rechte, wirtschaftsliberale Gruppierung, die von den schwerreichen Brüdern Koch aus Kansas finanziert wurde. Eine Woche vor dem Parteitag hatte sie das Bezirksbüro in einer kleinen Ladenzeile in North Tampa eröffnet, gleich neben einem serbischen Massagesalon. Die Etage über ihr gehörte einem Maklerbüro. Karen führte Tausende Telefongespräche, sie befragte Wähler zu verschiedenen Themen, versuchte, sie über die Antworten politisch einzuordnen und empfahl die Website der Organisation. Der Raum stand voller Schreibtische, die noch mit Telefonen, Computern und Freiwilligen zu besetzen waren. An einem Abend zeigte sie einen Film – *Wer ist John Galt?* –, der auf dem zweiten Teil von Ayn Rands Roman *Atlas Shrugged* beruhte. Jaroch hatte den Roman zwar nicht gelesen – sie mochte eigentlich keine Bücher –, war von seiner Aussage aber vollkommen überzeugt. Sie hatte ihre Rolle gefunden und gehörte nun einer Organisation an, deren Geldquelle niemals versiegen würde, und sie stürzte sich mit einer Energie in die Arbeit, die nur politische Fans aufbringen können, deren Weltanschauung jeglichem Argument und jeglicher Tatsache enthoben war. Grundlage ihrer politischen Überzeugung war, dass sie und ihr Mann sich nie etwas hatten zuschulden kommen lassen, dass sie nichts geschenkt bekommen und keine Hilfe erwartet hatten.

Karen war seit Jahren nicht mehr fest angestellt gewesen, und wenn sie sich auch damals, als sie das Tampa 9/12-Projekt aus der Taufe hob, geschworen hatte, niemals eine politische Laufbahn anzustreben, konnte die Familie das Gehalt nun sehr gut gebrauchen. Dabei, meinte sie, würde sie diese Arbeit sogar umsonst machen. »Mein Herzblut steckt halt drin.«

Die Hartzells sahen den Parteitag im Fernsehen, allerdings nur kurz, denn wesentlich interessanter fanden sie »Sexy and I Know It«, das Video eines Elektropop-Duos mit dem Titel LMFAO – Laughing My Fucking Ass Off. Brent und Danielle tanzten im Wohnzimmer, während Ronale sich auf einem gemieteten Laptop für allerlei Preisausschreiben und eine Verlosung von Disney World-Karten anmeldete. Auch Danny hatte Wichtigeres zu tun, als einen Parteitag zu verfolgen, er war mit League of Legends online und kämpfte in einem Ranglistenspiel auf Level 30.

Danny und Ronale interessierten sich durchaus für Politik, sie sprachen in letzter Zeit sogar öfter über diese Dinge. Allein die Arbeit bei Wal-Mart warf viele Fragen auf. Danny verdiente 8,50 Dollar Stundenlohn, Dennis – der schon zwei Jahre dabei war – 8,60 Dollar. Danny hasste den Job, er hasste die Arroganz der Filialleitung, er hasste es, wie sie die alten Kartoffeln und Zwiebeln hinter den neuen versteckten, er hasste die Kunden, die ihn störten, wenn er Ware einräumte, nur weil sie die verdammten Bananen nicht fanden, er hasste es, als »Associate« bezeichnet zu werden, obwohl er ein ganz normaler Angestellter war, er hasste den falschen, für dreißigtausend Dollar im Monat gemieteten Streifenwagen, der vor der Tür stand, um Ladendiebe abzuschrecken. Wenn Danny Pause hatte, stellte er sich in seiner blauen Uniform auf den Parkplatz und rauchte – erst hier bei Wal-Mart hatte er damit angefangen – und er dachte zurück an seinen alten Job als Schweißer. Er mochte den Dreck und die Schmiere, er mochte das Gefühl, etwas herzustellen. Es machte ihn stolz. Er war im Herzen ein Arbeiter, und wenn es ihm nur irgendwie gelänge, ein Darlehen zu bekommen und eine eigene Schweißerei zu eröffnen, würde er sich königlich fühlen. Aber das war nicht abzusehen. Er hatte gelesen, dass siebenundvierzig Prozent aller Amerikaner inzwischen so arm waren, dass sie keine Einkommensteuer mehr zahlten. Siebenundvierzig Prozent! Wie war es dazu gekommen? Reine Gier. Reine Gier der Konzerne. Manchmal dachte er, es wäre besser, ganz auf den Geldkreislauf zu verzichten und zum Tauschhandel zurückzukehren – Mehl gegen Milch gegen Eier. Da stand er, der kleine, für ein

Geschäft wie dieses unentbehrliche Mann, der für zehntausend Dollar im Jahr die schwersten Kartons schleppte und noch die Fragen der Kunden beantwortete, während der Sesselfurzer, der nichts anderes tat, als den kleinen Mann zu beaufsichtigen, acht oder neun Millionen verdiente. Und das sollte fair sein? Die Reichen wurden immer reicher und die Armen immer ärmer. Man konnte einfach nicht gewinnen. Man konnte sich nur daran gewöhnen – so war halt das Leben. Was er tat, tat er für seine Kinder, die etwas Besseres verdient hatten.

Es gab nur einen Superreichen, den Danny respektierte, und das war Bill Gates. Denn er hatte sein Geld ehrlich verdient und er nutzte es, um Länder in der Dritten Welt zu retten. Sam Walton schien in Ordnung gewesen zu sein, aber seine Kinder, die ihn beerbten, waren nur von Gier getrieben. Ronale hätte gern einmal Warren Buffet die Hand geschüttelt, und natürlich Oprah und Michelle Obama, weil sie so herzlich war und mit den Kindern Seil sprang und dafür sorgte, dass sie gesund aßen. Eine von Ronales Lieblingssendungen hieß *Secret Millionaire*, jede Woche musste jemand mit sehr viel Geld unter armen Leuten wohnen, und am Ende der Sendung wurde sein kaltes Herz ganz warm und er spendete Hunderttausende an eine wohltätige Organisation. Aber sie hatte auch eine verstörende Vision, in deren Zentrum die Gier stand, von der jeder und alles getrieben war: »Im Hintergrund, hinter dem Guten, gibt es diesen grässlichen Alptraum, er wird immer größer, immer mächtiger, wie eine schwarze Wolke, die alles verschlingt, sogar das Leben der Menschen.«

Trotzdem blieb Ronale dabei, alles bei Wal-Mart zu kaufen. Denn billiger bekam sie es nicht. Nur das Fleisch rührte sie nicht an, weil Danny und Dennis ihr erzählt hatten, dass der Nachschub manchmal stundenlang ungekühlt herumstand. Aber alles andere schon. Dem System war nicht zu entkommen. Danny, der längst den Eindruck hatte, dass Wal-Mart und ein paar große Ölkonzerne die Welt regierten, blieb aus Protest im Wagen sitzen, wenn die Familie einkaufen ging.

Eines Morgens kurz vor dem Parteitag erzählte er in der Pause einigen Kollegen, wie sehr er seinen Job hasste. Der Schichtleiter erfuhr davon. Er spürte ihn in der Gemüseabteilung auf und putzte ihn runter, er demütigte ihn regelrecht vor den Augen der Kunden. Als Danny am Morgen aufwachte, brannten ihm die Worte des Mannes in den Ohren, er war so fertig und so wütend in seinem verletzten Stolz, dass er nicht zur Arbeit ging. Jetzt standen sie wieder ganz am Anfang.

Am letzten Tag des Parteitags saßen Danny, Ronale, Dennis, Brent und Danielle gemeinsam im Wohnzimmer. Im Fernseher lief HGTV, ein Kabelkanal, der ganz den Themen Inneneinrichtung und Gartenpflege gewidmet war. Brent hatte kurz rasiertes Haar, er hatte sich zu einer vormilitärischen Ausbildung gemeldet. Danielle saß am Computer, sie war in die Schule eingeloggt. Da es den Hartzells nicht gelungen war, eine einigermaßen akzeptable Mittelschule für sie zu finden, meldeten sie sie für die sechste Klasse einer »Virtuellen Schule« an, was ganz gut funktionierte, bis sie das Geld für den Internetzugang nicht mehr aufbringen konnten. Danny nuckelte an einer Pepsi Light und half Danielle bei ihrer Schularbeit. Er bereute es schon, dass ihm der Kragen geplatzt war und er den Job geschmissen hatte.

Ronale ärgerte sich maßlos über die Rede der Ehefrau des Kandidaten. »Sie schmiert den Leuten Honig ums Maul, es kann doch nicht sein, dass das niemand merkt. Ich hatte Brustkrebs, ich hatte MS – was heißt denn das, wenn die Planned Parenthood schließen wollen. Das sind ja nicht nur Abtreibungskliniken, da werden Frauen versorgt, die sich keine Mammographie leisten können, die einen PAP-Abstrich oder Krebsvorsorge brauchen. Was soll eine Frau denn machen, wenn sie eine Brustkrebs-Diagnose bekommt? Was soll sie machen, wenn sie kein Geld hat?«

Danny sagte: »Ich finde, es gibt nur eine Möglichkeit, diese ganzen Probleme in den Griff zu kriegen. Wir brauchen jemanden im Weißen Haus, der noch nicht einen Tag mit Politik zu tun hatte. Einen ganz normalen Typen, jemanden wie mich. Wir brauchen jemanden, der weiß, wie sich das anfühlt, der einfach immer dieses Leben geführt hat.« Er trank einen Schluck Pepsi. »Wir stecken in Schwierigkeiten, aber hungern tun wir nicht. Das ist zwar kein Leben hier, aber wir haben immerhin ein Dach über dem Kopf.«

»Das ist der Preis der Freiheit«, meinte Dennis. »Ich komme nach Hause, hab' ein Bett, in das ich mich hauen kann, ich hab' was zu essen, eine Dose Cola oder Eistee – damit bin ich zufrieden. Natürlich hätte ich gern mehr, wie jeder andere auch, aber solange die Welt so läuft, wie sie läuft, ist halt nicht alles perfekt. Man tut, was man tun muss, und das war's.«

Es war der vorletzte Tag im August. Die Republikaner beendeten ihren Parteitag, der 123 Millionen Dollar gekostet hatte, und wenige Meilen entfernt bezahlten die Hartzells ihre Rechnungen. Ihnen blieben fünf Dollar bis zum Monatsersten.

Tammy Thomas

An einem Frühlingstag des Jahres 2012 ließ Tammy ihre Handtasche im Pontiac liegen und trat an die breite Haustür eines gemauerten Hauses an der Tod Lane. Sie fand zwar die Hausnummer nicht und fragte sich, was aus dem Rosenbeet unter dem Wohnzimmerfenster geworden war, aber sie war sicher – dies war das Haus. Rechts war die geschwungene Veranda, dort der Baum, dessen Erklimmung ihr eine Tracht Prügel eingebracht hatte. Sie hatte noch nicht den Mut gefasst zu klopfen, als schon die Hunde bellten. Die Tür ging auf, vor ihr stand eine winzige weiße Frau mit schneeweißem Haar.

»Ja, bitte?« Die Frau hatte O-Beine und trug eine Jogginghose, auf ihrem Sweatshirt stand BODYWORKS.

»Guten Tag!«, sagte Tammy. Sie war unten an der Treppe auf einer eleganten Auffahrt stehen geblieben. »Sie fragen sich bestimmt, warum da eine Frau vor Ihrem Haus steht.«

Die Frau verschwand und beruhigte die Hunde, bevor sie wieder an die Tür trat.

»Darf ich mal raufkommen und Ihnen die Hand geben?«, fragte Tammy.

»Na gut.«

Tammy trat näher, die Frau reichte ihr misstrauisch die Hand. »Ich heiße Tammy Thomas, ich wollte Ihnen nur sagen, dass die Dame, die hier früher gewohnt hat …«

»Purnell?«

»Ja, Miss Purnell. Meine Urgroßmutter hat bei ihr gearbeitet, ich erinnere mich nur noch sehr vage an sie. Als Miss Purnell starb, haben wir eine Weile hier im Haus gewohnt.«

»Ach ja.«

»Ich habe so viele lebhafte Erinnerungen an dieses Haus«, sagte Tammy, ihre Stimme verriet, wie bewegt sie war. »Ich habe mich immer gefragt, ob an diesen Bildern von damals etwas Wahres ist. Oder ist das alles nur in meinem Kopf?« Sie sprach über das Rosenbeet und die Veranda, über den Ballsaal im oberen Stock und die große Freitreppe, und sie erinnerte sich an Miss Lenas langgestrecktes Badezimmer, an die goldenen Kacheln und die Dusche. »Ich kam damals gerade in den Kindergarten«, sagte Tammy, »ich weiß gar nicht … was ich noch sagen soll.«

Die Frau bestätigte alles, was Tammy erwähnt hatte. Und da Tammys Stimme und ihr Blick verrieten, wie gerührt sie war, bat sie sie herein. »Ich renoviere gerade«, sagte sie.

Tammy trat ein und stand vor der Treppe – einer ganz normalen Treppe mit einem fadenscheinigen Läufer. Der Eingangsbereich und das Wohnzimmer, wo sie gelernt hatte, Fahrrad zu fahren, wirkten viel kleiner als in ihrer Erinnerung. Sie erkannte das Muster des Parketts, das jetzt stumpf und zerkratzt war. Im Speisesaal fehlte der Klingelknopf, mit dem das Personal gerufen wurde.

Die Frau hieß Tupper. Das Haus war weniger wert als 1976, als es für zweihunderttausend Dollar den Besitzer gewechselt hatte. Sie war verwitwet, ihr Mann hatte als Manager bei Packard Electric gearbeitet. Die Kinder lebten schon lange nicht mehr bei ihr. Sie redete ohne Unterlass wie eine einsame Frau, die nur mit ihren eigenen Aufgaben beschäftigt war. »Wie gesagt, ich werde ja nicht mehr lange da sein, und der alte Teppichboden, den habe ich nicht ausgetauscht wegen der Hunde. Teppichboden heutzutage hat ja so eine grobe Rückseite, das macht die Böden kaputt. Das würde alles kaputt machen. Man braucht eine weichere Unterlage. Es bringt auch nichts, etwas drunterzulegen.«

Mrs Tupper war gerade von ihrer Ballettstunde zurückgekehrt. Ballett war noch möglich, Tap-Dancing hatte sie aufgegeben, weil ihre Knie nicht mehr mitmachten. Tammy folgte ihr von Zimmer zu Zimmer, sah sich um, suchte in ihrem Gedächtnis (War das noch der alte Kronleuchter?), dann kehrte sie in die Gegenwart und zu dieser Frau zurück, die sie hier vorgefunden hatte – mitten in ihrer Renovierung, die schmerzhaft langsam voranschritt, da sie alles selbst machte und nur noch hoffte, das Haus vor ihrem Tod verkaufen zu können. Tammy spürte instinktiv, wie sie diese alte Frau erreichen konnte.

Als sie draußen auf der geschwungenen Veranda standen, sah Mrs Tupper ihrer Besucherin zum ersten Mal in die Augen. »Ich weiß sehr wohl, wie es sich anfühlt, wenn man etwas Erinnertes entdeckt und ansieht.«

Sie und ihre Schwester waren in Ohio geboren, ihre Eltern, die sehr reich gewesen waren, hatten sie nach Washington mitgenommen, wo sie sie in ein Kinderheim gaben und vergaßen. Sie war erst kürzlich in Washington gewesen und hatte das alte Kinderheim besichtigt. »Damals, als ich aufwuchs, hatten wir diese Reformschulen. Mütter, wenn ihr eure Kinder nicht richtig erzieht, stecken wir sie in die Reformschule, hieß es damals. Und wenn ihr keine Lust habt, sie aufzuziehen, dann steckt ihr sie in ein Kinderheim. Das war in Ordnung so. Es war wirklich perfekt. Ich habe mehr geschenkt bekommen, als ich meinen Kindern jemals schenken konnte.«

Hinter Mrs Tuppers Garten, wo einst die Rayen High School gestanden hatte, waren mehrere leere Grundstücke. Barry, Tammys Ex-Mann, Vater ihres ersten Kindes, war an der Rayen gewesen, und auch ihre beste Freundin Geneva, die auf die Straße gestoßen und mit einem Kopfschuss getötet worden war. Die Schule war 1922 eröffnet worden und wurde 2007, kurz nach ihrer Schließung, abgerissen. Mrs Tupper war froh, dass sie fort war. Vor der Schule hatte ein Crackhaus gestanden, Crips und Bloods hatten sich dort bekriegt. Einmal sah sie zwei Jungen, die einen dritten jagten und mehrere Schüsse auf ihn abgaben. Der Junge trampelte ihren Gartenzaun nieder, rannte die Stufen hoch und versteckte sich im Haus. Mrs Tupper wollte ihn nicht gehen lassen, bis er ihr eine Erklärung lieferte, aber er saß nur da und sagte, er sei ein Crip, und sie seien Bloods, und sie wollten ihn umbringen und er hätte keine Wahl gehabt. Er hatte es so satt, dass er einige Tage später bewaffnet zum Crackhaus zurückkehrte. Mrs Tupper war gerade im zweiten Stock, als sie einen Jungen hörte, der nach seiner Mutter rief. Dann fielen Schüsse. Einer der Jungen schaffte es noch, aus dem Haus zu kommen, er starb auf dem Schulhof, der zweite lag in der Einfahrt. Als der Krankenwagen kam, den Mrs Tupper gerufen hatte, konnten die Sanitäter nur noch den Tod feststellen.

»War das in den späten Achtzigern, vielleicht in den frühen Neunzigern?«, fragte Tammy.

»So in etwa, ja.«

»Erinnern Sie sich an die Namen?«

»Nein. Es gab auch keinen Bericht in der Zeitung. Er hat ja nicht gesagt, was die Jungen von ihm wollten, aber es können nur Drogen gewesen sein, oder ein Mädchen.«

»Bestimmt Drogen«, sagte Tammy.

»Ja. Hätte ich damals nicht gedacht. Er sah so jung aus. Wirklich traurig.«

»Ja, absolut.«

»Wenn die in diesem Alter sind – dreizehn oder vierzehn –, glaube ich, muss man sie in eine Reformschule stecken. Und was ist das, wenn ich Reformschule sage? Sie reformieren dich, sie bringen dich so weit, dass du ein anständiger Bürger werden willst. Und dann kommst du erst einmal zum Militär. Mama und Papa interessieren sich ohnehin nicht für dich, also gehst du in die Reformschule, dort wirst du auf jeden Fall genommen. Und du lernst etwas, das du dein ganzes Leben lang nicht vergisst. Wenn du etwas Ordentliches lernst, kannst du eine Menge Spaß dort haben, es geht richtig hoch her. So war's bei mir. Es wird kalt.«

»Ja, meine Augen tränen schon«, sagte Tammy.

Sie blieb noch über eine Stunde dort. Sie hätte noch den ganzen Tag sitzen bleiben können, denn Mrs Tupper redete wie ein Wasserfall. Aber sie musste zur Arbeit. Sie verabschiedete sich und fragte, ob sie noch einmal zum Tee vorbeikommen oder ein Mittagessen mitbringen dürfe.

»Kommen Sie gern vorbei«, sagte Mrs Tupper.

Tammy stieg in ihren Pontiac und fuhr los, sie kam am Crandall Park vorbei, wo sie einst die Schwäne gefüttert hatte. Das Haus war so viel kleiner, als sie in Erinnerung hatte, und es war längst nicht so prächtig. Auch der Zustand war nicht sehr gut, Verfall, Armut und Verbrechen rückten immer näher. Doch als Tammy unten im Eingang stand, war ihr die Mutter entgegengeeilt und hatte gerufen, sie könne in dem Haus nicht bleiben, es sei voller Gespenster. Und in der Küche hörte sie Granny, die sie rief, damit sie die Wäsche herauftrug. Sie war ihnen in diesen Momenten sehr nah.

In Akron/Ohio, im Erdgeschoss eines Backsteingebäudes, dessen obere Etage ausgebrannt war, befand sich das Front Porch Café. Gleich neben der Stadtautobahn. Es war gut gefüllt, etwa fünfzig Gäste, vor allem schwarze Männer, saßen an den Tischen, viele hatten Zeit im Gefängnis verbracht. Miss Hattie war da, auf ihrem T-Shirt prangte ein Foto von Barack Obama. Tammy, in Jeans und einer weit geschnittenen Synthetik-Bluse mit einem wirbelnden, weiß-lila Muster, stand an einer Leinwand. Ihre Haare waren kurz geschnitten und im oberen Teil hennarot gefärbt.

Einige Tage vorher war sie in Cleveland gewesen, um in einem Gemeindezentrum vor einer großen Gruppe von Senioren über Sozialhilfe und das staatliche Krankenversicherungsprogramm Medicare zu sprechen. Während die Frauen aufmerksam zuhörten, spielten die alten Männer Domino. Sie hatte eine ihrer Gruppenleiterinnen mitgebracht, Miss Gloria, eine einundsiebzigjährige Frau, die über Rentenkürzungen und das bedrohte Sozialversicherungssystem referieren sollte, in den hinteren Reihen aber nicht gehört wurde, weshalb Tammy den Vortrag mehr oder weniger allein bestritt, während sie gleichzeitig den Projektor aufbaute, den sie mitgeschleppt hatte, weil sie ein Video über die Brüder Koch zeigen wollte. Es war ein Comic, in dem die Brüder Charles und David Koch als zwei Köpfe gezeigt wurden, die aus einer Krake herauswuchsen. Nach dem Video fragte eine Zuhörerin, sie hieß Linda: »Woher kommen diese Koch-Brüder? Warum haben wir noch nie von ihnen gehört?« Eine andere Frau – Mabel – sagte im tiefsten Südstaatenakzent: »Diese Kochs machen, was sie wollen, und die Schwarzen kriegen die Rechnung.« Nach dem Auftritt in Cleveland nahm Tammy an einer Sitzung des Ernährungsrats von Youngstown teil, dann fuhr sie nach Hause, um sich auf eine Tagung über die Gesundheitsversorgung von Minderheiten vorzubereiten. Und die Zeit, die ihr zwischen all diesen Terminen blieb, nutzte sie dazu, ihre Hochzeit mit dem Dachdecker Mark vorzubereiten. Die Zeremonie sollte an einem Strand in der Nähe von Tampa/Florida stattfinden. Mark war ein Freund aus der Schule, als sie zusammenzogen, stand plötzlich sein Onkel aus East Cleveland vor der Tür. Er war pleite und zog bei ihnen in der Liberty Street ein.

Sie war erschöpft.

»Ich bin in einer Stadt aufgewachsen, in der ich auf meiner Veranda sitzen und den Schwefel aus den Schornsteinen riechen konnte«, erzählte Tammy der im Front Porch Café versammelten Gruppe. »Jeder konnte Arbeit finden, wenn er wollte. Es gab hundertfünfzigtausend Stellen. Und dann verschwanden diese Stellen eines Tages, beinahe über Nacht. Im September '77 schlossen die Stahlwerke. In zehn Jahren wurden über fünfzigtausend Stellen gestrichen. Ich hatte damals das Glück, als junge Erwachsene eine Stelle bei Packard zu bekommen. Dort arbeiteten in den besten Zeiten elftausend Menschen, als ich anfing, waren es noch dreitausend. Am Ende blieben sechshundert übrig. Was ich sagen will, ist, dass Youngstown genau die Entwicklung zeigt, die sich in jeder älteren Industriestadt im Land abspielt. Nur war es bei uns am schlimmsten.«

Auf der Leinwand erschien jetzt der Stadtplan von MVOC, auf der Ostseite war alles grün. »Das Haus, für das meine Großmutter so hart gearbeitet hat, für das sie bei anderen Leuten den Boden geschrubbt hat, für das sie gewaschen und gekocht hat, weil sie uns ein Zuhause geben wollte – dieses Haus liegt an einer Straße, an der nur noch vier Häuser stehen. Zwei davon stehen leer, in einem wohnen wir. Das ganze Viertel sieht so aus.«

Tammy hatte sich am Tag zuvor einige Notizen gemacht, sie versuchte zum ersten Mal, ihre eigene Lebensgeschichte in eine Rede einzuflechten, um den Menschen, die zu ihr kamen, zu zeigen, dass ihre eigenen Geschichten wert waren, erzählt zu werden, und dass sie sie nutzen konnten, falls sie einer Arbeitskampagne beitraten, die für den nächsten Präsidentschaftswahlkampf geplant war.

»Wir sehen ja unsere Kinder, wir sehen den Verfall in unseren Vierteln, wie können wir da zulassen, dass die sicheren, nach Tarif bezahlten Stellen – wie bei Packard – immer weiter abgebaut werden? Ich habe dort gearbeitet, weil ich überzeugt war, dass ich bis zur Rente dort bleiben würde. Wir brauchen neue Jobs in Ohio. Wir brauchen Löhne, von denen man leben kann. Wenn die Menschen keine Arbeit haben, fehlt auch der Zusammenhalt, dann bricht alles auseinander.«

2012 wurden zum ersten Mal wieder einige neue Stellen geschaffen, nicht zuletzt in der Gegend um Youngstown, da unter dem Mahoning Valley große Schiefergasvorkommen gefunden wurden. Auch GM nordöstlich der Stadt erweiterte den Schichtbetrieb, was auch den Autozulieferern zugutekam. Selbst in einigen Stahlwerken regte sich etwas. Doch hatten diejenigen, die die Stellen am dringendsten brauchten, nur sehr wenig davon, besonders die Armen und Langzeitarbeitslosen, die noch in der Stadt wohnten, viele von ihnen waren – wie die Gäste im Front Porch Café – vorbestraft. MVOC hatte keinen eigenen Entwurf zur wirtschaftlichen Belebung, aber die Kampagne appellierte an selbständige Unternehmer, zuerst im unmittelbaren Umfeld nach Arbeitskräften zu suchen und entlassenen Häftlingen eine Chance zu geben. Nur diejenigen, die trotzdem nicht in den Arbeitsmarkt integriert werden konnten, sollten durch Arbeitsbeschaffungsmaßnahmen vom Staat aufgefangen werden.

»Es brach meiner Großmutter das Herz, als ich so jung schwanger wurde«, erzählte Tammy zum Ende. »Ich blieb in der Schule, weil ich wusste, dass ich ohne das Diplom keine Chance haben würde, meiner Tochter eine bessere Zukunft zu geben. Ich habe drei erwachsene Kinder, die hier aufgewachsen sind. Sie sind alle fortgezogen. Dabei könnte Youngstown wieder das werden, was es einmal war: eine wunderschöne Heimatstadt.«

Tammy war so engagiert, dass sie kaum Zeit hatte, im Wahlkampf zu helfen. Aber am 5. November, wenige Tage vor der Wahl, fuhr sie mit Kirk Noden zum Lincoln Park und ging in dem Viertel, in dem sie aufgewachsen war, von Haus zu Haus. Es gab das Gerücht, dass eine Liste kursierte, die Wähler in dem Glauben unterschrieben, dass sie damit ihre Stimme abgaben, weshalb Tammy jeden, der mit ihr zu sprechen bereit war, zuerst fragte, ob sie schon gewählt hätten oder ob sie bis zum Wahltag warteten. Dann fragte sie, ob sie am Wahltag abgeholt werden wollten. Überrascht stellte sie fest, dass die Begeisterung für Obama noch größer war als 2008, als viele Wähler unsicher waren, ob die Zeit für einen schwarzen Präsidenten reif sei und ob er eine Amtszeit überhaupt überleben würde.

Und als er am Tag darauf wiedergewählt wurde, war Tammy noch bewegter als vier Jahre zuvor. Sie war hautnah dabei gewesen, hatte die Umfragen gelesen und wusste, wie knapp der Ausgang in Ohio sein würde. Aus Angst, dass Obama verlieren könnte, hatte sie die ganze Wahl eher negativ gesehen: Wenn er nämlich verloren hätte, hätten Miss Hattie und Miss Gloria, die Männer im Front Porch Café und all die anderen, die sie rekrutiert hatte, gedacht, dass ihre Arbeit umsonst gewesen war. Und ihre eigene Lebenszeit, die Jahre, die sie investiert hatte, wären verloren gewesen. Tammy hatte sich gescheut zu fragen, was im Fall eines Wahlsiegs passieren würde. Und als es geschafft war, dachte sie: »Mein Gott, das bedeutet ja, dass wir wirklich etwas verändern können.«

Dean Price

An einem Tag im Frühling 2011 saß Dean, der nicht mehr regelmäßig zu Red Birch ging, im Wartezimmer des Amts für Wirtschaftsentwicklung von Rockingham County und blätterte in einigen Heften und Broschüren. Er entdeckte eine Studie über Altfett, verfasst von einem Professor an der Appalachian State University in Boone. Eine Tabelle verglich die Einwohnerzahlen der einhundert Regierungsbezirke des Staats mit der Anzahl der Restaurants und der Menge von Altfett, das diese entsorgten. Es zeigte sich, dass selbst in den kleinsten Bezirken auf jeden Einwohner – Mann, Frau oder Kind – gut zehn Liter Fett anfielen. Es bestand eine direkte Korrelation zwischen der Menge des entsorgten Fetts einerseits und dem Dieselverbrauch der Schulbusse im Bezirk andererseits.

Dean versuchte aufzustehen, aber seine Knie schlotterten wie damals, als er zuerst über *peak oil* gehört hatte, und er sank zurück in seinen Stuhl. Seit er Red Birch verlassen hatte und wieder selbständig war, suchte er nach Alternativen zum Rapsöl, das erst ab einem Benzinpreis von fünf Dollar pro Gallone profitabel wurde. Hier sah er den Grund, warum das Red Birch-Modell gescheitert war, was Dean jedem erzählte, der ihm zuhörte. Altfett dagegen war billig: Einige Restaurants verkauften es für fünfzig Cent pro Gallone an jeden, der bereit war, es selbst aus den Fässern am Hintereingang zu pumpen, andere verschenkten es und wieder andere zahlten für die Entsorgung. Hühnchen, Leber, Innereien, Schwein, Fisch, Maiskroketten, Okra und Pommes Frites – praktisch alles, was in den Restaurants von North Carolina auf den Tisch kam, wurde in einem glänzenden, rotbraunen Öl frittiert, das in großen, tiefen Edelstahlbecken wallte. Irgendwie musste all dieses Öl fortgeschafft werden.

Es waren die Abdecker, die das Öl mitnahmen, dieselben Firmen, die auch Schweine, Schafe und Kühe aus Schlachthöfen holten, Fleischabfälle von Metzgern und Restaurants, euthanisierte Katzen und Hunde aus dem Tierheim, tote Haustiere vom Veterinär, gestorbene Zootiere und überfahrenes Wild. Die Tiere wurden abtransportiert und landeten in riesigen Trommeln, wo sie geschreddert und gehäckselt wurden. Dann wurde das rohe Fleisch in Druckkesseln gekocht, in der Hitze trennte sich das Fett, Fleisch und Knochen wurden pulverisiert und als Proteinmehl Hunde- und Katzenfutter beigemischt. Aus dem gelblichen Fett wurden Lippenstifte, Seife, Chemikalien und Viehfutter hergestellt. Kurz gesagt: Kühe fraßen Kühe, Schweine fraßen Schweine, Hunde fraßen Hunde, Katzen fraßen Katzen, und die Menschen aßen das Fleisch dieser Tiere, die mit Schlachtabfällen gefüttert worden waren, und schmierten es sich ins Gesicht und auf die Hände. Abdeckereien gehörten zu den ältesten Gewerben des Landes – als man auf Kerzenlicht angewiesen war, lieferten sie Talg und Schmalz – und sie operierten am liebsten im Verborgenen. Es gab sogar ein Buch darüber: *Abdeckerei – eine unsichtbare Industrie*. Der ganze Prozess war ekelhaft, aber notwendig, nicht anders als die Kanalisation, über die man am liebsten nicht nachdenken wollte. Es gab in diesem Geschäft praktisch keine Aufsicht, und die Anlagen befanden sich an den isoliertesten Orten, Außenstehende hatten praktisch keine Möglichkeiten, sie zu besichtigen, und wussten oftmals nichts von ihrer Existenz, es sei denn, der Wind blies in die falsche Richtung.

Beim Abdecker entstand aus dem Altfett eine gelbe Masse, mit Verwendungsmöglichkeiten, die es von tierischen Fetten unterschied. Die Abdecker begannen erst jetzt zu verstehen, dass das Öl ein idealer Grundstoff für die Herstellung von Diesel war, weil es bei niedrigeren Temperaturen gelierte und sauberer verbrannte.

Als Dean die Studie gelesen hatte und die Tabelle noch einmal betrachtete, kam ihm eine Idee. In jedem noch so kleinen Landkreis von North Carolina lag die Saat der Biodieselindustrie verborgen, und was für North Carolina galt, das galt auch für Tennessee und Colorado.

»Das hat mit Gandhi zu tun«, erklärte Dean. Er las gerade ein Buch über Gandhis Konzept des *swadeshi* – wirtschaftliche Selbstversorgung und Unabhängigkeit. »Gandhi hat gesagt, es ist eine Sünde, vom fernsten Nachbarn zu kaufen und den unmittelbaren Nachbarn zu ignorieren. Es geht nicht um Massenproduktion, sondern um die Produktivität der Massen. Jedes kleine College, mit dem ich zu tun habe, möchte ein Biodieselprojekt starten, doch ihnen fehlt der Rohstoff – denn die gesamte Produktionskette wird von wenigen Großkonzernen kontrolliert. Wenn man sich aus ihr befreien will, braucht man eine Technologie, die alles über den Haufen wirft. Altfett ist das schwächste Glied in der Kette, das den Angriff möglich macht. Das Abdeckergewerbe ist archaisch und veraltet, es funktioniert wie vor hundertdreißig Jahren. Die Abdecker wissen ohnehin, dass sie ihren Geschäftsplan anpassen müssen – denn sie sitzen in jedem einzelnen Bezirk, in dem Biodiesel hergestellt werden kann, förmlich an der Quelle.«

In seinem Bücherregal stand *Die Bibel des Wohlstands* – eine Sammlung klassischer Texte über die Geheimnisse des Wohlstands. Doch Deans Lieblingsbuch (neben *Denke nach und werde reich*) war *Acres of Diamonds*, ein Vortrag, den der Baptistenprediger Russell Conwell 1890 veröffentlichte und den er bis zu seinem Tod 1925 mindestens sechstausend Mal hielt. Conwell war Hauptmann in der Nordstaaten-Armee gewesen, hatte aber 1864 seinen Posten verloren, weil er sich unerlaubt von der Truppe entfernt hatte. Er schrieb die offiziellen Biographien der Präsidentschaftskandidaten Grant, Hayes und Garfield und wurde Pastor in Philadelphia. Der Vortrag, der ihn reich machte – so reich, dass er Temple University gründen und ihr erster Rektor werden konnte –, beruhte auf einer Geschichte, die Conwell von einem arabischen Fremdenführer gehört haben wollte, der ihm 1870 die Sehenswürdigkeiten von Ninive und Babylon gezeigt hatte. In der Geschichte erhielt ein Bauer namens Al Hafed Besuch von einem buddhistischen Priester, der ihm erklärte, dass Diamanten nichts anderes seien als von Gott gehärtete Regentropfen, und dass er in einem »Fluss zwischen hohen Bergen, dessen Bett weiß ist«, endlos viele finden würde. Also verkaufte Al Hafed seinen Hof und machte sich auf die Suche, und seine Reise führte ihn bis ins ferne Spanien, aber die Diamanten fand er nicht. Er verarmte und ging bald in Lumpen, und er war so verzweifelt, dass er sich schließlich bei Barcelona ins Meer stürzte. Der neue Eigentümer von Al Hafeds Hof führte in eben jenem Moment sein Kamel zur Tränke und entdeckte im hellen Sand eines seichten Bächleins einen blinkenden Stein. Unter dem Hof, so stellte sich heraus, lagen Diamantvorkommen. Die Mine, die sich über viele Hektar erstreckte, wurde Golconda genannt, sie war die größte in der gesamten antiken Welt.

Zwei Lehren zog Conwell aus dieser Geschichte. Die erste war schon dem arabischen Fremdenführer in den Mund gelegt: Statt in der Fremde nach Reichtümern zu suchen, ist es besser, im eigenen Garten zu graben, denn Reichtum ist überall, du musst ihn nur finden. Die zweite Lehre stammte von Conwell selbst: Wenn du reich bist, dann bist du es, weil du es verdient hast. Und wenn du arm bist, bist du es, weil du es auch verdient hast. Wenn du Lösungen suchst, untersuche deinen eigenen Geist. Das entsprach auch dem Denken von Napoleon Hill, der überzeugt war, dass im menschlichen Selbst das Göttliche verborgen lag, und dass Krankheiten im Geist des Einzelnen entstanden und durch die richtigen Gedanken geheilt werden konnten. Dies war nichts anderes als die Philosophie des *New Thought*, die im Goldenen Zeitalter von Carnegie und Rockefeller weit verbreitet war, das – wie das Zeitalter von Dean Price – durch eine extrem ungleiche Verteilung des Wohlstands geprägt war. William James bezeichnete den *New Thought* als eine »Bewegung der Selbstheiler«. Dean fühlte sich zutiefst angesprochen.

Dean, der auf der Suche nach Wohlstand weit gereist war, kehrte (anders als der persische Kleinbauer) auf seine Farm zurück und begann, an Ort und Stelle nach dem verborgenen Schatz zu graben. Diamanten unter jedem Hektar Land! Sie waren überall, gleich hier, unter seinen Füßen – und hinter dem Tresen des Schnellrestaurants an der Route 220, wo Dean sein Frühstück bestellte, und in der Küche von Fuzzy's Bar-B-Que in Madison, und in den Friteusen von Bojangles' gleich neben seinem Haus, dem Restaurant, das er selbst gebaut und sehr schnell hassen gelernt hatte.

Diamanten unter jedem Hektar Land!

Dean grübelte lange, wie es ihm gelingen könnte, den archaischen, geheimniskrämerischen Abdeckereien das Altfett abzuluchsen. Viele der größeren Restaurants in der Gegend hatten seit langem Verträge mit einer riesigen Entsorgungsfirma, Valley Proteins. Andere warteten einfach, dass einer der örtlichen Abdecker vorbeikam. Wie ließ es sich bewerkstelligen, dass all diese Restaurants ihr Altfett an *ihn* abgaben?

Als Hurrikan Katrina die Golfküste verwüstete, wären beinahe die Schulen in North Carolina geschlossen worden, weil die Schule nur noch Diesel für zwei Tage hatte. Jeder Schulbezirk unterhielt eine eigene Flotte von Dieselbussen. Anfang 2000 hatte Diesel noch fünfzig Cent pro Gallone gekostet, elf Jahre später waren es vier Dollar. Wie lange konnte das gutgehen? Schulen, die in der tiefsten Haushaltskrise seit Jahren steckten, verbrannten Millionen für Diesel, während mitten in der Rezession Lehrer und Betreuer entlassen wurden. Dean las in der Zeitung von einem neunjährigen Mädchen aus Warren County, das jeden Morgen eine Meile über eine unbefestigte Straße gehen musste, um zum Bus zu kommen, weil der Schulbezirk den Kraftstoff für den Weg zum Haus nicht bezahlen konnte.

In vielen Landkreisen waren die öffentlichen Schulen der größte Arbeitgeber. Sie waren das Tor, hinter dem der amerikanische Traum wartete. Die ganze Zukunft des Landes hing von ihnen ab. Wenn er nur die Schulen auf seine Seite zog, dachte Dean, wäre es ein Leichtes, die Versorgung mit Altfett zu sichern. So entwickelte er seinen Plan.

Wäre es nicht denkbar, dass jeder Schulbezirk in North Carolina seinen eigenen Biodiesel herstellte? Wie viele Steuergelder könnte man sparen, wie viele Lehrerstellen erhalten? Käme es nicht vor allem den Kindern zugute, der Umwelt? Es brauchte nicht mehr als zuverlässigen Nachschub und eine möglichst günstige Raffinerieanlage. Wie wäre es, wenn Dean von Bezirk zu Bezirk, von Restaurant zu Restaurant ginge, um das Altfett abzunehmen und in einer vom Schulbezirk installierten Anlage zu verarbeiten? In einer zweiten Stufe könnte er sogar selbst Rapsöl herstellen, um es an die Restaurants zu verkaufen. Auf diese Weise würden auch die Bauern in den geschlossenen Kreislauf integriert, und Dean würde an dem Öl zwei Mal verdienen.

Für die Schulen war es bares Geld, das er brachte. Die Restaurants waren leicht zu überzeugen, sie konnten mit dem Engagement für Kinder werben. Eines Tages fand er auch den richtigen Slogan für sein Projekt: Es war »die letzte Spendenaktion, die Ihre Schule noch braucht«.

Er begann ganz in der Nähe. Es war nicht leicht, einen Termin im Landrat von Rockingham zu bekommen – eine ganze Riege von Angestellten schien nur den Zweck zu haben, sie abzuschirmen –, doch als er schon aufgeben wollte, zahlte sich seine Ausdauer doch noch aus. Er durfte seinen Plan vorstellen. Die Landräte waren begeistert, ein kurzer Artikel erschien sogar in der Lokalzeitung. Doch dann hörte er lange nichts, er schloss daraus, dass die Kommission den Vorschlag abgelehnt hatte. Einige Wochen später traf er den Vorsitzenden im P&M-Restaurant an der Route 220, der ihm erklärte: »Ich habe ein paar E-Mails von Geschäftsleuten bekommen, die meinen, dass dies nicht der richtige Zeitpunkt ist.«

»Welche Geschäftsleute meinen Sie denn?«, fragte Dean.

»Sie wissen, dass ich Ihnen das nicht sagen darf.«

»Warum denn nicht?«

Er war sicher, dass sein Erzfeind Reid Teague dahinter steckte, der Ölhändler, der ihm in Bassett den Nachschub abgeschnitten hatte und ihn in den Konkurs gezwungen hatte. Er hatte sogar versucht, Dean das Haus wegzunehmen, in dem er wohnte. Wahrscheinlich hatte Teague den Artikel gesehen und gleich den Landrat angerufen. Dean konnte natürlich nicht hundertprozentig sicher sein, aber es war doch mehr als eine Vermutung. Ein Prophet war im eigenen Land immer ein Verstoßener. Zum Glück gab es allein in North Carolina noch weitere neunundneunzig Schulbezirke.

Dean ging zu einem Gebrauchtwagenhändler, zahlte dreitausendfünfhundert Dollar für einen Honda Civic mit einer kaputten Klimaanlage, der 196000 Meilen auf dem Tacho hatte, und begann, mit seiner Idee durch den Staat zu tingeln, von den Appalachen im Westen bis hinunter an die Küste, immer auf der Suche nach den Diamanten, die unter der Erde verborgen waren.

In seinem Keller hatte Dean eine Einliegerwohnung, die er für 225 Dollar im Monat an Matt Orr vermietete. Matt, fünfundzwanzig Jahre alt, war in der Region aufgewachsen, hatte sich früh an Alkohol und Zigaretten gewöhnt und keine Party ausgelassen. Um sich Disziplin anzutrainieren, meldete er sich freiwillig zur Armee. 2006 bis 2007 diente er im Irak und war dankbar, als er wieder zu Hause war. Verglichen mit Tikrit war Amerika wunderschön – sein Vater hatte ihn am Flughafen in Greensboro abgeholt und fuhr mit ihm durch Stokes Country. Matt sah die Bäume, Hügel und Wiesen, und er glaubte, aus einem bösen Traum erwacht zu sein. Doch in der Folge schien er mit seinen Gedanken immer sehr weit weg zu sein, und Aussichten auf eine gut bezahlte Arbeit hatte er auch nicht. Er nahm schließlich einen Job in einem Ersatzteilgeschäft an – er war in der 25sten Infanterie-Division zum Mechaniker ausgebildet worden –, aber sein Stundenlohn blieb beharrlich bei 7,75 Dollar, bis er kündigte. Dann arbeitete er kurz in einer Fabrik, die Kupferrohre herstellte, in derselben, in der auch Dean nach der Schule gejobbt hatte. Hier bekam er acht Dollar die Stunde – weniger als Dean 1981 verdient hatte. Wieder kündigte er und begann bei Kmart als »Verlustpräventionsexperte«, er suchte zehn Stunden am Tag nach Ladendieben, und wenn er einen fand, hielt er ihn fest. Gewalt durfte er dabei nicht anwenden. Einmal erwischte er einen vierzigjährigen Arbeitslosen, der ein Zelt klauen wollte, weil ihn seine Mutter aus dem Haus geworfen hatte. So hatte sich Matt seine Heimkehr nicht vorgestellt – er wollte etwas Sinnvolles tun, etwas, das eine Wirkung hatte –, doch zehn Dollar Stundenlohn konnte er nicht ablehnen. Dann wurde der Lohn auf acht Dollar fünfzig gekürzt – ohne Ankündigung.

Was Matt am meisten bedrückte, war, dass es bei allem nur noch um Geld ging, um den größten Gewinn und die niedrigsten Kosten. Jeder sorgte nur noch für sich selbst, niemand kam auf die Idee zu helfen. Und die Lobbyisten, die Politiker waren ja alle korrupt, sie hatten nichts Besseres zu tun, als denjenigen, die ohnehin kaum etwas hatten, die letzten Dollars abzuknöpfen. Wenn er in seiner Kellerwohnung allein war, setzte er sich am liebsten mit einem Bier vor den Fernseher und sah die *Andy Griffith Show*, eine Serie aus den Sechzigerjahren. Das waren noch Zeiten damals. Wenn er hätte wählen können, wäre er am liebsten sogar noch früher aufgewachsen, in den Fünfzigern, als in Amerika die Welt noch in Ordnung war. Traurig, aber wahr.

Dean tat für ihn, was er konnte, doch als Matt mit der Miete fünf Monate im Rückstand war, hatte Dean keine Wahl, als ihn vor die Tür zu setzen.

Die *Andy Griffith Show* war in North Carolina noch immer sehr beliebt (sogar dann noch, als Andy sich öffentlich für Obamacare einsetzte). Jeden Nachmittag lief auf irgendeinem Sender eine Wiederholung, denn das Vorbild für das fiktive Mayberry, wo die Serie spielte, war Mount Airy, ein Textilstädtchen an der Grenze zu Virginia, dem es nicht besser ging als der gesamten Region, das aber alles tat, um für die Andy Griffith-Touristen die gemütliche, unbedrohliche Atmosphäre der Hauptstraße zu erhalten. In jedem Schaufenster hingen Andenken und Poster der beruhigend trotteligen, durchgängig weißen Hauptfiguren. Ende Juli, wenige Tage nach dem Abschluss seines Konkursverfahrens, setzte sich Dean in den Wagen und fuhr eine Stunde nach Mount Airy, wo er einen Termin bei einer Landrätin hatte. Seit vier Monaten suchte er einen Schulbezirk, der seinen Plan akzeptierte, er war kreuz und quer durch den Staat gefahren und hatte mit Vertretern von dreißig oder mehr Bezirken gesprochen. Niemand hatte angebissen. Sie waren wie die Lemminge, alle warteten nur darauf, dass der Erste den Sprung wagte.

Dean hatte seit Monaten nicht mehr mit Gary gesprochen, er sollte nicht von der Idee erfahren. Dean hielt ihn nämlich für eine Art modernen Piraten. Gary klaute jede Idee, die Dean ihm anvertraute, und gab sich selbst als Urheber aus. Das führte zurück zu Napoleon Hill, der von einer »Allianz der Vordenker« gesprochen hatte, eine Verbindung, die zwischen ihnen nie bestanden hatte. Gary glaubte nicht an das, was Dean ihm über den dritten Geist erzählt hatte. Außerdem sympathisierte er mit der Tea Party. Ein Farmer, mit dem Dean einmal ein Bier trank, sagte: »Partnerschaften sind nur für zwei Dinge gut: zum Tanzen und zum Ficken.« Dean arbeitete jetzt nur noch für sich selbst.

Die Frau in Mount Airy hieß Teresa Lewis. Ihr Büro befand sich in einem Einkaufszentrum am Rand der Stadt, wo Teresa eine Zeitarbeitsagentur betrieb. Sie war blondiert, Anfang fünfzig und trug eine Perlenkette zum dunkelblauen Kostüm. An der Wand hing ein Elvis-Poster, daneben Fotos von John McCain und dem republikanischen Senator von Florida. Dean stellte zwei Einmachgläser – Rapssaat und Rapsöl – auf ihren Schreibtisch und begann, sein Projekt vorzustellen.

»Es ist wirklich etwas, an dem jeder teilhaben kann«, sagte er, »nicht nur die Farmer, sondern auch Restaurantbetreiber, Schule und Stadtverwaltung.«

»Und, Dean«, hauchte Teresa, die einen starken Südstaatenakzent hatte, »was könnte denn gegen den Plan sprechen? Gibt es überhaupt einen Haken?«

»Nein.«

»Wir sind hier immer stark von der Landwirtschaft abhängig gewesen. Ohne Tabak würde hier kein einziges Haus stehen«, erklärte Teresa mit einem Lächeln. »Aber Dean, Sie benutzen zwei Wörter, nachhaltig und grün, die die Menschen hier nicht besonders mögen.«

Teresa erklärte ihm, wie die Politik im Bezirk funktionierte. Sie war natürlich Republikanerin, gehörte aber zu dem Flügel, der sich auf die Handelskammer stützte, die Bedingungen in der Stadt zu verbessern suchte und für soziale Belange auf private Spender setzte. 2010 war sie im Wahlkampf um das Bürgermeisteramt einer erzkonservativen ehemaligen Textilarbeiterin, die Glenn Beck verehrte, unterlegen gewesen, die Tea Party hatte im Landrat eine Mehrheit. Im Stadtrat war es zu einem hitzigen Streit gekommen, als ein Recyclingprogramm zur Debatte stand, das die Gegner als linken oder grünen Versuch beschrieben, den Staat aufzublähen und dem Steuerzahler von Mount Airy zusätzliche Lasten aufzubürden. Trotzdem wurde der Entwurf angenommen, Teresa lieferte die entscheidende Stimme. Diese Auseinandersetzungen hatten mehr als nur ein paar Schrammen bei ihr hinterlassen.

»Was die Leute hier hören wollen, ist: Einsparungen, Landwirtschaft, Steuerrückzahlung«, erklärte Teresa. »Und sie mögen: alternative Rohstoffe. Alternativ ist viel besser als nachhaltig.«

»Jawohl, Ma'am.«

»Fünf der Landräte aus der letzten Wahl sind nämlich extrem konservativ«, sagte sie. »Ich mag Sie – ich will Sie nur warnen, dass diese Wörter hier ziemlich unbeliebt sind.«

Teresa versprach, Dean eine Chance zu verschaffen, den Plan in der Ratssitzung vorzutragen. Aber Woche um Woche verging, und er hörte nichts.

Fünfzigtausend Meilen fuhr Dean mit seinem Honda, er besuchte mit seinen Einmachgläsern jeden Winkel des Staats, immer mit seiner alten Baseballmütze von Coca-Cola, deren Rot längst zu einem helleren Rosa ausgeblichen war. Jedem, der ihn anhören wollte, erzählte er von seiner Idee. Er sprach mit den Hippies von Piedmont Biofuels, einer Kooperative nahe Chapel Hill – dem fortschrittlichsten und wohlhabendsten Bezirk. Er sprach mit einem gewählten Bezirksangestellten in Greensboro, der so rechts war, dass er sogar den Sinn und Nutzen des öffentlichen Schulwesens anzweifelte.

Und er sprach mit Eva Clayton, einer pensionierten schwarzen Kongressabgeordneten aus Warren County, die ihr Büro in Raleigh hatte. Dean nahm ihr gegenüber Platz und sagte: »Ich sehe es so, dass die Wirtschaft inzwischen gezeigt hat, dass sie die Arbeitsplätze, die für die Bevölkerung nötig wären, nicht schaffen kann. Wir müssen also umdenken, und ich glaube, dass diese neue, grüne Wirtschaft eine ganz neue Haltung ist, und ich sehe nicht, wie sich die Wirtschaft erholen soll, wenn sie nicht mit der Erschließung neuer Energien beginnt.« Eva Clayton, die winzig und elegant war und niemals lächelte, sagte: »So, so, und was soll es kosten?« Dean antwortete: »Wir werden die Restaurantbetreiber um ihr Engagement bitten, sie können das Altfett entweder spenden oder zu einem geringen Preis an uns abgeben. Dann müssen wir mit den Schulverwaltungen reden, damit sie die Busverwaltung überzeugen, Biodiesel zu tanken. So geht es los, so fangen wir an. Und dann kommt der Raps …« Eva Clayton unterbrach: »Und was ist mit den Farmern?« »Die bauen den Raps an«, sagte Dean. »Wir werden eine kleine Ölmühle installieren, um ihn zu verarbeiten.« Eva Clayton nahm die beiden Gläser und begann, sie auf ihrem Konferenztisch hin- und herzuschieben. »Sie werden also Farmer überzeugen, das hier anzubauen?« »Ja«, antwortete Dean, »das können wir machen, es ist nur eine Frage des Preises.« Eva Clayton sagte:

»Ich sehe hier einen Herrn, der eine Idee hat, die Menschen in Not wirklich helfen könnte. Aber die Bedürfnisse bestehen jetzt: Ich muss essen, ich muss Rechnungen bezahlen – aber was Sie da vorschlagen, braucht mindestens ein, zwei Jahre.« Zum ersten Mal huschte ein Lächeln über ihre Lippen. »Aber Hoffnung macht Ihr Plan auf jeden Fall, Menschen wie Sie, die sagen, dass wir es besser können.«

Dean trat auch bei einer Veranstaltung in Warrenton auf, die Arbeitsplätze im Umweltbereich vermittelte. Er sprach in einem renovierten Zeughaus vor dreihundert Arbeitslosen, von denen achtzig Prozent schwarz waren. Er hatte sich vorher über Warrenton informiert, er wusste von Soul City, das fünf Meilen südlich der Stadt auf fünftausend Hektar ausgelaugten Tabakfeldern lag. Es war in den Siebzigern von einem schwarzen Aktivisten namens Floyd McKissick gegründet worden, auch Eva Clayton und ihr Mann hatten zu den Unterstützern gehört. Die bunte Kommune versuchte, sich selbst zu versorgen, Unterkunft für achtzehntausend Menschen war geplant. Die Regierung Nixon übernahm unter dem Model City-Programm einen guten Teil der Finanzierung, nachdem McKissick den Republikanern beigetreten war – worüber sich Deans Vater, dem die ganze Idee von Soul City nicht passte, maßlos aufgeregt hatte. Es kamen aber nie mehr als ein paar Hundert, kein einziges Geschäft ließ sich in der Siedlung nieder. Stattdessen begann ein langsames Sterben, 2011 war außer einer vandalisierten Klinik und einigen winzigen Häusern nichts übrig. Neben den lehmroten Maisfeldern erinnerten nur noch die Straßennamen – Liberation Road, Revolution Road – an die alten, grandiosen Pläne.

Er las und las, und er erfuhr all diese Dinge, und es fiel ihm wie Schuppen von den Augen. Bei der grünen Jobmesse trat er aufs Podium und sagte: »Mein Name ist Dean Price, aber ihr sollt mich Green Dean nennen. Ich bin überzeugt, dass Martin Luther King zu den größten Menschen gehört, die je gelebt haben.« Wenn das sein Vater gehört hätte! Als im Kongress diskutiert wurde, Martin Luther King einen eigenen Nationalfeiertag zu geben, hatte sein Vater gesagt: »Wenn sie noch vier umbringen, kriegen sie eine ganze Woche.« Dean hatte immer gedacht, dass King allenfalls ein guter Anführer der schwarzen Bevölkerung war, aber jemand, der eine ganze Nation führen konnte, war er nicht. Aber heute sah er das anders, und nun, da er vor dem überwiegend schwarzen Publikum stand, das solche Worte aus dem Mund eines weißen, mit ländlichem Akzent sprechenden Südstaatlers nur sehr selten gehört hatte, fuhr er fort: »Martin Luther King hat einmal gesagt: Wir sind alle auf anderen Schiffen hier angekommen, aber jetzt sitzen wir im selben Boot.« Den Älteren im Publikum stockte der Atem. »Vor vierzig Jahren«, sagte Dean, »kam ein Mann nach Warren County, der einen Traum hatte. Er hieß Floyd McKissick.« Ein Raunen ging durch den Saal. »Floyd McKissick träumte davon, eine Stadt zu bauen – Weiße, Gelbe, Schwarze, Braune und Grüne sollten gemeinsam arbeiten, jeder sollte die gleichen Chancen haben. Ich bin gekommen, um euch zu sagen, dass dieser Traum noch lebendig ist! Floyd McKissick war ein Visionär. Er ist gegen den Strom geschwommen, aber jetzt hat die Strömung gedreht, wir sind auf der richtigen Seite. Denn die billige Energie verlässt uns. Billige Energie war die Grundlage der Globalisierung, und höhere Energiekosten läuten das Ende der Globalisierung ein. Das hat schon Gandhi verstanden, der gesagt hat, dass es eine Sünde ist, von deinem fernsten Nachbarn zu kaufen und deinen nächsten Nachbarn zu vernachlässigen.« Und Dean erklärte, wie sie genau hier, in einem der ärmsten Bezirke von North Carolina, ihre eigene Energie erzeugen könnten.

Sie hingen ihm an den Lippen, schnappten gierig nach jedem Wort. Als er fertig war, begannen einzelne Zuschauer zu rufen: »Green Dean! Green Dean!« Ein älterer Mann mit blauen Augen sagte ihm: »Wenn ich eine Million Dollar hätte, würde ich sie in Ihr Projekt stecken.« Diamanten unter jedem Hektar Land! Nur den Ratsmitgliedern fehlte der Sinn für die Dringlichkeit, Monate vergingen, ohne dass eine Entscheidung fiel. Auch Deans Rede blieb ohne Folgen.

Er sprach mit Kathy Proctor, einer fünfundfünfzigjährigen Weißen, die ihre beiden Kinder allein aufzog. Sie wohnte in der Nähe von High Point und hatte während der Bankenkrise ihre Stelle in einer Möbelfabrik verloren. Sie bezog Arbeitslosengeld und studierte Biotechnologie in einem College in Winston-Salem, nicht nur, um eine neue Aufgabe zu finden, sondern auch, um ihren Töchtern ein Vorbild zu sein. Eines Tages besuchte Präsident Obama das College, in seiner Rede pries er Umschulungsmaßnahmen und die Ausbildung von Facharbeitern. Danach wurde er durch das College geführt, und als er in Kathys Labor trat, fragte er, ob jemand seine Geschichte erzählen wolle. Kathy meldete sich. Wenig später wurde sie eingeladen, bei der alljährlichen Rede, die der Präsident im Kongress hielt, als Gast von Michelle Obama auf der Besuchertribüne zu sitzen. (Dabei hatte sie 2008 nicht einmal für ihren Mann gestimmt; jetzt war sie allerdings aufgeschlossener.) Als der Präsident Kathy Proctor in seiner Rede namentlich erwähnte, war sie so überrascht, dass die Kameras das Bild einer kräftig gebauten, gedrungenen Frau mit strähnigem Haar einfingen, die sich ihren Sitznachbarn zuwandte und sagte: Das bin ja ich!

Als Dean zu Besuch kam und in ihrem engen Wohnzimmer saß, das mit den dunklen Möbeln aus der geschlossenen Fabrik zugestellt war, in der Kathy so viele Jahre gearbeitet hatte, hatte sie bereits eine neue Anstellung gefunden, und zwar in der Qualitätskontrolle eines Online-Händlers für Vitamine, der vierundzwanzig Stunden Schichtbetrieb hatte. Sie verdiente dreißigtausend Dollar im Jahr, weniger als in der Möbelfabrik. Eigentlich hatte sie gehofft, mit einem Diplom in der Tasche eine Stelle im Labor zu finden, aber sie war doch zufrieden, dass sie mehr als den Mindestlohn verdiente und ihre Rechnungen bezahlte und nicht auf der Straße gelandet war.

Dean erzählte, dass auch er Obama kennengelernt hatte, und er stellte ihr sein Projekt vor.

»Hab' ich noch nie von gehört, von diesem Biodiesel«, sagte Kathy, eine lebhafte und neugierige Frau.

»Es ist eine neue Industrie, wir bauen sie gerade erst auf«, sagte Dean und lachte.

»Vielleicht. Das interessiert mich. Das könnte ein richtiger Knüller sein. Wie lang arbeiten Sie schon daran, Dean?«

»Seit 2005 – es ist nicht immer leicht gewesen.«

Das Weiße Haus hatte Kathy eine Einladung zu einer Rede geschickt, die der Präsident am nächsten Tag auf einem Campus in Greensboro halten sollte. »Falls ich morgen die Chance habe, mit dem Präsidenten zu sprechen«, sagte sie, »werde ich Sie erwähnen.«

Dean und Kathy besiegelten den Plan mit einem High Five, doch Dean erwartete von diesem Präsidenten nicht mehr viel. Oben bei Red Birch hatte er geglaubt, dass mit dem neuen Präsidenten alles anders würde, und dass er mit Tom Perriellos Hilfe etwas erreichen würde. Das Land war zwar tief gespalten, aber Obama hatte immerhin eine eigene Mehrheit im Kongress. Trotzdem gelang es ihm nicht, das Gesetz zum Emissionshandel durchzubringen. Obama war gescheitert, und Perriello hatte seinen Sitz verloren – er arbeitete jetzt für einen Think Tank in Washington. Neue Gesetze genügten nicht, um die Wende herbeizuführen. Die Wende begann nicht in Washington oder in der Landeshauptstadt. Sie begann vielleicht in Stokesdale. Das Land steckte fest, daran konnte kein Politiker etwas ändern – wohl aber ein Unternehmer. »Es ist wie ein Staudamm, ein Riss entsteht, Wasser dringt ein, und bald bricht der ganze Damm. Genauso ist es mit der Wirtschaft. Und dieser Riss, das ist das Verhältnis zwischen den Abdeckereien und den Restaurantbetreibern.«

Dean war beseelt von dieser Idee, er hatte seine Religion gefunden. Er war achtundvierzig Jahre alt, arbeitslos, Single, er hatte kaum noch Geld und fuhr von Bezirk zu Bezirk, um mit Hunderten von Menschen zu sprechen, von denen einige zwar interessiert waren, letztlich aber nicht angebissen hatten. Es war die schwerste Prüfung seines Lebens. Vielleicht verstand er es einfach nicht, mit Bürokraten vom Land zu sprechen. Sie waren übervorsichtig, schlimmer als Bauern, sie wussten zwar, dass sie Hilfe brauchten, wagten aber nicht den ersten Schritt ins Ungewisse – was ja eigentlich der Kern von Religion war. Manchmal, wenn Dean seine Vision erläuterte, eilte er mehrere Schritte voraus, seine Zuhörer konnten ihm nicht mehr folgen und verloren das Interesse. In einer seiner Broschüren stand: »Unsere Steuergelder, für die wir so hart gearbeitet haben, fließen an Terroristen und Dschihadisten, an dieselben Leute, gegen die wir Krieg führen. Sie machen sich ein schönes Leben, während bei uns die Infrastruktur zusammenbricht.« Wenn er solche Sätze sagte, klingelten bei manchen Schulbeamten die Alarmglocken.

Als er einmal in Franklin County unterwegs war, rief ihn sein Sohn Ryan aus der Schule an. Ein Polizist war zum Haus gekommen und hatte eine Vorladung abgegeben. Die Haustür stand offen, es sah aus wie ein Einbruch. Die Vorladung kam von einer Lebensmittelfirma, die nicht mitbekommen hatte, dass Red Birch in Konkurs gegangen war. Deans Mutter machte sich Sorgen. War das nicht alles ein bisschen verrückt? Wann wollte er denn anfangen, mal wieder Geld zu verdienen? War es nicht an der Zeit, das Projekt aufzugeben und einen ganz normalen Job zu suchen?

Alles ging den Bach runter, Dean sah nur noch Zerstörung.

Eines Tages im Oktober fuhr er durch Forsyth County und hielt an einem Ort namens Rural Hall, wo noch Tabak auktioniert wurde. Es gab sogar noch eine Genossenschaft, den Old Belt Farmers Co-Op, eine der letzten Organisationen dieser Art im Staat, vielleicht im ganzen Land. Es war das Ende der Saison, der dunkle, mächtige Speicher, in dem noch der scharfe Geruch des Tabaks lag, war beinahe leer. Sechs oder acht Männer in Polohemden standen an den verbliebenen, etwa einen Meter hohen Tabakballen und gingen langsam durch die Reihen. Die Käufer prüften jeden einzelnen Ballen, und jedes Mal, wenn einer von ihnen eine Handvoll Tabak herauszog, nannte der Auktionsleiter in einem altertümlichen Singsang den Pfundpreis. »Dollar fünfzehn, Dollar zehn, zehn, Dollar zehn, zehn, zehn, Dollar zehn, Dollar fünf, fünf Dollar fünf«, so lange, bis einer der Käufer, ein Mann von Bailey's Cigarettes in Virginia »achtzig« sagte – und der Auktionsleiter bestätigte: »Achtzig, Bailey.« Ein Sekretär notierte den Abschluss, riss den Zettel ab und klatschte ihn auf den Ballen. Der zweite Käufer war aus Kentucky. »Vom Tabak kannst du leben, haben sie mir als Kind immer gesagt«, erzählte er, »der Rest ist Quatsch.« Einige der Männer sahen nur zu, es waren pensionierte Farmer und Speicherarbeiter, die – wie Dean – einfach nicht loslassen konnten.

Der junge Farmer, dessen Tabak verkauft wurde, lehnte in einiger Entfernung an einem Ballen und sah den älteren Männern zu. Sie boten auf den Teil seiner Ernte, den Japan Tobacco International, die größte in Danville aktive Firma, abgelehnt hatte. Der Farmer hieß Anthony Pyrtle, er erzählte, er könne bei dem Dieselpreis froh sein, wenn er überhaupt einen Gewinn machte. Ein Freund, Kent Smith, war mitgekommen, um ihm beim Ausladen zu helfen. Smith arbeitete in einer Kupferfabrik, wo er 14,50 Dollar verdiente. »Früher habe ich immer gedacht, der hat Glück gehabt, dass er in der Fabrik arbeiten darf«, sagte Smith. »Inzwischen glaube ich, dass ich besser dran bin als er.«

Pyrtle hatte von Dean und Red Birch gehört. Dean sagte: »Dieses Land müsste dir sechs Dollar für Biodiesel zahlen, statt drei Dollar pro Gallone nach Saudi-Arabien zu schicken.«

»Ich würde sofort umstellen«, sagte Pyrtle, »und Mais anbauen oder sonst was, das man zu Benzin verarbeiten kann.«

Dean trat aus dem Speicher von Old Belt Farmers und stieg in seinen Honda. Als er ein kleiner Junge war, waren die Auktionen wie eine Kirmes – die Straßen waren voller fröhlich-erregter Menschen, die dicke Batzen Scheine in den Händen hielten und ihre Weihnachtseinkäufe erledigten. In den Speichern versammelten sich Männer, um Kontakte zu knüpfen und über Politik zu reden. Die Auktion, die Dean gerade gesehen hatte, war nichts dagegen, sie war schnell und schludrig, es fehlte das

Publikum, die wachsame Öffentlichkeit. Und Anthony Pyrtle stand da und hoffte, diesmal keinen Verlust zu machen.

Es passte zu Deans bedrückter Stimmung, dass er über die Landstraßen von Stokes County fuhr. Der Ratsvorsitzende des Bezirks hatte ihm erzählt, dass ein Drittel der Bevölkerung nicht genug Geld hatte, um die Familie zu ernähren. Die Selbstmordrate war doppelt so hoch wie anderswo. Deans Buchhalter wohnte in Stokes, sein Stiefsohn hatte erzählt, dass acht seiner Freunde aus der High School tot waren, drei durch Selbstmord. Dean fuhr durch Walnut Cove und parkte vor dem Gebäude einer kirchlichen Wohltätigkeitsorganisation. Gleich am Eingang befand sich eine große Küche, wo auf einer Anrichte Lebensmittel standen, und Dosen und Tierfutter in Sperrholzregalen. In einer Tiefkühltruhe lag gehacktes Wildfleisch, das Jäger gespendet hatten. Die Dame, die die Station führte, erzählte, dass eine Woche zuvor ein Polizist dagewesen sei, der wegen einer Schussverletzung, die er sich bei einem Einsatz zugezogen hatte, nicht mehr arbeiten konnte. Er erhielt zwar etwas Geld von der Versicherung, weigerte sich aber, einen Rentenantrag wegen Berufsunfähigkeit zu stellen. Er bat um Lebensmittel. Auch eine Stenographin vom Gericht war da gewesen – mit gegipster Hand. An der Bürotür hing ein Schild: »Aufgrund der angespannten Haushaltslage zahlen wir dieses Jahr KEINE Heizöl- oder Kerosinbeihilfen. Wir versuchen vor allem, Lebensmittel zur Verfügung zu stellen. Bitte bemühen Sie sich baldmöglichst an anderer Stelle um Heizkostenzuschüsse.« Eine fettleibige Frau mit einem Sauerstofftank und Schläuchen in der Nase hielt einen Coupon in der verkrampften Hand und wartete auf ein T-Shirt in Übergröße. Sie sagte: »Wir sind zu neunt, wir kommen zurecht.« Die Leiterin sagte zu Dean: »Sie wissen ja, wir leben in einer Welt, wo ein platter Reifen oder ein nicht ausgezahlter Monatslohn die meisten Menschen an den Rand der Existenz bringen.«

Schaudernd trat Dean hinaus. Allein die Gnade Gottes. Wer einmal in diese Lage geriet, hatte kaum eine Chance, wieder auf die Beine zu kommen. Er dachte darüber nach, wie oft er schon geglaubt hatte, den Durchbruch vor Augen zu haben, wie oft er in letzter Minute enttäuscht worden war und feststellen musste, dass er seinem Ziel ferner war als zuvor. Auf dem Heimweg fiel ihm ein altes Kirchenlied ein, das ihm nicht mehr aus dem Kopf gehen wollte.

Die Tage sind mir schwer und bang
wenn Jesus meinem Blick entweicht!
Ich spüre nicht die Süße mehr
von Hoffnung, Blüten, Vogelsang.

Schwer und bang. Dean stürzte in tiefe Verzweiflung, Tränen liefen ihm über die Wangen. Dann hörte er eine Stimme – die Stimme aus seinem Traum über den alten Hohlweg, sie sagte: »*Nur so* wird etwas daraus werden.«

Und dann kam tatsächlich der Durchbruch.

An einem Abend im Oktober las Dean in der *Bibel des Wohlstands*, als er auf ein Zitat von Ralph Waldo Trine stieß, einen Autor aus dem neunzehnten Jahrhundert: »Beginne niemals mit dem zweiten Schritt.«

Auf einmal wurde ihm klar, dass die Schulen sein Problem waren. Er tat den zweiten Schritt vor dem ersten, wenn er ihnen erklärte, dass sie ihren eigenen Kraftstoff für die Busse herstellen können, wenn die Verwaltung vierhundertfünfzigtausend Dollar für einen Bioreaktor hergibt. Den Schulämtern fehlte das Geld für sein Projekt, es war ihnen zu riskant und kompliziert. Sie verstanden ihn nicht, erst recht nicht, wenn er von der zweiten Phase sprach, von Raps und Speiseöl. Eva Clayton hatte es erst nach dem dritten Mal verstanden, und sie hatte immer noch Fragen. Er war völlig falsch an die Sache herangegangen. Erst einmal musste er sich um das Frittenfett kümmern! Wie sollte er sonst wissen, wie groß seine Raffinerie sein musste? Er sollte sich darauf beschränken, den Schulen zu erklären, dass er in ihrem Namen Altfett sammelte. Er würde es an eine bestehende Biodieselfirma verkaufen und ihnen die Hälfte des Gewinns geben. Sie konnten damit tun, was sie wollten, vielleicht retteten sie einige Lehrerstellen. Es war erst einmal nichts anderes als eine Barspende, ein Fundraiser für die Schulen. Das müsste ihnen eigentlich einleuchten, auch die Restaurantbetreiber würden es verstehen, und sie würden ihr Fett günstig abgeben. Dass er später eine Raffinerie bauen wollte und selbst Diesel herstellen und Raps anbauen lassen wollte – all das würde später kommen.

Es war um diese Zeit, als Dean eine Offenbarung hatte. Er lernte Stephan Caldwell kennen, einen zweiunddreißig Jahre alten Mann aus Ohio, dessen Vater Kieferorthopäde gewesen war – und in seiner Freizeit

Apfelbauer. Der junge Mann hatte in Raleigh in einer Werbeagentur gearbeitet, bis die Branche von der Finanzkrise hart getroffen wurde. Er beschloss, sich mit dem zu beschäftigen, was ihn schon immer interessiert hatte: Landwirtschaft und landwirtschaftliche Geräte. So war er auf Biodiesel gestoßen und hatte eine kleine Altölraffinerie aufgebaut, die er Green Circle nannte. Sie befand sich auf einem einsamen Grundstück in Johnston County, eine Meile von einem Schweineschlachthof entfernt, in einer Werkstatt, die er von einem Schweißer gemietet hatte, der sich Barefoot nannte. Als Dean die Anlage besichtigte, musste er an Red Birch denken, das ganz ähnlich ausgesehen hatte und auch ähnlich roch.

Wer im Piedmont irgendetwas mit Biodiesel zu tun hatte, kannte Red Birch. Stephan hatte allerdings nur wenig Gutes gehört, er hatte gehört, dass Farmer nicht bezahlt worden waren und dass sie schlechten Kraftstoff verkauft hatten. Doch ihm gefiel, wie leidenschaftlich Dean bei der Sache war, er sah keinen Grund, ihn für die Sünden der anderen verantwortlich zu machen. Der stille und fleißige Stephan hielt sich kaum über Wasser, er hatte mit einer Handvoll Restaurants in Raleigh Verträge, die vielen Stunden, die er damit verbrachte, das Fett abzupumpen, belasteten bereits seine Ehe.

Dean hatte eine Idee, die weit über das hinausging, was Stephan aus eigener Kraft stemmen konnte. Stephan brachte die Infrastruktur mit – Anlage, Ausrüstung, Tankwagen –, die Dean fehlte. Außerdem hatte er ein Graphik-Design-Diplom, und als Dean ihm von seiner Offenbarung erzählte, verbrachte er das Wochenende damit, eine eindrucksvolle, grün-gelbe Broschüre mit dem Titel »Biodiesel für Schulen« zu entwerfen, die das neue Konzept so einfach und übersichtlich erklärte, dass selbst der dumpfeste Bürokrat noch einsehen würde, warum der Plan gut und richtig war.

An Thanksgiving beschlossen Dean und Stephan, Green Circle in eine Teilhabergesellschaft umzuwandeln. Dean schlug ein Verhältnis von siebzig zu dreißig zu seinen Gunsten vor, da Stephans Geschäftsplan keinen Erfolg hatte, doch Stephan überzeugte ihn, dass sie bei fünfundfünfzig zu fünfundvierzig als Partner besser zurechtkämen. Bewaffnet mit den neuen Broschüren suchte Dean viele der Verantwortlichen noch einmal auf, bei denen er bereits Termine – bis zu acht oder neun – gehabt hatte. Kurz vor Weihnachten rief er einen Agrarwissenschaftler an, der in Pitt County in der Bildungskommission saß. Er hatte sich nach ihrem

Termin im April nicht mehr gemeldet. »Ich habe das falsch aufgezogen«, erklärte Dean. »Ich habe von meinen Fehlern gelernt und alles noch einmal durchdacht. Jetzt stimmt der Plan. Erlauben Sie mir, noch einmal zu kommen und ihn zu präsentieren.«

Pitt County, im Osten von North Carolina, war im Gegensatz zum Piedmont flach, das helle, silbrige Licht verriet, dass die Küste nicht weit war. Auch hier lag die Tabakindustrie im Sterben. Der Bezirk hatte drei Dinge, die Dean für den Erfolg des Plans für unabdingbar hielt: viel Brachland, lange Fahrtwege und – in der Hauptstadt Greenville – eine ganze Menge Restaurants. Zwischen Weihnachten und Neujahr hatte er einen Termin beim Finanzvorstand des Schulbezirks, der aufmerksam zuhörte und meinte: »Das ist genial!«

Balsam für Deans Seele. Er musste noch ein Dutzend weitere Beamte überzeugen, die ihn und seinen Plan auf Herz und Nieren prüften, weil sie sich nicht erlauben konnten, ihre Schulen an einen windigen Unternehmer oder unkontrollierbaren Exzentriker auszuliefern. In seiner Sitzung vom 5. März 2012 nahm der Schulrat den Vorschlag einstimmig an, ein Vertrag wurde geschlossen, der dem Bezirk die Hälfte des Gewinns zusicherte. Dean hatte ein ganzes Jahr gearbeitet, um diesen ersten Erfolg zu verbuchen.

Er las gerade die Biographie von Steve Jobs und erfuhr, wie dünn die Luft manchmal für Menschen wurde, die – noch im Verborgenen – Ideen hatten, die die Welt verändern würden. Dean glaubte, dass er genau an diesem Punkt war. Pitt County und North Carolina könnten das Silicon Valley des Biokraftstoffs werden. Der Wirtschaftsboom musste nur gezündet werden. Diamanten unter jedem Hektar Land – in Greenville.

Merkwürdig, wie klein eine Idee werden musste, bevor ihr irgendjemand eine Chance gab. Klein wie eine Spendenaktion an einer einzigen Schule. Dean musste sich einsetzen wie eine Mutter, die beim Schulfest ein paar selbstgebackene Plätzchen feilbietet. Nur der Glanz, die Aura des Erfolgs, in der einst der Apple II eingeführt wurde, fehlte seinen Bemühungen. Dean fuhr von einem Restaurant zum nächsten. Der Filialleiter bei Denny's empfing ihn am Frühstückstresen, und Dean erklärte: »Wir würden es umsonst abholen, Sie könnten mit der Aktion werben, so viel Sie wollen, alle Eltern sollen erfahren, dass Sie die Schulen unterstützen.« In der Küche eines Thairestaurants fragte der Besitzer: »Sind Sie etwa Lehrer?« Dean antwortete: »Nein, aber ich arbeite mit den Schulen zusammen. Wir versuchen, eine ganz neue Industrie in Pitt County anzusiedeln.« Zwei Stunden lang versuchte er, die Mutter eines der größten Bar-B-Que-Restaurants von Greenville zu überzeugen – ohne Erfolg. Am besten lief es mit den Chinarestaurants, deren Besitzer besonderes Interesse zeigten, am sozialen Leben der Stadt teilzunehmen. Im Juni 2012 waren dreiundneunzig Restaurants mit an Bord. Im August pumpte Green Circle zweitausend Gallonen in der Woche.

Eines Abends fuhren die neuen Geschäftspartner in Stephans Pick-up übers Land. An einer Mall bogen sie ab und hielten vor einem Grillrestaurant. Stephan ging durch die Küche, vorbei an den Frittierkesseln, und trat in das winzige Büro des Geschäftsführers Freddy (dessen Tür dieses Schild zierte: PROLL, LANDEI, STOLZ DRAUF). Er bekam die Schlüssel, öffnete hinter dem Restaurant einen Schuppen, in dem mehrere Fässer Altfett lagerten. Dean stand schon mit dem Wagen bereit, gemeinsam legten sie den Schlauch vom Pick-up bis zum ersten Fass. Sie warfen die Pumpe an und saugten das schwarzbraune Öl ab. Es schwamm ein wenig Tierfett obenauf, ansonsten schillerte die Oberfläche wie die schönste Galaxie. An der anderen Wand des Schuppens standen Fässer voller Schlachtreste – Schweinerücken, Schultern, Füße –, die eine große Abdeckerei holen würde. In der Luft lag der Geruch von gutem Fleisch, das kurz davor war zu verderben. Fässer, Schlauch, die Ladefläche des Pickup – alles war klebrig, was Dean an den Teer erinnerte, der ihm an den Händen klebte, wenn er als Kind Tabakblätter wendete. Er hatte so viele Monate lang nur geredet und nachgedacht, dass er froh war, endlich wieder anpacken zu dürfen.

Stephans Pumpe hatte ein Leck, was in zwanzig Minuten erledigt sein sollte, dann aber anderthalb Stunden dauerte. Aber sie fuhren mit zweihundertvierzig Gallonen davon, für die sie dem Restaurant einhundertacht Dollar gezahlt hatten. Biokraftstoff im Einkauf kostete 2,50 Dollar, sie trugen also sechshundert Dollar davon. Ihr Ziel war, bald selbst das Öl raffinieren zu können.

Sie fuhren mit der vollen Ladung durch den Bezirk, Dean sah aus dem Fenster und entdeckte eine Unzahl kleiner Restaurants. In jeder Ladenzeile, an jeder größeren Kreuzung waren drei oder vier. Wenn er an das Klinikum dachte, an die Universität oder das Football-Stadion, wurde ihm ganz schwindlig.

»Fastfood, Frittenbuden, Burgerbuden – sie sind überall«, sagte er. »Schau dir all das Öl an. Das holen wir uns, Kumpel. Das kriegen wir.«

»Wir fangen ganz klein an«, sagte Stephan, »später werden wir erfahren, wozu das alles gut war.«

»Das hier ist der Anfang deines Vermögens!«

Dean wusste genau, was er damit tun würde. Seit Jahren wusste er es, hatte aber nur zwei Leuten je davon erzählt. Jeden Abend, bevor er einschlief, war es sein letzter Gedanke. Als Erstes würde er sich ein riesiges Haus bauen, eine Villa, wie es Moses Cone, der Baumwollkönig von Greensboro, im neunzehnten Jahrhundert getan hatte. Sein Haus hatte Satteldächer und Gauben und eine riesige, weiß gestrichene Veranda, von der man in der Ferne die Blue Ridge Mountains sehen konnte. Selbstverständlich würde er seine eigene Energie herstellen, Erdwärme würde Heizung und Klimaanlage versorgen, auf dem Dach würde er eine Solaranlage installieren.

Er wollte sein riesiges Haus öffnen und allen Kindern, die verlassen und verwaist waren, eine Heimat geben. Eine Farm würde das Haus umgeben, eine echte Farm, wo er den Kindern, die niemand haben wollte, erklären würde, was nötig war an praktischem und moralischem Rüstzeug, um dieses Leben zu führen – und er würde sie lehren, das Land zu bewirtschaften, wie Jefferson gefordert hatte, bis sie die nützlichsten Bürger waren, kraftvoll und unabhängig und voller Tugend.

Und er wusste auch, wo dieses Haus stehen sollte: Auf der Tabakfarm der Familie Price, auf einem Hügel über dem kleinen Friedhof, wo vier Generationen seiner Vorfahren begraben lagen, darunter sein Vater: »Ein weiterer Sünder, den die Gnade gerettet hat.« Auch Dean würde an dieser Stelle einst begraben werden. Doch hatte er Zweifel, ob dies der richtige Ort war: Schließlich hatte er hier gelernt, sich arm zu denken. Er hatte das Land gerodet, er hatte sogar etwas ausgesät, aber jedes Mal, wenn er die Gräber sah, kehrte auch das Armutsdenken zurück. Oder war nicht gerade das der beste Grund, an dieser Stelle zu bauen? War dies nicht der Ort, an dem er seine Freiheit wiedererlangen würde? Auch dieses Stück des Familienbesitzes würde sich eines Tages der Gerichtsvollzieher holen, denn Deans Konkursverfahren war noch einmal aufgenommen worden, sein alter Erzfeind, der Ölhändler, beanspruchte den einzigen Vermögenswert, der Dean geblieben war, dieses Land – doch darum ging es gerade nicht, es zählte etwas anderes. Er hielt fest an seinem Traum von dem großen Haus mit den vielen Kindern. Eines Tages, dachte er, würde das Land wieder ihm gehören.

Anmerkung zu den Quellen

Dieses Buch ist auf der Grundlage vieler Hundert Stunden Interviews entstanden, mit den Menschen, deren Geschichten hier erzählt werden, und mit anderen, die Informationen weitergegeben und ihre Erkenntnisse dargelegt haben. Hinzu kamen veröffentlichte Quellen, die im Folgenden aufgeführt sind. Die biographischen Skizzen öffentlicher Personen beruhen allein auf Sekundärliteratur, die, wenn sie hilfreich war, ebenfalls aufgeführt ist. Manchmal werden Aussagen zitiert oder umschrieben, die aus veröffentlichten Büchern, Artikeln und Liedern stammen. Den Textcollagen liegen die unterschiedlichsten Quellen zugrunde – Zeitungen, Zeitschriften, Reden, Liedtexte, Werbung, Gedichte, Filme, Fernsehsendungen –, die in dem jeweiligen Jahr geschrieben, veröffentlicht, aufgenommen oder aufgeführt wurden. Zwar ist das vorliegende Werk ein Sachbuch, es steht aber in der literarischen Tradition der USA-Trilogie von John Dos Passos, die in den 1930er Jahren erschien und einer längst überfälligen Wiederentdeckung harrt.

Erzählungen

Dean Price und der Piedmont

Allen Tullos, *Habits of Industry: White Culture and the Transformation of the Carolina Piedmont.* Chapel Hill: University of North Carolina Press, 1989.

Jeff Connaughton und Washington, D. C.

Joe Biden, *Promises to Keep.* New York: Random House, 2008.

Jeff Connaughton, *The Payoff: Why Wall Street Always Wins.* Prospecta Press, 2012.

Robert G. Kaiser, *So Damn Much Money: The Triumph of Lobbying and the Corrosion of American Government.* New York: Vintage Books, 2010.

Tammy Thomas

Barry Bluestone und Bennett Harrison, *The Deindustrialization of America: Plant Closings, Community, Abandonment, and the Dismantling of Basic Industry.* New York: Basic Books, 1982.

Terry F. Buss und F. Stevens Redburn, *Shutdown at Youngstown: Public Policy for Mass Unemployment.* Albany: SUNY Press, 1983.

Stephen F. Diamond, »The ›Delphi Bankrucy‹: The Continuation of Class Warfare by Other Means«, in: *Dissent* (Frühjahr 2006).

David M. Kennedy, *Freedom from Fear: The American People in Depression and War, 1929–1945.* New York: Oxford University Press, 1999.
Sherry Lee Linkon und John Russo, *Steeltown U.S.A.: Work and Memory in Youngstown.* Lawrence: University Press of Kansas, 2002.
John Russo, *Integrated Production or Systematic Disinvestment – The Restructuring of Packard Electric.* Unveröffentlichtes Manuskript, 1994.
Sean Safford, *Why the Garden Club Couldn't Save Youngstown: The Transformation of the Rust Belt.* Cambridge, MA: Harvard University Press, 2009.

Peter Thiel und Silicon Valley

Sonia Arrison, *100 Plus: How the Coming Age of Longevity Will Change Everything, from Careers and Relationships to Family and Faith.* New York: Basic Books, 2011. (Mit einem Vorwort von Peter Thiel.)
Eric M. Jackson, *The PayPal Wars: Battles with eBay, the Media, the Mafia and the Rest of Planet Earth.* Los Angeles: World Ahead Publishing, 2010.
David Kirkpatrick, *The Facebook Effect: The Inside Story of the Company That Is Connecting the World.* New York: Simon & Schuster, 2011.
Jessica Livingston, »Max Levchin«, in: *Founders at Work: Stories of Startups' Early Days.* New York: Apress, 2008.
Ben Mezrich, *The Accidental Billionaires: The Founding of Facebook.* New York: Anchor, 2010.
David O. Sacks und Peter A. Thiel, *The Diversity Myth: Multiculturalism and Political Intolerance on Campus.* Oakland, CA: The Independent Institute, 1998.

Biographische Skizzen

Newt Gingrich

Adam Clymer, »The Teacher of the ›Rules of Civilization‹ Gets a Scolding«, in: *New York Times*, 26. Januar 1997.
Steven M. Gillon, *The Pact: Bill Clinton, Newt Gingrich, and the Rivalry That Defined a Generation.* New York: Oxford University Press, 2008.
Newt Gingrich, *Lessons Learned the Hard Way.* New York: HarperCollins, 1998.
Newt Gingrich, *To Renew America.* New York: HarperCollins, 1999.
Newt Gingrich mit David Drake und Marianne Gingrich, *The Window of Opportunity: A Blueprint for the Future.* New York: Tor Books, 1984.
John H. Richardson, »Newt Gingrich: The Indispensable Republican«, in: *Esquire*, September 2010.
Gail Sheehy, »The Inner Quest of Newt Gingrich«, in: *Vanity Fair*, September 1995.

Oprah Winfrey

Barbara Grizzuti Harrison, »The Importance of Being Oprah«, in: *New York Times Magazine*, 11. Juni 1989.

Kitty Kelley, *Oprah: A Biography*. New York: Three Rivers Press, 2011.

Ken Lawrence, *The World According to Oprah: An Unauthorized Portrait in Her Own Words*. Kansas City, MO: Andrews McMeel, 2005.

Raymond Carver

Raymond Carver, *Fires: Essays, Poems, Stories*. New York: Vintage Books, 1984.

Raymond Carver, *What We Talk About When We Talk About Love: Stories*. New York: Vintage Books, 1989.

Raymond Carver, *Where I'm Calling From: Stories*. New York: Vintage Contemporaries, 1989.

Marshall Bruce Gentry und William L. Stull (Hrsg.), *Conversations with Raymond Carver*. Jackson: University Press of Mississippi, 1990.

Carol Sklenicka, *Raymond Carver: A Writer's Life*. New York: Scribner, 2010.

Sam Walton

Bob Ortega, *In Sam We Trust: The Untold Story of Sam Walton and How Wal-Mart Is Devouring America*. New York: Crown Business, 1998.

Sam Walton mit John Huey, *Sam Walton, Made in America: My Story*. New York: Doubleday, 1992.

Colin Powell

Karen DeYoung, *Soldier: The Life of Colin Powell*. New York: Knopf, 2006.

John B. Judis, *The Paradox of American Democracy: Elites, Special Interests, and the Betrayal of Public Trust*. New York: Routledge, 2001.

Colin L. Powell mit Joseph E. Persico, *My American Journey*. New York: Ballantine, 1996. [Deutsche Ausgabe: *Mein Weg*. München: Piper, 1996]

Alice Waters

Thomas McNamee, *Alice Waters and Chez Panisse: The Romantic, Impractical, Often Eccentric, Ultimately Brilliant Making of a Food Revolution*. New York: Penguin, 2008.

Alice Waters mit Daniel Duane, *Edible Schoolyard: A Universal Idea*. San Francisco: Chronicle Books, 2008.

Robert Rubin

William D. Cohan, *Money and Power: How Goldman Sachs Came to Rule the World.* New York: Doubleday, 2011.

William D. Cohan, »Rethinking Robert Rubin«, in: *Bloomberg Businessweek*, 30. September 2012.

Jacob S. Hacker und Paul Pierson, *Winner-Take-All Politics: How Washington Made the Rich Richer – And Turned Its Back on the Middle Class.* New York: Simon & Schuster, 2010.

Bethany McLean und Joe Nocera, *All the Devils Are Here: The Hidden History of the Financial Crisis.* New York: Portfolio/Penguin, 2010.

Robert B. Reich, *Locked in the Cabinet.* New York: Vintage Books, 1998.

Robert E. Rubin und Jacob Weisberg, *In an Uncertain World: Tough Choices from Wall Street to Washington.* New York: Random House, 2004.

Jay-Z

Zack O'Malley Greenburg, *Empire State of Mind: How Jay-Z Went from Street Corner to Corner Office.* New York: Portfolio/Penguin, 2011.

Jay-Z, *Decoded.* New York: Spiegel & Grau, 2011.

Jay-Z, »December 4th«, in: *The Black Album.* Roc-A-Fella/Def Jam, 2003.

Jay-Z, »Empire State of Mind«, in: *The Blueprint 3.* Roc Nation, 2009.

Jay-Z, »Rap Game/Crack Game«, »Streets is Watching«, »You Must Love Me«, in: *In My Lifetime Vol. 1.* Roc-A-Fella/Def Jam, 1997.

Jay-Z, »Can I Live«, »Dead Presidents II«, »D'Evils«, »Regrets«, »22 Two's«, in: *Reasonable Doubt.* Roc-A-Fella/Def Jam, 1996.

Jay-Z, »Brooklyn Go Hard« (Roc-A-Fella/Def Jam, 2008), »Glory« (Roc Nation, 2012).

Kelefa Sanneh, »Gettin' Paid«, in: *New Yorker*, 20. August 2001.

Touré, »The Book of Jay«, in: *Rolling Stone*, 15. Dezember 2005.

Kanye West, »Diamonds from Sierra Leone«, in *Late Registration.* Roc-A-Fella/Def Jam, 2005.

Andrew Breitbart

Christopher Beam, »Media Is Everything. It's Everything«, in: *Slate*, 15. März 2010.

Andrew Breitbart, *Righteous Indignation: Excuse Me While I Save the World!* New York: Grand Central Publishing, 2011.

Chris K. Daley, *Becoming Breitbart.* Claremont, CA: Chris Daley Publishing, 2012.

Rebecca Mead, »Rage Machine«, in: *New Yorker*, 24. Mai 2010.

Elizabeth Warren

Suzanna Andrews, »The Woman Who Knew Too Much«, in: *Vanity Fair*, November 2011.

Noah Bierman, »A Girl Who Soard, but Longed to Belong«, in: *Boston Globe*, 12. Februar 2012.

Harry Kreisler, *Political Awakenings: Conversations with History*. New York: The New Press, 2010.

Teresa A. Sullivan, Elizabeth Warren und Jay Lawrence Westbrook, *As We Forgive Our Debtors: Bankruptcy and Consumer Credit in America*. New York: Oxford University Press, 1989.

Teresa A. Sullivan, Elizabeth Warren und Jay Lawrence Westbrook, *The Fragile Middle Class: Americans in Debt*. New Haven, CT: Yale University Press, 2000.

Jeffrey Toobin, »The Professor«, in: *New Yorker*, 17. September 2012.

Elizabeth Warren, Interview, in: *The Daily Show with Jon Stewart*, Comedy Central, 15. April 2009 und 26. Januar 2010.

Elizabeth Warren und Amelia Warren Tyagi, *The Two-Income Trap: Why Middle Class Mothers and Fathers Are Going Broke*. New York: Basic Books, 2003.

Danksagungen

Ich bin den Menschen dankbar, deren Lebenserzählungen den Kern dieses Buchs ausmachen.

Ich danke George und Page Gilliam (Charlottesville), die mich bei meinen Reisen unterstützt haben; Sherry Lee Linkon und John Russo aus Youngstown; Barbara Price aus Stokesdale/North Carolina; den Reportern und Herausgebern der *Tampa Bay Times*; und besonders Pancho Sanchez und seiner Familie in Tampa. Mein Dank gilt auch Gary Smith von der American Academy in Berlin, wo ich 2009 Stipendiat der Holtzbrinck-Stiftung war, und Jean Strouse und dem Cullman Center der New York Public Library, die mich 2011 einluden, die Joanna-Jackson-Goldman-Gedenkvorlesungen zur Amerikanischen Zivilisation und Regierung zu halten.

Für ihren Sachverstand in verschiedenen Bereichen danke ich Nancy Aaron, Kathleen Anderson, Neil Belton, Julia Botero, Lily Byock, Peter Canby, Ray Chipault, Rodrigo Corral, Tom Ehrlich, Jiayang Fan, Tim Farrell, Amy Hanauer, Stephen Heintz, Henry Kaufman, Alissa Levin, Jonathan Lippincott, Rebecca Mead, Ellie Perkins, Chris Peterson, Chris Richards, Nandi Rodrigo, Ridge Schuyler, Jeff Seroy, Michael Spies, Scott Staton, Julie Tate, Matthew Taylor, Sarita Varma, Jacob Weisberg, Dorothy Wickenden, Laura Young und Avi Zenilman. Mein besonderer Dank gilt Sarah Chalfant, Jonathan Galassi, David Remnick, Alex Star und Daniel Zalewski – es gibt keine besseren.

Ich stehe bei einigen Freunden und Verwandten in einer Schuld, die ich niemals werde begleichen können, weil mich ihre Ideen und ihre Begeisterung über die Jahre der Arbeit genährt und erhalten haben – Daniel Bergner, Tom Casciato, Bill Finnegan, Kathy Hughes, Carol Jack, Michael Janeway, Ann Packer, Nancy Packer, Eyal Press, Becky Saletan, Bob Secor, Marie Secor und ganz besonders Dexter Filkins; niemandem aber bin ich dankbarer als Laura Secor, die alles möglich macht.